财税人员增值税政策、实务、案例必读

增值税实务政策解析与操作指南（第四版）

ZENGZHISHUISHIWUZHENGCEJIEXIYUCAOZUOZHINAN

刘霞　庞思诚◎著

立信会计出版社
LIXIN ACCOUNTING PUBLISHING HOUSE

图书在版编目(CIP)数据

增值税实务政策解析与操作指南 / 刘霞,庞思诚著
. —4版. —上海:立信会计出版社,2019.5(2020.6重印)
ISBN 978-7-5429-6169-3

Ⅰ. ①增… Ⅱ. ①刘… ②庞… Ⅲ. ①增值税—税收管理—中国—指南 Ⅳ. ①F812.424-62

中国版本图书馆CIP数据核字(2019)第096566号

策划编辑　张巧玲
责任编辑　张巧玲

增值税实务政策解析与操作指南(第四版)

Zengzhishui Shiwu Zhengce Jiexi Yu Caozuo Zhinan

出版发行　立信会计出版社
地　　址　上海市中山西路2230号　　邮政编码　200235
电　　话　(021)64411389　　传　　真　(021)64411325
网　　址　www.lixinaph.com　　电子邮箱　lixinaph2019@126.com
网上书店　http://lixin.jd.com　　http://lxkjcbs.tmall.com
经　　销　各地新华书店

印　　刷　河北鑫兆源印刷有限公司
开　　本　787毫米×1092毫米　1/16
印　　张　31
字　　数　773千字
版　　次　2019年5月第4版
印　　次　2020年6月第2次
书　　号　ISBN 978-7-5429-6169-3/F
定　　价　89.00元

重印说明

《增值税实务政策解析与操作指南》一书出版发行4年以来，受到业内人士的广泛认可，广大读者给了我们莫大的支持与肯定，同时也指出了一些不足，并提供了不少建议，读者的真诚让我们感动，在此特别感谢广大读者朋友们。

本次重印，引用的政策法规截至2020年5月20日，注重政策的延续性和有效性。本书紧跟政策变化，新增了防疫优惠政策及出口退税、热点问题解答；完善了加计抵减、增量留抵退税等内容；补充了一些最新的政策操作难点。经过修订，本书结构更加完整、内容更加丰富、实操性更强、更贴近实际工作需要。

本书修改重印，希望能够进一步方便读者参考学习，准确理解增值税的相关政策，为读者在实务中应用政策、防控风险提供指引和帮助。本书也可作为2020年货物和劳务(进出口税收管理)岗位练兵比武参考用书！

2020年5月

前　　言

2015年11月10日，在中央财经领导小组第十一次会议上，习近平总书记提出“在适度扩大总需求的同时，着力加强供给侧结构性改革，着力提高供给体系质量和效率，增强经济持续增长动力，推动我国社会生产力水平实现整体跃升”。这是立足于中国实际，在经济需求疲软，经济下行压力变大的背景下，从供给侧改革中寻找中国经济发展的新动力。“营改增”顺应了供给侧改革的需求，成为目前我国政府寻求的供给侧结构性改革的助推器，因为它在减轻企业负担、提升企业盈利能力、带动企业增加有效投资、激发创新创业的动力、促进产业升级等方面具有积极意义。2016年3月5日，李克强总理在2016年政府工作报告中提出，从5月1日起，我国全面实施“营改增”政策。这是自2012年以来，我国第四轮“营改增”试点。自此，增值税全面覆盖了货物、服务、无形资产、不动产的流转环节，营业税彻底退出了我国的税制体系。但是服务、无形资产和不动产的流通领域经营业态复杂多样，经营模式与货物流通领域的工商企业有很大区别，服务、无形资产和不动产无法直接适用《中华人民共和国增值税暂行条例》及其实施细则。因此，目前在增值税领域并行两套政策：销售货物、加工修理修配劳务执行《中华人民共和国增值税暂行条例》及其实施细则和1994年以来国务院税务主管部门下发的一系列配套措施；销售服务、不动产、无形资产执行《营业税改征增值税试点实施办法》及其配套措施。两套政策并行，导致增值税政策复杂多样：原增值税纳税人和“营改增”试点纳税人适用政策不同、“营改增”试点前与试点后取得的固定资产和不动产用于出租或销售适用政策不同、“营改增”试点前开工的老项目与“营改增”试点后开工的新项目适用政策不同……增值税操作难度进一步加大！

为全面梳理增值税新旧政策，帮助广大税务人员和企业财务人员全面、准确、深度掌握增值税政策，作者在对政策进行精准解读的基础上配备了大量的案例解析，编著《增值税实务政策解析与操作指南》一书。该书具有五大特点：一是全面，全面收集现行有效的增值税实体政策，并标注文号，方便政策查询，可起到工具书的作用；二是融合，将传统增值税政策与“营改增”政策有机融合为一体，便于读者总括掌握增值税政策的整体架构，能够对不同的经营业务准确地定性和精准地适用政策；三是实用，书中包含大量实务案例解析、例题和示例，帮助读者理解政策并增强实务操作能力；四是深度，对增值税政策重点难点部分进行深度政策解析，帮助读者深刻理解增值税政策的实质与导向；五是巩固，在每个增值税重点难点政策后面，配备重点难点即时练习，方便读者及时巩固学习。

由于作者水平有限，加之时间仓促，书中难免存在不足，希望广大读者批评指正。

目　录

案例解析索引

第1章 增值税纳税人

在中华人民共和国境内(以下称境内)销售货物或者加工、修理修配劳务,销售服务、无形资产或者不动产以及进口货物的单位和个人,为增值税纳税人。

单位是指企业、行政单位、事业单位、军事单位、社会团体及其他单位。个人是指个体工商户和其他个人。

无论单位还是个人只要发生增值税应税行为,就会成为增值税的纳税人,负有增值税的纳税义务,行政单位、事业单位、军事单位以及社会团体也没有特权,发生增值税应税行为,同样要缴纳增值税。实务中,我们把行政单位、事业单位、军事单位以及社会团体统称非企业性单位;其他个人称作自然人;营改增试点期间,按照《营业税改征增值税试点实施办法》(以下称《试点实施办法》)缴纳增值税的纳税人称作试点纳税人。

1.1 承包与承租经营的纳税人

对于承包、承租经营纳税人的规定,传统增值税政策与营改增政策有一定差异,相比而言,营改增政策更加严密,并具有更强的操作性。

1.1.1 传统增值税政策中承包、承租经营增值税纳税人

《中华人民共和国增值税暂行条例实施细则》(以下简称《增值税暂行条例实施细则》)第十条规定,单位租赁或者承包给其他单位或者个人经营的,以承租人或者承包人为纳税人。

1.1.2 营改增政策中承包、承租、挂靠经营增值税纳税人

单位以承包、承租、挂靠方式经营的,承包人、承租人、挂靠人(以下统称承包人)以发包人、出租人、被挂靠人(以下统称发包人)名义对外经营并由发包人承担相关法律责任的,以该发包人为纳税人。否则,以承包人为纳税人。

(财政部 国家税务总局关于全面推开营业税改征增值税试点的通知,财税〔2016〕36号,发文日期:2016-03-23)

案例解析1

挂靠经营方式下增值税的纳税人如何确定?

天马物流公司与八十多位个体货车车主签订《车辆挂靠经营合同》,合同约定挂靠方个体车主将自有货车以被挂靠方天马物流公司名义登记上户,领取经营相关牌、照。车辆在挂靠经营期间,个体车主以天马物流公司名义经营,但发生的养路费、运管费、工商费等各种规费,车船税、个人所得税、增值税等各种税款,油、胎、料消耗以及车辆维修费、车辆保险费、车

辆年(季)检费、过桥费、过城入境费、停车费、洗车费等日常费用支出,均由个体车主承担。挂靠期间挂靠车辆发生的安全事故费、违章违约费用,天马物流公司承担赔偿责任后,可以向个体车主追偿。请问:挂靠期间挂靠车辆取得的营运收入应该由哪一方缴纳增值税?

答:《车辆挂靠经营合同》约定个体车主以天马物流公司名义经营,挂靠车辆发生的安全事故费、违章违约费用,天马物流公司承担赔偿责任后,可以向个体车主追偿。从以上合同条款,可以得出两个结论:第一,车辆是以被挂靠方天马物流公司的名义经营;第二,车辆运营过程中涉及的违法违约相关法律责任是由被挂靠方天马物流公司承担的,因为,被挂靠方天马物流公司享有向挂靠方个体车主追偿的权利。根据《财政部 国家税务总局关于全面推开营业税改征增值税试点的通知》(财税〔2016〕36 号)第二条规定,单位以承包、承租、挂靠方式经营的,承包人、承租人、挂靠人(以下统称承包人)以发包人、出租人、被挂靠人(以下统称发包人)名义对外经营并由发包人承担相关法律责任的,以该发包人为纳税人。本例中挂靠方是以被挂靠方的名义经营并承担相关法律责任,挂靠车辆运营收入应由天马物流公司缴纳增值税。

政策解析 挂靠经营在交通运输业和建筑业是比较普遍的现象。对挂靠经营方式提供的应税服务征收增值税时,总的原则是只征收一道增值税,而不像代销行为那样,委托方与受托方纳两道增值税。关键问题是,唯一的一道增值税由谁缴纳,被挂靠方还是挂靠方呢?那要看应税行为是以谁的名义发生,谁是名义上应税行为的提供方,谁就是增值税的纳税人。

1.2 一般纳税人与小规模纳税人的划分

按照纳税人的经营规模,将增值税纳税人分为一般纳税人和小规模纳税人管理。财政部、国家税务总局明确规定小规模纳税人的标准,超过标准的纳税人,除另有规定外,应当向主管税务机关办理一般纳税人资格登记。

政策解析 增值税一般纳税人和小规模纳税人在税收征管上有下列五点不同:

1. 增值税专用发票(以下简称专用发票)的使用权利不同。增值税一般纳税人可以向税务机关领购使用专用发票。增值税小规模纳税人不能领购专用发票,因购货方索取确有需要的,可向主管税务机关申请代开。但是,自 2020 年 2 月 1 日起,各行业小规模纳税人均纳入自开专用发票试点范围。

2. 应纳税额的计算方法不同。一般纳税人采用一般计税方法计算应纳税额,即:应纳税额=当期销项税额－当期进项税额。因此,一般纳税人可以凭合法的扣税凭证抵扣进项税额。而小规模纳税人采用简易计税方法计算应纳税额,即按照销售额和规定的征收率计算应纳税额,其计算公式为:应纳税额=销售额×征收率。小规模纳税人不得抵扣进项税额。

3. 含税的销售额换算公式不同。一般纳税人的含税销售额(除按规定可以采取简易计税方法计算缴纳增值税以外)换算成不含税销售额,其换算公式为:销售额=含税销售额÷(1＋税率)。小规模纳税人的含税销售额换算为不含税销售额,换算公式为:销售额=含税销售额÷(1＋征收率)。

4. 享受税收优惠的待遇不同。只有作为增值税小规模纳税人的个体工商户才可能享受到增值税起征点的税收优惠，只有属于小规模纳税人的小微企业可以享受月销售额10万元(季销售额30万元)以下免征增值税优惠，一般纳税人不可能适用起征点的优惠和小微企业免税优惠。

5. 纳税期限不同。小规模纳税人可以选择以1个月或者1个季度为纳税期限，而一般纳税人(除金融业外)纳税期限最长为一个月。

1.2.1　小规模纳税人标准

自2018年5月1日起，增值税小规模纳税人标准为年应征增值税销售额500万元及以下。

(财政部　国家税务总局关于统一增值税小规模纳税人标准的通知，财税〔2018〕33号，发文日期:2018-04-04)

1.2.1.1　年应税销售额的界定

一、年应税销售额的范围。

年应税销售额，是指纳税人在连续不超过12个月或四个季度的经营期内累计应征增值税销售额，包括纳税申报销售额(指纳税人自行申报的全部应征增值税销售额，其中包括免税销售额和税务机关代开发票销售额)、稽查查补销售额、纳税评估调整销售额。

“稽查查补销售额”和“纳税评估调整销售额”计入查补税款申报当月(或当季)的销售额，不计入税款所属期销售额。

(增值税一般纳税人登记管理办法，国家税务总局令第43号，发文日期:2017-12-29;国家税务总局关于增值税一般纳税人登记管理若干事项的公告，国家税务总局公告2018年第6号，发文日期:2018-01-29)

二、适用差额销售额政策的纳税人年应税销售额的确定。

销售服务、无形资产或者不动产(以下简称“应税行为”)有扣除项目的纳税人，其应税行为年应税销售额按未扣除之前的销售额计算。

三、偶然发生不动产转让行为的纳税人年应税销售额的确定。

纳税人偶然发生的销售无形资产、转让不动产的销售额，不计入应税行为年应税销售额。

(增值税一般纳税人登记管理办法，国家税务总局令第43号，发文日期:2017-12-29;国家税务总局关于增值税一般纳税人登记管理若干事项的公告，国家税务总局公告2018年第6号，发文日期:2018-01-29)

〔例题1-1〕　天马钢材生产企业2020年7月登记成立并立即从事生产经营，2020年7月至2020年11月应税销售额分别为120万元、150万元、180万元、200万元、250万元。该企业前四个月销售额累计为650万元，超过小规模纳税人标准，则应将2020年7月至2020年10月作为一个年度，自2020年10月的所属申报期结束后开始计算自行到税务机关办理一般纳税人登记的时限。

案例解析2

判断纳税人是否超过小规模纳税人标准时，年应税销售额是否包括免税销售额？

天马商店2020年3月开业，主营零售日用百货，又兼营零售蔬菜及水果，2020年3月至2021年2月取得日用百货不含税销售额470万元，蔬菜不含税销售额12万元，水果不含税销售额20万元。请问:该企业的销售额是否超过小规模纳税人标准?

答:根据《增值税一般纳税人登记管理办法》(国家税务总局令第43号)第二条规定，增值税纳税人年应税销售超过财政部、国家税务总局规定的小规模纳税人标准的，除本办法第四条规定外，应当向主管税务机关办理一般纳税人登记。本办法所称年应税销售额，是指纳税人在连续不超过12个月或四个季度的经营期内累计应征增值税销售额，包括纳税申报销售额、稽查查补销售额、纳税评估调整销售额。《国家税务总局关于增值税一般纳税人登记管理若干事项的公告》(国家税务总局公告2018年第6号)进一步明确，“纳税申报销售额”是指纳税人自行申报的全部应征增值税销售额，其中包括免税销售额和税务机关代开发票销售额。因此，根据文件规定，年应税销售额是指纳税人在连续不超过12个月的经营期内(2020年3月至2021年2月)累计应征增值税销售额，包括免税销售额。《财政部国家税务总局关于统一增值税小规模纳税人标准的通知》(财税〔2018〕33号)规定，自2018年5月1日起，增值税小规模纳税人标准为年应征增值税销售额500万元及以下。天马商店年应税销售额包括日用百货销售额470万元和水果销售额20万元，免税销售额即蔬菜销售额12万元，三项共计502万元，超过小规模纳税人标准，应办理一般纳税人登记。

案例解析3

适用差额销售额征税项目，按扣除前的销售额还是扣除后的销售额判定纳税人是否达到一般纳税人标准？

珍贝旅行社不含税年旅游费总收入4 300万元，为安排旅客旅游支付的住宿费、餐饮费、交通费、门票费等共计3 580万元。请问：该旅行社经营规模是否超过小规模纳税人标准？

答：根据《增值税一般纳税人登记管理办法》(国家税务总局令第43号)规定，销售服务、无形资产或者不动产(以下简称“应税行为”)有扣除项目的纳税人，其应税行为年应税销售额按未扣除之前的销售额计算。珍贝旅行社扣除差额前的年应税销售额为4 300万元，超过财政部、国家税务总局规定的500万元标准，应办理一般纳税人资格登记。

案例解析4

偶然发生不动产销售行为导致当年应税销售额超过一般纳税人标准，是否应办理一般纳税人登记？

珍贝酒店在通常情况下，年销售额在350万元左右。2019年12月销售购买的房屋一幢，取得不含税销售额4 300万元，当年提供饮食服务与销售不动产的销售额合计为4 600万元。请问：珍贝酒店的经营规模是否超过小规模纳税人标准？

答：根据《增值税一般纳税人登记管理办法》(国家税务总局令第43号)规定，纳税人偶然发生的销售无形资产、转让不动产的销售额，不计入应税行为年应税销售额。珍贝酒店2019年销售额4 600万元扣除销售不动产销售额4 300万元后，余额为300万元，没有超过财政部、国家税务总局规定的500万元标准。因此，珍贝酒店的经营规模没有超过小规模纳税人标准。

1.2.1.2 经营期的界定

年应税销售额，是指纳税人在连续不超过12个月或四个季度的经营期内累计应征增值税销售额。这里的经营期，是指在纳税人存续期内的连续经营期间，含未取得销售收入的月份或季度。

(国家税务总局关于增值税一般纳税人登记管理若干事项的公告，国家税务总局公告2018年第6号，

发文日期:2018-01-29)

超过小规模纳税人标准的纳税人,除本章1.2.2所列举的特殊情形外,应当向主管税务机关办理一般纳税人登记。

政策解析 小规模纳税人标准以"年应税销售额"作为判定条件,这里的"年"不是一个自然年度,而是不超过12个月或四个季度的连续经营期。

1.2.2 超过小规模纳税人标准可以不办理一般纳税人资格登记的情形

1.2.2.1 传统增值税政策规定的情形

《增值税暂行条例实施细则》第二十九条规定,年应税销售额超过小规模纳税人标准的其他个人按小规模纳税人纳税;非企业性单位、不经常发生应税行为的企业可选择按小规模纳税人纳税。

1.2.2.2 营改增政策规定的情形

年应税销售额超过规定标准的其他个人不属于一般纳税人。年应税销售额超过规定标准但不经常发生应税行为的单位和个体工商户可选择按照小规模纳税人纳税。

(财政部 国家税务总局关于全面推开营业税改征增值税试点的通知,财税〔2016〕36号,发文日期:2016-03-23)

政策解析 目前,对于超过小规模纳税人标准可以选择按小规模纳税人纳税的范围,传统增值税政策与营改增政策有区别,前者包括所有的非企业性单位,但是不包括个体工商户;后者只包括不经常发生应税行为的非企业性单位,同时也包括不经常发生应税行为的个体工商户。

1.2.3 超过小规模纳税人标准不办理一般纳税人资格登记的责任

有下列情形之一者,应当按照销售额和增值税税率计算应纳税额,不得抵扣进项税额,也不得使用增值税专用发票:

(一)一般纳税人会计核算不健全,或者不能够提供准确税务资料的。

(二)应当办理一般纳税人资格登记而未办理的。

(中华人民共和国增值税暂行条例实施细则,财政部令2011年第65号,发文日期:2011-10-28;财政部 国家税务总局关于全面推开营业税改征增值税试点的通知,财税〔2016〕36号,发文日期:2016-03-23)

纳税人年应税销售额超过小规模纳税人标准且未在规定时限内申请一般纳税人资格认定的,主管税务机关应制作《税务事项通知书》予以告知。纳税人在《税务事项通知书》规定时限内仍未向主管税务机关报送一般纳税人认定有关资料的,其《税务事项通知书》规定时限届满之后的销售额依照增值税税率计算应纳税额,不得抵扣进项税额。税务机关送达的《税务事项通知书》规定时限届满之前的销售额,应按小规模纳税人简易计税方法,依3%征收率计算应纳税额。

(国家税务总局关于界定超标准小规模纳税人偷税数额的批复,税总函〔2015〕311号,发文日期:2015-06-11)

政策解析 一般纳税人认定标准只有“年应税销售额”一个判定条件，“会计核算健全”并不是判定是否达到一般纳税人的必备条件。也就是说，只要纳税人年应税销售额超过规定标准，即使会计核算不健全也要登记为一般纳税人。成为一般纳税人后，会计核算仍然不健全，应当按照销售额和增值税税率计算应纳税额，不得抵扣进项税额，也不得使用增值税专用发票。这必将倒逼一般纳税人会计核算健全。

案例解析5

超过小规模纳税人标准不办理一般纳税人登记会承担什么不利法律后果？

珍贝驾驶员培训公司不含税年销售额为1 300万元。珍贝驾驶员培训公司经测算按照一般计税方法的增值税税负高于按照简易计税方法的增值税税负，因此，不愿意登记为一般纳税人。请问：如果珍贝驾驶员培训公司接到税务机关的通知后，没有按照规定的期限到税务机关办理一般纳税人资格登记，会有什么不利后果？

答：根据《财政部　国家税务总局关于全面推开营业税改征增值税试点的通知》（财税〔2016〕36号）第三十三条规定，应当办理一般纳税人资格登记而未办理的，应按销售额依照增值税税率计算应纳税额，不得抵扣进项税额，也不得使用增值税专用发票。如果珍贝驾驶员培训公司不按税务机关规定的期限办理一般纳税人资格登记，从期限届满的次月起，将按销售额乘以税率计算征税，进项税额不得抵扣，而且不能领购使用增值税专用发票。

1.2.4　未超过小规模纳税人标准可以申请认定一般纳税人的情形

小规模纳税人会计核算健全，能够提供准确税务资料的，可以向主管税务机关办理登记，不作为小规模纳税人。

会计核算健全，是指能够按照国家统一的会计制度规定设置账簿，根据合法、有效凭证核算。

（中华人民共和国增值税暂行条例，中华人民共和国国务院令第691号，发文日期：2017-11-19；中华人民共和国增值税暂行条例实施细则，财政部令2011年第65号，发文日期：2011-10-28；财政部　国家税务总局关于全面推开营业税改征增值税试点的通知，财税〔2016〕36号，发文日期：2016-03-23）

案例解析6

纳税人经营规模没有超过小规模纳税人标准可以申请一般纳税人登记吗？

天马大酒店年应税销售额为380万元。请问：该酒店想成为一般纳税人，可以办理一般纳税人登记，按照一般计税方法计算缴纳增值税吗？需要满足什么条件？

答：根据《财政部　国家税务总局关于全面推开营业税改征增值税试点的通知》（财税〔2016〕36号）第四条规定，年应税销售额未超过规定标准的纳税人，会计核算健全，能够提资格供准确税务资料的，可以向主管税务机关办理一般纳税人资格登记，成为一般纳税人。天马大酒店年应税销售额没有超过小规模纳税人标准，只要会计核算健全，能够提供准确税务资料，就可以办理一般纳税人资格登记。按照《增值税一般纳税人资格认定管理办法》（国家税务总局令2010年第22号）第四条规定，年应税销售额未超过财政部、国家税务总局规定的小规模纳税人标准以及新开业的纳税人，可以向主管税务机关申请一般纳税人资格认定。对提出申请并且同时符合下列条件的纳税人，主管税务机关应当为其办理一般纳税人资格认定：(一)有固定的生产经营场所；(二)能够按照国家统一的会计制度规定设置账簿，根据合法、有效凭证核算，能够提供准确税务资料。但是《国家税务总局关于调整增值税一般纳税人管理有关事项的公告》(国家税务总局公告2015年第18号)将《增值税一般纳税人资格认定管理办法》第四条第二款第(一)项暂停执行了。也就是说，自2015年4月1日起，年应税销售额未超过规定标准的小规模纳税人办理一般纳税人资格登记时，"有固定的生产经营场所"这个前置条件被取消了，只要小规模纳税人会计核算健全，能够提供准确税务资料的，就可以办理一般纳税人资格登记。

政策解析 在判断纳税人是否达到一般纳税人标准时，需要关注下列三类特殊主体：

1. 其他个人。其他个人无论年应税销售额是否超过小规模纳税人标准，均不办理一般纳税人登记。

2. 全部销售免税货物的企业。全部销售免税货物的企业也应按规定办理一般纳税人登记。由于年应税销售额包括免税销售额，所以全部销售免税货物的企业，年免税销售额超过500万元的标准，也要办理一般纳税人登记。但按照《增值税暂行条例》规定，销售免税货物不得开具增值税专用发票，所以全部销售免税货物的企业登记为一般纳税人后，除另有规定外，仍不可以领购使用增值税专用发票。

3. 小规模商业企业。年应税销售额未超小规模纳税人标准及新开业的商业企业，只要会计核算健全、能够提供准确税务资料，也可以办理一般纳税人资格登记，只是对小型商贸批发企业要实行辅导期管理。

1.3 一般纳税人登记管理

《国务院关于取消和调整一批行政审批项目等事项的决定》(国发〔2015〕11号)公布取消对增值税一般纳税人资格认定审批事项。为贯彻国务院文件精神，税务总局制定发布了《国家税务总局关于调整增值税一般纳税人管理有关事项的公告》(国家税务总局公告2015年第18号)，明确一般纳税人资格实行登记制。

一、办理一般纳税人登记的两类纳税人。

(一)超过小规模纳税人标准的纳税人。

增值税纳税人，年应税销售额超过财政部、国家税务总局规定的小规模纳税人标准(以下简称"规定标准")的，除财政部、国家税务总局明确规定的可选择按小规模纳税人纳税的情形外，应当向主管税务机关办理一般纳税人登记。

政策解析 超过小规模纳税人标准的单位及个体工商户(不经常发生应税行为的除外)，必须在规定的时限内办理一般纳税人登记手续，否则将按《增值税暂行条例实施细则》第三十四条处理；超过规定标准的不经常发生应税行为的单位和个体工商户也必须在规定的时限内提交选择按小规模纳税人纳税的书面说明，否则也将按《增值税暂行条例实施细则》第三十四条处理。

（二）未超小规模纳税人标准的纳税人。

年应税销售额未超过规定标准的纳税人，会计核算健全，能够提供准确税务资料的，可以向主管税务机关办理一般纳税人登记。

会计核算健全，是指能够按照国家统一的会计制度规定设置账簿，根据合法、有效凭证进行核算。

政策解析 1."会计核算健全"前置条件由纳税人在填写一般纳税人登记表时进行勾选承诺。

2.《一般纳税人登记管理办法》对未超过小规模纳税人标准申请办理一般纳税人登记的纳税人，不再设置"有固定的生产经营场所"的前置条件。

3. 税务机关为未超过小规模纳税人标准纳税人办理一般纳税人登记时，不再实行实地查验环节，对符合登记要求的，一般予以当场办结。

二、下列纳税人不办理一般纳税人登记：

（一）按照政策规定，选择按照小规模纳税人纳税的。

（二）年应税销售额超过规定标准的其他个人（指自然人）。

政策解析 按照政策规定，下列两类纳税人经营规模超过小规模纳税人标准仍可以选择按照小规模纳税人纳税：一是，原增值税纳税人中的非企业性单位；二是，不经常发生应税行为的单位和个体工商户。

三、办理一般纳税人登记的机关。

纳税人应当向其机构所在地主管税务机关办理一般纳税人登记手续。

四、纳税人办理一般纳税人登记的程序。

（一）纳税人向主管税务机关填报《增值税一般纳税人登记表》，如实填写固定生产经营场所等信息（指填写在《增值税一般纳税人登记表》"生产经营地址"栏次中的内容），并提供税务登记证件；税务登记证件，包括纳税人领取的由工商行政管理部门或者其他主管部门核发的加载法人和其他组织统一社会信用代码的相关证件。

（二）纳税人填报内容与税务登记信息一致的，主管税务机关当场登记。

（三）纳税人填报内容与税务登记信息不一致，或者不符合填列要求的，税务机关应当场告知纳税人需要补正的内容。

五、超过规定标准纳税人选择按小规模纳税人纳税的程序。

年应税销售额超过规定标准的纳税人符合有关政策规定选择按小规模纳税人纳税的，应当向主管税务机关提交书面说明。

六、办理一般纳税人登记或选择按小规模纳税人纳税的时限。

纳税人在年应税销售额超过规定标准的月份（或季度）的所属申报期结束后 15 日内按照规定办理一般纳税人登记手续或选择按小规模纳税人纳税手续；未按规定时限办理的，主管税务机关应当在规定时限结束后 5 日内制作《税务事项通知书》，告知纳税人应当在 5 日内向主管税务机关办理相关手续；逾期仍不办理的，次月起按销售额依照增值税税率计算应纳税额，不得抵扣进项税额，直至纳税人办理相关手续为止。

（一）《税务事项通知书》告知的事项。

《税务事项通知书》中需告知纳税人的内容应当包括：纳税人年应税销售额已超过规定标准，应在收到《税务事项通知书》后5日内向税务机关办理增值税一般纳税人登记手续或者选择按照小规模纳税人纳税的手续；逾期未办理的，自通知时限期满的次月起按销售额依照增值税税率计算应纳税额，不得抵扣进项税额，直至纳税人办理相关手续为止。

（二）办理期限的顺延。

上述期限的最后一日是法定休假日的，以休假日期满的次日为期限的最后一日；在期限内有连续3日以上（含3日）法定休假日的，按休假日天数顺延。

政策解析 办理一般纳税人登记相关时限的时间单位不再是"工作日"了，而是"日"，只有期限的最后一日是休假日或者期限内有3日以上休假日的，才能顺延。

〔例题1-2〕 天马钢材生产企业2020年12月登记成立并立即从事生产经营，2020年12月至2021年4月应税销售额分别为120万元、150万元、180万元、200万元、250万元。该企业前五个月销售额累计为650万元，应将2020年12月至2021年4月作为一个年度。自2021年4月的所属申报期结束后即5月16日（假定纳税申报期没有顺延）开始计算15日期限，作为纳税人自行到税务机关办理一般纳税人登记的时限。

案例解析7

达到一般纳税人标准后，不按照税务机关的要求办理一般纳税人登记，什么时候开始按照适用税率征税？

天马钢材生产企业2020年8月登记成立并立即从事生产经营，按季纳税。2020年第三、四季度和2021年第一、二季度应税销售额分别为120万元、150万元、180万元、200万元。该企业连续四个季度经营期销售额为650万元，超过500万元，但未按照税务机关通知的要求办理一般纳税人登记，什么时候开始按照适用税率征税？

答：《增值税一般纳税人登记管理办法》（总局令第43号）规定，纳税人在年应税销售额超过规定标准的月份（或季度）的所属申报期结束后15日内按照规定办理相关手续；未按规定时限办理的，主管税务机关应当在规定时限结束后5日内制作《税务事项通知书》，告知纳税人应当在5日内向主管税务机关办理相关手续；逾期仍不办理的，次月起按销售额依照增值税税率计算应纳税额，不得抵扣进项税额，直至纳税人办理相关手续为止。天马钢材企业应自2021年第二季度的申报期结束后的7月16日开始计算纳税人自行到税务机关办理一般纳税人登记的15日期限，也就是7月16日至7月30日；7月31日至8月4日的5日内税务机关应向纳税人下达《税务事项通知书》，要求纳税人在5日内到税务机关办理一般纳税人相关手续。假设税务机关于8月3日下达《税务事项通知书》，则纳税人应在8月4日至8月8日的5日内到税务机关办理一般纳税人登记手续。如果纳税人逾期未办理，则从2021年9月份属期开始，天马钢材厂应按月申报纳税，并且按照销售额和税率计算应纳税额，进项税额不得抵扣，也不得领购使用增值税专用发票。

七、一般纳税人的生效时间。

一般纳税人生效之日，是指纳税人办理登记的当月 1 日或者次月 1 日，由纳税人在办理登记手续时自行选择。

纳税人自一般纳税人生效之日起，按照增值税一般计税方法计算应纳税额，并可以按照规定领用增值税专用发票，财政部、国家税务总局另有规定的除外。

八、证明一般纳税人身份的凭据。

经税务机关核对后退还纳税人留存的《增值税一般纳税人登记表》，可以作为证明纳税人成为增值税一般纳税人的凭据。

（增值税一般纳税人登记管理办法，国家税务总局令第 43 号，发文日期：2017-12-29；国家税务总局关于增值税一般纳税人登记管理若干事项的公告，国家税务总局公告 2018 年第 6 号，发文日期：2018-01-29）

1.4 一般纳税人转为小规模纳税人事宜

一、原则性规定。

纳税人登记为一般纳税人后，不得转为小规模纳税人，国家税务总局另有规定的除外。

（增值税一般纳税人登记管理办法，国家税务总局令第 43 号，发文日期：2017-12-29）

案例解析 8

一般纳税人办理资格登记后，连续两年的年应税销售额均未达到一般纳税人标准，可以再转为小规模纳税人吗？

珍贝劳务派遣公司 2018 年 5 月至 12 月应税销售额为 580 万元，按照税务机关送达的《税务事项通知书》要求的时限办理了一般纳税人资格登记。但是 2019 年由于劳动力紧缺，应税销售额都不超过 500 万元。公司认为劳务派遣行业的进项税额较少，按照一般计税方法的增值税税负高于按照简易计税方法的增值税税负，因此，向税务机关协商再转为小规模纳税人。请问：税务机关可以将珍贝劳务派遣公司转为小规模纳税人吗？

答：根据《财政部 国家税务总局关于全面推开营业税改征增值税试点的通知》（财税〔2016〕36 号）第五条第二款规定，除国家税务总局另有规定外，一经登记为一般纳税人后，不得转为小规模纳税人。目前国家税务总局作出的转登记为小规模纳税人的办理时限为 2019 年 12 月 31 日前。因此，珍贝劳务派遣公司不得转为小规模纳税人。

二、2019 年的转登记政策。

转登记日前连续 12 个月（以 1 个月为 1 个纳税期）或者连续 4 个季度（以 1 个季度为 1 个纳税期）累计销售额未超过 500 万元的一般纳税人，在 2019 年 12 月 31 日前，可选择转登记为小规模纳税人。

（国家税务总局关于小规模纳税人免征增值税政策有关征管问题的公告，国家税务总局公告 2019 年第 4 号，发文日期：2019-01-19）

政策解析 2018 年 4 月 30 日以前，工业一般纳税人的标准只有 50 万元，商业一般纳税人的标准只有 80 万元；2018 年 5 月 1 日起，财税〔2018〕33 号将所有行业一般纳税人的标准统一为年销售额超过 500 万元，工商业一般纳税人标准大幅提升。2018 年 4 月 30 日前按照原来的50万元或80万元标准登记的一般纳税人,年应税销售额在500万元以下的,在2018年5月1日后达不到一般纳税人标准了。因此,财税〔2018〕33号给予过渡政策:这部分纳税人可以在2018年12月31日前转为小规模纳税人,但是未抵扣的进项税额不给予退税,作进项税额转出处理。

针对一般纳税人提出办理转登记为小规模纳税人的日期为准,往前推12个月或4个季度,这样不同月份提出办理转登记的一般纳税人,采用的期间是不同的。

由于《财政部 税务总局关于实施小微企业普惠性税收减免政策的通知》(财税〔2019〕13号)将小微企业免征增值税的标准从月销售额3万元提高到月销售额10万元。部分年应税销售额不超过120万元的一般纳税人,如果转登记为小规模纳税人可以享受小微企业免税优惠。因此,总局2019年4号公告明确的可转登记纳税人不再限于根据《增值税暂行条例》及细则有关规定登记为一般纳税人的原增值税纳税人,营改增试点纳税人、甚至是2018年已经办理转登记的纳税人又登记为一般纳税人的,满足销售额不超过500万元标准的,仍然可以办理转登记手续。

满足条件的纳税人是否由一般纳税人转为小规模纳税人,由其自主选择,符合条件的纳税人,仍可继续作为一般纳税人。

(一)转登记日前经营期不满12个月或者4个季度的,按照月(季度)平均应税销售额估算上款规定的累计应税销售额。

应税销售额的具体范围,按照《增值税一般纳税人登记管理办法》(国家税务总局令第43号)和《国家税务总局关于增值税一般纳税人登记管理若干事项的公告》(国家税务总局公告2018年第6号)的有关规定执行。

(二)符合条件的纳税人,向主管税务机关填报《一般纳税人转为小规模纳税人登记表》,并提供税务登记证件;已实行实名办税的纳税人,无需提供税务登记证件。主管税务机关根据下列情况分别作出处理:

1. 纳税人填报内容与税务登记、纳税申报信息一致的,主管税务机关当场办理。

2. 纳税人填报内容与税务登记、纳税申报信息不一致,或者不符合填列要求的,主管税务机关应当场告知纳税人需要补正的内容。

(三)一般纳税人转登记为小规模纳税人(以下称转登记纳税人)后,自转登记日的下期起,按照简易计税方法计算缴纳增值税;转登记日当期仍按照一般纳税人的有关规定计算缴纳增值税。

政策解析 一般纳税人转登记为小规模纳税人时,小规模纳税人的生效日一律为转登记日的下期,纳税人无权选择其他生效日,也就是说,自转登记日的下期起按照小规模纳税人适用简易计税方法计税。这里的"转登记日的下期起"具体分为两种情形:按季申报纳税人自下一季度开始,按月申报纳税人自下月开始。转登记日当期,仍按照一般纳税人的有关规定计税。

(四)转登记纳税人尚未申报抵扣的进项税额以及转登记日当期的期末留抵税额,计入"应交税费——待抵扣进项税额"核算。

尚未申报抵扣的进项税额计入“应交税费——待抵扣进项税额”时：

1. 转登记日当期已经取得的增值税专用发票、机动车销售统一发票、收费公路通行费增值税电子普通发票，应当已经通过增值税发票选择确认平台进行选择确认或认证后稽核比对相符；经稽核比对异常的，应当按照现行规定进行核查处理。已经取得的海关进口增值税专用缴款书，经稽核比对相符的，应当自行下载《海关进口增值税专用缴款书稽核结果通知书》；经稽核比对异常的，应当按照现行规定进行核查处理。

2. 转登记日当期尚未取得的增值税专用发票、机动车销售统一发票、收费公路通行费增值税电子普通发票，转登记纳税人在取得上述发票以后，应当持税控设备，由主管税务机关通过增值税发票选择确认平台（税务局端）为其办理选择确认。尚未取得的海关进口增值税专用缴款书，转登记纳税人在取得以后，经稽核比对相符的，应当由主管税务机关通过稽核系统为其下载《海关进口增值税专用缴款书稽核结果通知书》；经稽核比对异常的，应当按照现行规定进行核查处理。

（五）转登记纳税人在一般纳税人期间销售或者购进的货物、劳务、服务、无形资产、不动产，自转登记日的下期起发生销售折让、中止或者退回的，调整转登记日当期的销项税额、进项税额和应纳税额。

1. 调整后的应纳税额小于转登记日当期申报的应纳税额形成的多缴税款，从发生销售折让、中止或者退回当期的应纳税额中抵减；不足抵减的，结转下期继续抵减。

2. 调整后的应纳税额大于转登记日当期申报的应纳税额形成的少缴税款，从“应交税费——待抵扣进项税额”中抵减；抵减后仍有余额的，计入发生销售折让、中止或者退回当期的应纳税额一并申报缴纳。

转登记纳税人因税务稽查、补充申报等原因，需要对一般纳税人期间的销项税额、进项税额和应纳税额进行调整的，按照上述规定处理。

转登记纳税人应准确核算“应交税费——待抵扣进项税额”的变动情况。

政策解析 转登记纳税人作为一般纳税人经营期间的销售或者购进业务，是按照一般计税方法计算纳税的，因此，其在转登记后发生销售折让、中止或者退回的，也应按照一般计税方法进行调整，18号公告明确调整转登记日当期的销项税额、进项税额、应纳税额，也就是调整一般纳税人期间最后一期的销项税额、进项税额、应纳税额，调整后最后一期形成的多缴税款，抵减折让或者退回当期的应纳税额；应补税款首先冲减“应交税金—待抵扣进项税额”，剩余部分在折让或者退回当期补缴。

（六）转登记纳税人可以继续使用现有税控设备开具增值税发票，不需要缴销税控设备和增值税发票。

转登记纳税人自转登记日的下期起，发生增值税应税销售行为，应当按照征收率开具增值税发票；转登记日前已作增值税专用发票票种核定的，继续通过增值税发票管理系统自行开具增值税专用发票；销售其取得的不动产，需要开具增值税专用发票的，应当按照有关规定向税务机关申请代开。

政策解析 转登记纳税人如果在一般纳税人期间已经使用增值税专用发票了，无论其从事什么行业，转登记为小规模纳税人后可以继续领购使用增值税专用发票。

（七）转登记纳税人在一般纳税人期间发生的增值税应税销售行为，未开具增值税发票需要补开的，应当按照原适用税率或者征收率补开增值税发票；发生销售折让、中止或者退回等情形，需要开具红字发票的，按照原蓝字发票记载的内容开具红字发票；开票有误需要重新开具的，先按照原蓝字发票记载的内容开具红字发票后，再重新开具正确的蓝字发票。

转登记纳税人发生上述行为，需要按照原适用税率开具增值税发票的，应当在互联网连接状态下开具。按照有关规定不使用网络办税的特定纳税人，可以通过离线方式开具增值税发票。

（八）自转登记日的下期起连续不超过12个月或者连续不超过4个季度的经营期内，转登记纳税人应税销售额超过财政部、国家税务总局规定的小规模纳税人标准的，应当按照《增值税一般纳税人登记管理办法》（国家税务总局令第43号）的有关规定，向主管税务机关办理一般纳税人登记。

转登记纳税人按规定再次登记为一般纳税人后，不得再转登记为小规模纳税人。

（九）一般纳税人在增值税税率调整前已按原适用税率开具的增值税发票，发生销售折让、中止或者退回等情形需要开具红字发票的，按照原适用税率开具红字发票；开票有误需要重新开具的，先按照原适用税率开具红字发票后，再重新开具正确的蓝字发票。

一般纳税人在增值税税率调整前未开具增值税发票的增值税应税销售行为，需要补开增值税发票的，应当按照原适用税率补开。

增值税发票税控开票软件税率栏次默认显示调整后税率，一般纳税人发生上述行为可以手工选择原适用税率开具增值税发票。

（十）国家税务总局在增值税发票管理系统中更新了《商品和服务税收分类编码表》，纳税人应当按照更新后的《商品和服务税收分类编码表》开具增值税发票。

转登记纳税人和一般纳税人应当及时完成增值税发票税控开票软件升级、税控设备变更发行和自身业务系统调整。

（国家税务总局关于统一小规模纳税人标准等若干增值税问题的公告，国家税务总局公告2018年第18号，发文日期:2018-04-20）

三、2020年的转登记政策。

自2020年4月23日起，一般纳税人符合以下条件的，在2020年12月31日前，可选择转登记为小规模纳税人:转登记日前连续12个月（以1个月为1个纳税期）或者连续4个季度（以1个季度为1个纳税期）累计销售额未超过500万元。

一般纳税人转登记为小规模纳税人的其他事宜，按照《国家税务总局关于统一小规模纳税人标准等若干增值税问题的公告》（国家税务总局公告2018年第18号）、《国家税务总局关于统一小规模纳税人标准有关出口退（免）税问题的公告》（国家税务总局公告2018年第20号）的相关规定执行。

（国家税务总局关于明确二手车经销等若干增值税征管问题的公告，国家税务总局公告2020年第9号，发文日期:2020-04-23）

政策解析　为支持小规模纳税人复工复业，国家针对小规模纳税人出台了增值税减免税政策，湖北地区小规模纳税人适用3%征收率的应税行为免税，非湖北地区则减按1%征收。考虑到疫情对企业生产经营的影响，为使纳税人充分享受税收优惠，总局又一次下发了一般纳税人转登记为小规模纳税人政策，该政策执行到2020年年底。

热点问题1

我公司是2019年10月成立的一家纸张生产公司，成立时登记为增值税一般纳税人，2019年第四季度销售额为150万元。受此次疫情影响，订单大幅减少，2020年一季度销售额仅为70万元。此次转登记政策出台后，我公司想转登记为小规模纳税人，但经营期不满12个月，能否转登记为小规模纳税人？

答：根据《国家税务总局关于明确二手车经销等若干增值税征管问题的公告》(国家税务总局公告2020年第9号)第六条和《国家税务总局关于统一小规模纳税人标准等若干增值税问题的公告》(国家税务总局公告2018年第18号)第一条第(二)款规定，转登记日前连续12个月(以1个月为1个纳税期)或者连续4个季度(以1个季度为1个纳税期)累计销售额未超过500万元的一般纳税人，在2020年12月31日前，可选择转登记为小规模纳税人。转登记日前经营期不满12个月或者4个季度的，按照月(季度)平均应税销售额估算上款规定的累计应税销售额。你公司2019年10月至2020年3月所属期应税销售额合计220万元(150+70)，按照平均应税销售额估算，年应税销售额为440万元(220÷6×12)，符合转登记条件，可以申请转登记为小规模纳税人。

热点问题2

我公司是一家运输企业，为按月申报的增值税一般纳税人，受疫情影响，交通限制，销售额大幅下降，请问延续转登记政策出台后，我公司最快可以什么时候转登记为小规模纳税人？

答：《国家税务总局关于统一小规模纳税人标准等若干增值税问题的公告》(国家税务总局公告2018年第18号)第三条规定，一般纳税人转登记为小规模纳税人后，自转登记日的下期起，按照简易计税方法计算缴纳增值税；转登记日当期仍按照一般纳税人的有关规定计算缴纳增值税。为使纳税人尽快享受小规模纳税人复工复业相关优惠政策，《国家税务总局关于明确二手车经销等若干增值税征管问题的公告》(国家税务总局公告2020年第9号)明确转登记政策自公告发布之日起施行。因此，你公司作为按月申报的一般纳税人，如符合转登记条件，公告发布(2020年4月23日)后即可申请提交转登记申请，最快将在2020年5月1日起按照小规模纳税人相关政策计算缴纳增值税。

案例解析9

一般纳税人转为小规模纳税人时，未抵扣的进项税额可否申请退税？

天马建材批发企业2005年12月登记成立并立即从事生产经营，2006年1月至2006年10月应税销售额累计超过80万元，2007年1月天马建材批发企业按照税务机关的要求办理了一般纳税人登记手续。2013年以来，天马企业每月应税销售额均在30万元以下，天马企业可否在2020年申请转为小规模纳税人？如果可以，转为小规模纳税人时未抵扣的进项税额可否申请退税？

答：根据《国家税务总局关于明确二手车经销等若干增值税征管问题的公告》(国家税务总局公告2020年第9号)规定一般纳税人符合以下条件的，在2020年12月31日前，可选择转登记为小规模纳税人：转登记日前连续12个月(以1个月为1个纳税期)或者连续4个季度(以1个季度为1个纳税期)累计销售额未超过500万元。天马建材批发企业2013年以来月应税销售额均在30万元以下，也就是说，年应税销售额在360万元以下，可以转为小规模纳税人，但必须在2020年12月31日办理。

《国家税务总局关于统一小规模纳税人标准等若干增值税问题的公告》(国家税务总局公告2018年第18号)规定，转登记纳税人尚未申报抵扣的进项税额以及转登记日当期的期末留抵税额，计入"应交税费——待抵扣进项税额"核算。因此，转登记纳税人作为一般纳税人期前尚未抵扣的进项税额不能申请退税，只能作进项税额转出处理。

账务处理为：

转登记日期末：

借：应交税费——待抵扣进项税额

　贷：应交税费——应交增值税(进项税额转出)

案例解析10

转登记纳税人在一般纳税人期间发生的销售行为在转登记为小规模纳税人后，发生折让或退回，应如何处理？

天马建材批发企业2005年12月登记成立并立即从事生产经营，2006年1月至2006年10月应税销售额累计超过80万元，2007年1月天马建材批发企业按照税务机关的要求办理了一般纳税人登记手续，并按月申报纳税。2013年以来，天马企业每月应税销售额均在30万元以下。2020年5月10日天马企业向税务机关办理转为小规模纳税人登记。2020年7月天马企业销售的一批建材因质量原因发生退货，已知该批建材是2020年4月销售的，天马企业已在当月开具增值税专用发票并申报纳税。请问：该笔退货业务应如何处理，如何开具发票？

答：《国家税务总局关于统一小规模纳税人标准等若干增值税问题的公告》(总局公告2018年第18号)规定，一般纳税人转登记为小规模纳税人后，自转登记日的下期起，按照简易计税方法计算缴纳增值税；转登记纳税人在一般纳税人期间销售或者购进的货物、劳务、服务、无形资产、不动产，自转登记日的下期起发生销售折让、中止或者退回的，调整转登记日当期的销项税额、进项税额和应纳税额。(一)调整后的应纳税额小于转登记日当期申报的应纳税额形成的多缴税款，从发生销售折让、中止或者退回当期的应纳税额中抵减；不足抵减的，结转下期继续抵减。(二)调整后的应纳税额大于转登记日当期申报的应纳税额形成的少缴税款，从"应交税费——待抵扣进项税额"中抵减；抵减后仍有余额的，计入发生销售折让、中止或者退回当期的应纳税额一并申报缴纳。天马企业在2020年5月10日办理转为小规模纳税人登记，小规模纳税人生效日为2020年6月1日，2020年6月以后，天马企业应按照简易计税方法申报纳税。但2020年7月发生的销货退回对应的销售行为发生在天马企业属于一般纳税人期间，当时已经按照一般计税方法申报纳税，应调整天马企业作为一般纳税人最后一期的销项税额，即2020年5月的销项税额。如果2020年5月天马企业向税务机关申报缴纳的应纳税额大于该笔退货业务对应的销项税额，该笔退货业务调减2020年5月销项税额后形成5月的多缴税款，应抵减发生退货的7月的应纳税额;如果2020年5月天马企业向税务机关申报缴纳的应纳税额小于该笔退货业务对应的销项税额,该笔退货业务调减2020年5月销项税额后导致5月形成进项税额留抵,此时5月实际缴纳的税额形成多缴税款,应抵减发生退货的7月的应纳税额,调整后形成的进项税额留抵转入“应交税费——待抵扣进项税额”;如果2020年5月天马企业向税务机关申报进项税额留抵,该笔退货业务调减2020年5月销项税额后导致5月的进项税额留抵变大,应将多出的进项税额留抵也转入“应交税费——待抵扣进项税额”。

《国家税务总局关于统一小规模纳税人标准等若干增值税问题的公告》(国家税务总局公告2018年第18号)规定,转登记纳税人发生销售折让、中止或者退回等情形,需要开具红字发票的,按照原蓝字发票记载的内容开具红字发票。天马企业在2020年5月销售实现时已经按照税率开具增值税专用发票,7月发生销售退回时,应按照税率开具红字增值税专用发票。

重点难点即时练1

1. 下列纳税人可以选择按小规模纳税人纳税的是(　　)。
   A. 年应税销售额超过小规模纳税人标准,且会计核算健全商业零售企业
   B. 年应税销售额超过小规模纳税人标准的不经常发生增值税应税行为的企业
   C. 年应税销售额超过小规模纳税人标准从事工业生产的个体工商户
   D. 年应税销售额超过小规模纳税人标准的不经常发生应税行为的非企业性单位
2. 下列纳税人会计核算健全,提请一般纳税人登记,税务机关应予办理的有(　　)。
   A. 年应税销售额未超过小规模纳税人标准的小型商贸批发企业
   B. 年应税销售额未超过小规模纳税人标准的不经常发生应税行为的企业
   C. 年应税销售额超过小规模纳税人标准的其他个人
   D. 年应税销售额超过小规模纳税人标准全部销售免税货物的企业
3. 下列属于纳税人办理一般纳税人登记时,应提供的资料有(　　)。
   A.《税务登记证》副本
   B. 经营场所产权证明或者租赁协议,或者其他可使用场地证明及其复印件
   C. 财务负责人和办税人员的身份证明及其复印件
   D. 会计人员的会计从业资格证书或者与中介机构签订的代理记账协议及其复印件
4. 下列关于一般纳税人的登记管理说法不正确的有(　　)。
   A. 年应税销售额是指公历1月1日至12月31日纳税人取得的销售额
   B. 年应税销售额不包括免税销售额
   C. 稽查查补销售额计入查补税款所属期销售额
   D. 纳税人可自行选择当月1日或次月1日作为一般纳税人的生效之日
5. 税务机关办理一般纳税人登记,不需要实地查验,对符合登记要求、资料填写正确的,一般予以当场办结。(　　)
6. 不经常发生应税行为的企业或非企业性单位年应税销售额超过小规模纳税人标准,不需要办理手续,可以直接选择按小规模纳税人纳税。(　　)

1.5 一般纳税人辅导期管理办法

《增值税一般纳税人登记管理办法》明确，主管税务机关应当加强对税收风险的管理。对税收遵从度低的一般纳税人，主管税务机关可以实行纳税辅导期管理。

一、实行辅导期管理的纳税人范围。

主管税务机关可以在一定期限内对下列一般纳税人实行纳税辅导期管理：

（一）新登记为一般纳税人的未超过规定标准的小型商贸批发企业。

“小型商贸批发企业”，是指注册资金在80万元（含80万元）以下、职工人数在10人（含10人）以下的批发企业。只从事出口贸易，不需要使用增值税专用发票的企业除外。批发企业按照国家统计局颁发的《国民经济行业分类》（GB/T 4754—2002）中有关批发业的行业划分方法界定。

（二）国家税务总局规定的其他一般纳税人。

“其他一般纳税人”，是指具有下列情形之一的一般纳税人：

1. 增值税偷税数额占应纳税额的10%以上并且偷税数额在10万元以上的。

2. 骗取出口退税的。

3. 虚开增值税扣税凭证的。

4. 国家税务总局规定的其他情形。

二、辅导期管理的期限。

新登记为一般纳税人的小型商贸批发企业实行纳税辅导期管理的期限为3个月；其他一般纳税人实行纳税辅导期管理的期限为6个月。

三、辅导期管理的执行时效。

对新办小型商贸批发企业，主管税务机关应在《税务事项通知书》内告知纳税人对其实行纳税辅导期管理，纳税辅导期自主管税务机关制作《税务事项通知书》的当月起执行；对其他一般纳税人，主管税务机关应自稽查部门作出《税务稽查处理决定书》后40个工作日内，制作、送达《税务事项通知书》告知纳税人对其实行纳税辅导期管理，纳税辅导期自主管税务机关制作《税务事项通知书》的次月起执行。

四、辅导期管理的特殊政策。

（一）进项税额先比对，后抵扣。

辅导期纳税人取得的增值税专用发票抵扣联、海关进口增值税专用缴款书应当在交叉稽核比对无误后，方可抵扣进项税额。

（二）限量限额领购专用发票。

主管税务机关对辅导期纳税人实行限量限额发售专用发票。

1. 实行纳税辅导期管理的小型商贸批发企业，领购专用发票的最高开票限额不得超过10万元；其他一般纳税人专用发票最高开票限额应根据企业实际经营情况重新核定。

2. 辅导期纳税人专用发票的领购实行按次限量控制，主管税务机关可根据纳税人的经营情况核定每次专用发票的供应数量，但每次发售专用发票数量不得超过25份。辅导期纳税人领购的专用发票未使用完而再次领购的，主管税务机关发售专用发票的份数不得超过核定的每次领购专用发票份数与未使用完的专用发票份数的差额。

〔例题1-3〕 天马小型商贸批发企业2020年3月办理税务登记时办理一般纳税人登记，税务机关对其实行辅导期管理。2020年4月企业领购增值税专用发票25份，实际使用19份。2020年5月13日企业向税务机关申请领购增值税专用发票，此时企业上月领购的增值税专用发票还有6份尚未开具，税务机关最多可以向企业发售19份(25—6)专用发票。

(三) 增购专用发票时预缴税款。

辅导期纳税人一个月内多次领购专用发票的，应从当月第二次领购专用发票起，按照上一次已领购并开具的专用发票销售额的3%预缴增值税，未预缴增值税的，主管税务机关不得向其发售专用发票。预缴增值税时，纳税人应提供已领购并开具的专用发票记账联，主管税务机关根据其提供的专用发票记账联计算应预缴的增值税。

辅导期纳税人按规定预缴的增值税可在本期增值税应纳税额中抵减，抵减后预缴增值税仍有余额的，可抵减下期再次领购专用发票时应当预缴的增值税。纳税辅导期结束后，纳税人因增购专用发票发生的预缴增值税有余额的，主管税务机关应在纳税辅导期结束后的第一个月内，一次性退还纳税人。

〔例题1-4〕 天马小型商贸批发企业2020年3月办理税务登记时办理一般纳税人登记，税务机关对其实行辅导期管理。2020年4月3日企业首次领购增值税专用发票25份，4月15日25份专用发票开具完毕，发票上注明的不含税销售额合计12万元。2020年4月15日企业向税务机关申请增购增值税专用发票，税务机关可以要求纳税人预缴多少税款？如果4月15日领购的专用发票在4月22日开具完毕，发票上注明的不含税销售额合计15万元。2020年4月23日企业向税务机关申请增购增值税专用发票，税务机关可以要求纳税人预缴多少税款？4月份预缴的增值税如何处理？

答：2020年4月15日增购专用发票时，税务机关可以要求纳税人预缴税款＝120 000×3%＝3 600(元)。

2020年4月23日增购专用发票时，税务机关可以要求纳税人预缴税款＝150 000×3%＝4 500(元)。

4月份预缴的增值税在5月1日至15日办理4月所属期纳税申报时，可以抵减应纳税额，如果仍有余额，在5月增购专用发票时可抵顶因增购专用发票应预缴的税款。如果3个月辅导期结束后仍有余额，则在2020年7月一次性退还。

4月份两次增购专用发票预缴税款的账务处理为：

借：应交税费——应交增值税(已交税金)	8 100	
贷：银行存款		8 100

五、账务处理。

辅导期纳税人应当在“应交税费”科目下增设“待抵扣进项税额”明细科目，核算尚未交叉稽核比对的专用发票抵扣联、海关进口增值税专用缴款书(以下简称增值税抵扣凭证)注明的进项税额。辅导期纳税人取得增值税抵扣凭证后，借记“应交税费——待抵扣进项税额”明细科目，贷记相关科目。交叉稽核比对无误后，借记“应交税费——应交增值税(进项税额)”科目,贷记“应交税费——待抵扣进项税额”科目。经核实不得抵扣的进项税额,红字借记“应交税费——待抵扣进项税额”科目,红字贷记相关科目。

主管税务机关定期接收交叉稽核比对结果,通过《稽核结果导出工具》导出发票明细数据及《稽核结果通知书》并告知辅导期纳税人。辅导期纳税人根据交叉稽核比对结果相符的增值税抵扣凭证本期数据申报抵扣进项税额,未收到交叉稽核比对结果的增值税抵扣凭证留待下期抵扣。

六、辅导期满的处理。

纳税辅导期内,主管税务机关未发现纳税人存在偷税、逃避追缴欠税、骗取出口退税、抗税或其他需要立案查处的税收违法行为的,从期满的次月起不再实行纳税辅导期管理,主管税务机关应制作、送达《税务事项通知书》,告知纳税人;主管税务机关发现辅导期纳税人存在偷税、逃避追缴欠税、骗取出口退税、抗税或其他需要立案查处的税收违法行为的,从期满的次月起重新实行纳税辅导期管理,主管税务机关应制作、送达《税务事项通知书》,告知纳税人。

(国家税务总局关于印发《增值税一般纳税人纳税辅导期管理办法》的通知,国税发〔2010〕40号,发文日期:2010-04-07)

案例解析11

实行辅导期管理的增值税一般纳税人购进农产品开具的农产品收购发票是否也要交叉比对通过后才能抵扣进项税额?

天马日用品批发部是实行辅导期管理的增值税一般纳税人,其购入日用品取得的增值税专用发票需要在交叉稽核比对无误后方可抵扣进项税额。请问:该批发部收购农民自产水果取得的农产品收购发票是否也要交叉稽核比对通过后才能抵扣?

答:《增值税一般纳税人纳税辅导期管理办法》第七条规定,辅导期纳税人取得的增值税专用发票抵扣联、海关进口增值税专用缴款书应当在交叉稽核比对无误后,方可抵扣进项税额。除以上所列扣税凭证外,其他抵扣凭证如农产品收购发票和农产品销售发票取得后就可以按规定申请抵扣,不需要在交叉稽核比对无误后再抵扣。实际上,税务部门的信息系统还没有采集农产品收购发票和农产品销售发票开具方的信息,目前这两种票据无法实现交叉稽查比对。

政策解析 一般纳税人辅导期管理政策应当关注如下几点:

1. 对商贸零售企业不实行辅导期管理。
2. 对年应税销售额超过规定标准的小型商贸批发企业也不实行辅导期管理。
3. 辅导期内纳税人存在偷税、逃避追缴欠税、骗取出口退税、抗税或其他需要立案查处的税收违法行为的,也不得再转为小规模纳税人,只是辅导期满后重新实行辅导期管理。

重点难点即时练2

1. 下列关于一般纳税人辅导期管理的说法不正确的有(　　)。

A. 新认定为一般纳税人的小型商贸批发企业一律实行辅导期管理

B. 注册资金在80万元(含80万元)以下、职工人数在10人(含10人)以下的只从事出口贸易不需要使用增值税专用发票的批发企业,新认定为一般纳税人当月起应实行辅导期管理

C. 逃避追缴欠税款10万元以上的一般纳税人实行辅导期管理

D. 虚开增值税扣税凭证的一般纳税人，实行纳税辅导期管理的期限为6个月，自稽查部门作出《税务稽查处理决定书》的次月起执行

2. 主管税务机关可以在一定期限内对下列(　　)一般纳税人实行纳税辅导期管理。

A. 增值税偷税数额占应纳税额的10%以上并且偷税数额在10万元以上的

B. 骗取出口退税的

C. 抗税的

D. 虚开增值税扣税凭证的

3. 下列关于辅导期纳税人的管理措施正确的有(　　)。

A. 取得的增值税专用发票抵扣联、海关进口增值税专用缴款书应当在交叉稽核比对无误后，方可抵扣进项税额

B. 小型商贸批发企业，领购专用发票的最高开票限额不得超过10万元

C. 虚开增值税扣税凭证的纳税人继续执行原核定的专用发票最高开票限额

D. 每次领购专用发票时必须预缴增值税

4. 辅导期纳税人按规定增购专用发票时预缴的增值税可以(　　)。

A. 在本期增值税应纳税额中抵减

B. 抵减当月以后各次增购专用发票时应预缴的增值税

C. 抵减下期再次领购专用发票时应当预缴的增值税

D. 纳税辅导期结束后，在纳税辅导期结束后的第一个月内，一次性退还纳税人

5. 主管税务机关发现辅导期纳税人存在(　　)税收违法行为的，从期满的次月起按照《增值税一般纳税人纳税辅导期管理办法》重新实行纳税辅导期管理。

A. 偷税　　B. 逃避追缴欠税

C. 骗取出口退税　　D. 抗税

1.6　一般纳税人认定中的特殊情形

1.6.1　新华通讯社系统

对新华通讯社系统销售印刷品应按照现行增值税政策法规征收增值税。鉴于新华社系统属于非企业性单位，对其销售印刷品可按小规模纳税人的征税办法征收增值税。

(国家税务总局关于新闻产品征收流转税问题的通知，国税发〔2001〕105号，发文日期：2001-09-13)

1.6.2　经营地点迁移的一般纳税人资格保留

自2012年1月1日起，增值税一般纳税人经营地点迁移后仍继续经营，其一般纳税人资格以及尚未抵扣进项税额按下列规定执行：

一、增值税一般纳税人因住所、经营地点变动，按照相关规定，在工商行政管理部门作变更登记处理，但因涉及改变税务登记机关，需要办理注销税务登记并重新办理税务登记的，在迁达地重新办理税务登记后，其增值税一般纳税人资格予以保留，办理注销税务登记

前尚未抵扣的进项税额允许继续抵扣。

二、迁出地主管税务机关应认真核实纳税人在办理注销税务登记前尚未抵扣的进项税额，填写《增值税一般纳税人迁移进项税额转移单》。

《增值税一般纳税人迁移进项税额转移单》一式三份，迁出地主管税务机关留存一份，交纳税人一份，传递迁达地主管税务机关一份。

三、迁达地主管税务机关应将迁出地主管税务机关传递来的《增值税一般纳税人迁移进项税额转移单》与纳税人报送资料进行认真核对，对其迁移前尚未抵扣的进项税额，在确认无误后，允许纳税人继续申报抵扣。

（国家税务总局关于一般纳税人迁移有关增值税问题的公告，国家税务总局公告2011年第71号，发文日期:2011-12-09）

1.6.3　国有粮食购销企业均按一般纳税人管理

凡享受免征增值税的国有粮食购销企业，均按增值税一般纳税人认定，并进行纳税申报、日常检查及有关增值税专用发票的各项管理。

（国家税务总局关于加强国有粮食购销企业增值税管理有关问题的通知，国税函〔1999〕560号，发文日期:1999-08-18）

政策解析　国有粮食购销企业销售免税粮食和食用植物油应当开具增值税专用发票，因此均应认定为一般纳税人。

1.6.4　从事成品油销售的加油站一律按一般纳税人征税

从2002年1月1日起，对从事成品油销售的加油站，无论其年应税销售额是否超过180万元，一律按增值税一般纳税人征税。

（国家税务总局关于加油站一律按照增值税一般纳税人征税的通知，国税函〔2001〕882号，发文日期:2001-12-03）

凡经经贸委批准从事成品油零售业务，并已办理工商、税务登记，有固定经营场所，使用加油机自动计量销售成品油的单位和个体经营者（以下简称加油站），一律按照《国家税务总局关于加油站一律按照增值税一般纳税人征税的通知》（国税函〔2001〕882号）认定为增值税一般纳税人，并根据《中华人民共和国增值税暂行条例》（以下简称《增值税暂行条例》）有关规定进行征收管理。

（国家税务总局成品油零售加油站增值税征收管理办法，国家税务总局令2002年第2号，发文日期:2002-04-02）

1.6.5　汇总纳税的航空运输企业

经财政部和国家税务总局批准，按照《总分机构试点纳税人增值税计算缴纳暂行办法》计算缴纳增值税的航空运输企业，总机构及其分支机构，一律由主管税务机关认定为增值税一般纳税人。

（国家税务总局关于发布《航空运输企业增值税征收管理暂行办法》的公告，国家税务总局公告2013年第68号，发文日期:2013-11-28）

1.6.6 汇总纳税的铁路运输企业

经财政部、国家税务总局批准，汇总申报缴纳增值税的中国铁路总公司及其所属运输企业(含下属站段)，一律由主管税务机关认定为增值税一般纳税人。

(国家税务总局关于发布《铁路运输企业增值税征收管理暂行办法》的公告，国家税务总局公告2014年第6号，发文日期:2014-01-20)

1.6.7 汇总纳税的邮政企业和电信企业

经省、自治区、直辖市或者计划单列市财政厅(局)和国家税务局批准，可以汇总申报缴纳增值税的邮政企业和电信企业，总机构及其分支机构，一律由主管税务机关认定为增值税一般纳税人。

(国家税务总局关于发布《邮政企业增值税征收管理暂行办法》的公告，国家税务总局公告2014年第5号，发文日期:2014-01-20;国家税务总局关于发布《电信企业增值税征收管理暂行办法》的公告，国家税务总局公告2014年第26号，发文日期:2014-05-14)

1.7 特殊业务增值税纳税人的规定

1.7.1 资产管理产品运营中的纳税人

2018年1月1日(含)以后，资管产品运营过程中发生的增值税应税行为，以资管产品管理人为增值税纳税人，按照现行规定缴纳增值税。

对资管产品在2018年1月1日前运营过程中发生的增值税应税行为，未缴纳增值税的，不再缴纳;已缴纳增值税的，已纳税额从资管产品管理人以后月份的增值税应纳税额中抵减。

资管产品管理人，包括银行、信托公司、公募基金管理公司及其子公司、证券公司及其子公司、期货公司及其子公司、私募基金管理人、保险资产管理公司、专业保险资产管理机构、养老保险公司。

资管产品，包括银行理财产品、资金信托(包括集合资金信托、单一资金信托)、财产权信托、公开募集证券投资基金、特定客户资产管理计划、集合资产管理计划、定向资产管理计划、私募投资基金、债权投资计划、股权投资计划、股债结合型投资计划、资产支持计划、组合类保险资产管理产品、养老保障管理产品。

(财政部 国家税务总局关于明确金融、房地产开发、教育辅助服务等增值税政策的通知，财税〔2016〕140号，发文日期:2016-12-21;财政部 国家税务总局关于资管产品增值税政策有关问题的补充通知，财税〔2017〕2号，发文日期:2017-01-06;财政部 税务总局关于资管产品增值税有关问题的通知，财税〔2017〕56号，发文日期:2017-06-30)

政策解析 资管产品，是资产管理类产品的简称，比较常见的包括基金公司发行的基金产品、信托公司的信托计划、银行提供的投资理财产品等。简单说，资产管理的实质就是受人之托，代人理财。各类资管产品中，受投资人委托管理资管产品的基金公司、信托公司、银行等就是资管产品的管理人。

具体到资管产品管理人，其在以自己名义运营资管产品资产的过程中，可能发生多种增值税应税行为。例如，因管理资管产品而固定收取的管理费(服务费)，应按照“直接收费金融服务”缴纳增值税；运用资管产品资产发放贷款取得利息收入，应按照“贷款服务”缴纳增值税；运用资管产品资产进行投资等，则应根据取得收益的性质，判断其是发生贷款服务、金融商品转让，还是未发生增值税应税行为，并应按现行规定缴纳增值税。

1.7.2 建筑企业集团内第三方为发包方提供建筑服务

建筑企业与发包方签订建筑合同后，以内部授权或者三方协议等方式，授权集团内其他纳税人(以下称“第三方”)为发包方提供建筑服务，并由第三方直接与发包方结算工程款的，由第三方缴纳增值税并向发包方开具增值税发票，与发包方签订建筑合同的建筑企业不缴纳增值税。发包方可凭实际提供建筑服务的纳税人开具的增值税专用发票抵扣进项税额。

(国家税务总局关于进一步明确营改增有关征管问题的公告，国家税务总局公告2017年第11号，发文日期：2017-04-20)

政策解析 建筑行业受资质的限制，经常存在由母公司或总公司投标，中标并签订合同后由分公司或子公司承建的情形，此时，服务流，发票流和款流一致，但与合同流不一致，税法予以认可。

1.8 进口货物的纳税人

1.8.1 进口货物纳税人的基本规定

进口货物的收货人或办理报关手续的单位和个人，为进口货物增值税、消费税的纳税义务人。

(国家税务总局 海关总署关于进口货物征收增值税、消费税有关问题的通知，国税发〔1993〕155号，发文日期：1993-12-25)

1.8.2 代理进口货物的纳税人

代理进口货物的行为，属于增值税条例所称的代购货物行为，应按增值税代购货物的征税规定执行。但鉴于代理进口货物的海关完税凭证有的开具给委托方，有的开具给受托方的特殊性，对代理进口货物，以海关开具的完税凭证上的纳税人为增值税纳税人。即对报关进口货物，凡是海关的完税凭证开具给委托方的，对代理方不征增值税；凡是海关的完税凭证开具给代理方的，对代理方应按规定增收增值税。

[国家税务总局关于印发《增值税问题解答(之一)》的通知，国税函〔1995〕288号，发文日期：1995-06-02]

1.9 增值税的扣缴义务人

1.9.1 传统增值税政策的扣缴义务人

《增值税暂行条例》第十八条规定，中华人民共和国境外的单位或者个人在境内销售劳务,在境内未设有经营机构的,以其境内代理人为扣缴义务人;在境内没有代理人的,以购买方为扣缴义务人。

1.9.2 营改增政策的扣缴义务人

中华人民共和国境外单位或者个人在境内发生应税行为,在境内未设有经营机构的,以购买方为增值税扣缴义务人。财政部和国家税务总局另有规定的除外。

(财政部 国家税务总局关于全面推开营业税改征增值税试点的通知,财税〔2016〕36 号,发文日期:2016-03-23)

政策解析 传统增值税政策明确接受境外单位或个人提供应税劳务,境内没有代理人的,以购买方为扣缴义务人,也就是说,第一增值税扣缴义务人为代理人,第二增值税扣缴义务人才是购买方。营改增政策规定境外单位或个人在境内发生应税行为时购买方是唯一的增值税扣缴义务人。

案例解析 12

境内单位接受境外单位或个人提供应税服务是否要扣缴增值税?

北京天马文化产业公司拟开发中国影视城项目,与美国古德公司签订《建筑工程设计合同》,约定美国古德公司为北京天马文化产业公司提供建筑工程设计和规划设计服务,服务总款项 150 万美元。请问:北京天马文化产业公司对外支付款项时,是否应扣缴增值税?

答:根据《财政部 国家税务总局关于全面推开营业税改征增值税试点的通知》(财税〔2016〕36 号)第六条规定,中华人民共和国境外单位或者个人在境内发生应税行为,在境内未设有经营机构的,以购买方为增值税扣缴义务人。财政部和国家税务总局另有规定的除外。由于美国古德公司在境内未设有机构,北京天马文化产业公司应该扣缴美国古德公司因在境内提供设计服务应该缴纳的增值税,按照 150 万元的总款项扣除应纳增值税额后的余额支付给美国古德公司。实际上,北京天马文化产业公司扣缴美国古德公司的增值税,可以作为本公司的进项税额,凭税务机关开具的税收缴款凭证进行抵扣。

1.10 合并纳税义务人

两个或者两个以上的纳税人,经财政部和国家税务总局批准可以视为一个纳税人合并纳税。具体办法由财政部和国家税务总局另行制定。

(财政部 国家税务总局关于全面推开营业税改征增值税试点的通知,财税〔2016〕36 号,发文日期:2016-03-23)

重点难点即时练 3

1. 下列不属于我国增值税纳税义务人的是(　　)。
   A. 个人　　B. 外商投资企业
   C. 会计制度不健全的企业　　D. 在境外提供修理修配劳务的企业
2. 中华人民共和国境外的单位或者个人在境内提供应税劳务,可能成为扣缴义务人的是

(　　)。

A. 境内关联经营机构　　B. 境内代理人

C. 境外代理人　　D. 购买方

3. 下列关于增值税纳税人表述错误的是(　　)。

A. 进口货物,以进口货物的收货人或办理报关手续的单位和个人为进口货物的纳税人

B. 企业租赁或承包给他人经营的,一律以出租人或出包人为纳税人

C. 代理进口货物,一律以委托方为纳税人

D. 代理进口货物,一律以代理人为纳税人

4. 下列纳税人一律按一般纳税人管理的有(　　)。

A. 个体加油站　　B. 享受免税优惠的国有粮食购销企业

C. 拍卖行　　D. 废旧物资回收经营单位

第2章 增值税征税范围

2012年以来营改增试点工作在全国稳步推进,2012年1月1日上海市率先拉开营改增序幕;2012年8月1日起交通运输业和部分现代服务业营改增试点范围,由上海市分批扩大至北京等8个省市;2013年8月1日起交通运输业和部分现代服务业营改增在全国试行;2014年先后将铁路运输、邮政业、电信业纳入营改增试点的范围;2016年5月1日后营改增试点工作进入高潮,将房地产业、建筑业、金融业和生活服务业全面纳入营改增试点,至此,营业税征税范围内应税行为全部改征增值税。

2.1 增值税的基本征税范围

2.1.1 销售货物

纳税人在中华人民共和国境内销售货物,应当征收增值税。

2.1.1.1 在境内的界定

《增值税暂行条例实施细则》第八条规定,在中华人民共和国境内销售货物是指销售货物的起运地或者所在地在境内。

2.1.1.2 销售的界定

《增值税暂行条例实施细则》第三条第一款规定,销售货物是指有偿转让货物的所有权。本细则所称有偿,是指从购买方取得货币、货物或者其他经济利益。

政策解析 有偿转让货物所有权时,从购买方取得了货币,这是我们最常见的销售方式;从购买方取得了货物也就是我们通常所说的以物易物;从购买方取得其他经济利益,如取得债权或抵减债务,也就是我们通常所说的赊销和以物抵债。需要特别注意的是以物易物、以物抵债都属于销售货物的范畴,一定不要混同于视同销售行为。

2.1.1.3 货物的界定

《增值税暂行条例实施细则》第二条第一款规定,货物是指有形动产,包括电力、热力、气体在内。

案例解析13

纳税人销售货物时没有开具发票,就不需要缴纳增值税了吗?

天马纺织企业(一般纳税人)将下脚料销售给职工,直接收取现金,没有开具发票。请问:该行为需要缴纳增值税吗?如果需要缴纳应该如何缴纳?

答:根据《增值税暂行条例》第一条规定,在中华人民共和国境内销售货物或者加工、修理修配劳务，销售服务、无形资产、不动产以及进口货物的单位和个人，为增值税的纳税义务人，应当依照本条例缴纳增值税。天马纺织企业销售下脚料是有偿转让货物所有权的行为，属于增值税的征税范围，应当缴纳增值税。实务中，有人认为销售货物没有开具发票，就不需要缴税，这是一种错误的认识。是否缴纳增值税，取决于单位和个人发生的行为是否属于增值税的征税范围，与是否已经开具发票完全不相关。销售实现了，即使纳税人没有开具发票，纳税义务也已发生，也应该缴纳增值税。《中华人民共和国发票管理办法》（以下简称《发票管理办法》）第十九条规定，销售商品、提供服务以及从事其他经营活动的单位和个人，对外发生经营业务收取款项，收款方应当向付款方开具发票；特殊情况下，由付款方向收款方开具发票。当然，向消费者个人零售小额商品或者提供零星服务的，由省税务机关确定是否可免予逐笔开具发票。只能说，天马纺织企业销售下脚料（如果不属于省局明确的可免予逐笔开具发票范围），但不开具发票的行为是一种发票违法行为。毋庸讳言，已经开具发票的销售行为，纳税人如果当期不申报缴纳增值税，申报比对时，就会出现异常；没有开具发票的销售行为，纳税人如果当期不申报缴纳，税务机关很难及时发现，所以使人产生上述误解。

一般纳税人企业销售下脚料收入，不论购买方是个人还是单位，都应按适用税率计算缴纳增值税。销售行为采用一般计税方法还是简易计税方法征收增值税，由销售方的身份决定，与购买方无关。也就是说，一般纳税人发生增值税应税行为，除国家税务总局规定可以采用简易计税方法外，均应按照一般计税方法计算缴纳增值税。

2.1.2　提供加工、修理修配劳务

纳税人在中华人民共和国境内提供加工、修理修配劳务，应当征收增值税。

2.1.2.1　在境内的界定

《增值税暂行条例实施细则》第八条规定，在中华人民共和国境内提供加工、修理修配劳务，是指提供的应税劳务发生在境内。

2.1.2.2　提供加工、修理修配劳务的界定

《增值税暂行条例实施细则》第三条第二款规定，提供加工、修理修配劳务，是指有偿提供加工、修理修配劳务。单位或者个体工商户聘用的员工为本单位或者雇主提供加工、修理修配劳务，不包括在内。本细则所称有偿，是指从购买方取得货币、货物或者其他经济利益。

政策解析　只有有偿提供的加工、修理修配劳务才属于增值税的征税范围，如果是无偿提供加工、修理修配劳务不征收增征税，如三包期内为顾客无偿提供的修理修配劳务，不征增值税。

2.1.2.3　加工劳务、修理修配劳务的界定

《增值税暂行条例实施细则》第二条规定，加工是指受托加工货物，即委托方提供原料及主要材料，受托方按照委托方的要求，制造货物并收取加工费的业务。修理修配，是指受托对损伤和丧失功能的货物进行修复，使其恢复原状和功能的业务。

政策解析　增值税的加工劳务要求原料及主要材料应由委托方提供，如果原料及主要材料是由受托方直接或间接提供的，这项业务不属于受托方提供的加工劳务，实际上属于受托方销售自产的货物，应按销售货物的相关规定征收增值税。例如，印刷企业接受出版单

位的委托，自行购买纸张印制的图书、报纸、杂志，应对印刷企业按销售图书、报纸、杂志征收增值税。

修理修配和建筑业税目中的修缮有很多类似的地方，建筑业中的修缮也是对标的物进行修复、加固、养护、改善使之恢复原使用价值或延长其使用期限的业务。区分修理的对象是有形动产还是不动产是区分修理修配与修缮的关键：修理修配是对有形动产进行的修复，如修理自行车、修理钟表；而修缮是对不动产进行的修复，如修理或维护铁路、房屋、公路。

2.1.2.4　电力并网服务费属于加工劳务

供电企业利用自身输变电设备对并入电网的企业自备电厂生产的电力产品进行电压调节，属于提供加工劳务。

（国家税务总局关于供电企业收取并网服务费征收增值税问题的批复，国税函〔2009〕641号，发文日期：2009-11-19）

2.1.2.5　经销企业从货物的生产企业取得的“三包”收入

货物的生产企业为搞好售后服务，支付给经销企业修理费用，作为经销企业为用户提供售后服务的费用支出。经销企业从货物的生产企业取得“三包”收入，应按“修理修配”征收增值税。

［国家税务总局关于印发《增值税问题解答（之一）》的通知，国税函发〔1995〕288号，发文日期：1995-06-02］

重点难点即时练4

1. 按照现行增值税制度规定，下列行为应按“提供加工和修理修配劳务”征收增值税的是（　　）。
   A. 受托方提供原料加工的化妆品
   B. 服装厂受托为自带布料个人加工服装
   C. 电力公司收取的过网费
   D. 印刷企业自行购买纸张为出版商印制的图书
2. 按照现行增值税制度规定，下列行为应按“提供加工和修理修配劳务”征收增值税的是（　　）。
   A. 保修期内商店内设服务部为商店顾客免费修理手表
   B. 修配车间工人修理故障机器
   C. 企业为另一企业修理锅炉
   D. 汽车修配厂为本厂修理汽车
3. 单位和个人提供的下列劳务，应按“提供加工和修理修配劳务”征收增值税的是（　　）。
   A. 房屋的修缮收入
   B. 对电梯进行保养、维修
   C. 受托加工的白酒取得的加工费收入
   D. 房屋的装潢收入

2.1.3 进口货物

《增值税暂行条例》第二十条规定，增值税由税务机关征收，进口货物的增值税由海关代征。个人携带或者邮寄进境自用物品的增值税，连同关税一并计征。

2.1.4 销售服务、无形资产或者不动产

销售服务、无形资产或者不动产，是指有偿提供服务、有偿转让无形资产或者不动产，但属于下列非经营活动的情形除外：

（一）行政单位收取的同时满足以下条件的政府性基金或者行政事业性收费。

1. 由国务院或者财政部批准设立的政府性基金，由国务院或者省级人民政府及其财政、价格主管部门批准设立的行政事业性收费。

2. 收取时开具省级以上（含省级）财政部门监（印）制的财政票据。

3. 所收款项全额上缴财政。

（二）单位或者个体工商户聘用的员工为本单位或者雇主提供取得工资的服务。

（三）单位或者个体工商户为聘用的员工提供服务。

（四）财政部和国家税务总局规定的其他情形。

（财政部 国家税务总局关于全面推开营业税改征增值税试点的通知，财税〔2016〕36号，发文日期：2016-03-23）

各党派、共青团、工会、妇联、中科协、青联、台联、侨联收取党费、团费、会费，以及政府间国际组织收取会费，属于非经营活动，不征收增值税。

（财政部 国家税务总局关于进一步明确全面推开营改增试点有关再保险、不动产租赁和非学历教育等政策的通知，财税〔2016〕68号，发文日期：2016-06-18）

政策解析 单位或者个体工商户聘用的员工为本单位或者雇主提供取得工资的服务属于非经营活动，不征收增值税。但并不是说只要具备了员工的身份，为本单位或者雇主提供的所有服务都不征收增值税。员工为单位或雇主提供的与取得工资无关的非职务性服务，应当征收增值税，例如，员工将自己的房屋出租给本单位使用收取房租、员工利用自己的交通工具为本单位运输货物收取运费、员工将自有资金贷给本单位使用收取利息等。

案例解析14

单位为员工提供的服务，需要缴纳增值税吗？

天马酒店免费为员工提供三餐和住宿服务，早、中、晚三餐均有员工餐，也有员工宿舍，员工如果放弃天马酒店提供的免费三餐和住宿服务，天马酒店不予补偿。请问：天马酒店为员工提供的餐饮和住宿服务是否征收增值税？

答：根据《财政部 国家税务总局关于全面推开营业税改征增值税试点的通知》（财税〔2016〕36号）第十条规定，销售服务、无形资产或者不动产，是指有偿提供服务、有偿转让无形资产或者不动产，但属于下列非经营活动的情形除外：（一）行政单位收取的同时满足以下条件的政府性基金或者行政事业性收费。（1）由国务院或者财政部批准设立的政府性基金，

由国务院或者省级人民政府及其财政、价格主管部门批准设立的行政事业性收费；(2)收取时开具省级以上(含省级)财政部门监(印)制的财政票据；(3)所收款项全额上缴财政。(二)单位或者个体工商户聘用的员工为本单位或者雇主提供取得工资的服务。(三)单位或者个体工商户为聘用的员工提供服务。(四)财政部和国家税务总局规定的其他情形。因此，天马酒店为员工提供的免费餐饮和住宿服务，属于非经营活动，被排除在增值税征税范围之外，不征收增值税。

政策解析 单位或个体工商户为聘用的员工提供货物和服务，是否征收增值税？传统增值税政策和营改增政策差异较大。单位或个体工商户为聘用的员工提供货物，应界定为“将自产、委托加工的货物用于集体福利或个人消费”，属于视同销售货物，应当征收增值税；而单位或个体工商户为聘用的员工提供服务，界定为“非经营活动”，不征收增值税。例如，毛巾厂将自产的毛巾用于发放个人福利，应视同销售缴纳增值税，而公交公司为员工免费提供的交通运输服务，不征收增值税。

案例解析 15

员工将自有车辆租赁给本单位使用，需要缴纳增值税吗?

天马建筑公司实行车改后，为了取得小汽车油料消耗、修理修配的增值税专用发票，用作进项税额抵扣凭证，与每位高管签订了《小汽车租赁合同》，约定小汽车租金每月 3 000 元，小汽车消耗的油料费、修理费、过路过桥费，根据发票金额实报实销。请问：高管每月取得的 3 000 元租金，是否缴纳增值税？

答：员工将小汽车租赁给单位的行为，属于“员工为单位提供有形动产经营租赁服务”。根据《财政部　国家税务总局关于全面推开营业税改征增值税试点的通知》(财税〔2016〕36号)第十条规定，销售服务、无形资产或者不动产，是指有偿提供服务、有偿转让无形资产或者不动产，但属于下列非经营活动的情形除外：(一)行政单位收取的同时满足以下条件的政府性基金或者行政事业性收费。(1)由国务院或者财政部批准设立的政府性基金，由国务院或者省级人民政府及其财政、价格主管部门批准设立的行政事业性收费；(2)收取时开具省级以上(含省级)财政部门监(印)制的财政票据；(3)所收款项全额上缴财政。(二)单位或者个体工商户聘用的员工为本单位或者雇主提供取得工资的服务。(三)单位或者个体工商户为聘用的员工提供服务。(四)财政部和国家税务总局规定的其他情形。员工为单位提供的服务，只有以工资为对价的，才能界定为非经营活动，不征收增值税。换言之，只有员工为单位提供的职务性服务，才能界定为非经营活动。因此，天马建筑公司高管从单位取得的小汽车租金收入，应该缴纳增值税，同时还应缴纳个人所得税。对于天马建筑公司而言，支付给员工的汽车租赁费以及油料消耗、修理费可以凭发票在企业所得税前扣除。

2.1.4.1　有偿的界定

有偿，是指取得货币、货物或者其他经济利益。

(财政部　国家税务总局关于全面推开营业税改征增值税试点的通知，财税〔2016〕36 号，发文日期：2016-03-23)

案例解析16

加装中央空调费抵减房屋租金，被抵减的租金需要缴纳增值税吗？

天马房地产企业将开发的毛坯房出租给富华公司，租期为5年，每年租金为300万元，于每年1月1日支付当年租金。双方合同约定，房屋在装修过程中加装中央空调的费用由出租方负担，但由承租方垫付，并以该费用抵减第一年的租金。天马房地产企业租赁期内实际收取的租金为1 200万元。请问：以加装中央空调费用抵减的租金是否需要缴纳增值税？

答：《财政部 国家税务总局关于全面推开营业税改征增值税试点的通知》（财税〔2016〕36号）第一条规定，在中华人民共和国境内（以下称境内）销售服务、无形资产或者不动产（以下称应税行为）的单位和个人，为增值税纳税人，应当按照本办法缴纳增值税，不缴纳营业税。第十条规定，销售服务、无形资产或者不动产，是指有偿提供服务、有偿转让无形资产或者不动产。第十一条规定，有偿，是指取得货币、货物或者其他经济利益。天马房地产企业对外出租房屋，第一年应收的租金抵减加装中央空调费，使企业负债（应付的加装中央空调费）减少，属于获得其他形式的经济利益，第一年的租金收入300万元也应缴纳增值税。需要注意以租金抵顶中央空调安装费与免租期内免收租金性质是不相同的，以租金抵顶中央空调安装费，在租赁期内要计算租金，并以应收的租金抵顶债务；而免租期内是不计算租金的，并且按照《关于土地价款扣除时间等增值税征管问题的公告》（国家税务总局公告2016年第86号）规定，纳税人出租不动产，租赁合同中约定免租期的，不属于《营业税改征增值税试点实施办法》（财税〔2016〕36号文件印发）第十四条规定的视同销售服务。

案例解析17

房地产企业采用拆一还一的方式拆迁旧房，返还给被拆迁户的新房需要缴纳增值税吗？

天马房地产企业从政府拿到一宗土地，该宗土地位于城中村。天马房地产企业与政府约定按照1∶2的比例为被拆迁户返还住房。天马房地产企业按照约定返还给被拆迁户住房300套，面积共计38 000平方米。请问：天马房地产公司返还给被拆迁户的住房是否需要缴纳增值税？

答：《财政部 国家税务总局关于全面推开营业税改征增值税试点的通知》（财税〔2016〕36号）第一条规定，在中华人民共和国境内（以下称境内）销售服务、无形资产或者不动产（以下称应税行为）的单位和个人，为增值税纳税人，应当按照本办法缴纳增值税，不缴纳营业税。第十条规定，销售服务、无形资产或者不动产，是指有偿提供服务、有偿转让无形资产或者不动产。第十一条规定，有偿，是指取得货币、货物或者其他经济利益。天马房地产企业拆一还一的住房，相当于用新房抵顶了应付被拆迁户的拆迁补偿款，因此，天马房地产企业返还给被拆迁户的住房，获得其他形式的经济利益，属于有偿转让不动产所有权的行为，应当缴纳增值税。

2.1.4.2 在境内的界定

一、在境内销售服务、无形资产或者不动产的范围。

（一）服务（租赁不动产除外）或者无形资产（自然资源使用权除外）的销售方或者购买方在境内。

（二）所销售或者租赁的不动产在境内。

（三）所销售自然资源使用权的自然资源在境内。

（四）财政部和国家税务总局规定的其他情形。

二、不属于在境内销售服务或者无形资产的情形。

（一）境外单位或者个人向境内单位或者个人销售完全在境外发生的服务。

（二）境外单位或者个人向境内单位或者个人销售完全在境外使用的无形资产。

（三）境外单位或者个人向境内单位或者个人出租完全在境外使用的有形动产。

（四）境外单位或者个人为出境的函件、包裹在境外提供的邮政服务、收派服务。

（五）境外单位或者个人向境内单位或者个人提供的工程施工地点在境外的建筑服务、工程监理服务。

（六）境外单位或者个人向境内单位或者个人提供的工程、矿产资源在境外的工程勘察勘探服务。

（七）境外单位或者个人向境内单位或者个人提供的会议展览地点在境外的会议展览服务。

（八）财政部和国家税务总局规定的其他情形。

（财政部　国家税务总局关于全面推开营业税改征增值税试点的通知，财税〔2016〕36号，发文日期：2016-03-23；国家税务总局关于营改增试点若干征管问题的公告，国家税务总局公告2016年第53号，发文日期：2016-08-18）

案例解析18

境外企业将专利技术使用权转让给境内企业使用，是否缴纳增值税？

上海天马汽车厂与德国汽车公司签订《转让专利技术使用权协议》，约定上海天马汽车厂使用德国汽车公司的专利生产汽车，并按每月小汽车销售额的30%向德国汽车公司支付专利技术使用费。2020年5月按照销售额的30%计算应支付的专利技术使用费为800万元。请问：德国汽车公司取得的该笔专利技术使用费是否负有我国增值税纳税义务？

答：将专利技术使用权转让给他人，属于销售无形资产的行为。根据《财政部　国家税务总局关于全面推开营业税改征增值税试点的通知》（财税〔2016〕36号）第一条第一款规定，在中华人民共和国境内（以下称境内）销售服务、无形资产或者不动产的单位和个人，为增值税纳税人，应当按照本办法缴纳增值税，不缴纳营业税。第十二条规定，在境内销售服务、无形资产或者不动产，是指：（一）服务（租赁不动产除外）或者无形资产（自然资源使用权除外）的销售方或者购买方在境内；（二）所销售或者租赁的不动产在境内；（三）所销售自然资源使用权的自然资源在境内；（四）财政部和国家税务总局规定的其他情形。德国汽车公司销售无形资产的购买方在我国境内，应界定为在我国境内销售无形资产，负有我国的增值税纳税义务，如果其在我国境内没有设立机构，应以购买者为扣缴义务人，并且购买者扣缴的增值税，取得税务机关的完税凭证后，可以作为进项税额抵扣。

案例解析19

境外广告公司为境内企业在境外发布广告，是否缴纳增值税？

上海天马汽车厂为了开拓本企业小汽车在非洲的销售市场，与非洲广告公司签订《广告代理合同》，委托非洲广告公司在非洲以电视、广播、路牌形式发布广告，合同总金额200万美元。请问：上海天马汽车厂对外付汇时，是否负有增值税的扣缴义务？

答：广告代理服务，属于现代服务业税目中的文化创意服务。根据《财政部 国家税务总局关于全面推开营业税改征增值税试点的通知》（财税〔2016〕36号）第一条第一款规定，在中华人民共和国境内（以下称境内）销售服务、无形资产或者不动产的单位和个人，为增值税纳税人，应当按照本办法缴纳增值税，不缴纳营业税。第十二条规定，在境内销售服务、无形资产或者不动产，是指：（一）服务（租赁不动产除外）或者无形资产（自然资源使用权除外）的销售方或者购买方在境内；（二）所销售或者租赁的不动产在境内；（三）所销售自然资源使用权的自然资源在境内；（四）财政部和国家税务总局规定的其他情形。第十三条规定，下列情形不属于在境内销售服务或者无形资产：（一）境外单位或者个人向境内单位或者个人销售完全在境外发生的服务；（二）境外单位或者个人向境内单位或者个人销售完全在境外使用的无形资产；（三）境外单位或者个人向境内单位或者个人出租完全在境外使用的有形动产；（四）财政部和国家税务总局规定的其他情形。非洲广告公司销售文化创意服务的购买方在我国境内，但是由于该文化创意服务完全在境外发生，不属于在境内销售服务。非洲广告公司没有在我国境内销售货物、劳务、服务、无形资产或者不动产，也就是说，非洲广告公司没有在我国境内发生增值税应税行为，不负有我国增值税纳税义务。因此，上海天马汽车厂不应扣缴非洲广告公司的增值税。实务中，我们应注意，并不是境内单位或个人接受了境外单位提供的服务、无形资产，对外付汇时都要扣缴增值税。分析销售服务、无形资产发生地是否在境内，是决定是否扣缴增值税的关键。

2.1.4.3 服务、无形资产和不动产的界定

一、服务。

服务是指交通运输服务、邮政服务、电信服务、建筑服务、金融服务、现代服务、生活服务。

（一）交通运输服务。

交通运输服务，是指利用运输工具将货物或者旅客送达目的地，使其空间位置得到转移的业务活动。它包括陆路运输服务、水路运输服务、航空运输服务和管道运输服务。

出租车公司向使用本公司自有出租车的出租车司机收取的管理费用，按照陆路运输服务缴纳增值税。

水路运输的程租、期租业务，属于水路运输服务。

无运输工具承运业务，按照交通运输服务缴纳增值税。

在运输工具舱位承包业务中，发包方以其向承包方收取的全部价款和价外费用为销售额，按照“交通运输服务”缴纳增值税。承包方以其向托运人收取的全部价款和价外费用为销售额，按照“交通运输服务”缴纳增值税。运输工具舱位承包业务，是指承包方以承运人身份与托运人签订运输服务合同，收取运费并承担承运人责任，然后以承包他人运输工具舱位的方式，委托发包方实际完成相关运输服务的经营活动。

在运输工具舱位互换业务中，互换运输工具舱位的双方均以各自换出运输工具舱位确认的全部价款和价外费用为销售额，按照“交通运输服务”缴纳增值税。运输工具舱位互换业务，是指纳税人之间签订运输协议，在各自以承运人身份承揽的运输业务中，互相利用对方交通运输工具的舱位完成相关运输服务的经营活动。

自2018年1月1日起，纳税人已售票但客户逾期未消费取得的运输逾期票证收入，按照“交通运输服务”缴纳增值税。

（二）邮政服务。

邮政服务，是指中国邮政集团公司及其所属邮政企业提供邮件寄递、邮政汇兑和机要通信等邮政基本服务的业务活动。它包括邮政普遍服务、邮政特殊服务和其他邮政服务。

1. 邮政普遍服务。

邮政普遍服务，是指函件、包裹等邮件寄递，以及邮票发行、报刊发行和邮政汇兑等业务活动。

2. 邮政特殊服务。

邮政特殊服务，是指义务兵平常信函、机要通信、盲人读物和革命烈士遗物的寄递等业务活动。

3. 其他邮政服务。

其他邮政服务，是指邮册等邮品销售、邮政代理等业务活动。

（三）电信服务。

电信服务，是指利用有线、无线的电磁系统或者光电系统等各种通信网络资源，提供语音通话服务，传送、发射、接收或者应用图像、短信等电子数据和信息的业务活动。它包括基础电信服务和增值电信服务。

1. 基础电信服务。

基础电信服务，是指利用固网、移动网、卫星、互联网，提供语音通话服务的业务活动，以及出租或者出售带宽、波长等网络元素的业务活动。

2. 增值电信服务。

增值电信服务，是指利用固网、移动网、卫星、互联网、有线电视网络，提供短信和彩信服务、电子数据和信息的传输及应用服务、互联网接入服务等业务活动。

卫星电视信号落地转接服务，按照增值电信服务缴纳增值税。

（四）建筑服务。

建筑服务，是指各类建筑物、构筑物及其附属设施的建造、修缮、装饰，线路、管道、设备、设施等的安装以及其他工程作业的业务活动。它包括工程服务、安装服务、修缮服务、装饰服务和其他建筑服务。

纳税人将建筑施工设备出租给他人使用并配备操作人员的，按照建筑服务缴纳增值税。

（五）金融服务。

金融服务，是指经营金融保险的业务活动。它包括贷款服务、直接收费金融服务、保险服务和金融商品转让。

1. 贷款服务。

贷款服务，是指将资金贷与他人使用而取得利息收入的业务活动。

各种占用、拆借资金取得的收入，包括金融商品持有期间（含到期）利息（保本收益、报酬、资金占用费、补偿金等）收入、信用卡透支利息收入、买入返售金融商品利息收入、融资融券收取的利息收入，以及融资性售后回租、押汇、罚息、票据贴现、转贷等业务取得的利息及利息性质的收入，按照贷款服务缴纳增值税。“保本收益、报酬、资金占用费、补偿金”，是指合同中明确承诺到期本金可全部收回的投资收益。金融商品持有期间(含到期)取得的非保本的“保本收益、报酬、资金占用费、补偿金”,不属于利息或利息性质的收入,不征收增值税。

以货币资金投资收取的固定利润或者保底利润,按照贷款服务缴纳增值税。

2. 直接收费金融服务。

直接收费金融服务,是指为货币资金融通及其他金融业务提供相关服务并且收取费用的业务活动。它包括提供货币兑换、账户管理、电子银行、信用卡、信用证、财务担保、资产管理、信托管理、基金管理、金融交易场所(平台)管理、资金结算、资金清算、金融支付等服务。

3. 保险服务。

保险服务,是指投保人根据合同约定,向保险人支付保险费,保险人对于合同约定的可能发生的事故因其发生所造成的财产损失承担赔偿保险金责任,或者当被保险人死亡、伤残、疾病或者达到合同约定的年龄、期限等条件时承担给付保险金责任的商业保险行为。它包括人身保险服务和财产保险服务。

4. 金融商品转让。

金融商品转让,是指转让外汇、有价证券、非货物期货和其他金融商品所有权的业务活动。

其他金融商品转让包括基金、信托、理财产品等各类资产管理产品和各种金融衍生品的转让。

纳税人购入基金、信托、理财产品等各类资产管理产品持有至到期,不属于金融商品转让。

(六)现代服务。

现代服务,是指围绕制造业、文化产业、现代物流产业等提供技术性、知识性服务的业务活动。它包括研发和技术服务、信息技术服务、文化创意服务、物流辅助服务、租赁服务、鉴证咨询服务、广播影视服务、商务辅助服务和其他现代服务。

1. 研发和技术服务。

研发和技术服务,包括研发服务、合同能源管理服务、工程勘察勘探服务、专业技术服务。

2. 信息技术服务。

信息技术服务,是指利用计算机、通信网络等技术对信息进行生产、收集、处理、加工、存储、运输、检索和利用,并提供信息服务的业务活动。它包括软件服务、电路设计及测试服务、信息系统服务、业务流程管理服务和信息系统增值服务。

3. 文化创意服务。

文化创意服务,包括设计服务、知识产权服务、广告服务和会议展览服务。

4. 物流辅助服务。

物流辅助服务,包括航空服务、港口码头服务、货运客运场站服务、打捞救助服务、装卸搬运服务、仓储服务和收派服务。

5. 租赁服务。

租赁服务,包括融资租赁服务和经营租赁服务。

（1）按照标的物的不同，融资租赁服务可分为有形动产融资租赁服务和不动产融资租赁服务。

融资性售后回租不按照本税目缴纳增值税。

（2）按照标的物的不同，经营租赁服务可分为有形动产经营租赁服务和不动产经营租赁服务。

将建筑物、构筑物等不动产或者飞机、车辆等有形动产的广告位出租给其他单位或者个人用于发布广告，按照经营租赁服务缴纳增值税。

车辆停放服务、道路通行服务（包括过路费、过桥费、过闸费等）等按照不动产经营租赁服务缴纳增值税。

水路运输的光租业务、航空运输的干租业务，属于经营租赁。

6. 鉴证咨询服务。

鉴证咨询服务，包括认证服务、鉴证服务和咨询服务。

7. 广播影视服务。

广播影视服务，包括广播影视节目（作品）的制作服务、发行服务和播映（含放映）服务。

8. 商务辅助服务。

商务辅助服务，包括企业管理服务、经纪代理服务、人力资源服务、安全保护服务。

9. 其他现代服务。

其他现代服务，是指除研发和技术服务、信息技术服务、文化创意服务、物流辅助服务、租赁服务、鉴证咨询服务、广播影视服务和商务辅助服务以外的现代服务。

自2018年1月1日起，纳税人为客户办理退票而向客户收取的退票费、手续费等收入，按照“其他现代服务”缴纳增值税。

纳税人对安装运行后的机器设备提供的维护保养服务，按照“其他现代服务”缴纳增值税。

（七）生活服务。

生活服务，是指为满足城乡居民日常生活需求提供的各类服务活动。它包括文化体育服务、教育医疗服务、旅游娱乐服务、餐饮住宿服务、居民日常服务和其他生活服务。

居民日常服务，是指主要为满足居民个人及其家庭日常生活需求提供的服务，包括市容市政管理、家政、婚庆、养老、殡葬、照料和护理、救助救济、美容美发、按摩、桑拿、氧吧、足疗、沐浴、洗染、摄影扩印等服务。

纳税人在游览场所经营索道、摆渡车、电瓶车、游船等取得的收入，按照文化体育服务缴纳增值税。

纳税人以长（短）租形式出租酒店式公寓并提供配套服务的，按照住宿服务缴纳增值税。

提供餐饮服务的纳税人销售的外卖食品，按照餐饮服务缴纳增值税。

政策解析 餐饮企业销售的外卖食品，与堂食适用同样的增值税政策，统一按照提供餐饮服务缴纳增值税。外卖食品，仅指该餐饮企业参与了生产、加工过程的食品。对于餐饮企业将外购的酒水、农产品等货物，未进行后续加工而直接销售的，应按销售货物征收增值税。

纳税人现场制作食品并直接销售给消费者，按照“餐饮服务”缴纳增值税。

二、销售无形资产。

销售无形资产，是指转让无形资产所有权或者使用权的业务活动。无形资产，是指不具实物形态，但能带来经济利益的资产，包括技术、商标、著作权、商誉、自然资源使用权和其他权益性无形资产。

技术，包括专利技术和非专利技术。

自然资源使用权，包括土地使用权、海域使用权、探矿权、采矿权、取水权和其他自然资源使用权。

其他权益性无形资产，包括基础设施资产经营权、公共事业特许权、配额、经营权（包括特许经营权、连锁经营权、其他经营权）、经销权、分销权、代理权、会员权、席位权、网络游戏虚拟道具、域名、名称权、肖像权、冠名权、转会费等。

三、销售不动产。

销售不动产，是指转让不动产所有权的业务活动。不动产，是指不能移动或者移动后会引起性质、形状改变的财产，包括建筑物、构筑物等。

转让建筑物有限产权或者永久使用权的，转让在建的建筑物或者构筑物所有权的，以及在转让建筑物或者构筑物时一并转让其所占土地的使用权的，按照销售不动产缴纳增值税。

（财政部　国家税务总局关于全面推开营业税改征增值税试点的通知，财税〔2016〕36 号，发文日期：2016-03-23；财政部　国家税务总局关于明确金融、房地产开发、教育辅助服务等增值税政策的通知，财税〔2016〕140 号，发文日期：2016-12-21；国家税务总局关于在境外提供建筑服务等有关问题的公告，国家税务总局公告 2016 年第 69 号，发文日期：2016-11-04；财政部　国家税务总局关于租入固定资产进项税额抵扣等增值税政策的通知，财税〔2017〕90 号，发文日期：2017-12-25；国家税务总局关于国内旅客运输服务进项税抵扣等增值税征管问题的公告，国家税务总局公告 2019 年第 31 号，发文日期：2019-09-01）

案例解析 20

企业转让股权是否缴纳增值税？

天马房地产企业持有富华混凝土生产企业（非上市公司）80％的股权。根据股东会对企业整体战略布局的安排，现将持有的富华混凝土生产企业的股权全部转让给昌盛建设集团。请问：天马房地产企业转让股权的行为，是否缴纳增值税？

答：根据《财政部　国家税务总局关于全面推开营业税改征增值税试点的通知》（财税〔2016〕36 号）所附销售服务、无形资产、不动产注释，股权转让行为没有包含在销售服务、无形资产、不动产范围，不征收增值税。

重点难点即时练 5

1. 下列单位或者个人，属于增值税纳税人的有（　　）。

　A. 进口理发设备的理发店　　B. 销售商品房的房地产开发公司

　C. 零售杂货的个体户　　D. 生产销售自然资源的矿厂

2. 下列行为中，不征收增值税的是（　　）。

　A. 过境贸易　　B. 进口固定资产设备

　C. 海尔集团出口家电产品　　D. 中远公司在珠海为日本公司修理船只

3. 下列行为，属于增值税应税行为的是（　　）。

A. 销售自然资源使用权 B. 建筑服务
C. 文化体育服务 D. 人力资源服务

4. 下列行为中,属于增值税应税行为的有( )。
A. 装饰服务 B. 不动产融资租赁服务
C. 设计服务 D. 物流辅助服务

5. 下列行为中,应按交通运输服务征收增值税的有( )。
A. 无运输工具承运业务 B. 航空运输的湿租业务
C. 出租车公司向使用本公司自有出租车的出租车司机收取的管理费用
D. 水路运输的光租业务

6. 下列行为中,应按贷款服务征收增值税的有( )。
A. 信用卡透支利息收入 B. 融资性售后回租取得的利息
C. 信用证服务 D. 票据贴现取得的利息

2.1.5 视同销售货物

《增值税暂行条例实施细则》第四条规定,单位或者个体工商户的下列行为,视同销售货物。

(一) 将货物交付其他单位或者个人代销。

(二) 销售代销货物。

(三) 设有两个以上机构并实行统一核算的纳税人,将货物从一个机构移送其他机构用于销售,但相关机构设在同一县(市)的除外。

(四) 将自产或委托加工的货物用于非增值税应税项目。

(五) 将自产、委托加工的货物用于集体福利或个人消费。

(六) 将自产、委托加工或者购进的货物作为投资,提供给其他单位或者个体工商户。

(七) 将自产、委托加工或购进的货物分配给股东或投资者。

(八) 将自产、委托加工或者购进的货物无偿赠送其他单位或者个人。

政策解析 学习视同销售行为时应把握三点:一是视同销售行为采用的是正向列举的办法,只有属于上列行为才是视同销售行为;反之,如果我们认定某一项行为属于视同销售行为,那么,它必定属于上述列举的行为之一。例如,将自产的货物用于管理部门不属于上述列举的范围,因此它不是视同销售行为,实际上它不属于增值税的征税范围。二是注意将货物用于集体福利或个人消费用途时,货物的来源只有自产、委托加工两个方向,没有外购。因为用于集体福利或个人消费属于纳税人将货物自用了,而自用只会涉及进项税额能否抵扣的问题,与销售无关。三是随着营改增试点改革覆盖了营业税所有征税范围,非增值税应税项目不再存在,上述第(四)项视同销售行为不再存在。

2.1.5.1 相关机构之间移送货物用于销售

目前,对实行统一核算的企业所属机构间移送货物,接受移送货物机构(以下简称受货机构)的经营活动是否属于销售应在当地纳税,判断标准如下:《增值税暂行条例实施细则》第四条视同销售货物行为的第(三)项所称的用于销售,是指受货机构发生以下情形之一的经营行为:

（一）向购货方开具发票。

（二）向购货方收取货款。

受货机构的货物移送行为有上述两项情形之一的，应当向所在地税务机关缴纳增值税；未发生上述两项情形的，则应由总机构统一缴纳增值税。如果受货机构只就部分货物向购买方开具发票或收取货款，则应当区别不同情况计算并分别向总机构所在地或分支机构所在地缴纳税款。

（国家税务总局关于企业所属机构间移送货物征收增值税问题的通知，国税发〔1998〕137号，发文日期：1998-08-26）

纳税人与总机构所在地金融机构签订协议建立资金结算网络，以总机构的名义在各地开立存款账户（开立的账户为分支机构所在地账号，只能存款、转账，不能取款）。各地实现的销售，通过资金结算网络在各地向购货方收取销货款，由总机构直接向购货方开具发票的行为，不具备《国家税务总局关于企业所属机构间移送货物征收增值税问题的通知》规定的受货机构向购货方开具发票、向购货方收取货款两种情形之一，其取得的应税收入应当在总机构所在地缴纳增值税。

（国家税务总局关于纳税人以资金结算网络方式收取货款增值税纳税地点问题的通知，国税函〔2002〕802号，发文日期：2002-09-03）

政策解析 将实行统一核算的总分支机构之间或者分支机构之间跨县（市）移送货物用于销售纳入视同销售的范围，目的是划分不同税务机关之间的税源。如果跨县（市）移送的货物是用于销售，那么货物移出机构移送货物的行为应视同销售，征收一道增值税；受货机构销售接受的货物，还要再征一道增值税，如果受货机构为一般纳税人，其从货物移出机构取得的增值税专用发票可以抵扣。如果跨县（市）移送的货物不满足《国家税务总局关于企业所属机构间移送货物征收增值税问题的通知》（国税发〔1998〕137号）列举的两个条件中的任何一个，我们应当将总分机构看作一个整体，在总分支机构共同参与下，货物的所有权才转移给购买方，销售货物实现，此时只有一个货物流转环节，只应该征收一道增值税，按照国税发〔1998〕137号文件的规定，纳税人是总机构。

案例解析21

企业将生产的货物发往全国各地分支机构销售，如何缴纳增值税？

天马保健床生产企业在全国跨县市设立非独立核算的销售机构共有68处。天马保健床生产企业将生产的保健床发送到全国各地销售机构，销售机构招揽消费者免费体验，通过发送礼品、专家促销等方式将保健床销售给消费者，并收取消费者货款。在产品保修期内，如果保健床发生故障，销售机构负责免费上门维修。请问：天马保健床生产企业销售的保健床，应如何缴纳增值税？

答：根据《增值税暂行条例实施细则》第四条规定，单位或者个体工商户的下列行为，视同销售货物：（一）将货物交付其他单位或者个人代销；（二）销售代销货物；（三）设有两个以上机构并实行统一核算的纳税人，将货物从一个机构移送其他机构用于销售，但相关机构设在同一县（市）的除外；（四）将自产或者委托加工的货物用于非增值税应税项目；（五）将自产、委托加工的货物用于集体福利或者个人消费；（六）将自产、委托加工或者购进的货物作为投资，提供给其他单位或者个体工商户；(七)将自产、委托加工或者购进的货物分配给股东或者投资者；(八)将自产、委托加工或者购进的货物无偿赠送其他单位或者个人。根据《国家税务总局关于企业所属机构间移送货物征收增值税问题的通知》(国税发〔1998〕137号)规定，《增值税暂行条例实施细则》第四条视同销售货物行为的第(三)项所称的用于销售，是指受货机构发生以下情形之一的经营行为：(一)向购货方开具发票；(二)向购货方收取货款。受货机构的货物移送行为有上述两项情形之一的，应当向所在地税务机关缴纳增值税。天马保健床生产企业的销售机构向购买方收取货款，满足国税发〔1998〕137号规定的"用于销售"条件，另外跨县市设立的销售机构与天马保健床生产企业实行统一核算，因此，天马保健床生产企业向销售机构移送保健床满足《增值税暂行条例实施细则》第四条第(三)项所列"不在同一县市""统一核算""用于销售"三个条件，货物的移送行为应视同销售，货物移出机构需要缴纳增值税。各地的销售机构发生了销售货物的行为，也应该缴纳增值税，如果销售机构是一般纳税人，其从天马保健床生产企业取得的增值税专用发票可以抵扣进项税额。

总机构移出货物的会计处理：

借：库存商品——××销售机构仓库

贷：库存商品——总机构仓库

纳税申报：将移出货物的销售额填入附列资料(一)销售情况明细第1行"16%税率货物和加工修理修配劳务"相关列次，并形成主表第1栏的其中数。

2.1.5.2 扶贫货物捐赠

一、为支持脱贫攻坚，自2019年1月1日至2022年12月31日，对单位或者个体工商户将自产、委托加工或购买的货物通过公益性社会组织、县级及以上人民政府及其组成部门和直属机构，或直接无偿捐赠给目标脱贫地区的单位和个人，免征增值税。在政策执行期限内，目标脱贫地区实现脱贫的，可继续适用上述政策。

"目标脱贫地区"包括832个国家扶贫开发工作重点县、集中连片特困地区县(新疆阿克苏地区6县1市享受片区政策)和建档立卡贫困村。

二、在2015年1月1日至2018年12月31日期间已发生的符合上述条件的扶贫货物捐赠，可追溯执行上述增值税政策。

三、在本公告发布之前已征收入库的按上述规定应予免征的增值税税款，可抵减纳税人以后月份应缴纳的增值税税款或者办理税款退库。已向购买方开具增值税专用发票的，应将专用发票追回后方可办理免税。无法追回专用发票的，不予免税。

(财政部　税务总局　国务院扶贫办关于扶贫货物捐赠免征增值税政策的公告，财政部　税务总局　国务院扶贫办公告2019年第55号，发文日期：2019-04-10)

2.1.5.3 用于应对新冠肺炎疫情的捐赠

自2020年1月1日起至财政部、税务总局公告的截止日期止，单位和个体工商户将自产、委托加工或购买的货物，通过公益性社会组织和县级以上人民政府及其部门等国家机关，或者直接向承担疫情防治任务的医院，无偿捐赠用于应对新型冠状病毒感染的肺炎疫情的，免征增值税、消费税、城市维护建设税、教育费附加、地方教育附加。

(财政部　税务总局关于支持新型冠状病毒感染的肺炎疫情防控有关捐赠税收政策的公告，财政部　税务总局公告2020年第9号，发文日期：2020-02-06)

2.1.5.4　零售商促销商品

零售商开展促销活动，其促销商品(包括有奖销售的奖品、赠品)应当依法纳税。

(商务部 国家发展和改革委员会 公安部 国家税务总局 国家工商总局零售商促销行为管理办法，部委令 2006 年第 18 号，发文日期：2006-09-12)

2.1.5.5　无偿赠送粉煤灰

自 2011 年 6 月 1 日起，纳税人将粉煤灰无偿提供给他人，应根据《增值税暂行条例实施细则》第四条的规定征收增值税。销售额应根据《增值税暂行条例实施细则》第十六条的规定确定。

(国家税务总局关于纳税人无偿赠送粉煤灰征收增值税问题的公告，国家税务总局公告 2011 年第 32 号，发文日期：2011-05-19)

2.1.5.6　无偿赠送煤矸石

自 2014 年 1 月 1 日起，纳税人将煤矸石无偿提供给他人，应根据《增值税暂行条例实施细则》第四条的规定征收增值税，销售额应根据《增值税暂行条例实施细则》第十六条的规定确定。

(国家税务总局关于纳税人无偿赠送煤矸石征收增值税问题的公告，国家税务总局公告 2013 年第 70 号，发文日期：2013-12-03)

2.1.5.7　创新药后续免费用药

为鼓励创新药的研发和使用，结合其大量存在"后续免费用药临床研究"的特点，自 2015 年 1 月 1 日起，创新药的赠送按以下规定征收增值税：

一、药品生产企业销售自产创新药的销售额，为向购买方收取的全部价款和价外费用，其提供给患者后续免费使用的相同创新药，不属于增值税视同销售范围。

二、创新药，是指经国家食品药品监督管理部门批准注册、获批前未曾在中国境内外上市销售，通过合成或者半合成方法制得的原料药及其制剂。

三、药品生产企业免费提供创新药，应保留如下资料，以备税务机关查验：

(一) 国家食品药品监督管理部门颁发的注明注册分类为 1.1 类的药品注册批件。

(二) 后续免费提供创新药的实施流程。

(三) 第三方(创新药代保管的医院、药品经销单位等)出具免费用药确认证明，以及患者在第三方登记、领取创新药的记录。

(财政部 国家税务总局关于创新药后续免费使用有关增值税政策的通知，财税〔2015〕4 号，发文日期：2015-01-26)

政策解析　关于"买一赠一"方式销售货物，增值税的规定与企业所得税的规定不同。《国家税务总局关于确认企业所得税收入若干问题的通知》(国税函〔2008〕875 号)第三条规定，企业以"买一赠一"等方式组合销售本企业商品的，不属于捐赠，应将总的销售金额按各项商品的公允价值的比例来分摊确认各项的销售收入。也就是说，在征收企业所得税时，"买一赠一"方式赠送的赠品不属于视同销售，应将总的销售金额看作是卖品和赠品的销售额之和，企业按照实际收取的不含税销售金额确认收入，缴纳企业所得税。但是目前财政部和国家税务总局还没有出台增值税方面的文件，对"买一赠一"是否应视同销售货物缴纳增值税作出明确规定。

重点难点即时练 6

1. 下列各项中，视同销售应当征收增值税的是（　　）。
   A. 某商场为厂家代销服装　　B. 外购毛巾被用于职工福利
   C. 某工厂外购钢材用于在建工程　　D. 餐厅购进酒水用于提供给顾客消费
2. 实行统一核算的总分支机构间相互移送货物应当征收增值税必须同时具备以下条件（　　）。
   A. 两个机构必须在同一县市　　B. 两个机构必须不在同一县市
   C. 移送货物必须用于销售　　D. 移送货物必须用于生产
3. 统一核算的企业所属机构间移送货物，接受移送货物的机构有下列情形之一的就视为用于销售（　　）。
   A. 向购货方开具发票　　B. 向购货方收取货款
   C. 把货物交付购买方　　D. 为购买方运输货物
4. 下列行为属于视同销售的有（　　）。
   A. 将自产的货物用于管理部门
   B. 将外购的货物用于管理部门
   C. 将自产的货物用于本厂基本建设
   D. 将委托加工的货物用于职工集体福利
5. 下列行为属于视同销售的有（　　）。
   A. 将自产的布匹用于连续生产服装
   B. 采取手续费结算方式将货物交付他人代销
   C. 赊销货物
   D. 将外购的货物用于提供装修服务

案例解析 22

“捆绑销售”“买一赠一”经营方式中，赠品是否应按视同销售处理，征收增值税？

天马汽车经销商为促进汽车销售，采取买汽车送脚垫、防爆膜、内饰等汽车用品。如：销售一辆含税价值 20 万元的汽车，送价值 1 000 元的汽车用品。汽车经销商按实际收取的总款项 20 万元作为含税销售额申报缴纳增值税。税务机关在对汽车经销商进行税务检查时，认为经销商赠送汽车用品，是将外购的货物无偿赠送他人，属于增值税视同销售行为，应按同类货物的销售价格 1 000 元为销售额计算缴纳增值税。请问：税务机关的说法是否正确？

答：天马汽车经销商在销售汽车的同时，附带赠送汽车用品，属于满足约定前提条件（买汽车）后发生的赠送，是否属于“无偿赠送”汽车用品呢？答案是肯定的。依据是在 2006 年和 2007 年先后下发的国税函〔2006〕1278 号、国税函〔2007〕414 号、国税函〔2007〕778 号、国税函〔2007〕1322 号等文件。四个文件将中国移动、电信、联通、网通等电信单位开展的以业务销售附带赠送实物业务（包括赠送用户手机、电话机、SIM 卡、网络终端或有价物品等实物)定性为电信单位“无偿”赠与他人实物的行为。也就是说,从增值税法理上讲,满足约定前提条件(买主品)后赠送的赠品,界定为无偿赠送。目前,财政部和国家税务总局对满足既定条件后发生的赠送实物的行为只有电信行业有明确规定。《财政部 国家税务总局关于全面推开营业税改征增值税试点的通知》(财税〔2016〕36号)规定,试点纳税人销售电信服务时,附带赠送用户识别卡、电信终端等货物或者电信服务的,应将其取得的全部价款和价外费用进行分别核算,按各自适用的税率计算缴纳增值税。这样,从财政部和国家税务总局层面看,除电信行业外,其他行业没有销售货物或提供劳务同时附带赠送实物不征收增值税的规定。但这个问题在现实征管中普遍存在,且存在较大争议。因此,部分省市就现实生活中存在的购物赠送的形式进行明确,同时规范了是否征税、如何征税及何时征税,如《河北省国家税务局关于企业若干销售行为征收增值税问题的通知》(冀国税函〔2009〕247号)规定,企业在促销中,以“买一赠一”、购物返券、购物积分等方式组合销售货物的,对于主货物和赠品(返券商品、积分商品,下同)不开发票的,就其实际收到的货款征收增值税。对于主货物与赠品开在同一张发票的,或者分别开具发票的,应按发票注明的合计金额征收增值税。纳税义务发生时间均为收到货款的当天。企业应将总的销售金额按各项商品的公允价值的比例来分摊确认各项的销售收入。《江西省国家税务局关于修改〈江西省百货零售企业增值税管理办法〉的公告》(江西省国家税务局公告2013年第12号)规定,以买一送一、随货赠送、捆绑销售等方式销售货物,如将销售货物和赠送货物的各自原价和折扣额在同一张销售发票上注明的,按实际收取的价款确认销售额。销售货物与赠送货物适用增值税税率不同的,应分别以各自原价扣除折扣额后的余额按适用税率计算缴纳增值税。未按上述规定在同一张销售发票上注明的,销售货物按其实际收取的价款确认销售额,随同销售赠送的货物按视同销售确定销售额。那么,地方有具体明确规范的,纳税人发生的买一赠一行为按照地方规范执行,没有规范的,除电信行业外,税务机关有权利要求纳税人按照视同销售缴纳增值税。

政策解析 企业为了促进商品销售,采取的买一送一、随货赠送、捆绑销售、购物返券、购物返积分、积分抵现金等促销方式,在促销策略制定时,就应进行税收筹划,避免赠品、返券购买商品、积分抵现金部分,被税务机关按照视同销售征收增值税,产生税收风险。通常的筹划方式有三种:一是将主品和赠品包装到一起,组成礼盒,形成一件货物;二是在开具发票时,按照主品和赠品的公允价值将实际收取的款项进行分割,按照主品和赠品分得的金额分别填写各自的销售额;三是将赠品或返券、积分按照折扣处理,在同一张发票上用负数注明客户可以享受的赠品、返券、积分对应的价值。

案例解析23

会员购物返积分、积分送礼,礼品是否应作视同销售处理,征收增值税?

天马零售企业为促进商品销售,采取会员购物积分,积分按年送礼活动。如:一个自然年度内积分在1 000(含)至2 000的,送不锈钢盆子一个;积分在2 000(含)至5 000的,送枕头一个;积分在5 000(含)至10 000的,送夏凉被一床;积分在10 000(含)至20 000的,送挂烫机一台;积分在20 000(含)以上的,送光波炉一台;积分在1 000以下的,不送礼。零售企业将送出礼品直接记入“销售费用”没有申报缴纳增值税。税务机关在对企业进行税务检查时，认为零售企业赠送礼品属于增值税视同销售行为，应按同类货物的销售价格为销售额计算缴纳增值税。请问：税务机关的说法是否正确？

答：各零售企业为促进商品销售，采用各种有效的促销手段，如：买一送一、随货赠送、捆绑销售、来店有礼、购物返券、购物返积分、积分送礼、积分抽奖、购物满额送礼、购物满额抽奖等，但这些促销行为在拉升销量的同时也增加了企业的税收风险。本案中，零售企业以顾客购买一定额度的商品，达到一定积分为前提，没有收取客户任何对价，将礼品赠送给客户，属于视同销售行为规范的无偿赠送。目前，从财政部和国家税务总局层面看，除电信外，其他行业没有销售货物或提供劳务、服务同时附带赠送实物、不征收增值税的规定。部分省市就现实生活中存在的购物赠送的形式进行明确，同时规范了是否征税、如何征税及何时征税，如《江西省国家税务局关于修改〈江西省百货零售企业增值税管理办法〉的公告》（江西省国家税务局公告2013年第12号）规定，以来店有礼、进店即送、积分送礼等非随同销售方式赠送的货物，一律按视同销售确定销售额。《四川省国家税务局关于买赠行为增值税处理问题的公告》（四川省国家税务局公告2011年第6号）规定，纳税人采取“来店有礼”“积分送礼”“积分抽奖”等方式赠送货物，应按无偿赠送的相关规定计算并申报缴纳增值税。贵州省国家税务局公告2012年第12号也做出了类似的规定。可见，对于积分送礼、积分抽奖这两种促销方式，各地的规定是统一的，属于无偿赠送货物，按视同销售征收增值税。原因是这两种促销方式，不同于随货附赠，它与销售货物属于两个独立的事项，赠送礼品这一独立事项没有收取任何补偿，属于无偿赠送。税务机关的说法是有依据的。

2.1.6 视同销售服务、无形资产或者不动产

下列情形视同销售服务、无形资产或者不动产：

（一）单位或者个体工商户向其他单位或者个人无偿提供服务，但用于公益事业或者以社会公众为对象的除外。

（二）单位或者个人向其他单位或者个人无偿转让无形资产或者不动产，但用于公益事业或者以社会公众为对象的除外。

（三）财政部和国家税务总局规定的其他情形。

（财政部　国家税务总局关于全面推开营业税改征增值税试点的通知，财税〔2016〕36号，发文日期：2016-03-23）

政策解析　上述第（一）项无偿提供服务与第（二）项无偿转让无形资产或不动产作为视同销售的范围不同，第（一）项的主体只有单位和个体工商户，不包括其他个人，而第（二）项的主体是单位和个人。例如，自然人将资金无偿提供他人使用不属于视同销售，而自然人将不动产无偿赠与他人属于视同销售。

2.1.6.1 电信企业销售电信服务时附带赠送货物或电信服务

试点纳税人销售电信服务时，附带赠送用户识别卡、电信终端等货物或者电信服务的，应将其取得的全部价款和价外费用进行分别核算，按各自适用的税率计算缴纳增值税。

（财政部　国家税务总局关于全面推开营业税改征增值税试点的通知，财税〔2016〕36号，发文日期：

2016-03-23)

2.1.6.2　无偿提供铁路运输服务、航空运输服务

根据国家指令无偿提供的铁路运输服务、航空运输服务，属于《营业税改征增值税试点实施办法》第十四条规定的用于公益事业的服务，不征收增值税。

（财政部　国家税务总局关于全面推开营业税改征增值税试点的通知，财税〔2016〕36 号，发文日期：2016-03-23)

2.1.6.3　出租不动产租赁合同约定的免租期

纳税人出租不动产，租赁合同中约定免租期的，不属于《营业税改征增值税试点实施办法》(财税〔2016〕36 号)文件第十四条规定的视同销售服务。

（国家税务总局关于土地价款扣除时间等增值税征管问题的公告，国家税务总局公告 2016 年第 86 号，发文日期：2016-12-24)

2.1.6.4　航空运输企业利用客户积分赠送航空运输服务

《财政部　国家税务总局关于将铁路运输和邮政业纳入营业税改征增值税试点的通知》(财税〔2013〕106 号)规定，航空运输企业提供的旅客利用里程积分兑换的航空运输服务，不征收增值税。这项政策没有平移到《财政部　国家税务总局关于全面推开营业税改征增值税试点的通知》(财税〔2016〕36 号)文件中来。

案例解析 24

房地产开发企业销售商品房赠送地下室，地下室是否视同销售缴纳增值税？

天马房地产公司为促进商品房销售，对购买顶楼的客户赠送地下室。请问：赠送的地下室是否应缴纳增值税？

答：在激烈的市场竞争中，房地产开发商为促进商品房销售，运用各种有效的营销策略，如：买房子送空调、买房子送装修、买房子送地下室等，但这些促销行为在拉升销量的同时也增加了企业税收风险。天马房地产公司在销售住房的同时，附带赠送的地下室，没有收取客户任何对价，属于无偿赠送不动产的行为。根据《财政部　国家税务总局关于全面推开营业税改征增值税试点的通知》(财税〔2016〕36 号)第十四条规定，下列情形视同销售服务、无形资产或者不动产：(一)单位或者个体工商户向其他单位或者个人无偿提供服务，但用于公益事业或者以社会公众为对象的除外。(二)单位或者个人向其他单位或者个人无偿转让无形资产或者不动产，但用于公益事业或者以社会公众为对象的除外。(三)财政部和国家税务总局规定的其他情形。因此，天马房地产公司无偿赠送的地下室，属于视同销售不动产行为。对于无偿赠送的服务、不动产如何征税呢？目前，财政部和国家税务总局有明确规定的有电信行业和铁路、航空运输行业。《财政部　国家税务总局关于全面推开营业税改征增值税试点的通知》(财税〔2016〕36 号)规定，试点纳税人销售电信服务时，附带赠送用户识别卡、电信终端等货物或者电信服务的，应将其取得的全部价款和价外费用进行分别核算，按各自适用的税率计算缴纳增值税。根据国家指令无偿提供的铁路运输服务、航空运输服务，属于《试点实施办法》第十四条规定的用于公益事业的服务。这样，除电信行业、铁路运输、航空运输外，财政部和国家税务总局没有明确其他行业无偿赠送的服务或不动产可以作为不视同销售服务、不动产。建议天马房地产公司在采取买房子送地下室的经销策略前，与主管税务机关进行沟通。

重点难点即时练 7

1. 下列行为属于视同销售货物的行为的是(　　)。
   A. 销售代销货物
   B. 某电视机厂销售彩电时负责运输
   C. 某自行车厂销售产品,同时另设修理部
   D. 某建筑公司承揽建筑工程并提供工程所用建筑材料
2. 下列各项行为属于视同销售应征增值税的是(　　)。
   A. 保健品厂采取手续费结算方式将货物交付商场代销
   B. 电器厂将外购毛巾被用于发放职工福利
   C. 某工厂外购钢材用于不动产在建工程
   D. 餐厅购进酒水用于提供给顾客消费
3. 下列行为属于视同销售的有(　　)。
   A. 将外购的办公用品用于管理部门
   B. 健身器材生产企业将自产的产品移送外县市统一核算的销售机构用于销售
   C. 水泥厂将自产的水泥用于本厂办公楼建设
   D. 化妆品厂将自产的化妆品用于发放样品

2.2 征税范围具体规定项目

2.2.1 印刷企业自己购买纸张印刷报纸书刊的征税问题

印刷企业接受出版单位委托,自行购买纸张,印刷有统一刊号(CN)以及采用国际标准书号编序的图书、报纸和杂志,按货物销售征收增值税。

(财政部　国家税务总局关于增值税若干政策的通知,财税〔2005〕165 号,发文日期:2005-11-28)

2.2.2 罚没物品征免增值税问题

对各级行政执法机关、政法机关和经济管理部门(以下简称执罚部门和单位)依照国家有关法律、法规查处各类违法、违章案件的罚没物品变价收入,征收增值税的政策分为下列三种情形:

一、执罚部门和单位查处的属于一般商业部门经营的商品,具备拍卖条件的,由执罚部门或单位商同级财政部门同意后,公开拍卖。其拍卖收入作为罚没收入由执罚部门和单位如数上缴财政,不予征税。对经营单位购入拍卖物品再销售的应照章征收增值税。

二、执罚部门和单位查处的属于一般商业部门经营的商品,不具备拍卖条件的,由执罚部门、财政部门、国家指定销售单位会同有关部门按质论价,交由国家指定销售单位纳入正常销售渠道变价处理。执罚部门按商定价格所取得的变价收入作为罚没收入如数上缴财政,不予征税。国家指定销售单位将罚没物品纳入正常销售渠道销售的,应照章征收增值税。

三、执罚部门和单位查处的属于专管机关管理或专管企业经营的财物，如金银(不包括金银首饰)、外币、有价证券、非禁止出口文物，应交由专管机关或专营企业收兑或收购。执罚部门和单位按收兑或收购价所取得的收入作为罚没收入如数上缴财政，不予征税。专管机关或专营企业经营上述物品中属于应征增值税的货物，应照章征收增值税。

(财政部 国家税务总局关于罚没物品征免增值税问题的通知，财税字〔1995〕69号，发文日期：1995-09-04)

2.2.3 转让土地使用权或者销售不动产的同时一并销售的附着于土地或者不动产上的固定资产

自2011年9月1日起，纳税人转让土地使用权或者销售不动产的同时一并销售的附着于土地或者不动产上的固定资产中，凡属于增值税应税货物的，应按照《财政部 国家税务总局关于部分货物适用增值税低税率和简易办法征收增值税政策的通知》(财税〔2009〕9号)第二条有关规定，计算缴纳增值税；凡属于不动产的，应按照"销售不动产"税目计算缴纳增值税。

纳税人应分别核算增值税应税货物和不动产的销售额，未分别核算或核算不清的，由主管税务机关核定其增值税应税货物的销售额和不动产的销售额。

(国家税务总局关于纳税人转让土地使用权或者销售不动产同时一并销售附着于土地或者不动产上的固定资产有关税收问题的公告，国家税务总局公告2011年第47号，发文日期：2011-08-17)

2.2.4 拍卖行受托拍卖货物

2.2.4.1 拍卖行拍卖一般货物

拍卖行受托拍卖取得的手续费或佣金收入，按照"经纪代理服务"缴纳增值税。《国家税务总局关于拍卖行取得的拍卖收入征收增值税、营业税有关问题的通知》(国税发〔1999〕40号)停止执行。

(国家税务总局关于明确中外合作办学等若干增值税征管问题的公告，国家税务总局公告2018年第42号，发文日期：2018-07-25)

政策解析 拍卖行受托拍卖的货物所有权是委托方的，委托方以销售货物取得的全部价款和价外费用，按照"销售货物"缴纳增值税，拍卖行以其取得的手续费，按照"经纪代理服务"缴纳增值税。

2.2.4.2 拍卖行受托拍卖文物艺术品

自2020年5月1日起，拍卖行受托拍卖文物艺术品，委托方按规定享受免征增值税政策的，拍卖行可以自己名义就代为收取的货物价款向购买方开具增值税普通发票，对应的货物价款不计入拍卖行的增值税应税收入。

拍卖行应将以下纸质或电子证明材料留存备查：拍卖物品的图片信息、委托拍卖合同、拍卖成交确认书、买卖双方身份证明、价款代收转付凭证、扣缴委托方个人所得税相关资料。

文物艺术品，包括书画、陶瓷器、玉石器、金属器、漆器、竹木牙雕、佛教用具、古典家具、紫砂茗具、文房清供、古籍碑帖、邮品钱币、珠宝等收藏品。

此前已发生未处理的事项,按照本公告执行,已处理的事项不再调整。

(国家税务总局关于明确二手车经销等若干增值税征管问题的公告,国家税务总局公告2020年第9号,发文日期:2020-04-23)

热点问题

我公司是北京的一家拍卖公司,在拍卖文物艺术品时,遵循行业惯例,为委托方和购买方相互保密信息。对于我公司代委托方收取的货款,是否可以由我公司向购买方开具增值税普通发票?

答:《国家税务总局关于明确二手车经销等若干增值税征管问题的公告》(国家税务总局公告2020年第9号)第三条规定,拍卖行受托拍卖文物艺术品,委托方按规定享受免征增值税政策的,拍卖行可以自己名义就代为收取的货物价款向购买方开具增值税普通发票,对应的货物价款不计入拍卖行的增值税应税收入。因此,你公司受托拍卖文物艺术品,委托方若按规定享受免征增值税政策的,你公司可以自己名义就代为收取的货物价款向购买方开具增值税普通发票,并且对应的货物价款不计入增值税应税收入;若委托方按规定不能享受免征增值税政策,则你公司不能就货款向购买方开具增值税发票。需要说明的是,你公司收取的拍卖手续费等,仍然应按现行规定计算缴纳增值税并开具增值税发票。另外,对可以就代为收取的货物价款向购买方开具增值税普通发票的业务,你公司应将拍卖物品的图片信息、委托拍卖合同、拍卖成交确认书、买卖双方身份证明、价款代收转付凭证、扣缴委托方个人所得税相关资料的纸质或电子证明材料留存备查。

2.2.5 转让补充耕地指标

纳税人通过省级土地行政主管部门设立的交易平台转让补充耕地指标,按照销售无形资产缴纳增值税,税率为6%。补充耕地指标,是指根据《中华人民共和国土地管理法》及国务院土地行政主管部门《耕地占补平衡考核办法》的有关要求,经省级土地行政主管部门确认,用于耕地占补平衡的指标。

(国家税务总局关于明确中外合作办学等若干增值税征管问题的公告,国家税务总局公告2018年第42号,发文日期:2018-07-25)

政策解析 目前,我国实行占用耕地补偿制度,即非农业建设占用多少耕地,就应补充多少数量和质量相当的耕地,根据《土地管理法》和《耕地占补平衡考核办法》等法律法规要求,各省、自治区、直辖市(以下统称"各省")应确保本行政区域内的耕地总量不减少。由于经济发展水平差异和土地资源分布不均衡,不同市县对耕地占用的需求也各不相同。为确保耕地总量不减少,优化土地资源配置,各省陆续出台管理办法,实现了补充耕地指标的跨市县转让。补充耕地指标,实质上是一种占用耕地进行建设开发的权益,纳税人发生的转让补充耕地指标行为,应按照销售无形资产税目缴纳增值税。

2.3 不征增值税的行为

2.3.1 执照、牌照的工本费收入

对国家管理部门行使其管理职能,发放的执照、牌照和有关证书等取得的工本费收入,不征收增值税。

[国家税务总局关于印发《增值税问题解答(之一)》的通知,国税函发〔1995〕288号,发文日期:1995-06-02]

2.3.2 资产重组中的整体资产转让行为

2.3.2.1 重组中货物转让行为

自2011年3月1日起,纳税人在资产重组过程中,通过合并、分立、出售、置换等方式,将全部或者部分实物资产以及与其相关联的债权、负债和劳动力一并转让给其他单位和个人,不属于增值税的征税范围,其中涉及的货物转让,不征收增值税。

(国家税务总局关于纳税人资产重组有关增值税问题的公告,国家税务总局公告2011年第13号,发文日期:2011-02-18)

自2013年12月1日起,纳税人在资产重组过程中,通过合并、分立、出售、置换等方式,将全部或者部分实物资产以及与其相关联的债权、负债经多次转让后,最终的受让方与劳动力接收方为同一单位和个人的,仍适用《国家税务总局关于纳税人资产重组有关增值税问题的公告》(国家税务总局公告2011年第13号)的相关规定,其中货物的多次转让行为均不征收增值税。资产的出让方需将资产重组方案等文件资料报其主管税务机关。

(国家税务总局关于纳税人资产重组有关增值税问题的公告,国家税务总局公告2013年第66号,发文日期:2013-11-19)

2.3.2.2 重组中不动产、土地使用权转让行为

在资产重组过程中,通过合并、分立、出售、置换等方式,将全部或者部分实物资产以及与其相关联的债权、负债和劳动力一并转让给其他单位和个人,其中涉及的不动产、土地使用权转让行为属于不征收增值税项目。

(财政部 国家税务总局关于全面推开营业税改征增值税试点的通知,财税〔2016〕36号,发文日期:2016-03-23)

2.3.3 供电企业收取的供电工程贴费

供电工程贴费是指在用户申请用电或增加用电容量时,供电企业向用户收取的用于建设110千伏及以下各级电压外部供电工程建设和改造等费用的总称,包括供电和配电贴费两部分。经国务院批准同意的国家计委《关于调整供电贴费标准和加强贴费管理的请示》(计投资〔1992〕2569号)附件一规定:“根据贴费的性质和用途,凡电力用户新建的工程项目所支付的贴费,应从该工程的基建投资中列支;凡电力用户改建、扩建的工程项目所支付的贴费,从单位自有资金中列支。”同时,用贴费建设的工程项目由电力用户交由电力部门统一管理使用。根据贴费和用贴费建设的工程项目的性质以及增值税有关法规政策的规定,供

电工程贴费不属于增值税销售货物和收取价外费用的范围，不应当征收增值税。

（财政部　国家税务总局关于供电工程贴费不征收增值税和营业税的通知，财税字〔1997〕102 号，发文日期：1997-09-05）

2.3.4　融资性售后回租的征税问题

融资性售后回租业务是指承租方以融资为目的将资产出售给经批准从事融资租赁业务的企业后，又将该项资产从该融资租赁企业租回的行为。融资性售后回租业务中承租方出售资产时，资产所有权以及与资产所有权有关的全部报酬和风险并未完全转移。根据现行增值税和营业税有关规定，融资性售后回租业务中承租方出售资产的行为，不属于增值税和营业税征收范围，不征收增值税和营业税。本公告自 2010 年 10 月 1 日起施行，此前因与本公告规定不一致而已征的税款予以退税。

（国家税务总局关于融资性售后回租业务中承租方出售资产行为有关税收问题的公告，国家税务总局公告 2010 年第 13 号，发文日期：2010-09-08）

2.3.5　建筑现场制造的预制构件用于本单位建筑工程等

基本建设单位和从事建筑安装业务的企业附设的工厂、车间生产的水泥预制构件、其他构件或建筑材料，用于本单位或本企业的建筑工程的，应在移送使用时征收增值税。但对其在建筑现场制造的预制构件，凡直接用于本单位或本企业建筑工程的，不征收增值税。

供应或开采未经加工的天然水（如水库供应农业灌溉用水，工厂自采地下水用于生产），不征收增值税。

（国家税务总局关于印发《增值税若干具体问题的规定》的通知，国税发〔1993〕154 号，发文日期：1993-12-28）

2.3.6　营改增不征收增值税项目

1. 根据国家指令无偿提供的铁路运输服务、航空运输服务，属于《试点实施办法》第十四条规定的用于公益事业的服务。

2. 存款利息。

3. 被保险人获得的保险赔付。

4. 房地产主管部门或者其指定机构、公积金管理中心、开发企业以及物业管理单位代收的住宅专项维修资金。

5. 在资产重组过程中，通过合并、分立、出售、置换等方式，将全部或者部分实物资产以及与其相关联的债权、负债和劳动力一并转让给其他单位和个人，其中涉及的不动产、土地使用权转让行为。

（财政部　国家税务总局关于全面推开营业税改征增值税试点的通知，财税〔2016〕36 号，发文日期：2016-03-23）

案例解析 25

房地产开发企业代收的住宅专项维修资金，需要缴纳增值税吗？

请问：天马房地产企业销售商品房时代收的住宅专项维修资金，需要缴纳增值税吗？

答:根据《财政部　国家税务总局关于全面推开营业税改征增值税试点的通知》(财税〔2016〕36 号)附件二第一条第(二)项规定,房地产主管部门或者其指定机构、公积金管理中心、开发企业以及物业管理单位代收的住宅专项维修资金,属于不征收增值税项目。因此,天马房地产企业代收的住宅专项维修资金不征收增值税。

2.3.7　试点纳税人试点前发生的业务过渡措施

1. 试点纳税人发生应税行为,按照国家有关营业税政策规定差额征收营业税的,因取得的全部价款和价外费用不足以抵减允许扣除项目金额,截至纳入营改增试点之日前尚未扣除的部分,不得在计算试点纳税人增值税应税销售额时抵减,应当向原主管地税机关申请退还营业税。

2. 试点纳税人发生应税行为,在纳入营改增试点之日前已缴纳营业税,营改增试点后因发生退款减除营业额的,应当向原主管地税机关申请退还已缴纳的营业税。

3. 试点纳税人纳入营改增试点之日前发生的应税行为,因税收检查等原因需要补缴税款的,应按照营业税政策规定补缴营业税。

(财政部　国家税务总局关于全面推开营业税改征增值税试点的通知,财税〔2016〕36 号,发文日期:2016-03-23)

4. 个人转让住房,在 2016 年 4 月 30 日前已签订转让合同,2016 年 5 月 1 日以后办理产权变更事项的,应缴纳增值税,不缴纳营业税。

(国家税务总局关于明确营改增试点若干征管问题的公告,国家税务总局公告 2016 年第 26 号,发文日期:2016-04-26)

5. 纳税人 2016 年 5 月 1 日前发生的营业税涉税业务,包括已经申报缴纳营业税或补缴营业税的业务,需要补开发票的,可以开具增值税普通发票。纳税人应完整保留相关资料备查。

(国家税务总局关于明确中外合作办学等若干增值税征管问题的公告,国家税务总局公告 2018 年第 42 号,发文日期:2018-07-25)

重点难点即时练 8

1. 下列行为或项目应当征收增值税的有(　　)。

A. 存款利息

B. 货物期货

C. 执照、牌照的工本费收入

D. 转让企业全部资产、负债、劳动力时涉及的应税货物的转让

2. 下列关于融资性售后回租业务中承租方出售资产的征税方式说法正确的有(　　)。

A. 征收增值税　　B. 不征收增值税

C. 按租赁服务征税　　D. 经过中国人民银行批准的不征收增值税

3. 纳税人通过下列(　　)方式,将全部或者部分实物资产以及与其相关联的债权、负债和劳动力一并转让给其他单位和个人,其中涉及的货物转让,不征收增值税。

A. 合并　　B. 分立　　C. 出售　　D. 置换

案例解析26

房地产开发企业将自建商品房转作固定资产，需要缴纳增值税吗？

请问：天马房地产企业将自建的商品房转作本企业的固定资产，是否需要缴纳增值税？

答：根据《财政部　国家税务总局关于全面推开营业税改征增值税试点的通知》(财税〔2016〕36号)第一条第一款规定，在中华人民共和国境内(以下称境内)销售服务、无形资产或者不动产的单位和个人，为增值税纳税人，应当按照本办法缴纳增值税，不缴纳营业税。第十四条规定，下列情形视同销售服务、无形资产或者不动产：(一)单位或者个体工商户向其他单位或者个人无偿提供服务，但用于公益事业或者以社会公众为对象的除外。(二)单位或者个人向其他单位或者个人无偿转让无形资产或者不动产，但用于公益事业或者以社会公众为对象的除外。(三)财政部和国家税务总局规定的其他情形。天马房地产企业将自建商品房转作固定资产的行为，不属于销售不动产，也不属于视同销售不动产，更不属于其他增值税的征税范围，不征增值税。同时，此行为也不属于《增值税暂行条例》第十条所规定的进项税额不得抵扣的情形，建造商品房过程中发生的进项税额可以抵扣，不需要做进项税额转出处理。

政策解析　增值税的征税范围采用了正向列举的方式，只有被列入征税范围的才征收增值税，没列入征税范围的不征收增值税，如纳税人把自产的货物用于管理部门、不动产在建工程或非生产机构。

第3章　增值税税率及征收率

增值税实行三档税率，自2019年4月1日起分别为13%、9%和6%，同时对出口货物、部分跨境销售服务、无形资产实行零税率。

一、纳税人销售或者进口货物，除低税率的外，税率为13%。

二、低税率10%的货物有：农产品（含粮食）、自来水、暖气、石油液化气、天然气、食用植物油、冷气、热水、煤气、居民用煤炭制品、食用盐、农机、饲料、农药、农膜、化肥、沼气、二甲醚、图书、报纸、杂志、音像制品、电子出版物。

三、纳税人提供加工、修理修配劳务，税率为13%。

四、纳税人提供有形动产租赁服务，税率为13%。

五、纳税人提供交通运输、邮政、基础电信、建筑、不动产租赁服务，销售不动产，转让土地使用权，税率为9%。

六、纳税人发生应税行为，除上述项目外，税率为6%。

七、纳税人出口货物，税率为零；但是，国务院另有规定的除外。境内单位和个人发生的跨境应税行为，税率为零。具体范围由财政部和国家税务总局另行规定。

（中华人民共和国增值税暂行条例，中华人民共和国国务院令第691号，发文日期：2017-11-19；财政部　国家税务总局关于全面推开营业税改征增值税试点的通知，财税〔2016〕36号，发文日期：2016-03-23；财政部　国家税务总局关于简并增值税税率有关政策的通知，财税〔2017〕37号，发文日期：2017-04-28；财政部　国家税务总局关于调整增值税税率的通知，财税〔2018〕32号，发文日期：2018-04-04；财政部　税务总局　海关总署关于深化增值税改革有关政策的公告，财政部　税务总局　海关总署公告2019年第39号，发文日期：2019-03-20）

政策解析　增值税的三档税率中，货物适用13%和9%，正向列举出来的上述23种货物适用低税率9%，其他货物一律适用基本税率13%，对于某一具体货物而言，其在生产、批发、零售和进口环节适用同一个税率；服务（除有形动产租赁服务外）适用9%和6%两档税率；无形资产中，除土地使用权适用9%税率外，其他适用税率为6%；不动产适用税率为9%。

应税项目	具体品目	税率
货物	基本税率货物	13%
	低税率货物	9%
劳务	加工、修理修配劳务	13%
服务	租赁服务	有形动产13%，不动产9%
	交通运输、邮政、建筑、基础电信服务	9%
	金融服务、现代服务、生活服务、增值电信服务	6%

（续表）

应税项目	具体品目	税率
无形资产	转让土地使用权	9%
	其他无形资产	6%
不动产		9%

政策解析 自2016年营改增全行业试点以来，税率调整相当频繁，2017年、2018年和2019年税率三连降，我们应当注意新税率的适用时间问题，即纳税人的应税行为到底是适用原税率还是适用新税率，要按照纳税义务发生时间来确定。以最高档税率为例，纳税义务发生时间在2019年4月1日前的，适用税率为16%，无论实际收款日期在4月1日前，还是在4月1日后，均应按照16%税率开票交税；若纳税义务发生时间在4月1日以后，应按照13%税率开票交税。

3.1 部分基本税率货物注释

3.1.1 金属矿采选产品、非金属矿采选产品

自2009年1月1日起，金属矿采选产品、非金属矿采选产品按基本税率征税。金属矿采选产品，包括黑色和有色金属矿采选产品；非金属矿采选产品，包括除金属矿采选产品以外的非金属矿采选产品、煤炭和盐。

（财政部 国家税务总局关于金属矿、非金属矿采选产品增值税税率的通知，财税〔2008〕171号，发文日期：2008-12-19）

3.1.2 薄荷油

根据《国家税务总局关于〈增值税部分货物征税范围注释〉的通知》（国税发〔1993〕151号）对“食用植物油”的注释，薄荷油未包括在内，因此，薄荷油应按增值税基本税率征收增值税。

（国家税务总局关于增值税若干税收政策问题的批复，国税函〔2001〕248号，发文日期：2001-04-05）

3.1.3 亚麻油

亚麻油系亚麻籽经压榨或溶剂提取制成的干性油，不属于《农业产品征税范围注释》所规定的“农业产品”，适用增值税基本税率。

（国家税务总局关于亚麻油等出口货物退税问题的批复，国税函〔2005〕974号，发文日期：2005-10-14）

3.1.4 肉桂油、桉油、香茅油

肉桂油、桉油、香茅油不属于《财政部 国家税务总局关于印发〈农业产品征税范围注释〉的通知》（财税字〔1995〕52号）中农业产品的范围，其增值税适用增值税基本税率。

（国家税务总局关于肉桂油 桉油 香茅油增值税适用税率问题的公告，国家税务总局公告2010年第5

号,发文日期:2010-07-27)

3.1.5 环氧大豆油、氢化植物油

环氧大豆油、氢化植物油不属于食用植物油的征税范围,应适用增值税基本税率。环氧大豆油是将大豆油滴加双氧水后经过环氧反应、水洗、减压脱水等工序后形成的产品。氢化植物油是将普通植物油在一定温度和压力下经过加氢、催化等工序后形成的产品。

(国家税务总局关于环氧大豆油、氢化植物油增值税适用税率问题的公告,国家税务总局公告2011年第43号,发文日期:2011-07-25)

3.1.6 工业燃气

工业燃气不属于石油液化气范围,应按增值税基本税率征收增值税。

(国家税务总局关于工业燃气适用税率问题的批复,国税函〔1999〕343号,发文日期:1999-05-25)

3.1.7 天然二氧化碳

天然二氧化碳不属于天然气,不应比照天然气征税,仍应按增值税基本税率征收增值税。

(国家税务总局关于天然二氧化碳适用增值税税率的批复,国税函〔2003〕1324号,发文日期:2003-12-10)

3.1.8 桶装饮用水

桶装饮用水不属于自来水,应按照增值税基本税率征收增值税。

(国家税务总局关于桶装饮用水生产企业征收增值税问题的批复,国税函〔2008〕953号,发文日期:2008-11-24)

3.1.9 硝酸铵

自2007年2月1日起,硝酸铵适用增值税基本税率,同时不再享受化肥产品免征增值税政策。

(财政部 国家税务总局关于明确硝酸铵适用增值税税率的通知,财税〔2007〕007号,发文日期:2007-01-10)

3.1.10 日用"卫生用药"

用于人类日常生活的各种类型包装的日用卫生用药(如卫生杀虫剂、驱虫剂、驱蚊剂、蚊香、消毒剂等),不属于增值税"农药"的范围,应按增值税基本税率征税。

(国家税务总局关于加强增值税征收管理若干问题的通知,国税发〔1995〕192号,发文日期:1995-10-18)

3.1.11 液氮容器

成都金凤液氮容器有限公司生产的液氮容器,是以液氮(-196℃)为制冷剂,主要用于畜牧、医疗、科研部门对家畜冷冻精液及疫苗、细胞、微生物等的长期超低温储存和运输,也可用于国防、科研、机械、医疗、电子、冶金、能源等部门,不属于农机的征税范围,应按增值税

基本税率征收增值税。

（国家税务总局关于出口豆腐皮等产品适用征、退税率问题的批复，国税函〔2005〕944号，发文日期：2005-10-18）

3.1.12 豆腐皮

浙江浦江保康食品厂生产的豆腐皮，从生产过程看，经过磨浆、过滤、加热、结膜、捞制、成皮、包装等工艺流程，不属于农业产品的征税范围，应按增值税基本税率征收增值税。

（国家税务总局关于出口豆腐皮等产品适用征、退税率问题的批复，国税函〔2005〕944号，发文日期：2005-10-18）

3.1.13 麦芽

麦芽不属于《财政部 国家税务总局关于印发〈农业产品征税范围注释〉的通知》（财税字〔1995〕52号）规定的农业产品范围，应适用增值税基本税率。

（国家税务总局关于麦芽适用税率问题的批复，国税函〔2009〕177号，发文日期：2009-04-07）

3.1.14 淀粉

从淀粉的生产工艺流程等方面看，淀粉不属于农业产品的范围，应按照增值税基本税率征收增值税。

（国家税务总局关于淀粉的增值税适用税率问题的批复，国税函〔1996〕744号，发文日期：1996-12-31）

3.1.15 复合胶

复合胶是以新鲜橡胶液为主要原料，经过压片、造粒、烤干等工序加工生产的橡胶制品。因此，复合胶不属于《农业产品征税范围注释》（财税字〔1995〕52号）规定的"天然橡胶"产品，适用增值税基本税率。

（国家税务总局关于复合胶适用增值税税率问题的批复，国税函〔2009〕453号，发文日期：2009-08-21）

3.1.16 水洗猪鬃

根据《财政部 国家税务总局关于印发〈农业产品征税范围注释〉的通知》（财税字〔1995〕52号）有关规定，水洗猪鬃是生猪鬃经过浸泡（脱脂）、打洗、分绒等加工过程生产的产品，已不属于农业产品征税范围，应按"洗净毛、洗净绒"征收增值税。

（国家税务总局关于水洗猪鬃征收增值税问题的批复，国税函〔2006〕773号，发文日期：2006-08-15）

3.1.17 人发

人发不属于《财政部 国家税务总局关于印发〈农业产品征税范围注释〉的通知》（财税字〔1995〕52号）规定的农业产品范围，应适用增值税基本税率。

（国家税务总局关于人发适用增值税税率问题的批复，国税函〔2009〕625号，发文日期：2009-10-28）

3.1.18 人体血液

人体血液的增值税适用税率为增值税基本税率。

（国家税务总局关于供应非临床用血增值税政策问题的批复，国税函〔2009〕456号，发文日期：2009-08-24）

3.1.19 皂脚

皂脚是碱炼动植物油脂时的副产品，不能食用，主要用作化学工业原料。因此，皂脚不属于食用植物油，也不属于《财政部 国家税务总局关于印发〈农业产品征税范围注释〉的通知》（财税字〔1995〕52号）中农业产品的范围，应按照增值税基本税率征收增值税。

（国家税务总局关于皂脚适用增值税税率问题的公告，国家税务总局公告2011年第20号，发文日期：2011-03-16）

3.1.20 玉米浆、玉米皮、玉米纤维（又称喷浆玉米皮）和玉米蛋白粉

根据现行增值税政策规定，自2012年5月1日起，玉米胚芽属于《农业产品征税范围注释》中初级农产品的范围，适用低税率；玉米浆、玉米皮、玉米纤维（又称喷浆玉米皮）和玉米蛋白粉不属于初级农产品，也不属于《财政部 国家税务总局关于饲料产品免征增值税问题的通知》（财税〔2001〕121号）中免税饲料的范围，适用增值税基本税率。

（国家税务总局关于部分玉米深加工产品增值税税率问题的公告，国家税务总局公告2012年第11号，发文日期：2012-03-27）

3.2 低税率货物范围注释

一、农产品。

农产品，是指种植业、养殖业、林业、牧业、水产业生产的各种植物、动物的初级产品。具体征税范围暂继续按照《财政部 国家税务总局关于印发〈农业产品征税范围注释〉的通知》（财税字〔1995〕52号）及现行相关规定执行，并包括挂面、干姜、姜黄、玉米胚芽、动物骨粒、按照《食品安全国家标准—巴氏杀菌乳》（GB 19645—2010）生产的巴氏杀菌乳、按照《食品安全国家标准—灭菌乳》（GB 25190—2010）生产的灭菌乳。

二、食用植物油、自来水、暖气、冷气、热水、煤气、石油液化气、天然气、沼气、居民用煤炭制品、图书、报纸、杂志、化肥、农药、农机、农膜。

上述货物的具体征税范围暂继续按照《国家税务总局关于印发〈增值税部分货物征税范围注释〉的通知》（国税发〔1993〕151号）及现行相关规定执行，并包括棕榈油、棉籽油、茴油、毛椰子油、核桃油、橄榄油、花椒油、杏仁油、葡萄籽油、牡丹籽油、由石油伴生气加工压缩而成的石油液化气、西气东输项目上游中外合作开采天然气、中小学课本配套产品（包括各种纸制品或图片）、国内印刷企业承印的经新闻出版主管部门批准印刷且采用国际标准书号编序的境外图书、农用水泵、农用柴油机、不带动力的手扶拖拉机、三轮农用运输车、密集型烤房设备、频振式杀虫灯、自动虫情测报灯、粘虫板、卷帘机、农用挖掘机、养鸡设备系列、养猪设备系列产品、动物尸体降解处理机、蔬菜清洗机。

三、饲料。

饲料，是指用于动物饲养的产品或其加工品。具体征税范围按照《国家税务总局关于修订“饲料”注释及加强饲料征免增值税管理问题的通知》（国税发〔1999〕39号）执行，并包括豆粕、宠物饲料、饲用鱼油、矿物质微量元素舔砖、饲料级磷酸二氢钙产品。

四、音像制品。

音像制品，是指正式出版的录有内容的录音带、录像带、唱片、激光唱盘和激光视盘。

五、电子出版物。

电子出版物，是指以数字代码方式，使用计算机应用程序，将图文声像等内容信息编辑加工后存储在具有确定的物理形态的磁、光、电等介质上，通过内嵌在计算机、手机、电子阅读设备、电子显示设备、数字音/视频播放设备、电子游戏机、导航仪以及其他具有类似功能的设备上读取使用，具有交互功能，用以表达思想、普及知识和积累文化的大众传播媒体。载体形态和格式主要包括只读光盘（CD只读光盘CD-ROM、交互式光盘CD-I、照片光盘Photo-CD、高密度只读光盘DVD-ROM、蓝光只读光盘HD-DVD ROM和BD-ROM）、一次写入式光盘（一次写入CD光盘CD-R、一次写入高密度光盘DVD-R、一次写入蓝光光盘HD-DVD/R，BD-R）、可擦写光盘（可擦写CD光盘CD-RW、可擦写高密度光盘DVD-RW、可擦写蓝光光盘HDDVD-RW和BD-RW、磁光盘MO）、软磁盘（FD）、硬磁盘（HD）、集成电路卡（CF卡、MD卡、SM卡、MMC卡、RR-MMC卡、MS卡、SD卡、XD卡、T-Flash卡、记忆棒）和各种存储芯片。

六、二甲醚。

二甲醚，是指化学分子式为CH_3OCH_3，常温常压下为具有轻微醚香味，易燃、无毒、无腐蚀性的气体。

七、食用盐。

食用盐，是指符合《食用盐》（GB/T 5461—2016）和《食用盐卫生标准》（GB 2721—2003）两项国家标准的食用盐。

（财政部　税务总局关于简并增值税税率有关政策的通知，财税〔2017〕37号，发文日期：2017-04-28）

3.3　油气田企业适用税率

油气田企业发生应税行为，适用《试点实施办法》规定的增值税税率，不再适用《财政部　国家税务总局关于印发〈油气田企业增值税管理办法〉的通知》（财税〔2009〕8号）规定的增值税税率。

（财政部　国家税务总局关于全面推开营业税改征增值税试点的通知，财税〔2016〕36号，发文日期：2016-03-23）

3.4　废弃物进行专业化处理

自2020年5月1日起，纳税人受托对垃圾、污泥、污水、废气等废弃物进行专业化处理，即运用填埋、焚烧、净化、制肥等方式，对废弃物进行减量化、资源化和无害化处理处置，按照以下规定适用增值税税率：

（一）采取填埋、焚烧等方式进行专业化处理后未产生货物的，受托方属于提供《销售服务、无形资产、不动产注释》（财税〔2016〕36号文件印发）“现代服务”中的“专业技术服务”，其收取的处理费用适用6%的增值税税率。

（二）专业化处理后产生货物，且货物归属委托方的，受托方属于提供“加工劳务”，其收取的处理费用适用13%的增值税税率。

（三）专业化处理后产生货物，且货物归属受托方的，受托方属于提供“专业技术服务”，其收取的处理费用适用6%的增值税税率。受托方将产生的货物用于销售时，适用货物的增值税税率。

（国家税务总局关于明确二手车经销等若干增值税征管问题的公告，国家税务总局公告2020年第9号，发文日期：2020-04-23）

热点问题1

我公司是一家有机肥生产企业，受托为家禽养殖场处理粪便，将家禽粪便生产为有机肥，有机肥归家禽养殖场所有，我公司仅收取处理费。请问，我公司业务应按多少税率计算缴纳增值税？

答：《国家税务总局关于二手车经销等税收征收管理事项的公告》（国家税务总局公告2020年第9号）第二条第（二）款、第八条规定，自2020年5月1日起，纳税人受托对废弃物进行专业化处理后产生货物，且货物归属委托方的，受托方属于提供“加工劳务”，其收取的处理费用适用13%的增值税税率。因此，你公司受托将家禽粪便生产为有机肥，且有机肥归属委托方所有的，收取的处理费适用13%的增值税税率。

热点问题2

我公司是一家从事城市生活垃圾处理的一般纳税人企业，主要业务是接受政府相关部门的委托，对城市中产生的生活垃圾进行减量化和无害化处理并收取处理费用，同时在处理过程中还对一些可再利用的废品（如废塑料、废金属等）进行清洗、整理、打包后再自行销售。请问，在上述业务中，我公司的适用税率是多少？

答：《国家税务总局关于二手车经销等税收征收管理事项的公告》（国家税务总局公告2020年第9号）第二条第（三）款、第八条规定，自2020年5月1日起，纳税人受托对废弃物进行专业化处理后产生货物，且货物归属受托方的，受托方属于提供“专业技术服务”，其收取的处理费用适用6%的增值税税率。受托方将产生的货物用于销售时，适用货物的增值税税率。因此，你公司受托对城市生活垃圾进行专业化处理，收取的处理费按照6%的适用税率计算缴纳增值税；在处理过程中将可再利用的废品自行销售，属于销售货物，按照货物的适用税率计算缴纳增值税。

热点问题3

我公司是一家从事污水处理业务的企业，为增值税一般纳税人。受政府委托对城市生活污水进行净化处理，收取处理费用，净化后的废水测试达到排放标准后直接排入河流。请问我公司业务应适用什么增值税税率，能不能享受资源综合利用增值税即征即退政策？

答：《国家税务总局关于二手车经销等税收征收管理事项的公告》（国家税务总局公告2020年第9号）第二条第（一）款、第八条规定，自2020年5月1日起，纳税人受托对废弃物采取填埋、焚烧等方式进行专业化处理后未产生货物的，受托方属于提供《销售服务、无形资产、不动产注释》(财税〔2016〕36 号文件印发)“现代服务”中的“专业技术服务”,其收取的处理费用适用 6%的增值税税率。你公司处理污水后直接排入河流,未产生货物,按照上述规定,属于提供“专业技术服务”,收取的处理费用适用 6%的增值税税率。《财政部国家税务总局关于印发〈资源综合利用产品和劳务增值税优惠目录〉的通知》(财税〔2015〕78 号)规定,纳税人可以享受即征即退政策的综合利用的资源名称、综合利用产品和劳务名称、技术标准和相关条件、退税比例等要按照《资源综合利用产品和劳务增值税优惠目录》相关规定执行。因此,你公司提供的污水处理,如符合要求的技术标准和相关条件,可享受增值税即征即退 70%政策。

3.5 小规模纳税人的征收率

3.5.1 传统增值税小规模纳税人的征收率

《增值税暂行条例》第十二条规定,小规模纳税人增值税征收率为 3%,国务院另有规定的除外。征收率的调整,由国务院决定。

政策解析 传统增值税领域不再划分小规模纳税人所从事的行业,无论从事货物生产、提供应税劳务的小规模纳税人,还是从事货物批发、零售或提供服务的小规模纳税人,征收率一律为 3%。

3.5.2 营改增项目小规模纳税人的征收率

增值税征收率为 3%,财政部和国家税务总局另有规定的除外。

目前财政部和国家税务总局规定小规模纳税人不适用 3%征收率的业务有:

1. 小规模纳税人转让其取得(含自建)的不动产,除个人转让其购买的住房外,按照 5%的征收率计算应纳税额。

2. 个人将购买不足 2 年的住房对外销售的,按照 5%的征收率全额缴纳增值税;个人将购买 2 年以上(含 2 年)的住房对外销售的,免征增值税。上述政策适用于北京市、上海市、广州市和深圳市之外的地区。个人将购买不足 2 年的住房对外销售的,按照 5%的征收率全额缴纳增值税;个人将购买 2 年以上(含 2 年)的非普通住房对外销售的,以销售收入减去购买住房价款后的差额按照 5%的征收率缴纳增值税;个人将购买 2 年以上(含 2 年)的普通住房对外销售的,免征增值税。上述政策仅适用于北京市、上海市、广州市和深圳市。

3. 房地产开发企业中的小规模纳税人销售自行开发的房地产项目,以当期销售额和 5%的征收率计算当期应纳税额,

4. 小规模纳税人出租不动产(不含个人出租住房),按照 5%的征收率计算应纳税额。

5. 房地产开发企业中的小规模纳税人,出租自行开发的房地产项目,按照 5%的征收率计算应纳税额。

6. 纳税人以经营租赁方式将土地出租给他人使用,按照不动产经营租赁服务缴纳增

值税。

7. 纳税人转让2016年4月30日前取得的土地使用权，可以选择适用简易计税方法，以取得的全部价款和价外费用减去取得该土地使用权的原价后的余额为销售额，按照5%的征收率计算缴纳增值税。

8. 小规模纳税人提供劳务派遣服务，可以按照《财政部 国家税务总局关于全面推开营业税改征增值税试点的通知》(财税〔2016〕36号)的有关规定，以取得的全部价款和价外费用为销售额，按照简易计税方法依3%的征收率计算缴纳增值税；也可以选择差额纳税，以取得的全部价款和价外费用，扣除代用工单位支付给劳务派遣员工的工资、福利和为其办理社会保险及住房公积金后的余额为销售额，按照简易计税方法依5%的征收率计算缴纳增值税。

政策解析 小规模纳税人发生应税行为，正常的征收率为3%，只要总局没有特别规定的，一律执行3%的征收率，如小规模纳税人提供人力资源外包服务，没有政策规定征收率为5%，应按3%的征收率缴纳增值税。需要特别强调的是，转让土地用权的税率为9%，与销售不动产的税率相同，但是没有文件明确转让土地使用权的征收率为5%，文件只是明确纳税人转让2016年4月30日前取得的土地使用权，可以差额征税，并采用简易计税方法，征收率为5%，也就是说，小规模纳税人转让2016年5月1日后取得的土地使用权，没有政策规定可以按照差额适用5%的征收率，因此，应按全额适用3%的征收率征收增值税。

3.5.3　一般纳税人征收率为5%的情形

一般纳税人发生财政部、国家税务总局规定的特定应税行为，可以采用简易计税方法，征税率为3%，但是财政部、国家税务总局另有规定的除外。目前，另有规定的有：

1. 一般纳税人转让其2016年4月30日前取得(含自建)的不动产，可以选择适用简易计税方法计税，按照5%的征收率计算应纳税额。

2. 房地产开发企业中的一般纳税人，销售自行开发的房地产老项目，可以选择适用简易计税方法按照5%的征收率计税。

3. 一般纳税人出租其2016年4月30日前取得的不动产(个人出租住房除外)，可以选择适用简易计税方法，按照5%的征收率计算应纳税额。但是，公路经营企业中的一般纳税人收取试点前开工的高速公路的车辆通行费，可以选择适用简易计税方法，减按3%的征收率计算应纳税额。

4. 房地产开发企业中的一般纳税人，出租自行开发的房地产老项目，可以选择适用简易计税方法，按照5%的征收率计算应纳税额。

5. 一般纳税人2016年4月30日前签订的不动产融资租赁合同，或以2016年4月30日前取得的不动产提供的融资租赁服务，可以选择适用简易计税方法，按照5%的征收率计算缴纳增值税。

6. 纳税人以经营租赁方式将土地出租给他人使用，按照不动产经营租赁服务缴纳增值税。

7. 纳税人转让2016年4月30日前取得的土地使用权，可以选择适用简易计税方法，以取得的全部价款和价外费用减去取得该土地使用权的原价后的余额为销售额，按照5%的征收率计算缴纳增值税。

8. 一般纳税人提供人力资源外包服务，可以选择适用简易计税方法，按照5%的征收率计算缴纳增值税。

9. 一般纳税人提供劳务派遣服务，可以按照《财政部 国家税务总局关于全面推开营业税改征增值税试点的通知》(财税〔2016〕36号)的有关规定，以取得的全部价款和价外费用为销售额，按照一般计税方法计算缴纳增值税；也可以选择差额纳税，以取得的全部价款和价外费用，扣除代用工单位支付给劳务派遣员工的工资、福利和为其办理社会保险及住房公积金后的余额为销售额，按照简易计税方法依5%的征收率计算缴纳增值税。

政策解析 现行增值税的征收率对一般纳税人和小规模纳税人是公平的，同样一项应税行为，一般纳税人(按规定可以适用简易计税方法)和小规模纳税人的征收率是相同的。例如，销售不动产和出租不动产，一般纳税人和小规模纳税人的征收率都是5%。但是，提供人力资源外包服务一般纳税人和小规模纳税人的征收率不同，一般纳税人选择简易计税方法的，征收率为5%，小规模纳税人提供人力资源外包服务，没有文件规定适用5%的征收率，应按照3%的征收率计算缴纳增值税。

3.5.4 优惠征收率

1. 纳税人销售使用过的固定资产可以采用简易计税方法的，以及纳税人销售旧货，按照简易办法依照3%征收率减按2%征收增值税。

2. 自2020年5月1日至2023年12月31日，从事二手车经销的纳税人销售其收购的二手车，由原按照简易办法依3%征收率减按2%征收增值税，改为减按0.5%征收增值税。

3. 个人(包括个体工商户和其他个人)出租住房，按照5%的征收率减按1.5%计算应纳税额。

3.6 兼营适用税率或征收率不同的应税行为

试点纳税人销售货物、加工修理修配劳务、服务、无形资产或者不动产，适用不同税率或者征收率的，应当分别核算适用不同税率或者征收率的销售额，未分别核算销售额的，从高适用税率，即按照以下方法适用税率或者征收率：

1. 兼有不同税率的销售货物、加工修理修配劳务、服务、无形资产或者不动产，从高适用税率。

2. 兼有不同征收率的销售货物、加工修理修配劳务、服务、无形资产或者不动产，从高适用征收率。

3. 兼有不同税率和征收率的销售货物、加工修理修配劳务、服务、无形资产或者不动产，从高适用税率。

(中华人民共和国增值税暂行条例，中华人民共和国国务院令第691号，发文日期：2017-11-19；财政

部　国家税务总局关于全面推开营业税改征增值税试点的通知，财税〔2016〕36号，发文日期：2016-03-23）

案例解析27

房地产开发企业兼营适用不同税率的经营项目，应该如何计算缴纳增值税？

天马房地产开发企业（一般纳税人）将自有房屋出租，其中一个商场出租给多个独立经营的商户，房地产开发企业向各商户提供物业管理服务，收取商户的租金及物业管理费。请问：天马房地产开发企业收取的租金及物业管理费，应如何缴纳增值税？

答：天马房地产开发企业出租商铺，另外还为商铺提供物业管理服务，属于兼营行为。根据《财政部　国家税务总局关于全面推开营业税改征增值税试点的通知》（财税〔2016〕36号）第三十九条规定，纳税人兼营销售货物、劳务、服务、无形资产或者不动产，适用不同税率或者征收率的，应当分别核算适用不同税率或者征收率的销售额；未分别核算的，从高适用税率。因此，天马房地产开发企业应分别核算出租商铺的租金收入和物业管理的销售收入，并且租金收入按照9%的税率计算销项税额，物业管理的销售额按6%的税率计算销项税额。如果不能分别核算，租金收入、物业管理的销售收入均应按9%的税率纳税。

案例解析28

建筑企业兼营采用一般计税方法的建筑项目和采用简易计税方式的清包工建筑项目，应如何核算？

天马建筑公司为一般纳税人，2020年5月承建了甲、乙、丙三个建筑工程，其中甲工程是包工包料工程并且刚刚开工，天马建筑公司选择一般计税方法纳税；乙、丙工程是清包工工程，天马建筑公司选择简易计税方法。请问：天马建筑公司应如何核算？

答：《财政部　国家税务总局关于全面推开营业税改征增值税试点的通知》（财税〔2016〕36号）试点纳税人销售货物、加工修理修配劳务、服务、无形资产或者不动产，适用不同税率或者征收率的，应当分别核算适用不同税率或者征收率的销售额，未分别核算销售额的，从高适用税率，即按照以下方法适用税率或者征收率：(1)兼有不同税率的销售货物、加工修理修配劳务、服务、无形资产或者不动产，从高适用税率。(2)兼有不同征收率的销售货物、加工修理修配劳务、服务、无形资产或者不动产，从高适用征收率。(3)兼有不同税率和征收率的销售货物、加工修理修配劳务、服务、无形资产或者不动产，从高适用税率。天马建筑公司承建的甲项目采用一般计税方法，税率为9%，乙、丙项目采用简易计税方法，征收率为3%。因此，天马建筑企业兼有不同税率和征收率的服务，应当分别核算甲项目和乙、丙项目的销售额，否则，应依照全部项目的销售额按9%的税率征税。

3.7　混合销售行为适用的税率

一项销售行为如果既涉及服务又涉及货物，为混合销售。从事货物的生产、批发或者零售的单位和个体工商户的混合销售行为，按照销售货物缴纳增值税；其他单位和个体工商户的混合销售行为，按照销售服务缴纳增值税。

上述所称从事货物的生产、批发或者零售的单位和个体工商户，包括以从事货物的生产、批发或者零售为主，并兼营销售服务的单位和个体工商户在内。

（财政部 国家税务总局关于全面推开营业税改征增值税试点的通知，财税〔2016〕36号，发文日期：2016-03-23）

政策解析 在实际工作中，应该如何确定什么行为是混合销售行为呢？混合销售行为成立的标准有两点，一是其销售行为必须是一项；二是该项行为必须既涉及服务又涉及货物，其“货物”是指增值税条例中规定的有形动产，包括电力、热力和气体；服务是指属于营改增范围的交通运输服务、建筑服务、金融保险服务、邮政服务、电信服务、现代服务、生活服务等。我们在确定混合销售是否成立时，上述两点必须同时存在，如果一项销售行为只涉及销售服务，不涉及货物，这种行为就不是混合销售行为，如装修公司在一项装修工程中，为业主提供设计服务和装修服务；反之，如果涉及销售服务和涉及货物的行为，不是存在于一项销售行为之中，这种行为也不是混合销售行为。

混合销售行为既然是一项销售行为，应当就全部销售额适用一个税率，那么应适用货物的税率还是服务的税率呢？这是由纳税人的主业决定，但是有特别规定的情形除外。

3.7.1 销售活动板房、机器设备、钢结构件等自产货物的同时提供建筑服务

纳税人销售活动板房、机器设备、钢结构件等自产货物的同时提供建筑、安装服务，不属于《营业税改征增值税试点实施办法》（财税〔2016〕36号文件）第四十条规定的混合销售，应分别核算货物和建筑服务的销售额，分别适用不同的税率或者征收率。

（国家税务总局关于进一步明确营改增有关征管问题的公告，国家税务总局公告2017年第11号，发文日期：2017-04-20）

3.7.2 销售机器设备的同时提供安装服务

一般纳税人销售自产机器设备的同时提供安装服务，应分别核算机器设备和安装服务的销售额，安装服务可以按照甲供工程选择适用简易计税方法计税。

一般纳税人销售外购机器设备的同时提供安装服务，如果已经按照兼营的有关规定，分别核算机器设备和安装服务的销售额，安装服务可以按照甲供工程选择适用简易计税方法计税。

纳税人对安装运行后的机器设备提供的维护保养服务，按照“其他现代服务”缴纳增值税。

（国家税务总局关于明确中外合作办学等若干增值税征管问题的公告，国家税务总局公告2018年第42号，发文日期：2018-07-25）

重点难点即时练 9

1. 纳税人经营下列货物适用13%税率的是（　　）。

A. 农机零部件　　B. 居民煤炭产品

C. 非金属矿采选产品　　D. 金属矿采选产品

2. 纳税人销售下列货物适用13%税率的是（　　）。

A. 销售啤酒　　B. 销售煤炭

C. 销售石油液化气　　D. 销售农用拖拉机

3. 下列货物,适用13%税率的是(　　)。

A. 某罐头厂生产鱼罐头销售

B. 某蛋禽厂加工松花蛋销售

C. 某自来水公司生产自来水销售

D. 某煤气公司生产煤气销售

4. 增值税一般纳税人销售下列货物适用9%税率的有(　　)。

A. 粮食复制品　　B. 加工粮油的加工费

C. 粮食加工的速冻食品　　D. 熟食品

5. 下列货物适用9%税率的有(　　)。

A. 机动渔船　　B. 日用卫生杀虫剂

C. 复式播种机　　D. 蔬菜罐头

6. 进口下列货物应按9%的税率征收增值税的有(　　)。

A. 化肥　　B. 汽车　　C. 家用电器　　D. 办公用品

7. 某农机厂(一般纳税人)生产销售农机产品并兼营小饭店,未分别核算,应(　　)。

A. 一并按13%征收增值税

B. 一并按6%征收增值税

C. 农机按9%征收增值税,饭店按6%征收增值税

D. 一并按9%征收增值税

第4章 增值税销售额与销项税额

销售额是增值税的计税依据，一般纳税人计算增值税销项税额、小规模纳税人计算增值税都要以销售额为依据。

4.1 传统增值税销售额的一般规定

4.1.1 传统增值税销售额与销项税额的含义

《增值税暂行条例》第六条规定，销售额为纳税人发生应税销售行为收取的全部价款和价外费用，但是不包括收取的销项税额。

《增值税暂行条例》第六条规定，纳税人发生应税销售行为，按照销售额和本条例第二条规定的税率计算并向购买方收取的增值税额，为销项税额。销项税额计算公式：

$$销项税额 = 销售额 \times 税率$$

4.1.2 传统增值税政策的价外费用

《增值税暂行条例实施细则》第十二条规定，价外费用包括价外向购买方收取的手续费、补贴、基金、集资费、返还利润、奖励费、违约金、滞纳金、延期付款利息、赔偿金、代收款项、代垫款项、包装费、包装物租金、储备费、优质费、运输装卸费以及其他各种性质的价外收费。但下列项目不包括在内：

（一）受托加工应征消费税的消费品所代收代缴的消费税。

（二）同时符合以下条件的代垫运输费用：

1. 承运部门的运输费用发票开具给购买方的。

2. 纳税人将该项发票转交给购买方的。

（三）同时符合以下条件代为收取的政府性基金或者行政事业性收费：

1. 由国务院或者财政部批准设立的政府性基金，由国务院或者省级人民政府及其财政、价格主管部门批准设立的行政事业性收费。

2. 收取时开具省级以上财政部门印制的财政票据。

3. 所收款项全额上缴财政。

（四）销售货物的同时代办保险等而向购买方收取的保险费，以及向购买方收取的代购买方缴纳的车辆购置税、车辆牌照费。

政策解析 1. 一般纳税人价外向购买方收取的返还利润应作为价外费用并入销售额计算销项税额，向供货企业收取的返还利润应按照平销行为的有关规定作进项税额转出处理。

2. 手续费、包装费、包装物租金、储备费、运输装卸费是纳税人的混合销售行为中涉及的相关服务金额，对于以销售货物为主业的纳税人，应计入货物销售额缴纳增值税，而不可分别核算，分别按照货物及服务销售额缴纳增值税。

3.《增值税暂行条例实施细则》对价外费用采用了开放型的解释，也就是说，纳税人价外以各种名义收取的各种性质的款项，除了《增值税暂行条例实施细则》第十二条列举的三项代收款项和一项代垫款项外，都应计入销售额征收增值税。

〔例题4-1〕 灯具厂（一般纳税人）销售一批灯具给某商场，专用发票上注明的销售额为36 000元，另开普通发票收取了包装费560元，优质费300元。请计算该笔销售行为的销项税额。

答： 销项税额$=[36\,000+(560+300)\div1.13]\times13\%=4\,778.94$（元）

灯具厂的会计处理为：

借：银行存款等　　41 540.00

　贷：主营业务收入　　36 000.00

　　其他业务收入　　761.06

　　应交税费——应交增值税(销项税额)　　4 778.94

案例解析29

购买方收取销售方的违约金，需要缴纳增值税吗？

天马房地产公司与富华公司签订钢筋购买合同，约定向富华公司购买2 000万元钢筋。因为钢筋市场价格大幅上升，富华公司单方面违约，根据合同约定应支付天马房地产公司违约金200万元。请问：天马房地产公司收到富华公司200万元违约金时，是否需要缴纳增值税？

答：根据《增值税暂行条例》第一条规定，在中华人民共和国境内销售货物或者加工、修理修配劳务，销售服务、无形资产、不动产以及进口货物的单位和个人，为增值税的纳税人，应当依照本条例缴纳增值税。根据《财政部 国家税务总局关于全面推开营业税改征增值税试点的通知》（财税〔2016〕36号）第一条第一款规定，在中华人民共和国境内（以下称境内）销售服务、无形资产或者不动产的单位和个人，为增值税纳税人，应当按照本办法缴纳增值税，不缴纳营业税。单位或个人只有在中国境内销售货物、劳务、服务、无形资产和不动产等，发生应税行为，才需要缴纳增值税。天马房地产公司因供货方违约而收取的违约金，没有发生增值税应税行为，不需要缴纳增值税，但需要缴纳企业所得税。

案例解析30

销售方收取购买方的违约金，需要缴纳增值税吗？

天马房地产公司与富华公司签订钢筋购买合同，约定向富华公司购买2 000万元钢筋，在收到货物后30日内付款，逾期未付款富华公司将收取天马房地产公司5万元违约金。因天马房地产公司资金紧张，没有在30日内付款，根据合同约定应支付富华公司违约金5万元。请问：富华公司收到天马房地产公司5万元违约金时，是否需要缴纳增值税？

答：根据《增值税暂行条例》第六条规定，销售额为纳税人发生应税销售行为收取的全部价款和价外费用，但是不包括收取的销项税额。《增值税暂行条例实施细则》第十二条规定，价外费用包括价外向购买方收取的手续费、补贴、基金、集资费、返还利润、奖励费、违约金、滞纳金、延期付款利息、赔偿金、代收款项、代垫款项、包装费、包装物租金、储备费、优质费、运输装卸费以及其他各种性质的价外收费。富华公司因为销售货物过程中购买方违约，而在销售价格之外收取购买方的违约金，应作为价外费用计入销售额征收增值税，同时也应计入企业所得税的收入总额。

4.1.2.1 价外费用是含税收入

对增值税一般纳税人（包括纳税人自己或代其他部门）向购买方收取的价外费用和逾期包装物押金，应视为含税收入，在征税时换算成不含税收入并入销售额计征增值税。

（国家税务总局关于增值税若干征管问题的通知，国税发〔1996〕155号，发文日期：1996-09-09）

4.1.2.2 未退还的经营保证金属于价外费用

根据《增值税暂行条例》及实施细则有关价外费用的规定，福建雪津啤酒有限公司收取未退还的经营保证金，属于经销商因违约而承担的违约金，应当征收增值税；对其已退还的经营保证金，不属于价外费用，不征收增值税。

（国家税务总局关于对福建雪津啤酒有限公司收取经营保证金征收增值税问题的批复，国税函〔2004〕416号，发文日期：2004-03-30）

案例解析31

生产企业收取经销企业的保证金，需要缴纳增值税吗？

天马门窗生产企业在销售门窗时收取经销商一定比例的保证金，用于保证经销商在销售门窗时的安装质量，如果经销商遭到投诉，此保证金就不再退还，若在保修期内没有投诉信息则把保证金退还给经销商。请问：天马门窗生产企业收取的这部分用于保证安装质量的保证金，是否缴纳增值税？

答：《增值税暂行条例》第六条规定，销售额为纳税人发生应税销售行为收取的全部价款和价外费用，但是不包括收取的销项税额。根据《增值税暂行条例实施细则》第十二条规定，条例第六条第一项所称价外费用，包括价外向购买方收取的手续费、补贴、基金、集资费、返还利润、奖励费、违约金、滞纳金、延期付款利息、赔偿金、代收款项、代垫款项、包装费、包装物租金、储备费、优质费、运输装卸费以及其他各种性质的价外收费。另外，根据《国家税务总局关于对福建雪津啤酒有限公司收取经营保证金征收增值税问题的批复》（国税函〔2004〕416号）规定，对收取经销商未退还的经营保证金，属于经销商因违约而承担的违约金，应当征收增值税。对其已退还的经营保证金，不属于价外费用，不征收增值税。因此，天马门窗生产企业在销售门窗时收取的保证金，因经销商违约被没收时，应作为违约金，按照价外费用的相关规定并入销售额征收增值税和企业所得税，若经销商未违约而退还的保证金不征收增值税。

收取保证金的会计处理：

借：银行存款等

　　贷：其他应付款

返还保证金作相反的会计处理。

没收保证金的会计处理：

借：其他应付款

　　贷：营业外收入

　　　　应交税费——应交增值税(销项税额)等

4.1.2.3　电费保证金属于价外费用

供电企业收取的电费保证金，凡逾期(超过合同约定时间)未退还的，一律并入价外费用缴纳增值税。

(国家税务总局电力产品增值税征收管理办法，国家税务总局令2004年第10号，发文日期：2004-12-22)

4.1.2.4　铁路支线维护费属于价外费用

按照《增值税暂行条例》的有关规定，纳税人销售货物或者应税劳务的销售额包括向购买方收取的全部价款和价外费用。煤炭生产企业用自备铁路专用线运输煤炭取得的“铁路支线维护费”是在销售煤炭环节收取的，属于增值税条例规定的价外费用，因此，应按增值税的有关规定征收增值税。

(国家税务总局关于铁路支线维护费征收增值税问题的通知，国税函〔1996〕561号，发文日期：1996-09-24)

4.1.2.5　农村电网维护费免税

从1998年1月1日起，对农村电管站在收取电价时一并向用户收取的农村电网维护费(包括低压线路损耗和维护费以及电工经费)给予免征增值税的照顾。对1998年1月1日前未征收入库的增值税税款，不再征收入库。

(财政部　国家税务总局关于免征农村电网维护费增值税问题的通知，财税字〔1998〕47号，发文日期：1998-03-05)

根据《财政部　国家税务总局关于免征农村电网维护费增值税问题的通知》(财税字〔1998〕47号)规定，对农村电管站在收取电价时一并向用户收取的农村电网维护费(包括低压线路损耗和维护费以及电工经费)免征增值税。鉴于部分地区的农村电管站改制后，农村电网维护费原由农村电管站收取改为由电网公司或者农电公司等其他单位收取(以下称其他单位)后，只是收费的主体发生了变化，收取方法、对象以及使用用途均未发生变化，为保持政策的一致性，对其他单位收取的农村电网维护费免征增值税，不得开具增值税专用发票。

(国家税务总局关于农村电网维护费征免增值税问题的通知，国税函〔2009〕591号，发文日期：2009-10-23)

4.1.2.6　污水处理费免税

自2001年7月1日起，为了切实加强和改进城市供水、节水和水污染防治工作，促进社会经济的可持续发展，加快城市污水处理设施的建设步伐，根据《国务院关于加强城市供水节水和水污染防治工作的通知》(国发〔2000〕36号)的规定,对各级政府及主管部门委托自来水厂(公司)随水费收取的污水处理费,免征增值税。

(财政部　国家税务总局关于污水处理费有关增值税政策的通知,财税〔2001〕97号,发文日期:2001-07-19)

4.1.2.7　燃油电厂从政府财政专户取得的发电补贴不属于价外费用

根据《增值税暂行条例》第六条规定,应税销售额是指纳税人销售货物或者应税劳务向购买方收取的全部价款和价外费用。因此,各燃油电厂从政府财政专户取得的发电补贴不属于规定的价外费用,不计入应税销售额,不征收增值税。

(国家税务总局关于燃油电厂取得发电补贴有关增值税政策的通知,国税函〔2006〕1235号,发文日期:2006-12-19)

4.1.2.8　财政补贴

一、原规定。

自2013年2月1日起,按照现行增值税政策,纳税人取得的中央财政补贴,不属于增值税应税收入,不征收增值税。

(国家税务总局关于中央财政补贴增值税有关问题的公告,国家税务总局公告2013年第3号,发文日期:2013-01-08)

二、新规定。

自2020年1月1日起,纳税人取得的财政补贴收入,与其销售货物、劳务、服务、无形资产、不动产的收入或者数量直接挂钩的,应按规定计算缴纳增值税。纳税人取得的其他情形的财政补贴收入,不属于增值税应税收入,不征收增值税。

本公告实施前,纳税人取得的中央财政补贴继续按照《国家税务总局关于中央财政补贴增值税有关问题的公告》(国家税务总局公告2013年第3号)执行;已经申报缴纳增值税的,可以按现行红字发票管理规定,开具红字增值税发票将取得的中央财政补贴从销售额中扣减。

政策解析　《中华人民共和国增值税暂行条例》第六条明确"销售额为纳税人销售货物或者应税劳务向购买方收取的全部价款和价外费用",由于中央财政补贴不属于向"购买方收取",《国家税务总局关于中央财政补贴增值税有关问题的公告》(国家税务总局公告2013年第3号)明确"纳税人取得的中央财政补贴,不属于增值税应税收入,不征收增值税"。

2017年年底,《国务院关于废止〈中华人民共和国营业税暂行条例〉和修改〈中华人民共和国增值税暂行条例〉的决定》(国务院令第691号)对《中华人民共和国增值税暂行条例》进行了修改,将第六条修改为"销售额为纳税人发生应税销售行为收取的全部价款和价外费用"。因此,纳税人取得的财政补贴收入,与其销售货物、劳务、服务、无形资产、不动产的收入或者数量直接挂钩的,应按规定计算缴纳增值税。纳税人取得的其他情形的财政补贴收入,不属于增值税应税收入,不征收增值税。

重点难点即时练10

1. 下列项目不征或免征增值税的有(　　)。

A. 自来水公司随水费收取的污水处理费

B. 纳税人销售货物的同时代办保险而向购买方收取的保险费

C. 从事汽车销售的纳税人向购买方收取的代购买方缴纳的车辆购置税

D. 以委托方名义开具发票代委托方收取的款项

2. 纳税人代有关行政管理部门收取的行政事业性收费，凡同时符合以下条件的，不属于价外费用，不征收增值税(　　)。

A. 由国务院或者省级人民政府及其财政、价格主管部门批准设立

B. 开具省级以上财政部门印制的财政票据

C. 所收款项全额上缴财政

D. 虽不上缴财政但由政府部门监管，专款专用

3. 下列项目应作为价外费用计征增值税的有(　　)。

A. 因购货额达到约定的金额而从供货方收取的返还利润

B. 价外向购买方收取的包装物租金

C. 价外向购买方收取的赔偿金

D. 燃油电厂从政府财政专户取得的发电补贴

4. 下列销货方收取的运输费用应作为价外费用，征收增值税的有(　　)。

A. 生产企业销售货物的同时负责运输而单独计价收取的运输装卸费

B. 合同约定运费由购买方负担，但承运部门的运输费用发票开具给销货方，此时销货方收取的代垫运输费用

C. 合同约定运费由购买方负担，承运部门的运输费用发票开具给购买方且销货方将该项发票转交给购买方时，销货方收取的代垫运输费用

D. 合同约定运费由销货方负担，承运部门向销售方收取的运输费用

4.1.3　包装物押金

纳税人为销售货物而出租出借包装物收取的押金，单独记账核算，不并入销售额征税。但对因逾期未收回包装物不再退还的押金，应按所包装货物的适用税率征收增值税。

(国家税务总局关于印发《增值税若干具体问题的规定》的通知，国税发〔1993〕154号，发文日期：1993-12-28)

〔例题4-2〕　天马啤酒厂(一般纳税人)2020年5月8日销售啤酒时出借塑料周转箱200个，每个收取押金50元，合同约定返还期为1个月。6月9日购买方仍未返还塑料周转箱，天马啤酒厂没收押金10 000元。天马啤酒厂包装物押金应如何征收增值税?

答：5月8日收取押金时，不征收增值税，会计处理为：

借：银行存款等	10 000	
贷：其他应付款		10 000

6月9日没收押金时应征增值税10 000÷(1+13%)×13%=1 150.44(元)，会计处理为：

借：其他应付款	10 000.00	
贷：其他业务收入		8 849.56
应交税费——应交增值税(销项税额)		1 150.44

4.1.3.1 逾期的掌握

包装物押金征税规定中“逾期”以1年为期限，对收取1年以上的押金，无论是否退还均并入销售额征税。

［国家税务总局关于印发《增值税问题解答（之一）》的通知，国税函发〔1995〕288号，发文日期：1995-06-02；国家税务总局关于取消包装物押金逾期期限审批后有关问题的通知，国税函〔2004〕827号，发文日期：2004-06-25］

政策解析

1.“逾期”的期限包括两种情况：合同中约定了包装物的返还期限并且期限不超过1年的，按合同约定的期限；合同中未约定包装物的返还期限或者合同中约定的包装物的返还期限超过1年的，期限为1年。

2. 增值税对逾期的期限规定与所得税有区别，对于纳税人向有固定购销关系的客户收取的可循环使用的包装物的押金或者周转周期较长的包装物的押金，超过1年未返还的不计入应纳税所得额征收所得税，但是要征收增值税。

4.1.3.2 酒类产品包装物押金

从1995年6月1日起，对销售除啤酒、黄酒外的其他酒类产品而收取的包装物押金，无论是否返还以及会计上如何核算，均应并入当期销售额征税。

（国家税务总局关于加强增值税征收管理若干问题的通知，国税发〔1995〕192号，发文日期：1995-10-18）

4.1.3.3 押金是含税收入

对增值税一般纳税人（包括纳税人自己或代其他部门）向购买方收取的价外费用和逾期包装物押金，应视为含税收入，在征税时换算成不含税收入并入销售额计征增值税。

（国家税务总局关于增值税若干征管问题的通知，国税发〔1996〕155号，发文日期：1996-09-09）

4.2 营改增销售额

4.2.1 营改增销售额及销项税额含义

销售额，是指纳税人发生应税行为取得的全部价款和价外费用，财政部和国家税务总局另有规定的除外。

销项税额，是指纳税人发生应税行为按照销售额和增值税税率计算并收取的增值税额。销项税额计算公式：

$$销项税额 = 销售额 \times 税率$$

（财政部 国家税务总局关于全面推开营业税改征增值税试点的通知，财税〔2016〕36号，发文日期：2016-03-23）

案例解析 32

房地产开发企业因开发安置住房，而从财政部门取得的财政补贴，需要缴纳增值税吗？

天马房地产开发企业开发了一幢安置住房，并按照政府的规定低价销售给受益对象。但政府定价和企业的实际开发成本之间存在逆差，销售毛利为负数，政府按照约定支付给房地产企业“差价补贴”，企业认为这部分补贴是政府给的，不是向购房者收取的，将这部分“差价补贴”列为营业外收入。请问：房地产开发企业因销售安置住房，取得的地方政府财政补贴，是否需要缴纳增值税？

答：根据《财政部 国家税务总局关于全面推开营业税改征增值税试点的通知》（财税〔2016〕36 号）第三十七条规定，销售额，是指纳税人发生应税行为取得的全部价款和价外费用，财政部和国家税务总局另有规定的除外。天马房地产开发企业销售安置住房时，经济利益流入的渠道有两条：一是从购买方收取房款；二是从政府部门收取财政补贴。因此，天马房地产开发企业因为销售安置住房从当地政府财政部门取得的财政补贴，也是因为销售不动产而取得的款项，应该计入销售额计算缴纳增值税。

案例解析 33

房地产开发企业因为订房者违约，没收订房者的定金，需要缴纳增值税吗？

天马房地产企业开盘预售一新开发楼盘，订房者需要交纳 2 万元定金才能获得选房权。如果订房者按期购买商品房，定金抵作房款；如果订房者逾期不购买房屋，定金将被没收。由于商品房价格下滑，有 300 名订房者放弃购房，天马房地产企业没收定金共计 600 万元。天马房地产企业没收的 600 万元定金，是否需要缴纳增值税？

答：根据《增值税暂行条例》第一条规定，在中华人民共和国境内销售货物或者加工、修理修配劳务，销售服务、无形资产、不动产以及进口货物的单位和个人，为增值税的纳税人，应当依照本条例缴纳增值税。根据《财政部 国家税务总局关于全面推开营业税改征增值税试点的通知》（财税〔2016〕36 号）第一条第一款规定，在中华人民共和国境内（以下称境内）销售服务、无形资产或者不动产的单位和个人，为增值税纳税人，应当按照本办法缴纳增值税，不缴纳营业税。单位或个人只有在中国境内销售货物、劳务、服务、无形资产和不动产，发生应税行为，才需要缴纳增值税。天马房地产企业没收订房者定金 600 万元过程中，没有发生任何增值税应税行为，不需要缴纳增值税。

案例解析 34

建筑施工企业收到政府返还的农民工劳动保障金需要缴纳增值税吗？

天马建筑企业承建一房地产开发项目，按照相关法律规定，缴纳农民工劳动保障金 100 万元。工程完工收到政府返还的劳动保障金 60 万元。请问：天马建筑企业收到返还的劳动保障金，是否需要缴纳增值税？

答：根据《增值税暂行条例》第一条规定，在中华人民共和国境内销售货物或者加工、修理修配劳务，销售服务、无形资产、不动产以及进口货物的单位和个人，为增值税的纳税人，应当依照本条例缴纳增值税。根据《财政部 国家税务总局关于全面推开营业税改征增值税试点的通知》（财税〔2016〕36 号）第一条第一款规定，在中华人民共和国境内（以下称境内）销售服务、无形资产或者不动产的单位和个人，为增值税纳税人，应当按照本办法缴纳增值税，不缴纳营业税。单位或个人只有在中国境内销售或视同销售货物、劳务、服务、无形资产和不动产，发生应税行为，才需要缴纳增值税。天马建筑企业收到政府返还的农民工劳动保障金过程中，没有发生任何增值税应税行为，因此，天马建筑企业收到返还的劳动保障金，不需要缴纳增值税。

4.2.2 营改增政策的价外费用

价外费用，是指价外收取的各种性质的收费，但不包括以下项目：

（一）代为收取并符合下列条件的政府性基金或者行政事业性收费。

1. 由国务院或者财政部批准设立的政府性基金，由国务院或者省级人民政府及其财政、价格主管部门批准设立的行政事业性收费。

2. 收取时开具省级以上财政部门印制的财政票据。

3. 所收款项全额上缴财政。

（二）以委托方名义开具发票代委托方收取的款项。

（财政部 国家税务总局关于全面推开营业税改征增值税试点的通知，财税〔2016〕36号，发文日期：2016-03-23）

案例解析35

房地产开发企业以委托方名义收取的费用，需要缴纳增值税吗？

天马房地产开发企业代房管局向购房者收取《商品房预售合同》备案登记费，交纳到房管局后，取得房管局开具的财政票据，财政票据上注明的付款人为购房者。请问：天马房地产开发企业是否需要将代收的备案登记费缴纳增值税？

答：根据《财政部 国家税务总局关于全面推开营业税改征增值税试点的通知》（财税〔2016〕36号）第三十七条规定，销售额，是指纳税人发生应税行为取得的全部价款和价外费用，财政部和国家税务总局另有规定的除外。价外费用，是指价外收取的各种性质的收费，但不包括以下项目：（一）代为收取并符合本办法第十条规定的政府性基金或者行政事业性收费。（二）以委托方名义开具发票代委托方收取的款项。由于财政票据上注明的收款方是房管局，付款方是购房者，也就是说，天马房地产开发企业交付给购房者的财政票据是以委托方房管局的名义开具的，该项代收款项不作为价外费用征收增值税。

案例解析36

房地产开发企业收取施工企业的工程质量保证金，需要缴纳增值税吗？

天马房地产企业在项目完工与施工企业结算工程款项时，按照《施工合同》约定暂扣5%的工程款，作为工程质量保证金。在合同约定的质保期内，如果工程没有出现质量问题，天马房地产开发企业就将保证金全部退还施工企业；如果工程出现质量问题，天马房地产开发企业就没收施工企业的保证金。请问：天马房地产开发企业没收施工企业的保证金，是否需要缴纳增值税？

答：根据《财政部 国家税务总局关于全面推开营业税改征增值税试点的通知》（财税

〔2016〕36号）第一条第一款规定，在中华人民共和国境内（以下称境内）销售服务、无形资产或者不动产的单位和个人，为增值税纳税人，应当按照本办法缴纳增值税，不缴纳营业税。只有发生增值税征税范围内的应税行为，才负有增值税的纳税义务，成为增值税的纳税人。增值税的应税行为包括销售货物、劳务、服务、无形资产和不动产。天马房地产开发企业没有向施工企业销售或视同销售货物、劳务、服务、无形资产或不动产，因此，没有发生增值税的应税行为，不征收增值税。实务中切忌形成一种错误的观点：企业只要有现金流入，取得收入或利得了，就要纳增值税。

4.2.3 营改增全额销售额项目具体规定

1. 贷款服务，以提供贷款服务取得的全部利息及利息性质的收入为销售额。

2. 直接收费金融服务，以提供直接收费金融服务收取的手续费、佣金、酬金、管理费、服务费、经手费、开户费、过户费、结算费、转托管费等各类费用为销售额。

（财政部 国家税务总局关于全面推开营业税改征增值税试点的通知，财税〔2016〕36号，发文日期：2016-03-23）

4.2.4 营改增项目差额销售额

4.2.4.1 差额销售额项目

一、按照营改增政策，可以从全部价款和价外费用中扣除某些项目金额，按照差额销售额征税的项目有十四项，分别是：

1. 金融商品转让，按照卖出价扣除买入价后的余额为销售额。

转让金融商品出现的正负差，按盈亏相抵后的余额为销售额。若相抵后出现负差，可结转下一纳税期与下期转让金融商品销售额相抵，但年末时仍出现负差的，不得转入下一个会计年度。纳税人2016年1～4月份转让金融商品出现的负差，可结转下一纳税期，与2016年5～12月份转让金融商品销售额相抵。

金融商品的买入价，可以选择按照加权平均法或者移动加权平均法进行核算，选择后36个月内不得变更。

金融商品转让，不得开具增值税专用发票。

2. 提供物业管理服务的纳税人，向服务接受方收取的自来水水费，以扣除其对外支付的自来水水费后的余额为销售额，按照简易计税方法依3%的征收率计算缴纳增值税。

（国家税务总局关于物业管理服务中收取的自来水水费增值税问题的公告，国家税务总局公告2016年第54号，发文日期：2016-08-19）

3. 融资租赁和融资性售后回租业务。

（1）经人民银行、银监会或者商务部批准或备案从事融资租赁业务的试点纳税人，提供融资租赁服务，以取得的全部价款和价外费用，扣除支付的借款利息（包括外汇借款和人民币借款利息）、发行债券利息和车辆购置税后的余额为销售额。

（2）经人民银行、银监会或者商务部批准或备案从事融资租赁业务的试点纳税人，提供融资性售后回租服务，以取得的全部价款和价外费用（不含本金），扣除对外支付的借款利息（包括外汇借款和人民币借款利息）、发行债券利息后的余额作为销售额。

(3) 试点纳税人根据2016年4月30日前签订的有形动产融资性售后回租合同,在合同到期前提供的有形动产融资性售后回租服务,可继续按照有形动产融资租赁服务缴纳增值税。

继续按照有形动产融资租赁服务缴纳增值税的试点纳税人,经人民银行、银监会或者商务部批准或备案从事融资租赁业务的,根据2016年4月30日前签订的有形动产融资性售后回租合同,在合同到期前提供的有形动产融资性售后回租服务,可以选择以下方法之一计算销售额:

① 以向承租方收取的全部价款和价外费用,扣除向承租方收取的价款本金,以及对外支付的借款利息(包括外汇借款和人民币借款利息)、发行债券利息后的余额为销售额。

纳税人提供有形动产融资性售后回租服务,计算当期销售额时可以扣除的价款本金,为书面合同约定的当期应当收取的本金。无书面合同或者书面合同没有约定的,为当期实际收取的本金。

试点纳税人提供有形动产融资性售后回租服务,向承租方收取的有形动产价款本金,不得开具增值税专用发票,可以开具普通发票。

② 以向承租方收取的全部价款和价外费用,扣除支付的借款利息(包括外汇借款和人民币借款利息)、发行债券利息后的余额为销售额。

(4) 经商务部授权的省级商务主管部门和国家经济技术开发区批准或备案的从事融资租赁业务的试点纳税人,2016年5月1日后实收资本达到1.7亿元的,从达到标准的当月起按照上述第(1)、第(2)、第(3)点规定执行;2016年5月1日后实收资本未达到1.7亿元但注册资本达到1.7亿元的,在2016年7月31日前仍可按照上述第(1)、第(2)、第(3)点规定执行,2016年8月1日后开展的融资租赁业务和融资性售后回租业务不得按照上述第(1)、第(2)、第(3)点规定执行。

(5)《国家税务总局关于营业税改征增值税试点期间有关增值税问题的公告》(国家税务总局公告2015年第90号)明确,提供有形动产融资租赁服务的纳税人,以保理方式将融资租赁合同项下未到期应收租金的债权转让给银行等金融机构,不改变其与承租方之间的融资租赁关系,应继续按照现行规定缴纳增值税,并向承租方开具发票。

4. 一般纳税人销售其2016年4月30日前取得(不含自建)的不动产,可以选择适用简易计税方法,以取得的全部价款和价外费用减去该项不动产购置原价或者取得不动产时的作价后的余额为销售额,按照5%的征收率计算应纳税额。

5. 纳税人转让2016年4月30日前取得的土地使用权,可以选择适用简易计税方法,以取得的全部价款和价外费用减去取得该土地使用权的原价后的余额为销售额,按照5%的征收率计算缴纳增值税。

(财政部 国家税务总局关于进一步明确全面推开营改增试点有关劳务派遣服务、收费公路通行费抵扣等政策的通知,财税〔2016〕47号,发文日期:2016-04-30)

6. 试点纳税人提供旅游服务,可以选择以取得的全部价款和价外费用,扣除向旅游服务购买方收取并支付给其他单位或者个人的住宿费、餐饮费、交通费、签证费、门票费和支付给其他接团旅游企业的旅游费用后的余额为销售额。

选择上述办法计算销售额的试点纳税人,向旅游服务购买方收取并支付的上述费用,不得开具增值税专用发票,可以开具普通发票。

7. 试点纳税人提供建筑服务适用简易计税方法的，以取得的全部价款和价外费用扣除支付的分包款后的余额为销售额。允许扣除的分包款，是指支付给分包方的全部价款和价外费用。

（财政部国家税务总局关于全面推开营业税改征增值税试点的通知，财税〔2016〕36 号，发文日期：2016-03-23；国家税务总局关于国内旅客运输服务进项税抵扣等增值税征管问题的公告，国家税务总局公告 2019 年第 31 号，发文日期：2019-09-01）

8. 房地产开发企业中的一般纳税人销售其开发的房地产项目（选择简易计税方法的房地产老项目除外），以取得的全部价款和价外费用，扣除受让土地时向政府部门支付的土地价款（包括土地受让人向政府部门支付的征地和拆迁补偿费用、土地前期开发费用和土地出让收益等）和在取得土地时向其他单位或个人支付的拆迁补偿费用后的余额为销售额。

支付的土地价款，是指向政府、土地管理部门或受政府委托收取土地价款的单位直接支付并取得省级以上（含省级）财政部门监（印）制的财政票据的土地价款。纳税人扣除拆迁补偿费用时，应提供拆迁协议、拆迁双方支付和取得拆迁补偿费用凭证等能够证明拆迁补偿费用真实性的材料。

当期允许扣除的土地价款和拆迁补偿费用，根据当期销售面积占可供销售面积比例计算，具体计算公式参见 11.6.3.1 销售额的规定。

（财政部　国家税务总局关于全面推开营业税改征增值税试点的通知，财税〔2016〕36 号，发文日期：2016-03-23；国家税务总局关于发布《房地产开发企业销售自行开发的房地产项目增值税征收管理暂行办法》的公告，国家税务总局公告 2016 年第 18 号，发文日期：2016-03-31；财政部　国家税务总局关于明确金融、房地产开发、教育辅助服务等增值税政策的通知，财税〔2016〕140 号，发文日期：2016-12-21）

9. 一般纳税人提供劳务派遣服务，可以按照《财政部　国家税务总局关于全面推开营业税改征增值税试点的通知》（财税〔2016〕36 号）的有关规定，以取得的全部价款和价外费用为销售额，按照一般计税方法计算缴纳增值税；也可以选择差额纳税，以取得的全部价款和价外费用，扣除代用工单位支付给劳务派遣员工的工资、福利和为其办理社会保险及住房公积金后的余额为销售额，按照简易计税方法依 5%的征收率计算缴纳增值税。

小规模纳税人提供劳务派遣服务，可以按照《财政部　国家税务总局关于全面推开营业税改征增值税试点的通知》（财税〔2016〕36 号）的有关规定，以取得的全部价款和价外费用为销售额，按照简易计税方法依 3%的征收率计算缴纳增值税；也可以选择差额纳税，以取得的全部价款和价外费用，扣除代用工单位支付给劳务派遣员工的工资、福利和为其办理社会保险及住房公积金后的余额为销售额，按照简易计税方法依 5%的征收率计算缴纳增值税。

选择差额纳税的纳税人，向用工单位收取用于支付给劳务派遣员工工资、福利和为其办理社会保险及住房公积金的费用，不得开具增值税专用发票，可以开具普通发票。

劳务派遣服务，是指劳务派遣公司为了满足用工单位对于各类灵活用工的需求，将员工派遣至用工单位，接受用工单位管理并为其工作的服务。

纳税人提供安全保护服务，比照劳务派遣服务政策执行。

（财政部　国家税务总局关于进一步明确全面推开营改增试点有关劳务派遣服务、收费公路通行费抵扣等政策的通知，财税〔2016〕47 号，发文日期：2016-04-30；财政部　国家税务总局关于进一步明确全面推

开营改增试点有关再保险、不动产租赁和非学历教育等政策的通知，财税〔2016〕68号，发文日期：2016-06-18）

10. 试点纳税人中的一般纳税人提供客运场站服务，以其取得的全部价款和价外费用，扣除支付给承运方运费后的余额为销售额。

11. 经纪代理服务，以取得的全部价款和价外费用，扣除向委托方收取并代为支付的政府性基金或者行政事业性收费后的余额为销售额。向委托方收取的政府性基金或者行政事业性收费，不得开具增值税专用发票。

12. 境外单位通过教育部考试中心及其直属单位在境内开展考试，教育部考试中心及其直属单位应以取得的考试费收入扣除支付给境外单位考试费后的余额为销售额，按提供"教育辅助服务"缴纳增值税；就代为收取并支付给境外单位的考试费统一扣缴增值税。教育部考试中心及其直属单位代为收取并支付给境外单位的考试费，不得开具增值税专用发票，可以开具增值税普通发票。

13. 纳税人提供签证代理服务，以取得的全部价款和价外费用，扣除向服务接受方收取并代为支付给外交部和外国驻华使（领）馆的签证费、认证费后的余额为销售额。向服务接受方收取并代为支付的签证费、认证费，不得开具增值税专用发票，可以开具增值税普通发票。

（国家税务总局关于在境外提供建筑服务等有关问题的公告，国家税务总局公告2016年第69号，发文日期：2016-11-04）

14. 自2018年1月1日起，航空运输销售代理企业提供境外航段机票代理服务，以取得的全部价款和价外费用，扣除向客户收取并支付给其他单位或者个人的境外航段机票结算款和相关费用后的余额为销售额。其中，支付给境内单位或者个人的款项，以发票或行程单为合法有效凭证；支付给境外单位或者个人的款项，以签收单据为合法有效凭证，税务机关对签收单据有疑义的，可以要求其提供境外公证机构的确认证明。

航空运输销售代理企业，是指根据《航空运输销售代理资质认可办法》取得中国航空运输协会颁发的"航空运输销售代理业务资质认可证书"，接受中国航空运输企业或通航中国的外国航空运输企业委托，依照双方签订的委托销售代理合同提供代理服务的企业。

（财政部　国家税务总局关于租入固定资产进项税额抵扣等增值税政策的通知，财税〔2017〕90号，发文日期：2017-12-25）

15. 航空运输销售代理企业提供境内机票代理服务，以取得的全部价款和价外费用，扣除向客户收取并支付给航空运输企业或其他航空运输销售代理企业的境内机票净结算款和相关费用后的余额为销售额。航空运输销售代理企业就取得的全部价款和价外费用，向购买方开具行程单，或开具增值税普通发票。

（国家税务总局关于明确中外合作办学等若干增值税征管问题的公告，国家税务总局公告2018年第42号，发文日期：2018-07-25）

二、纳税人不以向购买方收取的全部款项作为销售额的项目有三项：

1. 航空运输企业的销售额，不包括代收的机场建设费和代售其他航空运输企业客票而代收转付的价款。

（财政部　国家税务总局关于全面推开营业税改征增值税试点的通知，财税〔2016〕36号，发文日期：2016-03-23）

2. 纳税人提供人力资源外包服务,按照经纪代理服务缴纳增值税,其销售额不包括受客户单位委托代为向客户单位员工发放的工资和代理缴纳的社会保险、住房公积金。向委托方收取并代为发放的工资和代理缴纳的社会保险、住房公积金,不得开具增值税专用发票,可以开具普通发票。

一般纳税人提供人力资源外包服务,可以选择适用简易计税方法,按照5%的征收率计算缴纳增值税。

(财政部 国家税务总局关于进一步明确全面推开营改增试点有关劳务派遣服务、收费公路通行费抵扣等政策的通知,财税〔2016〕47号,发文日期:2016-04-30)

3. 纳税人代理进口按规定免征进口增值税的货物,其销售额不包括向委托方收取并代为支付的货款。向委托方收取并代为支付的款项,不得开具增值税专用发票,可以开具增值税普通发票。

(国家税务总局关于在境外提供建筑服务等有关问题的公告,国家税务总局公告2016年第69号,发文日期:2016-11-04)

〔例题4-3〕 天马房地产企业(一般纳税人)2020年6月新开发一楼盘,从政府取得土地价款为1 090万元,取得相应的财政票据。2020年12月楼盘通过竣工验收,并于当月全部售出,取得含税房款3 270万元。

请问:天马房地产企业销售该楼盘应纳增值税销项税额是多少?

解析: 销项税额=(3 270-1 090)÷(1+9%)×9%=180(万元)

答:天马房地产企业销售该楼盘应纳增值税销项税额是180万元。

会计处理如下:

取得土地使用权时:

借:开发成本——土地征用及拆迁补偿费	10 900 000	
贷:银行存款等		10 900 000

销售实现时:

借:银行存款等	32 700 000	
贷:主营业务收入		30 000 000
应交税费——应交增值税(销项税额)		2 700 000

结转成本略。

土地价款抵减销售额时:

借:应交税费——应交增值税(销项税额抵减)	900 000	
贷:主营业务成本		900 000

政策解析 15项差额征税项目中,有的项目对计税方法有限定,如房地产企业采用一般计税方法销售其开发的房地产项目、采用简易计税方法提供建筑服务、采用简易计税方法销售取得的不动产等;有项目对计税方法没有限额,无论采用一般计税方法还是简易计税方法均可以差额征税,如提供旅游服务、金融商品转让、融资租赁服务等。15项差额征税项目有的可以全额开具增值税专用发票,有的差额部分不得开具增值税专用发票,有的

全额不得开具增值税专用发票。

财政部和国家税务总局规定的可按差额销售额作为计税依据征税的项目，纳税人在计算应纳税额或销项税额时，应先按收取的含税全部价款和价外费用减去含税扣除款项计算含税差额销售额，还原为不含税差额销售额，再乘以征收率或税率，计算应纳税额或销项税额。

案例解析37

小规模建筑企业可以从全部价款中扣除分包款吗？

天马建筑企业是小规模纳税人，将承包的300万元的工程项目分包给富华建筑企业160万元。请问：天马建筑企业可以按照总包款300万元扣除分包款160万元后的余额为销售额，计算缴纳增值税吗？

答：根据《财政部　国家税务总局关于全面推开营业税改征增值税试点的通知》（财税〔2016〕36号）规定，试点纳税人提供建筑服务适用简易计税方法的，以取得的全部价款和价外费用扣除支付的分包款后的余额为销售额。财税〔2016〕36号对采用差额销售额征税的主体只限定采用简易计税方法，并没有限定纳税人的身份。因此，无论是一般纳税人采用简易计税方法还是小规模纳税人均可按差额销售额征税。作为小规模纳税人的天马建筑企业，采用简易计税方法计算缴纳增值税，可以从全部价款和价外费用中减除分包款。

案例解析38

小规模房地产开发企业销售房地产项目，可以扣除受让土地的价款吗？

请问：天马房地产开发企业（小规模纳税人）销售其开发的房地产项目，能够以取得的全部价款和价外费用，扣除受让土地时向政府部门支付的土地价款后的余额作为销售额，计算缴纳增值税吗？

答：根据《财政部　国家税务总局关于全面推开营业税改征增值税试点的通知》（财税〔2016〕36号）规定，房地产开发企业中的一般纳税人销售其开发的房地产项目（选择简易计税方法的房地产老项目除外），以取得的全部价款和价外费用，扣除受让土地时向政府部门支付的土地价款后的余额为销售额。因此，作为小规模纳税人的天马房地产开发企业，采用简易计税方法计算缴纳增值税，不得从全部价款和价外费用中减除土地价款。

案例解析39

房地产开发企业从其他企业受让土地使用权，开发的房地产项目，可以扣除受让土地的价款吗？

天马房地产开发企业（一般纳税人）2016年从政府受让一宗土地，由于融资困难，房地产开发企业无法按原计划开发，于2020年5月将这宗土地转让给恒大房地产公司（一般纳税人）。请问：恒大房地产公司在该宗土地上开发房地产项目，并销售其开发的房地产项目，能够以取得的全部价款和价外费用，扣除受让土地时支付的土地价款后的余额作为销售额，计算缴纳增值税吗？

答：《财政部　国家税务总局关于全面推开营业税改征增值税试点的通知》（财税〔2016〕

36号)规定，房地产开发企业中的一般纳税人销售其开发的房地产项目(选择简易计税方法的房地产老项目除外)，以取得的全部价款和价外费用，扣除受让土地时向政府部门支付的土地价款后的余额为销售额。《国家税务总局关于发布〈房地产开发企业销售自行开发的房地产项目增值税征收管理暂行办法〉的公告》(国家税务总局公告2016年第18号)规定，支付的土地价款，是指向政府、土地管理部门或受政府委托收取土地价款的单位直接支付并取得省级以上(含省级)财政部门监(印)制的财政票据的土地价款。恒大房地产公司是从其他企业取得土地使用权，不是向政府、土地管理部门或受政府委托收取土地价款的单位支付土地价款，也没有取得省级以上(含省级)财政部门监(印)制的财政票据。因此，恒大房地产公司销售从其他企业受让土地开发的房地产项目，不得从全部价款和价外费用中减除土地价款。

案例解析40

从政府受让的土地使用权未经开发直接转让，可以扣除受让土地的价款，按差额销售额征收增值税吗?

天马房地产开发企业(一般纳税人)2014年从政府受让一宗土地，由于融资困难，房地产开发企业无法按原计划开发，于2020年5月将这宗土地转让给恒大房地产公司(一般纳税人)。请问：天马房地产开发企业转让土地使用权，能够以取得的全部价款和价外费用，扣除受让土地时向政府部门支付的土地价款后的余额作为销售额，计算缴纳增值税吗?

答: 根据《财政部 国家税务总局关于进一步明确全面推开营改增试点有关劳务派遣服务、收费公路通行费抵扣等政策的通知》(财税〔2016〕47号)规定，纳税人转让2016年4月30日前取得的土地使用权，可以选择适用简易计税方法，以取得的全部价款和价外费用减去取得该土地使用权的原价后的余额为销售额，按照5%的征收率计算缴纳增值税。因此，天马房地产开发企业转让2014年取得的土地使用权，可以选择适用简易计税方法，以取得的全部价款和价外费用，减除受让土地支付的价款后的余额为计税依据，征收增值税。

4.2.4.2 限售股买入价的确定

单位将其持有的限售股在解禁流通后对外转让的，按照以下规定确定买入价：

(一)公司首次公开发行股票并上市形成的限售股，以及上市首日至解禁日期间由上述股份孳生的送、转股，以该上市公司股票首次公开发行(IPO)的发行价为买入价。

(二)上市公司实施股权分置改革时，在股票复牌之前形成的原非流通股股份，以及股票复牌首日至解禁日期间由上述股份孳生的送、转股，以该上市公司完成股权分置改革后股票复牌首日的开盘价为买入价。

(三)因上市公司实施重大资产重组形成的限售股，以及股票复牌首日至解禁日期间由上述股份孳生的送、转股，因重大资产重组停牌的，以该上市公司因重大资产重组股票停牌前一交易日的收盘价为买入价；上市公司因实施重大资产重组多次停牌的，以中国证券监督管理委员会就上市公司重大资产重组申请作出予以核准决定前的最后一次停牌前一交易日的收盘价为买入价；在重大资产重组前已经暂停上市的，以上市公司完成资产重组后股票恢复上市首日的开盘价为买入价。

(四)纳税人转让因同时实施股权分置改革和重大资产重组而首次公开发行股票并上

市形成的限售股，以及上市首日至解禁日期间由上述股份孳生的送、转股，以该上市公司股票上市首日开盘价为买入价，按照“金融商品转让”缴纳增值税。

（五）自2020年5月1日起，单位将其持有的限售股在解禁流通后对外转让，按照前四项规定确定的买入价，低于该单位取得限售股的实际成本价的，以实际成本价为买入价计算缴纳增值税。

此前已发生未处理的事项，按照本公告执行，已处理的事项不再调整。

（国家税务总局关于营改增试点若干征管问题的公告，国家税务总局公告2016年第53号，发文日期：2016-08-18；国家税务总局关于明确中外合作办学等若干增值税征管问题的公告，国家税务总局公告2018年第42号，发文日期：2018-07-25；国家税务总局关于国内旅客运输服务进项税抵扣等增值税征管问题的公告，国家税务总局公告2019年第31号，发文日期：2019-09-01；国家税务总局关于明确二手车经销等若干增值税征管问题的公告，国家税务总局公告2020年第9号，发文日期：2020-04-23）

〔例题4-4〕 A上市公司于2019年8月7日宣布实施重大资产重组，并于当天停牌。2020年4月18日股票复牌。2020年7月24日，A上市公司因收到证监会并购重组委会议审核其申请重大资产重组的通知后停牌。2020年8月29日，重组委表决通过A上市公司重大资产重组的申请，8月30日A上市公司股票复牌。9月5日中国证监会就A上市公司重大资产重组申请作出予以核准的决定。鉴于证监会就该上市公司重大资产重组申请作出予以核准决定前最后一次停牌时间是2020年7月24日，因此，纳税人转让A上市公司限售股，应以证监会就其申请作出予以核准决定前最后一次停牌前一交易日的收盘价为买入价，即7月23日A上市公司的股票收盘价为买入价。

〔例题4-5〕 A公司投资B公司股权初始投资成本为20元/股，后续B公司首次公开发行股票并上市，A公司在持有B公司限售股解禁后卖出价为40元/股。如果上市发行价为30元/股，则A公司转让B公司限售股按照卖出价减发行价的余额10元/股(40—30)计算缴纳增值税；如果上市发行价为10元/股，则A公司转让B公司限售股按照卖出价减实际成本价的余额20元/股(40—20)计算缴纳增值税。

4.2.4.3 差额销售额的扣除凭证基本规定

试点纳税人取得按照规定可以从全部价款和价外费用中扣除的价款，应当取得符合法律、行政法规和国家税务总局规定的有效凭证。否则，不得扣除。

上述凭证是指：

(1) 支付给境内单位或者个人的款项，以发票为合法有效凭证。

(2) 支付给境外单位或者个人的款项，以该单位或者个人的签收单据为合法有效凭证，税务机关对签收单据有疑义的，可以要求其提供境外公证机构的确认证明。

(3) 缴纳的税款，以完税凭证为合法有效凭证。

(4) 扣除的政府性基金、行政事业性收费或者向政府支付的土地价款，以省级以上(含省级)财政部门监(印)制的财政票据为合法有效凭证。

(5) 国家税务总局规定的其他凭证。

纳税人取得的上述凭证属于增值税扣税凭证的，其进项税额不得从销项税额中抵扣。

（财政部 国家税务总局关于全面推开营业税改征增值税试点的通知，财税〔2016〕36号，发文日期：2016-03-23）

4.2.4.4 转让不动产扣除凭证

纳税人按规定从取得的全部价款和价外费用中扣除不动产购置原价或者取得不动产时的作价的，应当取得符合法律、行政法规和国家税务总局规定的合法有效凭证。否则，不得扣除。

上述凭证是指：

（一）税务部门监制的发票。

（二）法院判决书、裁定书、调解书，以及仲裁裁决书、公证债权文书。

（三）其他能证明契税计税金额的完税凭证等资料。

1. 纳税人转让不动产，按照有关规定差额缴纳增值税的，如因丢失等原因无法提供取得不动产时的发票，可向税务机关提供其他能证明契税计税金额的完税凭证等资料，进行差额扣除。

2. 纳税人以契税计税金额进行差额扣除的，按照下列公式计算增值税应纳税额：

（1）2016 年 4 月 30 日及以前缴纳契税的：

$$\begin{matrix}\text{增值税}\\\text{应纳税额}\end{matrix}=\left[\begin{matrix}\text{全部交易价格}\\\text{（含增值税）}\end{matrix}-\begin{matrix}\text{契税计税金额}\\\text{（含营业税）}\end{matrix}\right]\div(1+5\%)\times5\%$$

（2）2016 年 5 月 1 日及以后缴纳契税的：

$$\begin{matrix}\text{增值税}\\\text{应纳税额}\end{matrix}=\left[\begin{matrix}\text{全部交易价格}\\\text{（含增值税）}\end{matrix}\div(1+5\%)-\begin{matrix}\text{契税计税金额}\\\text{（不含增值税）}\end{matrix}\right]\times5\%$$

3. 纳税人同时保留取得不动产时的发票和其他能证明契税计税金额的完税凭证等资料的，应当凭发票进行差额扣除。

（四）国家税务总局规定的其他凭证。

（国家税务总局关于发布《纳税人转让不动产增值税征收管理暂行办法》的公告，国家税务总局公告 2016 年第 14 号，发文日期：2016-03-31；国家税务总局关于纳税人转让不动产缴纳增值税差额扣除有关问题的公告，国家税务总局公告 2016 年第 73 号，发文日期：2016-11-24）

4.2.4.5 旅游服务扣除凭证

纳税人提供旅游服务，将火车票、飞机票等交通费发票原件交付给旅游服务购买方而无法收回的，以交通费发票复印件作为差额扣除凭证。

（国家税务总局关于在境外提供建筑服务等有关问题的公告，国家税务总局公告 2016 年第 69 号，发文日期：2016-11-04）

4.2.4.6 房地产企业拆迁补偿费用扣除凭证

房地产开发企业中的一般纳税人销售其开发的房地产项目（选择简易计税方法的房地产老项目除外），在取得土地时向其他单位或个人支付的拆迁补偿费用也允许在计算销售额时扣除。支付的拆迁补偿费用，是在取得土地时向其他单位或个人支付的拆迁补偿费用。纳税人按上述规定扣除拆迁补偿费用时，应提供拆迁协议、拆迁双方支付和取得拆迁补偿费用凭证等能够证明拆迁补偿费用真实性的材料。

（财政部 国家税务总局关于明确金融、房地产开发、教育辅助服务等增值税政策的通知，财税〔2016〕140 号，发文日期：2016-12-21）

4.2.4.7 航空运输代理企业提供机票代理服务

一、自 2018 年 1 月 1 日起，航空运输销售代理企业提供境外航段机票代理服务，以取得的全部价款和价外费用，扣除向客户收取并支付给其他单位或者个人的境外航段机票结算款和相关费用后的余额为销售额。其中，支付给境内单位或者个人的款项，以发票或行程单为合法有效凭证；支付给境外单位或者个人的款项，以签收单据为合法有效凭证，税务机关对签收单据有疑义的，可以要求其提供境外公证机构的确认证明。

（财政部 国家税务总局关于租入固定资产进项税额抵扣等增值税政策的通知，财税〔2017〕90 号，发文日期：2017-12-25）

二、航空运输销售代理企业提供境内机票代理服务，以取得的全部价款和价外费用，扣除向客户收取并支付给航空运输企业或其他航空运输销售代理企业的境内机票净结算款和相关费用后的余额为销售额。其中，支付给航空运输企业的款项，以国际航空运输协会（IATA）开账与结算计划（BSP）对账单或航空运输企业的签收单据为合法有效凭证；支付给其他航空运输销售代理企业的款项，以代理企业间的签收单据为合法有效凭证。

（国家税务总局关于明确中外合作办学等若干增值税征管问题的公告，国家税务总局公告 2018 年第 42 号，发文日期：2018-07-25）

4.3 含税销售额的换算

一般计税方法的销售额不包括销项税额，纳税人采用销售额和销项税额合并定价方法的，按照下列公式计算销售额：

$$销售额 = \frac{含税销售额}{1 + 税率}$$

简易计税方法的销售额不包括其应纳税额，纳税人采用销售额和应纳税额合并定价方法的，按照下列公式计算销售额：

$$销售额 = \frac{含税销售额}{1 + 征收率}$$

4.4 销售额的核定

4.4.1 传统增值税销售额的核定

《增值税暂行条例》第七条规定，纳税人发生应税销售行为的价格明显偏低并无正当理由的，由主管税务机关核定其销售额。

《增值税暂行条例实施细则》第十六条规定，纳税人有条例第七条所称价格明显偏低并无正当理由或者有本细则第四条所列视同销售货物行为而无销售额者，按下列顺序确定销售额：

（一）按纳税人最近时期同类货物的平均销售价格确定。

（二）按其他纳税人最近时期同类货物的平均销售价格确定。

（三）按组成计税价格确定。组成计税价格的公式为：

$$组成计税价格 = 成本 \times (1 + 成本利润率)$$

属于应征消费税的货物，其组成计税价格中应加计消费税额。

公式中的成本是指销售自产货物的为实际生产成本，销售外购货物的为实际采购成本。

公式中的成本利润率为 10%。但属于应从价定率征收消费税的货物，其组价公式中的成本利润率，为《消费税若干具体问题的规定》中规定的成本利润率。

（国家税务总局关于印发《增值税若干具体问题的规定》的通知，国税发〔1993〕154 号，发文日期：1993-12-28）

4.4.2　营改增销售额的核定

纳税人发生应税行为价格明显偏低或者偏高且不具有合理商业目的的，或者发生视同销售服务、无形资产或者不动产行为而无销售额的，主管税务机关有权按照下列顺序确定销售额：

（一）按照纳税人最近时期销售同类服务、无形资产或者不动产的平均价格确定。

（二）按照其他纳税人最近时期销售同类服务、无形资产或者不动产的平均价格确定。

（三）按照组成计税价格确定。组成计税价格的公式为：

$$组成计税价格 = 成本 \times (1 + 成本利润率)$$

成本利润率由国家税务总局确定。

不具有合理商业目的，是指以谋取税收利益为主要目的，通过人为安排，减少、免除、推迟缴纳增值税税款，或者增加退还增值税税款。

（财政部　国家税务总局关于全面推开营业税改征增值税试点的通知，财税〔2016〕36 号，发文日期：2016-03-23）

政策解析

1. 纳税人某项交易中货物、劳务、服务、无形资产或不动产的销售价格比正常交易的价格低了，低到什么程度属于“价格明显偏低”；什么理由属于销售业务价格明显偏低的“正当理由”；这两点在财政部和国家税务总局下发的税收规范性文件中并没有具体明确，这是税务人员的自由裁量权。

2. 销售额核定的三种方式，排在前面的应优先选择，所以只要能取得纳税人同类货物、劳务、服务、无形资产或者不动产平均销售价格资料，不可以用其他纳税人的同类项目平均销售价格和组成计税价格作为计税依据；只要能取得其他纳税人同类项目的平均销售价格资料，不可以用组成计税价格作为计税依据。但是在实务操作中，选择其他纳税人同类项目的平均售价作为计税依据时，要注意选取的其他纳税人与需要核定计税依据的纳税人具有可比性。

3. 委托加工属于间接生产，委托加工收回的货物发生视同销售行为时，公式中的成本为实际生产成本，即委托加工货物在整个加工过程中所归集的成本，包括材料、加工费和代收代缴的消费税（不可抵扣部分）等。

4. 应税消费品只有在应该征收消费税的环节计算增值税的组成计税价格时才使用《消费税若干具体问题的规定》中规定的成本利润率，对于不征收消费税的环节计算增值税的组成计税价格，一律使用10%的成本利润率。如：百货商店将外购的化妆品无偿赠送他人，组成计税价格中的成本利润率应为10%，而不是5%。

5.《增值税暂行条例》规定的组成计税价格采用的是加法算式，《中华人民共和国消费税暂行条例》(以下简称《消费税暂行条例》)规定的组成计税价格的公式采用的是除法算式，应税消费品在生产或进口两个环节既要缴纳增值税也要缴纳消费税，实际上，无论对化妆品、汽车轮胎、高尔夫球及球具等采用从价定率办法征收消费税的应税消费品，还是对于卷烟和白酒这两类采用复合计税办法征收消费税的应税消费品，《增值税暂行条例》规定的组成计税价格的加法算式与《消费税暂行条例》规定的组成计税价格的除法算式都是完全等价的。

6. 营改增核定销售额的情形比传统增值税核定销售额的情形广泛，价格明显偏低和明显偏高时都可以核定。

7. "不具有合理商业目的"对可能存在的以获取税收利益为唯一或者主要目标的行为进行限制，是指主要目的在于获得包括减少、免除、推迟缴纳税款或者税法规定的其他支付款项，或者增加返还、退税收入或者税法规定的其他收入款项等税收利益的人为规划的一个或者一系列行动或者交易。

案例解析41

房地产企业按内部优惠价向内部职工销售不动产，税务机关应当按照不动产的平均销售价格核定销售额征收增值税吗?

天马房地产企业销售开发富华小区住房，平均销售价格为9 000元/平方米。但对于内部职工购买该小区住房，则给予优惠价格7 000元/平方米。请问：天马房地产公司销售给内部职工的住房应该按照平均销售价格9 000元/平方米还是实际销售价格7 000元/平方米缴纳增值税?

答：《财政部　国家税务总局关于全面推开营业税改征增值税试点的通知》(财税〔2016〕36号)规定，纳税人发生应税行为价格明显偏低或者偏高且不具有合理商业目的的，或者发生视同销售服务、无形资产或者不动产行为而无销售额的，主管税务机关有权按照下列顺序确定销售额：(一)按照纳税人最近时期销售同类服务、无形资产或者不动产的平均价格确定。(二)按照其他纳税人最近时期销售同类服务、无形资产或者不动产的平均价格确定。(三)按照组成计税价格确定。组成计税价格的公式为：组成计税价格＝成本×(1＋成本利润率)。不具有合理商业目的，是指以谋取税收利益为主要目的，通过人为安排，减少、免除、推迟缴纳增值税税款，或者增加退还增值税税款。因此，纳税人发生应税行为在价格明显偏低或者偏高且不具有合理商业目的的情况下，税务机关可以核定销售额。财税〔2016〕36号文件把"不具有合理商业目的"的范围限定在不缴、少缴、晚缴税款或增加退税。天马房地产企业按内部优惠价向内部职工销售住房，不是以不缴、少缴或晚缴税款为目的，不属于"不具有合理商业目的"，即便价格明显偏低，税务机关也不应按照平均价格核定销售额征收增值税。

4.4.3　不动产交易计税依据的核定

当前在不动产交易税收征管中，税务机关依据政府认可的第三方作出的市场评估价格，建立二手房评估系统，判断纳税人申报的成交价格是否明显偏低，杜绝“阴阳”合同，堵塞征管漏洞。营改增后，税务机关在核定计税价格工作中，应继续沿用原二手房评估系统。当纳税人申报的不动产交易成交价格明显偏低时，应首先利用二手房评估系统核定计税价格，在双方有争议无法协调时，再参照第三方中介做出的市场评估价格进行确定。

（国家税务总局关于明确营业税改征增值税有关征管问题的通知，税总函〔2016〕181 号，发文日期：2016-04-26）

4.4.4　视同销售固定资产销售额的核定

纳税人发生细则第四条规定固定资产视同销售行为，对已使用过的固定资产无法确定销售额的，以固定资产净值为销售额。

（财政部　国家税务总局关于全国实施增值税转型改革若干问题的通知，财税〔2008〕170 号，发文日期：2008-12-19）

〔例题 4-6〕　天马企业（一般纳税人）2020 年 5 月销售 A 产品（税率 13%）10 台给甲，开具专用发票注明的销售额为 40 000 元，税额为 5 200 元；销售 A 产品 2 台给乙，开具普通发票，注明含税销售额为 9 718 元；当月还将 A 产品 3 台捐赠给市福利院，新研制的 B 产品（税率 13%）1 台用于职工集体福利。已知 A 产品的生产成本为 800 元/台，B 产品的生产成本为1 500元/台。试确定该企业相关业务的销项税额。

答：销项税额＝(40 000＋9 718÷1.13)×13%＋(40 000＋9 718÷1.13)÷(10＋2)×3×13%＋1 500×(1＋10%)×13%＝8 112(元)

会计处理如下：

销售 A 产品：

借：银行存款等　　54 918
　贷：主营业务收入　　48 600
　　　应交税费——应交增值税(销项税额)　　6 318

结转成本账务处理略。

捐赠 A 产品：

借：营业外支出　　3 979.5
　贷：库存商品　　2 400
　　　应交税费——应交增值税(销项税额)　　1 579.5

发放职工福利：

借：应付职工薪酬　　1 864.5
　贷：主营业务收入　　1 650
　　　应交税费——应交增值税(销项税额)　　214.5

〔例题 4-7〕　甲企业委托乙企业加工应税消费品，甲企业发出原材料实际成本为 28 000 元，乙企业加工完成时收取加工费 10 000 元（包括代垫辅助材料 600 元），增值税额 1 300 元，开具了专用发票，并代收代缴了消费税，甲企业收回委托加工材料后用于分配职工个人消费。甲、乙企业均为增值税一般纳税人，适用的增值税税率为13%，该消费品消费税税率为5%。

计算：1. 乙企业应交的增值税和代扣代缴的消费税。

2. 甲企业应纳增值税额。

解析：1. 乙企业应交增值税＝10 000×13%＝1 300(元)

乙企业应代扣代缴的消费税＝[(28 000＋10 000)÷(1－5%)]×5%＝2 000(元)

2. 甲企业委托加工材料成本＝28 000＋10 000＋2 000＝40 000(元)

视同销售行为应纳税额＝40 000×(1＋10%)×13%＝5 720(元)

答：乙企业应交增值税1 300元、代扣代缴消费税2 000元，甲企业应纳增值税5 720元。

甲企业会计处理如下：

发出委托加工商品所需的材料：

借：委托加工物资	28 000	
贷：库存商品		28 000

支付加工费：

借：委托加工物资	10 000	
应交税费——应交增值税(进项税额)	1 300	
贷：银行存款等		11 300

支付消费税：

借：委托加工物资	2 000	
贷：银行存款等		2 000

收回委托加工商品：

借：库存商品	40 000	
贷：委托加工物资		40 000

发放职工福利：

借：应付职工薪酬	49 720	
贷：主营业务收入		44 000
应交税费——应交增值税(销项税额)		5 720

重点难点即时练11

1. 甲企业为一般纳税人，2020年6月发出一批材料委托乙企业加工，8月份加工完毕并验收入库，取得专用发票注明税款3.2万元，并于当日认证。8月份将该批加工货物用于投资，成本50万元，双方按甲企业同类货物的平均销售价格确认的评估价为80万元。10月份支付乙企业加工费及税款。则甲企业正确的账务处理是(　　)。

A. 8月份应提销项税额10.4万元　　B. 8月份准予抵扣进项税额3.2万元

C. 8月份应提销项税额7.15万元　　D. 10月份准予抵扣进项税额3.2万元

2. 某小规模工业纳税人，2020年销售自制桌椅不含税收入100万元，其中新型写字桌收入

25 万元经税务审查价格明显偏低且无正当理由，此部分成本为 50 万元，企业本期成本利润率为 8%，在无法确定其他企业同类写字桌平均销售价格情况下，该企业应纳增值税税额为(　　)万元。

A. 20.8　　B. 3　　C. 3.9　　D. 3.87

3. 某商业企业外购一批高尔夫球杆，取得增值税专用发票，注明的销售额为 10 万元，增值税额为 1.3 万元。企业将该批高尔夫球杆捐赠给联运公司。假设企业没有同类货物平均销售价格资料，其他纳税人有同类货物的销售价格资料。税务机关应依据(　　)核定销售额。

A. 该批汽车轮胎的购入价

B. 以 10%为成本利润率计算的组成计税价格

C. 其他纳税人同类货物的平均销售价格

D. 以 5%为成本利润率计算的组成计税价格

4. 下列情形下，税务机关可以核定纳税人的销售额的有(　　)。

A. 将货物按高于同类货物平均售价抵偿债务

B. 低价销售过季商品

C. 以明显的低价销售商品给关系单位

D. 将自产的设备用于对外出租

5. 下列关于增值税组成计税价格公式说法正确的有(　　)。

A. 属于应税消费品的，其组成计税价格中应加计消费税额

B. 公式中的成本利润率一律为 10%

C. 销售自产货物的成本为实际生产成本，销售外购货物的成本为实际采购成本

D. 属于应从价定率征收消费税的货物，其成本利润率，为《消费税若干具体问题的规定》中规定的成本利润率

4.5　混合销售行为的销售额

一项销售行为如果既涉及服务又涉及货物，为混合销售。从事货物的生产、批发或者零售的单位和个体工商户的混合销售行为，按照销售货物缴纳增值税；其他单位和个体工商户的混合销售行为，按照销售服务缴纳增值税。

上述所称从事货物的生产、批发或者零售的单位和个体工商户，包括以从事货物的生产、批发或者零售为主，并兼营销售服务的单位和个体工商户在内。

(财政部　国家税务总局关于全面推开营业税改征增值税试点的通知，财税〔2016〕36 号，发文日期：2016-03-23)

纳税人销售活动板房、机器设备、钢结构件等自产货物的同时提供建筑、安装服务，不属于《营业税改征增值税试点实施办法》(财税〔2016〕36 号文件)第四十条规定的混合销售，应分别核算货物和建筑服务的销售额，分别适用不同的税率或者征收率。

(国家税务总局关于进一步明确营改增有关征管问题的公告，国家税务总局公告 2017 年第 11 号，发文日期：2017-04-20)

一般纳税人销售自产机器设备的同时提供安装服务，应分别核算机器设备和安装服务的销售额，安装服务可以按照甲供工程选择适用简易计税方法计税。

一般纳税人销售外购机器设备的同时提供安装服务，如果已经按照兼营的有关规定，分别核算机器设备和安装服务的销售额，安装服务可以按照甲供工程选择适用简易计税方法计税。

（国家税务总局关于明确中外合作办学等若干增值税征管问题的公告，国家税务总局公告 2018 年第 42 号，发文日期：2018-07-25）

政策解析 因为混合销售行为属于一项销售行为，不能分割，所以要将全部销售额按照一个税目，采用一种方法征税。这样可以避免纳税人压低适用高税率项目的销售额、抬高低税率项目的销售额，从而进行所谓的避税。到底适用哪种税目呢？根据纳税人经营的主业，主业是销售货物的纳税人，混合销售行为的销售额全部按货物征收增值税，主业是提供服务的，混合销售行为的全部销售额按服务征收增值税。如餐饮业在提供餐饮服务的同时销售烟酒，应就全部销售额按餐饮住宿税目征收增值税，钢材厂销售钢材并负责运输，应就全部销售额按销售货物税目征收增值税。需要说明的是混合销售行为的销售额到底按照哪个税目征收增值税，是由纳税人整体经营业务的主业判断的，而不是按照该项混合销售行为中货物的销售额与服务的销售额孰多孰少判定。如餐饮企业在为某桌顾客提供餐饮服务时，收取的饭费为 700 元、酒水费为 5 000 元，此时也应将收取的 5 700 元全部按餐饮住宿税目缴纳增值税。

混合销售行为是一项行为，因此，应作为一个整体征税，而不能像兼营行为那样分别核算分别按照各自的适用税率征税。也就是说，不能因为纳税人把货物的销售额与服务的销售额分别核算了，就分别按照两个税目征收增值税。

案例解析 42

企业发生的混合销售行为，可以分别核算分别按不同税目缴纳增值税吗？

珍贝建材商店主要经营建材和电缆的销售，在工商营业执照上注明兼营电缆的安装业务。2020 年 5 月建材商店建材不含税销售额为 18 万元，电缆不含税销售额为 7 万元，其中 5 万元电缆同时为客户安装，收取不含税安装费 1.5 万元（单独记账核算）。建材商店将货物的销售额共 25 万元，按销售货物税目申报缴纳增值税，安装费 1.5 万元，按建筑业税目申报缴纳增值税。请问：建材商店的做法对吗？

答：不对。珍贝建材商店销售电缆并负责安装的行为属于混合销售行为。因为建材商店属于以从事货物的生产、批发或零售为主的单位，其混合销售行为应当按销售货物税目征收增值税。因此，建材商店应将电缆销售额 7 万元及安装费 1.5 万元全部按销售货物税目申报缴纳增值税。

建材商店会计处理为：

借：银行存款等	299 450	
贷：主营业务收入——建材		180 000
主营业务收入——电缆		70 000
其他业务收入——安装		15 000
应交税费——应交增值税（销项税额）		34 450

重点难点即时练 12

1. 下列行为属于增值税混合销售行为的是(　　)。
   A. 安装公司为客户包工包料进行装修
   B. 某商场既有销售商品的业务又有出租柜台的业务
   C. 某纯净水厂在销售纯净水的同时有偿送货上门
   D. 饭店提供餐饮服务时销售酒水
2. 某客户从销售装饰材料的商店购进装饰材料,并请装饰材料商店为其装修,则该商店取得的收入应(　　)。
   A. 一并按销售建材征收增值税
   B. 一并按提供装修服务征收增值税
   C. 未分别核算时一并销售建材征收增值税
   D. 未分别核算时提供装修服务征收增值税

4.6　特殊销售方式的销售额

4.6.1　折扣销售

纳税人发生应税行为,将价款和折扣额在同一张发票上分别注明的,以折扣后的价款为销售额;未在同一张发票上分别注明的,以价款为销售额,不得扣减折扣额。

(国家税务总局关于印发《增值税若干具体问题的规定》的通知,国税发〔1993〕154 号,发文日期:1993-12-28;财政部　国家税务总局关于全面推开营业税改征增值税试点的通知,财税〔2016〕36 号,发文日期:2016-03-23)

政策解析　实务中折扣分为商业折扣和现金折扣两种,商业折扣是为了促进商品销售给予购买方的一种价格优惠,在签订销售合同时已经达成,可以在一张发票上分别注明销售额和折扣额;而现金折扣是在赊销模式下,为了鼓励购买方在规定的信用期内尽早付款给予购买方的一种折扣,在销售实现开具发票时购买方能否享受现金折扣还未可知,因此一般情况下,现金折扣不可能与销售额在一张发票上分别注明。

〔例题 4-8〕　天马商店(一般纳税人)采用折扣方式销售雪糕,购买数量超过 30 支,按 9 折销售。王某购买 50 支雪糕,不含税原价 100 元,折扣后销售额为 90 元,天马商店开具增值税普通发票,注明销售额 100 元,折扣额 10 元,销售额合计 90 元。请问:该笔业务应纳增值税销项税额是多少?

答:销项税额 $= 90 \times 13\% = 11.7$(元)

会计处理为:

借:银行存款等	101.7	
贷:主营业务收入		90.0
应交税费——应交增值税(销项税额)		11.7

结转成本的会计分录略。

4.6.1.1 开具发票的要求

《国家税务总局关于印发〈增值税若干具体问题的规定〉的通知》(国税发〔1993〕154 号)第二条第(二)项规定:"纳税人采取折扣方式销售货物,如果销售额和折扣额在同一张发票上分别注明的,可按折扣后的销售额征收增值税。"纳税人采取折扣方式销售货物,销售额和折扣额在同一张发票上分别注明是指销售额和折扣额在同一张发票上的"金额"栏分别注明的,可按折扣后的销售额征收增值税。未在同一张发票"金额"栏注明折扣额,而仅在发票的"备注"栏注明折扣额的,折扣额不得从销售额中减除。

(国家税务总局关于折扣额抵减增值税应税销售额问题通知,国税函〔2010〕56 号,发文日期:2010-02-08)

4.6.1.2 出版单位支付给发行单位的经销手续费

对出版单位委托发行图书、报纸、杂志等支付给发行单位的经销手续费,在征收增值税时按"折扣销售"的有关规定办理,如果销售额和支付的经销手续费在同一发票上分别注明的,可按减除经销手续费后的销售额征收增值税;如果经销手续费不在同一发票上注明,另外开具发票,不论其在财务上如何处理,均不得从销售额中减除经销手续费。

[国家税务总局关于印发《增值税问题解答(之一)》的通知,国税函发〔1995〕288 号,发文日期:1995-06-02]

4.6.2 以旧换新方式销售

纳税人采取以旧换新方式销售货物,应按新货物的同期销售价格确定销售额。

(国家税务总局关于印发《增值税若干具体问题的规定》的通知,国税发〔1993〕154 号,发文日期:1993-12-28)

考虑到金银首饰以旧换新业务的特殊情况,对金银首饰以旧换新业务,可以按销售方实际收取的不含增值税的全部价款征收增值税。

(财政部 国家税务总局关于金银首饰等货物征收增值税问题的通知,财税字〔1996〕74 号,发文日期:1996-09-14)

4.6.3 还本销售

纳税人采取还本销售方式销售货物,不得从销售额中减除还本支出。

(国家税务总局关于印发《增值税若干具体问题的规定》的通知,国税发〔1993〕154 号,发文日期:1993-12-28)

〔例题 4-9〕 某钢琴厂(一般纳税人)采取还本销售方式销售钢琴,本月销售钢琴 20 架,开具普通发票 20 张,共收取货款 25 万元,企业扣除还本准备金后按规定的 23 万元做销售处理,则当月应税销售额为(　　)万元。

A. 25　　B. 23　　C. 21.55　　D. 19.66

答案:C

4.6.4 销售退回或折让

4.6.4.1 一般计税方法销售退回或折让的处理

纳税人适用一般计税方法计税的,因销售折让、中止或者退回而退还给购买方的增值税额,应当从当期的销项税额中扣减;因销售折让、中止或者退回而收回的增值税额,应当从当期的进项税额中扣减。

纳税人发生应税行为,开具增值税专用发票后,发生开票有误或者销售折让、中止、退回等情形的，应当按照国家税务总局的规定开具红字增值税专用发票；未按照规定开具红字增值税专用发票的，不得扣减销项税额。

（中华人民共和国增值税暂行条例，中华人民共和国国务院令第691号，发文日期：2017-11-19；财政部　国家税务总局关于全面推开营业税改征增值税试点的通知，财税〔2016〕36号，发文日期：2016-03-23）

〔例题4-10〕　天马服装厂（一般纳税人）2020年5月销售服装一批，开具增值税专用发票注明销售额10万元，增值税额1.3万元，款项已通过银行存款收讫。因为质量问题，该批服装于2020年6月全部退回，天马服装厂按照规定的程序开具了红字增值税专用发票。请问：该笔退货业务应如何进行增值税处理？

答：一般纳税人销售货物退回，应在发生销售退回的当期将退还给购买方的增值税额从销项税额中冲减。因此，天马服装厂应在2020年6月冲减销项税额1.3万元。账务处理为：

借：主营业务收入	100 000	
贷：银行存款等		113 000
应交税费——应交增值税（销项税额）		13 000（红字）

4.6.4.2　简易计税方法销售退回或折让的处理

纳税人适用简易计税方法计税的，因销售折让、中止或者退回而退还给购买方的销售额，应当从当期销售额中扣减。扣减当期销售额后仍有余额造成多缴的税款，可以从以后的应纳税额中扣减。

纳税人发生应税行为，开具增值税专用发票后，发生开票有误或者销售折让、中止、退回等情形的，应当按照国家税务总局的规定开具红字增值税专用发票；未按照规定开具红字增值税专用发票的，不得扣减销售额。

（中华人民共和国增值税暂行条例，中华人民共和国国务院令第691号，发文日期：2017-11-19；财政部　国家税务总局关于全面推开营业税改征增值税试点的通知，财税〔2016〕36号，发文日期：2016-03-23）

4.7　外币销售额的换算

销售额以人民币计算。

纳税人按照人民币以外的货币结算销售额的，应当折合成人民币计算，折合率可以选择销售额发生的当天或者当月1日的人民币汇率中间价。纳税人应当在事先确定采用何种折合率，确定后12个月内不得变更。

（中华人民共和国增值税暂行条例，中华人民共和国国务院令第691号，发文日期：2017-11-19；财政部　国家税务总局关于全面推开营业税改征增值税试点的通知，财税〔2016〕36号，发文日期：2016-03-23）

4.8　直销方式销售货物的销售额

自2013年3月1日起，直销企业采取直销方式销售货物按下列方式确定增值税销售额：

一、直销企业先将货物销售给直销员，直销员再将货物销售给消费者的，直销企业的销售额为其向直销员收取的全部价款和价外费用。直销员将货物销售给消费者时，应按照现行规定缴纳增值税。

二、直销企业通过直销员向消费者销售货物，直接向消费者收取货款，直销企业的销售额为其向消费者收取的全部价款和价外费用。

（国家税务总局关于直销企业增值税销售额确定有关问题的公告，国家税务总局公告2013年第5号，发文日期：2013-01-17）

政策解析 根据国务院2005年颁布的《直销管理条例》，经国务院商务主管部门批准设立的直销企业，可以按照有关规定招募直销员，由直销员在固定营业场所之外直接向最终消费者推销产品。直销企业的经营模式主要有两种：一是直销员按照批发价向直销企业购买货物，再按照零售价向消费者销售货物；二是直销员仅起到中介介绍作用，直销企业按照零售价向直销员介绍的消费者销售货物，并另外向直销员支付报酬。第一种直销模式下，货物的所有权已经由直销企业转移给了直销员，符合现行增值税关于销售货物的规定，直销企业的销售额应按照其向直销员收取的价款确定；直销员将货物按零售价销售给消费者，也发生的增值税应税行为，应按零售价确定销售额。第二种模式下，直销员仅相当于推销员，在直销企业和消费者之间起到中介介绍作用，直销企业和直销员之间并未发生货物所有权的有偿转移，直销企业应以向消费者收取的货款确认销售额。

4.9 虚开代开的增值税专用发票的销售额

自2012年8月1日起，纳税人虚开增值税专用发票，未就其虚开金额申报并缴纳增值税的，应按照其虚开金额补缴增值税；已就其虚开金额申报并缴纳增值税的，不再按照其虚开金额补缴增值税。税务机关对纳税人虚开增值税专用发票的行为，应按《中华人民共和国税收征收管理法》（以下简称《税收征收管理法》）及《发票管理办法》的有关规定给予处罚。纳税人取得虚开的增值税专用发票，不得作为增值税合法有效的扣税凭证抵扣其进项税额。

（国家税务总局关于纳税人虚开增值税专用发票征补税款问题的公告，国家税务总局公告2012年第33号，发文日期：2012-07-09）

4.10 发卡机构、清算机构和收单机构提供银行卡跨机构资金清算服务

自2017年5月1日起，发卡机构、清算机构和收单机构提供银行卡跨机构资金清算服务，按照以下规定执行：

（一）发卡机构以其向收单机构收取的发卡行服务费为销售额，并按照此销售额向清算机构开具增值税发票。

（二）清算机构以其向发卡机构、收单机构收取的网络服务费为销售额，并按照发卡机构支付的网络服务费向发卡机构开具增值税发票，按照收单机构支付的网络服务费向收单机构开具增值税发票。

清算机构从发卡机构取得的增值税发票上记载的发卡行服务费，一并计入清算机构的销售额，并由清算机构按照此销售额向收单机构开具增值税发票。

（三）收单机构以其向商户收取的收单服务费为销售额，并按照此销售额向商户开具增值税发票。

（国家税务总局关于进一步明确营改增有关征管问题的公告，国家税务总局公告 2017 年第 11 号，发文日期：2017-04-20）

〔例题 4-11〕 消费者在银座商场用工商银行银行卡刷卡 1 000 元购买了一台咖啡机，交通银行在银座商城安装刷卡终端设备 POS 机。该项业务中，消费者称作持卡人，银座商场称作商户，工商银行（即消费者所持银行卡的开卡行）称作发卡机构，交通银行（即在商户安装刷卡终端设备的单位）称作收单机构。

要实现货款从消费者的银行卡账户划转至商户账户，商户需要与收单机构签订服务协议，并向其支付服务费。除收单机构外，此过程中还需要清算机构（中国银联）和发卡机构提供相关服务。假设交行与银座商场签订服务协议，约定消费者刷卡消费，交行按照消费金额的 1% 收取收单服务费。另外按照约定，交行（收单机构）需要向工行（发卡机构）支付 6‰ 的发卡行服务费，交行和工行分别应向中国银联（清算机构）支付 1‰ 的网络服务费。

该项业务涉及的资金流为：(1) 刷卡后，工行从消费者所持银行卡账户中扣除咖啡机全款 1 000 元；(2) 工行就这笔业务收取发卡行服务费 6 元，并需向银联支付网络服务费 1 元，因此，工行扣除自己实际获得的 5 元（6－1）后，将货款余额 995 元（1 000－5）转入银联；(3) 银联扣减自己应分别向工行和交行收取的网络服务费 2 元（工行和交行各 1 元）后，将剩余款项 993 元（995－2）转入交行；(4) 交行扣减自己实际获得的收单服务费 3 元，将剩余款项 990 元（993－3）转入银座商场；(5) 最终，商户获得咖啡机销售款，并支付了 10 元手续费，最终收到 990 元。

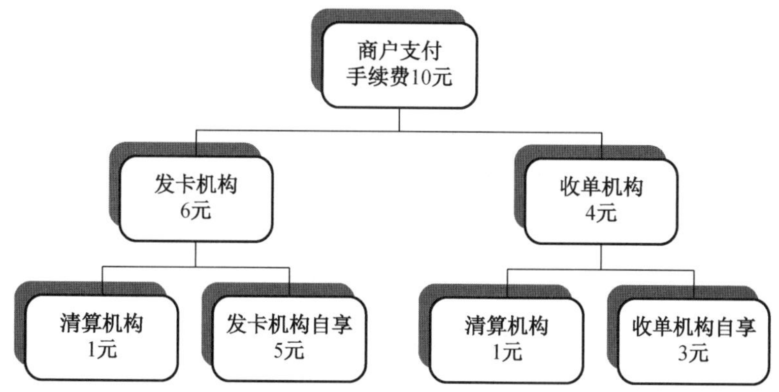

该项业务涉及的发票流为：(1) 工行应以 6 元为销售额，并向银联开具 6 元增值税发票，同时，可向银联索取 1 元增值税发票用于进项税抵扣；(2) 银联应以 8 元为销售额，向工行开具 1 元增值税发票，向交行开具 7 元增值税发票，并可向工行索取 6 元增值税发票用于进项税抵扣；(3) 交行应向银座商场开具 10 元增值税发票，并可向银联索取 7 元增值税发票用于进项税抵扣。具体计算过程如下：

工行（发卡机构）：销项税额＝6×6%，进项税额＝1×6%，应纳税额＝（6－1）×6%。

银联(清算机构):销项税额=[1+(6+1)]×6%,其中1是开具给工行(发卡机构)发票上注明的销售额,7是开具给交行(收单机构)发票上注明的销售额;进项税额=6×6%,应纳税额=(8−6)×6%。

交行(收单机构):销项税额=10×6%,进项税额=7×6%,应纳税额=(10−7)×6%。

4.11 转贴现业务销售额

自2018年1月1日起,金融机构开展贴现、转贴现业务,以其实际持有票据期间取得的利息收入作为贷款服务销售额计算缴纳增值税。此前贴现机构已就贴现利息收入全额缴纳增值税的票据,转贴现机构转贴现利息收入继续免征增值税。

(财政部 税务总局关于建筑服务等营改增试点政策的通知,财税〔2017〕58号,发文日期:2017-07-11)

〔例题4-12〕 甲企业销售一批商品给乙企业,收到乙企业签发的不带息商业承兑汇票一张,金额234 000元,该票据的期限为6个月。甲企业在该票据到期前向天马银行贴现,假定贴现获得现金净额231 660元。天马银行持有一段时间后,在票据到期前又将该票据以233 000元转贴现给富华银行。

如果该项贴现业务发生在2017年6月30日前:天马银行票据贴现取得利息收入2 340元(234 000−231 660),按照贷款服务应缴纳增值税132.45元(2 340÷1.06×6%)。天马银行将票据转贴现给富华银行,将贴现时取得的利息收入2 340元分割一部分给富华银行,富华银行接受票据转贴现,从天马银行分得的利息收入为1 000元(234 000−233 000)。但由于按当时规定转贴现免征增值税,富华银行不需要缴纳增值税。天马银行转贴现票据将贴现利息进行分割,最终分享的利息收入只有1 340元(233 000−231 660),但却要以2 340元作为销售额缴纳增值税。

如果该项贴现业务发生在2017年7月1日后:天马银行票据贴现销售额=实际持有票据期间取得的利息收入=233 000−231 660=1 340(元),应缴纳增值税75.85元(1 340÷1.06×6%);富华银行票据转贴现销售额=234 000−233 000=1 000(元),应缴纳增值税56.60元(1 000÷1.06×6%)。天马银行和富华银行应纳增值税总额不变。

政策解析 转贴现业务与再贴现业务征税方式不同,转贴现业务中贴现银行和转贴现银行均是增值税纳税人,均以其实际持有票据期间取得的利息收入为计税依据;而再贴现业务中,只有贴现银行是增值税纳税人,以票据贴现时取得的全部利息收入为计税依据,再贴现银行不纳增值税。

第5章　增值税进项税额(上)——扣税凭证

进项税额，是指纳税人购进货物、加工修理修配劳务、服务、无形资产或者不动产，支付或者负担的增值税额。

纳税人购进项目能够形成可以抵扣的进项税额，必须同时满足三个条件：一是购进项目没有用于规定的不得抵扣的范围；二是取得合法的扣税凭证；三是取得的扣税凭证经过了认证、申请稽核比对、申报扣除等程序。

目前，增值税扣税凭证有六种：增值税专用发票、海关进口增值税专用缴款书、农产品收购发票或销售发票、完税凭证、通行费发票和旅客运输服务发票或客票。纳税人从境内购进货物、劳务、服务(公路内河通行服务除外)、无形资产和不动产应以增值税专用发票作为扣税凭证；纳税人从境外购进货物应以海关进口增值税专用缴款书作为扣税凭证；纳税人从境外购进服务、无形资产和不动产应以代扣代缴税款的完税凭证作为扣税凭证；从境内购进农产品除增值税专用发票外还可以农产品收购发票或销售发票作为扣税凭证；从境内购进公路内河通行服务以通行费发票作为扣税凭证；从境内购进旅客运输服务以增值税专用发票、增值税电子普通发票或客票作为扣税凭证。纳税人取得的增值税扣税凭证不符合法律、行政法规或者国家税务总局有关规定的，其进项税额不得从销项税额中抵扣。

5.1　增值税专用发票

增值税一般纳税人购进货物、劳务、服务、无形资产或者不动产，取得的增值税专用发票上注明的增值税额为进项税额，准予从销项税额中抵扣。

5.1.1　抵扣时限

自2020年3月1日起，取消增值税扣税凭证认证确认期限。增值税一般纳税人取得2017年1月1日及以后开具的增值税专用发票、海关进口增值税专用缴款书、机动车销售统一发票、收费公路通行费增值税电子普通发票，取消认证确认、稽核比对、申报抵扣的期限。纳税人在进行增值税纳税申报时，应当通过本省(自治区、直辖市和计划单列市)增值税发票综合服务平台对上述扣税凭证信息进行用途确认。

增值税一般纳税人取得2016年12月31日及以前开具的增值税专用发票、海关进口增值税专用缴款书、机动车销售统一发票，超过认证确认、稽核比对、申报抵扣期限，但符合规定条件的，仍可按照《国家税务总局关于逾期增值税扣税凭证抵扣问题的公告》(国家税务总局公告2011年第50号，国家税务总局公告2017年第36号、2018年第31号修改)、《国家税务总局关于未按期申报抵扣增值税扣税凭证有关问题的公告》(国家税务总局公告2011年第78号，国家税务总局公告2018年第31号修改)规定，继续抵扣进项税额。

（国家税务总局关于取消增值税扣税凭证认证确认期限等增值税征管问题的公告，国家税务总局公告2019年第45号，发文日期：2019-12-31）

政策解析 纳税人只要取得增值税专用发票，无论该项交易是否付款、所购买的货物是否收到，都可以认证、抵扣。一句话：见票即扣。国税发〔1995〕15号规定工业生产企业购进货物，必须在购进的货物已经验收入库后，才能申报抵扣进项税额；商业企业购进货物，必须在购进的货物付款后才能申报抵扣进项税额，已经被国税发〔2006〕62号废止。

自增值税设立以来，增值税专用发票的抵扣时限逐渐延长，2003年3月1日起认证时限为90日，2010年1月1日起延长为180日，2017年7月1日起延长为360日，自2020年3月1日起取消认证确认等期限，增值税一般纳税人取得的2017年1月1日及以后开具的增值税专用发票、海关进口增值税专用缴款书、机动车销售统一发票、收费公路通行费增值税电子普通发票，不再需要在360日内认证确认等，已经超期的，也可以自2020年3月1日后，通过本省增值税发票综合服务平台进行用途确认。

5.1.2 增值税专用发票的用途确认

自2020年1月8日起，税务总局将增值税发票选择确认平台升级为增值税发票综合服务平台，为纳税人提供发票用途确认、风险提示、信息下载等服务。纳税人取得增值税专用发票、机动车销售统一发票、收费公路通行费增值税电子普通发票后，如需用于申报抵扣增值税进项税额或申请出口退税、代办退税，应当登录增值税发票综合服务平台确认发票用途。增值税发票综合服务平台登录地址由国家税务总局各省（自治区、直辖市和计划单列市）税务局确定并公布。

纳税人应当按照发票用途确认结果申报抵扣增值税进项税额或申请出口退税、代办退税。纳税人已经申报抵扣的发票，如改用于出口退税或代办退税，应当向主管税务机关提出申请，由主管税务机关核实情况并调整用途。纳税人已经确认用途为申请出口退税或代办退税的发票，如改用于申报抵扣，应当向主管税务机关提出申请，经主管税务机关核实该发票尚未申报出口退税，并将发票电子信息回退后，由纳税人调整用途。

（国家税务总局关于增值税发票综合服务平台等事项的公告，国家税务总局公告2020年第1号，发文日期：2020-01-08）

5.1.3 逾期扣税凭证抵扣规定

5.1.3.1 逾期认证的扣税凭证

2007年1月1日以后开具的增值税扣税凭证，未能按照规定期限办理认证或者稽核比对（以下简称逾期），按如下规定抵扣：

一、增值税一般纳税人发生真实交易但由于客观原因造成增值税扣税凭证（包括增值税专用发票、海关进口增值税专用缴款书和机动车销售统一发票）未能按照规定期限办理认证、确认或者稽核比对的，经主管税务机关核实、逐级上报，由省国税局认证并稽核比对后，对比对相符的增值税扣税凭证，允许纳税人继续抵扣其进项税额。

增值税一般纳税人由于除本公告规定的客观原因以外的其他原因造成增值税扣税凭证

逾期的，仍应按照增值税扣税凭证抵扣期限有关规定执行。

二、客观原因包括如下类型：

（一）因自然灾害、社会突发事件等不可抗力因素造成增值税扣税凭证逾期。

（二）增值税扣税凭证被盗、抢，或者因邮寄丢失、误递导致逾期。

（三）有关司法、行政机关在办理业务或者检查中，扣押增值税扣税凭证，纳税人不能正常履行申报义务，或者税务机关信息系统、网络故障，未能及时处理纳税人网上认证数据等导致增值税扣税凭证逾期。

（四）买卖双方因经济纠纷，未能及时传递增值税扣税凭证，或者纳税人变更纳税地点，注销旧户和重新办理税务登记的时间过长，导致增值税扣税凭证逾期。

（五）由于企业办税人员伤亡、突发危重疾病或者擅自离职，未能办理交接手续，导致增值税扣税凭证逾期。

（六）国家税务总局规定的其他情形。

三、增值税一般纳税人发生真实交易但由于客观原因造成增值税扣税凭证逾期的，可向主管税务机关申请办理逾期抵扣。纳税人申请办理逾期抵扣时，应报送如下资料：

（一）《逾期增值税扣税凭证抵扣申请单》。

（二）增值税扣税凭证逾期情况说明。纳税人应详细说明未能按期办理认证、确认或者稽核比对的原因，并加盖企业公章。其中，对客观原因不涉及第三方的，纳税人应说明的情况具体为：发生自然灾害、社会突发事件等不可抗力原因的，纳税人应详细说明自然灾害或者社会突发事件发生的时间、影响地区、对纳税人生产经营的实际影响等；纳税人变更纳税地点，注销旧户和重新办理税务登记的时间过长，导致增值税扣税凭证逾期的，纳税人应详细说明办理搬迁时间、注销旧户和注册新户的时间、搬出及搬入地点等；企业办税人员擅自离职，未办理交接手续的，纳税人应详细说明事情经过、办税人员姓名、离职时间等，并提供解除劳动关系合同及企业内部相关处理决定。

（三）客观原因涉及第三方的，应提供第三方证明或说明。具体为：企业办税人员伤亡或者突发危重疾病的，应提供公安机关、交通管理部门或者医院证明；有关司法、行政机关在办理业务或者检查中，扣押增值税扣税凭证，导致纳税人不能正常履行申报义务的，应提供相关司法、行政机关证明；增值税扣税凭证被盗、抢的，应提供公安机关证明；买卖双方因经济纠纷，未能及时传递增值税扣税凭证的，应提供卖方出具的情况说明；邮寄丢失或者误递导致增值税扣税凭证逾期的，应提供邮政单位出具的说明。

（四）逾期增值税扣税凭证电子信息。

（五）逾期增值税扣税凭证复印件（复印件必须整洁、清晰，在凭证备注栏注明“与原件一致”并加盖企业公章，增值税专用发票复印件必须裁剪成与原票大小一致）。

四、由于税务机关自身原因造成纳税人增值税扣税凭证逾期的，主管税务机关应在上报文件中说明相关情况。具体为，税务机关信息系统或者网络故障，未能及时处理纳税人网上认证数据的，主管税务机关应详细说明信息系统或网络故障出现、持续的时间，故障原因及表现等。

五、主管税务机关应认真核实纳税人所报资料，重点核查纳税人所报送资料是否齐全、交易是否真实发生、造成增值税扣税凭证逾期的原因是否属于客观原因、第三方证明或说明所述时间是否具有逻辑性、资料信息是否一致、增值税扣税凭证复印件与原件是否一致等。

主管税务机关核实无误后，应向上级税务机关上报，并将增值税扣税凭证逾期情况说明、第三方证明或说明、逾期增值税扣税凭证电子信息、逾期增值税扣税凭证复印件逐级上报至省国税局。

六、省国税局对上报的资料进行案头复核，并对逾期增值税扣税凭证信息进行认证、稽核比对，对资料符合条件、稽核比对结果相符的，允许纳税人继续抵扣逾期增值税扣税凭证上所注明或计算的税额。

七、主管税务机关可定期或者不定期对已抵扣逾期增值税扣税凭证进项税额的纳税人进行复查，发现纳税人提供虚假信息，存在弄虚作假行为的，应责令纳税人将已抵扣进项税额转出，并按《中华人民共和国税收征收管理法》的有关规定进行处罚。

（国家税务总局关于逾期增值税扣税凭证抵扣问题的公告，国家税务总局公告 2011 年第 50 号，发文日期：2011-09-14；国家税务总局关于进一步优化增值税、消费税有关涉税事项办理程序的公告，国家税务总局公告 2017 年第 36 号，发文日期：2017-10-13）

案例解析 43

一般纳税人因为更换财务人员，导致取得的增值税专用发票没有在 360 日内认证，可以按逾期扣税凭证抵扣的有关规定申请抵扣吗？

天马建筑公司因为更换财务人员办理交接手续不彻底，导致取得的 7 张增值税专用发票没有在 360 日内认证。请问：天马建筑公司可以按逾期扣税凭证抵扣的有关规定，将这 7 张增值税专用发票申请抵扣吗？

答：《国家税务总局关于逾期增值税扣税凭证抵扣问题的公告》（国家税务总局公告 2011 年第 50 号）作出如下规定：一、对增值税一般纳税人发生真实交易但由于客观原因造成增值税扣税凭证逾期的，经主管税务机关审核、逐级上报，由国家税务总局认证、稽核比对后，对比对相符的增值税扣税凭证，允许纳税人继续抵扣其进项税额。二、客观原因包括如下类型：（一）因自然灾害、社会突发事件等不可抗力因素造成增值税扣税凭证逾期；（二）增值税扣税凭证被盗、抢，或者因邮寄丢失、误递导致逾期；（三）有关司法、行政机关在办理业务或者检查中，扣押增值税扣税凭证，纳税人不能正常履行申报义务，或者税务机关信息系统、网络故障，未能及时处理纳税人网上认证数据等导致增值税扣税凭证逾期；（四）买卖双方因经济纠纷，未能及时传递增值税扣税凭证，或者纳税人变更纳税地点，注销旧户和重新办理税务登记的时间过长，导致增值税扣税凭证逾期；（五）由于企业办税人员伤亡、突发危重疾病或者擅自离职，未能办理交接手续，导致增值税扣税凭证逾期；（六）国家税务总局规定的其他情形。三、增值税一般纳税人由于除上述客观原因以外的其他原因造成增值税扣税凭证逾期的，仍应按照增值税扣税凭证抵扣期限有关规定执行。天马建筑公司逾期的 7 张增值税专用发票，是由于财务交接手续不彻底，而不是“办税人员伤亡、突发危重疾病或者擅自离职”等客观原因导致的，不得抵扣进项税额。

5.1.3.2 逾期申报抵扣的扣税凭证

自 2012 年 1 月 1 日起，增值税一般纳税人取得的增值税扣税凭证（包括增值税专用发票、海关进口增值税专用缴款书），因客观原因未按期申报抵扣，按下列规定抵扣增值税进项税额：

一、增值税一般纳税人取得的增值税扣税凭证已认证或已采集上报信息但未按照规定期限申报抵扣;实行纳税辅导期管理的增值税一般纳税人以及实行海关进口增值税专用缴款书"先比对后抵扣"管理办法的增值税一般纳税人,取得的增值税扣税凭证稽核比对结果相符但未按规定期限申报抵扣,属于发生真实交易且符合下列规定的客观原因的,经主管税务机关审核,允许纳税人继续申报抵扣其进项税额。

二、客观原因包括如下类型:

(一)因自然灾害、社会突发事件等不可抗力原因造成增值税扣税凭证未按期申报抵扣。

(二)有关司法、行政机关在办理业务或者检查中,扣押、封存纳税人账簿资料,导致纳税人未能按期办理申报手续。

(三)税务机关信息系统、网络故障,导致纳税人未能及时取得认证结果通知书或稽核结果通知书,未能及时办理申报抵扣。

(四)由于企业办税人员伤亡、突发危重疾病或者擅自离职,未能办理交接手续,导致未能按期申报抵扣。

(五)国家税务总局规定的其他情形。

三、增值税一般纳税人除上述五项客观原因以外的其他原因造成增值税扣税凭证未按期申报抵扣的,仍按照现行增值税扣税凭证申报抵扣有关规定执行。

四、纳税人申请办理抵扣时,应报送如下资料:

(一)《未按期申报抵扣增值税扣税凭证抵扣申请单》。

(二)《已认证增值税扣税凭证清单》。

(三)增值税扣税凭证未按期申报抵扣情况说明。纳税人应详细说明未能按期申报抵扣的原因,并加盖企业印章。对客观原因不涉及第三方的,纳税人应说明的情况具体为:发生自然灾害、社会突发事件等不可抗力原因的,纳税人应详细说明自然灾害或者社会突发事件发生的时间、影响地区、对纳税人生产经营的实际影响等;企业办税人员擅自离职,未办理交接手续的,纳税人应详细说明事情经过、办税人员姓名、离职时间等,并提供解除劳动关系合同及企业内部相关处理决定。对客观原因涉及第三方的,应提供第三方证明或说明。具体为:企业办税人员伤亡或者突发危重疾病的,应提供公安机关、交通管理部门或者医院证明;有关司法、行政机关在办理业务或者检查中,扣押、封存纳税人账簿资料,导致纳税人未能按期办理申报手续的,应提供相关司法、行政机关证明。对于因税务机关信息系统或者网络故障原因造成纳税人增值税扣税凭证未能按期申报抵扣的,主管税务机关应予以核实。

(四)未按期申报抵扣增值税扣税凭证复印件。

五、主管税务机关受理纳税人申请后,应认真审核以下信息:

(一)审核纳税人交易是否真实发生,所报资料是否齐全,增值税扣税凭证未按期申报抵扣的原因是否属于客观原因,纳税人说明、第三方证明或说明所述事项是否具有逻辑性等。

(二)纳税人申请抵扣的增值税扣税凭证稽核比对结果是否相符。

(三)《已认证增值税扣税凭证清单》与增值税扣税凭证应申报抵扣当月增值税纳税申报资料、认证稽核资料是否满足以下逻辑关系:

1.《已认证增值税扣税凭证清单》“抵扣情况”中“已抵扣凭证信息”“小计”栏中的“份数”应等于当月增值税纳税申报表附列资料中同类型增值税扣税凭证的“份数”；“抵扣情况”中“已抵扣凭证信息”“小计”栏中的“税额”应等于当月增值税纳税申报表附列资料中同类型增值税扣税凭证的“税额”。

2. 对增值税一般纳税人（不包括实行纳税辅导期管理的增值税一般纳税人），《已认证增值税扣税凭证清单》“总计”栏中“份数”“税额”应小于等于认证或申请稽核比对当月认证相符或采集上报的同类型增值税扣税凭证的份数、税额合计。

3. 实行纳税辅导期管理的增值税一般纳税人以及实行海关进口增值税专用缴款书“先比对后抵扣”管理办法的增值税一般纳税人，《已认证增值税扣税凭证清单》“总计”栏中“份数”“税额”应小于等于产生稽核结果当月稽核相符的同类型增值税扣税凭证的份数、税额合计。

六、主管税务机关审核无误后，发送《未按期申报抵扣增值税扣税凭证允许继续抵扣通知单》（以下简称《通知单》），企业凭《通知单》进行申报抵扣。

七、主管税务机关可定期或者不定期对已办理未按期申报抵扣增值税扣税凭证抵扣手续的纳税人进行复查，发现纳税人提供虚假信息，存在弄虚作假行为的，应责令纳税人将已抵扣进项税额转出，并按《税收征收管理法》的有关规定进行处罚。

（国家税务总局关于未按期申报抵扣增值税扣税凭证有关问题的公告，国家税务总局公告2011年第78号，发文日期：2011-12-29）

5.1.4 发票的要求

《增值税暂行条例》第九条规定，纳税人购进货物、劳务、服务、无形资产、不动产，取得的增值税扣税凭证不符合法律、行政法规或者国务院税务主管部门有关规定的，其进项税额不得从销项税额中抵扣。因此，纳税人取得不合法的增值税专用发票，不得抵扣进项税额。

案例解析44

一般纳税人取得汇总开具的专用发票，但是没附清单，还能抵扣进项税额吗？

天马建筑公司向零售商店购买办公用品时，取得商店开具的增值税专用发票，注明办公用品一批。请问：天马建筑公司取得的这张增值税专用发票可以抵扣进项税额吗？

答：根据《国家税务总局关于修订〈增值税专用发票使用规定〉的通知》（国税发〔2006〕156号）第十二条的规定，一般纳税人销售货物或者提供应税劳务可汇总开具专用发票。汇总开具专用发票的，同时使用防伪税控系统开具《销售货物或者提供应税劳务清单》，并加盖发票专用章。因此，天马建筑公司取得的这张增值税专用发票，如果没附有销售清单，则属于不符合法律、行政法规规定的发票，不允许抵扣进项税额。

5.1.4.1 票种

为规范增值税发票管理，方便纳税人发票使用，税务总局决定停止使用货物运输业增值税专用发票（以下简称货运专票），具体要求如下：

一、增值税一般纳税人提供货物运输服务，使用增值税专用发票和增值税普通发票，开具发票时应将起运地、到达地、车种车号以及运输货物信息等内容填写在发票备注栏中，如内容较多可另附清单。

二、为避免浪费,方便纳税人发票使用衔接,货运专票最迟可使用至2016年6月30日,7月1日起停止使用。

三、铁路运输企业受托代征的印花税款信息,可填写在发票备注栏中。中国铁路总公司及其所属运输企业(含分支机构)提供货物运输服务,可自2015年11月1日起使用增值税专用发票和增值税普通发票,所开具的铁路货票、运费杂费收据可作为发票清单使用。

(国家税务总局关于停止使用货物运输业增值税专用发票有关问题的公告,国家税务总局公告2015年第99号,发文日期:2015-12-31)

政策解析 实际工作中,接受运输服务的纳税人经常定期与承运人结算运费,接受承运人汇总开具的增值税专用发票。目前税控系统开具的清单不能注明起运地、到达地、车种车号以及运输货物信息,这种汇总开具的运输服务增值税专用发票会被税务机关认定为不符合规定的发票。建议接受运输服务的纳税人与承运人定期结算运输费用时,要求承运人按每次提供的运输服务分别开具发票。

5.1.4.2 应经税务机关认证相符

用于抵扣增值税进项税额的专用发票应经税务机关认证相符(国家税务总局另有规定的除外),即:纳税人识别号无误,专用发票所列密文解译后与明文一致。认证相符的专用发票应作为购买方的记账凭证,不得退还销售方。

(国家税务总局关于修订《增值税专用发票使用规定》的通知,国税发〔2006〕156号,发文日期:2006-10-17)

5.1.4.3 取消增值税发票认证

自2016年3月1日起,税务总局决定对纳税信用A级增值税一般纳税人取消增值税发票认证;自2016年5月1日起,纳税信用B级增值税一般纳税人取消增值税发票认证;自2016年12月1日起,纳税信用C级增值税一般纳税人取消增值税发票认证;自2019年3月1日起,将取消增值税发票认证的纳税人范围扩大至全部一般纳税人。有关规定如下:

一、A级、B级、C级、D级、M级纳税人取得销售方使用增值税发票管理新系统开具的增值税发票(包括增值税专用发票、机动车销售统一发票,下同),可以不再进行扫描认证,通过增值税发票税控开票软件登录本省增值税发票综合服务平台,查询、选择用于申报抵扣或者出口退税的增值税发票信息。

二、A级、B级、C级、D级、M级纳税人取得增值税发票,通过增值税发票综合服务平台未查询到对应发票信息的,仍可进行扫描认证。

三、A级、B级、C级、D级、M级纳税人填报增值税纳税申报表的方法保持不变,即当期申报抵扣的增值税发票数据,仍填报在《增值税纳税申报表附列资料(二)》第2栏"其中:本期认证相符且本期申报抵扣"的对应栏次中。

(逾期国家税务总局关于纳税信用A级纳税人取消增值税发票认证有关问题的公告,国家税务总局公告2016年第7号,发文日期:2016-02-04;国家税务总局关于全面推开营业税改征增值税试点有关税收征收管理事项的公告,国家税务总局公告2016年第23号,发文日期:2016-04-19;国家税务总局关于按照纳税信用等级对增值税发票使用实行分类管理有关事项的公告,国家税务总局公告2016年第71号,发文日期:2016-11-17;国家税务总局关于扩大小规模纳税人自行开具增值税专用发票试点范围等事项的公告,

国家税务总局公告2019年第8号,发文日期:2019-02-03)

自2016年9月1日起,纳税人每日可登录本省增值税发票综合服务平台,查询、选择、确认用于申报抵扣或者出口退税的增值税发票信息。

(国家税务总局关于优化完善增值税发票选择确认平台功能及系统维护有关事项的公告,国家税务总局公告2016年第57号,发文日期:2016-08-29)

5.1.5 三方票的抵扣问题

纳税人购进货物或应税劳务,支付运输费用,所支付款项的单位,必须与开具抵扣凭证的销货单位、提供劳务的单位一致,才能够申报抵扣进项税额,否则不予抵扣。

(国家税务总局关于加强增值税征收管理若干问题的通知,国税发〔1995〕192号,发文日期:1995-10-18)

案例解析45

购买A公司货物,却将货款支付给A公司指定的B公司,该张增值税专用发票能抵扣吗?

天马建筑公司(一般纳税人)向A公司购买瓷砖,取得A公司开具的增值税专用发票,但A公司却委托B公司收款,天马建筑公司将货款支付给了B公司。天马建筑公司与A公司、B公司签订了三方协议,协议主要内容为:因A公司欠B公司款项,经天马建筑公司与A公司、B公司三方同意,由天马建筑公司将A企业的货款直接打给B公司用于还款。请问,天马建筑公司取得的这张增值税专用发票可以抵扣进项税额吗?

答:根据《国家税务总局关于加强增值税征收管理若干问题的通知》(国税发〔1995〕192号)规定,纳税人购进货物或应税劳务,支付运输费用,所支付款项的单位,必须与开具抵扣凭证的销售单位、提供劳务的单位一致,才能申报抵扣进项税额,否则不予抵扣。天马建筑公司将货款支付给B公司,与开具增值税专用发票的销售单位A公司不一致,因此,该张增值税专用发票不能抵扣进项税额。

案例解析46

甲供工程所需建筑材料,甲方付款,发票开具给乙方,乙方能抵扣进项税额吗?

天马房地产企业与珍贝建筑公司签订《施工合同》,合同约定工程所需要的建筑材料由天马房地产企业直接采购。实际采购与结算流程如下:天马房地产企业将材料购买款项转到建材生产企业账户后,会计上按预付账款进行账务处理;建材生产企业将增值税专用发票开具给珍贝建筑公司;在工程达到合同约定的结算节点时,天马房地产企业按扣除已付建材款后的余额支付给珍贝建筑公司,珍贝建筑公司按包含建材的总款项向天马房地产企业开具增值税专用发票。请问:珍贝建筑公司取得的建材专用发票和天马房地产企业取得的建筑服务专用发票,是否可以抵扣进项税额?

答:根据《国家税务总局关于加强增值税征收管理若干问题的通知》(国税发〔1995〕192号)规定,纳税人购进货物或应税劳务,支付运输费用,所支付款项的单位,必须与开具抵扣凭证的销售单位、提供劳务的单位一致,才能申报抵扣进项税额,否则不予抵扣。珍贝建筑公司取得建材专用发票,却并没有向建材公司支付款项,珍贝建筑公司并未购进建材生产企业的建材,该张增值税专用发票不能抵扣进项税额。天马房地产企业将建材部分款项支付给了建材生产企业,却取得了珍贝建筑公司开具的专用发票,收款方与发票上注明的开票方不同,建材款项对应进项税额不得抵扣。

5.1.5.1 期货交易取得的发票

对增值税一般纳税人在商品交易所通过期货交易购进货物,其通过商品交易所转付货款可视同向销货单位支付货款,对其取得的合法增值税专用发票允许抵扣。

(国家税务总局关于增值税一般纳税人期货交易进项税额抵扣问题的通知,国税发〔2002〕45号,发文日期:2002-04-29)

5.1.5.2 项目运营方建设期间的进项税额

项目运营方利用信托资金融资进行项目建设开发是指项目运营方与经批准成立的信托公司合作进行项目建设开发,信托公司负责筹集资金并设立信托计划,项目运营方负责项目建设与运营,项目建设完成后,项目资产归项目运营方所有。自2010年10月1日起,该经营模式下项目运营方在项目建设期内取得的增值税专用发票和其他抵扣凭证,允许其按现行增值税有关规定予以抵扣。

(国家税务总局关于项目运营方利用信托资金融资过程中增值税进项税额抵扣问题的公告,国家税务总局公告2010年第8号,发文日期:2010-08-09)

政策解析 企业发生销售行为,销售方、开票方、收款方必须是同一主体,俗称"三流一致"。如果销售方发生销售行为向购买方开具发票后,却委托其他方收款,此时,该项交易除购销双方外又出现了第三方——收款方;如果销售方发生销售行为收取款项后,却委托其他方开具发票,此时,该交易除购销双方外也出现了第三方——开票方。上述两种情形下,购买方取得的发票俗称"三方票"。按照《国家税务总局关于加强增值税征收管理若干问题的通知》(国税发〔1995〕192号)的规定,取得三方票的购买方不得抵扣进项税额。目前,特殊规定"三方票"能够抵扣进项税额的,只有货物期货和项目运营两项业务。实际工作中,企业只要做到"三流一致"就不会出现"三方票"不能抵扣进项税额的风险。

5.1.5.3 建筑企业集团内其他纳税人为发包方提供建筑服务

建筑企业与发包方签订建筑合同后,以内部授权或者三方协议等方式,授权集团内其他纳税人(以下称"第三方")为发包方提供建筑服务,并由第三方直接与发包方结算工程款的,由第三方缴纳增值税并向发包方开具增值税发票,与发包方签订建筑合同的建筑企业不缴纳增值税。发包方可凭实际提供建筑服务的纳税人开具的增值税专用发票抵扣进项税额。

(国家税务总局关于进一步明确营改增有关征管问题的公告,国家税务总局公告2017年第11号,发文日期:2017-04-20)

5.1.5.4 承运人委托他人实际负责运输时进项税额的抵扣

自2017年9月1日起,纳税人以承运人身份与托运人签订运输服务合同,收取运费并承担承运人责任,然后委托实际承运人完成全部或部分运输服务时,自行采购并交给实际承运人使用的成品油和支付的道路、桥、闸通行费,同时符合下列条件的,其进项税额准予从销项税额中抵扣:

(一)成品油和道路、桥、闸通行费,应用于纳税人委托实际承运人完成的运输服务。

（二）取得的增值税扣税凭证符合现行规定。

（国家税务总局关于跨境应税行为免税备案等增值税问题的公告，国家税务总局公告2017年第30号，发文日期：2017-08-14）

5.1.5.5 保险服务进项税额抵扣

（一）提供保险服务的纳税人以实物赔付方式承担机动车辆保险责任的，自行向车辆修理劳务提供方购进的车辆修理劳务，其进项税额可以按规定从保险公司销项税额中抵扣。

（二）提供保险服务的纳税人以现金赔付方式承担机动车辆保险责任的，将应付给被保险人的赔偿金直接支付给车辆修理劳务提供方，不属于保险公司购进车辆修理劳务，其进项税额不得从保险公司销项税额中抵扣。

（三）纳税人提供的其他财产保险服务，比照上述规定执行。

（国家税务总局关于国内旅客运输服务进项税抵扣等增值税征管问题的公告，国家税务总局公告2019年第31号，发文日期：2019-09-01）

政策解析 在实践中，保险赔付支出有两种不同的形式，以车险为例，不同的车险业务，保险公司、投保人和修理厂之间的交易实质和权利义务不一样，目前主要存在两种情况：

第一种是行业所称的“实物赔付”。保险合同约定，保险公司的赔付方式是由保险公司将投保车辆修理至恢复原状。在车辆出险后，保险公司以自己的名义向修理厂购买修理服务并支付修理费。这种情况下，由于修理服务的实际购买方为保险公司，因此，保险公司可以凭修理厂向其开具的修理费专用发票行使抵扣权。

第二种是行业所称的“现金赔付”。保险合同约定，在车辆出险后，保险公司向被保险人支付赔偿金，由被保险人自行修理。在实际操作中，保险公司为了提高客户满意度，替被保险人联系修理厂对出险车辆进行维修，并将原应支付给被保险人的赔偿金转付给修理厂。这种情形下，由于修理服务的接受方是被保险人而不是保险公司，即使保险公司代被保险人向修理厂支付了修理费并取得相关发票，也不能将其作为保险公司的进项税额进行抵扣。

5.1.6 丢失已开具专用发票的处理

自2020年1月8日起，纳税人同时丢失已开具增值税专用发票或机动车销售统一发票的发票联和抵扣联，可凭加盖销售方发票专用章的相应发票记账联复印件，作为增值税进项税额的抵扣凭证、退税凭证或记账凭证。

纳税人丢失已开具增值税专用发票或机动车销售统一发票的抵扣联，可凭相应发票的发票联复印件，作为增值税进项税额的抵扣凭证或退税凭证；纳税人丢失已开具增值税专用发票或机动车销售统一发票的发票联，可凭相应发票的抵扣联复印件，作为记账凭证。

（国家税务总局关于增值税发票综合服务平台等事项的公告，国家税务总局公告2020年第1号，发文日期：2020-01-08）

政策解析 纳税人丢失发票的发票联、抵扣联后，已无需前往税务机关申请开具《丢失增值税专用发票已报税证明单》，可凭相应发票的其他基本联次复印件，作为增值税进项税额的抵扣凭证、退税凭证或记账凭证。

为方便纳税人，国家税务总局决定取消纳税人的增值税专用发票发生被盗、丢失时必须统一在《中国税务报》上刊登“遗失声明”的规定。

（国家税务总局关于被盗、丢失增值税专用发票有关问题的公告，国家税务总局公告2016年第50号，发文日期：2016-07-28）

案例解析47

购买方取得增值税专用发票后不慎丢失，还能抵扣进项税额吗？

天马建筑公司购进建筑材料取得一张2020年5月13日开具的增值税专用发票，该发票抵扣联和发票联均被业务人员不慎丢失。请问：该张增值税专用发票涉及的进项税额还能抵扣吗？如果能抵扣，应如何办理？

答：根据《国家税务总局关于增值税发票综合服务平台等事项的公告》(国家税务总局公告2020年第1号)规定，自2020年1月8日起，纳税人同时丢失已开具增值税专用发票或机动车销售统一发票的发票联和抵扣联，可凭加盖销售方发票专用章的相应发票记账联复印件，作为增值税进项税额的抵扣凭证、退税凭证或记账凭证。纳税人丢失已开具增值税专用发票或机动车销售统一发票的抵扣联，可凭相应发票的发票联复印件，作为增值税进项税额的抵扣凭证或退税凭证；纳税人丢失已开具增值税专用发票或机动车销售统一发票的发票联，可凭相应发票的抵扣联复印件，作为记账凭证。因此，纳税人丢失已开具发票的发票联、抵扣联后，已无需前往税务机关申请开具《丢失增值税专用发票已报税证明单》，可凭相应发票记账联复印件，作为增值税进项税额的抵扣凭证或记账凭证。天马建筑公司丢失已开具的专用发票可以抵扣进项税额。

5.2 海关进口增值税专用缴款书

纳税人购进货物从海关取得的海关进口增值税专用缴款书上注明的增值税额准予从销项税额中抵扣。

5.2.1 抵扣时限

5.2.1.1 申请稽查比对期限

自2020年3月1日起，取消增值税扣税凭证认证确认期限。增值税一般纳税人取得2017年1月1日及以后开具的增值税专用发票、海关进口增值税专用缴款书、机动车销售统一发票、收费公路通行费增值税电子普通发票，取消认证确认、稽核比对、申报抵扣的期限。纳税人在进行增值税纳税申报时，应当通过本省(自治区、直辖市和计划单列市)增值税发票综合服务平台对上述扣税凭证信息进行用途确认。

增值税一般纳税人取得2016年12月31日及以前开具的增值税专用发票、海关进口增值税专用缴款书、机动车销售统一发票，超过认证确认、稽核比对、申报抵扣期限，但符合规定条件的，仍可按照《国家税务总局关于逾期增值税扣税凭证抵扣问题的公告》(2011年第50号，国家税务总局公告2017年第36号、2018年第31号修改)、《国家税务总局关于未按期申报抵扣增值税扣税凭证有关问题的公告》(2011年第78号，国家税务总局公告2018年第31号修改)规定,继续抵扣进项税额。

(国家税务总局关于取消增值税扣税凭证认证确认期限等增值税征管问题的公告,国家税务总局公告2019年第45号,发文日期:2019-12-31)

5.2.1.2 纳税人取得海关进口专用缴款书后的用途确认

自2020年2月1日起,增值税一般纳税人取得海关进口增值税专用缴款书(以下简称"海关缴款书")后如需申报抵扣或出口退税,按以下方式处理:

(一)增值税一般纳税人取得仅注明一个缴款单位信息的海关缴款书,应当登录本省(区、市)增值税发票综合服务平台(以下简称"综合服务平台")查询、选择用于申报抵扣或出口退税的海关缴款书信息。通过综合服务平台查询到的海关缴款书信息与实际情况不一致或未查询到对应信息的,应当上传海关缴款书信息,经系统稽核比对相符后,纳税人登录综合服务平台查询、选择用于申报抵扣或出口退税的海关缴款书信息。

(二)增值税一般纳税人取得注明两个缴款单位信息的海关缴款书,应当上传海关缴款书信息,经系统稽核比对相符后,纳税人登录综合服务平台查询、选择用于申报抵扣或出口退税的海关缴款书信息。

(国家税务总局关于增值税发票管理等有关事项的公告,国家税务总局公告2019年第33号,发文日期:2019-10-09)

案例解析48

通过综合服务平台查询到的海关缴款书信息与实际情况不一致或未查询到对应信息的,怎么处理?

天马公司进口一批原材料,缴纳进口增值税并取得海关进口增值税专用缴款书。但是在次月申报抵扣时,无法在综合服务平台查询到该张海关进口增值税专用缴款书信息,天马公司应如何处理?

答:根据《国家税务总局关于增值税发票管理等有关事项的公告》(国家税务总局公告2019年第33号)规定,增值税一般纳税人取得仅注明一个缴款单位信息的海关缴款书,应当登录本省(区、市)增值税发票综合服务平台(以下简称"选择确认平台")查询、选择用于申报抵扣或出口退税的海关缴款书信息。通过综合服务平台查询到的海关缴款书信息与实际情况不一致或未查询到对应信息的,应当上传海关缴款书信息,经系统稽核比对相符后,纳税人登录综合服务平台查询、选择用于申报抵扣或出口退税的海关缴款书信息。因此,天马公司应先上传海关缴款书信息,再登录综合服务平台选择确认其用途。

5.2.1.3 海关完税凭证抵扣不以支付货款为前提

纳税人进口货物,凡已缴纳了进口环节增值税的,不论其是否已经支付货款,其取得的海关完税凭证均可作为增值税进项税额抵扣凭证,在规定的期限内申报抵扣进项税额。

(国家税务总局关于增值税一般纳税人取得海关进口增值税专用缴款书抵扣进项税额问题的通知,国税发〔2004〕148号,发文日期:2004-11-11)

5.2.2 准予抵扣的进项税额

纳税人从海关取得的海关进口增值税专用缴款书上注明的增值税额准予从销项税额中抵扣。

5.2.2.1　纳税人进口货物报关后，境外供货商向国内进口方退还或返还的资金，或进口货物向境外实际支付的货款低于进口报关价格的差额

《增值税暂行条例》第八条规定，纳税人从海关取得的海关进口增值税专用缴款书上注明的增值税额准予从销项税额中抵扣。因此，纳税人进口货物取得的合法海关进口增值税专用缴款书，是计算增值税进项税额的唯一依据，其价格差额部分以及从境外供应商取得的退还或返还的资金，不作进项税额转出处理。

（国家税务总局关于纳税人进口货物增值税进项税额抵扣有关问题的通知，国税函〔2007〕350 号，发文日期：2007-03-22；国家税务总局关于修改若干增值税规范性文件引用法规规章条款依据的通知，国税发〔2009〕10 号，发文日期：2009-02-05）

案例解析 49

一般纳税人从境外进口货物缴纳进口增值税后，因货物原因从境外供应商取得的返还资金，应作进项税额转出处理吗？

天马建筑公司（一般纳税人）从德国古德公司采购建筑设备一套，合同约定的价款为 1 000万元。2020 年 5 月 8 日设备报关进口，天马建筑公司按照规定缴纳了进口增值税，并取得海关进口增值税专用缴款书。2020 年 7 月 3 日设备在运行过程中出现微小故障，经与德国古德公司协商，取得 50 万元的返还资金。请问：天马建筑公司收到这笔返还资金后，是否应作进项税额转出处理？

答：根据《国家税务总局关于纳税人进口货物增值税进项税额抵扣有关问题的通知》（国税函〔2007〕第 350 号）规定，纳税人从海关取得的海关进口增值税专用缴款书上注明的增值税额准予从销项税额中抵扣。因此，纳税人进口货物取得的合法海关进口增值税专用缴款书，是计算增值税进项税额的唯一依据，其价格差额部分以及从境外供应商取得的退还或返还的资金，不作进项税额转出处理。天马建筑公司收到 50 万元的返还资金，不需要作进项税额转出处理。

5.2.2.2　进口环节减征的增值税税款

根据国务院有关文件的精神，按照现行增值税的有关规定，准予从销项税额中抵扣的进项税额，必须是取得合法的增值税扣税凭证上注明的增值税额。因此，对与周边国家易货贸易进口环节减征的增值税税款，不能作为下一道环节的进项税金抵扣。

（国家税务总局关于易货贸易进口环节减征的增值税税款抵扣问题的通知，国税函发〔1996〕550 号，发文日期：1996-09-17）

5.2.2.3　进口环节与国内环节以及国内地区间增值税税率不一致的处理

对在进口环节与国内环节，以及国内地区间个别货物（如初级农产品、矿产品等）增值税适用税率执行不一致的，纳税人应按其取得的增值税专用发票和海关进口完税凭证上注明的增值税额抵扣进项税额。

主管税务机关发现同一货物进口环节与国内环节以及地区间增值税税率执行不一致的，应当将有关情况逐级上报至共同的上一级税务机关，由上一级税务机关予以明确。

（财政部　国家税务总局关于增值税若干政策的通知，财税〔2005〕165 号，发文日期：2005-11-28）

5.2.3 申请抵扣人

一、对海关代征进口环节增值税开具的增值税专用缴款书上标明有两个单位名称，既有代理进口单位名称，又有委托进口单位名称的，只准予其中取得专用缴款书原件的一个单位抵扣税款。

二、申报抵扣税款的委托进口单位，必须提供相应的海关代征增值税专用缴款书原件、委托代理合同及付款凭证，否则，不予抵扣进项税款。

（国家税务总局关于加强进口环节增值税专用缴款书抵扣税款管理的通知，国税发〔1996〕32号，发文日期：1996-02-14）

5.2.4 海关进口专用缴款书的管理

5.2.4.1 海关进口专用缴款书稽核比对

增值税一般纳税人进口货物时应准确填报企业名称，确保海关缴款书上的企业名称与税务登记的企业名称一致。税务机关将进口货物取得的属于增值税抵扣范围的海关缴款书信息与海关采集的缴款信息进行稽核比对。经稽核比对相符后，海关缴款书上注明的增值税额可作为进项税额在销项税额中抵扣。稽核比对不相符，所列税额暂不得抵扣，待核查确认海关缴款书票面信息与纳税人实际进口业务一致后，海关缴款书上注明的增值税额可作为进项税额在销项税额中抵扣。

（国家税务总局关于加强海关进口增值税抵扣管理的公告，国家税务总局公告2017第3号，发文日期：2017-02-13）

5.2.4.2 海关进口增值税专用缴款书“先比对后抵扣”管理办法

一、稽核比对的结果分为相符、不符、滞留、缺联、重号五种。

相符，是指纳税人申请稽核的海关缴款书，其号码与海关已核销的海关缴款书号码一致，并且比对的相关数据也均相同。

不符，是指纳税人申请稽核的海关缴款书，其号码与海关已核销的海关缴款书号码一致，但比对的相关数据有一项或多项不同。

滞留，是指纳税人申请稽核的海关缴款书，在规定的稽核期内系统中暂无相对应的海关已核销海关缴款书号码，留待下期继续比对。

缺联，是指纳税人申请稽核的海关缴款书，在规定的稽核期结束时系统中仍无相对应的海关已核销海关缴款书号码。

重号，是指两个或两个以上的纳税人申请稽核同一份海关缴款书，并且比对的相关数据与海关已核销海关缴款书数据相同。

二、稽核比对结果异常的处理。

稽核比对结果为不符、缺联、重号、滞留的异常海关缴款书按以下方式处理：

（一）对于稽核比对结果为不符、缺联的海关缴款书，纳税人应当持海关缴款书原件向主管税务机关申请数据修改或核对。属于纳税人数据采集错误的，数据修改后再次进行稽核比对；不属于数据采集错误的，纳税人可向主管税务机关申请数据核对，主管税务机关会同海关进行核查。经核查，海关缴款书票面信息与纳税人实际进口货物业务一致的，纳税人登录选择确认平台查询、选择用于申报抵扣或出口退税的海关缴款书信息。

（二）对于稽核比对结果为重号的海关缴款书，纳税人可向主管税务机关申请核查。经核查，海关缴款书票面信息与纳税人实际进口货物业务一致的，纳税人登录选择确认平台查询、选择用于申报抵扣或出口退税的海关缴款书信息。

（三）对于稽核比对结果为滞留的海关缴款书，可继续参与稽核比对，纳税人不需申请数据核对。

三、纳税人应在“应交税费”科目下设“待抵扣进项税额”明细科目，用于核算已申请稽核但尚未取得稽核相符结果的海关缴款书进项税额。纳税人取得海关缴款书后，应借记“应交税费——待抵扣进项税额”明细科目，贷记相关科目；稽核比对相符以及核查后允许抵扣的，应借记“应交税费——应交增值税（进项税额）”专栏，贷记“应交税费——待抵扣进项税额”科目。经核查不得抵扣的进项税额，红字借记“应交税费——待抵扣进项税额”，红字贷记相关科目。

（国家税务总局海关总署关于实行海关进口增值税专用缴款书“先比对后抵扣”管理办法有关问题的公告，国家税务总局海关总署公告2013年第31号，发文日期：2013-06-14；国家税务总局关于增值税发票管理等有关事项的公告，国家税务总局公告2019年第33号，发文日期：2019-10-09）

5.2.5 税务机关与海关的协作配合

为进一步加强海关进口增值税专用缴款书的管理，税务机关与海关的协作事项规定如下：

一、各级税务机关、各级海关要加强协作配合，共同做好“异常”海关缴款书的核查工作。

（一）各海关应按照有关规定对海关缴款书入库数据及时进行核销，保障纳税人及时抵扣税款。

（二）各主管税务机关应于每月纳税申报期内，向纳税人提供上月海关缴款书稽核比对结果信息。纳税人上月稽核比对结果中无“滞留”的，稽核系统每月1日自动导出稽核比对结果信息；纳税人上月稽核比对结果中有“滞留”的，稽核系统于纳税申报期结束前2日自动导出稽核比对结果信息。

（三）对稽核比对结果为不符、缺联的海关缴款书，如纳税人有异议，应提交《“异常”海关缴款书数据核对申请书》申请数据核对，同时附海关缴款书原件。主管税务机关会同海关进行核查。核查流程是：主管税务机关在收到纳税人数据核对申请书的15日内，向税款入库地直属海关发出《海关缴款书委托核查函》，同时附海关缴款书复印件；税款入库地海关收到委托核查函后，在30日内以《海关缴款书核查回复函》回复发函税务机关。对海关回函结果为“有一致的入库信息”的海关缴款书，主管税务机关应及时以《海关缴款书核查结果通知书》通知纳税人申报抵扣税款。

对于稽核比对结果为重号的海关缴款书，由主管税务机关进行核查，不需向海关发函核查。

二、海关需要对海关缴款书涉及的进口增值税申报抵扣情况进行核查确认的，可向纳税人主管税务机关发出《进口增值税抵扣信息委托核查函》。主管税务机关收到委托核查函后，在30日内以《进口增值税抵扣信息核查回复函》回复发函海关。

（国家税务总局、海关总署关于实行海关进口增值税专用缴款书"先比对后抵扣"管理办法有关事项的通知，税总发〔2013〕76号，发文日期：2013-08-06）

5.2.6 丢失海关进口增值税专用缴款书的处理

自2010年1月1日起，增值税一般纳税人丢失海关缴款书，应在申请稽核比对期内，凭报关地海关出具的相关已完税证明，向主管税务机关提出抵扣申请。主管税务机关受理申请后，应当进行审核，并将纳税人提供的海关缴款书电子数据纳入稽核系统进行比对。稽核比对无误后，方可允许计算进项税额抵扣。

（国家税务总局关于调整增值税扣税凭证抵扣期限有关问题的通知，国税函〔2009〕617号，发文日期：2008-11-09）

案例解析50

一般纳税人进口货物，取得海关进口增值税专用缴纳书后不慎丢失，还能抵扣进项税额吗？

天马建筑公司进口建筑设备一套，取得海关开具的海关进口增值税专用缴款书，该缴款书被业务人员不慎丢失。请问：该张缴款书涉及的进项税额还能抵扣吗？如果能抵扣，应如何办理？

答：根据《国家税务总局关于调整增值税扣税凭证抵扣期限有关问题的通知》（国税函〔2009〕第617号）规定，自2010年1月1日起，增值税一般纳税人丢失海关缴款书，应在开具之日起180日内，凭报关地海关出具的相关已完税证明，向主管税务机关提出抵扣申请。主管税务机关受理申请后，应当进行审核，并将纳税人提供的海关缴款书电子数据纳入稽核系统进行比对。稽核比对无误后，方可允许计算进项税额抵扣。因此，天马建筑公司丢失已开具的海关缴款书可以抵扣，但是必须在稽核比对期内办理。

5.3 农产品收购发票或销售发票

购进农产品，除取得增值税专用发票或者海关进口增值税专用缴款书外，按照农产品收购发票或者销售发票上注明的农产品买价和规定的扣除率计算进项税额，国务院另有规定的除外。进项税额计算公式：

$$进项税额 = 买价 \times 扣除率$$

准予抵扣的项目和扣除率的调整，由国务院决定。

购进农产品，按照《农产品增值税进项税额核定扣除试点实施办法》抵扣进项税额的除外。

（中华人民共和国增值税暂行条例，中华人民共和国国务院令第691号，发文日期：2017-11-19；财政部 国家税务总局关于全面推开营业税改征增值税试点的通知，财税〔2016〕36号，发文日期：2016-03-23；财政部 国家税务总局关于调整增值税税率的通知，财税〔2018〕32号，发文日期：2018-04-04）

〔例题5-1〕 2020年5月5日天马面包厂（一般纳税人）从农民手中收购小麦20吨用于生产面包，每吨买价为3 000元，款项以现金支付，已向农民开具农产品收购发票。请问：天马面包厂可以抵扣的进项税额是多少？

解析：进项税额 $= 20 \times 3\,000 \times 10\% = 6\,000$(元)

政策解析　纳税人购进农产品取得增值税专用发票、海关进口增值税专用缴款书是合法的扣税凭证，农产品销售发票或者自行开具的收购发票也是合法的扣税凭证。

5.3.1　农产品销售发票的界定

《中华人民共和国增值税暂行条例》第八条第二款第(三)项所称销售发票，是指农业生产者销售自产农产品适用免征增值税政策而开具的普通发票。

(财政部　国家税务总局关于简并增值税税率有关政策的通知，财税〔2017〕37 号，发文日期：2017-04-28)

政策解析　《财政部　国家税务总局关于免征部分鲜活肉蛋产品流通环节增值税政策的通知》(财税〔2012〕75 号)规定，《中华人民共和国增值税暂行条例》第八条所列准予从销项税额中扣除的进项税额的第(三)项所称的"销售发票"，是指小规模纳税人销售农产品依照 3%征收率按简易办法计算缴纳增值税而自行开具或委托税务机关代开的普通发票。但是该规定已被财税〔2017〕37 号文件废止，自财税〔2017〕37 号文件生效后农产品销售发票的范围大大缩小了，不再包括从事农产品批发、零售的小规模纳税人开具的普通发票。

案例解析 51

向一般纳税人购进农产品，取得增值税普通发票，能抵扣吗？

天马大酒店向富华超市(一般纳税人)购进水果，取得富华超市开具的增值税普通发票。请问：这张增值税普能发票可以按买价和规定的扣除率计算抵扣进项税额吗？

答：根据《增值税暂行条例》第八条第三款规定，购进农产品，除取得增值税专用发票或者海关进口增值税专用缴款书外，按照农产品收购发票或者销售发票上注明的农产品买价和 10%的扣除率计算的进项税额，国务院另有规定的除外。《财政部　国家税务总局关于简并增值税税率有关政策的通知》(财税〔2017〕37 号)规定，《增值税暂行条例》第八条所列准予从销项税额中扣除的进项税额的第(三)项所称的"销售发票"，是指农业生产者销售自产农产品适用免征增值税政策而开具的普通发票。也就是说，可以按照买价和规定的扣除率计算抵扣进项税额的农产品销售发票必须是农业生产者开具的。从批发、零售商处购进农产品取得的普通发票不能计算抵扣进项税额。

5.3.2　买价

《增值税暂行条例实施细则》第十七条规定，买价包括纳税人购进农产品在农产品收购发票或者销售发票上注明的价款和按规定缴纳的烟叶税。

自 2009 年 1 月 1 日起，烟叶收购单位收购烟叶时按照国家有关规定以现金形式直接补贴烟农的生产投入补贴(以下简称价外补贴)，属于农产品买价，为《增值税暂行条例实施细则》(财政部　国家税务总局令第 50 号)第十七条中"价款"的一部分。烟叶收购单位，应将价外补贴与烟叶收购价格在同一张农产品收购发票或者销售发票上分别注明，否则，价外补贴不得计算增值税进项税额进行抵扣。

（财政部 国家税务总局关于收购烟叶支付的价外补贴进项税额抵扣问题的通知，财税〔2011〕21号，发文日期：2011-03-02）

政策解析 财税〔2006〕第140号规定，购进烟叶准予抵扣的增值税进项税额，按照烟叶收购金额和烟叶税及法定扣除率计算。烟叶收购金额包括纳税人支付给烟叶销售者的烟叶收购价款和价外补贴，价外补贴统一暂按烟叶收购价款的10%计算，即烟叶收购金额＝烟叶收购价款×(1＋10%)。该文件已被财税〔2009〕17号废止。自2009年1月1日起，按照财税〔2011〕21号规定，购进烟叶应按照支付给农业生产者的价款及在同一张发票上注明的价外补贴和实际缴纳的烟叶税依规定的扣除率计算可抵扣的进项税额。

5.3.3 扣除率

自2017年7月1日起，增值税税率由四档减至三档，13%税率取消，原适用13%税率的全部货物，税率均由13%降至11%。为避免农产品加工企业因进项税额抵扣减少而增加税负，财政部和国家税务总局对购进农产品抵扣进项税额做出过渡政策安排，将农产品的扣除率规定为13%和11%两档。根据《财政部 国家税务总局关于调整增值税税率的通知》(财税〔2018〕32号)规定，2018年5月1日起，增值税的税率由17%、11%和6%三档调整为16%、10%和6%三档，农产品的扣除率也随之调整为12%和10%两档。2019年4月1日起，增值税的税率由16%、10%和6%三档调整为13%、9%和6%三档，农产品的扣除率也随之调整为10%和9%两档。

一、纳税人购进农产品抵扣进项税额的计算。

根据《财政部 国家税务总局关于简并增值税税率有关政策的通知》(财税〔2017〕37号)的规定，虽然农产品的税率已经下调，但为保证农产品深加工企业购入农产品维持原扣除力度不变，农产品扣除率规定如下：

(一) 未实行农产品核定扣除办法纳税人。

未实行农产品核定扣除办法纳税人购进农产品，按照取得的扣税凭证上注明或计算的增值税额作为进项税额抵扣，进项税额计算具体如下表所示：

扣税凭证 \ 用途		用于生产销售(或委托加工)货物、作为提供加工劳务时代垫辅助材料、提供服务		直接销售
		13%税率的货物、加工劳务辅助材料	9%税率的货物、提供9%或6%的服务	
增值税专用发票	一般纳税人开具	金额×10%	金额×9%	金额×9%
	小规模纳税人代开	金额×10%	金额×9%	金额×9%
海关完税凭证		金额×10%	金额×9%	金额×9%
销售发票(仅限农业生产者销售自产农产品)		买价×10%	买价×9%	买价×9%
收购发票		买价×10%	买价×9%	买价×9%

一般纳税人购进农产品用于生产货物(包括自产和委托加工)、提供加工劳务、提供应税服务或者直接销售,如果该一般纳税人销售实现时适用的税率为13%(包括用农产品生产的最终货物税率为13%和提供税率为13%的加工劳务),则购进农产品的抵扣率为10%;如果该一般纳税人销售实现时适用的税率为9%或6%(包括用农产品生产的最终货物税率为9%、用农产品提供适用税率为9%或6%的应税服务和直接销售农产品),则购进农产品的抵扣率为9%,避免产生购销倒挂的现象。需要特别强调的是,一般纳税人购进农产品适用的扣除率有10%和9%两档,具体适用10%的扣除率还是9%的扣除率,只与本纳税人销售实现时计算销项税额的税率相关,与购进农产品时取得的扣税凭证种类无关。

(二)实行农产品核定扣除办法纳税人。

实行农产品增值税进项税额核定扣除试点的纳税人,购进农产品继续实行进项税额核定扣除办法,扣除率如下表所示:

购进农产品用途	以购进农产品为原料生产货物的	购进农产品直接销售的	购进农产品用于生产经营且不构成货物实体的(包装物、辅助材料、燃料、低值易耗品)	
			最终货物税率为13%	最终货物税率为9%
扣除率	与销售货物的适用税率一致	9%	10%	9%

二、纳税人购进农产品抵扣进项税额的扣税凭证。

(一)从生产环节购进农产品。

农业生产者销售自产的农产品免征增值税,免税货物不得开具增值税专用发票。因此,如果农业生产者是税务登记户,销售农产品时应当向购买方开具农产品销售发票;如果农业生产者是农民个人,销售农产品时应由购买方向农民个人开具农产品收购发票;如果购买方到外县市收购农民个人的农产品,不能携带空白的收购发票到收购地开具,可以在收购农产品后回机构所在地开具农产品收购发票邮寄给农民个人,也可以由农民个人到税务机关代开普通发票。为了鼓励农业生产,虽然农业生产者销售自产农产品享受免税优惠,但购买方可以农产品销售发票或收购发票作为扣税凭证抵扣进项税额。

(二)从批发、零售环节购进享受免税优惠的农产品。

根据《财政部　国家税务总局关于免征蔬菜流通环节增值税有关问题的通知》(财税〔2011〕137号)和《财政部　国家税务总局关于免征部分鲜活肉蛋产品流通环节增值税政策的通知》(财税〔2012〕75号)规定,批发或零售蔬菜、部分鲜活肉蛋产品享受免税优惠。因此,批发或零售蔬菜、部分鲜活肉蛋不得开具增值税专用发票,只能开具增值税普通发票。财税〔2017〕37号文件规定,一般纳税人从批发、零售环节购进适用免征增值税政策的蔬菜、部分鲜活肉蛋而取得的普通发票,不得作为计算抵扣进项税额的凭证。由此可见,一般纳税人从批发、零售环节购进蔬菜、部分鲜活肉蛋等免税农产品,不可能取得合法的扣税凭证,不能抵扣进项税额。

(三)从批发、零售环节购进应税农产品。

批发、零售环节销售除蔬菜、部分鲜活肉蛋以外的农产品应当缴纳增值税。如果批发、零售商是增值税一般纳税人，可以自行开具增值税专用发票；如果批发、零售商是小规模纳税人，可以自行开具增值税普通发票也可以申请税务机关代开增值税专用发票。财税〔2017〕37号文件明确，农产品销售发票是指农业生产者销售自产农产品适用免征增值税政策而开具的普通发票。因此，批发、零售环节的小规模纳税人销售农产品开具的普通发票不属于农产品销售发票，不得作为扣税凭证。一般纳税人从批发、零售环节购进农产品，必须以销售方自行或申请税务机关代开的增值税专用发票作为扣税凭证。

（四）进口农产品。

纳税人进口农产品应以海关进口增值税专用缴款书作为扣税凭证。

〔例题5-2〕 天马面包厂（增值税一般纳税人）购进小麦加工成面包对外销售。2020年5月面包厂购进小麦，取得一般纳税人开具的增值税专用发票，注明金额100元，税率9%，税额9元，款项用银行存款支付；取得小规模纳税人申请税务机关代开的增值税专用发票，注明金额200元，税率3%，税额6元，款项用银行存款支付；收购农业生产者小麦，支付现金300元，给农业生产者开具收购发票。购进的小麦当月全部生产领用。面包厂购进小麦税务处理如下：

1. 纳税人购进用于生产销售或委托受托加工13%税率货物的农产品扣除率为10%。面包的适用税率为13%，所以购进小麦扣除率为10%，从一般纳税人购进小麦进项税额为：100×10%=10(元)。增值税专用发票上注明的增值税额为9元，但纳税人可以抵扣10元进项税额，根据《国家税务总局关于调整增值税纳税申报有关事项的公告》(国家税务总局公告2017年第19号)规定，其中9元(增值税专用发票上注明的税额)在购入当期抵扣，1元在小麦领用时加计扣除。

借：原材料　　100
　　应交税费——应交增值税(进项税额)　　9
　　贷：银行存款　　109

2. 从小规模纳税人购进小麦进项税额为：200×10%=20(元)。增值税专用发票上注明的增值税额为6元，但纳税人可以抵扣20元进项税额，其中18元(200×9%)在购入当期抵扣，2元在小麦领用时加计扣除。

借：原材料　　188
　　应交税费——应交增值税(进项税额)　　18
　　贷：银行存款　　206

3. 从农业生产者购进小麦进项税额为：300×10%=30(元)，其中27元(300×9%)在购入当期抵扣，3元在小麦领用时加计扣除。

借：原材料　　273
　　应交税费——应交增值税(进项税额)　　27
　　贷：库存现金　　300

4. 农产品购入时，取得的增值税专用发票、海关进口增值税专用缴款书、农产品收购发票或销售发票均已按9%的税率(扣除率)抵扣进项税额；月末，根据当月生产领用的农产品计算当月可加计扣除的进项税额。

加计扣除农产品进项税额=当期生产领用农产品已按9%税率(扣除率)抵扣税额÷

9%×(10%−9%)=(9+18+27)÷9%×(10%−9%)=6(元)。

借：应交税费——应交增值税(进项税额)　　6
　贷：生产成本　　6

5. 增值税纳税申报：填列附列资料(二)第 1 栏、2 栏、6 栏和第 8a 栏。

一、申报抵扣的进项税额				
项目	栏次	份数	金额	税额
(一) 认证相符的增值税专用发票	1=2+3	1	100	9
其中：本期认证相符且本期申报抵扣	2	1	100	9
前期认证相符且本期申报抵扣	3			
(二) 其他扣税凭证	4=5+6+7+8			
其中：海关进口增值税专用缴款书	5			
农产品收购发票或者销售发票	6	2	500	45
代扣代缴税收缴款凭证	7			
加计扣除农产品进项税额	8a			6
……				

注：从小规模纳税人购进小麦取得的增值税专用发票对应的金额和税额应填列在第 6 栏"农产品收购发票或者销售发票"栏次。

〔例题 5-3〕 天马面粉厂(增值税一般纳税人)购进小麦加工成面粉对外销售。2020 年 5 月面粉厂购进小麦，取得一般纳税人开具的增值税专用发票，注明金额 100 元，税率 9%，税额 9 元，款项用银行存款支付；取得小规模纳税人申请税务机关代开的增值税专用发票，注明金额 200 元，税率 3%，税额 6 元，款项用银行存款支付；收购农业生产者小麦，支付现金 300 元，给农业生产者开具收购发票。购进的小麦当月全部生产领用。面粉厂购进小麦税务处理如下：

1. 纳税人购进用于生产销售或委托受托加工 9%税率货物的农产品，扣除率为 9%。面粉的适用税率为 9%，所以购进小麦扣除率为 9%，从一般纳税人购进小麦进项税额为：100×9%=9(元)，增值税专用发票上注明的增值税额为 9 元，纳税人可以抵扣的进项税额也为 9 元。

借：原材料　　100
　应交税费——应交增值税(进项税额)　　9
　贷：银行存款　　109

2. 从小规模纳税人购进小麦进项税额为：200×9%=18(元)。增值税专用发票上注明的增值税额为 6 元，但纳税人可以抵扣 18 元进项税额。

借：原材料　　188
　应交税费——应交增值税(进项税额)　　18
　贷：银行存款　　206

3. 从农业生产者购进小麦进项税额为：300×9%=27(元)。

借：原材料　　273

　　应交税费——应交增值税(进项税额)　　27

　　贷：库存现金　　300

4. 农产品购入时，取得的增值税专用发票、海关进口增值税专用缴款书、农产品收购发票或销售发票均已按9%的税率(扣除率)抵扣进项税额；月末，没有可加计扣除的进项税额。

5. 增值税纳税申报：填列附列资料(二)第1栏、2栏、6栏和第8a栏。

一、申报抵扣的进项税额				
项目	栏次	份数	金额	税额
(一) 认证相符的增值税专用发票	1=2+3	1	100	9
其中：本期认证相符且本期申报抵扣	2	1	100	9
前期认证相符且本期申报抵扣	3			
(二) 其他扣税凭证	4=5+6+7+8			
其中：海关进口增值税专用缴款书	5			
农产品收购发票或者销售发票	6	2	500	45
代扣代缴税收缴款凭证	7			
加计扣除农产品进项税额	8a			0
……				

注：从小规模纳税人购进小麦取得的增值税专用发票对应的金额和税额应填列在第6栏“农产品收购发票或者销售发票”栏次。

5.3.4　餐饮行业增值税一般纳税人购进农业生产者自产农产品

餐饮行业增值税一般纳税人购进农业生产者自产农产品，可以使用税务机关监制的农产品收购发票，按照现行规定计算抵扣进项税额。

有条件的地区，应积极在餐饮行业推行农产品进项税额核定扣除办法，按照《财政部、国家税务总局关于在部分行业试行农产品增值税进项税额核定扣除办法的通知》(财税〔2012〕38号)有关规定计算抵扣进项税额。

(国家税务总局关于明确营改增试点若干征管问题的公告，国家税务总局公告2016年第26号，发文日期：2016-04-26)

5.3.5　某些项目是否属于农产品范围的具体规定

一、对于农民个人按照竹器企业提供样品规格，自产或购买竹、芒、藤、木条等，再通过手工简单编织成竹制或竹芒藤柳混合坯具的，属于自产农业初级产品，应当免征销售环节增值税。收购坯具的竹器企业可以凭开具的农产品收购凭证计算进项税额抵扣。

(国家税务总局关于农户手工编织的竹制和竹芒藤柳坯具征收增值税问题的批复，国税函〔2005〕56号，发文日期：2005-01-18)

二、增值税一般纳税人购进人体血液不属于购进免税农产品，也不得比照购进免税农业产品按照买价和规定的扣除率计算抵扣进项税额。

(国家税务总局关于血液制品增值税政策的批复，国税函〔2004〕335号，发文日期：2004-03-08)

5.3.6 农产品收购凭证的管理

为防范利用农产品收购凭证偷骗税的违法犯罪活动，堵塞征管漏洞，强化增值税管理，加强农产品增值税抵扣管理，国家税务总局规定：

一、各级税务机关要进一步加强对农产品增值税抵扣管理，要经常深入企业，全面掌握和了解有关生产企业的生产经营特点、农产品原料的消耗、采购规律以及纳税申报情况，检查农产品收购凭证的开具情况是否正常，查找征管的薄弱环节，积极采取有针对性的管理措施，堵塞漏洞，切实加强管理。

二、对有条件的地区，税务机关可运用信息化管理手段促进农产品收购凭证的使用管理。

三、税务机关应当积极引导和鼓励纳税人通过银行或农村信用社等金融机构支付农产品货款，对采用现金方式结算且支付数额较大的，应作为重点评估对象，严格审核，防止发生虚假收购行为，骗取国家税款。

四、税务机关应对农产品经销和生产加工企业定期开展增值税纳税评估，特别是要加强以农产品为主要原料的生产企业的纳税评估，发现问题的，要及时移交稽查部门处理。

五、税务机关应根据日常管理掌握的情况，有计划地组织开展对农产品经销和生产加工企业的重点稽查，凡查有偷骗税问题的，应依法严肃查处。

(国家税务总局关于加强农产品增值税抵扣管理有关问题的通知，国税函〔2005〕545号，发文日期：2005-05-27)

5.3.7 农产品增值税进项税额核定扣除办法

一、增值税进项税额核定扣除办法的本质。

对财政部、国家税务总局和省级税务机关规定纳入试点范围的增值税一般纳税人(以下称试点纳税人)购进农产品增值税进项税额，不再凭增值税扣税凭证抵扣增值税进项税额，而是按税务机关确定的方法和审定的扣除标准计算当期允许抵扣的农产品增值税进项税额。农产品是指列入《农业产品征税范围注释》(财税字〔1995〕52号)的初级农业产品。

试点纳税人购进除农产品以外的货物、应税劳务和应税服务，增值税进项税额仍按现行有关规定抵扣。

二、增值税进项税额核定扣除办法适用范围。

(一) 国家税务总局规定的范围。

自2012年7月1日起，以购进农产品为原料生产销售液体乳及乳制品、酒及酒精、植物油的增值税一般纳税人，纳入农产品增值税进项税额核定扣除试点范围，其购进农产品无论是否用于生产上述产品，增值税进项税额均按照《农产品增值税进项税额核定扣除试点实施办法》的规定抵扣。"液体乳及乳制品"的行业范围按《国民经济行业分类》(GB/T 4754—2011)中"乳制品制造"类别(代码C1440)执行；"酒及酒精"的行业范围按《国民经济行业分类》(GB/T 4754—2011)中"酒的制造"类别(代码C151)执行；"植物油"的行业范围按《国民经济行业分类》(GB/T 4754—2011)中"植物油加工"类别(代码C133)执行。

(二) 省局规定的范围。

自2013年9月1日起，各省、自治区、直辖市、计划单列市税务部门可商同级财政部门，根据《农产品增值税进项税额核定扣除试点实施办法》(财税〔2012〕38 号)的有关规定,结合本省(自治区、直辖市、计划单列市)特点,选择部分行业开展核定扣除试点工作。

各省、自治区、直辖市、计划单列市税务和财政部门制定的关于核定扣除试点行业范围、扣除标准等内容的文件,需报经财政部和国家税务总局备案后公布。财政部和国家税务总局将根据各地区试点工作进展情况,不定期公布部分产品全国统一的扣除标准。

(三) 委托加工液体乳及乳制品、酒及酒精、植物油等。

增值税一般纳税人委托其他单位和个人加工液体乳及乳制品、酒及酒精、植物油,其购进的农产品均适用农产品增值税进项税额核定扣除办法。

除上述规定以外的纳税人,其购进农产品仍按现行增值税的有关规定抵扣农产品进项税额。

三、农产品增值税进项税额核定方法。

(一) 试点纳税人以购进农产品为原料生产货物的,农产品增值税进项税额可按照以下方法核定:

省级(包括计划单列市,下同)税务机关应根据下列核定方法顺序,确定试点纳税人适用的农产品增值税进项税额核定扣除方法。

1. 投入产出法:参照国家标准、行业标准(包括行业公认标准和行业平均耗用值)确定销售单位数量货物耗用外购农产品的数量(以下称农产品单耗数量)。

当期允许抵扣农产品增值税进项税额依据农产品单耗数量、当期销售货物数量、农产品平均购买单价(含税,下同)和农产品增值税进项税额扣除率(以下简称“扣除率”)计算。公式为:

$$\begin{matrix}\text{当期允许抵扣农产品}\\\text{增值税进项税额}\end{matrix}=\begin{matrix}\text{当期农产品}\\\text{耗用数量}\end{matrix}\times\begin{matrix}\text{农产品平均}\\\text{购买单价}\end{matrix}\times\text{扣除率}/(1+\text{扣除率})$$

扣除率为销售货物的适用税率。

$$\begin{matrix}\text{当期农产品}\\\text{耗用数量}\end{matrix}=\begin{matrix}\text{当期销售货物}\\\text{数量}\end{matrix}\left(\begin{matrix}\text{不含采购除农产品以外的}\\\text{半成品生产的货物数量}\end{matrix}\right)\times\begin{matrix}\text{农产品单耗}\\\text{数量}\end{matrix}$$

对以单一农产品原料生产多种货物或者多种农产品原料生产多种货物的,在核算当期农产品耗用数量和平均购买单价时,应依据合理的方法归集和分配。

平均购买单价是指购买农产品期末平均买价,不包括买价之外单独支付的运费和入库前的整理费用。期末平均买价计算公式:

$$\text{期末平均买价}=\frac{\text{期初库存农产品数量}\times\text{期初平均买价}+\text{当期购进农产品数量}\times\text{当期买价}}{\text{期初库存农产品数量}+\text{当期购进农产品数量}}$$

如果期初没有库存农产品,当期也未购进农产品的,农产品“期末平均买价”以该农产品上期期末平均买价计算;上期期末仍无农产品买价的依此类推。

政策解析

1. 投入产出法是以当期销售产品耗用的农产品数量为核心来核定当期抵扣的进项税额,属于“实销扣除法”,与“外购扣除法”存在本质区别。

2. 农产品单耗数量是税务机关依据国家标准、行业标准和行业公认标准,核定销售单位数量货物耗用农产品数量,而不是纳税人个别标准。

〔例题5-4〕　天马公司(一般纳税人)2020年5月1日至5月31日开具农产品收购凭证购进原乳2 500吨,买价1 000万元,原乳平均购买单价为4 000元/吨;销售10 000吨巴氏杀菌羊乳,取得不含税销售额4 200万元。已知原乳单耗数量为1.06吨。请问:按照投入产出法核定农产品进项税额,当期应纳税额是多少?

解析:当期允许抵扣农产品增值税进项税额

＝当期农产品耗用数量×农产品平均购买单价×扣除率/(1＋扣除率)

＝10 000×1.06×4 000×9%/(1＋9%)

＝3 500 917.43(元)

销项税额＝42 000 000×9%＝3 780 000(元)

应纳税额＝3 780 000－3 500 917.43＝279 082.57(元)

答:天马公司5月应纳增值税额为279 082.57元。账务处理为:

购进原乳:

借:原材料——原乳　10 000 000
　贷:银行存款　10 000 000

销售巴氏杀菌乳:

借:银行存款等　45 780 000
　贷:主营业务收入　42 000 000
　　应交税费——应交增值税(销项税额)　3 780 000

结转成本会计分录略。

核定当月可抵扣农产品进项税额:

借:应交税费——应交增值税(进项税额)　3 500 917.43
　贷:主营业务成本　3 500 917.43

案例解析52

乳制品生产企业生产乳制品的实际农产品单耗数量低于财政部和国家税务总局规定标准,按照规定标准核定的当期抵扣农产品进项税额比实际发生的进项税额多,多出的进项税额能抵扣吗?

天马乳制品生产企业购进原乳生产超高温灭菌牛乳,采用投入产出法核定农产品进项税额,财政部和国家税务总局规定的原乳单耗数量为1.068吨,但天马乳制品生产企业的实际单耗数量为1.060吨。天马乳制品生产企业2020年5月购进原乳平均单价为4 000元/吨,销售超高温灭菌牛乳10 000吨,按照财政部和国家税务总局规定的标准计算当期抵扣农产品进项税额为3 527 339.45元[10 000×1.068×4 000÷(1＋9%)×9%],按照企业实际产品单耗数量计算当期抵扣农产品进项税额为3 500 917.43元[10 000×1.060×4 000÷(1＋9%)×9%]。按照财政部和国家税务总局规定的标准计算的进项税额多出26 422.02元,多出的进项税额可以抵扣吗?

答:根据《财政部　国家税务总局关于在部分行业试行农产品增值税进项税额核定扣除办法的通知》(财税〔2012〕38号)规定,投入产出法应参照国家标准、行业标准确定销售单位数量货物耗用外购农产品的数量。当期允许抵扣农产品增值税进项税额＝当期农产品耗用数量×农产品平均购买单价×扣除率/(1＋扣除率)；当期农产品耗用数量＝当期销售货物数量(不含采购除农产品以外的半成品生产的货物数量)×农产品单耗数量。试点纳税人在计算农产品增值税进项税额时，应按照下列顺序确定适用的扣除标准：(一)财政部和国家税务总局不定期公布的全国统一的扣除标准。(二)省级税务机关商同级财政机关根据本地区实际情况，报经财政部和国家税务总局备案后公布的适用于本地区的扣除标准。(三)省级税务机关依据试点纳税人申请，按照规定的核定程序审定的仅适用于该试点纳税人的扣除标准。财政部和国家税务总局规定扣除标准的，不选用省级财政税务机关的扣除标准和企业经税务机关审定的扣除标准。天马乳制品厂应按照财政部和国家税务总局规定的标准计算农产品可抵扣进项税额。

2. 成本法：依据试点纳税人年度会计核算资料，计算确定耗用农产品的外购金额占生产成本的比例(以下称农产品耗用率)。当期允许抵扣农产品增值税进项税额依据当期主营业务成本、农产品耗用率以及扣除率计算。公式为：

$$\text{当期允许抵扣农产品增值税进项税额}=\frac{\text{当期主营业务成本}\times\text{农产品耗用率}\times\text{扣除率}}{1+\text{扣除率}}$$

$$\text{农产品耗用率}=\frac{\text{上年投入生产的农产品外购金额}}{\text{上年生产成本}}$$

“主营业务成本”“生产成本”中不包括其未耗用农产品的产品的成本。扣除率为销售货物的适用税率。

农产品外购金额(含税)不包括不构成货物实体的农产品(包括包装物、辅助材料、燃料、低值易耗品等)和在购进农产品之外单独支付的运费、入库前的整理费用。

对以单一农产品原料生产多种货物或者多种农产品原料生产多种货物的，在核算当期主营业务成本以及核定农产品耗用率时，试点纳税人应依据合理的方法进行归集和分配。

农产品耗用率由试点纳税人向主管税务机关申请核定。

年度终了，主管税务机关应根据试点纳税人本年实际对当年已抵扣的农产品增值税进项税额进行纳税调整，重新核定当年的农产品耗用率，并作为下一年度的农产品耗用率。主管税务机关重新核定试点纳税人农产品耗用率，也应按程序报经省级税务机关批准。

政策解析 成本法侧重于农产品耗用金额的控制，税务机关依据纳税人会计核算资料，核定耗用农产品的购进成本占生产成本的比例，即农产品耗用率，由于它是按照上年指标计算出来的，因此年末应该根据当年实际，对已抵扣的进项税额进行调整。

〔例题 5-5〕 天马公司(一般纳税人)2020 年 5 月 1 日至 5 月 31 日销售 10 000 吨巴氏杀菌羊乳，其主营业务成本为 6 000 万元，农产品耗用率为 70%，原乳平均购买单价为 4 000 元/吨。请问：按照成本法核定当期可以抵扣的农产品进项税额是多少？

解析：当期允许抵扣农产品增值税进项税额

= 当期主营业务成本×农产品耗用率×扣除率/(1+扣除率)
= 60 000 000×70%×9%/(1+9%)
= 3 467 889.91(元)

答:按照成本法核定当月可抵扣的进项税额为3 467 889.91元。账务处理为:

借:应交税费——应交增值税(进项税额)　　3 467 889.91
　贷:主营业务成本　　3 467 889.91

3. 参照法:新办的试点纳税人或者试点纳税人新增产品的,试点纳税人可参照所属行业或者生产结构相近的其他试点纳税人确定农产品单耗数量或者农产品耗用率。次年,试点纳税人向主管税务机关申请核定当期的农产品单耗数量或者农产品耗用率,并据此计算确定当年允许抵扣的农产品增值税进项税额,同时对上一年增值税进项税额进行调整。核定的进项税额超过实际抵扣增值税进项税额的,其差额部分可以结转下期继续抵扣;核定的进项税额低于实际抵扣增值税进项税额的,其差额部分应按现行增值税的有关规定将进项税额做转出处理。

(二) 试点纳税人购进农产品直接销售的,农产品增值税进项税额按照以下方法核定扣除:

$$\text{当期允许抵扣农产品增值税进项税额}=\frac{\text{当期销售农产品数量}}{(1-\text{损耗率})}\times\frac{\text{农产品平均购买单价}\times 9\%}{(1+9\%)}$$

$$\text{损耗率}=\frac{\text{损耗数量}}{\text{购进数量}}$$

(三) 试点纳税人购进农产品用于生产经营且不构成货物实体的(包括包装物、辅助材料、燃料、低值易耗品等),增值税进项税额按照以下方法核定扣除:

$$\text{当期允许抵扣农产品增值税进项税额}=\frac{\text{当期耗用农产品数量}\times\text{农产品平均购买单价}\times 10\%\text{或}9\%}{(1+10\%\text{或}9\%)}$$

试点纳税人销售货物,应合并计算当期允许抵扣农产品增值税进项税额。

四、扣除标准。

农产品单耗数量、农产品耗用率和损耗率统称为农产品增值税进项税额扣除标准(以下称扣除标准)。

试点纳税人在计算农产品增值税进项税额时,应按照下列顺序确定适用的扣除标准:

(一) 财政部和国家税务总局不定期公布的全国统一的扣除标准。

(二) 省级税务机关商同级财政机关根据本地区实际情况,报经财政部和国家税务总局备案后公布的适用于本地区的扣除标准。

(三) 省级税务机关依据试点纳税人申请,按照扣除标准的核定程序审定的仅适用于该试点纳税人的扣除标准。

五、试点纳税人扣除标准核定程序。

(一) 试点纳税人以农产品为原料生产货物的扣除标准核定程序:

1. 申请核定。以农产品为原料生产货物的试点纳税人应于当年1月15日前(2012年为7月15日前)或者投产之日起30日内,向主管税务机关提出扣除标准核定申请并提供有关资料。

2. 审定。主管税务机关应对试点纳税人的申请资料进行审核，并逐级上报给省级税务机关。

省级税务机关应由货物和劳务税处牵头，会同政策法规处等相关部门组成扣除标准核定小组，核定结果应由省级税务机关下达，主管税务机关通过网站、报刊等多种方式及时向社会公告核定结果。未经公告的扣除标准无效。

省级税务机关尚未下达核定结果前，试点纳税人可按上年确定的核定扣除标准计算申报农产品进项税额。

（二）试点纳税人购进农产品直接销售、购进农产品用于生产经营且不构成货物实体扣除标准的核定采取备案制，抵扣农产品增值税进项税额的试点纳税人应在申报缴纳税款时向主管税务机关备案。

六、试点纳税人对税务机关根据相关规定核定的扣除标准有疑义或者生产经营情况发生变化的，可以自税务机关发布公告或者收到主管税务机关《税务事项通知书》之日起 30 日内，向主管税务机关提出重新核定扣除标准申请，并提供说明其生产、经营真实情况的证据，主管税务机关应当自接到申请之日起 30 日内书面答复。

主管税务机关重新核定试点纳税人扣除标准时，也应按程序报经省级税务机关批准。

七、农产品增值税进项税额相关业务会计处理。

（一）试点纳税人购进农产品取得的农产品增值税专用发票和海关进口增值税专用缴款书，按照注明的金额及增值税额一并计入成本科目；自行开具的农产品收购发票和取得的农产品销售发票，按照注明的买价直接计入成本。

（二）试点纳税人应当按照规定准确计算当期允许抵扣农产品增值税进项税额，并从相关科目转入"应交税费——应交增值税（进项税额）"科目。未能准确计算的，由主管税务机关核定。

八、征收管理。

（一）试点纳税人在申报期内，除向主管税务机关报送《增值税一般纳税人纳税申报办法》规定的纳税申报资料外，还应报送《农产品核定扣除增值税进项税额计算表（汇总表）》《投入产出法核定农产品增值税进项税额计算表》《成本法核定农产品增值税进项税额计算表》《购进农产品直接销售核定农产品增值税进项税额计算表》《购进农产品用于生产经营且不构成货物实体核定农产品增值税进项税额计算表》。

（二）试点纳税人纳税申报时，应将《农产品核定扣除增值税进项税额计算表（汇总表）》中"当期允许抵扣农产品增值税进项税额"合计数填入《增值税纳税申报表附列资料（表二）》第 6 栏的"税额"栏，不填写第 6 栏"份数"和"金额"数据。

《增值税纳税申报表附列资料（表二）》第 1、第 2、第 3、第 5 栏有关数据中不反映农产品的增值税进项税额。试点实施之日期初库存农产品以及库存半成品，产成品耗用的农产品应转出的增值税进项税额，填入《增值税纳税申报表附列资料（表二）》第 17 栏"按简易征收办法征税货物用""税额"栏。

九、防范偷漏税措施。

（一）试点纳税人购进的农产品价格明显偏高或偏低，且不具有合理商业目的的，由主管税务机关核定。

（二）各级税务机关应加强对试点纳税人农产品增值税进项税额计算扣除情况的监管，防范和打击虚开发票行为，定期进行纳税评估，及时发现申报纳税中存在的问题。

十、过渡办法。

试点纳税人应自执行本办法之日起，将期初库存农产品以及库存半成品、产成品耗用的农产品增值税进项税额作转出处理。

（财政部　国家税务总局关于在部分行业试行农产品增值税进项税额核定扣除办法的通知，财税〔2012〕38 号，发文日期：2012-04-06；国家税务总局关于在部分行业试行农产品增值税进项税额核定扣除办法有关问题的公告，国家税务总局公告 2012 年第 35 号，发文日期：2012-07-17；财政部　国家税务总局关于扩大农产品增值税进项税额核定扣除试点行业范围的通知，财税〔2013〕57 号，发文日期：2013-08-28；财政部　国家税务总局关于简并增值税税率有关政策的通知，财税〔2017〕37 号，发文日期：2017-04-28；财政部　国家税务总局关于调整增值税税率的通知，财税〔2018〕32 号，发文日期：2018-04-04）

5.4　完税凭证

增值税一般纳税人从境外单位或者个人购进劳务、服务、无形资产或者不动产，自税务机关或者扣缴义务人取得的解缴税款的完税凭证上注明的增值税额。

纳税人凭完税凭证抵扣进项税额的，应当具备书面合同、付款证明和境外单位的对账单或者发票。资料不全的，其进项税额不得从销项税额中抵扣。

（财政部　国家税务总局关于全面推开营业税改征增值税试点的通知，财税〔2016〕36 号，发文日期：2016-03-23；中华人民共和国增值税暂行条例，中华人民共和国国务院令第 691 号，发文日期：2017-11-19）

5.5　通行费发票

5.5.1　通行费发票抵扣进项税额的计算

通行费，是指有关单位依法或者依规设立并收取的过路、过桥和过闸费用。

自 2018 年 1 月 1 日起，纳税人支付的道路、桥、闸通行费，按照以下规定抵扣进项税额：

（一）纳税人支付的道路通行费，按照收费公路通行费增值税电子普通发票上注明的增值税额抵扣进项税额。

2018 年 1 月 1 日至 6 月 30 日，纳税人支付的高速公路通行费，如暂未能取得收费公路通行费增值税电子普通发票，可凭取得的通行费发票（不含财政票据，下同）上注明的收费金额按照下列公式计算可抵扣的进项税额：

$$高速公路通行费可抵扣进项税额=高速公路通行费发票上注明的金额\div(1+3\%)\times3\%$$

2018 年 1 月 1 日至 12 月 31 日，纳税人支付的一级、二级公路通行费，如暂未能取得收费公路通行费增值税电子普通发票，可凭取得的通行费发票上注明的收费金额按照下列公式计算可抵扣进项税额：

$$\text{一级、二级公路通行费可抵扣进项税额} = \text{一级、二级公路通行费发票上注明的金额} \div (1+5\%) \times 5\%$$

（二）纳税人支付的桥、闸通行费，暂凭取得的通行费发票上注明的收费金额按照下列公式计算可抵扣的进项税额：

$$\text{桥、闸通行费可抵扣进项税额} = \text{桥、闸通行费发票上注明的金额} \div (1+5\%) \times 5\%$$

（财政部　国家税务总局关于租入固定资产进项税额抵扣等增值税政策的通知，财税〔2017〕90号，发文日期：2017-12-25）

5.5.2　通行费电子发票的规定

一、通行费电子票据分类。

（一）收费公路通行费增值税电子普通发票（以下简称通行费电子发票）。通行费电子发票包括左上角标识“通行费”字样且税率栏次显示适用税率或征收率的通行费电子发票（以下简称征税发票）以及左上角无“通行费”字样，且税率栏次显示“不征税”的通行费电子发票（以下简称不征税发票）。客户通行经营性收费公路，由经营管理者开具征税发票，可按规定用于增值税进项抵扣；客户采取充值方式预存通行费，可由ETC客户服务机构开具不征税发票，不可用于增值税进项抵扣。

（二）收费公路通行费财政票据（电子）（以下简称通行费财政电子票据）。客户通行政府还贷公路，由经营管理者开具财政部门统一监制的通行费财政电子票据。通行费财政电子票据先行选择部分地区进行试点。试点期间，非试点地区暂时开具不征税发票。试点完成后，在全国范围内全面实行通行费财政电子票据。

通行费电子发票、通行费财政电子票据统称为通行费电子票据。针对收费公路分段建设、经营管理者多元等特性，为便利通行费电子票据财务处理，根据客户需求，通行费电子票据服务平台（以下简称服务平台）可按一次或多次行程为单位，在汇总通行费电子发票和通行费财政电子票据信息基础上，统一生成收费公路通行费电子票据汇总单（以下简称电子汇总单），作为已开具通行费电子票据的汇总信息证明材料。电子汇总单的汇总信息发生变更的，应重新开具电子汇总单，原电子汇总单自动作废失效，电子汇总单可通过服务平台查询。

二、通行费电子票据开具规定。

（一）ETC后付费客户索取通行费电子票据的，通过经营性公路的部分，在服务平台取得由经营管理者开具的征税发票；通过政府还贷公路的部分，在服务平台取得由经营管理者开具的通行费财政电子票据。

（二）ETC预付费客户可以自行选择在充值后索取不征税发票或待实际发生通行交易后索取通行费电子票据。

客户在充值后索取不征税发票的，在服务平台取得由ETC客户服务机构全额开具的不征税发票；实际发生通行交易后，ETC客户服务机构和收费公路经营管理者均不再向其开具通行费电子票据。

客户在充值后未索取不征税发票，在实际发生通行交易后索取电子票据的，通过经营性公路的部分,在服务平台取得由经营管理者开具的征税发票;通过政府还贷公路的部分,在服务平台取得由经营管理者开具的通行费财政电子票据。

(三)客户使用ETC卡通行收费公路并交纳通行费的,可以在实际发生通行交易后第7个自然日起,登录服务平台,选择相应通行记录取得通行费电子票据和电子汇总单;ETC预付费客户可以在充值后实时登录服务平台,选择相应充值记录取得不征税发票。

三、通行费发票的勾选确认。

自2020年3月1日起,取消增值税扣税凭证认证确认期限,纳税人取得通行费电子发票后,应当登录增值税发票综合服务平台确认发票用途,不受360日限制。税务总局通过增值税发票综合服务平台为纳税人提供通行费电子发票批量选择确认服务。

四、通行费纳税申报。

收费公路通行费增值税进项抵扣事项按照现行增值税政策有关规定执行。增值税一般纳税人申报抵扣的通行费电子发票进项税额,在纳税申报时应当填写在《增值税纳税申报表附列资料(二)》(本期进项税额明细)中"认证相符的增值税专用发票"相关栏次中。

(交通运输部　财政部　国家税务总局　国家档案局关于收费公路通行费电子票据开具汇总等有关事项的公告,交通运输部公告2020年第24号,发文日期:2020-04-27;国家税务总局关于取消增值税扣税凭证认证确认期限等增值税征管问题的公告,国家税务总局公告2019年第45号,发文日期:2019-12-31)

〔例题5-6〕　天马运输公司(一般纳税人)2020年5月取得货物运输销售额(不含税)合计80万元;购买汽油取得增值税专用发票注明销售额20万元,增值税额2.6万元;修理汽车取得修理费专用发票注明销售额10万元,增值税额1.3万元;取得高速公路通行费电子普通发票,注明金额8万元,税额0.24万元;取得一、二级公路通行费发票注明金额2 100元。请问:天马运输公司5月应纳增值税额是多少?

解析:销项税额 = 800 000 × 9% = 72 000(元)

进项税额 = 26 000 + 13 000 + 2 400 = 41 400(元)

应纳税额 = 72 000 − 41 400 = 30 600(元)

答:天马运输公司5月应纳增值税额为30 600元。

案例解析53

公司为车辆办理ETC充值卡,充值时取得的不征税发票能否按照过路过桥费计算抵扣?

天马公司为10辆小轿车统一办理了ETC充值卡,充值时取得的不征税发票能否按照过路过桥费计算抵扣?

答:通行费电子发票分为以下两种:一是左上角标识"通行费"字样,且税率栏次显示适用税率或征收率的通行费电子发票,即征税发票;二是左上角无"通行费"字样,且税率栏次显示"不征税"的通行费电子发票,即不征税发票。根据《财政部　国家税务总局关于租入固定资产进项税额抵扣等增值税政策的通知》(财税〔2017〕90号)规定,纳税人支付的道路通行费,按照收费公路通行费增值税电子普通发票上注明的增值税额抵扣进项税额。也就是说,由于不征税发票上没有增值税额,不征税发票不得抵扣进项税额。

根据《交通运输部　财政部　国家税务总局　国家档案局关于收费公路通行费电子票据开具汇总等有关事项的公告》(交通运输部公告2020年第24号)规定,ETC预付费客户可以自行选择在充值后索取不征税发票或待实际发生通行交易后索取通行费电子票据。客户在充值后索取不征税发票的，在服务平台取得由ETC客户服务机构全额开具的不征税发票；实际发生通行交易后，ETC客户服务机构和收费公路经营管理者均不再向其开具通行费电子票据。客户在充值后未索取不征税发票，在实际发生通行交易后索取电子票据的，通过经营性公路的部分，在服务平台取得由经营管理者开具的征税发票；通过政府还贷公路的部分，在服务平台取得由经营管理者开具的通行费财政电子票据。综上所述，纳税人在ETC卡充值后取得的发票只能是不征税发票，不得抵扣进项税额。

5.6 旅客运输服务发票或客票

纳税人购进国内旅客运输服务，取得2019年4月1日后开具的发票或客票，可以按规定抵扣进项税额。旅客运输服务抵扣进项税额时，需要关注以下四点：

1. 因为国际运输服务适用零税率或免税政策，购进国际旅客运输服务，不得抵扣进项税额；只有购进国内旅客运输服务才可以抵扣进项税额。

2. 可以抵扣进项税额的“国内旅客运输服务”，限于与本单位签订了劳动合同的员工，以及本单位作为用工单位接受的劳务派遣员工发生的国内旅客运输服务，但员工个人因私乘坐交通工具取得的客票，纳税人不得抵扣进项税额；纳税人购进的旅客运输服务用于免税项目、简易计税项目、集体福利或个人消费，进项税额也不得抵扣。

3. 纳税人购进旅客运输服务取得了增值税专用发票，直接凭专用发票抵扣。在未取得专票的情况下，需要分以下两种情况来分别处理：

第一种情况，凭电子普通发票据实抵扣进项税额。如果纳税人取得增值税电子普通发票，可以直接凭发票上注明的税额进行抵扣。但是需要注意，增值税电子普通发票上注明的购买方“名称”“纳税人识别号”等信息，应当与实际抵扣税款的纳税人一致，否则不予抵扣。目前，部分航空公司已经开始推行了电子普票。

第二种情况，凭注明旅客身份信息的客票抵扣。

需要注意的是，纳税人接受旅客运输服务的扣税凭证有增值税专用发票、增值税电子普通发票和注明旅客身份信息的客票，其中增值税专用发票和增值税电子普通发票上不必注明旅客身份信息，但客票必须注明旅客身份信息，否则不得抵扣进项税额。

4. 纳税人接收旅客运输服务，分别按下列规定确定进项税额：

(1) 取得增值税专用发票的，为发票上注明的税额。

(2) 取得增值税电子普通发票的，为发票上注明的税额。

(3) 取得注明旅客身份信息的航空运输电子客票行程单的，按照下列公式计算的进项税额：

航空旅客运输进项税额＝(票价＋燃油附加费)÷(1＋9%)×9%

需要说明的是，民航发展基金不能计算抵扣进项税额。

(4) 取得注明旅客身份信息的铁路车票的，按照下列公式计算的进项税额：

铁路旅客运输进项税额＝票面金额÷(1＋9%)×9%

(5) 取得注明旅客身份信息的公路、水路等其他客票的，按照下列公式计算进项税额：

公路、水路等其他旅客运输进项税额＝票面金额÷(1＋3%)×3%

(财政部 税务总局 海关总署关于深化增值税改革有关政策的公告,财政部 税务总局 海关总署公告2019年第39号,发文日期:2019-03-20;国家税务总局关于国内旅客运输服务进项税抵扣等增值税征管问题的公告,国家税务总局公告2019年第31号,发文日期:2019-09-01)

政策解析 考虑到航空和铁路客运已全部采取实名制购票,客票样式也都是全国统一的,航空运输是电子客票行程单,铁路运输是铁路车票,而且航空、铁路旅客运输企业集约化程度高,规模大,基本上都是按照一般计税方法计税的,因此,针对航空和铁路这类征管基础好、风险相对低且可抵扣进项税额确定的客票,以客票上注明的价款按照9%税率计算抵扣。除航空、铁路客票以外,包括公路、水路在内的其他旅客运输,客票式样种类繁多、样式不统一,也基本没有集中统一的客票电子信息。目前仅有一小部分客票已采取实名购票并可以从客票上获取旅客身份信息。特别是,公路、水路运输单位,既有一般纳税人,又有小规模纳税人,一般纳税人中还有一部分提供公共运输服务可以选择简易计税。因此,受票方仅凭拿到的客票,无法得知开票方如何交的税,自己可以扣多少。在这种现实情况下,为防范风险,对其他客运发票统一按3%抵扣,待下一步将相关客运票证纳入增值税发票管理系统之后,再实现凭增值税发票据实抵扣。

航空运输的电子客票行程单上的价款是分项列示的,包括票价、燃油附加费和民航发展基金。因民航发展基金属于政府性基金,不计入航空企业的销售收入。因此计算抵扣的基数是票价加燃油附加费。

纳税人允许抵扣的国内旅客运输服务进项税额,是指纳税人2019年4月1日及以后实际发生,并取得合法有效增值税扣税凭证注明的或依据其计算的增值税税额。以增值税专用发票或增值税电子普通发票为增值税扣税凭证的,为2019年4月1日及以后开具的增值税专用发票或增值税电子普通发票。

〔例题5-7〕 天马轮胎厂(一般纳税人)的销售人员张某到北京参加展销会,2020年4月8日乘坐南方航空公司的航班从湛江飞往北京,取得航空运输电子客票行程单,注明的票价2 000元,燃油附加费200元,民航发展基金180元;2020年4月12日乘坐北京至湛江的高铁返还湛江,铁路车票上注明票价为961元。

天马轮胎厂可以抵扣进项税额＝(2 000＋200)÷(1＋9%)×9%＋961÷(1＋9%)×9%
＝261(元)

应计入费用的交通费＝2 000＋200＋180＋961－261＝3 080(元)

天马轮胎厂应做如下会计处理:

借:销售费用	3 080	
应交税费——应交增值税(进项税额)	261	
贷:库存现金等		3 341

案例解析54

取得开具给员工个人的旅客运输服务增值税电子普通发票能否抵扣进项税额?

天马公司销售人员王某在北京出差过程中购买了滴滴公司的快车服务,取得旅客运输服务电子普通发票,发票上购买方名称栏注明的是王某姓名。请问:该张发票能否抵扣进项税额?

答:不得抵扣。根据《国家税务总局关于国内旅客运输服务进项税抵扣等增值税征管问题的公告》(国家税务总局公告2019年第31号)规定,纳税人购进国内旅客运输服务,以取得的增值税电子普通发票上注明的税额为进项税额的,增值税电子普通发票上注明的购买方“名称”“纳税人识别号”等信息,应当与实际抵扣税款的纳税人一致,否则不予抵扣。由于王某取得的滴滴公司开具的电子普通发票上注明的购买方名称不是天马公司,因此,该张发票不得抵扣进项税额。

案例解析55

企业负担的为其提供服务单位员工的旅客运输服务发票能否抵扣进项税额?

天马公司与德勤会计师事务所签订会计审账服务协议,协议约定德勤派驻五名注册会计师在一个月期限内对天马公司前三年的账务进行审核,并出具签证报告,服务期间,派驻天马公司的五名注册会计师的差旅费由天马公司负担。天马公司按照合同约定支付的五名注册会师的差旅费30 000元,其中旅客运输服务20 000元,均取得符合规定的客票。请问:天马公司取得的这些旅客运输服务发票可以抵扣进项税额吗?

答:不可以。《国家税务总局关于国内旅客运输服务进项税抵扣等增值税征管问题的公告》(国家税务总局公告2019年第31号)规定,《财政部 税务总局 海关总署关于深化增值税改革有关政策的公告》(财政部 税务总局 海关总署公告2019年第39号)第六条所称“国内旅客运输服务”,限于与本单位签订了劳动合同的员工,以及本单位作为用工单位接受的劳务派遣员工发生的国内旅客运输服务。由于五名注册会计师既不是天马公司员工,也不是天马公司接受的劳务派遣用工,因此,与这五人相关的旅客运输服务不得由天马公司抵扣进项税额。

重点难点即时练13

1. 增值税一般纳税人从境外单位或者个人购进服务,自税务机关取得的解缴税款的完税凭证可以作为扣税凭证,但必须同时提供的资料包括(　　)。

   A. 书面合同　　B. 付款证明

   C. 服务用途说明材料　　D. 境外单位的对账单或者发票

2. 面包厂一般纳税人2020年5月15日从农业生产者手中购进一批免税粮食用于生产面包,收购发票注明价值为10 000元,则该纳税人可计提的进项税额是(　　)元。

   A. 1 000　　B. 1 200　　C. 1 300　　D. 1 100

3. 一般纳税人发生的下列项目可以抵扣进项税额的是(　　)。

   A. 购进运输服务取得增值税专用发票

   B. 收购废旧物资,开具税务机关统一印制的收购发票

C. 向小规模纳税人购进货物运输服务取得普通发票
D. 进口货物取得的海关进口增值税专用缴款书

4. 增值税一般纳税人取得的下列凭证,允许抵扣进项税额的是(　　)。
A. 购进农业生产者销售的免税农业产品取得收购凭证
B. 向小规模纳税人的批发商购买农产品(非免税)取得普通发票
C. 向国有粮食购销企业购进免税粮食取得增值税专用发票
D. 向一般纳税人购买农产品取得增值税专用发票

第6章　增值税进项税额(下)——抵扣范围

进项税额，是指纳税人购进货物、加工修理修配劳务、服务、无形资产或者不动产，支付或者负担的增值税额。但是并不是纳税人购进应税项目支付或负担的增值税额都允许抵扣，只有取得了扣税凭证，且属于进项税额抵扣范围的才可以抵扣。增值税对进项税额的抵扣范围采用了反向列举的方式。

6.1　不得抵扣的进项税额的范围

6.1.1　基本规定

下列项目的进项税额不得从销项税额中抵扣：

(一) 用于简易计税方法计税项目、免征增值税项目、集体福利或者个人消费的购进货物、加工修理修配劳务、服务、无形资产和不动产。其中涉及的固定资产、无形资产、不动产，仅指专用于上述项目的固定资产、无形资产(不包括其他权益性无形资产)、不动产。

自2018年1月1日起，纳税人租入固定资产、不动产，既用于一般计税方法计税项目，又用于简易计税方法计税项目、免征增值税项目、集体福利或者个人消费的，其进项税额准予从销项税额中全额抵扣。

纳税人的交际应酬消费属于个人消费。

(二) 非正常损失的购进货物，以及相关的加工修理修配劳务和交通运输服务。

(三) 非正常损失的在产品、产成品所耗用的购进货物(不包括固定资产)、加工修理修配劳务和交通运输服务。

(四) 非正常损失的不动产，以及该不动产所耗用的购进货物、设计服务和建筑服务。

(五) 非正常损失的不动产在建工程所耗用的购进货物、设计服务和建筑服务。

纳税人新建、改建、扩建、修缮、装饰不动产，均属于不动产在建工程。

(六) 购进的贷款服务、餐饮服务、居民日常服务和娱乐服务。

纳税人接受贷款服务向贷款方支付的与该笔贷款直接相关的投融资顾问费、手续费、咨询费等费用，其进项税额不得从销项税额中抵扣。

(七) 财政部和国家税务总局规定的其他情形。

上述第(四)项、第(五)项所称货物，是指构成不动产实体的材料和设备，包括建筑装饰材料和给排水、采暖、卫生、通风、照明、通讯、煤气、消防、中央空调、电梯、电气、智能化楼宇设备及配套设施。

（中华人民共和国增值税暂行条例，中华人民共和国国务院令第 691 号，发文日期：2017-11-19；财政部　国家税务总局关于全面推开营业税改征增值税试点的通知，财税〔2016〕36 号，发文日期：2016-03-23；财政部　国家税务总局关于租入固定资产进项税额抵扣等增值税政策的通知，财税〔2017〕90 号，发文日期：2017-12-25；财政部　税务总局　海关总署关于深化增值税改革有关政策的公告，财政部　税务总局　海关总署公告 2019 年第 39 号，发文日期：2019-03-20）

政策解析　企业购入货物（不含固定资产）、劳务、服务和购入固定资产、无形资产、不动产的进项税额抵扣的政策是不同的，购入既用于增值税应税项目又用于免征增值税项目、简易计税方法计税项目、集体福利及个人消费的固定资产、无形资产、不动产，其进项税额准予全额抵扣；购入既用于应税项目又用于免征增值税项目、简易计税方法计税项目、集体福利及个人消费的货物（不含固定资产）、劳务、服务，如果不能准确区分不得抵扣的进项税额，按下列公式计算：不得抵扣的进项税额＝当期无法划分的全部进项税额×（当期简易计税方法计税项目销售额＋免征增值税项目销售额）÷当期全部销售额。

另外，由于其他权益性无形资产涵盖面非常广，往往涉及纳税人生产经营的各个方面，没有具体使用对象，因此，纳税人购进其他权益性无形资产无论是专用于简易计税方法计税项目、免征增值税项目、集体福利或者个人消费，还是兼用于上述不允许抵扣项目，均可以抵扣进项税额。

一般意义上，餐饮服务、居民日常服务和娱乐服务主要接受对象是个人。对于一般纳税人购买的餐饮服务、居民日常服务和娱乐服务，难以准确地界定接受劳务的对象是企业还是个人，因此，一般纳税人购进的餐饮服务、居民日常服务和娱乐服务的进项税额不得从销项税额中抵扣。

自 2019 年 4 月 1 日起，纳税人购进国内的旅客运输服务可以抵扣进项税额。

案例解析 56

购进管理部门使用的办公用品及小汽车，进项税额能抵扣吗？

天马建筑公司购进领导乘坐的小汽车和购买的办公用品及汽油取得增值税专用发票。请问：该发票的进项税额是否可以抵扣？

答：根据《财政部　国家税务总局关于全面推开营业税改征增值税试点的通知》（财税〔2016〕36 号）规定，下列项目的进项税额不得从销项税额中抵扣：（一）用于简易计税方法计税项目、免征增值税项目、集体福利或者个人消费的购进货物、加工修理修配劳务、服务、无形资产和不动产。（二）非正常损失的购进货物，以及相关的加工修理修配劳务和交通运输服务。（三）非正常损失的在产品、产成品所耗用的购进货物（不包括固定资产）、加工修理修配劳务和交通运输服务。（四）非正常损失的不动产，以及该不动产所耗用的购进货物、设计服务和建筑服务。（五）非正常损失的不动产在建工程所耗用的购进货物、设计服务和建筑服务。（六）购进的旅客运输服务、贷款服务、餐饮服务、居民日常服务和娱乐服务。（七）财政部和国家税务总局规定的其他情形。购进小汽车、办公用品和汽油不属于上述不得抵扣的范围，取得的扣税凭证可以抵扣进项税额。

案例解析57

建筑企业兼营采用一般计税方法的建筑项目和采用简易计税方式的清包工建筑项目，当期购进的两项工程共用的施工设备，可以抵扣进项税额吗?

天马建筑公司为一般纳税人，2020年5月承建了甲、乙两个建筑工程，其中甲工程是包工包料工程并且刚刚开工，天马建筑公司选择一般计税方法纳税；乙工程是清包工工程，天马建筑公司选择简易计税方法。5月20日天马建筑公司购进施工设备三台，甲、乙两项工程共用。请问：这三台设备的进项税额可以抵扣吗?

答:《财政部　国家税务总局关于全面推开营业税改征增值税试点的通知》(财税〔2016〕36号)规定，下列项目的进项税额不得从销项税额中抵扣：(一)用于简易计税方法计税项目、免征增值税项目、集体福利或者个人消费的购进货物、加工修理修配劳务、服务、无形资产和不动产。其中涉及的固定资产、无形资产、不动产，仅指专用于上述项目的固定资产、无形资产(不包括其他权益性无形资产)、不动产。纳税人的交际应酬消费属于个人消费。(二)非正常损失的购进货物，以及相关的加工修理修配劳务和交通运输服务。(三)非正常损失的在产品、产成品所耗用的购进货物(不包括固定资产)、加工修理修配劳务和交通运输服务。(四)非正常损失的不动产，以及该不动产所耗用的购进货物、设计服务和建筑服务。(五)非正常损失的不动产在建工程所耗用的购进货物、设计服务和建筑服务。纳税人新建、改建、扩建、修缮、装饰不动产，均属于不动产在建工程。(六)购进的旅客运输服务、贷款服务、餐饮服务、居民日常服务和娱乐服务。(七)财政部和国家税务总局规定的其他情形。本条第(四)项、第(五)项所称货物，是指构成不动产实体的材料和设备，包括建筑装饰材料和给排水、采暖、卫生、通风、照明、通讯、煤气、消防、中央空调、电梯、电气、智能化楼宇设备及配套设施。天马建筑公司购进的三台施工设备，一般计税方法和简易计税方法项目共用，不属于专用于简易计税方法的项目。因此，购进这三台设备的进项税额可以抵扣。

案例解析58

企业接受直接收费金融服务，可以抵扣进项税额吗?

天马公司接受银行提供的直接收费金融服务，如账户函证费、账户管理、信用证、承兑手续费、财务担保等服务(与贷款服务无关)，取得相应的增值税专用发票，可以抵扣进项税额吗?

答:根据《财政部　国家税务总局关于全面推开营业税改征增值税试点的通知》(财税〔2016〕36号)规定，下列项目的进项税额不得从销项税额中抵扣：(一)用于简易计税方法计税项目、免征增值税项目、集体福利或者个人消费的购进货物、加工修理修配劳务、服务、无形资产和不动产。(二)非正常损失的购进货物，以及相关的加工修理修配劳务和交通运输服务。(三)非正常损失的在产品、产成品所耗用的购进货物(不包括固定资产)、加工修理修配劳务和交通运输服务。(四)非正常损失的不动产，以及该不动产所耗用的购进货物、设计服务和建筑服务。(五)非正常损失的不动产在建工程所耗用的购进货物、设计服务和建筑服务。(六)购进的旅客运输服务、贷款服务、餐饮服务、居民日常服务和娱乐服务。(七)财政部和国家税务总局规定的其他情形。纳税人接受贷款服务向贷款方支付的与该笔贷款直接相关的投融资顾问费、手续费、咨询费等费用，其进项税额不得从销项税额中抵扣。天马公司接受的直接收费金融服务不属于上述不得抵扣的范围，取得的扣税凭证可以抵扣进项税额。

案例解析59

企业无偿提供了用于公益事业的服务,为提供该服务过程中购进的货物,可以抵扣进项税额吗?

天马运输公司按照政府指令无偿提供公益性铁路运输服务,提供运输服务过程中购进电力,取得增值税专用发票。由于该运输服务是无偿提供的,且用于社会公益事业,不属于销售服务也不属于视同销售服务,不征收增值税。天马运输公司无偿提供的服务不征收增值税,用于该服务的外购电力可以抵扣进项税额吗?

答:根据《增值税暂行条例》第八条规定,纳税人购进货物、劳务、服务、无形资产、不动产支付或者负担的增值税额,为进项税额。下列进项税额准予从销项税额中抵扣:(一)从销售方取得的增值税专用发票上注明的增值税额。(二)从海关取得的海关进口增值税专用缴款书上注明的增值税额。(三)购进农产品,除取得增值税专用发票或者海关进口增值税专用缴款书外,按照农产品收购发票或者销售发票上注明的农产品买价和规定的扣除率计算的进项税额,国务院另有规定的除外。进项税额计算公式:进项税额=买价×扣除率。(四)自境外单位或者个人购进劳务、服务、无形资产或者境内的不动产,从税务机关或者扣缴义务人取得的代扣代缴税款的完税凭证上注明的增值税额。准予抵扣的项目和扣除率的调整,由国务院决定。上述条款的立法原则是纳税人购进货物、服务等支付或负担的增值税额是进项税额,取得了四项扣税凭证原则上可以抵扣,除非又有政策进一步明确哪些特殊情形不得抵扣,否则,取得了合法扣税凭证的外购项目,进项税额是可以抵扣的。也就是说,增值税进项税额的抵扣范围采用的是反向列举的办法,只要未明确列明不得抵扣的项目,纳税人取得了合法扣税凭证了,就可以抵扣进项税额。《财政部　国家税务总局关于全面推开营业税改征增值税试点的通知》(财税〔2016〕36号)规定,下列项目的进项税额不得从销项税额中抵扣:(一)用于简易计税方法计税项目、免征增值税项目、集体福利或者个人消费的购进货物、加工修理修配劳务、服务、无形资产和不动产。(二)非正常损失的购进货物,以及相关的加工修理修配劳务和交通运输服务。(三)非正常损失的在产品、产成品所耗用的购进货物(不包括固定资产)、加工修理修配劳务和交通运输服务。(四)非正常损失的不动产,以及该不动产所耗用的购进货物、设计服务和建筑服务。(五)非正常损失的不动产在建工程所耗用的购进货物、设计服务和建筑服务。(六)购进的旅客运输服务、贷款服务、餐饮服务、居民日常服务和娱乐服务。(七)财政部和国家税务总局规定的其他情形。不征收增值税项目和非经营活动所耗用的货物、服务等不属于上述不得抵扣的范围,因此,天马运输企业无偿提供运输服务虽然不征收增值税,但是其耗用的外购电力进项税额可以从销项税额中抵扣。

6.1.1.1　个人消费的界定

个人消费包括纳税人的交际应酬消费。

(中华人民共和国增值税暂行条例,中华人民共和国国务院令第691号,发文日期:2017-11-19;财政部　国家税务总局关于全面推开营业税改征增值税试点的通知,财税〔2016〕36号,发文日期:2016-03-23)

6.1.1.2　非正常损失的界定

一、传统增值税的非正常损失。

《增值税暂行条例》第二十四条规定,条例第十条第(二)项所称非正常损失,是指因管理不善造成被盗、丢失、霉烂变质的损失。

(中华人民共和国增值税暂行条例,中华人民共和国国务院令第691号,发文日期:2017-11-19)

二、营改增的非正常损失。

非正常损失，是指因管理不善造成货物被盗、丢失、霉烂变质，以及因违反法律法规造成货物或者不动产被依法没收、销毁、拆除的情形。

（财政部 国家税务总局关于全面推开营业税改征增值税试点的通知，财税〔2016〕36号，发文日期：2016-03-23）

6.1.1.3 资产评估减值而发生流动资产损失不属于非正常损失

《增值税暂行条例实施细则》第二十四条规定，非正常损失是指因管理不善造成被盗、丢失、霉烂变质的损失。对于企业由于资产评估减值而发生流动资产损失，如果流动资产未丢失或损坏，只是由于市场发生变化，价格降低，价值量减少，则不属于《增值税暂行条例实施细则》中规定的非正常损失，不作进项税额转出处理。

（国家税务总局关于企业改制中资产评估减值发生的流动资产损失进项税额抵扣问题的批复，国税函〔2002〕1103号，发文日期：2002-12-20；国家税务总局关于修改若干增值税规范性文件引用法规规章条款依据的通知，国税发〔2009〕10号，发文日期：2009-02-05）

政策解析 《增值税暂行条例实施细则》缩紧了非正常损失的范围，不再包括自然灾害损失以及生产经营过程中其他非正常损耗。因此纳税人货物价值的损失，如评估减值或因市场需求萎缩库存商品的销售价格降价销售，不属于非正常损失；货物实体的损失，如果不是因管理不善造成货物被盗、丢失、霉烂变质，也不属于非正常损失，不需要作进项税额转出，如期末盘存时因自然挥发导致的存货盘亏。

案例解析60

一般纳税人存货超过保质期报废，需要作进项税额转出吗？

天马商场（一般纳税人）购进有保质期的食品，过了保质期仍未销售出去，作报废处理。请问：过保质期报废的食品，是否属于非正常损失，是否应作进项税额转出处理？

答：《增值税暂行条例》第十条第二项规定，非正常损失的购进货物及相关的应税劳务的进项税额不得从销项税额中抵扣，而依据《增值税暂行条例实施细则》第二十四条规定，非正常损失是指因管理不善造成被盗、丢失、霉烂变质的损失。《增值税暂行条例实施细则》对非正常损失采用的是限制型的解释，使非正常损失的范围仅包括列举出来的一项原因——管理不善，造成的三种结果——被盗、丢失、霉烂变质。天马商场超过保质期的食品是由于销售不出去导致的，而非因管理不善造成，不属于非正常损失，不需要作进项税额转出处理。

企业应作如下会计处理：

借：待处理财产损溢

　　贷：库存商品

案例解析61

电子产品因更新换代报废，需要作进项税额转出吗？

天马电子生产企业，产品更新换代较快，部分专用材料随着产品的更新失去了使用价值，企业作报废处理；有时由于产品质量问题，售后发生退回，企业也将产品进行报废处理。请问：对于报废的原材料及产品，是否需要作进项税额转出处理？

答:《增值税暂行条例》第十条第二项规定,非正常损失的购进货物及相关的应税劳务的进项税额不得从销项税额中抵扣,而依据《增值税暂行条例实施细则》第二十四条规定,非正常损失是指因管理不善造成被盗、丢失、霉烂变质的损失。由于企业原料的更新换代和产品的质量问题而报废,不是管理不善导致的,也不是被盗、丢失或霉烂变质,不属于《增值税暂行条例实施细则》所规定的非正常损失的范围,所以不需作进项税额转出处理。

案例解析62

交通事故损失的购进货物,还能抵扣进项税额吗?

天马酒厂购进一批包装酒瓶,在运输途中发生交通意外,酒瓶60%毁损。请问:这部分毁损的酒瓶的进项税额可以抵扣吗?

答:《增值税暂行条例》第十条第二项规定,非正常损失的购进货物及相关的应税劳务的进项税额不得从销项税额中抵扣,而依据《增值税暂行条例实施细则》第二十四条规定,非正常损失是指因管理不善造成被盗、丢失、霉烂变质的损失。因此,交通意外导致的损失不属于非正常损失,交通事故中损失的外购货物可以抵扣进项税额,不需要作进项税额转出处理。如果交通事故中损失的60%酒瓶能够获得赔偿,则获得赔偿部分酒瓶企业没有最终购入,因此,获得赔偿金额对应的进项税额不得抵扣。

案例解析63

自然灾害导致毁损的,需要作进项税额转出吗?

天马酒店因管理不善发生火灾,损失库存香烟100条。请问:这部分毁损香烟的进项税额可以抵扣吗?

答:《增值税暂行条例》第十条第二项规定,非正常损失的购进货物及相关的应税劳务的进项税额不得从销项税额中抵扣,而依据《增值税暂行条例实施细则》第二十四条规定,非正常损失是指因管理不善造成被盗、丢失、霉烂变质的损失。因此,火灾等自然灾害导致的损失不属于非正常损失,火灾中损失的外购香烟可以抵扣进项税额,不需要作进项税额转出处理。

政策解析 理论上讲,用于增值税应税项目的购进货物和应税劳务进项税额准予抵扣。实务中,进项税额的抵扣范围采用了反向列举的方式,被列入不得抵扣范围内的购进货物或应税劳务进项税额不得抵扣,没有列入不得抵扣范围的进项税额可以抵扣,如:纳税人将外购的货物用于管理部门,进项税额可以抵扣。

一般纳税人购进的办公用纸、笔、文件袋、打印机墨盒等办公耗材;沙发、会议桌等办公用低值易耗品;空调、数码相机、计算机、打印机、复印机、传真机等办公设备,均可抵扣进项税额。

6.1.2 免税期间外购的货物

免税货物恢复征税后,其免税期间外购的货物,一律不得作为当期进项税额抵扣。恢复征税后收到的该项货物免税期间的增值税专用发票,应当从当期进项税额中剔除。

(国家税务总局关于增值税若干征管问题的通知,国税发〔1996〕155号,发文日期:1996-09-09)

6.1.3 停止抵扣进项税额期间的进项税额

《增值税暂行条例实施细则》第三十四条规定，有下列情形之一者，应按销售额依照增值税税率计算应纳税额，不得抵扣进项税额，也不得使用增值税专用发票：

（一）一般纳税人会计核算不健全，或者不能够提供准确税务资料的。

（二）除本细则第二十九条规定外，纳税人销售额超过小规模纳税人标准，未申请办理一般纳税人认定手续的。

此规定所称的不得抵扣进项税额是指纳税人在停止抵扣进项税额期间发生的全部进项税额，包括在停止抵扣期间取得的进项税额、上期留抵税额以及经批准允许抵扣的期初存货已征税款。

纳税人经税务机关核准恢复抵扣进项税额资格后，其在停止抵扣进项税额期间发生的全部进项税额不得抵扣。

（国家税务总局关于增值税一般纳税人恢复抵扣进项税额资格后有关问题的批复，国税函〔2000〕584号，发文日期：2000-08-02）

案例解析64

一般纳税人资格生效时库存的存货，可以抵扣进项税额吗？

天马大酒店于2020年4月份办理一般纳税人资格登记，2020年5月1日一般纳税人资格生效时，库存的酒水400多万元，均取得增值税专用发票。请问：天马大酒店在成为一般纳税人后销售这些酒水，能否抵扣进项税额？

答：根据《财政部　国家税务总局关于全面推开营业税改征增值税试点的通知》（财税〔2016〕36号）规定，一般纳税人发生应税行为适用一般计税方法计税。一般计税方法的应纳税额，是指当期销项税额抵扣当期进项税额后的余额。小规模纳税人发生应税行为适用简易计税方法计税。简易计税方法的应纳税额，是指按照销售额和增值税征收率计算的增值税额，不得抵扣进项税额。《国家税务总局关于印发〈增值税问题解答（之一）〉的通知》（国税函发〔1995〕288号）规定，新申请认定为增值税一般纳税人的，不得计算期初存货已征税款。因此，该单位在取得增值税一般纳税人资格之前所购进的货物不能抵扣进项税额。天马大酒店在成为一般纳税人后销售小规模纳税人期间购进的酒水，不能抵扣进项税额。

重点难点即时练14

1. 下列已取得增值税专用发票的项目中，可以作为进项税额抵扣的是（　　）。

   A. 外购低值易耗品　　B. 外购修理固定资产用的备件

   C. 外购办公用水电　　D. 外购发给职工的节日慰问品

2. 某制药厂为增值税一般纳税人，其本期发生的下列经济业务中，外购原材料进项税额不得抵扣的是（　　）。

   A. 生产应税药品耗用的外购原材料

   B. 捐赠灾区的自产应税药品耗用外购原材料

   C. 生产免税药品耗用的外购原材料

D. 因管理不善变质药品耗用的本期外购原材料

3. 纳税人购进的货物如果发生了下列情况,应将已抵扣的进项税额转出的是(　　)。
A. 雷击起火造成的损失　　B. 暴雨造成的损失
C. 货物被盗损失　　D. 生产过程中正常损耗损失

4. 下列不予抵扣进项税额的货物是(　　)。
A. 一般纳税人采用简易办法征税的货物
B. 新认定一般纳税人认定前按简易计税方法征税期间购进的货物
C. 免税货物恢复征税后在免税期间购进的货物
D. 停止抵扣进项税期间所购的货物

5. 某饮料厂库存一批白糖,已抵扣进项税额,本月用于下列项目时,应作进项税额转出的是(　　)。
A. 由厂设非独立核算门市部对外出售
B. 本厂食堂领用
C. 由厂设独立核算门市部对外出售
D. 用于换取色素

6. 下列项目的进项税额可以抵扣的是(　　)。
A. 购进固定资产
B. 用于固定资产修理的外购货物
C. 非正常损失的购进货物
D. 用于免税项目的购进货物
E. 用于集体福利或者个人消费的购进货物

7. 一般纳税人生产企业对车间厂房进行修缮,其耗用材料的进项税额(　　)。
A. 将修理费列入生产费用的可以抵扣,列入在建工程的不得抵扣
B. 任何情况下均不得抵扣
C. 区别不同情况处理,数额较小的可以抵扣,较大的不予抵扣
D. 应予抵扣

8. 将购买的货物用于下列项目,其进项税额准予抵扣的是(　　)。
A. 用于修建展销厅　　B. 用于企业交际应酬
C. 无偿赠送给客户　　D. 作为发放职工的福利

9. 准予从销项税额中抵扣的进项税额有(　　)。
A. 海关开具的完税凭证上注明的增值税额
B. 农业产品收购发票依规定的扣除率计算的进项税额
C. 维修厂房取得专用发票注明的进项税额
D. 购进货物支付运输费取得增值税专用发票注明的进项税额

10. 纳税人购进的下列固定资产,不允许抵扣增值税额的是(　　)。
A. 管理部门使用的属于消费税征税范围的汽车
B. 生产增值税免税货物所使用的固定资产
C. 既生产增值税应税货物又生产增值税免税货物所使用的固定资产

D. 生产增值税应税货物的固定资产

11. 纳税人购买的下列货物,不允许抵扣增值税额的是(　　)。

A. 设备修理用备件　　B. 厂房改建用建筑材料

C. 招待用的烟酒　　D. 管理部门车辆用油

12. 纳税人发生的下列运输费用,虽取得增值税专用发票,但不允许抵扣进项税额的是(　　)。

A. 购进用于生产应税货物的原材料所发生的

B. 购进用于生产免税货物的原材料所发生的

C. 销售免税货物所发生的

D. 生产经营过程中所发生的

6.2 固定资产进项税额抵扣的规定

6.2.1 购进或者自制固定资产进项税额可以抵扣

(一) 自2009年1月1日起,增值税一般纳税人(以下简称纳税人)购进(包括接受捐赠、实物投资,下同)或者自制(包括改扩建、安装,下同)固定资产发生的进项税额(以下简称固定资产进项税额),可根据《增值税暂行条例》和《增值税暂行条例实施细则》的有关规定,凭增值税专用发票、海关进口增值税专用缴款书和运输费用结算单据(以下简称增值税扣税凭证)从销项税额中抵扣,其进项税额应当记入“应交税费——应交增值税(进项税额)”科目。

(二) 纳税人允许抵扣的固定资产进项税额,是指纳税人2009年1月1日以后(含1月1日,下同)实际发生,并取得2009年1月1日以后开具的增值税扣税凭证上注明的或者依据增值税扣税凭证计算的增值税税额。

(财政部　国家税务总局关于全国实施增值税转型改革若干问题的通知,财税〔2008〕170号,发文日期:2008-12-19)

政策解析　自2009年1月1日起,我国的增值税由生产型转为消费型,购入固定资产的进项税额准予抵扣。

6.2.2 摩托车、汽车、游艇进项税额可以抵扣

原增值税一般纳税人自用的应征消费税的摩托车、汽车、游艇,其进项税额准予从销项税额中抵扣。

(财政部　国家税务总局关于全面推开营业税改征增值税试点的通知,财税〔2016〕36号,发文日期:2016-03-23)

政策解析　自2013年8月1日起纳税人自用的应征消费税的小汽车、摩托车、游艇进项税额可以抵扣。

6.2.3　固定资产与不动产的区分

固定资产，是指使用期限超过12个月的机器、机械、运输工具以及其他与生产经营有关的设备、工具、器具等有形动产。

(中华人民共和国增值税暂行条例，中华人民共和国国务院令第691号，发文日期:2017-11-19；财政部　国家税务总局关于全面推开营业税改征增值税试点的通知，财税〔2016〕36号，发文日期:2016-03-23)

政策解析　增值税制度中的固定资产与会计制度中的固定资产的范围是有区别的，前者不包括房屋、建筑物、构筑物等不动产；而后者包括不用于出租或增值目的而持有的房屋及土地使用权。

《增值税暂行条例实施细则》第二十三条第二款规定，不动产是指不能移动或者移动后会引起性质、形状改变的财产，包括建筑物、构筑物和其他土地附着物。

《增值税暂行条例实施细则》第二十三条第二款所称建筑物，是指供人们在其内生产、生活和其他活动的房屋或者场所，具体为《固定资产分类与代码》(GB/T 14885—1994)中代码前两位为“02”的房屋；所称构筑物，是指人们不在其内生产、生活的人工建造物，具体为《固定资产分类与代码》(GB/T 14885—1994)中代码前两位为“03”的构筑物；所称其他土地附着物，是指矿产资源及土地上生长的植物。

以建筑物或者构筑物为载体的附属设备和配套设施，无论在会计处理上是否单独记账与核算，均应作为建筑物或者构筑物的组成部分，附属设备和配套设施是指：给排水、采暖、卫生、通风、照明、通讯、煤气、消防、中央空调、电梯、电气、智能化楼宇设备和配套设施。

(财政部　国家税务总局关于固定资产进项税额抵扣问题的通知，财税〔2009〕113号，发文日期:2009-09-09)

6.2.3.1　输水管道进项税额可以抵扣

新疆伊犁喀什河尼勒克一级水电站跨尼勒克沟输水管道虽运用“倒吸虹”原理输送水源，但该输水管道仍属于《固定资产分类与代码》(GB/T 14885—1994)中的“输水管道(代码099101)”，根据《增值税暂行条例》《增值税暂行条例实施细则》和《财政部国家税务总局关于固定资产进项税额抵扣问题的通知》(财税〔2009〕113号)的有关规定，其增值税进项税额可在销项税额中抵扣。

(国家税务总局关于输水管道有关增值税问题的批复，税总函〔2013〕642号，发文日期:2013-11-25)

6.2.3.2　煤炭采掘企业巷道进项税额抵扣政策

为统一煤炭采掘企业增值税进项税额抵扣政策，便于政策理解和执行，自2015年11月1日起，有关事项明确如下：

一、煤炭采掘企业购进的下列项目，其进项税额允许从销项税额中抵扣：

(一)巷道附属设备及其相关的应税货物、劳务和服务。

(二)用于除开拓巷道以外的其他巷道建设和掘进，或者用于巷道回填、露天煤矿生态恢复的应税货物、劳务和服务。

二、巷道，是指为采矿提升、运输、通风、排水、动力供应、瓦斯治理等而掘进的通道，包括开拓巷道和其他巷道。其中，开拓巷道，是指为整个矿井或一个开采水平(阶段)服务的巷道。所称的巷道附属设备，是指以巷道为载体的给排水、采暖、降温、卫生、通风、照明、通讯、消防、电梯、电气、瓦斯抽排等设备。

（财政部 国家税务总局关于煤炭采掘企业增值税进项税额抵扣有关事项的通知，财税〔2015〕117 号，发文日期：2015-11-02）

政策解析 虽然全行业营改增试点后不动产纳入抵扣范围，我们仍然有必要准确区分固定资产与不动产的范围，因为二者的税率不同。

6.3 不动产进项税额抵扣规定

6.3.1 2019 年 3 月 31 日前购置不动产进项税额抵扣政策

增值税一般纳税人 2016 年 5 月 1 日后取得在会计制度上按固定资产核算的不动产，以及 2016 年 5 月 1 日后发生的不动产在建工程，其进项税额应按照有关规定分 2 年从销项税额中抵扣，60%的部分于取得扣税凭证的当期从销项税额中抵扣，40%的部分为待抵扣进项税额，于取得扣税凭证的当月起第 13 个月从销项税额中抵扣。

取得的不动产，包括以直接购买、接受捐赠、接受投资入股以及抵债等各种形式取得的不动产。

纳税人新建、改建、扩建、修缮、装饰不动产，属于不动产在建工程。

房地产开发企业自行开发的房地产项目，融资租入的不动产，以及在施工现场修建的临时建筑物、构筑物，其进项税额不适用上述分 2 年抵扣的规定。

政策解析 四种情形下纳税人取得的不动产或发生不动产在建工程不执行分 2 年抵扣进项税额政策：一是购入不按固定资产核算的不动产，如按投资性房地产核算；二是融资租入的不动产；三是房地产开发企业自行开发的房地产项目；四是施工现场修建的临时建筑物、构筑物。

〔例题 6-1〕 天马公司（一般纳税人）2018 年 6 月购置厂房一幢，取得的增值税专用发票上注明的价款为 3 000 万元，增值税额为 300 万元，款项已用银行存款支付。

请问：天马公司购置的厂房如何抵扣进项税额？

解析：购置当期可抵扣 60%的进项税额部分＝300×60%＝180（万元）

购置第 13 个月可抵扣 40%的进项税额部分＝300×40%＝120（万元）

答：天马公司购置厂房的进项税额可在 2018 年 6 月抵扣 180 万元，2019 年 6 月抵扣 120 万元。

6.3.2 2019 年 3 月 31 日前新建、改建、扩建、修缮、装饰不动产进项税额抵扣政策

纳税人 2016 年 5 月 1 日后购进货物和设计服务、建筑服务，用于新建不动产，或者用于改建、扩建、修缮、装饰不动产并增加不动产原值超过 50%的，其进项税额执行分 2 年从销

项税额中抵扣政策。

不动产原值,是指取得不动产时的购置原价或作价。

上述分 2 年从销项税额中抵扣的购进货物,是指构成不动产实体的材料和设备,包括建筑装饰材料和给排水、采暖、卫生、通风、照明、通讯、煤气、消防、中央空调、电梯、电气、智能化楼宇设备及配套设施。

〔例题 6-2〕　天马公司(一般纳税人)2018 年 6 月将 2004 年自建的办公楼进行改建,共发生改建支出 380 万元。已知:办公楼原值 1 000 万元,2018 年 6 月 1 日净值为 400 万元。

请问:办公楼改建过程中购进的货物、建筑劳务等取得的增值税专用发票应如何抵扣?

答:改建不动产支出占不动产原值比例=380÷1 000=38%。由于改建不动产增加不动产原值不超过 50%,其改建过程中取得的进项税额应当一次性抵扣,而不适用分 2 年抵扣政策,可以在 2018 年 6 月全部认证抵扣。

政策解析　一般纳税人新建不动产对应的购进货物和设计服务、建筑服务的进项税额,执行分 2 年抵扣政策;改建、扩建、修缮、装饰不动产对应的购进货物和设计服务、建筑服务的进项税额,只有在改建、扩建、修缮、装饰支出超过不动产原值 50%以上时,才执行分 2 年抵扣政策;不超过 50%的,不适用分 2 年抵扣政策,可以一次性抵扣。

6.3.3　2019 年 3 月 31 日前不动产分期抵扣的会计核算

取得不动产时计算的待抵扣进项税额记入"应交税费——待抵扣进项税额"科目核算,并于可抵扣当期转入"应交税费——应交增值税(进项税额)"科目。

对不同的不动产和不动产在建工程,纳税人应分别核算其待抵扣进项税额。

〔例题 6-3〕　天马公司(一般纳税人)2018 年 6 月购置厂房一幢,取得的增值税专用发票上注明的价款为 3 000 万元,增值税额为 300 万元,款项已用银行存款支付。

解析:

购置当期抵扣 60%的进项税额=300×60%=180(万元)

40%的进项税额计入待抵扣进项税额=300×40%=120(万元)

购置不动产时:

科目	借方	贷方
借:固定资产	30 000 000	
应交税费——应交增值税(进项税额)	1 800 000	
应交税费——待抵扣进项税额(××厂房)	1 200 000	
贷:银行存款		33 000 000

第 13 个月抵扣 40%的进项税额时:

科目	借方	贷方
借:应交税费——应交增值税(进项税额)	1 200 000	
贷:应交税费——待抵扣进项税额(××厂房)		1 200 000

6.3.4 2019 年 4 月 1 日后不动产抵扣政策

自 2019 年 4 月 1 日起,《营业税改征增值税试点有关事项的规定》(财税〔2016〕36 号)第一条第(四)项第 1 点、第二条第(一)项第 1 点停止执行,纳税人取得不动产或者不动产在建工程的进项税额不再分 2 年抵扣。此前按照上述规定尚未抵扣完毕的待抵扣进项税额,可自 2019 年 4 月税款所属期起从销项税额中抵扣。

(财政部 税务总局 海关总署关于深化增值税改革有关政策的公告,财政部 税务总局 海关总署公告 2019 年第 39 号,发文日期:2019-03-20)

政策解析 需要注意的是,财政部 税务总局 海关总署公告第 39 号并未限定纳税人必须将尚未抵扣的待抵扣进项税额在 2019 年 4 月税款所属期抵扣,一般情况下,纳税人从自身税款缴纳、资金占用角度考虑,在 4 月所属期就应该将待抵扣部分转入进项税额。同时,政策给纳税人享受留抵税额退税或加计抵减政策留下了调整空间,如果发生个别纳税人 4 月以后要求转入的,政策也是允许的。但是,尚未抵扣的待抵扣进项税额无论在哪期转入抵扣,必须一次性转入进项税额抵扣,而不能分次转入。

待抵扣进项税额转入进项税额抵扣当期纳税申报时,将尚未抵扣的待抵扣进项税额填入《增值税纳税申报表附列资料(二)》第 8b 栏“其他”。

案例解析 65

装修产品展厅所使用的装饰材料,进项税额能抵扣吗?

天马艺术玻璃制品厂为装修产品展厅,采购一批装饰材料。请问:其取得的增值税专用发票,是否可以抵扣进项税额?

答: 根据《财政部 税务总局 海关总署关于深化增值税改革有关政策的公告》(财政部 税务总局 海关总署公告 2019 年第 39 号)规定,自 2019 年 4 月 1 日起,纳税人取得不动产或者不动产在建工程的进项税额不再分 2 年抵扣。公司购进装饰材料用于装饰产品展厅,属于购进货物用于装饰不动产。2019 年 4 月 1 日后,无论装饰后增加不动产原值是否超过 50%,购进装饰材料的进项税额均不再分 2 年抵扣,可以在购进当期一次抵扣。

6.3.5 不动产发生非正常损失或转用于不得抵扣的用途

已抵扣进项税额的不动产,发生非正常损失,或者改变用途,专用于简易计税方法计税项目、免征增值税项目、集体福利或者个人消费的,按照下列公式计算不得抵扣的进项税额,并从当期进项税额中扣减:

不得抵扣的进项税额 = 已抵扣进项税额 × 不动产净值率

不动产净值率 = (不动产净值 ÷ 不动产原值) × 100%

(国家税务总局关于深化增值税改革有关事项的公告,国家税务总局公告 2019 年第 14 号,发文日期:2019-03-21)

政策解析 “不动产净值率”计算公式中“不动产净值”和“不动产原值”是纳税人会计核算中会计账簿的对应数据,不需要根据企业所得税固定资产计税基础、最低折旧年限、折旧方法等税会差异因素调整。

根据公式计算出的“不得抵扣的进项税额”应当在发生非正常损失或改变用途的当期做进项税额转出处理。

〔例题 6-4〕 天马公司(一般纳税人)2019 年 6 月购置厂房一幢,取得的增值税专用发票上注明的价款为 3 000 万元,增值税额为 270 万元,款项已用银行存款支付。2020 年 4 月天马公司将该厂房改造为员工食堂了。天马公司对该项厂房采用平均年限法计提折旧,2020 年 4 月已提折旧 150 万元,固定资产净值为 2 850 万元。

请问:天马公司将厂房改造为员工食堂时,应如何进行增值税处理?

解析:改造时厂房净值率:不动产净值率=(不动产净值÷不动产原值)×100%=(2 850÷3 000)×100%=95%

不得抵扣的进项税额=已抵扣进项税额×不动产净值率=270×95%=256.5(万元)

购置厂房时:

借:固定资产	30 000 000	
应交税费——应交增值税(进项税额)	2 700 000	
贷:银行存款		32 700 000

厂房改为员工食堂时:

借:固定资产	2 565 000	
贷:应交税费——应交增值税(进项税额转出)		2 565 000

6.3.6 取得时用于不得抵扣用途的不动产改变用途

按照规定不得抵扣进项税额的不动产,发生用途改变,用于允许抵扣进项税额项目的,按照下列公式在改变用途的次月计算可抵扣进项税额。

可抵扣进项税额 = 增值税扣税凭证注明或计算的进项税额 × 不动产净值率

(国家税务总局关于深化增值税改革有关事项的公告,国家税务总局公告 2019 年第 14 号,发文日期:2019-03-21)

政策解析 只有在取得不动产时取得合法的扣税凭证,并且已经按照规定程序认证(或勾选确认)以及稽核比对通过,才可以参与计算“可抵扣进项税额”。按照公式计算的“可抵扣进项税额”不是在改变用途当月抵扣,而是在改变用途次月抵扣。也就是说,不动产发生用途改变,进项税额转进转出的时间有所不同:需要转出的,是在发生的当期转出;需要转入的,是在发生的下期转入。

〔例题 6-5〕 天马公司(一般纳税人)2019 年 6 月购置员工食堂一幢,取得的增值税专用发票上注明的价款为 3 000 万元,增值税额为 270 万元。由于该不动产用于集体福利,天马公司将270万元增值税额在当期纳税申报时做进项额转出处理。2023年6月，天马公司将该职工食堂改为仓库，此时，该职工食堂账面净值为2 616万元。

请问：天马公司应该如何抵扣该食堂相关的进项税额？

解析：食堂改变用途时净值率为：不动产净值率＝（不动产净值÷不动产原值）×100％＝（2 616÷3 270）×100％＝80％

2023年7月可抵扣进项税额：可抵扣进项税额＝增值税扣税凭证注明或计算的进项税额×不动产净值率＝270×80％＝216（万元）

购置食堂时：

借：固定资产	32 700 000	
贷：银行存款		32 700 000

食堂改为厂房次月：

借：应交税费——应交增值税（进项税额）	2 160 000	
贷：固定资产		2 160 000

6.3.7 征收管理

纳税人应建立不动产和不动产在建工程台账，分别记录并归集不动产和不动产在建工程的成本、费用、扣税凭证及进项税额抵扣情况，留存备查。

用于简易计税方法计税项目、免征增值税项目、集体福利或者个人消费的不动产和不动产在建工程，也应在纳税人建立的台账中记录。

（财政部　国家税务总局关于全面推开营业税改征增值税试点的通知，财税〔2016〕36号，发文日期：2016-03-23；国家税务总局关于发布《不动产进项税额分期抵扣暂行办法》的公告，国家税务总局公告2016年第15号，发文日期：2016-03-31）

6.4 其他文件明确的可以抵扣的进项税额

6.4.1 购进不得抵扣固定资产、无形资产、不动产使用后发生用途改变

按照《试点实施办法》第二十七条第（一）项规定不得抵扣且未抵扣进项税额的固定资产、无形资产、不动产，发生用途改变，用于允许抵扣进项税额的应税项目，可在用途改变的次月按照下列公式计算，依据合法有效的增值税扣税凭证，可以抵扣的进项税额：

$$可以抵扣的进项税额=\frac{固定资产、无形资产、不动产净值}{1+适用税率}\times适用税率$$

上述可以抵扣的进项税额应取得合法有效的增值税扣税凭证。

（财政部　国家税务总局关于全面推开营业税改征增值税试点的通知，财税〔2016〕36号，发文日期：2016-03-23）

政策解析 按照《国家税务总局关于发布〈不动产进项税额分期抵扣暂行办法〉的公告》(国家税务总局公告2016年第15号)规定,纳税人购进不得抵扣且未抵扣进项税额的不动产改变用途,用于可以抵扣方向的,应按取得的合法且已认证的扣税凭证上注明或计算的进项税额和不动产改变用途时点的净值率计算可以抵扣的进项税额。这种计算方式比《试点实施办法》的规定更加科学合理,但是这种计算方法仅适用于不动产改变用途时可以抵扣进项税额的计算,固定资产、无形资产只能按照《试点实施办法》的规定执行。

6.4.2 登记为一般纳税人前进项税额

一、纳税人自办理税务登记至认定或登记为一般纳税人期间,未取得生产经营收入,未按照销售额和征收率简易计算应纳税额申报缴纳增值税的,其在此期间取得的增值税扣税凭证,可以在认定或登记为一般纳税人后抵扣进项税额。

二、上述增值税扣税凭证按照现行规定无法办理认证或者稽核比对的,按照以下规定处理:

(一)购买方纳税人取得的增值税专用发票,按照《国家税务总局关于推行增值税发票系统升级版有关问题的公告》(国家税务总局公告2014年第73号)规定的程序,由销售方纳税人开具红字增值税专用发票后重新开具蓝字增值税专用发票。

购买方纳税人按照国家税务总局公告2014年第73号规定填开《开具红字增值税专用发票信息表》或《开具红字货物运输业增值税专用发票信息表》时,选择"所购货物或劳务、服务不属于增值税扣税项目范围"或"所购服务不属于增值税扣税项目范围"。

(二)纳税人取得的海关进口增值税专用缴款书,按照《国家税务总局关于逾期增值税扣税凭证抵扣问题的公告》(国家税务总局公告2011年第50号)规定的程序,经国家税务总局稽核比对相符后抵扣进项税额。

(国家税务总局关于纳税人认定或登记为一般纳税人前进项税额抵扣问题的公告,国家税务总局公告2015年第59号,发文日期:2015-08-19)

政策解析 纳税人登记为一般纳税人前购进业务取得的扣税凭证可以在登记为一般纳税人后抵扣进项税额必须同时满足两个条件:一是登记为一般纳税人前未取得生产经营收入;二是没有按照简易计税方法申报缴纳增值税。正常情况下,同时满足这两个条件的是处于筹建期的纳税人,其还没有从事生产经营活动,自然没有生产经营收入,也就不必申报缴纳增值税(如果没有取得其他利得)。纳税人在筹建期取得的扣税凭证即便已经逾期,仍可以在登记为一般纳税人后按规定程序申报抵扣。

案例解析66

一般纳税资格登记前取得的筹建期的扣税凭证,可以申请抵扣进项税额吗?

天马建筑公司成立于2020年2月,2020年2月至2018年5月一直处于筹建期,未取得收入,也未认定为增值税一般纳税人,直到2020年7月1日才认定为增值税一般纳税人。2020年3月购进施工设备一台,金额100万元,税额为13万元;2020年5月购进空调、电脑、打印机等办公设备,金额50万元,税额6.5万元,均取得增值税专用发票。请问:天马建筑公司2020年3月至5月取得的这两张增值税专用发票,可以在2020年7月抵扣进项税额吗?

答:《国家税务总局关于纳税人认定或登记为一般纳税人前进项税额抵扣问题的公告》(国家税务总局公告2015年第59号)第一条规定,纳税人自办理税务登记至认定或登记为一般纳税人期间,未取得生产经营收入,未按照销售额和征收率简易计算应纳税额申报缴纳增值税的,其在此期间取得的增值税扣税凭证,可以在认定或登记为一般纳税人后抵扣进项税额。如果天马建筑公司在办理一般纳税人登记前,未取得生产经营收入,未按照销售额和征收率简易计算应纳税额申报缴纳增值税的,这两张增值税专用发票可以抵扣进项税额。如果天马建筑公司在办理一般纳税人登记前已取得经营收入或已按小规模纳税人进行增值税申报,则这两张增值税专用发票不能抵扣进项税额。

6.4.3 以物易物、以货抵债、以物投资取得的进项税额

企业采取以物易物、以货抵债、以物投资方式交易的,收货单位可以凭以物易物、以货抵债、以物投资书面合同以及与之相符的增值税专用发票抵扣进项税额。

6.5 不得抵扣的进项税额的确定

纳税人发生《增值税暂行条例》第十条规定的不得抵扣进项税额的情形,应区别不同情形,确定不得抵扣的进项税额的多少。

6.5.1 兼营简易计税方法计税项目、免征增值税项目

适用一般计税方法的纳税人,兼营简易计税方法计税项目、免征增值税项目而无法划分不得抵扣的进项税额,按照下列公式计算不得抵扣的进项税额:

$$\text{不得抵扣的进项税额} = \text{当期无法划分的全部进项税额} \times \frac{\text{当期简易计税方法计税项目销售额} + \text{免征增值税项目销售额}}{\text{当期全部销售额}}$$

主管税务机关可以按照上述公式依据年度数据对不得抵扣的进项税额进行清算。

政策解析 上述公式只是对不能准确划分的进项税额的购进项目划分不得抵扣进项税额的计算方法,对于能够准确划分的进项税额,直接按照归属区分可以抵扣或不可以抵扣。

引入年度清算的概念。对于纳税人而言,进项税额转出是按月进行的,但由于年度内购销不均衡性,有可能会造成按月计算的进项转出与按年度计算的进项转出产生差异,主管税务机关可在年度终了对纳税人进项转出进行清算,对相关差异进行调整。

纳税人在计算不得抵扣进项税额时,对其取得的销售免税货物的销售收入,不得进行不含税收入的换算。

(国家税务总局关于分摊不得抵扣进项税额时免税项目销售额如何确定问题的批复,国税函〔1997〕529号,发文日期:1997-09-24)

〔例题6-6〕 天马白酒厂外购的粮食生产白酒和酒糟,已知2020年5月购入的酒瓶取得增值税专用发票注明价款1 000元,税额130元,粮食收购单上的买价为1 010元(全部在当

月领用),购入生产酒糟的添加剂增值税专用发票注明税额10元。当期销售的粮食白酒不含税销售额为2万元,酒糟为200元。计算当期应纳税额为多少。

解析:不予抵扣的进项税额=[(130+1 010×10%+10)-(130+10)]×200÷(20 000+200)+10=11(元)

准予抵扣的进项税额=(130+1 010×10%+10)-11=230(元)

销项税额=20 000×13%=2 600(元)

应纳税额=2 600-230=2 370(元)

答:白酒厂当期应纳增值税2 370元。

6.5.2 已抵扣进项税额的购进货物、劳务、服务发生不得抵扣情形

已抵扣进项税额的购进货物(不含固定资产)、劳务和服务,发生6.1.1列举的不得抵扣的情形的(简易计税方法计税项目、免征增值税项目除外),应当将该项进项税额从当期的进项税额中扣减;无法确定该项进项税额的,按当期实际成本计算应扣减的进项税额。

(财政部 国家税务总局关于全面推开营业税改征增值税试点的通知,财税〔2016〕36号,发文日期:2016-03-23)

6.5.3 已抵扣进项税额的固定资产、无形资产或者不动产发生不得抵扣情形

已抵扣进项税额的固定资产、无形资产或者不动产,发生6.1.1列举的不得抵扣的情形的,按照下列公式计算不得抵扣的进项税额:

不得抵扣的进项税额 = 固定资产、无形资产或者不动产净值 × 适用税率

固定资产、无形资产或者不动产净值,是指纳税人根据财务会计制度计提折旧或摊销后的余额。

(财政部 国家税务总局关于全面推开营业税改征增值税试点的通知,财税〔2016〕36号,发文日期:2016-03-23)

政策解析 按照《国家税务总局关于发布〈不动产进项税额分期抵扣暂行办法〉的公告》(国家税务总局公告2016年第15号)规定,纳税人购进进项税额已经抵扣的不动产,改变用途用于不可以抵扣的方向,应按照下列公式计算不得抵扣的进项税额:不得抵扣的进项税额=(已抵扣进项税额+待抵扣进项税额)×不动产净值率。这种计算方式比《试点实施办法》的规定更加科学合理,但是这种计算方法仅适用于不动产改变用途时不可以抵扣进项税额的计算,固定资产、无形资产只能按照《试点实施办法》的规定执行。

重点难点即时练15

1. 制药厂(增值税一般纳税人)6月份销售抗生素药品113万元(含税),销售免税药品50万元,当月购入生产用原材料一批,取得增值税专用发票上注明税款6.4万元,抗生素药品与免税药品无法划分耗料情况,则该制药厂当月应纳增值税为(   )万元。

   A. 14.73   B. 8.73   C. 10.20   D. 17.86

2. 某企业2020年6月末盘点时发现,上月从农民手中购进的玉米(库存账面成本为

117 500元，已申报抵扣进项税额用于生产税率为9%的货物）因管理不善发生霉烂，使账面成本减少38 140元；由于玉米市场价格下降，使存货发生跌价损失1 100元；因管理不善丢失去年购进未使用的过滤器一台，购进时取得增值税专用发票（税率为16%），固定资产账面成本5 600元。进项税额转出额为（　　）元。

A. 5 500　　B. 4 500　　C. 5 660.52　　D. 4 668.09

3. 某果酱厂2020年5月外购水果10 000千克，取得的增值税专用发票上注明的外购金额和增值税额分别为10 000元和900元（每千克1元）。在运输途中因管理不善腐烂1 000千克。水果运回后，用于发放职工福利1 000千克。其余全部加工成果酱400千克（20千克水果加工成1千克果酱）。其中300千克全部销售，单价20元；100千克因管理不善被盗。当月该厂允许抵扣的进项税额为（　　）元。

A. 710　　B. 600　　C. 780　　D. 540

6.5.4　供电企业的规定

对供电企业收取的免征增值税的农村电网维护费，不应分摊转出外购电力产品所支付的进项税额。

（国家税务总局关于供电企业收取的免税农村电网维护费有关增值税问题的通知，国税函〔2005〕778号，发文日期：2005-08-05）

政策解析　纳税人购进项目用于政策规定的进项不得抵扣的用途，应依次按照下列四种方法确定不得抵扣的进项税额：

1. 纳税人外购货物、劳务、服务、无形资产和不动产时，知道所购进的项目是用于不得抵扣的用途，不得将相应的抵扣凭证注明的增值税额作为进项税额申报抵扣。

2. 纳税人外购货物、劳务、服务、无形资产和不动产时，不知道所购进的项目是用于不得抵扣的用途，但是后来整批改变用途或者发生非正常损失，能够准确确定不得抵扣的进项税额时，将该批项目当初计提的进项税额全部转出。

3. 纳税人外购货物、劳务、服务、无形资产和不动产时不知道所购进的项目是用于不得抵扣的用途，但是后来部分货物或应税劳务改变用途或者发生非正常损失，或者纳税人分不清改变用途或发生非正常损失的项目是哪批购入的，不能准确确定不得抵扣的进项税额时，按照改变用途或发生非正常损失部分项目的实际成本计算不得抵扣的进项税额，作进项转出处理。

4. 纳税人兼营免税项目和简易计税方法计税项目，购进的用于免税项目和简易计税方法计税项目的货物、劳务、服务、无形资产和不动产的进项税额不能划分时，应按公式计算划分不得抵扣的进项税额。

6.6　平销行为

一、平销行为的概念。

平销行为，即生产企业以商业企业经销价或高于商业企业经销价的价格将货物销售给商业企业，商业企业再以进货成本或低于进货成本的价格进行销售，生产企业则以返还利润等方式弥补商业企业的进销差价损失。据调查,在平销活动中,生产企业弥补商业企业进销差价损失的方式主要有以下几种:一是生产企业通过返还资金方式弥补商业企业的损失,如有的对商业企业返还利润,有的向商业企业投资等。二是生产企业通过赠送实物或以实物投资方式弥补商业企业的损失。目前,平销行为基本上发生在生产企业和商业企业之间,但有可能进一步在生产企业与生产企业之间、商业企业与商业企业之间的经营活动中出现。

二、实物返利的处理。

已发现有些生产企业赠送实物或商业企业进销此类实物不开发票、不记账,以此来达到偷税的目的。对于采取赠送实物或以实物投资方式进行平销经营活动的,要制定切实可行的措施,加强增值税征管稽查,大力查处和严厉打击有关的偷税行为。

三、现金返利的处理。

凡增值税一般纳税人,无论是否有平销行为,因购买货物而从销售方取得的各种形式的返还资金,按照以下原则征收增值税:

(一)对商业企业向供货方收取的与商品销售量、销售额无必然联系,且商业企业向供货方提供一定劳务的收入,例如,进场费、广告促销费、上架费、展示费、管理费等,不属于平销返利,不冲减当期增值税进项税金,应按服务的适用税目税率征收增值税。

(二)对商业企业向供货方收取的与商品销售量、销售额挂钩(如以一定比例、金额、数量计算)的各种返还收入,均应依所购货物的增值税税率计算应冲减的进项税金,并从其取得返还资金当期的进项税金中予以冲减。应冲减的进项税金计算公式如下:

$$\begin{matrix}\text{当期应冲减}\\\text{进项税金}\end{matrix}=\begin{matrix}\text{当期取得的}\\\text{返还资金}\end{matrix}\div\left(1+\begin{matrix}\text{所购货物适用}\\\text{增值税税率}\end{matrix}\right)\times\begin{matrix}\text{所购货物适用}\\\text{增值税税率}\end{matrix}$$

(国家税务总局关于平销行为征收增值税问题的通知,国税发〔1997〕167号,发文日期:1997-10-31;国家税务总局关于商业企业向货物供应方收取的部分费用征收流转税问题的通知,国税发〔2004〕136号,发文日期:2004-10-13;财政部　国家税务总局关于全面推开营业税改征增值税试点的通知,财税〔2016〕36号,发文日期:2016-03-23)

(三)与总机构实行统一核算的分支机构从总机构取得的日常工资、电话费、租金等资金,不应视为因购买货物而取得的返利收入,不应作冲减进项税额处理。

(国家税务总局关于增值税一般纳税人平销行为征收增值税问题的批复,国税函〔2001〕247号,发文日期:2001-04-05)

〔例题6-7〕　三联家电商场(一般纳税人)2020年5月份销售家电取得的不含税销售额为65 000元,购进电视机取得专用发票上注明的价款为30 000元,税款为3 900元。因三联家电商场上年度购进海信集团有限公司的家电产品金额达到200万元,本月还取得海信集团有限公司的返还资金5 400元。计算该月三联家电商场的应纳税额。

解析:当期应冲减进项税金=5 400÷(1+13%)×13%=621.24(元)

进项税额=3 900-621.24=3 278.76(元)

应纳税额=65 000×13%-3 278.76=5 171.24(元)

答:三联家电商场5月份应纳增值税5 171.24元。

6.7 进货退出或折让

纳税人适用一般计税方法计税的，因销售折让、中止或者退回而退还给购买方的增值税额，应当从当期的销项税额中扣减；因销售折让、中止或者退回而收回的增值税额，应当从当期的进项税额中扣减。

一般纳税人开具增值税专用发票后，发生销货退回、应税服务中止等情形，或者因销货部分退回及发生销售折让，需要开具红字专用发票的，暂按12.6.2处理。

（国家税务总局关于推行增值税发票系统升级版有关问题的公告，国家税务总局公告2014年第73号，发文日期：2014-12-29）

6.8 进项留抵的处理

6.8.1 一般纳税人注销时留抵税额的处理

一般纳税人注销或被取消辅导期一般纳税人资格，转为小规模纳税人时，其存货不作进项税额转出处理，其留抵税额也不予以退税。

（财政部 国家税务总局关于增值税若干政策的通知，财税〔2005〕165号，发文日期：2005-11-28）

案例解析67

一般纳税人注销时其留抵进项税额如何进行税务处理？

天马建筑公司（一般纳税人）因公司经营战略调整，决定注销清算。停止经营时，账面留抵税额80万元。请问：天马建筑公司可以将80万元的留抵税额向税务机关申请退税吗？

答：《财政部 国家税务总局关于增值税若干政策的通知》（财税〔2005〕165号）规定，一般纳税人注销或被取消辅导期一般纳税人资格，转为小规模纳税人时，其存货不作进项税额转出处理，其留抵税额也不予以退税。因此，天马建筑公司的留抵税额不能作进项税额转出处理，也不予以退税。

6.8.2 破产、倒闭、解散、停业而注销税务登记企业的留抵税额

纳税人破产、倒闭、解散、停业后，其期初存货中尚未抵扣的已征税款，以及征税后出现的进项税额大于销项税额后不足抵扣部分（即留抵税额），税务机关不再退税。

［国家税务总局关于印发《增值税问题解答（之一）》的通知，国税函发〔1995〕288号，发文日期：1995-06-02；国家税务总局关于企业破产、倒闭、解散、停业后增值税留抵税额处理问题的批复，国税函〔1998〕429号，发文日期：1998-07-16］

6.8.3 转登记纳税人进项留抵的处理

转登记纳税人尚未申报抵扣的进项税额以及转登记日当期的期末留抵税额，计入“应交税费——待抵扣进项税额”核算。

（国家税务总局关于统一小规模纳税人标准等若干增值税问题的公告，国家税务总局公告2018年第

18 号,发文日期:2018-04-20)

6.8.4　经营地点迁移的一般纳税人留抵税额转移

自 2012 年 1 月 1 日起,增值税一般纳税人经营地点迁移后仍继续经营,其一般纳税人资格以及尚未抵扣进项税额按下列规定执行:

一、增值税一般纳税人(以下简称纳税人)因住所、经营地点变动,按照相关规定,在工商行政管理部门作变更登记处理,但因涉及改变税务登记机关,需要办理注销税务登记并重新办理税务登记的,在迁达地重新办理税务登记后,其增值税一般纳税人资格予以保留,办理注销税务登记前尚未抵扣的进项税额允许继续抵扣。

二、迁出地主管税务机关应认真核实纳税人在办理注销税务登记前尚未抵扣的进项税额,填写《增值税一般纳税人迁移进项税额转移单》。

《增值税一般纳税人迁移进项税额转移单》一式三份,迁出地主管税务机关留存一份,交纳税人一份,传递迁达地主管税务机关一份。

三、迁达地主管税务机关应将迁出地主管税务机关传递来的《增值税一般纳税人迁移进项税额转移单》与纳税人报送资料进行认真核对,对其迁移前尚未抵扣的进项税额,在确认无误后,允许纳税人继续申报抵扣。

(国家税务总局关于一般纳税人迁移有关增值税问题的公告,国家税务总局公告 2011 年第 71 号,发文日期:2011-12-09)

案例解析 68

增值税一般纳税人跨市县迁移进项税能否继续抵扣?

天马建筑公司是一般纳税人,2020 年 3 月从北京市迁移到河北省石家庄市。请问:天马建筑公司在迁移前未抵完的进项税额,能否在迁移后继续抵扣?

答:根据《国家税务总局关于一般纳税人迁移有关增值税问题的公告》(国家税务总局公告 2011 年第 71 号)规定,增值税一般纳税人因住所、经营地点变动,按照相关规定,在工商行政管理部门作变更登记处理,但因涉及改变税务登记机关,需要办理注销税务登记并重新办理税务登记的,在迁达地重新办理税务登记后,其增值税一般纳税人资格予以保留,办理注销税务登记前尚未抵扣的进项税额允许继续抵扣。增值税一般纳税人经营地点迁移,未抵扣完的进项税可以按照规定程序申请继续抵扣。因此,天马建筑公司从北京跨市县迁移到河北,未抵完的进项税额在迁移后可以继续抵扣。

6.8.5　纳税人资产重组中增值税留抵税额转移

自 2013 年 1 月 1 日起,纳税人资产重组中增值税留抵税额处理,执行如下规定:

一、增值税一般纳税人(以下称“原纳税人”)在资产重组过程中,将全部资产、负债和劳动力一并转让给其他增值税一般纳税人(以下称“新纳税人”),并按程序办理注销税务登记的,其在办理注销登记前尚未抵扣的进项税额可结转至新纳税人处继续抵扣。

二、原纳税人主管税务机关应认真核查纳税人资产重组相关资料,核实原纳税人在办理注销税务登记前尚未抵扣的进项税额,填写《增值税一般纳税人资产重组进项留抵税额转移单》。

《增值税一般纳税人资产重组进项留抵税额转移单》一式三份，原纳税人主管税务机关留存一份，交纳税人一份，传递新纳税人主管税务机关一份。

三、新纳税人主管税务机关应将原纳税人主管税务机关传递来的《增值税一般纳税人资产重组进项留抵税额转移单》与纳税人报送资料进行认真核对，对原纳税人尚未抵扣的进项税额，在确认无误后，允许新纳税人继续申报抵扣。

（国家税务总局关于纳税人资产重组增值税留抵税额处理有关问题的公告，国家税务总局公告2012年第55号，发文日期：2012-12-13）

案例解析69

一般纳税人重组前留抵进项税额可以在重组后企业抵扣吗？

2020年5月，天马建筑公司因公司经营战略调整，公司股东会决定派生分立。分立前账面留抵税额800万元。天马建筑公司派生分立后，30%净资产划转到新设立的富华公司。请问：天马建筑公司可以按照净资产的比例，将240万元的留抵税额划转给富华公司抵扣吗？

答：《国家税务总局关于纳税人资产重组增值税留抵税额处理有关问题的公告》（国家税务总局公告2012年第55号）第一条规定，增值税一般纳税人在资产重组过程中，将全部资产、负债和劳动力一并转让给其他增值税一般纳税人，并按程序办理注销税务登记的，其在办理注销登记前尚未抵扣的进项税额可结转至新纳税人处继续抵扣。因此，只有办理注销税务登记的一般纳税人，留抵税额才能转到重组后新设立或存续的企业。由于天马建筑公司采取的是派生分立，不办理注销登记。因此，天马建筑公司的留抵税额，不能结转到富华公司抵扣。

6.8.6 留抵税额抵减欠税

对纳税人因销项税额小于进项税额而产生期末留抵税额的，应以期末留抵税额抵减增值税欠税。

（国家税务总局关于增值税一般纳税人用进项留抵税额抵减增值税欠税问题的通知，国税发〔2004〕112号，发文日期：2004-08-30）

6.8.6.1 留抵税额抵减欠税的处理程序

一、关于税务文书的填开。

当纳税人既有增值税留抵税额，又欠缴增值税而需要抵减的，应由县（含）以上税务机关填开《增值税进项留抵税额抵减增值税欠税通知书》（以下简称《通知书》）一式两份，纳税人、主管税务机关各一份。

二、关于抵减金额的确定。

抵减欠缴税款时，应按欠税发生时间逐笔抵扣，先发生的先抵。抵缴的欠税包含呆账税金及欠税滞纳金。确定实际抵减金额时，按填开《通知书》的日期作为截止期，计算欠缴税款的应缴未缴滞纳金金额，应缴未缴滞纳金余额加欠税余额为欠缴总额。若欠缴总额大于期末留抵税额，实际抵减金额应等于期末留抵税额，并按配比方法计算抵减的欠税和滞纳金；若欠缴总额小于期末留抵税额，实际抵减金额应等于欠缴总额。

（国家税务总局关于增值税进项留抵税额抵减增值税欠税有关处理事项的通知，国税函〔2004〕1197

号,发文日期:2004-10-29)

6.8.6.2 留抵税额抵减欠税的会计处理

纳税人发生用进项留抵税额抵减增值税欠税时,按以下方法进行会计处理:

一、增值税欠税税额大于期末留抵税额,按期末留抵税额红字借记“应交税费——应交增值税(进项税额)”科目,贷记“应交税费——未交增值税”科目。

二、若增值税欠税税额小于期末留抵税额,按增值税欠税税额红字借记“应交税费——应交增值税(进项税额)”科目,贷记“应交税费——未交增值税”科目。

(国家税务总局关于增值税一般纳税人用进项留抵税额抵减增值税欠税问题的通知,国税发〔2004〕112 号,发文日期:2004-08-30)

〔例题 6-8〕 天马企业(一般纳税人)为增值税一般纳税人,2020 年 4 月 16 日欠缴增值税额 20 万元,5 月 16 日又欠缴增值税 30 万元,6 月因生产转型需要大量购进原材料,月末出现进项留抵税额 50 万元。除上述情况天马企业没有其他欠税行为。7 月 17 日,税务机关通知天马企业用留抵税额抵减欠税和滞纳金,抵减日欠税已经产生的滞纳金为 1.835 万元。

(1) 4 月欠税产生滞纳金=200 000×0.05%×92=9 200(元)。

留抵税额抵减 4 月增值税欠税和滞纳金合计=9 200+200 000=209 200(万元)。

因为进项留抵税额 500 000 元>企业 4 月增值税欠税和滞纳金 209 200 元,4 月份欠税和滞纳金可以全部冲抵。

借:应交税费——应交增值税(进项税额)　　[209 200]

　　营业外支出　　9 200

　　贷:应交税费——未交增值税　　[200 000]

(2) 5 月欠税产生滞纳金=300 000×0.05%×61=9 150(元)。

5 月增值税欠税和滞纳金合计=300 000+9 150=309 150(元)。

进项留抵税额余额=500 000−209 200=290 800(元)。

因为进项留抵税额余额 290 800 元<企业 5 月增值税欠税和滞纳金合计 309 150 元,所以可以抵减的欠税和滞纳金为 290 800 元。其中,欠税=290 800×(300 000÷309 150)=282 193(元);滞纳金=290 800−282 193=8 607(元)。

借:应交税费——应交增值税(进项税额)　　[290 800]

　　营业外支出　　8 607

　　贷:应交税费——未交增值税　　[282 193]

6.8.7 留抵税额抵减查补税款

一、增值税一般纳税人拖欠纳税检查应补缴的增值税税款,如果纳税人有进项留抵税额,可按照《国家税务总局关于增值税一般纳税人用进项留抵税额抵减增值税欠税问题的通知》(国税发〔2004〕112 号)的规定,用增值税留抵税额抵减查补税款欠税。

二、为确保税务机关和国库入库数字对账一致,抵减的查补税款不能作为稽查已入库

税款统计。考核查补税款入库率时,可将计算公式调整为:

$$\text{查补税款入库率}=\left(\text{实际缴纳入库的查补税款}+\text{增值税进项留抵税额实际抵减的查补税款欠税}\right)\div\text{应缴纳入库的查补税款}\times 100\%$$

其中,"增值税进项留抵税额实际抵减的查补税款欠税"反映考核期内实际抵减的查补税款欠税。

(国家税务总局关于增值税一般纳税人将增值税进项留抵税额抵减查补税款欠税问题的批复,国税函〔2005〕169 号,发文日期:2005-02-24)

6.8.8 营改增试点纳税人挂账留抵税额

原增值税一般纳税人兼有销售服务、无形资产或者不动产的,截止到纳入营改增试点之日前的增值税期末留抵税额,不得从销售服务、无形资产或者不动产的销项税额中抵扣。但自 2016 年 12 月 1 日起,挂账留抵进项税额有余额的,可将余额一次性计入上期留抵税额进行抵扣。

(财政部 国家税务总局关于全面推开营业税改征增值税试点的通知,财税〔2016〕36 号,发文日期:2016-03-23;国家税务总局关于调整增值税一般纳税人留抵税额申报口径的公告,国家税务总局公告 2016 年第 75 号,发文日期:2016-12-01)

6.8.9 增量留抵税额退税

6.8.9.1 适用所有行业的增量留抵退税

我国过去一直实行留抵税额结转下期抵扣制度,仅对出口货物服务对应的进项税额,实行出口退税。自 2019 年 4 月 1 日起,深化增值税改革将留抵税额退税作为一种常态化、规范化的制度确立下来。纳税人必须满足规定的条件,方可享受留抵税额退税政策。

6.8.9.1.1 享受增量留抵税额退税的条件

纳税人同时符合以下五个条件,可以向主管税务机关申请退还增量留抵税额:

1. 自 2019 年 4 月税款所属期起,连续 6 个月(按季纳税的,连续两个季度)增量留抵税额均大于零,且第 6 个月增量留抵税额不低于 50 万元。理解该条件需要正确把握六个关键点。

(1) 增量留抵税额,不是各期末增值税留抵税额比上期末新增加的留抵税额(即当期新形成的留抵税额),而是指各期末留抵税额与 2019 年 3 月底相比新增加的期末留抵税额。各期增量留抵税额=当期末留抵税额－2019 年 3 月底留抵税额。

(2) 自 2019 年 4 月税款所属期起,连续 6 个月增量留抵税额均大于零,只能从 4 月开始往后算 6 个月,而不能往前倒算。也就是说,2019 年最早满足连续 6 个月的情形,是 2019 年 4 月至 9 月的连续 6 个月。还有一点需要注意的是,连续 6 个月并不要求 2019 年 4 月税款所属期增量留抵税额必须大于 0,只要有连续 6 个月(如 6～11 月)增量留抵税额均大于 0,纳税人就可以申请留抵税额退税。

(3) 纳税人连续 6 个月增量留抵税额大于 0,即采用一般计税方法项目连续 6 个月期末留抵税额均大于 2019 年 3 月底增值税留抵税额,并不要求连续 6 个月各期末留抵税额均比上期末增加。

(4) 第 6 个月增量留抵税额不低于 50 万元，即第 6 个月末留抵税额比 3 月底留抵税额增加 50 万元以上，并不要求第 6 个月新形成的留抵税额超过 50 万元。

(5) 留抵税额退税的考核期为 6 个月，满足退税条件的纳税人按规定计算应退税额，在申报期内向主管税务机关申请退税。已经办理留抵税额退税的纳税人，再次满足退税条件的，可以继续向主管税务机关申请退还留抵税额，但 6 个月的退税考核期必须重新计算。也就是说，1 年内退税频率最高为两次。

(6) 各期进项税额主要有三个来源：一是当期取得扣税凭证并在当期申报抵扣的税额(包括当期领用农产品据此计算的农产品加计抵扣额)；二是以前期间取得扣税凭证，但在当期认证或申请稽核比对并申报抵扣的税额；三是因不动产分 2 年抵扣政策结存的尚未抵扣的待抵扣进项税额转入当期抵扣的税额。

2. 纳税信用等级为 A 级或者 B 级。纳税人申请增值税留抵退税，判断其是否符合纳税信用级别为 A 级或者 B 级的条件，以纳税人向主管税务机关申请退税提交《退(抵)税申请表》时的纳税信用级别确定。

〔例题 6-9〕 2020 年 4 月，天马公司纳税信用级别被评定为 B 级，而此前该纳税人纳税信用级别为 M 级。2020 年 5 月，该纳税人向主管税务机关申请留抵退税并提交《退(抵)税申请表》时，已满足纳税信用级别为 A 级或者 B 级的条件，因此，如纳税人符合其他留抵退税条件，税务机关应按规定为其办理留抵退税。

3. 申请退税前 36 个月未发生骗取留抵退税、骗取出口退税或虚开增值税专用发票情形的。

4. 申请退税前 36 个月未因偷税被税务机关处罚两次及以上的。

5. 自 2019 年 4 月 1 日起未享受即征即退、先征后返(退)政策的。

政策解析 对享受留抵税额退税的纳税人无行业限制，但出于防范退税风险的考虑，对适用优惠政策有限制，享受即征即退、先征后退(返)优惠的纳税人不得同时享受留抵税额退税政策。需要注意的是，未享受过即征即退、先征后返或先征后退政策的这项条件是按照纳税主体而不是按照即征即退项目来限制的。也就是说，只要享受过这些优惠政策的纳税人，其一般项目的留抵也是不允许退税的。但是，对出口货物劳务、发生跨境应税行为，适用免抵退税办法的纳税人，办理免抵退税后，仍符合上述五个条件的，可以享受留抵税额退税政策；适用免退税办法的纳税人，相关进项税额不得用于退还留抵税额。也就是说，适用免抵退税政策的生产企业，应先办理出口退税，如果将出口退税对应的进项税额转出后仍满足留抵退税条件的，再办理留抵退税；适用免退税政策的外贸企业应分别核算内销和出口业务，内销业务的留抵税额满足条件的，适用留抵退税政策，可就其内销业务按规定申请留抵退税；出口业务对应的所有进项税额均不适用留抵退税政策。

6.8.9.1.2 应退税额的计算

纳税人当期允许退还的增量留抵税额，按照以下公式计算：

$$允许退还的增量留抵税额 = 增量留抵税额 \times 进项构成比例 \times 60\%$$

进项构成比例，为 2019 年 4 月至申请退税前一税款所属期内已抵扣的增值税专用发票

(含税控机动车销售统一发票)、海关进口增值税专用缴款书、解缴税款完税凭证注明的增值税额占同期全部已抵扣进项税额的比重。在计算允许退还的增量留抵税额的进项构成比例时,纳税人在2019年4月至申请退税前一税款所属期内按规定转出的进项税额,无需从已抵扣的增值税专用发票、机动车销售统一发票、海关进口增值税专用缴款书、解缴税款完税凭证注明的增值税额中扣减。

政策解析 增值税进项税额扣税凭证包括增值税专用发票、海关进口增值税专用缴款书、解缴税款完税凭证、农产品收购发票或销售发票、通行费发票、旅客运输发票等六种,其中,前三种扣税凭证管理比较规范,虚开虚抵的难度较大,而后三种扣税凭证管理难度较大,很难完全扼制虚开虚抵现象。因此,进项构成比例实际上是纳税人取得的前三种扣税凭证相关的进项税额占全部扣税凭证相关的进项税额的比重。

〔例题6-10〕 天马企业2019年3月底存量留抵50万元,2019年4月至9月满足增量留抵税额退税的条件,并于10月申报期申请了增量留抵税额退税。2019年10月至2020年3月的留抵税额分别为60万元、55万元、80万元、70万元、90万元和100万元,2019年10月至2020年3月全部凭增值税专用发票抵扣进项。请分析天马企业2019年10月至2020年3月可否享受增量留抵退税政策,如果可以,申请的退税额应为多少?留抵退税后纳税人的进项留抵是多少?

解析:由于天马企业2019年10月至2020年3月连续6个月期末留抵税额均超过2019年3月留抵税额50万元,连续6个月都有增量留抵税额,且3月增量留抵税额为50万元,不低于起退点。如果该企业也同时满足其他四项退税条件,则在4月份纳税申报期时可向主管税务机关申请退还留抵税额30万元(50×100%×60%)。如果该企业4月收到了30万元退税款,则该企业4月的留抵税额就应从100万元调减为70万元(100—30)。

6.8.9.1.3 纳税人申请留抵退税的时限与方式

纳税人申请办理留抵退税,应于符合留抵退税条件的次月起,在增值税纳税申报期(以下称申报期)内,完成本期增值税纳税申报后,通过电子税务局或办税服务厅提交《退(抵)税申请表》。

纳税人应在收到税务机关准予留抵退税的《税务事项通知书》当期,以税务机关核准的允许退还的增量留抵税额冲减期末留抵税额,并在办理增值税纳税申报时,相应填写《增值税纳税申报表附列资料(二)(本期进项税额明细)》第22栏"上期留抵税额退税"。

6.8.9.1.4 税务机关办理留抵退税的原则及时限

一、税务机关办理留抵退税的原则。

税务机关按照"窗口受理、内部流转、限时办结、窗口出件"的原则办理留抵退税。

税务机关对纳税人是否符合留抵退税条件、当期允许退还的增量留抵税额等进行审核确认,并将审核结果告知纳税人。

二、税务机关办理留抵退税的时限。

除属于暂停(终止)办理留抵退税外,税务机关应当按下列时限内办理留抵退税:

(一)纳税人符合留抵退税条件且不存在"暂停留抵退税"所列情形的,税务机关应自受理留抵退税申请之日起10个工作日内完成审核,并向纳税人出具准予留抵退税的《税务事项通知书》。

既申报免抵退税又申请办理留抵退税的纳税人,上述10个工作日,自免抵退税应退税额核准之日起计算。

(二)纳税人不符合留抵退税条件的,不予留抵退税。税务机关应自受理留抵退税申请之日起10个工作日内完成审核,并向纳税人出具不予留抵退税的《税务事项通知书》。

6.8.9.1.5 出口退税与留抵退税的衔接

纳税人出口货物劳务、发生跨境应税行为,适用免抵退税办法的,可以在同一申报期内,既申报免抵退税又申请办理留抵退税。

(一)申请办理留抵退税的纳税人,出口货物劳务、跨境应税行为适用免抵退税办法的,应当按期申报免抵退税。当期可申报免抵退税的出口销售额为零的,应办理免抵退税零申报。

(二)纳税人既申报免抵退税又申请办理留抵退税的,税务机关应先办理免抵退税。办理免抵退税后,纳税人仍符合留抵退税条件的,再办理留抵退税。

政策解析 当纳税人既有内销业务,又有出口业务时,出口退税和留抵退税制度需要进行有效衔接。具体来说,对于适用免抵退税办法的生产企业,办理退税的顺序是,先办理出口业务的免抵退税,待免抵退税完成后,还有期末留抵税额且符合留抵退税条件的,可以再申请办理留抵退税。

(三)纳税人在同一申报期既申报免抵退税又申请办理留抵退税的,或者在纳税人申请办理留抵退税时存在尚未经税务机关核准的免抵退税应退税额的,应待税务机关核准免抵退税应退税额后,按最近一期《增值税纳税申报表(一般纳税人适用)》期末留抵税额,扣减税务机关核准的免抵退税应退税额后的余额确定允许退还的增量留抵税额。

税务机关核准的免抵退税应退税额,是指税务机关当期已核准,但纳税人尚未在《增值税纳税申报表(一般纳税人适用)》第15栏“免、抵、退应退税额”中填报的免抵退税应退税额。

(四)在纳税人办理增值税纳税申报和免抵退税申报后、税务机关核准其免抵退税应退税额前,核准其前期留抵退税的,以最近一期《增值税纳税申报表(一般纳税人适用)》期末留抵税额,扣减税务机关核准的留抵退税额后的余额,计算当期免抵退税应退税额和免抵税额。

税务机关核准的留抵退税额,是指税务机关当期已核准,但纳税人尚未在《增值税纳税申报表附列资料(二)(本期进项税额明细)》第22栏“上期留抵税额退税”填报的留抵退税额。

6.8.9.1.6 即征即退、先征后返(退)与留抵退税的衔接

纳税人按照规定取得增值税留抵退税款的,不得再申请享受增值税即征即退、先征后返(退)政策。

2020年1月20日前,纳税人已按照上述规定取得增值税留抵退税款的,在2020年6月30日前将已退还的增值税留抵退税款全部缴回,可以按规定享受增值税即征即退、先征

后返(退)政策;否则,不得享受增值税即征即退、先征后返(退)政策。

6.8.9.1.7　增值留抵税额的确定

纳税人在办理留抵退税期间发生下列情形的,按照以下规定确定允许退还的增量留抵税额:

(一) 因纳税申报、稽查查补和评估调整等原因,造成期末留抵税额发生变化的,按最近一期《增值税纳税申报表(一般纳税人适用)》期末留抵税额确定允许退还的增量留抵税额。

(二) 纳税人在同一申报期既申报免抵退税又申请办理留抵退税的,或者在纳税人申请办理留抵退税时存在尚未经税务机关核准的免抵退税应退税额的,应待税务机关核准免抵退税应退税额后,按最近一期《增值税纳税申报表(一般纳税人适用)》期末留抵税额,扣减税务机关核准的免抵退税应退税额后的余额确定允许退还的增量留抵税额。

税务机关核准的免抵退税应退税额,是指税务机关当期已核准,但纳税人尚未在《增值税纳税申报表(一般纳税人适用)》第 15 栏"免、抵、退应退税额"中填报的免抵退税应退税额。

(三) 纳税人既有增值税欠税,又有期末留抵税额的,按最近一期《增值税纳税申报表(一般纳税人适用)》期末留抵税额,抵减增值税欠税后的余额确定允许退还的增量留抵税额。

6.8.9.1.8　暂停留抵退税的情形

(一) 税务机关在办理留抵退税期间,发现符合留抵退税条件的纳税人存在以下情形,暂停为其办理留抵退税:

1. 存在增值税涉税风险疑点的。

2. 被税务稽查立案且未结案的。

3. 增值税申报比对异常未处理的。

4. 取得增值税异常扣税凭证未处理的。

5. 国家税务总局规定的其他情形。

(二) 上述列举的增值税涉税风险疑点等情形已排除,且相关事项处理完毕后,按以下规定办理:

1. 纳税人仍符合留抵退税条件的,税务机关继续为其办理留抵退税,并自增值税涉税风险疑点等情形排除且相关事项处理完毕之日起 5 个工作日内完成审核,向纳税人出具准予留抵退税的《税务事项通知书》。

2. 纳税人不再符合留抵退税条件的,不予留抵退税。税务机关应自增值税涉税风险疑点等情形排除且相关事项处理完毕之日起 5 个工作日内完成审核,向纳税人出具不予留抵退税的《税务事项通知书》。

税务机关对发现的增值税涉税风险疑点进行排查的具体处理时间,由各省(自治区、直辖市和计划单列市)税务局确定。

6.8.9.1.9　终止留抵退税的情形

税务机关对增值税涉税风险疑点进行排查时,发现纳税人涉嫌骗取出口退税、虚开增值税专用发票等增值税重大税收违法行为的,终止为其办理留抵退税,并自作出终止办理留抵退税决定之日起 5 个工作日内,向纳税人出具终止办理留抵退税的《税务事项通知书》。

税务机关对纳税人涉嫌增值税重大税收违法行为核查处理完毕后,纳税人仍符合留抵退税条件的，可按照本公告的规定重新申请办理留抵退税。

6.8.9.1.10 退税流程

纳税人向其主管税务机关提交留抵退税申请，对符合留抵退税条件的，税务机关在完成退税审核后，开具税收收入退还书，直接送交同级国库办理退库。税务机关按期将退税清单送交同级财政部门。各部门应加强配合，密切协作，确保留抵退税工作稳妥有序。

6.8.9.1.11 骗取留抵退税的责任

纳税人以虚增进项、虚假申报或其他欺骗手段骗取留抵退税的，由税务机关追缴其骗取的退税款，并按照《中华人民共和国税收征收管理法》等有关规定处理。

（财政部 税务总局 海关总署关于深化增值税改革有关政策的公告，财政部 税务总局 海关总署公告2019年第39号，发文日期:2019-03-20；国家税务总局关于办理增值税期末留抵税额退税有关事项的公告，国家税务总局公告2019年第20号，发文日期:2019-04-30；财政部 税务总局关于明确部分先进制造业增值税期末留抵退税政策的公告，财政部 税务总局公告2019年第84号，发文日期:2019-08-31；国家税务总局关于取消增值税扣税凭证认证确认期限等增值税征管问题的公告，国家税务总局公告2019年第45号，发文日期:2019-12-31；财政部 税务总局关于明确国有农用地出租等增值税政策的公告，财政部 税务总局公告2020年第2号，发文日期:2020-01-20）

〔例题6-11〕 天马企业（一般纳税人，纳税信用等级为A级）2019年3月31日增值税期末留抵税额为280万元。4月销项税额为80万元，当期认证抵扣的进项税额为100万元，不动产分两次抵扣政策结余尚未抵扣的待抵扣进项税额200万元全部转入4月进项税额。5～9月期间，各月销项税额均为100万元，进项税额均为80万元。假设天马企业没有发生过偷税、骗税及虚开增值税专用发票等违法行为，各月取得的增值税扣税凭证全部为增值税专用发票。那么，天马企业可以申请增量留抵税额退税吗？如果可以，退还的税额是多少？

解析:4月应纳税额＝销项税额－进项税额＝80－(280＋100＋200)＝－500(万元)。

4月增量留抵税额＝4月末留抵税额－3月底留抵税额＝500－280＝220(万元)＞0。

5月应纳税额＝销项税额－进项税额＝100－(500＋80)＝－480(万元)。

5月增量留抵税额＝5月末留抵税额－3月底留抵税额＝480－280＝200(万元)＞0。

6月应纳税额＝销项税额－进项税额＝100－(480＋80)＝－460(万元)。

6月增量留抵税额＝6月末留抵税额－3月底留抵税额＝460－280＝180(万元)＞0。

7月应纳税额＝销项税额－进项税额＝100－(460＋80)＝－440(万元)。

7月增量留抵税额＝7月末留抵税额－3月底留抵税额＝440－280＝160(万元)＞0。

8月应纳税额＝销项税额－进项税额＝100－(440＋80)＝－420(万元)。

8月增量留抵税额＝8月末留抵税额－3月底留抵税额＝420－280＝140(万元)＞0。

9月应纳税额＝销项税额－进项税额＝100－(420＋80)＝－400(万元)。

9月增量留抵税额＝9月末留抵税额－3月底留抵税额＝400－280＝120(万元)＞50万元。

经过计算发现，天马企业4～9月各月的增量留抵税额均大于0，且第6个月(即9月)增量留抵税额大于50万元，满足留抵退税的五个条件，可以申请留抵退税。

允许退还的增量留抵税额＝增量留抵税额×进项构成比例×60%＝120×100%×60%＝72(万元)。

6.8.9.2 先进制造业增量留抵退税

为进一步推进制造业高质量发展，部分先进制造业纳税人执行更优惠的增量留抵税额退还政策。

6.8.9.2.1 增量留抵税额退税的条件

自2019年6月1日起，同时符合以下条件的部分先进制造业纳税人，可以自2019年7月及以后纳税申报期向主管税务机关申请退还增量留抵税额：

1. 增量留抵税额大于零；

2. 纳税信用等级为A级或者B级[纳税人申请增值税留抵退税，判断其是否符合纳税信用级别为A级或者B级的条件，以纳税人向主管税务机关申请退税提交《退(抵)税申请表》时的纳税信用级别确定]；

3. 申请退税前36个月未发生骗取留抵退税、出口退税或虚开增值税专用发票情形；

4. 申请退税前36个月未因偷税被税务机关处罚两次及以上；

5. 自2019年4月1日起未享受即征即退、先征后返(退)政策。

6.8.9.2.2 先进制造业及增量留抵税额的界定

一、部分先进制造业纳税人。

部分先进制造业纳税人，是指按照《国民经济行业分类》，生产并销售非金属矿物制品、通用设备、专用设备及计算机、通信和其他电子设备销售额占全部销售额的比重超过50%的纳税人。

上述销售额比重根据纳税人申请退税前连续12个月的销售额计算确定；申请退税前经营期不满12个月但满3个月的，按照实际经营期的销售额计算确定。

二、增量留抵税额。

增量留抵税额，是指与2019年3月31日相比新增加的期末留抵税额。

6.8.9.2.3 退税额的计算

部分先进制造业纳税人当期允许退还的增量留抵税额，按照以下公式计算：

允许退还的增量留抵税额=增量留抵税额×进项构成比例

进项构成比例，为2019年4月至申请退税前一税款所属期内已抵扣的增值税专用发票(含税控机动车销售统一发票)、海关进口增值税专用缴款书、解缴税款完税凭证注明的增值税额占同期全部已抵扣进项税额的比重。在计算允许退还的增量留抵税额的进项构成比例时，纳税人在2019年4月至申请退税前一税款所属期内按规定转出的进项税额，无需从已抵扣的增值税专用发票、机动车销售统一发票、海关进口增值税专用缴款书、解缴税款完税凭证注明的增值税额中扣减。

6.8.9.2.4 征管规定

部分先进制造业纳税人申请退还增量留抵税额的其他规定，按照《财政部 税务总局 海关总署关于深化增值税改革有关政策的公告》(财政部 税务总局 海关总署公告2019年第39号)执行。纳税人申请退还增量留抵税额，应按照《国家税务总局关于办理增值税期末留抵税额退税有关事项的公告》(国家税务总局公告2019年第20号)的规定办理相关留抵退税业务。

6.8.9.2.5 即征即退、先征后返(退)与留抵退税的衔接

纳税人按照规定取得增值税留抵退税款的，不得再申请享受增值税即征即退、先征后返

(退)政策。

2020年1月20日前,纳税人已按照上述规定取得增值税留抵退税款的,在2020年6月30日前将已退还的增值税留抵退税款全部缴回,可以按规定享受增值税即征即退、先征后返(退)政策;否则,不得享受增值税即征即退、先征后返(退)政策。

(财政部 税务总局关于明确部分先进制造业增值税期末留抵退税政策的公告,财政部 税务总局公告2019年第84号,发文日期:2019-08-31;国家税务总局关于国内旅客运输服务进项税抵扣等增值税征管问题的公告,国家税务总局公告2019年第31号,发文日期:2019-09-01;国家税务总局关于取消增值税扣税凭证认证确认期限等增值税征管问题的公告,国家税务总局公告2019年第45号,发文日期:2019-12-31;财政部 税务总局关于明确国有农用地出租等增值税政策的公告,财政部 税务总局公告2020年第2号,发文日期:2020-01-20)

政策解析 部分先进制造业纳税人的增量留抵退税政策与一般企业增量留抵退税政策有三个区别:一是办理期限不同,先进制造业纳税人按月办理退税,自2019年7月的征期起,每个征期均可办理,而一般企业至少需要六个月才能办理一次退税,一年最多可以申请两次;二是退税条件不同,先进制造业没有起退点,在满足其他四个条件的前提下,只要有增量留抵税额,均可办理退税,而一般企业的起退点为50万元;三是退税额的计算不同,先进制造业的退税额为增量留抵税额与进项构成比例之积,而一般企业还要再乘上60%。

可见,先进制造业的增量留抵退税政策比一般企业更加优惠,纳税人可以根据申请退税前12个月销售额占比判定自己能否享受先进制造业增值留抵退税政策,如果占比达不到50%,则享受一般企业增量留抵退税政策。

6.8.9.3 民用航空发动机、新支线飞机和大型客机留抵退税

民用航空发动机(包括大型民用客机发动机和中大功率民用涡轴涡桨发动机)、新支线飞机和大型客机有关增值税、房产税和城镇土地使用税政策如下:

一、自2018年1月1日起至2023年12月31日止,对纳税人从事大型民用客机发动机、中大功率民用涡轴涡桨发动机研制项目而形成的增值税期末留抵税额予以退还;对上述纳税人及其全资子公司从事大型民用客机发动机、中大功率民用涡轴涡桨发动机研制项目自用的科研、生产、办公房产及土地,免征房产税、城镇土地使用税。

二、自2019年1月1日起至2020年12月31日止,对纳税人生产销售新支线飞机暂减按5%征收增值税,并对其因生产销售新支线飞机而形成的增值税期末留抵税额予以退还。

三、自2019年1月1日起至2020年12月31日止,对纳税人从事大型客机研制项目而形成的增值税期末留抵税额予以退还;对上述纳税人及其全资子公司自用的科研、生产、办公房产及土地,免征房产税、城镇土地使用税。

四、本公告所称大型民用客机发动机、中大功率民用涡轴涡桨发动机、新支线飞机和大型客机,指上述发动机、民用客机的整机,具体标准如下:

(一)大型民用客机发动机,是指:1.单通道干线客机发动机,起飞推力12 000~16 000 kgf;2.双通道干线客机发动机,起飞推力28 000~35 000 kgf。

(二)中大功率民用涡轴涡桨发动机,是指:1.中等功率民用涡轴发动机,起飞功率

1 000～3 000 kW；2. 大功率民用涡桨发动机，起飞功率 3 000 kW 以上。

（三）新支线飞机，是指空载重量大于 25 吨且小于 45 吨、座位数量少于 130 个的民用客机。

（四）大型客机，是指空载重量大于 45 吨的民用客机。

五、纳税人符合本公告规定的增值税期末留抵税额，可在初次申请退税时予以一次性退还。纳税人收到退税款项的当月，应将退税额从增值税进项税额中转出。未按规定转出的，按《中华人民共和国税收征收管理法》有关规定承担相应法律责任。

退还的增值税税额由中央和地方按照现行增值税分享比例共同负担。

六、纳税人享受本公告规定的免征房产税、城镇土地使用税政策，应按规定进行免税申报，并将不动产权属、房产原值、土地用途等资料留存备查。

七、纳税人已缴纳的根据本公告规定应予减免的税款，从其应纳的相应税款中抵扣或者予以退税。

（财政部　税务总局关于民用航空发动机、新支线飞机和大型客机税收政策的公告，财政部　税务总局公告 2019 年第 88 号，发文日期：2019-10-08）

6.8.9.4　疫情防控重点保障物资生产企业

自 2020 年 1 月 1 日起至财政部、税务总局规定的截止日期止，疫情防控重点保障物资生产企业可以按月向主管税务机关申请全额退还增值税增量留抵税额。

本公告所称增量留抵税额，是指与 2019 年 12 月底相比新增加的期末留抵税额。

（一）疫情防控重点保障物资生产企业名单，由省级及以上发展改革部门、工业和信息化部门确定。

（二）适用增值税增量留抵退税政策的，应当在增值税纳税申报期内，完成本期增值税纳税申报后，向主管税务机关申请退还增量留抵税额。

（财政部　税务总局关于支持新型冠状病毒感染的肺炎疫情防控有关税收政策的公告，财政部　税务总局公告 2020 年第 8 号，发文日期：2020-02-06；国家税务总局关于支持新型冠状病毒感染的肺炎疫情防控有关税收征收管理事项的公告，国家税务总局公告 2020 年第 4 号，发文日期：2020-02-10）

政策解析　纳税人只要被省级及以上发改或工信部门列入疫情防控重点保障物资生产企业名单内，就可以按月享受增量留抵税额退税政策，没有其他限制条件，无论纳税人的增量留抵税额有多少，无论纳税人的纳税信用等级如何，也无论纳税人是否享受即征即退和先征后退政策，均可以享受增量留抵退税政策。同时，计算退税额时也无需考虑进项构成比。

热点问题 1

我公司是一家制衣公司，除了生产防护用品外，还生产普通服装，已被工信部确定为第一批疫情防控重点保障物资生产企业。请问，疫情防控重点保障物资生产企业留抵退税政策，是不是只能退还生产防护用品对应的进项税额？

答：《财政部　税务总局关于支持新型冠状病毒感染的肺炎疫情防控有关税收政策的公告》（财政部　税务总局公告 2020 年第 8 号，以下简称“8 号公告”）规定，疫情防控重点保障物资生产企业可以按月向主管税务机关申请全额退还增值税增量留抵税额。增量留抵税额，是指与2019年12月底相比新增加的期末留抵税额。疫情防控重点保障物资生产企业名单，由省级及以上发展改革部门、工业和信息化部门确定。

因此，如你公司已被工信部确定为疫情防控重点保障物资生产企业，可以按照8号公告的规定申请全额退还2020年以来的增值税增量留抵税额，不限于生产疫情防控重点保障物资对应的进项税额。

热点问题2

如果我公司既符合疫情防控重点保障物资生产企业留抵退税条件，也符合部分先进制造业留抵退税条件，请问，应该按照哪项规定退税？可以任意选择适用吗？

答：《财政部 税务总局关于支持新型冠状病毒感染的肺炎疫情防控有关税收政策的公告》(财政部 税务总局公告2020年第8号，以下简称“8号公告”)规定，疫情防控重点保障物资生产企业，可按月向主管税务机关申请全额退还2020年1月及以后形成的增量留抵税额。该项政策自2020年1月1日起实施，截止日期视疫情情况另行公告。

《财政部 税务总局关于明确部分先进制造业增值税期末留抵退税政策的公告》(财政部 税务总局公告2019年第84号，以下称84号公告)规定，自2019年6月1日起，同时符合一定条件的部分先进制造业纳税人，可按月向主管税务机关申请退还2019年4月及以后形成的增量留抵税额(允许退还的增量留抵税额=增量留抵税额×进项构成比例)。

在8号公告执行期间内，你公司可以根据自身情况，自行选择适用上述两项增值税留抵退税政策。需要说明的是，您可以在不同的纳税申报期内选择按照不同的留抵退税政策申请退税。比如，在2020年1月、3月选择按照84号公告规定申请留抵退税，2月选择按照8号公告规定申请留抵退税。在8号公告规定的留抵退税政策到期后，你公司仍可以继续按照84号公告规定申请留抵退税。

6.8.9.5 增值税留抵税额退税对城市维护建设税和教育费附加的影响

为保证增值税期末留抵退税政策有效落实，现就留抵退税涉及的城市维护建设税、教育费附加和地方教育附加问题通知如下：

对实行增值税期末留抵退税的纳税人，允许其从城市维护建设税、教育费附加和地方教育附加的计税(征)依据中扣除退还的增值税税额。

(财政部税务总局关于增值税期末留抵退税有关城市维护建设税教育费附加和地方教育附加政策的通知，财税〔2018〕80号，发文日期：2018-07-27)

6.9 研发机构采购国产设备退还增值税

为了鼓励科学研究和技术开发，促进科技进步，2019年1月1日至2020年12月31日(以增值税发票的开具日期为准)，继续对内资研发机构和外资研发中心采购国产设备全额退还增值税。从内资研发机构和外资研发中心取得退税资格的次月1日起执行。

一、国产设备的条件。

“设备”，是指为科学研究、教学和科技开发提供必要条件的实验设备、装置和器械。在计算累计购置的设备原值时，应将进口设备和采购国产设备的原值一并计入，包括已签订购置合同并于当年内交货的设备（应提交购置合同清单及交货期限），上述采购国产设备应属于本公告《科技开发、科学研究和教学设备清单》所列设备。对执行中国产设备范围存在异议的，由主管税务机关逐级上报税务总局商财政部核定。

二、研发机构的具体条件和范围。

（一）内资研发机构和外资研发中心包括：

1. 科技部会同财政部、海关总署和税务总局核定的科技体制改革过程中转制为企业和进入企业的主要从事科学研究和技术开发工作的机构；

2. 国家发展改革委会同财政部、海关总署和税务总局核定的国家工程研究中心；

3. 国家发展改革委会同财政部、海关总署、税务总局和科技部核定的企业技术中心；

4. 科技部会同财政部、海关总署和税务总局核定的国家重点实验室（含企业国家重点实验室）和国家工程技术研究中心；

5. 科技部核定的国务院部委、直属机构所属从事科学研究工作的各类科研院所，以及各省、自治区、直辖市、计划单列市科技主管部门核定的本级政府所属从事科学研究工作的各类科研院所；

6. 科技部会同民政部核定或者各省、自治区、直辖市、计划单列市及新疆生产建设兵团科技主管部门会同同级民政部门核定的科技类民办非企业单位；

7. 工业和信息化部会同财政部、海关总署、税务总局核定的国家中小企业公共服务示范平台（技术类）；

8. 国家承认学历的实施专科及以上高等学历教育的高等学校（以教育部门户网站公布名单为准）；

9. 符合本公告第二条规定的外资研发中心；

10. 财政部会同国务院有关部门核定的其他科学研究机构、技术开发机构和学校。

（二）外资研发中心，根据其设立时间，应分别满足下列条件：

1. 2009 年 9 月 30 日及其之前设立的外资研发中心，应同时满足下列条件：

（1）研发费用标准：（1）对外资研发中心，作为独立法人的，其投资总额不低于 500 万美元；作为公司内设部门或分公司的非独立法人的，其研发总投入不低于 500 万美元；（2）企业研发经费年支出额不低于 1000 万元。

（2）专职研究与试验发展人员不低于 90 人。

（3）设立以来累计购置的设备原值不低于 1000 万元。

2. 2009 年 10 月 1 日及其之后设立的外资研发中心，应同时满足下列条件：

（1）研发费用标准：作为独立法人的，其投资总额不低于 800 万美元；作为公司内设部门或分公司的非独立法人的，其研发总投入不低于 800 万美元。

（2）专职研究与试验发展人员不低于 150 人。

（3）设立以来累计购置的设备原值不低于 2000 万元。

外资研发中心须经商务主管部门会同有关部门按照上述条件进行资格审核认定。在 2018 年 12 月 31 日（含）以前，初次取得退税资格或通过资格复审未满 2 年的，可继续享受至 2 年期满。

3. 有关定义。

(1)"投资总额",是指商务主管部门发放的外商投资企业批准证书或设立、变更备案回执等文件所载明的金额。

(2)"研发总投入",是指外商投资企业专门为设立和建设本研发中心而投入的资产,包括即将投入并签订购置合同的资产(应提交已采购资产清单和即将采购资产的合同清单)。

(3)"研发经费年支出额",是指近两个会计年度研发经费年均支出额;不足两个完整会计年度的,可按外资研发中心设立以来任意连续 12 个月的实际研发经费支出额计算;现金与实物资产投入应不低于 60%。

(4)"专职研究与试验发展人员",是指企业科技活动人员中专职从事基础研究、应用研究和试验发展三类项目活动的人员,包括直接参加上述三类项目活动的人员以及相关专职科技管理人员和为项目提供资料文献、材料供应、设备的直接服务人员,上述人员须与外资研发中心或其所在外商投资企业签订 1 年以上劳动合同,以外资研发中心提交申请的前一日人数为准。

三、研发机构办理采购国产设备退税备案、变更及注销。

(一) 退税机关。

主管研发机构退税的税务机关(以下简称"主管税务机关")负责办理研发机构采购国产设备退税的备案、审核、核准及后续管理工作。

(二) 备案手续。

研发机构享受采购国产设备退税政策,应于首次申报退税时,持以下资料向主管税务机关办理退税备案手续:

1. 符合"二、研发机构的具体条件和范围"规定的研发机构资质证明资料。

2. 内容填写真实、完整的《出口退(免)税备案表》。该备案表在《国家税务总局关于出口退(免)税申报有关问题的公告》(2018 年第 16 号)发布。其中,"企业类型"选择"其他单位";"出口退(免)税管理类型"依据资质证明材料填写"内资研发机构(简写:内资机构)"或"外资研发中心(简写:外资中心)";其他栏次按填表说明填写。

3. 主管税务机关要求提供的其他资料。

本办法下发前,已办理采购国产设备退税备案的研发机构,无需再次办理备案。

(三) 备案变更。

已办理备案的研发机构,《出口退(免)税备案表》中内容发生变更的,须自变更之日起 30 日内,持相关资料向主管税务机关办理备案变更。

(四) 备案撤销。

研发机构发生解散、破产、撤销以及其他依法应终止采购国产设备退税事项的,应持相关资料向主管税务机关办理备案撤回。主管税务机关应按规定结清退税款后,办理备案撤回。

研发机构办理注销税务登记的,应先向主管税务机关办理退税备案撤回。

外资研发中心因自身条件发生变化不再符合"二、研发机构的具体条件和范围"规定条件的,应自条件变化之日起 30 日内办理退税备案撤回,并自条件变化之日起,停止享受采购国产设备退税政策。未按照规定办理退税备案撤回,并继续申报采购国产设备退税的,主管税务机关应追回已退税款，并依照税收征收管理法的有关规定处理。

四、研发机构退税申报时限及申报资料。

（一）申报期限。

研发机构采购国产设备退税的申报期限，为采购国产设备之日（以发票开具日期为准）次月1日起至次年4月30日前的各增值税纳税申报期。

2019年研发机构采购国产设备退税申报期限延长至2020年8月31日前的各增值税纳税申报期。

（二）申报资料。

已备案的研发机构应在退税申报期内，凭下列资料向主管税务机关办理采购国产设备退税：

1.《购进自用货物退税申报表》。该表在《国家税务总局关于发布〈出口货物劳务增值税和消费税管理办法〉的公告》（2012年第24号）发布。填写该表时，应在备注栏填写“科技开发、科学研究、教学设备”。

2. 采购国产设备合同。

3. 增值税专用发票，或者开具时间为2019年1月1日至本办法发布之日前的增值税普通发票（不含增值税普通发票中的卷票，下同）。

4. 主管税务机关要求提供的其他资料。

上述增值税专用发票，在增值税发票综合服务平台上线后，应当已通过增值税发票综合服务平台确认用途为“用于出口退税”；在增值税发票综合服务平台上线前，应当已经扫描认证通过，或者已通过增值税发票选择确认平台勾选确认。

研发机构采购国产设备取得的增值税专用发票，已用于进项税额抵扣的，不得申报退税；已用于退税的，不得用于进项税额抵扣。

五、税务机关审核处理方式。

1. 属于增值税一般纳税人的研发机构申报采购国产设备退税，主管税务机关经审核符合规定的，应按规定办理退税。

2. 研发机构申报采购国产设备退税，属于下列情形之一的，主管税务机关应采取发函调查或其他方式调查，在确认增值税发票真实、发票所列设备已按规定申报纳税后，方可办理退税：

（1）审核中发现疑点，经核实仍不能排除疑点的。

（2）增值税一般纳税人使用增值税普通发票申报退税的。

（3）非增值税一般纳税人申报退税的。

六、退税额。

研发机构采购国产设备的应退税额，为增值税发票上注明的税额。

七、已退税的国产设备转移或移作他用的处理。

已办理增值税退税的国产设备，自增值税发票开具之日起3年内，设备所有权转移或移作他用的，研发机构须按照下列计算公式，向主管税务机关补缴已退税款。

应补缴税款＝增值税发票上注明的税额×（设备折余价值÷设备原值）

设备折余价值＝增值税发票上注明的金额－累计已提折旧

累计已提折旧按照企业所得税法的有关规定计算。

八、违法违规的处理。

1. 研发机构涉及重大税收违法失信案件,按照《国家税务总局关于发布〈重大税收违法失信案件信息公布办法〉的公告》(2018 年第 54 号)被公布信息的,研发机构应自案件信息公布之日起,停止享受采购国产设备退税政策,并在 30 日内办理退税备案撤回。研发机构违法失信案件信息停止公布并从公告栏撤出的,自信息撤出之日起,研发机构可重新办理采购国产设备退税备案,其采购的国产设备可继续享受退税政策。未按照规定办理退税备案撤回,并继续申报采购国产设备退税的,主管税务机关应追回已退税款,并依照税收征收管理法的有关规定处理。

2. 研发机构采取假冒采购国产设备退税资格、虚构采购国产设备业务、增值税发票既申报抵扣又申报退税、提供虚假退税申报资料等手段,骗取采购国产设备退税的,主管税务机关应追回已退税款,并依照税收征收管理法的有关规定处理。

九、其他退税事项。

本办法未明确的其他退税管理事项,比照出口退税有关规定执行。

(财政部 商务部 税务总局关于继续执行研发机构采购设备增值税政策的公告,财政部 商务部 税务总局公告 2019 年第 91 号,发文日期:2019-11-11;国家税务总局关于发布《研发机构采购国产设备增值税退税管理办法》的公告,国家税务总局公告 2020 年第 6 号,发文日期:2020-03-11)

6.10 加计抵减进项税额

6.10.1 生产、生活服务业的加计抵减

由于 2019 年的税率下调只涉及两档高税率,6%的税率维持不变,为使各行各业纳税人均从此次减税降费的改革中受益,深化增值税改革政策中设计了一项全新的政策,即加计抵减进项税额。自 2019 年 4 月 1 日至 2021 年 12 月 31 日,允许生产、生活性服务业纳税人按照当期可抵扣进项税额加计 10%,抵减应纳税额。

1. 加计抵减政策是阶段性税收优惠政策,执行期为 2019 年 4 月 1 日至 2021 年 12 月 31 日,2021 年 12 月 31 日后,纳税人不得再计提加计抵减额,结余的加计抵减额也停止抵减。

2. 生产、生活性服务业纳税人,不是依照纳税人办理工商和税务登记时所填写的主营行业确定,而是依照纳税人在规定的期间内生产、生活性服务销售额占比确定,即提供邮政服务、电信服务、现代服务、生活服务(以下简称“四项服务”)取得的四项服务销售额合计数占全部销售额的比重超过 50%的纳税人,可以享受加计抵减政策。

(1) 销售额是四项服务销售额的合计数,包括纳税申报销售额、稽查查补销售额、纳税评估调整销售额。其中,纳税申报销售额包括一般计税方法销售额,简易计税方法销售额,免税销售额,税务机关代开发票销售额,免、抵、退办法出口销售额,即征即退项目销售额。稽查查补销售额和纳税评估调整销售额,计入查补或评估调整当期销售额确定适用加计抵减政策;适用增值税差额征收政策的,以差额后的销售额确定适用加计抵减政策。

(2) 经财政部和国家税务总局或者其授权的财政和税务机关批准,实行汇总缴纳增值税的总机构及其分支机构,以总机构本级及其分支机构的合计销售额,确定总机构及其分支机构适用加计抵减政策。

政策解析 实行汇总缴纳增值税的总机构及其分支机构,在判断是否适用加计抵减政策时,以总机构及其分支机构的合计销售额计算四项服务销售额占比。如果符合加计抵减政策的适用标准,则汇总纳税范围内的总机构及其分支机构均可适用加计抵减政策。否则,总机构及其分支机构均无法适用。

3. 加计抵减政策只适用于一般纳税人。小规模纳税人即使四项服务销售额占比超过50%,也不能适用加计抵减政策;

政策解析 虽然加计抵减政策只适用于一般纳税人,但在确定主营业务时参与计算的销售额,不只包括纳税人在登记为一般纳税人以后的销售额,其在小规模纳税人期间的销售额也是可以参与计算的。例如:天马公司于2018年1月成立,2018年9月登记为一般纳税人,在计算四项服务销售额占比时,自2018年4月开始计算。

4. 加计抵减政策是按年适用的,纳税人确定适用加计抵减政策后,当年(这里的年是指会计年度,而不是连续12个月的概念)内不再调整。

(1) 2019年3月31日前设立的纳税人,自2018年4月至2019年3月期间的销售额(经营期不满12个月的,按照实际经营期的销售额)符合规定比例的,自2019年4月1日至2019年12月31日适用加计抵减政策。

(2) 2019年3月31日前设立,且2018年4月至2019年3月期间销售额均为零的纳税人,以首次产生销售额当月起连续3个月的销售额确定能否适用加计抵减政策。

(3) 2019年4月1日后设立的纳税人,自设立之日起3个月的销售额符合规定条件的,自登记为一般纳税人之日起适用加计抵减政策

(4) 2019年4月1日后设立,且自设立之日起3个月的销售额均为零的纳税人,以首次产生销售额当月起连续3个月的销售额确定适用加计抵减政策。

2020年度和2021年度能否适用加计抵减政策,根据纳税人上年度销售额占比计算确定。

政策解析 4月1日以后成立的纳税人,由于成立当期暂无销售额,无法直接以销售额判断,因此,成立后的前3个月暂不适用加计抵减政策,待满3个月,再以这3个月的销售额比重是否超过50%判断,如超过50%,可以自第4个月开始适用加计抵减政策,此前未计提加计抵减额的3个月,可按规定补充计提加计抵减额。

5. 纳税人应按照当期可抵扣进项税额的10%计提当期加计抵减进项税额(以下简称"加计抵减额")。当期计提加计抵减额=当期可抵扣进项税额×10%。

当期可抵扣进项税额从扣税凭证看,包括增值税专用发票、海关进口增值税专用缴款书、解缴税款完税凭证、农产品收购发票或销售发票、通行费发票等各种扣税凭证上注明或计算的进项税额;当期可抵扣进项税额从抵扣时限看,包括当期取得扣税凭证并在当期申报

抵扣的税额、以前期间取得扣税凭证但在当期认证或申请稽核比对并申报抵扣的税额、因不动产分两年抵扣政策结存的尚未抵扣的待抵扣进项税额转入当期抵扣的税额、农产品加计抵扣的进项税额。按照现行规定不得从销项税额中抵扣的进项税额,不得计提加计抵减额。

政策解析　只要是在国内环节,可计算加计的进项税额,既不限于接受四项服务取得的进项税额,也不限于提供四项服务对应的进项税额,只要纳税人按照一般规定正常可以抵扣的进项税额,都是可以计算加计抵减的。

6. 已计提加计抵减额的进项税额,按规定作进项税额转出的,应在进项税额转出当期,相应调减加计抵减额。当期可抵减加计抵减额＝上期末加计抵减额余额＋当期计提加计抵减额－当期调减加计抵减额。

政策解析　只有已计提加计抵减额的进项税额转出时才需要做加计抵减的调减,对于纳税人享受加计抵减政策前的进项税额发生进项税额转出时,不需要做加计抵减的调减,因为该进项税额并未计提过加计抵减额。

7. 加计抵减是一项由纳税人自主判断、自主申报、自主享受的优惠政策。需要享受政策的纳税人向税务机关提交《适用加计抵减政策的声明》。但是,税务机关并不要求纳税人在每年1月(2019年为2019年4月)提交声明,纳税人可以在以后月份补充提交,并且纳税人可计提但未计提的加计抵减额,并不会因为纳税人未在当期及时计提而失去加计抵减的权利,纳税人可在确定适用加计抵减政策的当期一并计提。但是,补提的加计抵减额不能往前追溯调整以前期的应纳税额,只能抵减计提当期和以后期的应纳税额。

政策解析　由于加计抵减政策是一项全新的优惠政策,纳税人还需要有一个逐步适应的过程。因此,如果纳税人满足加计抵减条件,但因各种原因并未及时计提加计抵减额,允许纳税人在此后补充计提,补充计提的加计抵减额不再追溯抵减和调整前期的应纳税额,但可抵减以后期间的应纳税额。

纳税人在填写《适用加计抵减政策的声明》,需要自行判断并勾选其所属行业。如果兼营四项服务中的两项或多项,应按照四项服务中收入占比最高的业务进行勾选。

〔例题6-12〕　天马服务公司2019年1月至2019年12月期间的全部销售额中,货物占比45%,信息技术服务占比30%,代理服务占比25%。分析天马服务公司2020年可否适用加计抵减政策。

解析:由于信息技术服务和代理服务均属于现代服务的范围,两者销售额之和占全部销售额的比重为55%,超过50%,因此,该纳税人可在2020年适用加计抵减政策;同时,由于信息技术服务销售额占比最高,因此,纳税人在《声明》中应勾选“信息技术服务业”相应栏次。

8. 加计抵减额一定要与进项税额区别开来,加计抵减额应从适用一般计税方法的应纳税额中抵减,而不是直接从销项税额中抵减,也不能抵减简易计税方法的应纳税额。纳税人应先计算出不考虑加计抵减额情况下的应纳税额,即抵减前的应纳税额,然后将当期可抵减加计抵减额从抵减前的应纳税额中扣除。如果纳税人当期有充足的抵减前应纳税额(即抵减前应纳税额大于当期可抵减加计抵减额)，当期加计抵减额可以全部在当期抵减，无余额；如果纳税人当期抵减前的应纳税额不充足，甚至为0(即抵减前应纳税额小于当期可抵减加计抵减额)，只能将当期抵减前的应纳税额抵减到0，未抵减完的当期可抵减加计抵减额，可结转下期继续抵减。

〔例题6-13〕 天马服务公司为一般纳税人，适用加计抵减政策。2020年6月，一般计税项目销项税额为120万元，进项税额100万元，上期留抵税额10万元，上期结转的加计抵减额余额5万元；简易计税项目销售额100万元(不含税价)，征收率3%。此外无其他涉税事项。请分析天马服务公司当期应如何计算缴纳增值税。

解析：一般计税项目：

$$\text{抵减前的应纳税额} = 120 - 100 - 10 = 10(\text{万元})$$

$$\text{当期可抵减加计抵减额} = 100 \times 10\% + 5 = 15(\text{万元})$$

由于抵减前一般计税方法的应纳税额为10万元，小于可抵减加计抵减额15万元，因此，当期实际加计抵减额为10万元。

$$\text{抵减后的应纳税额} = 10\text{-}10 = 0(\text{万元})$$

$$\text{加计抵减额余额} = 15 - 10 = 5(\text{万元})$$

$$\text{简易计税项目：应纳税额} = 100 \times 3\% = 3(\text{万元})$$

应纳税额合计：

$$\text{一般计税项目应纳税额} + \text{简易计税项目应纳税额} = 0 + 3 = 3(\text{万元})$$

9. 结余的加计抵减额是纳税人的一种权益，可以在2021年12月31日前抵减应纳税额。比如，纳税人2018年4月至2019年3月销售额占比符合规定的比例，2019年4月1日至12月31日适用加计抵减政策；2019年度销售额占比达不到规定的比例，则2020年1月1日至12月31日取得的进项税额不得计提加计抵减额，但是，2019年12月31日结余的加计抵减额可以继续在2020年抵减应纳税额。

〔例题6-14〕 天马公司(一般纳税人)2018年4月至2019年3月四项服务销售额占比超过50%，2019年适用加计抵减政策，截至2019年年底，加计抵减额结余为10万元。2019年天马公司四项服务销售额不超过50%，请分析天马公司2020年适用的加计抵减政策。

答：因为天马公司2019年四项服务销售额不超过50%，则2020年该纳税人不得再计提加计抵减额，但是，2019年未抵减完的结余额10万元，是允许其在2020至2021年度继续抵减的。

10. 加计抵减政策仅适用于国内环节，纳税人出口货物劳务、发生跨境应税行为不适用加计抵减政策，其对应的进项税额不得计提加计抵减额。

纳税人兼营出口货物劳务、发生跨境应税行为且无法划分不得计提加计抵减额的进项税额，应以销售额为权数将进项税额进行分割，计算公式为：

$$\begin{matrix}\text{不得计提加计抵}\\\text{减额的进项税额}\end{matrix} = \begin{matrix}\text{当期无法划分的}\\\text{全部进项税额}\end{matrix} \times \begin{matrix}\text{当期出口货物劳务和}\\\text{发生跨境应税行为的销售额}\end{matrix} \div \begin{matrix}\text{当期全部}\\\text{销售额}\end{matrix}$$

政策解析 加计抵减政策仅适用于国内环节，这也是遵循了WTO公平贸易原则，防止引发出口补贴的质疑而做出的政策安排。因此，计提加计抵减额的基础，也就是计算公式中的“当期可抵扣进项税额”，是剔除出口业务对应的进项税额的。如果纳税人既有内销业务，又有出口业务，则出口业务对应的进项税额是不能计提加计抵减额。如果出口和内销的进项税额能够分开核算的，出口对应的进项税额不得计提加计抵减额；如果出口与内销无法划分进项税额，则应按照上述计算公式，以出口和内销的销售额比例分拆进项税额，出口对应的进项税额部分不得加计抵减。需要特别说明的是，目前，既有适用退税政策的出口货物服务，也有适用征税政策的出口货物服务，在计提加计抵减额时，无论是退税的还是征税的出口货物服务，对应的进项税额都不能计提加计抵减额。

11. 纳税人应单独核算加计抵减额的计提、抵减、调减、结余等变动情况。财政部发布的《关于〈关于深化增值税改革有关政策的公告〉适用〈增值税会计处理规定〉有关问题的解读》明确：生产、生活性服务业纳税人取得资产或接受劳务时，应当按照《增值税会计处理规定》的相关规定对增值税相关业务进行会计处理；实际缴纳增值税时，按应纳税额借记“应交税费——未交增值税”等科目，按实际纳税金额贷记“银行存款”科目，按加计抵减的金额贷记“其他收益”科目。因此，增值税加计抵减的会计分录为：

借：应交税费——未交增值税

　　贷：银行存款

　　　　其他收益

按照财政部的解读，只有加计抵减的抵减才进行会计处理，加计抵减计提、调减、结余情况并不进行会计核算，只能在纳税人设置的加计抵减台账上反映，因此，加计抵减的会计核算不够全面、系统。笔者建议：纳税人可以设置“应交税费——加计抵减进项税额”账户，将各期计提的加计抵减额记入该账户借方，将因为进项税额转出而调减的加计抵减额记入其贷方，将实际在各期抵减的加计抵减额记入其贷方，那么，该账户的借方余额表示的就是加计抵减额的结余。

（财政部　税务总局　海关总署关于深化增值税改革有关政策的公告，财政部　税务总局　海关总署公告2019年第39号，发文日期：2019-03-20；国家税务总局关于国内旅客运输服务进项税抵扣等增值税征管问题的公告，国家税务总局公告2019年第31号，发文日期：2019-09-01）

〔例题6-15〕 天马设计院（一般纳税人）2019年1月至2019年12月取得的收入全部为设计服务收入。2020年1月和2月发生下列业务：

（1）1月购进办公用品、劳动保护用品、住宿服务、旅客运输服务等共取得20张合法的扣税凭证，注明或计算的进项税额合计为20万元；2019年11月购进房屋租赁服务，取得增值税专用发票一张，注明的增值税额为18万元，天马设计院将该张增值税专用发票在1月勾选认证并申报抵扣进项税额；2020年1月提供设计服务取得不含税销售额400万元，销项税额24万元。

（2）2月购进办公用品、住宿服务、旅客运输服务等共取得16张合法的扣税凭证，注明或计算的进项税额合计10万元；将1月购进的部分劳保用品发放职工福利，账面成本为10

万元(适用税率为13%);2月提供设计服务取得不含税销售额500万元,销项税额30万元。

解析:(1) 1月进项税额=20+18=38(万元)。

(2) 1月计提的加计抵减额=当期可抵扣进项税额×10%=38×10%=3.8(万元)。

建议会计处理:

借:应交税费——加计抵减进项税额　　38 000
　贷:其他收益　　38 000

(3) 1月加计抵减前的应纳税额=销项税额-进项税额=24-38=-14(万元)<0。

因为4月应纳税额小于0,当期计提的加计抵减额3.8万元不得在当期抵减,全部向以后纳税期结转。

(4) 2月进项税额为10万元,进项税额转出=10×13%=1.3(万元)。

建议会计处理:

借:其他收益　　13 000
　贷:应交税费——加计抵减进项税额　　13 000

(5) 2月可抵减加计抵减额=上期末加计抵减额余额+当期计提加计抵减额-当期调减加计抵减额=3.8+10×10%-1.3×10%=4.67(万元)。

(6) 2月加计抵减前的应纳税额=销项税额-(期初留抵进项税额+当期进项税额-进项税额转出)=30-(14+10-1.3)=7.3(万元)>4.67万元。

2月加计抵减额小于加计抵减前的应纳税额,加计抵减额可全部在当期抵减,无余额。

建议会计处理:

借:应交税费——未交增值税　　46 700
　贷:应交税费——加计抵减进项税额　　46 700

(7) 2月加计抵减后的应纳税额=加计抵减前的应纳税额-实际抵减的加计抵减额=7.3-4.67=2.63(万元)。

案例解析70

2019年4月1日后成立的纳税人以其前3个月销售额占比判定其当年可否享受加计抵减政策,如果四项服务销售额占比超过50%,从何时起可以声明享受加计抵减政策,前3个月的进项税额可以计提加计抵减额吗?

天马咨询公司设立于2020年3月,并于当月办理一般纳税人登记,2020年3月至5月现代服务销售额占全部销售额的比重为90%,3月至5月共申报抵扣进项税额20万元。请问:天马咨询公司最早何时可以向税务机关声明享受加计抵减政策?3月至5月的进项税额可以计提加计抵减额吗?

答:《政部　税务总局　海关总署关于深化增值税改革有关政策的公告》(财政部　税务总局　海关总署公告2019年第39号)规定,2019年4月1日后设立的纳税人,自设立之日起3个月的销售额符合上述规定条件的,自登记为一般纳税人之日起适用加计抵减政策。天马咨询公司成立于2019年4月1日后,其设立之日起前3个月为2020年3月至5月,这

3 个月销售额符合规定条件，则 2020 年可以享受加计抵减政策。天马咨询公司最早可于 5 月所属期的纳税申报期内，即 6 月 15 日前(假设申报期无顺延)向税务机关声明享受加计抵减优惠政策，并且其自成为一般纳税人起即可以享受加计抵减政策，由于天马咨询公司3 月已经办理一般纳税人登记，因此从 3 月起可享受加计抵减政策。39 号公告规定，纳税人可计提但未计提的加计抵减额，可在确定适用加计抵减政策当期一并计提。天马咨询公司 3 月至 5 月的进项税额 20 万元可以计提加计抵减额 2 万元，可以在首次享受加计抵减时补提，因此，可以在 6 月纳税申报期申报 5 月所属期税额时按规定进行补提和抵减。

案例解析 71

2019 年末成立的纳税人前 3 个月跨年度，如何按年享受加计抵减政策?

天马咨询公司设立于 2019 年 11 月，并于 11 月办理一般纳税人登记，2019 年 11 月至 2020 年 1 月现代服务销售额占全部销售额的比重为 90%。请问：天马咨询公司 2019 年和 2020 年如何享受加计抵减政策?

答:《财政部　税务总局　海关总署关于深化增值税改革有关政策的公告》(财政部　税务总局　海关总署公告 2019 年第 39 号)规定，2019 年 4 月 1 日后设立的纳税人，自设立之日起 3 个月的销售额符合上述规定条件的，自登记为一般纳税人之日起适用加计抵减政策。天马咨询公司成立于 2019 年 4 月 1 日后，其设立之日起前 3 个月为 2019 年 11 月、12 月和 2020 年 1 月，这 3 个月销售额符合规定条件，纳税人最早可以向税务机关声明享受加计抵减的时间为 2020 年 2 月申报期申报 1 月所属期的税额，此时已是 2020 年度，纳税人只能声明 2020 年享受加计抵减优惠，但是纳税人自登记为一般纳税人之日起就可以享受加计抵减政策，也就是说，2019 年 11 月起，纳税人取得的进项税额就可以在首次声明时补提，实际上 2020 年度纳税人的加计抵减额是 2019 年 11 月、12 月和 2020 年全年的进项税额的 10%。

我们把这个案例延伸一下，如果天马咨询公司成立于 2019 年 10 月呢? 此时自设立之日的前 3 个月为 2019 年 10 月至 12 月，纳税人可以在 2020 年 1 月申报期申报 2019 年 12 月所属期税额时声明享受加计抵减政策，将 10 月至 12 月的进项税额补提加计抵减额，在 2019 年 12 月所属期的应纳税额中按规定抵减，也就是说，2020 年 1 月申报期声明享受加计抵减政策对应的年度为 2019 年，此时，纳税人在 2020 年 2 月申报期申报 1 月所属期税额时还应再提交声明，声明 2020 年享受加计抵减政策。

案例解析 72

适用加计抵减的纳税人由一般纳税人转为小规模纳税人，后来又登记为一般纳税人，原来一般纳税人期间结余的加计抵减额可否在重新登记的一般纳税人的应纳税额中抵减?

天马公司是适用加计抵减政策的一般纳税人，2019 年 7 月从一般纳税人转为小规模纳税人，转登记前加计抵减额余额为 10 万元。2019 年 11 月，该纳税人又登记为一般纳税人，自纳税人再次登记成为一般纳税人之日起，此前未抵减完的 10 万元可继续抵减其按一般计税方法计算的应纳税额吗?

答:2019 年 7 月,天马公司转成小规模纳税人后,由于小规模纳税人不适用加计抵减政策,因此,10 万元加计抵减结余额不得用于抵减小规模纳税人期间的应纳税额。2019 年 11 月,该纳税人又登记为一般纳税人,2019 年 11 月在 2021 年 12 月 31 日前,仍在加计抵减政策实施期间,因此,自天马公司再次登记成为一般纳税人之日起,此前未抵减完的加计抵减结余额 10 万元可继续抵减其按一般计税方法计算的应纳税额。

6.10.2 生活性服务业加计抵减

2019 年 10 月 1 日至 2021 年 12 月 31 日,允许生活性服务业纳税人按照当期可抵扣进项税额加计 15%,抵减应纳税额(以下称加计抵减 15%政策)。

一、加计抵减 15%的纳税人范围。

生活性服务业纳税人,是指提供生活服务取得的销售额占全部销售额的比重超过 50%的纳税人。生活服务的具体范围按照《销售服务、无形资产、不动产注释》(财税〔2016〕36 号印发)执行。

1. 2019 年 9 月 30 日前设立的纳税人,自 2018 年 10 月至 2019 年 9 月期间的销售额(经营期不满 12 个月的,按照实际经营期的销售额)符合上述规定条件的,自 2019 年 10 月 1 日起适用加计抵减 15%政策。

2. 2019 年 10 月 1 日后设立的纳税人,自设立之日起 3 个月的销售额符合上述规定条件的,自登记为一般纳税人之日起适用加计抵减 15%政策。

纳税人确定适用加计抵减 15%政策后,当年内不再调整,以后年度是否适用,根据上年度销售额计算确定。

二、加计抵减的计算。

生活性服务业纳税人应按照当期可抵扣进项税额的 15%计提当期加计抵减额。按照现行规定不得从销项税额中抵扣的进项税额,不得计提加计抵减额;已按照 15%计提加计抵减额的进项税额,按规定作进项税额转出的,应在进项税额转出当期,相应调减加计抵减额。计算公式如下:

$$当期计提加计抵减额 = 当期可抵扣进项税额 \times 15\%$$

$$当期可抵减加计抵减额 = 上期末加计抵减额余额 + 当期计提加计抵减额 - 当期调减加计抵减额$$

三、加计抵减的享受。

生活性服务业纳税人,应在年度首次确认适用 15%加计抵减政策时,通过电子税务局(或前往办税服务厅)提交《适用 15%加计抵减政策的声明》。

四、其他事项。

纳税人适用加计抵减政策的其他有关事项,按照《关于深化增值税改革有关政策的公告》(财政部 税务总局 海关总署公告 2019 年第 39 号)等有关规定执行。

(财政部 税务总局关于明确生活性服务业增值税加计抵减政策的公告,财政部 税务总局公告 2019 年第 87 号,发文日期:2019-09-30;国家税务总局关于增值税发票管理等有关事项的公告,国家税务总局公告 2019 年第 33 号,发文日期:2019-10-09)

政策解析　由于生活服务既属于加计抵减10%政策适用范围,也属于加计抵减15%政策适用范围,从事生活服务的纳税人应先按生活服务销售额占比判定其是否可以享受加计抵减15%政策,如果符合,则享受加计抵减15%政策;如果不符合,再按照邮政服务、电信服务、现代服务、生活服务四项服务销售额占比判定其是否可以享受加计抵减10%政策。

第 7 章　增值税一般纳税人应纳税额的计算

增值税一般纳税人发生应税行为，除财政部和国家税务总局规定的可以或应当按照简易办法计算征税的特定应税行为外，适用一般计税方法计税。国家税务总局一再重申：严厉禁止对增值税一般纳税人搞定率征收，各级税务机关不得以任何名义或理由对增值税一般纳税人实行定率征收，违者，将追究有关领导的责任。

7.1　一般计税方法应纳税额的计算

一般计税方法的应纳税额，是指当期销项税额抵扣当期进项税额后的余额。应纳税额计算公式：

应纳税额 = 当期销项税额 − 当期进项税额

当期销项税额小于当期进项税额不足抵扣时，其不足部分可以结转下期继续抵扣。

（中华人民共和国增值税暂行条例，中华人民共和国国务院令第 691 号，发文日期：2017-11-19；财政部　国家税务总局关于全面推开营业税改征增值税试点的通知，财税〔2016〕36 号，发文日期：2016-03-23）

〔例题 7-1〕　某市轿车生产企业为增值税一般纳税人，2020 年 5 月相关经营情况如下：

（1）外购原材料，取得增值税专用发票，注明金额 5 000 万元、增值税额 650 万元，另支付购货运输费用 200 万元，取得增值税专用发票，注明增值税额为 18 万元。

（2）对外销售 A 型小轿车 1 000 辆，每辆含税金额 16.95 万元，共计取得含税金额 16 950 万元；支付销售小轿车的运输费用，取得增值税专用发票，注明运费 300 万元，增值税额为 27 万元。

（3）销售 A 型小轿车 40 辆给本公司职工，以成本价核算取得销售金额 400 万元；该公司新设计生产 B 型小轿车 5 辆，每辆成本价 12 万元，将其奖励给本厂优秀职工。市场上无 B 型小轿车销售价格。

（4）从废旧物资回收经营单位购入报废汽车部件，取得废旧物资回收经营单位开具的由税务机关监制的普通发票，注明金额 500 万元。（小轿车的消费税税率为 10%，《消费税若干具体问题的规定》中规定的成本利润率为 8%）

要求：计算该企业 2019 年 5 月应缴纳的增值税。

解析：销项税额＝16 950÷(1＋13%)×13%＋40×16.95÷(1＋13%)×13%＋5×12×(1＋8%)÷(1－10%)×13%＝2 037.36（万元）

进项税额＝650＋18＋27＝695（万元）

应缴纳增值税＝2 037.36－695＝1 342.36（万元）

答:企业2019年5月应纳增值税1 342.36万元。

〔例题7-2〕　某食品厂为增值税一般纳税人,所生产的产品适用税率为13%,2020年5月份有关资料如下:

(1) 直接用收购发票从农民手中收购农产品,买价100 000元,货已入库并在当月全部领用,支付运输费用,取得增值税专用发票,注明运费2 000元,增值税额60元。

(2) 从某企业购进生产用辅料(税率为13%),不含税价为100 000元,取得增值税专用发票,支付运输企业运费2 000元,取得增值税普通发票,货已入库。

(3) 本月直接从农民手中收购的农产品,本月领用后发生变质损失5 400元;损失自产食品成本3 000元,成本扣除率为60%。(自产食品所用外购材料的税率均为13%)

(4) 批发食品的不含税销售额为100万元,零售食品取得含税销售收入11 300元,赠送给关系单位自产货物5箱,每箱成本为300元,不含税售价为500元。

要求:计算本月应纳增值税。

解析:进项税额=100 000×10%+60=10 060(元)

进项税额=100 000×13%=13 000(元)

进项税额转出=5 400÷(1-10%)×10%+3 000×60%×13%=834(元)

销项税额=1 000 000×13%+11 300÷(1+13%)×13%+5×500×13%

=131 625(元)

当月应纳增值税=131 625-(10 060+13 000-834)=109 399(元)

答:食品厂5月应纳增值税109 399元。

〔例题7-3〕　康华电器设备厂为增值税一般纳税人,生产某型号电机,该厂2020年5月发生如下业务:

(1) 销售电机30台,每台批发价0.7万元(不含税),开出增值税专用发票,另外收取包装费和售后服务费3万元,开出普通发票一张。

(2) 以出厂价销售给某专业商店电机20台,每台0.65万元(不含税),商店可以在30天后付款。因该商店提前付款,康华厂决定给予其5%的现金折扣。

(3) 用“以旧换新”方式销售给某用户电机4台,开出普通发票注明含税价款2.52万元(已扣除收购旧货的成本0.28万元)。

(4) 以出厂价将电机50台发给实行统一核算的外省市所属机构用于销售,由所属机构向购买方开具发票。

(5) 该厂用2台电机与某水泥厂兑换250袋水泥,双方价款均为1.3万元(不含税),康华厂将水泥用于房屋维修,双方都没有开具增值税专用发票。

(6) 当月购入钢材一批,增值税专用发票注明税款是6.4万元,已验收入库,在使用时,发现部分钢材规格不符合购货合同要求,经协商对方同意退货,退货钢材的不含税价为3万元,取得对方开出的红字增值税专用发票。

(7) 当月委托某企业加工电机配件,原材料实际成本为1.8万元,加工后配件已收回,受托方开来的增值税专用发票注明的加工费为0.4万元,以银行存款支付。

(8) 为加工某型号电机,从国外进口特种机床一台,到岸价格为10万元,关税税率为

20%，已从海关取得完税凭证，货物已入库。

要求：计算康华厂当月应向税务机关缴纳增值税。

解析：销项税额=30×0.7×13%+3÷(1+13%)×13%+20×0.65×13%+(2.52+0.28)÷1.13×13%+50×0.65×13%+1.3×13%=9.48(万元)

进项税额=(6.4−3×13%)+0.4×13%+10×(1+20%)×13%=7.62(万元)

应纳税额=9.48−7.62=1.86(万元)

答：康华电器设备厂5月应纳增值税1.86万元。

重点难点即时练16

1. 某百货商场(一般纳税人)下设批发部、零售部和宾馆，该商场能正确核算各自的收入。2020年5月发生下列业务：

(1) 从小规模纳税人企业购进日用品，普通发票上注明的价款35 800元。

(2) 商场本月从某食品厂(小规模纳税人)购进食品，取得税务机关代开的增值税专用发票上注明价款为8 000元，货款已经支付。

(3) 从国外进口高档化妆品，关税完税价格为840 000元，关税税率为25%，款项已经支付(已取得海关开具的完税凭证)，化妆品已验收入库。

(4) 商场本月从一般纳税人企业购进商品取得的增值税专用发票上注明的增值税款为215 320元，支付运输费用，取得增值税专用发票，注明运费45 000元，增值税额1 350元，购进商品货款尚未支付。

(5) 该商场批发部本月批发商品取得不含税收入800 000元，货款已经收到。

(6) 该商场向消费者销售商品取得收入1 016 359元。

(7) 上月售出的空调出现质量问题，消费者退回1台，收回原来开具的普通发票上注明的销售额为5 800元，该商场把空调返给厂家，并取得了厂家开具的增值税专用发票(红字)，发票上注明的价款为4 800元。

(8) 该商场所属的宾馆取得含税客房收入72 020元，含税餐饮收入32 000元，含税歌厅收入13 250元；本月宾馆领用商场上月购进的床上用品账面价值30 000元，宾馆餐饮部领用餐具账面价值12 000元。

要求：根据上述资料，计算该商场应纳增值税。

2. 甲、乙两企业均为生产企业(增值税一般纳税人)，丙企业为商业企业(增值税一般纳税人)，2020年5月发生下列业务：

(1) 乙企业销售给甲企业原材料一批，开具普通发票，不含税销售额为46 700元，采用托收承付方式结算，货物已经发出，托收手续已经办妥，乙企业尚未收到货款，原材料在途。

(2) 3月6日丙企业采用分期付款方式从甲企业购入家用电器，双方签订的合同中规定：购销金额120万元(不含税)，货款分三次等额支付，每月16日为付款期。但本月内企业实际支付货款20万元，尚未收到增值税专用发票。

(3) 本月初丙企业从甲企业购进小家电600件，不含税单价50元，货物已验收入库，货款已付清，收到增值税专用发票。

(4) 丙企业本月向消费者销售商品取得零售收入754 000元，在销售家用电器时，采用买一赠一方式促销，赠送月初从甲企业购进的小家电300件，同时，在“三八”妇女节时，把100件小家电分给女职工作为节日礼物，小家电当月不含税的平均售价为55元。

(5) 甲企业购入原材料一批，原材料销售方为甲企业开具增值税专用发票，注明价款56万元，增值税额72 800元，原材料已验收入库。

(6) 甲企业当月报关进口一台生产设备，关税完税价格为100万元，关税税率为15%，取得海关填开的进口增值税专用缴款书。

(7) 乙企业本月购进并已验收入库原材料一批，取得的增值税专用发票上注明的价款为12 000元，并用其中的30%对某企业进行投资，乙企业和其他纳税人均无同类货物售价资料。

(8) 丙企业本月从小规模纳税人购进日用小百货，普通发票上注明的价款为36 000元，从其他一般纳税人企业购进商品取得的增值税专用发票上注明的增值税额为87 340元，购进商品支付的运费，取得增值税专用发票注明运费9 300元，增值税额837元。

要求：假设甲、乙、丙购销的货物适用税率均为13%，当月取得的扣税凭证均已正确地填开，并按规定申报抵扣，请计算：甲企业5月份应纳进口增值税和销售环节增值税额；乙企业、丙企业5月份应纳增值税。

3. 某工业企业为增值税一般纳税人，生产销售的产品适用增值税基本税率，纳税人能够准确划分不得抵扣的进项税额，2020年5月份发生以下经济业务：

(1) 购进应税货物原材料一批，取得增值税专用发票注明的价款为523 000元，增值税额67 990元。

(2) 接受外单位投资转入用于生产免税货物材料一批，取得增值税专用发票注明的价款为100 000元，增值税额13 000元，材料未到。

(3) 购进小轿车一辆，取得增值税专用发票注明的价款为65 000元，增值税额8 450元，款项已经支付，小轿车拨发给经理使用。

(4) 外购固定资产用于车间生产(应税货物与免税货物共用)，价款40 000元，增值税专用发票注明税额5 200元。

(5) 从农业生产者手中收购高粱400吨用于生产13%税率的货物且当月全部领用，收购凭证上注明，每吨收购价为2 000元，收购凭证注明收购价款800 000元。

(6) 从废旧物资回收公司购入废旧钢铁，取得普通发票，注明的金额为30 000元。

(7) 报关进口一批用于生产应税货物的原材料，关税完税价格为60 000元，关税税率为20%。

(8) 销售应税货物给某商场取得不含税销售额4 680元，同时收取包装物押金585元，包装物租金300元。

(9) 将新研制的应税产品投资入股200 000元(成本价)，该企业及其他纳税人均无同类产品售价。

(10) 采用分期收款结算方式销售给乙厂应税货物一批，价款100 000元(不含税)，货已发出，并按该批货物全额开具了发票。合同规定本月到期货款40 000元，但实际只收回货款20 000元，并于收款时收取对方违约金2 000元。

(11) 销售免税货物，开具普通发票，取得销售额100 000元，合同约定运费由销售方承担，取得承运部门开具的增值税专用发票，注明的运费 3 000 元，增值税额 90 元。

(12) 采用折扣方式销售应税货物给特约经销商，销售额为 500 000 元，折扣额为 50 000 元，在同一张发票上注明。

(13) 采用送货上门方式销售应税货物一批，合同约定不含税销售额为 130 000 元，含税运费为 1 000 元。货物已经发出，取得买方开具的商业汇票。

(14) 销售已使用过的一台设备，取得收入 220 480 元(含税价)，设备账面原值 2 000 000 元(2008 年购入，当时未抵扣进项税)。

(15) 由于管理不善被盗产成品一批，账面成本为 48 000 元，其中耗用适用 13%税率的原料 2 000 元，高粱 30 000 元(凭收购单购入)，其他为人工成本。

要求：根据上述资料，计算该企业 5 月份应纳进口增值税和销售环节增值税额(本月取得的相关发票均在本月认证并抵扣)。

7.2 一般纳税人一般计税方法销售货物退回

纳税人适用一般计税方法计税的，因销售折让、中止或者退回而退还给购买方的增值税额，应当从当期的销项税额中扣减；因销售折让、中止或者退回而收回的增值税额，应当从当期的进项税额中扣减。纳税人发生应税行为，开具增值税专用发票后，发生销售折让、中止、退回等情形的，应当按照国家税务总局的规定开具红字增值税专用发票；未按照规定开具红字增值税专用发票的，不得扣减销项税额或者销售额。

7.3 一般纳税人简易计税方法应纳税额的计算

7.3.1 一般纳税人简易计税方法

一般纳税人发生财政部和国家税务总局规定的特定应税行为，可以选择适用简易计税方法计税，但一经选择，36 个月内不得变更。

简易计税方法的应纳税额，是指按照销售额和增值税征收率计算的增值税额，不得抵扣进项税额。应纳税额计算公式：

$$应纳税额 = 销售额 \times 征收率$$

7.3.2 营改增简易计税方法征税项目

一般纳税人发生下列应税行为可以选择适用简易计税方法计税：

1. 公共交通运输服务。

公共交通运输服务，包括轮客渡、公交客运、地铁、城市轻轨、出租车、长途客运、班车。

班车，是指按固定路线、固定时间运营并在固定站点停靠的运送旅客的陆路运输服务。

2. 经认定的动漫企业为开发动漫产品提供的动漫脚本编撰、形象设计、背景设计、动画设计、分镜、动画制作、摄制、描线、上色、画面合成、配音、配乐、音效合成、剪辑、字幕制作、压缩转码(面向网络动漫、手机动漫格式适配)服务,以及在境内转让动漫版权(包括动漫品牌、形象或者内容的授权及再授权)。

动漫企业和自主开发、生产动漫产品的认定标准和认定程序,按照《文化部 财政部 国家税务总局关于印发〈动漫企业认定管理办法(试行)〉的通知》(文市发〔2008〕51号)的规定执行。

3. 电影放映服务、仓储服务、装卸搬运服务、收派服务和文化体育服务。

4. 以纳入营改增试点之日前取得的有形动产为标的物提供的经营租赁服务。

5. 在纳入营改增试点之日前签订的尚未执行完毕的有形动产租赁合同。

6. 一般纳税人以清包工方式提供的建筑服务,可以选择适用简易计税方法计税。

以清包工方式提供建筑服务,是指施工方不采购建筑工程所需的材料或只采购辅助材料,并收取人工费、管理费或者其他费用的建筑服务。

7. 一般纳税人为甲供工程提供的建筑服务,可以选择适用简易计税方法计税。

甲供工程,是指全部或部分设备、材料、动力由工程发包方自行采购的建筑工程。

一般纳税人销售自产机器设备的同时提供安装服务,应分别核算机器设备和安装服务的销售额,安装服务可以按照甲供工程选择适用简易计税方法计税。

一般纳税人销售外购机器设备的同时提供安装服务,如果已经按照兼营的有关规定,分别核算机器设备和安装服务的销售额,安装服务可以按照甲供工程选择适用简易计税方法计税。

(国家税务总局关于明确中外合作办学等若干增值税征管问题的公告,国家税务总局公告2018年第42号,发文日期:2018-07-25)

政策解析 工程发包方自行采购工程所需的部分设备、材料、动力建筑工程也是甲供工程。工程发包方自行采购的部分占工程总用料的多大比例,是50%以上,还是20%以上,甚至是1%以上,财政部和国家税务总局没有作出量的限定。只要工程发包方自行采购了工程所需的部分设备、材料、动力,无论多少,都可认定为甲供工程。为甲供工程提供的建筑服务,可以选择适用简易计税方法计税,实际上是立法者为保证建筑施工方营改增后税负只减不增,做出的兜底安排。

8. 自2017年7月1日起,建筑工程总承包单位为房屋建筑的地基与基础、主体结构提供工程服务,建设单位自行采购全部或部分钢材、混凝土、砌体材料、预制构件的,适用简易计税方法计税。

地基与基础、主体结构的范围,按照《建筑工程施工质量验收统一标准》(GB50300—2013)附录B《建筑工程的分部工程、分项工程划分》中的“地基与基础”“主体结构”分部工程的范围执行。

(财政部 国家税务总局关于建筑服务等营改增试点政策的通知,财税〔2017〕58号,发文日期:2017-07-11)

9. 一般纳税人为建筑工程老项目提供的建筑服务,可以选择适用简易计税方法计税。

建筑工程老项目,是指:

(1)《建筑工程施工许可证》注明的合同开工日期在2016年4月30日前的建筑工程项目;《建筑工程施工许可证》未注明合同开工日期,但建筑工程承包合同注明的开工日期在

2016年4月30日前的建筑工程项目。

(2)未取得《建筑工程施工许可证》的，建筑工程承包合同注明的开工日期在2016年4月30日前的建筑工程项目。

10. 一般纳税人销售其2016年4月30日前取得(不含自建)的不动产，可以选择适用简易计税方法，以取得的全部价款和价外费用减去该项不动产购置原价或者取得不动产时的作价后的余额为销售额，按照5%的征收率计算应纳税额。纳税人应按照上述计税方法在不动产所在地预缴税款后，向机构所在地主管税务机关进行纳税申报。

11. 一般纳税人销售其2016年4月30日前自建的不动产，可以选择适用简易计税方法，以取得的全部价款和价外费用为销售额，按照5%的征收率计算应纳税额。纳税人应按照上述计税方法在不动产所在地预缴税款后，向机构所在地主管税务机关进行纳税申报。

12. 纳税人转让2016年4月30日前取得的土地使用权，可以选择适用简易计税方法，以取得的全部价款和价外费用减去取得该土地使用权的原价后的余额为销售额，按照5%的征收率计算缴纳增值税。

(财政部 国家税务总局关于进一步明确全面推开营改增试点有关劳务派遣服务、收费公路通行费抵扣等政策的通知，财税〔2016〕47号，发文日期:2016-04-30)

13. 房地产开发企业中的一般纳税人，销售自行开发的房地产老项目，可以选择适用简易计税方法按照5%的征收率计税。

房地产老项目，是指:

(1)《建筑工程施工许可证》注明的合同开工日期在2016年4月30日前的房地产项目。

(2)《建筑工程施工许可证》未注明合同开工日期或者未取得《建筑工程施工许可证》但建筑工程承包合同注明的开工日期在2016年4月30日前的建筑工程项目。

房地产开发企业中的一般纳税人购入未完工的房地产老项目继续开发后，以自己名义立项销售的不动产，属于房地产老项目，可以选择适用简易计税方法按照5%的征收率计算缴纳增值税。

房地产开发企业中的一般纳税人以围填海方式取得土地并开发的房地产项目，围填海工程《建筑工程施工许可证》或建筑工程承包合同注明的围填海开工日期在2016年4月30日前的，属于房地产老项目，可以选择适用简易计税方法按照5%的征收率计算缴纳增值税。

(财政部 税务总局关于明确国有农用地出租等增值税政策的公告，财政部 税务总局公告2020年第2号，发文日期:2020-01-20;国家税务总局关于国内旅客运输服务进项税抵扣等增值税征管问题的公告，国家税务总局公告2019年第31号，发文日期:2019-09-01)

14. 一般纳税人出租其2016年4月30日前取得的不动产，可以选择适用简易计税方法，按照5%的征收率计算应纳税额。

一般纳税人以2016年4月30日前租入的不动产转租的，也可以选择适用简易计税方法，按照5%的征收率计算应纳税额。

15. 一般纳税人2016年4月30日前签订的不动产融资租赁合同，或以2016年4月30日前取得的不动产提供的融资租赁服务，可以选择适用简易计税方法，按照5%的征收率计算缴纳增值税。

房地产开发企业中的一般纳税人，出租自行开发的房地产老项目，可以选择适用简易计税方法，按照5%的征收率计算应纳税额。

（财政部 国家税务总局关于进一步明确全面推开营改增试点有关劳务派遣服务、收费公路通行费抵扣等政策的通知，财税〔2016〕47号，发文日期：2016-04-30；财政部 国家税务总局关于进一步明确全面推开营改增试点有关再保险、不动产租赁和非学历教育等政策的通知，财税〔2016〕68号，发文日期：2016-06-18）

16. 公路经营企业中的一般纳税人收取试点前开工的高速公路的车辆通行费，可以选择适用简易计税方法，减按3%的征收率计算应纳税额。

试点前开工的高速公路，是指相关施工许可证明上注明的合同开工日期在2016年4月30日前的高速公路。

（财政部 国家税务总局关于全面推开营业税改征增值税试点的通知，财税〔2016〕36号，发文日期：2016-03-23）

17. 一般纳税人收取试点前开工的一级公路、二级公路、桥、闸通行费，可以选择适用简易计税方法，按照5%的征收率计算缴纳增值税。

试点前开工，是指相关施工许可证注明的合同开工日期在2016年4月30日前。

（财政部 国家税务总局关于进一步明确全面推开营改增试点有关劳务派遣服务、收费公路通行费抵扣等政策的通知，财税〔2016〕47号，发文日期：2016-04-30）

18. 农村信用社、村镇银行、农村资金互助社、由银行业机构全资发起设立的贷款公司、法人机构在县（县级市、区、旗）及县以下地区的农村合作银行和农村商业银行提供金融服务收入，可以选择适用简易计税方法按照3%的征收率计算缴纳增值税。

村镇银行，是指经中国银行业监督管理委员会依据有关法律、法规批准，由境内外金融机构、境内非金融机构企业法人、境内自然人出资，在农村地区设立的主要为当地农民、农业和农村经济发展提供金融服务的银行业金融机构。

农村资金互助社，是指经银行业监督管理机构批准，由乡（镇）、行政村农民和农村小企业自愿入股组成，为社员提供存款、贷款、结算等业务的社区互助性银行业金融机构。

由银行业机构全资发起设立的贷款公司，是指经中国银行业监督管理委员会依据有关法律、法规批准，由境内商业银行或农村合作银行在农村地区设立的专门为县域农民、农业和农村经济发展提供贷款服务的非银行业金融机构。

县（县级市、区、旗），不包括直辖市和地级市所辖城区。

19. 对中国农业银行纳入"三农金融事业部"改革试点的各省、自治区、直辖市、计划单列市分行下辖的县域支行和新疆生产建设兵团分行下辖的县域支行（也称县事业部），提供农户贷款、农村企业和农村各类组织贷款取得的利息收入，可以选择适用简易计税方法按照3%的征收率计算缴纳增值税。

农户贷款，是指金融机构发放给农户的贷款，但不包括按照《过渡政策的规定》第一条第（十九）项规定的免征增值税的农户小额贷款。

农户，是指《过渡政策的规定》第一条第（十九）项所称的农户。

农村企业和农村各类组织贷款，是指金融机构发放给注册在农村地区的企业及各类组织的贷款。

（财政部 国家税务总局关于进一步明确全面推开营改增试点金融业有关政策的通知，财税〔2016〕46号，发文日期：2016-04-29）

20. 自2018年7月1日至2020年12月31日，对中国邮政储蓄银行纳入“三农金融事业部”改革的各省、自治区、直辖市、计划单列市分行下辖的县域支行，提供农户贷款、农村企业和农村各类组织贷款取得的利息收入，可以选择适用简易计税方法按照3%的征收率计算缴纳增值税。

农户，是指长期(一年以上)居住在乡镇(不包括城关镇)行政管理区域内的住户，还包括长期居住在城关镇所辖行政村范围内的住户和户口不在本地而在本地居住一年以上的住户，国有农场的职工和农村个体工商户。位于乡镇(不包括城关镇)行政管理区域内和在城关镇所辖行政村范围内的国有经济的机关、团体、学校、企事业单位的集体户；有本地户口，但举家外出谋生一年以上的住户，无论是否保留承包耕地均不属于农户。农户以户为统计单位，既可以从事农业生产经营，也可以从事非农业生产经营。农户贷款的判定应以贷款发放时的借款人是否属于农户为准。

农村企业和农村各类组织贷款，是指金融机构发放给注册在农村地区的企业及各类组织的贷款。

(财政部　税务总局关于中国邮政储蓄银行三农金融事业部涉农贷款增值税政策的通知，财税〔2018〕97号，发文日期：2018-09-12)

21. 一般纳税人提供劳务派遣服务，可以按照《财政部　国家税务总局关于全面推开营业税改征增值税试点的通知》(财税〔2016〕36号)的有关规定，以取得的全部价款和价外费用为销售额，按照一般计税方法计算缴纳增值税；也可以选择差额纳税，以取得的全部价款和价外费用，扣除代用工单位支付给劳务派遣员工的工资、福利和为其办理社会保险及住房公积金后的余额为销售额，按照简易计税方法依5%的征收率计算缴纳增值税。

小规模纳税人提供劳务派遣服务，可以按照《财政部　国家税务总局关于全面推开营业税改征增值税试点的通知》(财税〔2016〕36号)的有关规定，以取得的全部价款和价外费用为销售额，按照简易计税方法依3%的征收率计算缴纳增值税；也可以选择差额纳税，以取得的全部价款和价外费用，扣除代用工单位支付给劳务派遣员工的工资、福利和为其办理社会保险及住房公积金后的余额为销售额，按照简易计税方法依5%的征收率计算缴纳增值税。

选择差额纳税的纳税人，向用工单位收取用于支付给劳务派遣员工工资、福利和为其办理社会保险及住房公积金的费用，不得开具增值税专用发票，可以开具普通发票。

劳务派遣服务，是指劳务派遣公司为了满足用工单位对于各类灵活用工的需求，将员工派遣至用工单位，接受用工单位管理并为其工作的服务。

纳税人提供安全保护服务，比照劳务派遣服务政策执行。

(财政部　国家税务总局关于进一步明确全面推开营改增试点有关劳务派遣服务、收费公路通行费抵扣等政策的通知，财税〔2016〕47号，发文日期：2016-04-30；财政部　国家税务总局关于进一步明确全面推开营改增试点有关再保险、不动产租赁和非学历教育等政策的通知，财税〔2016〕68号，发文日期：2016-06-18)

22. 纳税人提供人力资源外包服务，按照经纪代理服务缴纳增值税，其销售额不包括受客户单位委托代为向客户单位员工发放的工资和代理缴纳的社会保险、住房公积金。向委托方收取并代为发放的工资和代理缴纳的社会保险、住房公积金，不得开具增值税专用发票，可以开具普通发票。

一般纳税人提供人力资源外包服务，可以选择适用简易计税方法，按照5%的征收率计算缴纳增值税。

（财政部 国家税务总局关于进一步明确全面推开营改增试点有关劳务派遣服务、收费公路通行费抵扣等政策的通知，财税〔2016〕47号，发文日期：2016-04-30）

23. 提供物业管理服务的纳税人，向服务接受方收取的自来水水费，以扣除其对外支付的自来水水费后的余额为销售额，按照简易计税方法依3%的征收率计算缴纳增值税。

（国家税务总局关于物业管理服务中收取的自来水水费增值税问题的公告，国家税务总局公告2016年第54号，发文日期：2016-08-19）

24. 非企业性单位中的一般纳税人提供的研发和技术服务、信息技术服务、鉴证咨询服务，以及销售技术、著作权等无形资产，可以选择简易计税方法按照3%征收率计算缴纳增值税。

非企业性单位中的一般纳税人提供技术转让、技术开发和与之相关的技术咨询、技术服务，可以参照上述规定，选择简易计税方法按照3%征收率计算缴纳增值税。

25. 一般纳税人提供非学历教育服务，可以选择适用简易计税方法按照3%征收率计算应纳税额。

（财政部 国家税务总局关于进一步明确全面推开营改增试点有关再保险、不动产租赁和非学历教育等政策的通知，财税〔2016〕68号，发文日期：2016-06-18）

26. 一般纳税人提供教育辅助服务，可以选择简易计税方法按照3%征收率计算缴纳增值税。

（财政部 国家税务总局关于明确金融、房地产开发、教育辅助服务等增值税政策的通知，财税〔2016〕140号，发文日期：2016-12-21）

27. 资管产品管理人(以下称管理人)运营资管产品过程中发生的增值税应税行为(以下称资管产品运营业务)，暂适用简易计税方法，按照3%的征收率缴纳增值税。

资管产品管理人，包括银行、信托公司、公募基金管理公司及其子公司、证券公司及其子公司、期货公司及其子公司、私募基金管理人、保险资产管理公司、专业保险资产管理机构、养老保险公司。

资管产品，包括银行理财产品、资金信托(包括集合资金信托、单一资金信托)、财产权信托、公开募集证券投资基金、特定客户资产管理计划、集合资产管理计划、定向资产管理计划、私募投资基金、债权投资计划、股权投资计划、股债结合型投资计划、资产支持计划、组合类保险资产管理产品、养老保障管理产品。

财政部和税务总局规定的其他资管产品管理人及资管产品。

（财政部 国家税务总局关于资管产品增值税有关问题的通知，财税〔2017〕56号，发文日期：2017-06-30）

政策解析 对营改增前已经取得固定资产和不动产或发生的老项目，营改增后取得的收入可以采用简易计税方法。这是为了保证全面营改增顺利推进，做出过渡性政策安排。营改增前已经取得或发生的项目，主要体现两大特点：一是“老”，营改增前建筑老项目和营改增前房地产老项目；二是“旧”，营改增前取得的不动产或固定资产。

营改增前建筑老项目和营改增前房地产老项目在营改增后取得的销售额，以及营改增前取得的不动产或固定资产营改增后销售或出租取得的销售额，都可以采用简易计税方法。

7.3.3 销售使用过的固定资产

7.3.3.1 营改增试点纳税人销售使用过的固定资产

一般纳税人销售自己使用过的、纳入营改增试点之日前取得的固定资产，按照现行旧货相关增值税政策执行。

使用过的固定资产，是指纳税人符合《试点实施办法》第二十八条规定并根据财务会计制度已经计提折旧的固定资产。

（财政部 国家税务总局关于全面推开营业税改征增值税试点的通知，财税〔2016〕36 号，发文日期：2016-03-23）

7.3.3.2 传统增值税纳税人销售自己使用过的固定资产和其他物品

7.3.3.2.1 一般纳税人销售自己使用过的固定资产和其他物品

一、销售自己使用过固定资产的征税方式。

自 2009 年 1 月 1 日起，纳税人销售自己使用过的固定资产（以下简称已使用过的固定资产），应区分不同情形征收增值税：

（一）一般计税方法。

销售自己使用过的 2009 年 1 月 1 日以后购进或者自制的固定资产，除另有规定外，按照适用税率征收增值税。

（二）简易计税方法。

1. 一般纳税人销售自己使用过的属于增值税暂行条例第十条规定不得抵扣且未抵扣进项税额的固定资产，按照简易办法依照 3%征收率减按 2%征收增值税。

2. 纳税人购进或者自制固定资产时为小规模纳税人，认定为一般纳税人后销售该固定资产，按照简易办法依照 3%征收率减按 2%征收增值税。

3. 增值税一般纳税人发生按简易办法征收增值税应税行为，销售其按照规定不得抵扣且未抵扣进项税额的固定资产，按照简易办法依照 3%征收率减按 2%征收增值税。

4. 营改增试点一般纳税人销售自己使用过的、纳入营改增试点之日前取得的固定资产，按照现行旧货相关增值税政策执行。

使用过的固定资产，是指纳税人符合《试点实施办法》固定资产概念并根据财务会计制度已经计提折旧的固定资产。

5. 2008 年 12 月 31 日以前未纳入扩大增值税抵扣范围试点的纳税人，销售自己使用过的 2008 年 12 月 31 日以前购进或者自制的固定资产，按照简易办法依照 3%征收率减按 2%征收增值税。

6. 2008 年 12 月 31 日以前已纳入扩大增值税抵扣范围试点的纳税人，销售自己使用过的在本地区扩大增值税抵扣范围试点以前购进或者自制的固定资产，按照简易办法依照 3%征收率减按 2%征收增值税；销售自己使用过的在本地区扩大增值税抵扣范围试点以后购进或者自制的固定资产，按照适用税率征收增值税。

已使用过的固定资产，是指纳税人根据财务会计制度已经计提折旧的固定资产。

（财政部 国家税务总局关于全国实施增值税转型改革若干问题的通知，财税〔2008〕170 号，发文日期：2008-12-19；财政部 国家税务总局关于部分货物适用增值税低税率和简易办法征收增值税政策的通知,财税〔2009〕9号,发文日期:2009-01-19;国家税务总局关于一般纳税人销售自己使用过的固定资产增值税有关问题的公告,国家税务总局公告2012年第1号,发文日期:2012-01-06;财政部 国家税务总局关于简并增值税征收率政策的通知,财税〔2014〕57号,发文日期:2014-06-13)

政策解析 上述可以采用简易计税方法销售自己使用过的固定资产的情形有一个共同的特点:因为政策性原因导致企业无法取得合法的扣税凭证,抵扣进项税额。增值税转型后购入的固定资产,因为企业自身的原因造成没有抵扣进项税额,如未能取得合法的扣税凭证或扣税凭证逾期未申请认证、抵扣,该固定资产使用后再销售时不可以采用简易计税方法。

二、销售自己使用过的物品的征税方式。

一般纳税人销售自己使用过的除固定资产以外的物品,应当按照适用税率征收增值税。

(财政部 国家税务总局关于部分货物适用增值税低税率和简易办法征收增值税政策的通知,财税〔2009〕9号,发文日期:2009-01-19)

7.3.3.2.2 小规模纳税人销售自己使用过的固定资产和其他物品

1. 小规模纳税人(除其他个人外,下同)销售自己使用过的固定资产,依照3%征收率减按2%征收增值税。

2. 小规模纳税人销售自己使用过的除固定资产以外的物品,应按3%的征收率征收增值税。

(财政部 国家税务总局关于部分货物适用增值税低税率和简易办法征收增值税政策的通知,财税〔2009〕9号,发文日期:2009-01-19;财政部 国家税务总局关于简并增值税征收率政策的通知,财税〔2014〕57号,发文日期:2014-06-13)

7.3.3.2.3 其他个人销售自己使用过的物品

《增值税暂行条例》第十五条第一款第(七)项规定,销售的自己使用过的物品免征增值税。

《增值税暂行条例实施细则》第三十五条规定,所称自己使用过的物品,是指其他个人自己使用过的物品。

7.3.3.2.4 销售自己使用过的固定资产发票的开具及应纳税额的计算

一、纳税人销售自己使用过的固定资产发票的开具。

1. 一般纳税人销售自己使用过的固定资产,凡根据《财政部 国家税务总局关于全国实施增值税转型改革若干问题的通知》(财税〔2008〕170号)和财税〔2009〕9号文件等规定,适用按简易办法依3%征收率减按2%征收增值税政策的,应开具普通发票,不得开具增值税专用发票。

2. 小规模纳税人销售自己使用过的固定资产,应开具普通发票,不得由税务机关代开增值税专用发票。

二、关于销售额和应纳税额。

1. 一般纳税人销售自己使用过的物品和旧货,适用按简易办法依3%征收率减按2%征收增值税政策的,按下列公式确定销售额和应纳税额:

$$销售额 = 含税销售额 \div (1+3\%)$$

$$应纳税额 = 销售额 \times 2\%$$

2. 小规模纳税人销售自己使用过的固定资产和旧货，按下列公式确定销售额和应纳税额：

$$销售额 = 含税销售额 \div (1+3\%)$$
$$应纳税额 = 销售额 \times 2\%$$

（国家税务总局关于增值税简易征收政策有关管理问题的通知，国税函〔2009〕90号，发文日期：2009-02-25；国家税务总局关于简并增值税征收率有关问题的公告，国家税务总局公告2014年第36号，发文日期：2014-06-27）

7.3.3.2.5　销售自己使用过固定资产放弃减税

纳税人销售自己使用过的固定资产，适用简易办法依照3%征收率减按2%征收增值税政策的，可以放弃减税，按照简易办法依照3%征收率缴纳增值税，并可以开具增值税专用发票。

（国家税务总局关于营业税改征增值税试点期间有关增值税问题的公告，国家税务总局公告2015年第90号，发文日期：2015-12-22）

7.3.3.2.6　已使用过固定资产的视同销售行为

纳税人发生细则第四条规定固定资产视同销售行为，对已使用过的固定资产无法确定销售额的，以固定资产净值为销售额。

（财政部　国家税务总局关于全国实施增值税转型改革若干问题的通知，财税〔2008〕170号，发文日期：2008-12-19）

〔例题7-4〕　2020年5月某餐饮企业（营改增试点纳税人）销售营改增前购入的机器设备一台，原值为45 000元，已提折旧8 900元，普通发票注明的金额为38 000元。另销售一辆2013年购入的小汽车（按当时政策进项税额不得抵扣），原值为150 000元，已提折旧4 000元，普通发票注明的金额为152 000元。该企业应纳增值税是多少？

解析：应纳税额＝(38 000＋152 000)÷(1＋3%)×2%＝3 689.32(元)

答：该企业销售自己使用过的固定资产应纳增值税3 689.32元。

案例解析73

单位销售抵债方式取得的旧汽车如何征税？

长城电器厂（一般纳税人）长期拖欠宏宇电子厂（一般纳税人）货款14万元，无力偿还。2020年3月，经双方协商，长城电器厂用一辆已使用4年的小汽车（未抵扣进项税额）抵顶所欠宏宇电子厂的债务。宏宇电子厂又将刚获得的小汽车抵偿自己拖欠供应商的15万元债务。请问：在这项业务中，长城电器厂和宏宇电子厂是否需要纳增值税，应如何缴纳？

答：长城电器厂将自己使用过的小汽车抵偿债务，属于销售货物的行为，应当缴纳增值税。根据《财政部　国家税务总局关于部分货物适用增值税低税率和简易办法征收增值税政策的通知》（财税〔2009〕9号）规定，一般纳税人销售自己使用过的属于条例第十条规定不得抵扣且未抵扣进项税额的固定资产，按简易办法征收增值税。《国家税务总局关于增值税简易征收政策有关管理问题的通知》（国税函〔2009〕90号）规定，一般纳税人销售自己使用过的固定资产，凡适用按简易办法征收增值税政策的，应开具普通发票，不得开具增值税专用发票。长城电器厂应适用按简易办法征收增值税政策，且不得开具专用发票。宏宇电子厂将获得的小汽车抵偿债务，同样也属于销售货物的行为，但是由于小汽车不是自己使用过的，不可以按照销售自己使用过的固定资产进行增值税处理。对宏宇电子厂销售小汽车征收增值税的方式，有下列两种观点：一是，按照《财政部　国家税务总局关于部分货物适用增值税低税率和简易办法征收增值税政策的通知》（财税〔2009〕9号）规定，一般纳税人销售旧货，自2009年1月1日起按照简易办法，依照3%征收率减按2%征收增值税。所称旧货，是指进入二次流通的具有部分使用价值的货物（含旧汽车、旧摩托车和旧游艇），但不包括自己使用过的物品。由于宏宇电子厂销售的小汽车是进入二次流通的具有部分使用价值的旧汽车，可以按照财税〔2009〕9号文件规定的简易办法，依3%征收率减按2%征收增值税，但不得开具专用发票。二是，我国对销售旧货实行专营管理，只有旧货经营单位销售其收购的旧货，才可以适用财税〔2009〕9号文件规定的简易办法，非旧货经营单位销售非自己使用过的旧货不得适用该政策，宏宇电子厂应按增值税税率计算销项税额，由于获得小汽车时，没有取得增值税专用发票，没有可以抵扣的进项税额。宏宇电子厂由于政策原因导致购入小汽车时无法取得扣税凭证，按照销售额和增值税税率计算销项税额显失公平，而且财税〔2009〕9号文件没有限定采用简易办法征税的销售旧货政策销售主体应是旧货经营单位，宏宇电子厂可以主动与主管税务机关沟通，在单独、准确核算该笔业务的前提下，按照财税〔2009〕9号文件，适用3%征收率减按2%征收增值税政策。

政策解析　从2009年1月1日起，纳税人销售自己使用过的固定资产，无论售价是否超过原值，一律要征收增值税，原财税〔2002〕29号文件规定的不超过原值免税的政策停止执行了。纳税人销售自己使用过的物品应按以下三种方式处理：

1. 一般纳税人销售自己使用过的物品，属于固定资产的，首先考虑该项固定资产购入时，进项税额是否抵扣了，如果抵扣了，那么销售的时候自然应该按适用税率计算销项税额，不采用简易计税方法；如果没有抵扣（包括转型前购入和转型后不属于扣税范围的），销售时按照3%的征收率减按2%征收增值税。销售自己使用过不属于固定资产的物品，由于无论增值税转型前还是转型后，均属于抵扣范围，购入时进项税额都已经得到了抵扣，销售时应按适用税率征销项税。

2. 小规模纳税人销售自己使用过的物品，属于固定资产的，按照3%的征收率减按2%征收增值税；不属于固定资产的，按照3%的征收率征收增值税。

3. 其他个人销售自己使用过的物品，包括游艇、摩托车、应征消费税的汽车在内，一律免税。

一般纳税人销售自己使用过的固定资产采用简易计税方法的，与小规模纳税人销售自己使用过的固定资产应纳税额的计算公式完全相同。

7.3.4　销售旧货

一、征税方式。

一般纳税人销售旧货，自2009年1月1日起按照简易办法按照简易办法依照3%征收率减按2%征收增值税。

所称旧货,是指进入二次流通的具有部分使用价值的货物(含旧汽车、旧摩托车和旧游艇),但不包括自己使用过的物品。

从事二手车经销的纳税人销售其收购的二手车(含旧汽车、旧摩托车)参见7.3.5。

(财政部国家税务总局关于部分货物适用增值税低税率和简易办法征收增值税政策的通知,财税〔2009〕9号,发文日期:2009-01-19;财政部国家税务总局关于简并增值税征收率政策的通知,财税〔2014〕57号,发文日期:2014-06-13;财政部 税务总局关于二手车经销有关增值税政策的公告,财政部 税务总局公告2020年第17号,发文日期:2020-04-08)

二、发票的开具。

纳税人销售旧货,应开具普通发票,不得自行开具或者由税务机关代开增值税专用发票。

(国家税务总局关于增值税简易征收政策有关管理问题的通知,国税函〔2009〕90号,发文日期:2009-02-25)

三、关于销售额和应纳税额。

1. 一般纳税人销售旧货,适用按简易办法依3%征收率减按2%征收增值税政策的,按下列公式确定销售额和应纳税额:

$$销售额 = 含税销售额 \div (1+3\%)$$
$$应纳税额 = 销售额 \times 2\%$$

2. 小规模纳税人销售旧货,按下列公式确定销售额和应纳税额:

$$销售额 = 含税销售额 \div (1+3\%)$$
$$应纳税额 = 销售额 \times 2\%$$

(国家税务总局关于增值税简易征收政策有关管理问题的通知,国税函〔2009〕90号,发文日期:2009-02-25)

政策解析

1. 一般纳税人销售旧货与小规模纳税人销售旧货应纳税额的计算公式完全相同。
2. 没有政策规定销售旧货可以放弃减税权而开具增值税专用发票。

7.3.5 销售二手车

自2020年5月1日至2023年12月31日,从事二手车经销的纳税人销售其收购的二手车,由原按照简易办法依3%征收率减按2%征收增值税,改为减按0.5%征收增值税。

本公告所称二手车,是指从办理完注册登记手续至达到国家强制报废标准之前进行交易并转移所有权的车辆,具体范围按照国务院商务主管部门出台的二手车流通管理办法执行。

一、纳税人减按0.5%征收率征收增值税,并按下列公式计算销售额:

$$销售额 = 含税销售额 \div (1+0.5\%)$$

本公告发布后出台新的增值税征收率变动政策,比照上述公式原理计算销售额。

二、纳税人应当开具二手车销售统一发票。购买方索取增值税专用发票的,应当再开具征收率为0.5%的增值税专用发票。

三、一般纳税人在办理增值税纳税申报时，减按0.5%征收率征收增值税的销售额，应当填写在《增值税纳税申报表附列资料(一)》(本期销售情况明细)“二、简易计税方法计税”中“3%征收率的货物及加工修理修配劳务”相应栏次；对应减征的增值税应纳税额，按销售额的2.5%计算填写在《增值税纳税申报表(一般纳税人适用)》“应纳税额减征额”及《增值税减免税申报明细表》减税项目相应栏次。

小规模纳税人在办理增值税纳税申报时，减按0.5%征收率征收增值税的销售额，应当填写在《增值税纳税申报表(小规模纳税人适用)》“应征增值税不含税销售额(3%征收率)”相应栏次；对应减征的增值税应纳税额，按销售额的2.5%计算填写在《增值税纳税申报表(小规模纳税人适用)》“本期应纳税额减征额”及《增值税减免税申报明细表》减税项目相应栏次。

(财政部　税务总局关于二手车经销有关增值税政策的公告，财政部　税务总局公告2020年第17号，发文日期：2020-04-08；国家税务总局关于明确二手车经销等若干增值税征管问题的公告，国家税务总局公告2020年第9号，发文日期：2020-04-23)

政策解析　按照《二手车流通管理办法》(商务部令2005年第2号公布)规定，二手车，是指从办理完注册登记手续到达到国家强制报废标准之前进行交易并转移所有权的汽车(包括三轮汽车、低速载货汽车，即原农用运输车)、挂车和摩托车。

《二手车流通管理办法》还规定，二手车经销企业销售二手车时，应当向买方开具税务机关监制的统一发票。因二手车销售统一发票不是有效的增值税扣税凭证，为维护购买方纳税人的进项抵扣权益，公告明确，从事二手车经销业务的纳税人除按规定开具二手车销售统一发票外，购买方索取增值税专用发票的，纳税人应当为其开具征收率为0.5%的增值税专用发票。这是一笔销售业务销售方开两张发票的特殊规定。需要注意的是，根据《中华人民共和国增值税暂行条例》相关规定，如果购买方为消费者个人，从事二手车经销业务的纳税人不得为其开具增值税专用发票。

热点问题1

我是河北一家从事二手车经销业务的个体工商户，请问我能享受5月1日起实施的二手车经销减征增值税政策吗？

答：《财政部　税务总局关于二手车经销有关增值税政策的公告》(财政部　税务总局公告2020年第17号)规定，自2020年5月1日至2023年12月31日，从事二手车经销的纳税人销售其收购的二手车，由原按照简易办法依3%征收率减按2%征收增值税，改为减按0.5%征收增值税。公告明确享受减征增值税政策的对象是从事二手车经销的纳税人，因此，不论是企业还是个体工商户，不论是增值税一般纳税人还是小规模纳税人，只要从事收购二手车再销售业务，均可按照简易办法依3%征收率减按0.5%征收增值税。

热点问题2

我是一家二手车经纪公司，请问此次二手车经销增值税政策调整，二手车经纪公司适用增值税政策有无变化？

答:《财政部　税务总局关于二手车经销有关增值税政策的公告》(财政部　税务总局公告2020年第17号)聚焦从事二手车经销的纳税人销售其收购的二手车业务。从事二手车经纪的纳税人提供的居间代理服务、个人销售自己使用过的二手车等,适用的增值税政策均没有变化。

热点问题3

我是深圳一家二手车经销企业,属于增值税一般纳税人,近期打算将一辆公司自己使用的2007年购入的通勤车进行销售,该车购入时由于固定资产尚未纳入抵扣范围,因此没有抵扣进项税额。请问我公司销售该车,是否可以依简易办法按0.5%征收率计算缴纳增值税?

答:《财政部　税务总局关于二手车经销有关增值税政策的公告》(财政部　税务总局公告2020年第17号)规定,自2020年5月1日至2023年12月31日,从事二手车经销的纳税人销售其收购的二手车,由原按照简易办法依3%征收率减按2%征收增值税,改为减按0.5%征收增值税。按照上述规定,从事二手车经销的纳税人只有销售其收购的二手车,才可依简易办法减按0.5%征收率征收增值税。你公司销售自己使用过的通勤车辆,不属于17号公告规定的销售收购的二手车,不能适用减按0.5%征收率征收增值税政策。根据《财政部国家税务总局关于全国实施增值税转型改革若干问题的通知》(财税〔2008〕170号)、《财政部　国家税务总局关于部分货物适用增值税低税率和简易办法征收增值税政策的通知》(财税〔2009〕9号)以及《财政部　国家税务总局关于简并增值税征收率政策的通知》(财税〔2014〕57号)规定,纳税人销售自己使用过的2008年12月31日以前购进或者自制、未抵扣进项税额的固定资产,按照简易办法依照3%征收率减按2%征收增值税。因此,你公司销售自己使用过的2007年购入的、未抵扣进项税额的通勤车辆,仍可以适用简易办法减按2%征收增值税政策。

热点问题4

我是安徽一家二手车经销企业,主营业务是收购并销售二手挂车,请问销售二手挂车能否减按0.5%征收增值税?

答:《财政部　税务总局关于二手车经销有关增值税政策的公告》(财政部　税务总局公告2020年第17号)规定,二手车是指办理完注册登记手续至达到国家强制报废标准之前进行交易并转移所有权的车辆,具体范围按照国务院商务主管部门出台的二手车流通管理办法执行。现行《二手车流通管理办法》中规定,二手车包括汽车、挂车和摩托车。因此,你公司收购并销售二手挂车,自2020年5月1日至2023年12月31日,可以适用简易办法减按0.5%征收率征收增值税政策。

热点问题5

我公司是从事二手车经销的一般纳税人,每月销售二手车收入约200万元,并按规定开具二手车销售统一发票,在《财政部　税务总局关于二手车经销有关增值税政策的公告》(财

政部 税务总局公告2020年第17号)出台后,我公司经营业务可以适用减按0.5%征收率征收增值税政策,请问应当如何进行增值税纳税申报?

答:《国家税务总局关于二手车经销等税收征收管理事项的公告》(国家税务总局公告2020年第9号)规定,从事二手车经销业务的一般纳税人销售其收购的二手车,减按0.5%征收率征收增值税,在办理增值税纳税申报时,减按0.5%征收率征收增值税的销售额,应当填写在《增值税纳税申报表附列资料(一)》(本期销售情况明细)"二、简易计税方法计税"中"3%征收率的货物及加工修理修配劳务"相应栏次;对应减征的增值税应纳税额,按销售额的2.5%计算填写在《增值税纳税申报表(一般纳税人适用)》"应纳税额减征额"及《增值税减免税申报明细表》减税项目相应栏次。纳税人在填报《增值税减免税申报明细表》时,应准确选择减税项目代码,准确填写减税项目本期发生额等相关栏次。以5月份为例,假设你公司5月份不含税销售额为200万元,均适用减按0.5%征收率征收增值税政策,那么你公司应将减按0.5%征收率征收增值税的不含税销售额200万元,填写在《增值税纳税申报表附列资料(一)》(本期销售情况明细)第11行"3%征收率的货物及加工修理修配劳务"第3列"开具其他发票""销售额"列;按3%征收率计算的税额6万元(200×3%),填写在第11行"3%征收率的货物及加工修理修配劳务"第4列"开具其他发票""销项(应纳)税额"列;该销售额对应减征的增值税应纳税额5万元(200×2.5%),填写在《增值税纳税申报表(一般纳税人适用)》第23行"应纳税额减征额"及《增值税减免税申报明细表》减税项目相应栏次。

热点问题6

我公司是广东省一家按季申报的增值税小规模纳税人,从事二手车经销业务。《财政部 税务总局关于二手车经销有关增值税政策的公告》(财政部 税务总局公告2020年第17号)出台后,我公司的经营业务可以适用减按0.5%征收率征收增值税政策,预计4月销售额为10万元,5月、6月销售额合计为50万元,并按规定开具二手车销售统一发票,请问应当如何进行二季度增值税纳税申报?

答:《国家税务总局关于二手车经销等税收征收管理事项的公告》(国家税务总局公告2020年第9号)规定,自2020年5月1日至2023年12月31日,从事二手车经销业务的小规模纳税人销售其收购的二手车,减按0.5%征收率征收增值税的,在办理增值税纳税申报时,减按0.5%征收率征收增值税的销售额应当填写在《增值税纳税申报表(小规模纳税人适用)》"应征增值税不含税销售额(3%征收率)"相应栏次;对应减征的增值税应纳税额,按销售额的2.5%计算填写在"本期应纳税额减征额"及《增值税减免税申报明细表》减税项目相应栏次。纳税人在填报《增值税减免税申报明细表》时,应准确选择减税项目代码,准确填写减税项目本期发生额等相关栏次。考虑到上述减按0.5%征收率征收增值税政策自5月起施行,纳税人在4月份的销售额按照小规模纳税人复工复业政策可减按1%征收率征收增值税,因此你公司在办理二季度增值税纳税申报时,应在《增值税纳税申报表(小规模纳税人适用)》第1行"应征增值税不含税销售额(3%征收率)"的"货物及劳务""本期数"列填报60万元(10+50);将按3%征收率计算的应纳税额1.8万元(60×3%),填写在第15行"本期应纳税额""货物及劳务""本期数"列;将因征收率下降减征的税额1.45万元(10×2%+50×2.5%),填写在第16行"本期应纳税额减征额""货物及劳务""本期数"列及《增值税减免税申报明细表》减税项目相应栏次；实际应纳税额 0.35 万元(10×1%+50×0.5%)，填入申报表第 20 行“应纳税额合计”“货物及劳务”“本期数”列。这里需要注意，纳税人在填报《增值税减免税申报明细表》时，应区分 4 月减按 1%征收率征收增值税政策和自 5 月起减按 0.5%征收率征收增值税政策对应的减税项目代码，进行准确填报。

7.3.6 县以下小型水力发电单位生产的电力和部分建材产品

自 2009 年 1 月 1 日起，一般纳税人销售自产的下列货物，可选择按照简易办法依照 3%征收率计算缴纳增值税，可自行开具增值税专用发票：

1. 县级及县级以下小型水力发电单位生产的电力。小型水力发电单位，是指各类投资主体建设的装机容量为 5 万千瓦以下(含 5 万千瓦)的小型水力发电单位。

2. 建筑用和生产建筑材料所用的砂、土、石料。

3. 以自己采掘的砂、土、石料或其他矿物连续生产的砖、瓦、石灰(不含黏土实心砖、瓦)。

4. 用微生物、微生物代谢产物、动物毒素、人或动物的血液或组织制成的生物制品。

5. 自来水。

6. 商品混凝土(仅限于以水泥为原料生产的水泥混凝土)。

一般纳税人选择简易办法计算缴纳增值税后，36 个月内不得变更。

对属于一般纳税人的自来水公司销售自来水按简易办法依照 3%征收率征收增值税，不得抵扣其购进自来水取得增值税扣税凭证上注明的增值税税款。

(财政部　国家税务总局关于部分货物适用增值税低税率和简易办法征收增值税政策的通知，财税〔2009〕9 号，发文日期：2009-01-19；国家税务总局关于增值税简易征收政策有关管理问题的通知，国税函〔2009〕90 号，发文日期：2009-02-25；财政部　国家税务总局关于简并增值税征收率政策的通知，财税〔2014〕57 号，发文日期：2014-06-13)

案例解析 74

不动产出租方向承租方收取水电费需要缴纳增值税吗?

某箱包企业将部分厂房租赁给其他单位使用，但与承租单位共用水表，自来水公司向箱包企业收取水表计量的包括承租单位使用的全部水费，并按 3%的征收率开具增值税专用发票。请问：箱包企业向承租单位收取代垫的自来水费，是否需要缴纳增值税，可以开具增值税专用发票吗?

答：箱包企业向承租方收取代垫的自来水费，其业务本质是：自来水公司将自来水销售给箱包企业，箱包企业又将购入的自来水转售给承租方。因此，箱包企业的行为属于销售货物，应当缴纳增值税。《财政部　国家税务总局关于部分货物适用增值税低税率和简易办法征收增值税政策的通知》(财税〔2009〕9 号)规定，一般纳税人销售自产的自来水，可选择按照简易办法依照 3%的征收率计算缴纳增值税。根据《国家税务总局关于物业管理服务中收取的自来水水费增值税问题的公告》(国家税务总局公告 2016 年第 54 号)规定，提供物业管理服务的纳税人，向服务接受方收取的自来水水费，以扣除其对外支付的自来水水费后的余额为销售额，按照简易计税方法依 3%的征收率计算缴纳增值税。因此，如果企业出租厂房同时为承租方提供物业管理服务，则向承租方收取的自来水费可以选择简易计税方法，并可以按照扣除支付给自来水公司水费后的余额为销售额；如果箱包公司不提供物业管理服务，则转售自来水的行为应采用一般计税方法，按照自来水销售额和9%的税率计算销项税额。

7.3.7　寄售业典当业等销售相关物品

自2009年1月1日起，一般纳税人销售货物属于下列情形之一的，暂按简易办法依照3%征收率计算缴纳增值税，可自行开具增值税专用发票：

1. 寄售商店代销寄售物品（包括居民个人寄售的物品在内）。
2. 典当业销售死当物品。

（财政部　国家税务总局关于部分货物适用增值税低税率和简易办法征收增值税政策的通知，财税〔2009〕9号，发文日期：2009-01-19；国家税务总局关于增值税简易征收政策有关管理问题的通知，国税函〔2009〕90号，发文日期：2009-02-25；财政部　国家税务总局关于简并增值税征收率政策的通知，财税〔2014〕57号，发文日期：2014-06-13）

7.3.8　卫生防疫站调拨生物制品和药械

卫生防疫站调拨生物制品和药械，属于销售货物行为，应当按照现行税收法规的规定征收增值税。根据《增值税暂行条例实施细则》第二十九条及有关规定，对卫生防疫站调拨生物制品和药械，可按照小规模纳税人3%的增值税征收率征收增值税。对卫生防疫站调拨或发放的由政府财政负担的免费防疫苗不征收增值税。

（国家税务局关于卫生防疫站调拨生物制品及药械征收增值税的批复，国税函〔1999〕191号，发文日期：1999-04-19；国家税务总局关于修改若干增值税规范性文件引用法规规章条款依据的通知，国税发〔2009〕10号，发文日期：2009-02-05）

重点难点即时练17

1. 某典当商行为一般纳税人，2019年5月份死当物品的销售额（不含税）10 000元，应纳增值税为(　　)元。

   A. 600　　B. 300　　C. 400　　D. 200

2. 目前，适用3%征收率征收增值税的销售行为有(　　)。

   A. 销售旧货　　B. 卫生防疫站调拨生物制品

   C. 一般纳税人销售自产商品混凝土　　D. 一般纳税人自来水厂销售自来水

3. 一般纳税人销售的下列货物中，按简易办法征税，且可以开具专用发票的货物有(　　)。

   A. 销售自产的建筑用和生产建筑材料用的砂、土、石料

   B. 寄售店销售的寄售物品

   C. 销售自己使用过的按3%征收率减按2%征税的小汽车

   D. 典当业销售的死当物品

4. 一般纳税人生产销售下列货物可按3%的征收率计算纳税的有(　　)。

A. 县以下小型火力发电单位生产的电力
B. 经国务院或国务院授权机关批准的免税商店零售的免税品
C. 用微生物制成的生物制品
D. 供电部门供应的电力

5. 一般纳税人生产销售下列货物,可选择简易办法依3%的征收率征税并可开具专用发票的是(　　)。
A. 商品混凝土
B. 原料中含有70%的废渣生产的新型墙体材料
C. 沥青混凝土
D. 用微生物、人或动物的血液或组织制成的生物制品

6. 根据增值税有关规定,一般纳税人在下列情况下,不可以开具增值税专用发票的有(　　)。
A. 销售旧货
B. 自来水公司销售自来水
C. 县以下小型水力发电单位生产销售电力
D. 销售大型机器设备

7. 对建筑用石料等货物一经选定采用简易办法按3%征收率征收增值税,则至少在(　　)内不得变更计税方法。
A. 3年　　B. 36个月　　C. 6个月　　D. 1年

8. 某一般纳税人以自己采掘的砂、土、石料连续生产砖、瓦、石灰,本月取得含税销售额53万元,该企业本月应纳增值税额为(　　)万元。
A. 1.59　　B. 3　　C. 3.18　　D. 1.54

7.3.9 药品经营企业销售生物制品

一、自2012年7月1日起,属于增值税一般纳税人的药品经营企业销售生物制品,可以选择简易办法按照生物制品销售额和3%的征收率计算缴纳增值税。

药品经营企业,是指取得(食品)药品监督管理部门颁发的《药品经营许可证》,获准从事生物制品经营的药品批发企业和药品零售企业。

二、属于增值税一般纳税人的药品经营企业销售生物制品,选择简易办法计算缴纳增值税的,36个月内不得变更计税方法。

(国家税务总局关于药品经营企业销售生物制品有关增值税问题的公告,国家税务总局公告2012年第20号,发文日期:2012-05-28)

7.3.10 兽用药品经营企业销售兽用生物制品

一、自2016年4月1日起,属于增值税一般纳税人的兽用药品经营企业销售兽用生物制品,可以选择简易办法按照兽用生物制品销售额和3%的征收率计算缴纳增值税。

兽用药品经营企业,是指取得兽医行政管理部门颁发的《兽药经营许可证》,获准从事兽用生物制品经营的兽用药品批发和零售企业。

二、属于增值税一般纳税人的兽用药品经营企业销售兽用生物制品，选择简易办法计算缴纳增值税的，36个月内不得变更计税方法。

（国家税务总局关于兽用药品经营企业销售兽用生物制品有关增值税问题的公告，国家税务总局公告2016年第8号，发文日期：2016-02-04）

政策解析 有两类企业批发零售生物制品，可选择简易办法计算缴纳增值税：一是取得（食品）药品监督管理部门颁发的《药品经营许可证》的药品经营企业；二是取得兽医行政管理部门颁发的《兽药经营许可证》的兽用药品经营企业。

7.3.11 销售抗癌药品

自2018年5月1日起，增值税一般纳税人生产销售和批发、零售抗癌药品，可选择按照简易办法依照3%征收率计算缴纳增值税。上述纳税人选择简易办法计算缴纳增值税后，36个月内不得变更。纳税人应单独核算抗癌药品的销售额。未单独核算的，不得适用简易征收政策。

抗癌药品，是指经国家药品监督管理部门批准注册的抗癌制剂及原料药。抗癌药品清单（第一批）见附件。抗癌药品范围实行动态调整，由财政部、海关总署、税务总局、国家药品监督管理局根据变化情况适时明确。

（财政部　海关总署　税务总局　国家药品监督管理局关于抗癌药品增值税政策的通知，财税〔2018〕47号，发文日期：2018-04-27）

7.3.12 罕见病药品

一、自2019年3月1日起，增值税一般纳税人生产销售和批发、零售罕见病药品，可选择按照简易办法依照3%征收率计算缴纳增值税。上述纳税人选择简易办法计算缴纳增值税后，36个月内不得变更。

二、自2019年3月1日起，对进口罕见病药品，减按3%征收进口环节增值税。

三、纳税人应单独核算罕见病药品的销售额。未单独核算的，不得适用简易征收政策。

四、罕见病药品，是指经国家药品监督管理部门批准注册的罕见病药品制剂及原料药。罕见病药品范围实行动态调整，罕见病药品清单由财政部、海关总署、税务总局、药监局制定并根据情况变化适时调整。

（财政部　海关总署　税务总局　药监局关于罕见病药品增值税政策的通知，财税〔2019〕24号，发文日期：2019-02-20）

7.3.13 单采血浆站销售非临床用人体血液

供应非临床用人体血液的纳税人系指单采血浆站，其经审批设立后可以采集非临床用的原料血浆并供应血液制品生产单位用于生产血液制品。单采血浆站执行如下增值税政策：

一、人体血液的增值税适用税率为13%。

二、属于增值税一般纳税人的单采血浆站销售非临床用人体血液，可以按照简易办法依照3%征收率计算应纳税额，但不得对外开具增值税专用发票；也可以按照销项税额抵扣进项税额的办法依照增值税适用税率计算应纳税额。

纳税人选择计算缴纳增值税的办法后，36个月内不得变更。

（国家税务总局关于供应非临床用血增值税政策问题的批复，国税函〔2009〕456号，发文日期：2009-08-24；财政部　税务总局　海关总署关于深化增值税改革有关政策的公告，财政部　税务总局　海关总署公告2019年第39号，发文日期：2019-03-20）

7.3.14　境外展商在展销会期间销售进口展品

根据《增值税暂行条例》第一条的法规，外国企业来华参加商品展览会、展示会后直接在我国境内销售展品，或者展销会期间销售商品，应按法规缴纳增值税。考虑到这些外国企业在华时间较短，属于临时发生应税行为，且销售的展品或商品数量有限，因此，对上述销售展品或商品可按小规模纳税人所适用的3%征收率征收增值税。

（国家税务总局关于外国企业来华参展后销售展品有关税务处理问题的批复，国税函〔1999〕207号，发文日期：1999-04-26；国家税务总局关于修改若干增值税规范性文件引用法规规章条款依据的通知，国税发〔2009〕10号，发文日期：2009-02-05）

7.3.15　合作油(气)田开采的原油、天然气

自1994年1月1日起，中外合作油（气）田（以下简称合作油〈气〉田）开采原油、天然气征收增值税的有关规定如下：

一、合作油（气）田开采的原油、天然气按实物缴纳增值税、以该油（气）田开采的原油、天然气扣除了石油作业用油（气）量和损耗量之后的原油、天然气产量作为计税依据。

二、鉴于目前合作油（气）田开采的原油、天然气实行统一销售，其增值税暂按合作油（气）田每次用于销售的总量计算征税。计征的增值税原油、天然气实物随同合作油（气）田的原油、天然气一起销售。

三、增值税的原油、天然气实物，按实际销售额扣除其本身所发生的实际销售费用后入库。原油、天然气销售的定价方法，应事先报经主管税务机关审查。

四、合作油（气）田的原油、天然气按次纳税，每次销售款划入销售方银行账户之日（最迟不得超过合同法规的付款期限最后一日）起五日内申报纳税（如最后一天为法定节、假日可按法规顺延）。逾期未办理申报纳税的，依据《税收征收管理法》的有关法规处理。

五、合作油（气）田销售的原油、天然气按外汇结算销售额的，其销售额的人民币折合率可以选择销售发生的当天或当月1日的国家外汇牌价。选择确定后一年内不得变更。

六、增值税的申报缴纳事宜，由参与合作的中国石油公司负责办理。在办理纳税申报时，应同时附送本次原油、天然气的销售价格、销售费用、销售去向等明细资料。并按月或按季向主管税务机关报送合作油（气）出的产量、存量、分配量、销售量以及主管税务机关所需要的其他有关资料。

七、合作油（气）田销售原油、天然气时，应按法规向购买方开具增值税专用发票。增值税专用发票的具体填开方法是："价税合计栏"按含税销售额填写；"税额栏"按含税销售额乘

以征收率 5%计算出的税额填写;"金额栏"按价税合计数额减去税额后的余额填写;"数量栏"按销售总量填写;"单价栏"按实际销售单价填写:"税率栏"不填。"税额栏"中所列税额为购买方的增值税进项扣除额。

八、中国海洋石油总公司海上自营油(气)田比照上述有关法规执行。

(国家税务总局关于中外合作开采石油资源缴纳增值税有关问题的通知,国税发〔1994〕114 号,发文日期:1994-04-28)

重点难点即时练 18

1. 2020 年 3 月一般纳税人出售自己使用过的 2005 年购入的一台进项税额没有抵扣的机床,原价 100 万元,售价为 105 万元(均不含税),则该纳税人应(　　)。
   A. 按 3%的征收率缴纳增值税
   B. 按 3%的征收率减按 2%缴纳增值税
   C. 按 2%的征收率缴纳增值税
   D. 免征增值税
2. 一般纳税人销售自己使用过的下列物品,一律按简易办法征收增值税的有(　　)。
   A. 2009 年购入的生产设备　　B. 2009 年购入的办公桌椅
   C. 2010 年购入的自用小轿车　　D. 2006 年购入的生产设备
3. 有关旧机动车经营单位(一般纳税人)销售旧机动车的表述正确的是(　　)。
   A. 销售价格超过原值的,按适用税率征税
   B. 销售价格未超过原值的,免征增值税
   C. 销售价格无论是否超过原值,一律按 3%的征收率征税
   D. 销售价格无论是否超过原值,减按 0.5%征税
4. 某旧机动车经营单位(小规模纳税人)2019 年 3 月销售旧汽车一辆,买价 50 000 元,含税销售价 52 000 元,并开具普通发票,则此项业务应缴增值税(　　)元。
   A. 1 000　　B. 1 019.61　　C. 1 009.71　　D. 0
5. 某小规模纳税人 2020 年 2 月销售自己使用过的桑塔纳轿车一辆,原值 100 000 元,含税售价 62 400 元,并开具普通发票,则该纳税人应缴增值税(　　)元。
   A. 1 817.48　　B. 1 211.65　　C. 0　　D. 1 200
6. 下列货物或行为征收增值税的有(　　)。
   A. 个体经营者销售自己使用过的摩托车
   B. 其他个人销售自己使用过的小汽车
   C. 旧机动车经营单位销售旧机动车
   D. 经国务院或国务院授权机关批准的免税商店零售的免税品

7.3.16　简易办法征税的货物不得抵扣的进项税额的确定

根据增值税暂行条例的规定,按简易办法计算增值税额,不得抵扣进项税额。一般纳税人除生产可按简易办法征税货物外还生产其他货物或提供加工、修理修配劳务,并且选择简易办法计算上列货物应纳税额的,如果无法准确划分不得抵扣的进项税额,应按下列公式计

算不得抵扣的进项税额：

$$当月不得抵扣进项税额 = 当月全部进项税额 \times \frac{按简易办法计税的货物销售额}{当月全部销售额}$$

（财政部 国家税务总局关于调整农业产品增值税税率和若干项目征免增值税的通知，财税字〔1994〕4号，发文日期：1994-03-29）

〔例题 7-5〕 某陶瓷厂（一般纳税人）生产陶瓷和石料两种产品，其中石料选择简易征税办法。2020 年 5 月陶瓷的不含税销售额为 15 万元，石料的不含税销售额为 1 万元。当月购进共用原材料取得专用发票注明的进项税额为 32 000 元。计算陶瓷厂该月应纳的增值税额。

解析：(1) 石料应纳税额＝10 000×3%＝300（元）

(2) 不得抵扣的进项税额＝32 000×10 000÷（150 000＋10 000）＝2 000（元）

进项税额＝32 000－2 000＝30 000（元）

销项税额＝150 000×13%＝19 500（元）

陶瓷应纳税额＝19 500－30 000＝－10 500（元）

答：当月纳税人应纳税额为 300 元，并有 10 500 元进项留抵。

7.3.17 选择简易计税方法的时限及备案

一、简易计税方法的备案。

一般纳税人发生财政部和国家税务总局规定的特定应税行为，可以选择适用简易计税方法计税，但一经选择，36 个月内不得变更。

二、取消建筑服务简易计税项目备案。

自 2019 年 10 月 1 日起，提供建筑服务的一般纳税人按规定适用或选择适用简易计税方法计税的，不再实行备案制。以下证明材料无需向税务机关报送，改为自行留存备查：

（一）为建筑工程老项目提供的建筑服务，留存《建筑工程施工许可证》或建筑工程承包合同；

（二）为甲供工程提供的建筑服务、以清包工方式提供的建筑服务，留存建筑工程承包合同。

（国家税务总局关于国内旅客运输服务进项税抵扣等增值税征管问题的公告，国家税务总局公告 2019 年第 31 号，发文日期：2019-09-01）

第8章　增值税小规模纳税人和进口货物应纳税额的计算

本章主要讲述增值税小规模纳税人应纳税额的计算以及纳税人进口货物缴纳进口增值税的计算和纳税人接受境外单位和个人提供服务或无形资产应代扣代缴增值税额的计算。

8.1　增值税小规模纳税人应纳税额的计算

小规模纳税人发生应税行为适用简易计税方法计税，按照销售额和征收率计算应纳税额，并不得抵扣进项税额。应纳税额计算公式：

$$应纳税额 = 销售额 \times 征收率$$

一、含税销售额的换算。

《增值税暂行条例实施细则》第三十条规定，小规模纳税人的销售额不包括其应纳税额。

小规模纳税人销售货物或者应税劳务采用销售额和应纳税额合并定价方法的，按下列公式计算销售额：

$$销售额 = \frac{含税销售额}{1 + 征收率}$$

二、销售退回或折让的处理。

《增值税暂行条例实施细则》第三十一条规定，小规模纳税人因销售货物退回或者折让退还给购买方的销售额，应从发生销售货物退回或者折让当期的销售额中扣减。

〔例题8-1〕　某非企业性单位(小规模纳税人)销售电器一批给某工业企业(一般纳税人)，请税务机关代开增值税专用发票，注明销售额100 800元，该批货物进价91 230元。销售自己使用过的办公桌椅一批，该批桌椅采用销售额和应纳税额合并定价方法计价，价值2 690元，该批桌椅进价2 400元。计算该单位应纳增值税额。

解析：销售额＝100 800＋2 690÷(1＋3%)＝103 411.65(元)

应纳税额＝103 411.65×3%＝3 102.35(元)

答：该非企业性单位应纳增值税3 102.35元。

8.1.1　销售自己使用过的物品和旧货

一、销售自己使用过的固定资产和旧货。

1. 小规模纳税人(除其他个人外)销售自己使用过的固定资产和旧货，依照3%的征收率减按2%征收增值税。

2. 小规模纳税人销售自己使用过的固定资产和旧货，按下列公式确定销售额和应纳税额：

$$销售额 = 含税销售额 \div (1 + 3\%)$$
$$应纳税额 = 销售额 \times 2\%$$

从事二手车经销的纳税人销售其收购的二手车(含旧汽车、旧摩托车)参见7.3.5。

3. 申报表的填列。

小规模纳税人销售自己使用过的固定资产和旧货，其不含税销售额填写在《增值税纳税申报表(适用于小规模纳税人)》第7栏，其利用税控器具开具的普通发票不含税销售额填写在第8栏。

4. 发票开具。

(1) 销售自己使用过的固定资产。

小规模纳税人销售自己使用过的固定资产，应开具普通发票，不得由税务机关代开增值税专用发票。纳税人销售自己使用过的固定资产，适用简易办法依照3%征收率减按2%征收增值税政策的，可以放弃减税，按照简易办法依照3%征收率缴纳增值税，并可以开具增值税专用发票。

(2) 销售旧货。

纳税人销售旧货，应开具普通发票，不得自行开具或者由税务机关代开增值税专用发票。

(国家税务总局关于增值税简易征收政策有关管理问题的通知，国税函〔2009〕90号，发文日期:2009-02-25;国家税务总局关于营业税改征增值税试点期间有关增值税问题的公告，国家税务总局公告2015年第90号，发文日期:2015-12-22)

二、销售自己使用过的固定资产以外的物品。

小规模纳税人销售自己使用过的除固定资产以外的物品，应按3%的征收率征收增值税。

(财政部　国家税务总局关于部分货物适用增值税低税率和简易办法征收增值税政策的通知，财税〔2009〕9号，发文日期:2009-01-19;国家税务总局关于增值税简易征收政策有关管理问题的通知，国税函〔2009〕90号，发文日期:2009-02-25)

三、其他个人销售自己使用过的物品

其他个人销售的自己使用过的物品免征增值税。

8.1.2 小微企业免税优惠

《财政部　税务总局关于实施小微企业普惠性税收减免政策的通知》(财税〔2019〕13号)规定，对月销售额10万元(季销售额30万元)以下(含本数)的增值税小规模纳税人，免征增值税。具体优惠范围见9.2小微企业免税优惠。

小规模纳税人月销售额未超过10万元的，当期因开具增值税专用发票已经缴纳的税款，在增值税专用发票全部联次追回或者按规定开具红字专用发票后，可以向主管税务机关申请退还。

8.1.3 购置税控收款机抵扣应纳增值税额

增值税小规模纳税人购置税控收款机，经主管税务机关审核批准后，可凭购进税控收款机取得的增值税专用发票，按照发票上注明的增值税税额，抵免当期应纳增值税额，或者按照购进税控收款机取得的普通发票上注明的价款，依下列公式计算可抵免税额：

$$可抵免税额 = \frac{价款}{1+13\%} \times 13\%$$

当期应纳税额不足抵免的，未抵免部分可在下期继续抵免。

（财政部　国家税务总局关于推广税控收款机有关税收政策的通知，财税〔2004〕167 号，发文日期：2004-11-09）

8.1.4　购置税控专用设备抵减应纳税额

增值税纳税人 2011 年 12 月 1 日（含，下同）以后初次购买增值税税控系统专用设备（包括分开票机）支付的费用，可凭购买增值税税控系统专用设备取得的增值税专用发票，在增值税应纳税额中全额抵减（抵减额为价税合计额），不足抵减的可结转下期继续抵减。增值税纳税人非初次购买增值税税控系统专用设备支付的费用，由其自行负担，不得在增值税应纳税额中抵减。

增值税纳税人 2011 年 12 月 1 日以后缴纳的技术维护费（不含补缴的 2011 年 11 月 30 日以前的技术维护费），可凭技术维护服务单位开具的技术维护费发票，在增值税应纳税额中全额抵减，不足抵减的可结转下期继续抵减。技术维护费按照价格主管部门核定的标准执行。

政策解析　注意区分购进税控收款机与购进税控专用设备的政策是不同的，购进税控收款机的一般纳税人和小规模纳税人可将增值税额在应纳增值税额中抵减，而购进税控专用设备的一般纳税人和小规模纳税人可将价税合计金额在应纳增值税额中抵减。

重点难点即时练 19

1. 某厂（小规模工业企业）某月外购一批货物 1 000 件，取得的增值税专用发票上注明的价款和税款分别为 100 000 元和 13 000 元。当月销售产品 800 件给丙企业，请税务机关代开的增值税专用发票上注明的价款为 110 000 元；另外销售产品 200 件给批发商，取得含税收入 15 600 元。则该厂当月要缴纳的增值税为（　　）元。

A. 7 483.02　　B. 3 754.37　　C. −9 516.98　　D. 3 768

2. 某百货公司为小规模纳税人，2019 年 5 月销售给消费者适用基本税率的日用品一批，收取全部货款为 624 000 元，当月货物购进时取得增值税专用发票上注明价款为 300 000 元，则该百货公司 5 月份应纳增值税为（　　）元。

A. 55 080　　B. 39 666.7　　C. 18 174.8　　D. 18 720

3. 某汽车修理厂（小规模纳税人）2020 年 5 月份提供修理修配收入 110 000 元，销售修理配件取得收入 225 000 元。上述业务收入均为含税收入且能够分别核算，则该修理厂当月应纳增值税（　　）元。

A. 12 884.62　　B. 14 880.27　　C. 6 844.66　　D. 9 757.28

4. 某商业零售企业为增值税小规模纳税人，2020 年 5 月购进货物取得普通发票，共计支付金额 120 000 元；从小规模纳税人购进农产品，取得普通发票上注明价款 10 000 元；经主管税务机关核准购进税控收款机一台取得普通发票，支付金额 5 800 元；本月内销售货物取得零售收入共计 158 080 元。该企业本月应缴纳的增值税为(　　)元。

A. 3 937.12　　B. 6 080　　C. 8 098　　D. 8 948

5. 某生产企业属增值税小规模纳税人，2020 年 6 月对部分资产盘点后进行处理：销售边角废料，由税务机关代开增值税专用发票，取得不含税收入 30 000 元；销售使用过的小汽车 1 辆，取得含税收入 98 000 元(原值为 120 000 元)。该企业上述业务应缴纳的增值税为(　　)元。

A. 2 784.62　　B. 2 802.91　　C. 3 754.37　　D. 4 669.23

8.2　进口货物应纳税额的计算

《增值税暂行条例》第十四条规定，纳税人进口货物，按照组成计税价格和本条例第二条规定的税率计算应纳税额。组成计税价格和应纳税额计算公式：

$$组成计税价格 = 关税完税价格 + 关税 + 消费税$$

$$应纳税额 = 组成计税价格 \times 税率$$

政策解析　组成计税价格中关税完税价格指的是到岸价，即货物到达我国口岸的价格，包括货物的买价以及境外运输所发生的运输费和保险费。如果纳税人与销货方签订的合同中使用的是离岸价，在计征增值税时必须换算为到岸价。

〔例题 8-2〕　某外贸进出口公司(小规模纳税人)进口一批化妆品，到岸价格 10 万元，关税为 4 万元，消费税税率 30%，则该公司应纳增值税多少元？

解析：组成计税价格＝(10＋4)÷(1－30%)＝20(万元)

应纳增值税＝20×13%＝2.6(万元)

答：外贸进出口公司应纳进口增值税 2.6 万元。

重点难点即时练 20

1. 某外贸企业(一般纳税人)2020 年 5 月进口一批小汽车(消费税税率为 5%，关税税率为 110%)，合同约定的离岸价为 500 美元，运输过程中发生的运费为 2 美元，保险费为 3 美元。货物运抵我国后发生的国内运输费为 3 000 元人民币，挑选整理费为 1 000 元人民币。则该批进口货物应缴纳的进口增值税为多少？(已知美元与人民币的汇率为 1∶8)

2. 某进口公司(小规模纳税人)进口一批货物，该批货物不征消费税，关税完税价格 25 万元，进口关税 4.8 万元。计算该公司应纳进口环节增值税(适用税率 13%)。

3. 某有进口经营权的企业(一般纳税人，经营的货物适用税率均为 13%)，2020 年 5 月进口一台作为企业固定资产的机器设备和一批用于加工生产的原材料。机器设备的关税完税价格为 50 000 元，已纳关税 20 000 元；原材料的关税完税价格为 100 000 元，已纳关税 40 000 元。企业当月在国内销售自产的产品，取得不含税收入 150 000 元。试计算企业当月应该申报缴纳增值税。

8.3　接受境外单位或者个人提供应税服务扣缴增值税

境外单位或者个人在境内发生销售服务、无形资产、不动产，在境内未设有经营机构的，扣缴义务人按照下列公式计算应扣缴税额：

应扣缴税额 ＝ 购买方支付的价款 ÷（1 ＋ 税率）× 税率

境内的购买方为境外单位和个人扣缴增值税的，按照适用税率扣缴增值税。

（财政部　国家税务总局关于全面推开营业税改征增值税试点的通知，财税〔2016〕36 号，发文日期：2016-03-23）

〔例题 8-3〕　境外公司为天马公司提供咨询服务，合同价款 106 万元，且该境外公司没有在境内设立经营机构，应以服务购买方为增值税扣缴义务人。

请问：天马公司购买境外咨询服务应当扣缴多少增值税？

解析：应扣缴增值税＝106÷(1＋6％)×6％＝6(万元)

答：天马公司购买境外咨询服务应当扣缴增值税 6 万元。

8.4　境外单位通过教育部考试中心及其直属单位在境内开展考试

境外单位通过教育部考试中心及其直属单位在境内开展考试，教育部考试中心及其直属单位应以取得的考试费收入扣除支付给境外单位考试费后的余额为销售额，按提供“教育辅助服务”缴纳增值税；就代为收取并支付给境外单位的考试费统一扣缴增值税。教育部考试中心及其直属单位代为收取并支付给境外单位的考试费，不得开具增值税专用发票，可以开具增值税普通发票。

（国家税务总局关于在境外提供建筑服务等有关问题的公告，国家税务总局公告 2016 年第 69 号，发文日期：2016-11-04）

第 9 章 增值税税收优惠

为了支持某些行业、企业的发展，我国在增值税方面制定了一系列的优惠政策，对纳税人销售货物、劳务、服务、无形资产或不动产的应纳税额予以免征或减征。目前，增值税减免优惠的具体实施主要采取直接减免、即征即退或先征后退、先征后返等形式，按照税务机关对优惠政策的管理分类，分为备案类减免税和报批类减免税。

纳税人兼营免税、减税项目的，应当分别核算免税、减税项目的销售额；未分别核算销售额的，不得免税、减税。

9.1 起征点

一、起征点。

个人发生应税行为的销售额未达到增值税起征点的，免征增值税；达到起征点的，全额计算缴纳增值税。

增值税起征点不适用于登记为一般纳税人的个体工商户。

增值税起征点幅度如下：

（一）按期纳税的，为月销售额 5 000～20 000 元（含本数）。

（二）按次纳税的，为每次（日）销售额 300～500 元（含本数）。

起征点的调整由财政部和国家税务总局规定。省、自治区、直辖市财政厅（局）和国家税务局应当在规定的幅度内，根据实际情况确定本地区适用的起征点，并报财政部和国家税务总局备案。

（中华人民共和国增值税暂行条例实施细则，财政部令 2011 年第 65 号，发文日期：2011-10-28；财政部　国家税务总局关于全面推开营业税改征增值税试点的通知，财税〔2016〕36 号，发文日期：2016-03-23）

二、未达起征点户的管理。

（一）规范纳税申报管理。

为有效实施对未达起征点户的动态管理，主管税务机关应定期开展巡查，尤其是要加大对临近起征点业户的巡查力度，及时掌握其生产、经营变化情况。同时，应明确要求未达起征点户如实按期向主管税务机关申报其与纳税有关的生产、经营情况。为提高管理效率和方便纳税人，未达起征点户可实行按季、半年或年申报一次。具体申报内容和申报期限由省级税务机关确定。

对月度实际经营额超过起征点的未达起征点户，主管税务机关应要求其按照税务机关依照法律、法规规定确定的期限申报纳税。实行定期定额方式缴纳税款的未达起征点户，如其实际经营额连续一定期限超过起征点的，主管税务机关应及时调整其定额。具体期限由省级税务机关确定。

（二）严格发票管理。

主管税务机关应按照发票管理办法的有关规定供应未达起征点户生产、经营所需的发票，同时，应对其发票领购的数量和版面实行有效控制，对其发票开具、保管和缴销应制定严格的管理措施。对发票开具金额达到起征点的，税务机关应按其发票开具金额进行征税。

（国家税务总局关于规范未达增值税营业税起征点的个体工商户税收征收管理的通知，国税发〔2005〕第 123 号，发文日期：2005-07-20）

9.2 小微企业免税优惠

为进一步扶持小微企业发展，经国务院批准，对增值税小规模纳税人中月销售额未达到 2 万元的企业或非企业性单位，免征增值税。2018 年 12 月 31 日前，对月销售额 2 万元（含本数）至 3 万元的增值税小规模纳税人，免征增值税。根据《国家税务总局关于小规模纳税人免征增值税政策有关征管问题的公告》（国家税务总局公告 2019 年第 4 号）规定，小规模纳税人发生增值税应税销售行为，合计月销售额未超过 10 万元（以 1 个季度为 1 个纳税期的，季度销售额未超过 30 万元）的，免征增值税。小规模纳税人发生增值税应税销售行为，合计月销售额超过 10 万元，但扣除本期发生的销售不动产的销售额后未超过 10 万元的，其销售货物、劳务、服务、无形资产取得的销售额免征增值税。

政策解析 10 万元是不含税销售额，换算为含税销售额为 10.3 万元（非不动产销售或出租业务）或 10.5 万元（销售或出租不动产）。

《国家税务总局关于小微企业免征增值税有关问题的公告》（国家税务总局公告 2017 年第 52 号）规定，增值税小规模纳税人应分别核算销售货物或者加工、修理修配劳务的销售额和销售服务、无形资产的销售额。增值税小规模纳税人销售货物或者加工、修理修配劳务月销售额不超过 3 万元（按季纳税 9 万元），销售服务、无形资产月销售额不超过 3 万元（按季纳税 9 万元）的，自 2018 年 1 月 1 日起至 2020 年 12 月 31 日，可分别享受小微企业暂免征收增值税优惠政策。也就是说，在国家税务总局公告 2017 年第 52 号执行期间，小微企业销售不动产不得享受免税优惠。该公告被国家税务总局公告 2019 年第 4 号废止。按照国家税务总局公告 2019 年第 4 号的规定，小规模纳税人销售不动产的销售额与销售货物、劳务、服务、无形资产的销售额合计数不超过 10 万元/月（或 30 万元/季），可以享受小微企业免税优惠；小规模纳税人销售货物、劳务、服务、无形资产、不动产的销售额合计数超过 10 万元/月（或 30 万元/季），但剔除不动产销售额后，货物、劳务、服务、无形资产的销售额合计数不超过 10 万元/月（或 30 万元/季），仍可享受小微企业免税优惠。

案例解析 75

包含销售不动产的全部应税行为销售额不超过 10 万元，可以适用小微企业免税优惠吗？

天马企业（增值税小规模纳税人），2020 年 1 月份共实现不含税收入 10 万元，其中销售货物4万元，提供咨询服务3万元，销售不动产3万元。可以享受免税优惠吗？

答：可以享受。根据《国家税务总局关于小规模纳税人免征增值税政策有关征管问题的公告》（国家税务总局公告2019年第4号）规定，小规模纳税人发生增值税应税销售行为，合计月销售额未超过10万元（以1个季度为1个纳税期的，季度销售额未超过30万元）的，免征增值税。销售货物、咨询服务、不动产均属于增值税应税销售行为，合计销售额为10万元，不超过10万元，可以享受小微企业免税优惠。

案例解析76

全部应税行为销售额超过10万元，但扣除不动产销售额后未超过10万元，可以适用小微企业免税优惠吗？

天马企业（增值税小规模纳税人），2020年1月份共实现不含税收入17万元，其中提供咨询服务8万元，销售其在异地的自建不动产9万元。可以享受免税优惠吗？

答：可以享受。根据《国家税务总局关于小规模纳税人免征增值税政策有关征管问题的公告》（国家税务总局公告2019年第4号）规定，小规模纳税人发生增值税应税销售行为，合计月销售额超过10万元，但扣除本期发生的销售不动产的销售额后未超过10万元的，其销售货物、劳务、服务、无形资产取得的销售额免征增值税。

9.2.1 享受免税优惠的小微企业代开增值税专用发票问题

小规模纳税人月销售额未超过10万元的，当期因开具增值税专用发票已经缴纳的税款，在增值税专用发票全部联次追回或者按规定开具红字专用发票后，可以向主管税务机关申请退还。

（国家税务总局关于小规模纳税人免征增值税政策有关征管问题的公告，国家税务总局公告2019年第4号，发文日期：2019-01-19）

政策解析 小微企业在享受免税优惠的情况下，如果购买方索取增值税专用发票，可以申请税务机关代开，但是税务机关一定会先预征税款再代开专用发票。也就是说，代开专用发票的销售业务必须要缴纳税款的，因为适用免征增值税规定的应税行为不得开具增值税专用发票，小微企业只有在放弃该笔销售业务免税权时，才能申请税务机关代开增值税专用发票。

9.2.2 混业经营小微企业免税优惠的适用

小规模纳税人发生增值税应税销售行为，合计月销售额未超过10万元（以1个季度为1个纳税期的，季度销售额未超过30万元）的，免征增值税。小规模纳税人发生增值税应税销售行为，合计月销售额超过10万元，但扣除本期发生的销售不动产的销售额后未超过10万元的，其销售货物、劳务、服务、无形资产取得的销售额免征增值税。

（国家税务总局关于小规模纳税人免征增值税政策有关征管问题的公告，国家税务总局公告2019年第4号，发文日期：2019-01-19）

政策解析 《国家税务总局关于小微企业免征增值税有关问题的公告》(国家税务总局公告2017年第52号)规定,增值税小规模纳税人应分别核算销售货物或者加工、修理修配劳务的销售额和销售服务、无形资产的销售额。增值税小规模纳税人销售货物或者加工、修理修配劳务月销售额不超过3万元(按季纳税9万元),销售服务、无形资产月销售额不超过3万元(按季纳税9万元)的,自2018年1月1日起至2020年12月31日,可分别享受小微企业暂免征收增值税优惠政策。也就是说,在国家税务总局公告2017年第52号执行期间,小微企业销售原征税范围的货物、劳务和销售营改增范围的服务、无形资产,应分别计算销售额,分别与小微企业免税销售额标准比较,单独确定能否享受免税优惠。该公告被国家税务总局公告2019年第4号废止。国家税务总局公告2019年第4号将免税销售额标准由3万元提高到10万元的同时,不再区分货物、劳务销售额与服务、无形资产销售额,小规模纳税人应合并计算增值税应税行为的销售额,与小微企业免税销售额标准比较,确定能否享受免税优惠。

案例解析77

兼营销售货物与营改增应税行为的纳税人应如何适用小微企业免税优惠?

天马保健中心(小规模纳税人)2020年4月销售保健品含税销售额为9.05万元,提供健康咨询服务含税销售额为2万元。请问:天马保健中心可以享受小微企业免税优惠吗?应如何作会计处理?

答:《国家税务总局关于小微企业免征增值税有关问题的公告》(国家税务总局公告2017年第52号)规定,增值税小规模纳税人应分别核算销售货物或者加工、修理修配劳务的销售额和销售服务、无形资产的销售额。增值税小规模纳税人销售货物,提供加工、修理修配劳务月销售额不超过3万元(按季纳税9万元),销售服务、无形资产月销售额不超过3万元(按季纳税9万元)的,自2018年1月1日起至2020年12月31日,可分别享受小微企业暂免征收增值税优惠政策。该规定已被《国家税务总局关于小规模纳税人免征增值税政策有关征管问题的公告》(国家税务总局公告2019年第4号)文件废止,并且4号公告规定,小规模纳税人发生增值税应税销售行为,合计月销售额未超过10万元(以1个季度为1个纳税期的,季度销售额未超过30万元)的,免征增值税。由此可见,兼营销售货物与营改增应税行为的纳税人不能再将货物的销售额与营改增应税行为的销售额分别核算,分别与免税标准相比,确定能否适用免税优惠,而应当将销售货物与营改增应税行为销售额合并后与免税标准相比,确定能否适用免税优惠。

销售货物的不含税销售额为8.79万元(9.05÷1.03),提供咨询服务不含税销售额为1.94万元(2÷1.03),两者合计10.73万元,超过10万元,不可以享受小微企业免税优惠。

会计处理:

销售实现,确定收入:

借:银行存款等	110 500.00	
贷:主营业务收入——保健品		87 864.08
主营业务收入——咨询		19 417.48
应交税费——应交增值税		3 218.44

结转成本会计分录略。

9.2.3 适用差额征税政策小微企业销售额的确定

适用增值税差额征税政策的小规模纳税人，以差额后的销售额确定是否可以享受本公告规定的免征增值税政策。《增值税纳税申报表（小规模纳税人适用）》中的"免税销售额"相关栏次，填写差额后的销售额。

（国家税务总局关于小规模纳税人免征增值税政策有关征管问题的公告，国家税务总局公告 2019 年第 4 号，发文日期：2019-01-19）

案例解析 78

经营差额征税项目纳税人差额前销售超过 10 万元，不能适用小微企业免税优惠吗？

天马保安公司（小规模纳税人）2020 年 1 月份提供劳务派遣服务，取得全部含税收入 51.5 万元，其中含代用工单位支付给劳务派遣员工的工资、福利和为其办理社会保险及住房公积金共计 41 万元。天马保安公司选择差额征税办法并按规定开具了普通发票。差额后不含税收入＝（51.5－41）÷（1＋5%）＝10（万元）。天马保安公司可以享受免税优惠吗？

答：可以享受。根据《国家税务总局关于小规模纳税人免征增值税政策有关征管问题的公告》（国家税务总局公告 2019 年第 4 号）规定，小规模纳税人发生增值税应税销售行为，合计月销售额未超过 10 万元（以 1 个季度为 1 个纳税期的，季度销售额未超过 30 万元）的，免征增值税。适用增值税差额征税政策的小规模纳税人，以差额后的销售额确定是否可以享受本公告规定的免征增值税政策。天马保安公司差额后的不含税销售额为 10 万元，未超过 10 万元，可以享受小微企业免税优惠。

9.2.4 其他个人出租不动产享受小微企业免税优惠问题

《中华人民共和国增值税暂行条例实施细则》第九条所称的其他个人，采取一次性收取租金形式出租不动产取得的租金收入，可在对应的租赁期内平均分摊，分摊后的月租金收入未超过 10 万元元的，免征增值税。

（国家税务总局关于小规模纳税人免征增值税政策有关征管问题的公告，国家税务总局公告 2019 年第 4 号，发文日期：2019-01-19）

政策解析 预收或一次性收取的租金可以按对应的租赁期均匀分摊，按分摊后的月租金收入是否超过 10 万元确定是否可以享受小微企业免税优惠的政策只适用于其他个人，而不是所有的小规模纳税人。小规模纳税人（其他个人除外）一次性收取的不动产租金收入，应结合纳税义务发生时间确定是否可以享受免税优惠。

9.2.5 实际经营期不足 1 个季度的小规模纳税人免税优惠的适用

自 2019 年 1 月 1 日起，以 1 个季度为纳税期限的增值税小规模纳税人，因在季度中间成立或注销而导致当期实际经营期不足 1 个季度，当期销售额未超过 30 万元的，免征增值税。

（国家税务总局关于国内旅客运输服务进项税抵扣等增值税征管问题的公告，国家税务总局公告2019年第31号，发文日期：2019-09-01）

案例解析79

经营期不足1个季度的小规模纳税人当期实际销售额不超过30万元，但按经营月份折算的季销售额超过30万元，可以享受小微企业免税优惠吗？

天马公司（小规模纳税人）2020年2月成立，实行按季纳税，2～3月累计销售额为25万元，未超过季销售额30万元的免税标准，但按照经营月份折算，天马公司一个季度可以取得销售额37.5万元（25÷2×3），天马公司第一季度能享受小微企业免税优惠吗？

答：可以。《国家税务总局关于国内旅客运输服务进项税抵扣等增值税征管问题的公告》（国家税务总局公告2019年第31号）规定，自2019年1月1日起，以1个季度为纳税期限的增值税小规模纳税人，因在季度中间成立或注销而导致当期实际经营期不足1个季度，当期销售额未超过30万元的，免征增值税。因此，对于以季度为纳税期限的增值税小规模纳税人，因在季度中间成立或者注销而导致当期实际经营期不足一个季度的，只要当期销售额未超过30万元，即可以按规定免征增值税。天马公司当期实际销售额为25万元，不超过30万元，可以享受小微企业免税优惠。

9.2.6 小微企业纳税期限的选择

按固定期限纳税的小规模纳税人可以选择以1个月或1个季度为纳税期限，一经选择，一个会计年度内不得变更。

（国家税务总局关于小规模纳税人免征增值税政策有关征管问题的公告，国家税务总局公告2019年第4号，发文日期：2019-01-19）

案例解析80

小规模纳税人可以自行选择纳税期，以便适用小微企业免税优惠吗？

甲小规模纳税人2020年1～3月的销售额分别为5万元、11万元和12万元。如果选择按月纳税，1月份销售额不超过10万元，可以享受小微企业免税优惠，2月份和3月份销售额均超过10万元，不得享受小微企业免税优惠；如果选择按季纳税，第1季度销售额不超过30万元，可以享受小微企业免税优惠。乙小规模纳税人2020年1～3月的销售额分别为13万元、9万元和14万元。如果选择按月纳税，2月份销售额不超过10万元，可以享受小微企业免税优惠，1月份和3月份销售额均超过10万元，不得享受小微企业免税优惠；如果选择按季纳税，第1季度销售额超过30万元，不得享受小微企业免税优惠。甲可以选择按季纳税，乙可以选择按月纳税吗？

答：可以。根据《国家税务总局关于小规模纳税人免征增值税政策有关征管问题的公告》（国家税务总局公告2019年第4号）规定，按固定期限纳税的小规模纳税人可以选择以1个月或1个季度为纳税期限，一经选择，一个会计年度内不得变更。如果甲、乙原来都是按季纳税，甲可以继续按季纳税，2020年度不得变更；乙可以向税务机关备案选择按月纳税，选定后一个会计年度内不得变更。

9.3 条例规定的免税项目

《增值税暂行条例》第十五条规定了下列七类免税项目：

（一）农业生产者销售的自产农产品。

（二）避孕药品和用具。

（三）古旧图书。

（四）直接用于科学研究、科学试验和教学的进口仪器、设备。

（五）外国政府、国际组织无偿援助的进口物资和设备。

（六）由残疾人的组织直接进口供残疾人专用的物品。

（七）销售的自己使用过的物品。

9.3.1 农业生产者销售的自产农业产品

《增值税暂行条例实施细则》第三十五条规定，农业是指种植业、养殖业、林业、牧业、水产业。

农业生产者，包括从事农业生产的单位和个人。

农产品，是指初级农产品。

9.3.1.1 自产农业产品

"农业生产者销售的自产农业产品"，是指直接从事植物的种植、收割和动物的饲养、捕捞的单位和个人销售的注释所列的自产农业产品；对上述单位和个人销售的外购的农业产品，以及单位和个人外购农业产品生产、加工后销售的仍然属于注释所列的农业产品，不属于免税的范围，应当按照规定税率征收增值税。

（财政部 国家税务总局关于印发《农业产品征税范围注释》的通知，财税字〔1995〕52号，发文日期：1995-06-15）

9.3.1.2 竹制或竹芒藤柳混合坯具属于自产农业初级产品

对于农民个人按照竹器企业提供样品规格，自产或购买竹、芒、藤、木条等，再通过手工简单编织成竹制或竹芒藤柳混合坯具的，属于自产农业初级产品，应当免征销售环节增值税。收购坯具的竹器企业可以凭开具的农产品收购凭证计算进项税额抵扣。

（国家税务总局关于农户手工编织的竹制和竹芒藤柳坯具征收增值税问题的批复，国税函〔2005〕56号，发文日期：2005-01-18）

9.3.1.3 人工合成牛胚胎属于农业产品

人工合成牛胚胎属于《农业产品征税范围注释》（财税字〔1995〕52号）第二条第（五）款规定的动物类"其他动物组织"，人工合成牛胚胎的生产过程属于农业生产，纳税人销售自产人工合成牛胚胎应免征增值税。

（国家税务总局关于人工合成牛胚胎适用增值税税率问题的通知，国税函〔2010〕97号，发文日期：2010-03-04）

9.3.1.4 农民专业合作社

自2008年7月1日起，农民专业合作社有关税收政策如下：

1. 对农民专业合作社销售本社成员生产的农业产品，视同农业生产者销售自产农业产品免征增值税。

2. 增值税一般纳税人从农民专业合作社购进的免税农业产品,可按规定的扣除率计算抵扣增值税进项税额。

3. 对农民专业合作社向本社成员销售的农膜、种子、种苗、农药、农机,免征增值税。

4. 对农民专业合作社与本社成员签订的农业产品和农业生产资料购销合同,免征印花税。

农民专业合作社,是指依照《中华人民共和国农民专业合作社法》规定设立和登记的农民专业合作社。

(财政部 国家税务总局关于农民专业合作社有关税收政策的通知,财税〔2008〕81号,发文日期:2008-06-24;财政部 国家税务总局关于对化肥恢复征收增值税政策的补充通知,财税〔2015〕97号,发文日期:2015-08-28)

9.3.1.5 "公司+农户"经营模式

目前,一些纳税人采取"公司+农户"经营模式从事畜禽饲养,即公司与农户签订委托养殖合同,向农户提供畜禽苗、饲料、兽药及疫苗等(所有权属于公司),农户饲养畜禽苗至成品后交付公司回收,公司将回收的成品畜禽用于销售。在上述经营模式下,纳税人回收再销售畜禽,属于农业生产者销售自产农产品,应根据《增值税暂行条例》的有关规定免征增值税。

畜禽是指属于《财政部 国家税务总局关于印发〈农业产品征税范围注释〉的通知》(财税字〔1995〕52号)文件中规定的农业产品。

(国家税务总局关于纳税人采取"公司+农户"经营模式销售畜禽有关增值税问题的公告,国家税务总局公告2013年第8号,发文日期:2013-02-06)

9.3.1.6 制种企业

自2010年12月1日起,制种企业在下列生产经营模式下生产销售种子,属于农业生产者销售自产农业产品,应根据《增值税暂行条例》有关规定免征增值税。

1. 制种企业利用自有土地或承租土地,雇佣农户或雇工进行种子繁育,再经烘干、脱粒、风筛等深加工后销售种子。

2. 制种企业提供亲本种子委托农户繁育并从农户手中收回,再经烘干、脱粒、风筛等深加工后销售种子。

(国家税务总局关于制种行业增值税有关问题的公告,国家税务总局公告2010年第17号,发文日期:2010-10-25)

9.3.2 古旧图书

《增值税暂行条例实施细则》第三十五条规定,古旧图书,是指向社会收购的古书和旧书。

9.3.3 销售的自己使用过的物品

《增值税暂行条例实施细则》第三十五条规定,自己使用过的物品,是指其他个人自己使用过的物品。

9.4 税控系统专用设备和技术维护费用抵减增值税税额

一、增值税纳税人2011年12月1日(含,下同)以后初次购买增值税税控系统专用设备(包括分开票机)支付的费用,可凭购买增值税税控系统专用设备取得的增值税专用发票,在增值税应纳税额中全额抵减(抵减额为价税合计额),不足抵减的可结转下期继续抵减。增值税纳税人非初次购买增值税税控系统专用设备支付的费用,由其自行负担,不得在增值税应纳税额中抵减。

增值税税控系统包括:增值税防伪税控系统、货物运输业增值税专用发票税控系统、机动车销售统一发票税控系统和公路、内河货物运输业发票税控系统。

增值税防伪税控系统的专用设备包括金税卡、IC卡、读卡器或金税盘和报税盘;货物运输业增值税专用发票税控系统专用设备包括税控盘和报税盘;机动车销售统一发票税控系统和公路、内河货物运输业发票税控系统专用设备包括税控盘和传输盘。

二、增值税纳税人2011年12月1日以后缴纳的技术维护费(不含补缴的2011年11月30日以前的技术维护费),可凭技术维护服务单位开具的技术维护费发票,在增值税应纳税额中全额抵减,不足抵减的可结转下期继续抵减。技术维护费按照价格主管部门核定的标准执行。

三、增值税一般纳税人支付的两项费用在增值税应纳税额中全额抵减的,其增值税专用发票不作为增值税抵扣凭证,其进项税额不得从销项税额中抵扣。

(财政部 国家税务总局关于增值税税控系统专用设备和技术维护费用抵减增值税税额有关政策的通知,财税〔2012〕15号,发文日期:2012-02-07)

9.5 农业生产资料

9.5.1 免征增值税的农业生产资料范围

一、农膜。

二、批发和零售的种子、种苗、农药、农机。

(财政部 国家税务总局关于农业生产资料征免增值税政策的通知,财税〔2001〕113号,发文日期:2001-07-20;财政部 海关总署 国家税务总局关于农药税收政策的通知,财税〔2003〕186号,发文日期:2003-09-24;财政部 国家税务总局关于暂免征收尿素产品增值税的通知,财税〔2005〕87号,发文日期:2005-05-23;财政部 国家税务总局关于免征磷酸二铵增值税的通知,财税〔2007〕171号,发文日期:2007-12-28;财政部 海关总署 国家税务总局关于对化肥恢复征收增值税政策的通知,财税〔2015〕90号,发文日期:2015-08-10)

9.5.2 化肥免税或先征后返政策停止执行

9.5.2.1 化肥恢复征收增值税政策

为优化农业生产投入结构,促进农业可持续发展,经国务院批准,化肥增值税优惠政策停止执行。有关政策如下:

一、自2015年9月1日起,对纳税人销售和进口化肥统一按13%税率征收国内环节和进口环节增值税。钾肥增值税先征后返政策同时停止执行。

二、化肥的具体范围,仍然按照《国家税务总局关于印发〈增值税部分货物征税范围注释〉的通知》(国税发〔1993〕151号)的规定执行。

自2017年7月1日起,化肥税率由13%调整为11%;自2018年5月1日起,化肥税率由11%调整为10%;自2019年4月1日起,化肥税率由10%调整为9%。

(财政部 海关总署 国家税务总局关于对化肥恢复征收增值税政策的通知,财税〔2015〕90号,发文日期:2015-08-10)

9.5.2.2 库存化肥征税政策

为解决化肥恢复征收增值税以前库存化肥的增值税问题,对《财政部 海关总署 国家税务总局关于对化肥恢复征收增值税政策的通知》(财税〔2015〕90号)补充通知如下:

一、自2015年9月1日起至2016年6月30日,对增值税一般纳税人销售的库存化肥,允许选择按照简易计税方法依照3%征收率征收增值税。纳税人2016年7月1日后销售的库存化肥,一律按适用税率缴纳增值税。

二、化肥属于取消出口退(免)税的货物,仍按照《财政部 国家税务总局关于出口货物劳务增值税和消费税政策的通知》(财税〔2012〕39号)规定,其出口视同内销征收增值税。出口日期,以出口货物报关单(出口退税专用)上注明的出口日期为准。

三、纳税人应当单独核算库存化肥的销售额,未单独核算的,不得适用简易计税方法。

四、库存化肥,是指纳税人2015年8月31日前生产或购进的尚未销售的化肥。

(财政部 国家税务总局关于对化肥恢复征收增值税政策的补充通知,财税〔2015〕97号,发文日期:2015-08-28;国家税务总局关于化肥恢复征收增值税后库存化肥有关税收管理事项的公告,国家税务总局公告2015年第64号,发文日期:2015-09-15)

9.5.3 有机肥产品免税

一、有机肥产品免税政策及征管办法。

为科学调整农业施肥结构,改善农业生态环境,有机肥产品增值税政策如下:

(一)自2008年6月1日起,纳税人生产销售和批发、零售有机肥产品免征增值税。

(二)享受上述免税政策的有机肥产品是指有机肥料、有机-无机复混肥料和生物有机肥。

1. 有机肥料。

有机肥料指来源于植物和(或)动物,施于土壤以提供植物营养为主要功能的含碳物料。

2. 有机-无机复混肥料。

有机-无机复混肥料指由有机和无机肥料混合和(或)化合制成的含有一定量有机肥料的复混肥料。

3. 生物有机肥。

生物有机肥指特定功能微生物与主要以动植物残体(如禽畜粪便、农作物秸秆等)为来源并经无害化处理、腐熟的有机物料复合而成的一类兼具微生物肥料和有机肥效应的肥料。

(三)纳税人销售免税的有机肥产品,应按规定开具普通发票,不得开具增值税专用发票。

(四)纳税人申请免征增值税,应向主管税务机关提供以下资料,凡不能提供的,一律不得免税。

1. 生产有机肥产品的纳税人：

（1）由农业部或省、自治区、直辖市农业行政主管部门批准核发的在有效期内的肥料登记证复印件，并出示原件。

（2）由肥料产品质量检验机构一年内出具的有机肥产品质量技术检测合格报告原件。出具报告的肥料产品质量检验机构须通过相关资质认定。

（3）在省、自治区、直辖市外销售有机肥产品的，还应提供在销售使用地省级农业行政主管部门办理备案的证明原件。

2. 批发、零售有机肥产品的纳税人：

（1）生产企业提供的在有效期内的肥料登记证复印件。

（2）生产企业提供的产品质量技术检验合格报告原件。

（3）在省、自治区、直辖市外销售有机肥产品的，还应提供在销售使用地省级农业行政主管部门办理备案的证明复印件。

（财政部　国家税务总局关于有机肥产品免征增值税的通知，财税〔2008〕56号，发文日期：2008-04-29）

二、有机肥产品标准

为便于有机肥产品增值税政策的执行，自2016年1月1日起，享受增值税免税政策的有机肥产品执行如下标准：

《财政部　国家税务总局关于有机肥产品免征增值税的通知》（财税〔2008〕56号）规定享受增值税免税政策的有机肥产品中，有机肥料按《有机肥料》（NY 525—2012）标准执行，有机-无机复混肥料按《有机-无机复混肥料》（GB 18877—2009）标准执行，生物有机肥按《生物有机肥》（NY 884—2012）标准执行。不符合上述标准的有机肥产品，不得享受财税〔2008〕56号文件规定的增值税免税政策。上述有机肥产品的国家标准、行业标准，如在执行过程中有更新、替换，统一按最新的国家标准、行业标准执行。

（国家税务总局关于明确有机肥产品执行标准的公告，国家税务总局公告2015年第86号，发文日期：2015-12-01）

9.5.4　滴灌带和滴灌管产品

自2007年7月1日起，纳税人生产销售和批发、零售滴灌带和滴灌管产品免征增值税。

一、滴灌带和滴灌管产品是指农业节水滴灌系统专用的、具有制造过程中加工的孔口或其他出流装置、能够以滴状或连续流状出水的水带和水管产品。滴灌带和滴灌管产品按照国家有关质量技术标准要求进行生产，并与PVC管（主管）、PE管（辅管）、承插管件、过滤器等部件组成为滴灌系统。

二、享受免税政策的纳税人应按照《增值税暂行条例》及其实施细则等规定，单独核算滴灌带和滴灌管产品的销售额。未单独核算销售额的，不得免税。

三、纳税人销售免税的滴灌带和滴灌管产品，应一律开具普通发票，不得开具增值税专用发票。

四、生产滴灌带和滴灌管产品的纳税人申请办理免征增值税时，应向主管税务机关报送由产品质量检验机构出具的质量技术检测合格报告，出具报告的产品质量检验机构须通过省以上质量技术监督部门的相关资质认定。批发和零售滴灌带和滴灌管产品的纳税人申请办理免征增值税时,应向主管税务机关报送由生产企业提供的质量技术检测合格报告原件或复印件。未取得质量技术检测合格报告的,不得免税。

(财政部 国家税务总局关于免征滴灌带和滴灌管产品增值税的通知,财税〔2007〕83号,发文日期:2007-05-30)

9.5.5 手扶拖拉机底盘和三轮农用运输车属于农机

自2002年6月1日起,不带动力的手扶拖拉机(也称"手扶拖拉机底盘")和三轮农用运输车(指以单缸柴油机为动力装置的三个车轮的农用运输车辆)属于"农机",应按有关"农机"的增值税政策规定征免增值税。

(财政部 国家税务总局关于不带动力的手扶拖拉机和三轮农用运输车增值税政策的通知,财税〔2002〕89号,发文日期:2002-06-06)

9.5.6 农业机耕、排灌、病虫害防治等服务

农业机耕、排灌、病虫害防治、植物保护、农牧保险以及相关技术培训业务,家禽、牲畜、水生动物的配种和疾病防治免征增值税。

农业机耕,是指在农业、林业、牧业中使用农业机械进行耕作(包括耕耘、种植、收割、脱粒、植物保护等)的业务;排灌,是指对农田进行灌溉或者排涝的业务;病虫害防治,是指从事农业、林业、牧业、渔业的病虫害测报和防治的业务;农牧保险,是指为种植业、养殖业、牧业种植和饲养的动植物提供保险的业务;相关技术培训,是指与农业机耕、排灌、病虫害防治、植物保护业务相关以及为使农民获得农牧保险知识的技术培训业务;家禽、牲畜、水生动物的配种和疾病防治业务的免税范围,包括与该项服务有关的提供药品和医疗用具的业务以及动物诊疗机构提供的动物疾病预防、诊断、治疗和动物绝育手术等动物诊疗服务。

动物诊疗机构销售动物食品和用品,提供动物清洁、美容、代理看护等服务,应按照现行规定缴纳增值税。

动物诊疗机构,是指依照《动物诊疗机构管理办法》(农业部令第19号公布,农业部令2016年第3号、2017年第8号修改)规定,取得动物诊疗许可证,并在规定的诊疗活动范围内开展动物诊疗活动的机构。

(财政部国家税务总局关于全面推开营业税改征增值税试点的通知,财税〔2016〕36号,发文日期:2016-03-23;国家税务总局关于取消增值税扣税凭证认证确认期限等增值税征管问题的公告,国家税务总局公告2019年第45号,发文日期:2019-12-31)

9.6 饲料

9.6.1 免税饲料产品的范围

自2001年8月1日起,免税饲料产品范围如下:

一、免税饲料产品范围包括:

(一) 单一大宗饲料。指以一种动物、植物、微生物或矿物质为来源的产品或其副产品。其范围仅限于糠麸、酒糟、鱼粉、草饲料、饲料级磷酸氢钙及除豆粕以外的菜籽粕、棉籽粕、向日葵粕、花生粕等粕类产品。

(二) 混合饲料。指由两种以上单一大宗饲料、粮食、粮食副产品及饲料添加剂按照一定比例配置,其中单一大宗饲料、粮食及粮食副产品的掺兑比例不低于95%的饲料。

(三) 配合饲料。指根据不同的饲养对象,饲养对象的不同生长发育阶段的营养需要,将多种饲料原料按饲料配方经工业生产后,形成的能满足饲养动物全部营养需要(除水分外)的饲料。

(四) 复合预混料。指能够按照国家有关饲料产品的标准要求量,全面提供动物饲养相应阶段所需微量元素(4种或以上)、维生素(8种或以上),由微量元素、维生素、氨基酸和非营养性添加剂中任何两类或两类以上的组分与载体或稀释剂按一定比例配置的均匀混合物。

(五) 浓缩饲料。指由蛋白质、复合预混料及矿物质等按一定比例配制的均匀混合物。

二、饲料生产企业申请免征增值税的饲料除单一大宗饲料、混合饲料以外,配合饲料、复合预混料和浓缩饲料均应由省一级税务机关确定的饲料检测机构进行检测。新办饲料生产企业或原饲料生产企业新开发的饲料产品申请免征增值税应出具检测证明。

符合免税条件的饲料生产企业,取得有计量认证资质的饲料质量检测机构(名单由省级国家税务局确认)出具的饲料产品合格证明后即可按规定享受免征增值税优惠政策,并将饲料产品合格证明报其所在地主管税务机关备案。

三、饲料生产企业应于每月纳税申报期内将免税收入如实向其所在地主管税务机关申报。

(财政部　国家税务总局关于饲料产品免征增值税问题的通知,财税〔2001〕121号,发文日期:2001-07-12;国家税务总局关于调整饲料生产企业饲料免征增值税审批程序的通知,国税发〔2003〕114号,发文日期:2003-10-10;国家税务总局关于取消饲料产品免征增值税审批程序后加强后续管理的通知,国税函〔2004〕884号,发文日期:2004-07-07)

9.6.1.1　矿物质微量元素舔砖属于免税饲料

矿物质微量元素舔砖,是以四种以上微量元素、非营养性添加剂和载体为原料,经高压浓缩制成的块状预混物,可供牛、羊等牲畜直接食用,应按照“饲料”免征增值税。

(国家税务总局关于矿物质微量元素舔砖免征增值税问题的批复,国税函〔2005〕1127号,发文日期:2005-11-30)

9.6.1.2　饲料级磷酸二氢钙产品属于免税饲料

饲料级磷酸二氢钙产品用于水产品饲养、补充水产品所需的钙、磷等微量元素,与饲料级磷酸氢钙产品的生产用料、工艺等基本相同。

自2007年1月1日起,对饲料级磷酸二氢钙产品可按照现行“单一大宗饲料”的增值税政策规定,免征增值税。纳税人销售饲料级磷酸二氢钙产品,不得开具增值税专用发票;凡开具专用发票的,不得享受免征增值税政策,应照章全额缴纳增值税。

(国家税务总局关于饲料级磷酸二氢钙产品增值税政策问题的通知,国税函〔2007〕10号,发文日期:2007-01-08)

9.6.1.3 饲用鱼油属于免税饲料

饲用鱼油是鱼粉生产过程中的副产品,主要用于水产养殖和肉鸡饲养,属于单一大宗饲料。自2003年1月1日起,对饲用鱼油产品按照现行"单一大宗饲料"的增值税政策规定,免予征收增值税。

(国家税务总局关于饲用鱼油产品免征增值税的批复,国税函〔2003〕1395号,发文日期:2003-12-29)

9.6.1.4 精料补充料属于免税饲料

自2013年9月1日起,精料补充料属于《财政部 国家税务总局关于饲料产品免征增值税问题的通知》(财税〔2001〕121号)文件中"配合饲料"范畴,可按照该通知及相关规定免征增值税。

精料补充料是指为补充草食动物的营养,将多种饲料和饲料添加剂按照一定比例配制的饲料。

(国家税务总局关于精料补充料免征增值税问题的公告,国家税务总局公告2013年第46号,发文日期:2013-08-07)

9.6.1.5 饲料用赖氨酸不属于免税饲料

按照增值税现行有关政策规定,饲料用赖氨酸属增值税应税货物饲料添加剂范畴,从规范和统一税制要求出发,对饲料用赖氨酸不能给予免税照顾,该产品应按照现行增值税有关规定照章征收增值税。

(国家税务总局关于饲料用赖氨酸征收增值税问题的批复,国税函〔1997〕69号,发文日期:1997-01-31)

9.6.1.6 豆粕不属于免税饲料

自2000年6月1日起,豆粕属于征收增值税的饲料产品,进口或国内生产豆粕,均按13%的税率征收增值税。其他粕类属于免税饲料产品,免征增值税,已征收入库的税款做退库处理。

(财政部 国家税务总局关于豆粕等粕类产品征免增值税政策的通知,财税字〔2001〕30号,发文日期:2001-08-07;国家税务总局关于粕类产品征免增值税问题的通知,国税函〔2010〕75号,发文日期:2010-02-20)

9.6.1.7 膨化血粉、膨化肉粉、水解羽毛粉不属于免税饲料

根据《财政部 国家税务总局关于饲料产品免征增值税问题的通知》(财税〔2001〕121号)及相关文件的规定,单一大宗饲料产品仅限于财税〔2001〕121号文件所列举的糠麸等饲料产品。膨化血粉、膨化肉粉、水解羽毛粉不属于现行增值税优惠政策所定义的单一大宗饲料产品,应对其照章征收增值税。混合饲料是指由两种以上单一大宗饲料、粮食、粮食副产品及饲料添加剂按照一定比例配置,其中单一大宗饲料、粮食及粮食副产品的掺兑比例不低于95%的饲料。添加其他成分的膨化血粉、膨化肉粉、水解羽毛粉等饲料产品,不符合现行增值税优惠政策有关混合饲料的定义,应对其照章征收增值税。

(国家税务总局关于部分饲料产品征免增值税政策问题的批复,国税函〔2009〕324号,发文日期:2009-06-15)

9.6.1.8 宠物饲料产品不属于免税饲料

宠物饲料产品不属于免征增值税的饲料,应按照饲料产品13%的税率征收增值税。

(国家税务总局关于宠物饲料征收增值税问题的批复,国税函〔2002〕812号,发文日期:2002-09-12)

9.6.2 免税饲料的管理办法

根据《国务院关于第三批取消和调整行政审批项目的决定》(国发〔2004〕16号),《财政部 国家税务总局关于饲料产品免征增值税的通知》(财税〔2001〕121号)第二条有关饲料生产企业向所在地主管税务机关提出申请,经省级国家税务局审核批准后办理免税的规定予以取消。为了加强对免税饲料产品的后续管理,《国家税务总局关于取消饲料产品免征增值税审批程序后加强后续管理的通知》作出如下规定:

一、符合免税条件的饲料生产企业,取得有计量认证资质的饲料质量检测机构(名单由省级国家税务局确认)出具的饲料产品合格证明后即可按规定享受免征增值税优惠政策,并将饲料产品合格证明报其所在地主管税务机关备案。

二、饲料生产企业应于每月纳税申报期内将免税收入如实向其所在地主管税务机关申报。

三、主管税务机关应加强对饲料免税企业的监督检查,凡不符合免税条件的要及时纠正,依法征税。对采取弄虚作假手段骗取免税资格的,应依照《税收征收管理法》及有关税收法律、法规的规定予以处罚。

(国家税务总局关于取消饲料产品免征增值税审批程序后加强后续管理的通知,国税函〔2004〕884号,发文日期:2004-07-07)

9.7 免征蔬菜流通环节增值税

经国务院批准,自2012年1月1日起,免征蔬菜流通环节增值税。具体规定如下:

一、对从事蔬菜批发、零售的纳税人销售的蔬菜免征增值税。

蔬菜是指可作副食的草本、木本植物,包括各种蔬菜、菌类植物和少数可作副食的木本植物。蔬菜的主要品种参照《蔬菜主要品种目录》执行。

经挑选、清洗、切分、晾晒、包装、脱水、冷藏、冷冻等工序加工的蔬菜,属于本通知所述蔬菜的范围。

各种蔬菜罐头不属于蔬菜的范围。蔬菜罐头是指蔬菜经处理、装罐、密封、杀菌或无菌包装而制成的食品。

二、纳税人既销售蔬菜又销售其他增值税应税货物的,应分别核算蔬菜和其他增值税应税货物的销售额;未分别核算的,不得享受蔬菜增值税免税政策。

(财政部 国家税务总局关于免征蔬菜流通环节增值税有关问题的通知,财税〔2011〕137号,发文日期:2011-12-31)

9.8 免征部分鲜活肉蛋产品流通环节增值税

经国务院批准,自2012年10月1日起,免征部分鲜活肉蛋产品流通环节增值税。有关规定如下:

一、对从事农产品批发、零售的纳税人销售的部分鲜活肉蛋产品免征增值税。

免征增值税的鲜活肉产品，是指猪、牛、羊、鸡、鸭、鹅及其整块或者分割的鲜肉、冷藏或者冷冻肉，内脏、头、尾、骨、蹄、翅、爪等组织。

免征增值税的鲜活蛋产品，是指鸡蛋、鸭蛋、鹅蛋，包括鲜蛋、冷藏蛋以及对其进行破壳分离的蛋液、蛋黄和蛋壳。

上述产品中不包括《中华人民共和国野生动物保护法》所规定的国家珍贵、濒危野生动物及其鲜活肉类、蛋类产品。

二、从事农产品批发、零售的纳税人既销售按规定免税的鲜活肉蛋产品又销售其他增值税应税货物的，应分别核算上述鲜活肉蛋产品和其他增值税应税货物的销售额；未分别核算的，不得享受部分鲜活肉蛋产品增值税免税政策。

（财政部 国家税务总局关于免征部分鲜活肉蛋产品流通环节增值税政策的通知，财税〔2012〕75号，发文日期：2012-09-27）

9.9 供热企业

为支持居民供热采暖，“三北”地区供热企业（以下称供热企业）增值税、房产税、城镇土地使用税优惠政策如下：

一、自2019年1月1日至2020年供暖期结束，对供热企业向居民个人（以下称居民）供热取得的采暖费收入免征增值税。

向居民供热取得的采暖费收入，包括供热企业直接向居民收取的、通过其他单位向居民收取的和由单位代居民缴纳的采暖费。

免征增值税的采暖费收入，应当按照《中华人民共和国增值税暂行条例》第十六条的规定单独核算。通过热力产品经营企业向居民供热的热力产品生产企业，应当根据热力产品经营企业实际从居民取得的采暖费收入占该经营企业采暖费总收入的比例，计算免征的增值税。

供暖期，是指当年下半年供暖开始至次年上半年供暖结束的期间。

二、自2019年1月1日至2020年12月31日，对向居民供热收取采暖费的供热企业，为居民供热所使用的厂房及土地免征房产税、城镇土地使用税；对供热企业其他厂房及土地，应当按照规定征收房产税、城镇土地使用税。

对专业供热企业，按其向居民供热取得的采暖费收入占全部采暖费收入的比例，计算免征的房产税、城镇土地使用税。

对兼营供热企业，视其供热所使用的厂房及土地与其他生产经营活动所使用的厂房及土地是否可以区分，按照不同方法计算免征的房产税、城镇土地使用税。可以区分的，对其供热所使用厂房及土地，按向居民供热取得的采暖费收入占全部采暖费收入的比例，计算免征的房产税、城镇土地使用税。难以区分的，对其全部厂房及土地，按向居民供热取得的采暖费收入占其营业收入的比例，计算免征的房产税、城镇土地使用税。

对自供热单位，按向居民供热建筑面积占总供热建筑面积的比例，计算免征供热所使用的厂房及土地的房产税、城镇土地使用税。

三、供热企业，是指热力产品生产企业和热力产品经营企业。热力产品生产企业包括专业供热企业、兼营供热企业和自供热单位。

四、“三北”地区，是指北京市、天津市、河北省、山西省、内蒙古自治区、辽宁省、大连市、吉林省、黑龙江省、山东省、青岛市、河南省、陕西省、甘肃省、青海省、宁夏回族自治区和新疆维吾尔自治区。

（财政部　税务总局关于延续供热企业增值税、房产税、城镇土地使用税优惠政策的通知，财税〔2019〕38号，发文日期：2019-04-03）

案例解析81

设有换热站的物业公司向小区居民收取采暖费需要缴纳增值税吗？

天马物业公司（一般纳税人）设有换热站，2020年向小区内居民个人和一家加工厂供暖并收取采暖费。请问：天马物业公司分别核算小区居民采暖费收入和加工厂采暖费收入，对小区内居民采暖费收入可以免征增值税吗？对加工厂供暖也可以享受免征增值税优惠吗？

答：根据《财政部　税务总局关于延续供热企业增值税、房产税、城镇土地使用税优惠政策的通知》（财税〔2019〕38号）规定，自2019年1月1日至2020年供暖期结束，对供热企业向居民个人（以下称居民）供热取得的采暖费收入免征增值税。向居民供热取得的采暖费收入，包括供热企业直接向居民收取的、通过其他单位向居民收取的和由单位代居民缴纳的采暖费。免征增值税的采暖费收入，应当按照《中华人民共和国增值税暂行条例》第十六条的规定单独核算。通过热力产品经营企业向居民供热的热力产品生产企业，应当根据热力产品经营企业实际从居民取得的采暖费收入占该经营企业采暖费总收入的比例，计算免征的增值税。因此，天马物业公司向居民供热而取得的采暖费收入可以免征增值税，向加工厂供暖则不属于免税范围。

9.10　农村饮水安全工程运营单位向农村居民销售生活用水

为确保如期打赢农村饮水安全脱贫攻坚战，支持农村饮水安全工程（以下称饮水工程）巩固提升，现将饮水工程建设、运营的有关税收优惠政策公告如下：

一、对饮水工程运营管理单位为建设饮水工程而承受土地使用权，免征契税。

二、对饮水工程运营管理单位为建设饮水工程取得土地使用权而签订的产权转移书据，以及与施工单位签订的建设工程承包合同，免征印花税。

三、对饮水工程运营管理单位自用的生产、办公用房产、土地，免征房产税、城镇土地使用税。

四、对饮水工程运营管理单位向农村居民提供生活用水取得的自来水销售收入，免征增值税。

五、对饮水工程运营管理单位从事《公共基础设施项目企业所得税优惠目录》规定的饮水工程新建项目投资经营的所得，自项目取得第一笔生产经营收入所属纳税年度起，第一年至第三年免征企业所得税，第四年至第六年减半征收企业所得税。

六、本公告所称饮水工程，是指为农村居民提供生活用水而建设的供水工程设施。本公告所称饮水工程运营管理单位，是指负责饮水工程运营管理的自来水公司、供水公司、供水（总）站（厂、中心）、村集体、农民用水合作组织等单位。

对于既向城镇居民供水，又向农村居民供水的饮水工程运营管理单位，依据向农村居民供水收入占总供水收入的比例免征增值税；依据向农村居民供水量占总供水量的比例免征契税、印花税、房产税和城镇土地使用税。无法提供具体比例或所提供数据不实的，不得享受上述税收优惠政策。

七、符合上述条件的饮水工程运营管理单位自行申报享受减免税优惠，相关材料留存备查。

八、上述政策（第五条除外）自2019年1月1日至2020年12月31日执行。

（财政部 税务总局关于继续实行农村饮水安全工程税收优惠政策的公告，财政部 税务总局公告第67号，发文日期：2019-04-15）

9.11 国有粮食购销企业

9.11.1 国有粮食购销企业的增值税政策

为支持和配合粮食流通体制改革，从1998年8月1日起，粮食增值税有关政策如下：

一、国有粮食购销企业必须按顺价原则销售粮食。对承担粮食收储任务的国有粮食购销企业销售的粮食免征增值税。

二、对其他粮食企业经营粮食，除下列项目免征增值税外，一律征收增值税。

（一）军队用粮：指凭军用粮票和军粮供应证按军供价供应中国人民解放军和中国人民武装警察部队的粮食。

（二）救灾救济粮：指经县（含）以上人民政府批准，凭救灾救济粮票（证）按规定的销售价格向需救助的灾民供应的粮食。

（三）水库移民口粮：指经县（含）以上人民政府批准，凭水库移民口粮票（证）按规定的销售价格供应给水库移民的粮食。

三、对销售食用植物油业务，除政府储备食用植物油的销售继续免征增值税外，一律照章征收增值税。

四、对粮油加工业务，一律照章征收增值税。

五、粮食部门应向同级国家税务局提供军队用粮、救灾救济粮、水库移民口粮的单位、供应数量等有关资料。

（财政部 国家税务总局关于粮食企业增值税征免问题的通知，财税字〔1999〕198号，发文日期：1999-06-29；国家税务总局关于明确部分增值税优惠政策审批事项取消后有关管理事项的公告，国家税务总局公告2015年第38号，发文日期：2015-05-19；国家税务总局关于国有粮食购销企业销售粮食免征增值税审批事项取消后有关管理事项的公告，国家税务总局公告2015年第42号，发文日期：2015-05-22）

9.11.2 储备大豆免征增值税

经国务院批准，储备大豆增值税政策如下：

自2014年5月1日起，将《财政部 国家税务总局关于粮食企业增值税征免问题的通知》(财税字〔1999〕198号)第一条规定的增值税免税政策适用范围由粮食扩大到粮食和大豆,并可对免税业务开具增值税专用发票。

(财政部 国家税务总局关于免征储备大豆增值税政策的通知,财税〔2014〕38号,发文日期:2014-05-08)

9.11.3 国有粮食购销企业开具发票

9.11.3.1 销售免税粮食一律开具增值税专用发票

为了保证粮食增值税政策的正确执行,国有粮食购销企业销售发票使用的有关问题如下:

一、享受免税优惠的国有粮食购销企业可继续使用增值税专用发票。

二、自1999年8月1日起,凡国有粮食购销企业销售粮食,暂一律开具增值税专用发票。

三、国有粮食购销企业开具增值税专用发票时,应当比照非免税货物开具增值税专用发票,企业记账销售额为"价税合计"数。

四、属于一般纳税人的生产、经营单位从国有粮食购销企业购进的免税粮食,可依照国有粮食购销企业开具的增值税专用发票注明的税额抵扣进项税额。

(国家税务总局关于国有粮食购销企业开具粮食销售发票有关问题的通知,国税明电〔1999〕10号,发文日期:1999-07-19)

9.11.3.2 销售政府储备食用植物油开具增值税专用发票

自2002年6月1日起,对中国储备粮总公司及各分公司所属的政府储备食用植物油承储企业,按照国家指令计划销售的政府储备食用植物油,可比照国家税务总局《关于国有粮食购销企业开具粮食销售发票有关问题的通知》(国税明电〔1999〕10号)及国家税务总局《关于加强国有粮食购销企业增值税管理有关问题的通知》(国税函〔1999〕560号)的有关规定执行,允许其开具增值税专用发票并纳入增值税防伪税控系统管理。

(国家税务总局关于政府储备食用植物油销售业务开具增值税专用发票问题的通知,国税函〔2002〕531号,发文日期:2002-04-20)

9.11.4 国有粮食购销企业认定为一般纳税人

财政部、国家税务总局《关于粮食企业增值税征免问题的通知》及国家税务总局《关于国有粮食购销企业开具粮食销售发票有关问题的通知》规定国有粮食购销企业销售粮食免征增值税并可向购货方开具增值税专用发票。为保证此项政策的落实,加强国有粮食购销企业增值税管理,凡享受免征增值税的国有粮食购销企业,均按增值税一般纳税人认定,并进行纳税申报、日常检查及有关增值税专用发票的各项管理。

(国家税务总局关于加强国有粮食购销企业增值税管理有关问题的通知,国税函〔1999〕560号,发文日期:1999-08-18)

9.11.5 取消审批后的管理

根据《国务院关于取消和调整一批行政审批项目等事项的决定》(国发〔2015〕11号),承担粮食收储任务的国有粮食购销企业销售粮食免征增值税的审核确定工作程序已取消。其后续管理事项规定如下:

一、承担粮食收储任务的国有粮食购销企业销售粮食享受免征增值税优惠政策时,其涉及的审核确定工作程序取消，改为备案管理。

二、享受免征增值税优惠政策的国有粮食购销企业(以下统称纳税人)，按以下规定，分别向所在地县(市)国家税务局及同级粮食管理部门备案。

(一) 纳税人应在享受税收优惠政策的首个纳税申报期内，将备案材料送所在地县(市)国家税务局及同级粮食管理部门备案。

(二) 纳税人在符合减免税条件期间内，备案资料内容不发生变化的，可进行一次性备案。

(三) 纳税人提交的备案资料内容发生变化，如仍符合免税规定，应在发生变化的次月纳税申报期内，向所在地县(市)国家税务局及同级粮食管理部门进行变更备案。如不再符合免税规定，应当停止享受免税，按照规定进行纳税申报。

三、纳税人对备案资料的真实性和合法性承担责任。

四、纳税人提交的备案资料包括以下内容：

(一) 免税的项目、依据、范围、期限等。

(二) 免税依据的相关法律、法规、规章和规范性文件要求报送的材料。

五、所在地县(市)国家税务局及同级粮食管理部门对纳税人提供的备案材料的完整性进行审核，不改变纳税人真实申报的责任。

(国家税务总局关于国有粮食购销企业销售粮食免征增值税审批事项取消后有关管理事项的公告，国家税务总局公告2015年第42号，发文日期:2015-05-22)

9.11.6 国家商品储备管理单位及其直属企业承担商品储备任务，从中央或者地方财政取得的利息补贴收入和价差补贴收入免征增值税

国家商品储备管理单位及其直属企业，是指接受中央、省、市、县四级政府有关部门(或者政府指定管理单位)委托，承担粮(含大豆)、食用油、棉、糖、肉、盐(限于中央储备)等六种商品储备任务，并按有关政策收储、销售上述六种储备商品，取得财政储备经费或者补贴的商品储备企业。利息补贴收入，是指国家商品储备管理单位及其直属企业因承担上述商品储备任务从金融机构贷款，并从中央或者地方财政取得的用于偿还贷款利息的贴息收入。价差补贴收入包括销售价差补贴收入和轮换价差补贴收入。销售价差补贴收入，是指按照中央或者地方政府指令销售上述储备商品时，由于销售收入小于库存成本而从中央或者地方财政获得的全额价差补贴收入。轮换价差补贴收入，是指根据要求定期组织政策性储备商品轮换而从中央或者地方财政取得的商品新陈品质价差补贴收入。

(财政部　国家税务总局关于全面推开营业税改征增值税试点的通知，财税〔2016〕36号，发文日期:2016-03-23)

9.12 宣传文化单位

9.12.1 宣传文化单位的增值税政策

为促进我国宣传文化事业的发展，继续实施宣传文化增值税优惠政策。现将有关事项通知如下：

一、自2018年1月1日起至2020年12月31日，执行下列增值税先征后退政策。

（一）对下列出版物在出版环节执行增值税100％先征后退的政策：

1. 中国共产党和各民主党派的各级组织的机关报纸和机关期刊，各级人大、政协、政府、工会、共青团、妇联、残联、科协的机关报纸和机关期刊，新华社的机关报纸和机关期刊，军事部门的机关报纸和机关期刊。

上述各级组织不含其所属部门。机关报纸和机关期刊增值税先征后退范围掌握在一个单位一份报纸和一份期刊以内。

2. 专为少年儿童出版发行的报纸和期刊，中小学的学生课本。

3. 专为老年人出版发行的报纸和期刊。

4. 少数民族文字出版物。

5. 盲文图书和盲文期刊。

6. 经批准在内蒙古、广西、西藏、宁夏、新疆五个自治区内注册的出版单位出版的出版物。

7. 列入本通知附件1的图书、报纸和期刊。

（二）对下列出版物在出版环节执行增值税先征后退50％的政策：

1. 各类图书、期刊、音像制品、电子出版物，但本通知第一条第（一）项规定执行增值税100％先征后退的出版物除外。

2. 列入本通知附件2的报纸。

（三）对下列印刷、制作业务执行增值税100％先征后退的政策：

1. 对少数民族文字出版物的印刷或制作业务。

2. 列入本通知附件3的新疆维吾尔自治区印刷企业的印刷业务。

二、自2018年1月1日起至2020年12月31日，免征图书批发、零售环节增值税。

三、自2018年1月1日起至2020年12月31日，对科普单位的门票收入，以及县级及以上党政部门和科协开展科普活动的门票收入免征增值税。

四、享受本通知第一条第（一）项、第（二）项规定的增值税先征后退政策的纳税人，必须是具有相关出版物出版许可证的出版单位（含以“租型”方式取得专有出版权进行出版物印刷发行的出版单位）。承担省级及以上出版行政主管部门指定出版、发行任务的单位，因进行重组改制等原因尚未办理出版、发行许可证变更的单位，经财政部驻各地财政监察专员办事处（以下简称财政监察专员办事处）商省级出版行政主管部门核准，可以享受相应的增值税先征后退政策。

纳税人应将享受上述税收优惠政策的出版物在财务上实行单独核算，不进行单独核算的不得享受本通知规定的优惠政策。违规出版物、多次出现违规的出版单位及图书批发零售单位不得享受本通知规定的优惠政策，上述违规出版物、出版单位及图书批发零售单位的具体名单由省级及以上出版行政主管部门及时通知相应财政监察专员办事处和主管税务机关。

五、已按软件产品享受增值税退税政策的电子出版物不得再按本通知申请增值税先征后退政策。

六、本通知规定的各项增值税先征后退政策由财政监察专员办事处根据财政部、国家税务总局、中国人民银行《关于税制改革后对某些企业实行“先征后退”有关预算管理问题的暂行规定的通知》〔（94）财预字第55号〕的规定办理。

七、本通知的有关定义

（一）本通知所述“出版物”，是指根据国务院出版行政主管部门的有关规定出版的图书、报纸、期刊、音像制品和电子出版物。所述图书、报纸和期刊，包括随同图书、报纸、期刊销售并难以分离的光盘、软盘和磁带等信息载体。

（二）图书、报纸、期刊（即杂志）的范围，仍然按照《国家税务总局关于印发〈增值税部分货物征税范围注释〉的通知》（国税发〔1993〕151号）的规定执行；音像制品、电子出版物的范围，按照《财政部 税务总局关于简并增值税税率有关政策的通知》（财税〔2017〕37号）的规定执行。

（三）本通知所述“专为少年儿童出版发行的报纸和期刊”，是指以初中及初中以下少年儿童为主要对象的报纸和期刊。

（四）本通知所述“中小学的学生课本”，是指普通中小学学生课本和中等职业教育课本。普通中小学学生课本是指根据教育部中、小学教学大纲的要求，由经国务院教育行政主管部门审定，并取得国务院出版行政主管部门批准的教科书出版、发行资质的单位提供的中、小学学生上课使用的正式课本，具体操作时按国家和省级教育行政部门每年春、秋两季下达的“中小学教学用书目录”中所列的“课本”的范围掌握；中等职业教育课本是指经国家和省级教育、人力资源社会保障行政部门审定，供中等专业学校、职业高中和成人专业学校学生使用的课本，具体操作时按国家和省级教育、人力资源社会保障行政部门每年下达的教学用书目录认定。中小学的学生课本不包括各种形式的教学参考书、图册、自读课本、课外读物、练习册以及其他各类辅助性教材和辅导读物。

（五）本通知所述“专为老年人出版发行的报纸和期刊”，是指以老年人为主要对象的报纸和期刊，具体范围详见附件4。

（六）本通知第一条第（一）项和第（二）项规定的图书包括“租型”出版的图书。

（七）本通知所述“科普单位”，是指科技馆、自然博物馆，对公众开放的天文馆（站、台）、气象台（站）、地震台（站），以及高等院校、科研机构对公众开放的科普基地。

本通知所述“科普活动”，是指利用各种传媒以浅显的、让公众易于理解、接受和参与的方式，向普通大众介绍自然科学和社会科学知识，推广科学技术的应用，倡导科学方法，传播科学思想，弘扬科学精神的活动。

八、本通知自2018年1月1日起执行。《财政部 国家税务总局关于延续宣传文化增值税和营业税优惠政策的通知》（财税〔2013〕87号）同时废止。

按照本通知第二条和第三条规定应予免征的增值税，凡在接到本通知以前已经征收入库的，可抵减纳税人以后月份应缴纳的增值税税款或者办理税款退库。纳税人如果已向购买方开具了增值税专用发票，应将专用发票追回后方可申请办理免税。凡专用发票无法追回的，一律照章征收增值税。

附件：1. 适用增值税100％先征后退政策的特定图书、报纸和期刊名单

2. 适用增值税50％先征后退政策的报纸名单

3. 适用增值税100％先征后退政策的新疆维吾尔自治区印刷企业名单

4. 专为老年人出版发行的报纸和期刊名单

（财政部　税务总局关于延续宣传文化增值税优惠政策的通知，财税〔2018〕53号，发文日期：2018-06-05）

9.12.2 经营性文化事业单位转制为企业的税收政策

为进一步深化文化体制改革，继续推进国有经营性文化事业单位转企改制，现就继续实施经营性文化事业单位转制为企业的税收政策有关事项通知如下：

一、经营性文化事业单位转制为企业，可以享受以下税收优惠政策：

（一）经营性文化事业单位转制为企业，自转制注册之日起五年内免征企业所得税。2018年12月31日之前已完成转制的企业，自2019年1月1日起可继续免征5年企业所得税。

（二）由财政部门拨付事业经费的文化单位转制为企业，自转制注册之日起5年内对其自用房产免征房产税。2018年12月31日之前已完成转制的企业，自2019年1月1日起对其自用房产可继续免征5年房产税。

（三）党报、党刊将其发行、印刷业务及相应的经营性资产剥离组建的文化企业，自注册之日起所取得的党报、党刊发行收入和印刷收入免征增值税。

（四）对经营性文化事业单位转制中资产评估增值、资产转让或划转涉及的企业所得税、增值税、城市维护建设税、契税、印花税等，符合现行规定的享受相应税收优惠政策。

上述所称"经营性文化事业单位"，是指从事新闻出版、广播影视和文化艺术的事业单位。转制包括整体转制和剥离转制。其中，整体转制包括：（图书、音像、电子）出版社、非时政类报刊出版单位、新华书店、艺术院团、电影制片厂、电影（发行放映）公司、影剧院、重点新闻网站等整体转制为企业；剥离转制包括：新闻媒体中的广告、印刷、发行、传输网络等部分，以及影视剧等节目制作与销售机构，从事业体制中剥离出来转制为企业。

上述所称"转制注册之日"，是指经营性文化事业单位转制为企业并进行企业法人登记之日。对于经营性文化事业单位转制前已进行企业法人登记，则按注销事业单位法人登记之日，或核销事业编制的批复之日（转制前未进行事业单位法人登记的）确定转制完成并享受本通知所规定的税收优惠政策。

上述所称"2018年12月31日之前已完成转制"，是指经营性文化事业单位在2018年12月31日及以前已转制为企业、进行企业法人登记，并注销事业单位法人登记或批复核销事业编制（转制前未进行事业单位法人登记的）。

本通知下发之前已经审核认定享受《财政部 国家税务总局 中宣部关于继续实施文化体制改革中经营性文化事业单位转制为企业若干税收政策的通知》（财税〔2014〕84号）税收优惠政策的转制文化企业，可按本通知规定享受税收优惠政策。

二、享受税收优惠政策的转制文化企业应同时符合以下条件：

（一）根据相关部门的批复进行转制。

（二）转制文化企业已进行企业法人登记。

（三）整体转制前已进行事业单位法人登记的，转制后已核销事业编制、注销事业单位法人；整体转制前未进行事业单位法人登记的，转制后已核销事业编制。

（四）已同在职职工全部签订劳动合同，按企业办法参加社会保险。

（五）转制文化企业引入非公有资本和境外资本的，须符合国家法律法规和政策规定；变更资本结构依法应经批准的，需经行业主管部门和国有文化资产监管部门批准。

本通知适用于所有转制文化单位。中央所属转制文化企业的认定，由中央宣传部会同财政部、税务总局确定并发布名单；地方所属转制文化企业的认定，按照登记管理权限，由地方各级宣传部门会同同级财政、税务部门确定和发布名单，并按程序抄送中央宣传部、财政部和税务总局。

已认定发布的转制文化企业名称发生变更的，如果主营业务未发生变化，可持同级文化体制改革和发展工作领导小组办公室出具的同意变更函，到主管税务机关履行变更手续；如果主营业务发生变化，依照本条规定的条件重新认定。

三、经认定的转制文化企业，应按有关税收优惠事项管理规定办理优惠手续，申报享受税收优惠政策。企业应将转制方案批复函，企业营业执照，同级机构编制管理机关核销事业编制、注销事业单位法人的证明，与在职职工签订劳动合同、按企业办法参加社会保险制度的有关材料，相关部门对引入非公有资本和境外资本、变更资本结构的批准文件等留存备查，税务部门依法加强后续管理。

四、未经认定的转制文化企业或转制文化企业不符合本通知规定的，不得享受相关税收优惠政策。已享受优惠的，主管税务机关应追缴其已减免的税款。

五、对已转制企业按照本通知规定应予减免的税款，在本通知下发以前已经征收入库的，可抵减以后纳税期应缴税款或办理退库。

六、本通知规定的税收政策执行期限为2019年1月1日至2023年12月31日。企业在2023年12月31日享受本通知第一条第(一)、(二)项税收政策不满5年的，可继续享受至5年期满为止。

(财政部　税务总局　中央宣传部关于继续实施文化体制改革中经营性文化事业单位转制为企业若干税收政策的通知，财税〔2019〕16号，发文日期：2019-02-16)

9.12.3　电影行业

为进一步深化文化体制改革，促进文化企业发展，2019年1月1日至2023年12月31日，继续实施支持文化企业发展的增值税政策：

一、对电影主管部门(包括中央、省、地市及县级)按照各自职能权限批准从事电影制片、发行、放映的电影集团公司(含成员企业)、电影制片厂及其他电影企业取得的销售电影拷贝(含数字拷贝)收入、转让电影版权(包括转让和许可使用)收入、电影发行收入以及在农村取得的电影放映收入，免征增值税。一般纳税人提供的城市电影放映服务，可以按现行政策规定，选择按照简易计税办法计算缴纳增值税。

二、对广播电视运营服务企业收取的有线数字电视基本收视维护费和农村有线电视基本收视费，免征增值税。

(财政部　税务总局关于继续实施支持文化企业发展增值税政策的通知，财税〔2019〕17号，发文日期：2019-02-13)

9.13　资源综合利用产品

9.13.1　部分资源综合利用产品优惠政策的基本规定

为了落实国务院精神，进一步推动资源综合利用和节能减排，规范和优化增值税政策，

《财政部 国家税务总局关于印发〈资源综合利用产品和劳务增值税优惠目录〉的通知》(财税〔2015〕78号)对资源综合利用产品和劳务增值税优惠政策进行整合和调整。具体规定如下：

一、纳税人销售自产的资源综合利用产品和提供资源综合利用劳务(以下称销售综合利用产品和劳务)，可享受增值税即征即退政策。具体综合利用的资源名称、综合利用产品和劳务名称、技术标准和相关条件、退税比例等按照本通知所附《资源综合利用产品和劳务增值税优惠目录》(以下简称《目录》，本书附件7)的相关规定执行。

二、纳税人从事《目录》所列的资源综合利用项目，其申请享受本通知规定的增值税即征即退政策时，应同时符合下列条件：

(一) 属于增值税一般纳税人。

(二) 销售综合利用产品和劳务，不属于国家发展改革委《产业结构调整指导目录》中的淘汰类、限制类项目。

(三) 销售综合利用产品和劳务，不属于环境保护部《环境保护综合名录》中的“高污染、高环境风险”产品或者重污染工艺。“高污染、高环境风险”产品，是指在《环境保护综合名录》中标注特性为“GHW/GHF”的产品，但纳税人生产销售的资源综合利用产品满足“GHW/GHF”例外条款规定的技术和条件的除外。

(四) 综合利用的资源，属于环境保护部《国家危险废物名录》列明的危险废物的，应当取得省级及以上环境保护部门颁发的《危险废物经营许可证》，且许可经营范围包括该危险废物的利用。

(五) 纳税信用等级不属于税务机关评定的C级或D级。

纳税人的信用级别以其申请退税税款所属期的纳税信用级别确定。申请退税税款所属期内纳税信用级别发生变化的，以变化后的纳税信用级别确定。

〔例题9-1〕 2020年4月，某纳税人纳税信用级别被评定为D级，而此前该纳税人纳税信用级别为A级。2020年6月，纳税人向税务机关提出即征即退申请，申请退还2019年12月至2020年5月间(6个月)资源综合利用项目的应退税款。按照规定，如纳税人符合其他相关条件，税务机关应为其办理2019年12月至2020年3月所属期的退税，而2020年4月至5月所属期对应的税款，不应给予退还。

纳税人在办理退税事宜时，应向主管税务机关提供其符合本条规定的上述条件以及《目录》规定的技术标准和相关条件的书面声明材料，未提供书面声明材料或者出具虚假材料的，税务机关不得给予退税。

三、已享受本通知规定的增值税即征即退政策的纳税人，自不符合本通知第二条规定的条件以及《目录》规定的技术标准和相关条件的次月起，不再享受本通知规定的增值税即征即退政策。

四、已享受本通知规定的增值税即征即退政策的纳税人，因违反税收、环境保护的法律法规受到处罚(警告或单次1万元以下罚款除外)的，自处罚决定下达的次月起36个月内，不得享受本通知规定的增值税即征即退政策。

五、纳税人应当单独核算适用增值税即征即退政策的综合利用产品和劳务的销售额和应纳税额。未单独核算的，不得享受本通知规定的增值税即征即退政策。

六、各省、自治区、直辖市、计划单列市税务机关应于每年2月底之前在其网站上，将本地区上一年度所有享受本通知规定的增值税即征即退政策的纳税人，按下列项目予以公示：纳税人名称、纳税人识别号，综合利用的资源名称、数量，综合利用产品和劳务名称。

七、本通知自2015年7月1日起执行。

（财政部 国家税务总局关于印发《资源综合利用产品和劳务增值税优惠目录》的通知，财税〔2015〕78号，发文日期：2015-06-12；财政部 税务总局关于资源综合利用增值税政策的公告，财政部 税务总局公告2019年第90号，发文日期：2019-10-24；国家税务总局关于取消增值税扣税凭证认证确认期限等增值税征管问题的公告，国家税务总局公告2019年第45号，发文日期：2019-12-31）

9.13.2 粉煤灰(渣)不享受综合利用产品优惠

粉煤灰(渣)是煤炭燃烧后的残留物，可以用作部分建材产品的生产原料，属于废渣产品，不属于建材产品。纳税人生产销售的粉煤灰(渣)不属于《财政部 国家税务总局关于对部分资源综合利用产品免征增值税的通知》(财税〔1995〕44号)规定的免征增值税产品的范围，也不属于《财政部 国家税务总局关于调整农业产品增值税税率和若干项目征免增值税的通知》(财税字〔1994〕4号)规定的按照简易办法征收增值税产品的范围。对纳税人生产销售的粉煤灰(渣)应当按照增值税适用税率征收增值税，不得免征增值税，也不得按照简易办法征收增值税。

[国家税务总局关于粉煤灰(渣)征收增值税问题的批复，国税函〔2007〕158号，发文日期：2007-02-05]

9.13.3 享受增值税优惠政策的新型墙体材料和废渣目录

为加快推广新型墙体材料，促进能源节约和耕地保护，部分新型墙体材料增值税政策明确如下：

一、对纳税人销售自产的列入本通知所附《享受增值税即征即退政策的新型墙体材料目录》(以下简称《目录》)的新型墙体材料，实行增值税即征即退50%的政策。

二、纳税人销售自产的《目录》所列新型墙体材料，其申请享受本通知规定的增值税优惠政策时，应同时符合下列条件：

(一)销售自产的新型墙体材料，不属于国家发展和改革委员会《产业结构调整指导目录》中的淘汰类、限制类项目。

(二)销售自产的新型墙体材料，不属于环境保护部《环境保护综合名录》中的“高污染、高环境风险”产品或者重污染工艺。“高污染、高环境风险”产品，是指在《环境保护综合名录》中标注特性为“GHW/GHF”的产品，但纳税人生产销售的资源综合利用产品满足“GHW/GHF”例外条款规定的技术和条件的除外。

(三)纳税信用等级不属于税务机关评定的C级或D级。

纳税人的信用级别以其申请退税税款所属期的纳税信用级别确定。申请退税税款所属期内纳税信用级别发生变化的，以变化后的纳税信用级别确定。

纳税人在办理退税事宜时，应向主管税务机关提供其符合上述条件的书面声明材料，未提供书面声明材料或者出具虚假材料的，税务机关不得给予退税。

三、已享受本通知规定的增值税即征即退政策的纳税人，自不符合本通知第二条规定条件的次月起，不再享受本通知规定的增值税即征即退政策。

四、纳税人应当单独核算享受本通知规定的增值税即征即退政策的新型墙体材料的销售额和应纳税额。未按规定单独核算的，不得享受本通知规定的增值税即征即退政策。

五、各省、自治区、直辖市、计划单列市税务机关应于每年2月底之前在其网站上，将享受本通知规定的增值税即征即退政策的纳税人按下列项目予以公示：纳税人名称、纳税人识别号、新型墙体材料的名称。

六、已享受本通知规定的增值税即征即退政策的纳税人，因违反税收、环境保护的法律法规受到处罚（警告或单次1万元以下罚款除外），自处罚决定下达的次月起36个月内，不得享受本通知规定的增值税即征即退政策。

七、《目录》所列新型墙体材料适用的国家标准、行业标准，如在执行过程中有更新、替换，统一按新的国家标准、行业标准执行。

八、本通知自2015年7月1日起执行。

（财政部　国家税务总局关于新型墙体材料增值税政策的通知，财税〔2015〕73号，发文日期：2015-06-12；财政部　税务总局关于资源综合利用增值税政策的公告，财政部　税务总局公告2019年第90号，发文日期：2019-10-24；国家税务总局关于取消增值税扣税凭证认证确认期限等增值税征管问题的公告，国家税务总局公告2019年第45号，发文日期：2019-12-31）

9.14　电力行业

9.14.1　光伏发电增值税优惠政策

自2016年1月1日至2018年12月31日，对纳税人销售自产的利用太阳能生产的电力产品，实行增值税即征即退50%的政策。

（财政部　国家税务总局关于继续执行光伏发电增值税政策的通知，财税〔2016〕81号，发文日期：2016-07-25）

9.14.2　分布式光伏发电项目电力产品发票开具及税款征收

为配合国家能源发展战略，促进光伏产业健康发展，自2014年7月1日起，国家电网公司所属企业购买分布式光伏发电项目电力产品发票开具及税款征收有关规定如下：

一、国家电网公司所属企业从分布式光伏发电项目发电户处购买电力产品，可由国家电网公司所属企业开具普通发票。

国家电网公司所属企业应将发电户名称（姓名）、地址（住址）、联系方式、结算时间、结算金额等信息进行详细登记，以备税务机关查验。

二、光伏发电项目发电户销售电力产品，按照税法规定应缴纳增值税的，可由国家电网公司所属企业按照增值税简易计税办法计算并代征增值税税款，同时开具普通发票；按照税法规定可享受免征增值税政策的，可由国家电网公司所属企业直接开具普通发票。

根据《财政部　国家税务总局关于光伏发电增值税政策的通知》（财税〔2013〕66号），自

2013 年 10 月 1 日至 2015 年 12 月 31 日，国家电网公司所属企业应按发电户销售电力产品应纳税额的 50%代征增值税税款。

主管税务机关应当与国家电网公司所属企业签订《委托代征协议书》，明确委托代征相关事宜。

三、发电户，为《增值税暂行条例》及实施细则规定的“其他个人和不经常发生应税行为的非企业性单位”。

（国家税务总局关于国家电网公司购买分布式光伏发电项目电力产品发票开具等有关问题的公告，国家税务总局公告 2014 年第 32 号，发文日期：2014-06-03）

9.14.3　风力发电

为鼓励利用风力发电，促进相关产业健康发展，自 2015 年 7 月 1 日起，对纳税人销售自产的利用风力生产的电力产品，实行增值税即征即退 50%的政策。

（财政部　国家税务总局关于风力发电增值税政策的通知，财税〔2015〕74 号，发文日期：2015-06-12）

9.15　合同能源管理服务

同时符合下列条件的合同能源管理服务免征增值税，节能服务公司实施合同能源管理项目，将项目中的增值税应税货物转让给用能企业，暂免征收增值税：

一、节能服务公司实施合同能源管理项目相关技术，应当符合国家质量监督检验检疫总局和国家标准化管理委员会发布的《合同能源管理技术通则》(GB/T 24915—2010)规定的技术要求。

二、节能服务公司与用能企业签订节能效益分享型合同，其合同格式和内容，符合《中华人民共和国合同法》和《合同能源管理技术通则》(GB/T 24915—2010)等规定。

（财政部　国家税务总局关于全面推开营业税改征增值税试点的通知，财税〔2016〕36 号，发文日期：2016-03-23；财政部　国家税务总局关于促进节能服务产业发展增值税、营业税和企业所得税政策问题的通知，财税〔2010〕110 号，发文日期：2010-12-30）

9.16　技术转让、技术开发与技术咨询

纳税人提供技术转让、技术开发和与之相关的技术咨询、技术服务免征增值税。

一、技术转让、技术开发，是指《销售服务、无形资产、不动产注释》中“转让技术”“研发服务”范围内的业务活动。技术咨询，是指就特定技术项目提供可行性论证、技术预测、专题技术调查、分析评价报告等业务活动。

与技术转让、技术开发相关的技术咨询、技术服务，是指转让方（或者受托方）根据技术转让或者开发合同的规定，为帮助受让方（或者委托方）掌握所转让（或者委托开发）的技术，而提供的技术咨询、技术服务业务，且这部分技术咨询、技术服务的价款与技术转让或者技术开发的价款应当在同一张发票上开具。

二、备案程序。试点纳税人申请免征增值税时，须持技术转让、开发的书面合同，到纳

税人所在地省级科技主管部门进行认定，并持有关的书面合同和科技主管部门审核意见证明文件报主管税务机关备查。

（财政部 国家税务总局关于全面推开营业税改征增值税试点的通知，财税〔2016〕36 号，发文日期：2016-03-23）

9.17 软件企业

9.17.1 鼓励软件产业发展的有关税收政策

为进一步促进软件产业发展，推动我国信息化建设，自 2011 年 1 月 1 日起，软件产品增值税政策规定如下：

一、软件产品增值税政策。

（一）增值税一般纳税人销售其自行开发生产的软件产品，按 13%税率征收增值税后，对其增值税实际税负超过 3%的部分实行即征即退政策。

（二）增值税一般纳税人将进口软件产品进行本地化改造后对外销售，其销售的软件产品可享受税负超过 3%即征即退政策。

本地化改造是指对进口软件产品进行重新设计、改进、转换等，单纯对进口软件产品进行汉字化处理不包括在内。

二、软件产品界定及分类。

软件产品，是指信息处理程序及相关文档和数据。软件产品包括计算机软件产品、信息系统和嵌入式软件产品。嵌入式软件产品是指嵌入在计算机硬件、机器设备中并随其一并销售，构成计算机硬件、机器设备组成部分的软件产品。

三、满足下列条件的软件产品，经主管税务机关审核批准，可以享受本通知规定的增值税政策：

1. 取得省级软件产业主管部门认可的软件检测机构出具的检测证明材料。

2. 取得软件产业主管部门颁发的《软件产品登记证书》或著作权行政管理部门颁发的《计算机软件著作权登记证书》。

四、软件产品增值税即征即退税额的计算。

（一）软件产品增值税即征即退税额的计算方法：

即征即退税额 = 当期软件产品增值税应纳税额 − 当期软件产品销售额 × 3%

当期软件产品增值税应纳税额 = 当期软件产品销项税额 − 当期软件产品可抵扣进项税额

当期软件产品销项税额 = 当期软件产品销售额 × 13%

（二）嵌入式软件产品增值税即征即退税额的计算：

1. 嵌入式软件产品增值税即征即退税额的计算方法。

即征即退税额 = 当期嵌入式软件产品增值税应纳税额 − 当期嵌入式软件产品销售额 × 3%

当期嵌入式软件产品增值税应纳税额 = 当期嵌入式软件产品销项税额 − 当期嵌入式软件产品可抵扣进项税额

当期嵌入式软件产品销项税额＝当期嵌入式软件产品销售额×13%

2. 当期嵌入式软件产品销售额的计算公式。

当期嵌入式软件产品销售额＝当期嵌入式软件产品与计算机硬件、机器设备销售额合计－当期计算机硬件、机器设备销售额

计算机硬件、机器设备销售额按照下列顺序确定：

(1) 按纳税人最近时期同类货物的平均销售价格计算确定。

(2) 按其他纳税人最近时期同类货物的平均销售价格计算确定。

(3) 按计算机硬件、机器设备组成计税价格计算确定。

计算机硬件、机器设备组成计税价格＝计算机硬件、机器设备成本×(1＋10%)。

五、按照上述办法计算，即征即退税额大于零时，税务机关应按规定，及时办理退税手续。

六、增值税一般纳税人在销售软件产品的同时销售其他货物或者应税劳务的，对于无法划分的进项税额，应按照实际成本或销售收入比例确定软件产品应分摊的进项税额；对专用于软件产品开发生产设备及工具的进项税额，不得进行分摊。纳税人应将选定的分摊方式报主管税务机关备案，并自备案之日起一年内不得变更。

专用于软件产品开发生产的设备及工具，包括但不限于用于软件设计的计算机设备、读写打印器具设备、工具软件、软件平台和测试设备。

七、对增值税一般纳税人随同计算机硬件、机器设备一并销售嵌入式软件产品，如果适用本通知规定按照组成计税价格计算确定计算机硬件、机器设备销售额的，应当分别核算嵌入式软件产品与计算机硬件、机器设备部分的成本。凡未分别核算或者核算不清的，不得享受本通知规定的增值税政策。

八、主管税务机关可对享受软件企业增值税优惠政策的纳税人进行定期或不定期检查。纳税人凡弄虚作假骗取享受规定增值税政策的，税务机关除根据现行规定进行处罚外，自发生上述违法违规行为年度起，取消其享受规定增值税政策的资格，纳税人 3 年内不得再次申请。

(财政部　国家税务总局关于软件产品增值税政策的通知，财税〔2011〕100 号，发文日期：2011-10-13)

〔例题 9-2〕　某软件企业(一般纳税人)2019 年 5 月份销售自产软件产品取得不含税收入 109 万元，4 月份留抵税额 3.6 万元，本月发生的允许抵扣的进项税 4.52 万元。本月软件企业应如何缴纳增值税。(保留两位小数)

解析：

销项税额＝109×13%＝14.17(万元)

进项税额＝4.52＋3.6＝8.12(万元)

应纳增值税＝14.17－8.12＝6.05(万元)

应纳税额占销售额比例：6.05÷109×100%＝5.55%

实际税负超过 3%，所以应退增值税：6.05－109×3%＝2.78(万元)

答：该软件企业当月应纳增值税为 6.05 万元，即征即退增值税 2.78 万元。

9.17.2 动漫产业发展有关税收政策

一、自2018年5月1日至2020年12月31日，对动漫企业增值税一般纳税人销售其自主开发生产的动漫软件，按照16%的税率(自2019年4月1日后应按照13%税率)征收增值税后，对其增值税实际税负超过3%的部分，实行即征即退政策。

二、动漫软件出口免征增值税。

三、动漫软件，按照《财政部 国家税务总局关于软件产品增值税政策的通知》(财税〔2011〕100号)中软件产品相关规定执行。

动漫企业和自主开发、生产动漫产品的认定标准和认定程序，按照《文化部 财政部 国家税务总局关于印发〈动漫企业认定管理办法(试行)〉的通知》(文市发〔2008〕51号)的规定执行。

(财政部 税务总局关于延续动漫产业增值税政策的通知，财税〔2018〕38号，发文日期:2018-04-19)

9.18 福利企业

9.18.1 促进残疾人就业税收优惠政策

自2016年5月1日起，对安置残疾人的单位和个体工商户(以下称纳税人)，实行由税务机关按纳税人安置残疾人的人数，限额即征即退增值税的办法。

安置的每位残疾人每月可退还的增值税具体限额，由县级以上税务机关根据纳税人所在区县(含县级市、旗，下同)适用的经省(含自治区、直辖市、计划单列市，下同)人民政府批准的月最低工资标准的4倍确定。

9.18.1.1 享受税收优惠政策的条件

一、安置残疾人规模及残疾人待遇条件。

(一) 纳税人(除盲人按摩机构外)月安置的残疾人占在职职工人数的比例不低于25%(含25%)，并且安置的残疾人人数不少于10人(含10人)；

盲人按摩机构月安置的残疾人占在职职工人数的比例不低于25%(含25%)，并且安置的残疾人人数不少于5人(含5人)。

特殊教育学校举办的企业，可将在企业上岗工作的特殊教育学校的全日制在校学生计算在内，在计算企业在职职工人数时也要将上述学生计算在内。

(二) 依法与安置的每位残疾人签订了一年以上(含一年)的劳动合同或服务协议。特殊教育学校举办的企业，无此条件。

(三) 为安置的每位残疾人按月足额缴纳了基本养老保险、基本医疗保险、失业保险、工伤保险和生育保险等社会保险。特殊教育学校举办的企业，无此条件。

(四) 通过银行等金融机构向安置的每位残疾人，按月支付了不低于纳税人所在区县适用的经省人民政府批准的月最低工资标准的工资。特殊教育学校举办的企业，无此条件。

二、纳税信用等级不得为税务机关评定的C级或D级。

纳税人的信用级别以其申请退税税款所属期的纳税信用级别确定。申请退税税款所属期内纳税信用级别发生变化的，以变化后的纳税信用级别确定。

三、生产销售货物，提供加工、修理修配劳务，以及提供营改增现代服务和生活服务税目（不含文化体育服务和娱乐服务）范围的服务取得的收入之和，占其增值税收入的比例达到 50%。但纳税人直接销售外购货物（包括商品批发和零售）以及销售委托加工的货物取得的收入，不适用即征即退优惠政策。

纳税人应当分别核算上述享受税收优惠政策和不得享受税收优惠政策业务的销售额，不能分别核算的，不得享受本通知规定的优惠政策。

9.18.1.2 优惠政策的相关概念

（一）残疾人，是指法定劳动年龄内，持有《中华人民共和国残疾人证》或者《中华人民共和国残疾军人证（1 至 8 级）》的自然人，包括具有劳动条件和劳动意愿的精神残疾人。

（二）残疾人个人，是指自然人。

（三）在职职工人数，是指与纳税人建立劳动关系并依法签订劳动合同或者服务协议的雇员人数。

（四）纳税人新安置的残疾人从签订劳动合同并缴纳社会保险的次月起计算，其他职工从录用的次月起计算；安置的残疾人和其他职工减少的，从减少当月计算。

（五）特殊教育学校举办的企业，是指特殊教育学校主要为在校学生提供实习场所、并由学校出资自办、由学校负责经营管理、经营收入全部归学校所有的企业。

9.18.1.3 应退增值税额的计算

纳税人本期应退增值税额按以下公式计算：

本期应退增值税额 = 本期所含月份每月应退增值税额之和

月应退增值税额 = 纳税人本月安置残疾人员人数 × 本月月最低工资标准的 4 倍

月最低工资标准，是指纳税人所在区县（含县级市、旗）适用的经省（含自治区、直辖市、计划单列市）人民政府批准的月最低工资标准。纳税期限不为按月的，只能对其符合条件的月份退还增值税。

纳税人本期已缴增值税额小于本期应退税额不足退还的，可在本年度内以前纳税期已缴增值税额扣除已退增值税额的余额中退还，仍不足退还的可结转本年度内以后纳税期退还。年度已缴增值税额小于或等于年度应退税额的，退税额为年度已缴增值税额；年度已缴增值税额大于年度应退税额的，退税额为年度应退税额。年度已缴增值税额不足退还的，不得结转以后年度退还。

主管税务机关受理退税申请后，查询纳税人的纳税信用等级，对符合信用条件的，审核计算应退增值税额，并按规定办理退税。

9.18.1.4 申请享受优惠的备案资料

一、纳税人首次申请享受税收优惠政策，应向主管税务机关提供以下备案资料：

（一）《税务资格备案表》。

（二）安置的残疾人的《中华人民共和国残疾人证》或者《中华人民共和国残疾军人证（1 至 8 级）》复印件，注明与原件一致，并逐页加盖公章。安置精神残疾人的，提供精神残疾人同意就业的书面声明以及其法定监护人签字或印章的证明精神残疾人具有劳动条件和劳动意愿的书面材料。

（三）安置的残疾人的身份证明复印件，注明与原件一致，并逐页加盖公章。

纳税人提供的备案资料发生变化的，应于发生变化之日起15日内就变化情况向主管税务机关办理备案。

二、纳税人申请退还增值税时，需报送如下资料：

（一）《退（抵）税申请审批表》。

（二）《安置残疾人纳税人申请增值税退税声明》。

（三）当期为残疾人缴纳社会保险费凭证的复印件及由纳税人加盖公章确认的注明缴纳人员、缴纳金额、缴纳期间的明细表。

（四）当期由银行等金融机构或纳税人加盖公章的按月为残疾人支付工资的清单。

特殊教育学校举办的企业，申请退还增值税时，不提供资料（三）和资料（四）。

9.18.1.5 就业类税收优惠政策的衔接

如果既适用促进残疾人就业增值税优惠政策，又适用重点群体、退役士兵、随军家属、军转干部等支持就业的增值税优惠政策的，纳税人可自行选择适用的优惠政策，但不能累加执行。一经选定，36个月内不得变更。

9.18.1.6 纳税人在享受税收优惠过程的义务及法律责任

1. 纳税人申请享受税收优惠政策，应对报送资料的真实性和合法性承担法律责任。主管税务机关对纳税人提供资料的完整性和增值税退税额计算的准确性进行审核。

2. 享受促进残疾人就业增值税优惠政策的纳税人，对能证明或印证符合政策规定条件的相关材料负有留存备查义务。纳税人在税务机关后续管理中不能提供相关材料的，不得继续享受优惠政策。税务机关应追缴其相应纳税期内已享受的增值税退税，并依照税收征管法及其实施细则的有关规定处理。

3. 税务机关发现已享受增值税优惠政策的纳税人，存在不符合规定条件的，或者采用伪造或重复使用残疾人证、残疾军人证等手段骗取增值税优惠的，应将纳税人发生上述违法违规行为的纳税期内按本通知已享受到的退税全额追缴入库，并自发现当月起36个月内停止其享受本通知规定的各项税收优惠。

9.18.1.7 税务机关的义务

1. 主管税务机关受理备案后，应将全部《中华人民共和国残疾人证》或者《中华人民共和国残疾军人证（1至8级）》信息以及所安置残疾人的身份证明信息录入征管系统。

2. 主管税务机关应于每年2月底之前，在其网站或办税服务厅，将本地区上一年度享受安置残疾人增值税优惠政策的纳税人信息，按下列项目予以公示：纳税人名称、纳税人识别号、法人代表、计算退税的残疾人职工人次等。

3. 各省、自治区、直辖市和计划单列市国家税务局，应定期或不定期在征管系统中对残疾人信息进行比对，发现异常的，按相关规定处理。

（财政部 国家税务总局关于促进残疾人就业增值税优惠政策的通知，财税〔2016〕52号，发文日期：2016-05-05；国家税务总局关于发布《促进残疾人就业增值税优惠政策管理办法》的公告，国家税务总局公告2016年第33号，发文日期：2016-05-27）

9.18.2 相关实务问题

9.18.2.1 签订了一年以上(含一年)的劳动合同或服务协议的界定

自2013年10月1日起,依法与安置的每位残疾人签订了一年以上的劳动合同或服务协议,按如下标准执行:

《财政部 国家税务总局关于促进残疾人就业税收优惠政策的通知》(财税〔2007〕92号,以下简称"通知")第五条第一项"依法与安置的每位残疾人签订了一年以上(含一年)的劳动合同或服务协议"中的"劳动合同或服务协议",包括全日制工资发放形式和非全日制工资发放形式劳动合同或服务协议。

安置残疾人单位聘用非全日制用工的残疾人,与其签订符合法律法规规定的劳动合同或服务协议,并且安置该残疾人在单位实际上岗工作的,可按照"通知"的规定,享受增值税优惠政策。

(国家税务总局关于促进残疾人就业增值税优惠政策有关问题的公告,国家税务总局公告2013年第73号,发文日期:2013-12-13)

9.18.2.2 基本养老保险和基本医疗保险的界定

一、自2014年1月1日起,《财政部 国家税务总局关于促进残疾人就业税收优惠政策的通知》(财税〔2007〕92号)第五条第(三)款规定的"基本养老保险"和"基本医疗保险"是指"职工基本养老保险"和"职工基本医疗保险",不含"城镇居民社会养老保险""新型农村社会养老保险""城镇居民基本医疗保险"和"新型农村合作医疗"。

(国家税务总局关于促进残疾人就业税收优惠政策有关问题的公告,国家税务总局公告2013年第78号,发文日期:2013-12-30)

二、自2015年9月1日起,安置残疾人的机关事业单位以及由机关事业单位改制后的企业,为残疾人缴纳的机关事业单位养老保险,属于《通知》第五条第(三)款规定的"基本养老保险"范畴,可按规定享受相关税收优惠政策。

(国家税务总局关于促进残疾人就业税收优惠政策相关问题的公告,国家税务总局公告2015年第55号,发文日期:2015-07-31)

9.18.2.3 劳务派遣残疾人由派遣单位享受增值税优惠

以劳务派遣形式就业的残疾人,属于劳务派遣单位的职工。劳务派遣单位可按照《财政部 国家税务总局关于促进残疾人就业税收优惠政策的通知》(财税〔2007〕92号,以下简称《通知》)规定,享受相关税收优惠政策。

(国家税务总局关于促进残疾人就业税收优惠政策相关问题的公告,国家税务总局公告2015年第55号,发文日期:2015-07-31)

9.18.2.4 安置残疾人单位享受多重增值税优惠政策

自2011年12月1日起,安置残疾人单位既符合促进残疾人就业增值税优惠政策条件,又符合其他增值税优惠政策条件的,可同时享受多项增值税优惠政策,但年度申请退还增值税总额不得超过本年度内应纳增值税总额。

(国家税务总局关于安置残疾人单位是否可以同时享受多项增值税优惠政策问题的公告,国家税务总局公告2011年第61号,发文日期:2011-11-18)

9.19 残疾人用品及劳务

9.19.1 残疾人用品

供残疾人专用的假肢、轮椅、矫形器(包括上肢矫形器、下肢矫形器、脊椎侧弯矫形器),免征增值税。

(财政部 国家税务总局关于增值税几个税收政策问题的通知,财税字〔1994〕60号,发文日期:1994-10-18)

9.19.2 残疾个人提供的劳务

对残疾人个人提供的加工、修理修配劳务免征增值税。

(财政部 国家税务总局关于促进残疾人就业增值税优惠政策的通知,财税〔2016〕32号,发文日期:2016-05-05)

9.19.3 残疾个人提供的服务

残疾人员本人为社会提供的服务免征增值税。

(财政部 国家税务总局关于全面推开营业税改征增值税试点的通知,财税〔2016〕36号,发文日期:2016-03-23)

案例解析82

残疾个人提供的应税行为享受免税优惠吗?

残疾人个人购买挖掘设备,租赁给施工企业使用,并亲自操作该设备,收取的租金可以免征增值税吗?

答:《财政部 国家税务总局关于明确金融、房地产开发、教育辅助服务等增值税政策的通知》(财税〔2016〕140号)规定,纳税人将建筑施工设备出租给他人使用并配备操作人员的,按照"建筑服务"缴纳增值税。残疾人员将挖掘设备租赁给施工企业并提供操作人员应定性为残疾人员为施工企业提供建筑服务。《财政部 国家税务总局关于全面推开营业税改征增值税试点的通知》(财税〔2016〕36号)规定,残疾人员本人为社会提供的服务免征增值税。因此,残疾人本人为施工企业提供的建筑服务免征增值税。

9.20 医疗卫生机构

9.20.1 医疗服务

医疗机构提供的医疗服务免征增值税。

医疗机构,是指依据国务院《医疗机构管理条例》(国务院令第149号)及卫生部《医疗机构管理条例实施细则》(卫生部令第35号)的规定,经登记取得《医疗机构执业许可证》的机构,以及军队、武警部队各级各类医疗机构。具体包括:各级各类医院、门诊部(所)、社区卫生服务中心(站)、急救中心(站)、城乡卫生院、护理院(所)、疗养院、临床检验中心,各级政府及有关部门举办的卫生防疫站(疾病控制中心)、各种专科疾病防治站(所),各级政府举办的妇幼保健所(站)、母婴保健机构、儿童保健机构,各级政府举办的血站(血液中心)等医疗机构。

医疗服务,是指医疗机构按照不高于地(市)级以上价格主管部门会同同级卫生主管部门及其他相关部门制定的医疗服务指导价格(包括政府指导价和按照规定由供需双方协商确定的价格等)为就医者提供《全国医疗服务价格项目规范》所列的各项服务,以及医疗机构向社会提供卫生防疫、卫生检疫的服务。

(财政部 国家税务总局关于全面推开营业税改征增值税试点的通知,财税〔2016〕36 号,发文日期:2016-03-23)

9.20.2 医疗机构受托提供的医疗服务

自 2019 年 2 月 1 日至 2020 年 12 月 31 日,医疗机构接受其他医疗机构委托,按照不高于地(市)级以上价格主管部门会同同级卫生主管部门及其他相关部门制定的医疗服务指导价格(包括政府指导价和按照规定由供需双方协商确定的价格等),提供《全国医疗服务价格项目规范》所列的各项服务,可适用《营业税改征增值税试点过渡政策的规定》(财税〔2016〕36 号印发)第一条第(七)项规定的免征增值税政策。

(财政部 税务总局关于明确养老机构免征增值税等政策的通知,财税〔2019〕20 号,发文日期:2019-02-02)

9.20.3 非医疗服务税收政策

医疗卫生机构有关税收政策如下:

一、关于非营利性医疗机构的税收政策。

(一) 对非营利性医疗机构从事非医疗服务取得的收入,如租赁收入、财产转让收入、培训收入、对外投资收入等应按规定征收各项税收。非营利性医疗机构将取得的非医疗服务收入,直接用于改善医疗卫生服务条件的部分,经税务部门审核批准可抵扣其应纳税所得额,就其余额征收企业所得税。

(二) 对非营利性医疗机构自产自用的制剂,免征增值税。

(三) 非营利性医疗机构的药房分离为独立的药品零售企业,应按规定征收各项税收。

(四) 对非营利性医疗机构自用的房产、土地,免征房产税、城镇土地使用税。

二、关于营利性医疗机构的税收政策。

(一) 对营利性医疗机构取得的收入,按规定征收各项税收。但为了支持营利性医疗机构的发展,对营利性医疗机构取得的收入,直接用于改善医疗卫生条件的,自其取得执业登记之日起,3 年内给予下列优惠:对其自产自用的制剂免征增值税;对营利性医疗机构自用的房产、土地,免征房产税、城镇土地使用税。3 年免税期满后恢复征税。

(二) 对营利性医疗机构的药房分离为独立的药品零售企业,应按规定征收各项税收。

医疗机构需要书面向卫生行政主管部门申明其性质,按《医疗机构管理条例》进行设置审批和登记注册,并由接受其登记注册的卫生行政部门核定,在执业登记中注明“非营利性医疗机构”和“营利性医疗机构”。

上述医疗机构具体包括：各级各类医院、门诊部（所），社区卫生服务中心（站）、急救中心（站）、城乡卫生院、护理院（所）、疗养院、临床检验中心等。上述疾病控制、妇幼保健等卫生机构具体包括：各级政府及有关部门举办的卫生防疫站（疾病控制中心）、各种专科疾病防治站（所），各级政府举办的妇幼保健所（站）、母婴保健机构、儿童保健机构等，各级政府举办的血站（血液中心）。

（财政部 国家税务总局关于医疗卫生机构有关税收政策的通知，财税〔2000〕42号，发文日期：2000-07-10）

9.21 抗艾滋病病毒药品

为继续支持艾滋病防治工作，国产抗艾滋病病毒药品增值税政策如下：

一、自2019年1月1日至2020年12月31日，继续对国产抗艾滋病病毒药品免征生产环节和流通环节增值税。

二、享受上述免征增值税政策的国产抗艾滋病病毒药品，须为各省（自治区、直辖市）艾滋病药品管理部门按照政府采购有关规定采购的，并向艾滋病病毒感染者和病人免费提供的抗艾滋病病毒药品。药品生产企业和流通企业应将药品供货合同留存，以备税务机关查验。

三、抗艾滋病病毒药品的生产企业和流通企业应分别核算免税药品和其他货物的销售额；未分别核算的，不得享受增值税免税政策。

四、在本公告发布之前已征收入库的按上述规定应予免征的增值税税款，可抵减纳税人以后月份应缴纳的增值税税款或者办理税款退库。已向购买方开具增值税专用发票的，应将专用发票追回后方可办理免税。无法追回专用发票的，不予免税。

（财政部 税务总局关于延续免征国产抗艾滋病病毒药品增值税政策的公告，财政部 税务总局公告2019年第73号，发文日期：2019-06-05）

9.22 血站供应给医疗机构的临床用血

自1999年11月1日起，对血站供应给医疗机构的临床用血免征增值税。血站，是指根据《中华人民共和国献血法》的规定，由国务院或省级人民政府卫生行政部门批准的，从事采集、提供临床用血，不以营利为目的的公益性组织。

（财政部 国家税务总局关于血站有关税收问题的通知，财税〔1999〕264号，发文日期：1999-10-13）

9.23 邮政企业的代理收入

自2016年1月1日起，中国邮政集团公司及其所属邮政企业为金融机构代办金融保险业务取得的代理收入，在营改增试点期间免征增值税。

（财政部 国家税务总局关于部分营业税和增值税政策到期延续问题的通知，财税〔2016〕83号，发文

日期:2016-07-25)

9.24 修理业务

9.24.1 飞机维修劳务

为支持飞机维修行业的发展,决定自2000年1月1日起对飞机维修劳务增值税实际税负超过6%的部分实行由税务机关即征即退的政策。

(财政部 国家税务总局关于飞机维修增值税问题的通知,财税〔2000〕102号,发文日期:2000-10-12)

9.24.2 铁路货车修理

为支持我国铁路建设,经国务院批准,从2001年1月1日起对铁路系统内部单位为本系统修理货车的业务免征增值税。

(财政部 国家税务总局关于铁路货车修理免征增值税的通知,财税〔2001〕54号,发文日期:2001-04-03)

9.25 黄金、白银、铂金

9.25.1 黄金现货交易

一、黄金生产和经营单位销售黄金(不包括以下品种:成色为AU9999、AU9995、AU999、AU995;规格为50克、100克、1公斤、3公斤、12.5公斤的黄金,以下简称标准黄金)和黄金矿砂(含伴生金),免征增值税;进口黄金(含标准黄金)和黄金矿砂免征进口环节增值税。

二、黄金交易所会员单位通过黄金交易所销售标准黄金(持有黄金交易所开具的《黄金交易结算凭证》),未发生实物交割的,免征增值税;发生实物交割的,由税务机关按照实际成交价格代开增值税专用发票,并实行增值税即征即退的政策,同时免征城市维护建设税、教育费附加。增值税专用发票中的单价、金额和税额的计算公式分别为:

$$单价 = 实际成交单价 \div (1 + 增值税税率)$$
$$金额 = 数量 \times 单价$$
$$税额 = 金额 \times 税率$$

实际成交单价是指不含黄金交易所收取的手续费的单位价格。

纳税人不通过黄金交易所销售的标准黄金不享受增值税即征即退和免征城市维护建设税、教育费附加政策。

三、对黄金交易所收取的手续费等收入按商务辅助服务征收增值税。

(财政部 国家税务总局关于黄金税收政策问题的通知,财税〔2002〕142号,发文日期:2002-09-12;国家税务总局关于出口含金成分产品有关税收政策的通知,国税发〔2005〕125号,发文日期:2005-7-29)

9.25.2 销售伴生金

自2011年2月1日起,《财政部 国家税务总局关于黄金税收政策问题的通知》(财税〔2002〕142号)第一条所称伴生金,是指黄金矿砂以外的其他矿产品、冶炼中间产品和其他可以提炼黄金的原料中所伴生的黄金。

纳税人销售含有伴生金的货物并申请伴生金免征增值税的,应当出具伴生金含量的有效证明,分别核算伴生金和其他成分的销售额。

(国家税务总局关于纳税人销售伴生金有关增值税问题的公告,国家税务总局公告2011年第8号,发文日期:2011-01-24)

9.25.3 黄金交易增值税征收管理办法

一、关于黄金交易的品种。

1. 标准黄金产品。

四种成色:AU9999、AU9995、AU999、AU995。

五种规格:50克、100克、1公斤、3公斤、12.5公斤。

2. 非标准黄金产品。

除上述四种成色、五种规格以外的黄金产品。

二、关于黄金交易的有关征税规定。

1. 为便于增值税的征收管理,按照黄金交易所章程规定注册登记的会员以及按照黄金交易所章程规定登记备案的客户,通过黄金交易所进行的标准黄金产品交易[并持有黄金交易所开具的《黄金交易结算发票》(结算联)],未发生实物交割的,由卖出方会员单位或客户按实际成交价格向黄金交易所开具普通发票,并免征增值税;如发生实物交割的,由黄金交易所主管税务机关代黄金交易所按照实际成交价格向具有增值税一般纳税人资格的提货方会员单位或客户开具增值税专用发票(增值税专用发票的发票联、记账联、存根联由黄金交易所留存;抵扣联传递给提货方会员单位)。对提货方会员单位或客户为非增值税一般纳税人的,不得开具增值税专用发票。

"标准黄金实物交割"是指:会员单位或客户将在黄金交易所已成交的黄金从黄金交易所指定的金库提取黄金的行为。

2. 黄金交易所交易环节发生标准黄金实物交割,应按实际成交价格开具增值税专用发票,实际成交价格为所提取黄金买卖双方按规定报价方式所成交的价格,不包括交易费、仓储费等费用。为准确计算所提黄金的实际成交价格,黄金交易所应按后进先出法原则确定。

3. 为便于增值税的征收管理,在黄金交易所开业初期,对非黄金生产会员单位或客户(不包括银行系统),应按本单位的黄金实际使用量从黄金交易所的指定金库提取黄金。对没有按本单位黄金实际使用量而从黄金交易所指定金库多提取的黄金,不得再向黄金交易所指定的金库存入黄金进行交易,包括黄金交易所开业之前非黄金生产会员单位或客户(不包括银行系统)在本单位的库存黄金。

4. 黄金交易所可享受增值税即征即返的优惠政策,同时免征城市建设维护税、教育费附加。

5. 对纳税人不通过黄金交易所销售标准黄金的，不享受增值税即征即退和免征城市建设维护税、教育费附加的政策。

三、会员单位和客户增值税进项税额的核算。

1. 对会员单位(中国人民银行和黄金生产企业除外)或客户应对在黄金交易所黄金交易的进项税额实行单独核算，对按取得的黄金交易所开具的增值税专用发票上注明的增值税税额(包括相对应的买入量)单独记账。对会员或客户从黄金交易所购入黄金(指发生实物交割)再通过黄金交易所卖出时，应计算通过黄金交易所卖出黄金进项税额的转出额，并从当期进项税额中转出，同时计入成本；对企业当期账面进项税额小于通过下列公式计算出的应转出的进项税额，其差额部分应当立即补征入库。

$$\text{应转出的进项税额} = \text{单位进项税额} \times \text{当期黄金卖出量}$$

$$\text{单位进项税额} = \text{购入黄金的累计进项税额} \div \text{累计黄金购入额}$$

2. 对会员单位(中国人民银行和黄金生产企业除外)或客户通过黄金交易所销售企业原有库存黄金，应按实际成交价格计算相应的进项税金转出额，并从当期进项税额中转出，计入成本。

$$\text{应转出的进项税额} = \text{销售库存黄金实际成交价格} \div (1 + 17\%) \times 17\%$$

四、增值税一般纳税人的认定。

1. 为便于增值税的征收管理，黄金交易所应向所在地的主管税务机关申请办理增值税一般纳税人的认定手续，并申请印制《黄金交易结算发票》。

2. 会员单位和客户符合增值税一般纳税人认定资格的，可向其所在地的主管税务机关申请办理增值税一般纳税人的认定手续。

会员和客户在黄金交易所所在地设有分支机构的，并由分支机构进行黄金交易的，对符合增值税一般纳税人资格的分支机构可向黄金交易所的主管税务机关申请办理一般纳税人的认定手续。

五、关于税务机关代开增值税专用发票。

黄金交易所主管税务机关代开增值税专用发票中的单价、金额和税额的计算公式：

$$\text{单价} = \text{实际成交单价} \div (1 + \text{增值税税率})$$

$$\text{金额} = \text{数额} \times \text{单价}$$

$$\text{税额} = \text{金额} \times \text{税率}$$

单价小数点后保留四位。

六、对会员单位和客户应按黄金交易所开具的《黄金交易结算发票》作为会计计账凭证进行财务核算；对买入方会员单位和客户取得税务部门代开的增值税专用发票(增值税专用发票的发票联、记账联、存根联由黄金交易所留存，抵扣联传递给提货方会员单位)，只作为核算进项税额的凭证，不得作为财务核算的凭证。

七、会员单位和客户未发生实物交割的，应凭黄金交易所开具的《黄金交易结算发票》(结算联)，向会员单位和客户所在地税务机关办理免税手续。

八、为便于增值税的征收管理，黄金交易所应加强对会员单位和客户的基础管理工作，会员单位的自营黄金交易与代理客户的黄金交易应分别进行核算。

（国家税务总局关于印发《黄金交易增值税征收管理办法》的通知，国税发明电〔2002〕47号，发文日期：2002-10-28）

9.25.4 销售的熊猫普制金币增值税政策

为完善投资性黄金相关税收政策，经国务院批准，自2012年1月1日起，对符合条件的纳税人销售的熊猫普制金币免征增值税。有关政策规定如下：

熊猫普制金币是指由黄金制成并同时符合以下条件的法定货币：

1. 由中国人民银行发行。

2. 生产质量为普制。

3. 正面主体图案为天坛祈年殿，并刊国名、年号。背面主体图案为熊猫，并刊面额、规格及成色。规格包括1盎司、1/2盎司、1/4盎司、1/10盎司和1/20盎司，对应面额分别为500元、200元、100元、50元、20元。黄金成色为99.9%。

（财政部 国家税务总局关于熊猫普制金币免征增值税政策的通知，财税〔2012〕97号，发文日期：2012-12-28）

9.25.5 黄金期货交易增值税政策

经国务院批准，自2008年1月1日起，上海期货交易黄金期货交易发生实物交割时，比照现行上海黄金交易所黄金交易的税收政策执行。

上海期货交易所会员和客户通过上海期货交易所销售标准黄金(持上海期货交易所开具的《黄金结算专用发票》)，发生实物交割但未出库的，免征增值税；发生实物交割并已出库的，由税务机关按照实际交割价格代开增值税专用发票，并实行增值税即征即退的政策，同时免征城市维护建设税和教育费附加。增值税专用发票中的单价、金额和税额的计算公式分别如下：

单价 = 实际交割单价 ÷（1 + 增值税税率）

金额 = 数量 × 单价

税额 = 金额 × 税率

实际交割单价是指不含上海期货交易所收取的手续费的单位价格。

其中，标准黄金是指：成色为AU9999、AU9995、AU999、AU995；规格为50克、100克、1公斤、3公斤、12.5公斤的黄金。

（财政部 国家税务总局关于黄金期货交易有关税收政策的通知，财税〔2008〕5号，发文日期：2008-01-29）

9.25.6 黄金期货交易的增值税征收管理办法

《上海期货交易所黄金期货交易增值税征收管理办法》(以下简称《办法》)对黄金期货交易的增值税政策规定如下：

一、《办法》所规定的“黄金”是指标准黄金，即成色与规格同时符合以下标准的金锭、金条及金块等黄金原料：

成色：AU9999，AU9995，AU999，AU995。

规格：50 克，100 克，1 公斤，3 公斤，12.5 公斤。

非标准黄金，即成色与规格不同时符合以上标准的黄金原料，不适用《办法》。

二、上海期货交易所黄金期货交易增值税的征收管理按以下规定执行：

（一）上海期货交易所应向主管税务机关申请印制《黄金结算专用发票》（一式三联，分为结算联、发票联和存根联）。

（二）上海期货交易所会员和客户，通过上海期货交易所进行黄金期货交易并发生实物交割的，按照以下规定办理：

1. 卖方会员或客户按交割结算价向上海期货交易所开具普通发票，对其免征增值税。上海期货交易所按交割结算价向卖方提供《黄金结算专用发票》结算联，发票联、存根联由交易所留存。

2. 买方会员或客户未提取黄金出库的，由上海期货交易所按交割结算价开具《黄金结算专用发票》并提供发票联，存根联、结算联由上海期货交易所留存。

3. 买方会员或客户提取黄金出库的，应向上海期货交易所主管税务机关出具期货交易交割结算单、标准仓单出库确认单、溢短结算单，由税务机关按实际交割价和提货数量，代上海期货交易所向具有增值税一般纳税人资格的买方会员或客户（提货方）开具增值税专用发票（抵扣联），增值税专用发票的发票联和记账联由上海期货交易所留存，抵扣联传递给提货方会员或客户。

买方会员或客户（提货方）不属于增值税一般纳税人的，不得向其开具增值税专用发票。

（三）上海期货交易所应对黄金期货交割并提货环节的增值税税款实行单独核算，并享受增值税即征即退政策，同时免征城市维护建设税、教育费附加。

三、会员和客户按以下规定核算增值税进项税额：

（一）上海期货交易所会员或客户（中国人民银行除外）应对在上海期货交易所或黄金交易所办理黄金实物交割提取出库时取得的进项税额实行单独核算，按取得的税务机关代开的增值税专用发票上注明的增值税税额（包括相对应的买入量）单独记账。

对会员或客户从上海期货交易所或黄金交易所购入黄金（指提货出库后）再通过上海期货交易所卖出的，应计算通过上海期货交易所卖出黄金进项税额的转出额，并从当期进项税额中转出，同时计入成本；对当期账面进项税额小于通过下列公式计算出的应转出的进项税额，其差额部分应当立即补征入库。

$$\text{应转出的进项税额} = \text{单位进项税额} \times \text{当期黄金卖出量}$$
$$\text{单位进项税额} = \text{购入黄金的累计进项税额} \div \text{累计黄金购入额}$$

（二）对上海期货交易所会员或客户（中国人民银行除外）通过上海期货交易所销售企业原有库存黄金，应按实际成交价格计算相应进项税额的转出额，并从当期进项税额中转出，计入成本。

应转出的进项税额 = 销售库存黄金实际成交价格 ÷ (1 + 增值税税率) × 增值税税率

(三) 买方会员或客户(提货方)取得增值税专用发票抵扣联后,应按发票上注明的税额从黄金材料成本科目中转入"应交税费——进项税额"科目,核算进项税额。

四、增值税专用发票的单价和金额、税额按以下规定确定:

上海期货交易所买方会员或客户(提货方)提货出库时,主管税务机关代开增值税专用发票上注明的单价,应由实际交割货款和提货数量确定,但不包括手续费、仓储费等其他费用。其中,实际交割货款由交割货款和溢短结算货款组成,交割货款按后进先出法原则确定。具体计算公式如下:

税额 = 金额 × 增值税税率

金额 = 数量 × 单价

单价 = 实际交割价 ÷ (1 + 增值税税率)

实际交割价 = 实际交割货款 ÷ 提货数量

实际交割货款 = 交割货款 + 溢短结算货款

交割货款 = 标准仓单张数 × 每张仓单标准数量 × 交割结算价

溢短结算货款 = 溢短 × 溢短结算日前一交易日上海期货交易所挂牌交易的最近月份黄金期货合约的结算价

其中,单价小数点后至少保留6位。

五、会员和客户应将上海期货交易所开具的《黄金结算专用发票》(发票联)作为会计记账凭证进行财务核算;买方会员和客户(提货方)取得税务部门代开的增值税专用发票(抵扣联),仅作为核算进项税额的凭证。

六、卖方会员或客户应凭上海期货交易所开具的《黄金结算专用发票》(结算联),向卖方会员或客户主管税务机关办理免税手续。

七、上海期货交易所会员应分别核算自营黄金期货交易、代理客户黄金期货交易与黄金实物交割业务的销售额以及增值税销项税额、进项税额、应纳税额。

八、《办法》所规定的"提取黄金出库",是指期货交易所会员或客户从指定的金库中提取在期货交易所已交割的黄金的行为。

九、《办法》自2008年1月1日起执行。

(国家税务总局关于印发《上海期货交易所黄金期货交易增值税征收管理办法》的通知,国税发〔2008〕46号,发文日期:2008-05-04)

9.25.7 配售出口黄金

配售出口黄金的有关税收规定通知如下:

一、对按国际市场价格配售的黄金免征增值税,银行不开具增值税专用发票。

二、对出口黄金及出口金饰品的黄金原料部分不再予以出口退税,对此前已经报关出口的仍按原规定办理退税。

三、本通知自2000年6月20日起执行。此前规定凡与本通知法规不符的,一律按本通知规定执行。

（财政部 国家税务总局 中国人民银行关于配售出口黄金有关税收规定的通知，财税〔2000〕3号，发文日期：2000-07-28）

9.25.8 白银

自2000年1月1日起，对企业生产销售的银精矿含银、其他有色金属精矿含银、冶炼中间产品含银及成品银恢复征收增值税。

（国家税务总局关于白银生产环节征收增值税的通知，国税发〔2000〕51号，发文日期：2000-03-17）

9.25.9 铂金

为规范铂金交易，加强铂金交易的税收管理，自2003年5月1日起，铂金及铂金制品的税收政策如下：

一、对进口铂金免征进口环节增值税。

二、对中博世金科贸有限责任公司通过上海黄金交易所销售的进口铂金，以上海黄金交易所开具的《上海黄金交易所发票》（结算联）为依据，实行增值税即征即退政策。采取按照进口铂金价格计算退税的办法，具体如下：

即征即退的税额计算公式：

$$\text{进口铂金平均单价} = \sigma\{[(\text{当月进口铂金报关单价} \times \text{当月进口铂金数量}) + \text{上月末库存进口铂金总价值}] \div (\text{当月进口铂金数量} + \text{上月末库存进口铂金数量})\}$$

$$\text{金额} = \text{销售数量} \times \text{进口铂金平均单价} \div (1 + 13\%)$$

$$\text{即征即退税额} = \text{金额} \times 13\%$$

中博世金科贸有限责任公司进口的铂金没有通过上海黄金交易所销售的，不得享受增值税即征即退政策。

三、中博世金科贸有限责任公司通过上海黄金交易所销售的进口铂金，由上海黄金交易所主管税务机关按照实际成交价格代开增值税专用发票。增值税专用发票中的单价、金额和税额的计算公式为：

$$\text{单价} = \text{实际成交单价} \div (1 + 13\%)$$

$$\text{金额} = \text{成交数量} \times \text{单价}$$

$$\text{税额} = \text{金额} \times 13\%$$

实际成交单价是指不含黄金交易所收取的手续费的单位价格。

四、国内铂金生产企业自产自销的铂金也实行增值税即征即退政策。

五、对铂金制品加工企业和流通企业销售的铂金及其制品仍按现行规定征收增值税。

六、铂金出口不退税。

七、铂金首饰消费税的征收环节由现行在生产环节和进口环节征收改为在零售环节征收，消费税税率调整为5%。具体征收管理比照财政部、国家税务总局《关于调整金银首饰消费税纳税环节有关问题的通知》（〔94〕财税字第095号）和国家税务总局关于印发《金银首饰消费税征收管理办法的通知》规定执行。

（财政部　国家税务总局关于铂金及其制品税收政策的通知，财税〔2003〕86 号，发文日期：2003-04-28；国家税务总局关于含金产品出口实行免税政策有关问题的补充通知，国税发〔2006〕10 号，发文日期：2006-01-20）

9.25.10　钻石

自 2006 年 7 月 1 日起，钻石及上海钻石交易所有关税收政策通知如下：

一、纳税人自上海钻石交易所销往国内市场的毛坯钻石，免征进口环节增值税；纳税人自上海钻石交易所销往国内市场的成品钻石，进口环节增值税实际税负超过 4%的部分由海关实行即征即退。进入国内环节，纳税人凭海关开具的完税凭证注明的增值税额抵扣进项税金。

纳税人自上海钻石交易所销往国内市场的钻石实行进口环节增值税免征和即征即退政策后，销往国内市场的钻石，在出上海钻石交易所时，海关按照现行规定依法实施管理。

二、出口企业出口的以下钻石产品免征增值税，相应的进项税额不予退税或抵扣，须转入成本。具体产品的范围是：税则序列号为 71021000、71023100、71023900、71042010、71049091、71051010、71131110、71131911、71131991、71132010、71162000。

各地税务机关要注意含有钻石的产品的出口动态，凡发现企业出口产品含钻石且价值比重较大，同时不属于以上所列产品范围，以及执行中发现其他问题的，应及时报告财政部、国家税务总局。

三、对国内钻石开采企业通过上海钻石交易所销售的自产毛坯钻石实行免征增值税政策；不通过上海钻石交易所销售的，照章征收增值税。

四、对国内加工的成品钻石，通过上海钻石交易所销售的，在国内销售环节免征增值税；不通过上海钻石交易所销售的，在国内销售环节按 13%的税率征收增值税。

对国内加工的成品钻石，进入上海钻石交易所时视同出口，不予退税，自上海钻石交易所再次进入国内市场，其进口环节增值税实际税负超过 4%的部分，由海关实行即征即退。

五、对上海钻石交易所取得的交易手续费收入、会员缴纳的年费收入按“经纪代理服务”征收增值税。

六、关于上海钻石交易所的保税政策和钻石的其他税收政策，仍按现行规定执行。

七、进口环节增值税即征即退的具体操作办法由海关总署制定；对钻石的国内环节的增值税征收管理办法及增值税专用发票管理办法由国家税务总局另行制定。

八、对以一般贸易方式报关进口的工业用钻，不再集中到上海钻石交易所海关办理报关手续、实行统一管理，照章征收进口关税和进口环节增值税（具体商品范围见附件）。

（财政部　海关总署　国家税务总局关于调整钻石及上海钻石交易所有关税收政策的通知，财税〔2006〕65 号，发文日期：2006-06-07）

9.26　边销茶

继续执行边销茶增值税政策公告如下：

一、自 2019 年 1 月 1 日起至 2020 年 12 月 31 日，对边销茶生产企业（文件附件列名企业名单)销售自产的边销茶及经销企业销售的边销茶免征增值税。

本公告所称边销茶,是指以黑毛茶、老青茶、红茶末、绿茶为主要原料,经过发酵、蒸制、加压或者压碎、炒制,专门销往边疆少数民族地区的紧压茶、方包茶(马茶)。

二、在本公告发布之前已征的按上述规定应予免征的增值税税款,可抵减纳税人以后月份应缴纳的增值税税款或予以退还。已向购买方开具增值税专用发票的,应将专用发票追回后方可办理免税。无法追回专用发票的,不予免税。

(财政部　税务总局关于继续执行边销茶增值税政策的公告,财政部　税务总局公告 2019 年第 83 号,发文日期:2019-08-28)

9.27　行政单位之外单位收取的政府性基金和行政事业性收费

行政单位之外的其他单位收取的符合《试点实施办法》第十条规定条件的政府性基金和行政事业性收费免征增值税。

(财政部　国家税务总局关于全面推开营业税改征增值税试点的通知,财税〔2016〕36 号,发文日期:2016-03-23)

9.28　社会团体收取的会费免税

自 2016 年 5 月 1 日起,社会团体收取的会费,免征增值税。本通知下发前已征的增值税,可抵减以后月份应缴纳的增值税,或办理退税。

社会团体,是指依照国家有关法律法规设立或登记并取得《社会团体法人登记证书》的非营利法人。会费,是指社会团体在国家法律法规、政策许可的范围内,依照社团章程的规定,收取的个人会员、单位会员和团体会员的会费。

社会团体开展经营服务性活动取得的其他收入,一律照章缴纳增值税。

(财政部　国家税务总局关于租入固定资产进项税额抵扣等增值税政策的通知,财税〔2017〕90 号,发文日期:2017-12-25)

9.29　教育行业增值税优惠

9.29.1　从事学历教育的学校提供的教育服务

从事学历教育的学校提供的教育服务免征增值税。

一、学历教育,是指受教育者经过国家教育考试或者国家规定的其他入学方式,进入国家有关部门批准的学校或者其他教育机构学习,获得国家承认的学历证书的教育形式。具体包括:

(一) 初等教育:普通小学、成人小学。

(二) 初级中等教育:普通初中、职业初中、成人初中。

(三) 高级中等教育:普通高中、成人高中和中等职业学校(包括普通中专、成人中专、职业高中、技工学校)。

(四) 高等教育:普通本专科、成人本专科、网络本专科、研究生(博士、硕士)、高等教育自学考试、高等教育学历文凭考试。

二、从事学历教育的学校,是指:

(一) 普通学校。

(二) 经地(市)级以上人民政府或者同级政府的教育行政部门批准成立、国家承认其学员学历的各类学校。

(三) 经省级及以上人力资源社会保障行政部门批准成立的技工学校、高级技工学校。

(四) 经省级人民政府批准成立的技师学院。

上述学校均包括符合规定的从事学历教育的民办学校,但不包括职业培训机构等国家不承认学历的教育机构。

三、提供教育服务免征增值税的收入,是指对列入规定招生计划的在籍学生提供学历教育服务取得的收入,具体包括:经有关部门审核批准并按规定标准收取的学费、住宿费、课本费、作业本费、考试报名费收入,以及学校食堂提供餐饮服务取得的伙食费收入。除此之外的收入,包括学校以各种名义收取的赞助费、择校费等,不属于免征增值税的范围。

学校食堂是指依照《学校食堂与学生集体用餐卫生管理规定》(教育部令第 14 号)管理的学校食堂。

9.29.2 中外合作办学提供的学历教育服务

境外教育机构与境内从事学历教育的学校开展中外合作办学,提供学历教育服务取得的收入免征增值税。中外合作办学,是指中外教育机构按照《中华人民共和国中外合作办学条例》(国务院令第 372 号)的有关规定,合作举办的以中国公民为主要招生对象的教育教学活动。上述"学历教育""从事学历教育的学校""提供学历教育服务取得的收入"的范围,按照《营业税改征增值税试点过渡政策的规定》(财税〔2016〕36 号文件附件 3)第一条第(八)项的有关规定执行。

(国家税务总局关于明确中外合作办学等若干增值税征管问题的公告,国家税务总局公告 2018 年第 42 号,发文日期:2018-07-25)

9.29.3 从事学历教育的学校举办进修班、培训班

政府举办的从事学历教育的高等、中等和初等学校(不含下属单位),举办进修班、培训班取得的全部归该学校所有的收入免征增值税。

全部归该学校所有,是指举办进修班、培训班取得的全部收入进入该学校统一账户,并纳入预算全额上缴财政专户管理,同时由该学校对有关票据进行统一管理和开具。

举办进修班、培训班取得的收入进入该学校下属部门自行开设账户的,不予免征增值税。

9.29.4 政府举办的职业学校

政府举办的职业学校设立的主要为在校学生提供实习场所、并由学校出资自办、由学校

负责经营管理、经营收入归学校所有的企业，从事《销售服务、无形资产、不动产注释》中“现代服务”（不含融资租赁服务、广告服务和其他现代服务）、“生活服务”（不含文化体育服务、其他生活服务和桑拿、氧吧）业务活动取得的收入免征增值税。

9.29.5　高校学生公寓和食堂

经国务院批准，现对继续执行高校学生公寓和食堂的有关税收政策通知如下：

一、自 2016 年 1 月 1 日至 2021 年 12 月 31 日，对高校学生公寓免征房产税；对与高校学生签订的高校学生公寓租赁合同，免征印花税。

二、对按照国家规定的收费标准向学生收取的高校学生公寓住宿费收入，自 2016 年 1 月 1 日至 2016 年 4 月 30 日，免征营业税；自 2016 年 5 月 1 日起，在营改增试点期间免征增值税。

三、对高校学生食堂为高校师生提供餐饮服务取得的收入，自 2016 年 1 月 1 日至 2016 年 4 月 30 日，免征营业税；自 2016 年 5 月 1 日起，在营改增试点期间免征增值税。

四、“高校学生公寓”，是指为高校学生提供住宿服务，按照国家规定的收费标准收取住宿费的学生公寓。

“高校学生食堂”，是指依照《学校食堂与学生集体用餐卫生管理规定》（教育部令第 14 号）管理的高校学生食堂。

（财政部　国家税务总局关于继续执行高校学生公寓和食堂有关税收政策的通知，财税〔2016〕82 号，发文日期：2016-07-25；财政部　税务总局关于高校学生公寓房产税、印花税政策的通知，财税〔2019〕14 号，发文日期：2019-01-31）

9.29.6　特殊教育学校举办的校办企业

对特殊教育学校举办的企业可以比照福利企业标准，享受国家对福利企业实行的增值税和企业所得税优惠政策。

（财政部　国家税务总局关于教育税收政策的通知，财税〔2004〕39 号，发文日期 2004-02-05）

9.30　金融行业增值税优惠

9.30.1　免税利息收入

一、国家助学贷款利息收入免征增值税。

二、国债、地方政府债利息收入免征增值税。

三、人民银行对金融机构的贷款利息收入免征增值税。

四、住房公积金管理中心用住房公积金在指定的委托银行发放的个人住房贷款利息收入免征增值税。

五、外汇管理部门在从事国家外汇储备经营过程中，委托金融机构发放的外汇贷款利息收入免征增值税。

六、统借统还业务中，企业集团或企业集团中的核心企业以及集团所属财务公司按不高于支付给金融机构的借款利率水平或者支付的债券票面利率水平，向企业集团或者集团内下属单位收取的利息收入免征增值税。

统借方向资金使用单位收取的利息，高于支付给金融机构借款利率水平或者支付的债券票面利率水平的，应全额缴纳增值税。

统借统还业务，是指：

（一）企业集团或者企业集团中的核心企业向金融机构借款或对外发行债券取得资金后，将所借资金分拨给下属单位（包括独立核算单位和非独立核算单位，下同），并向下属单位收取用于归还金融机构或债券购买方本息的业务。

（二）企业集团向金融机构借款或对外发行债券取得资金后，由集团所属财务公司与企业集团或者集团内下属单位签订统借统还贷款合同并分拨资金，并向企业集团或者集团内下属单位收取本息，再转付企业集团，由企业集团统一归还金融机构或债券购买方的业务。

（财政部　国家税务总局关于全面推开营业税改征增值税试点的通知，财税〔2016〕36 号，发文日期：2016-03-23）

七、自 2019 年 2 月 1 日至 2020 年 12 月 31 日，对企业集团内单位（含企业集团）之间的资金无偿借贷行为，免征增值税。

（财政部　税务总局关于明确养老机构免征增值税等政策的通知，财税〔2019〕20 号，发文日期：2019-02-02）

9.30.2　小额贷款公司农户小额贷款利息收入免征增值税

自 2017 年 1 月 1 日至 2023 年 12 月 31 日，对经省级金融管理部门（金融办、局等）批准成立的小额贷款公司取得的农户小额贷款利息收入，免征增值税。

小额贷款，是指单笔且该农户贷款余额总额在 10 万元（含本数）以下的贷款。

所称农户，是指长期（一年以上）居住在乡镇（不包括城关镇）行政管理区域内的住户，还包括长期居住在城关镇所辖行政村范围内的住户和户口不在本地而在本地居住一年以上的住户，国有农场的职工和农村个体工商户。位于乡镇（不包括城关镇）行政管理区域内和在城关镇所辖行政村范围内的国有经济的机关、团体、学校、企事业单位的集体户；有本地户口，但举家外出谋生一年以上的住户，无论是否保留承包耕地均不属于农户。农户以户为统计单位，既可以从事农业生产经营，也可以从事非农业生产经营。农户贷款的判定应以贷款发放时的承贷主体是否属于农户为准。

（财政部　国家税务总局关于小额贷款公司有关税收政策的通知，财税〔2017〕48 号，发文日期：2017-06-09；财政部　税务总局关于延续实施普惠金融有关税收优惠政策的公告，财政部　税务总局公告 2020 年第 22 号，发文日期：2020-04-20）

9.30.3　金融机构小额贷款利息收入免征增值税

自 2017 年 12 月 1 日至 2023 年 12 月 31 日，对金融机构向农户、小型企业、微型企业及个体工商户发放小额贷款取得的利息收入，免征增值税。金融机构应将相关免税证明材料留存备查，单独核算符合免税条件的小额贷款利息收入，按现行规定向主管税务机构办理纳税申报；未单独核算的，不得免征增值税。

小型企业、微型企业，是指符合《中小企业划型标准规定》(工信部联企业〔2011〕300 号)的小型企业和微型企业。其中，资产总额和从业人员指标均以贷款发放时的实际状态确定；营业收入指标以贷款发放前 12 个自然月的累计数确定，不满 12 个自然月的，按照以下公式计算：

营业收入(年)＝企业实际存续期间营业收入÷企业实际存续月数×12

本通知所称小额贷款，是指单户授信小于 100 万元(含本数)的农户、小型企业、微型企业或个体工商户贷款；没有授信额度的，是指单户贷款合同金额且贷款余额在 100 万元(含本数)以下的贷款。

(财政部　国家税务总局关于支持小微企业融资有关税收政策的通知，财税〔2017〕77 号，发文日期：2017-10-26；财政部　税务总局关于延续实施普惠金融有关税收优惠政策的公告，财政部　税务总局公告 2020 年第 22 号，发文日期：2020-04-20)

9.30.4　对金融机构小微企业贷款利息收入免税额度增大

为进一步加大对小微企业的支持力度，金融机构小微企业贷款利息收入免征增值税政策如下：

一、自 2018 年 9 月 1 日至 2020 年 12 月 31 日，对金融机构向小型企业、微型企业和个体工商户发放小额贷款取得的利息收入，免征增值税。金融机构可以选择以下两种方法之一适用免税：

(一) 对金融机构向小型企业、微型企业和个体工商户发放的，利率水平不高于中国人民银行授权全国银行间同业拆借中心公布的贷款市场报价利率 150％(含本数)的单笔小额贷款取得的利息收入，免征增值税；高于中国人民银行授权全国银行间同业拆借中心公布的贷款市场报价利率 150％的单笔小额贷款取得的利息收入，按照现行政策规定缴纳增值税。

(二) 对金融机构向小型企业、微型企业和个体工商户发放单笔小额贷款取得的利息收入中，不高于该笔贷款按照中国人民银行授权全国银行间同业拆借中心公布的贷款市场报价利率 150％(含本数)计算的利息收入部分，免征增值税；超过部分按照现行政策规定缴纳增值税。

金融机构可按会计年度在以上两种方法之间选定其一作为该年的免税适用方法，一经选定，该会计年度内不得变更。

二、金融机构，是指经人民银行、银保监会批准成立的已通过监管部门上一年度“两增两控”考核的机构(2018 年通过考核的机构名单以 2018 年上半年实现“两增两控”目标为准)，以及经人民银行、银保监会、证监会批准成立的开发银行及政策性银行、外资银行和非银行业金融机构。“两增两控”是指单户授信总额 1 000 万元以下(含)小微企业贷款同比增速不低于各项贷款同比增速，有贷款余额的户数不低于上年同期水平，合理控制小微企业贷款资产质量水平和贷款综合成本(包括利率和贷款相关的银行服务收费)水平。金融机构完成“两增两控”情况，以银保监会及其派出机构考核结果为准。

三、小型企业、微型企业，是指符合《中小企业划型标准规定》(工信部联企业〔2011〕300 号)的小型企业和微型企业。其中，资产总额和从业人员指标均以贷款发放时的实际状态确定；营业收入指标以贷款发放前12个自然月的累计数确定，不满12个自然月的，按照以下公式计算：

营业收入(年)＝企业实际存续期间营业收入÷企业实际存续月数×12

四、小额贷款，是指单户授信小于1 000万元(含本数)的小型企业、微型企业或个体工商户贷款；没有授信额度的，是指单户贷款合同金额且贷款余额在1 000万元(含本数)以下的贷款。

五、金融机构应将相关免税证明材料留存备查，单独核算符合免税条件的小额贷款利息收入，按现行规定向主管税务机构办理纳税申报；未单独核算的，不得免征增值税。

金融机构应依法依规享受增值税优惠政策，一经发现存在虚报或造假骗取本项税收优惠情形的，停止享受本通知有关增值税优惠政策。

金融机构应持续跟踪贷款投向，确保贷款资金真正流向小型企业、微型企业和个体工商户，贷款的实际使用主体与申请主体一致。

六、银保监会按年组织开展免税政策执行情况督察，并将督察结果及时通报财税主管部门。鼓励金融机构发放小微企业信用贷款，减少抵押担保的中间环节，切实有效降低小微企业综合融资成本。

各地税务部门要加强免税政策执行情况后续管理，对金融机构开展小微金融免税政策专项检查，发现问题的，按照现行税收法律法规进行处理，并将有关情况逐级上报国家税务总局(货物和劳务税司)。

财政部驻各地财政监察专员办要组织开展免税政策执行情况专项检查。

七、金融机构向小型企业、微型企业及个体工商户发放单户授信小于100万元(含本数)，或者没有授信额度，单户贷款合同金额且贷款余额在100万元(含本数)以下的贷款取得的利息收入，可继续按照《财政部 税务总局关于支持小微企业融资有关税收政策的通知》(财税〔2017〕77号)的规定免征增值税。

(财政部　税务总局关于金融机构小微企业贷款利息收入免征增值税政策的通知，财税〔2018〕91号，发文日期：2018-09-05；财政部　税务总局关于明确国有农用地出租等增值税政策的公告，财政部　税务总局公告2020年第2号，发文日期：2020-01-20)

9.30.5　金融同业往来利息收入免征增值税

一、金融机构与人民银行所发生的资金往来业务，包括人民银行对一般金融机构贷款，人民银行对商业银行的再贴现以及商业银行购买央行票据、与央行开展货币掉期和货币互存等业务。

政策解析　人民银行对商业银行的再贴现业务免征增值税，但是，商业银行对商业银行的转贴现业务自2018年1月1日起应征收增值税。转贴现业务中贴现机构(即贴出票据银行)和转贴现机构(即贴入票据银行)，均以其实际持有票据期间取得的利息收入作为贷款服务销售额计算缴纳增值税。

二、银行联行往来业务。同一银行系统内部不同行、处之间所发生的资金账务往来业务，包括境内银行与其境外的总机构、母公司之间，以及境内银行与其境外的分支机构、全资子公司之间的资金往来业务。

三、金融机构间的资金往来业务。是指经人民银行批准，进入全国银行间同业拆借市场的金融机构之间通过全国统一的同业拆借网络进行的短期（一年以下含一年）无担保资金融通行为。

（财政部　国家税务总局关于全面推开营业税改征增值税试点的通知，财税〔2016〕36号，发文日期：2016-03-23；财政部　国家税务总局关于建筑服务等营改增试点政策的通知，财税〔2017〕58号，发文日期：2017-07-11）

四、金融机构开展下列业务取得的利息收入，属于金融同业往来利息收入：

（一）质押式买入返售金融商品、买断式买入返售金融商品。

质押式买入返售金融商品，是指交易双方进行的以债券等金融商品为权利质押的一种短期资金融通业务。

买断式买入返售金融商品，是指金融商品持有人（正回购方）将债券等金融商品卖给债券购买方（逆回购方）的同时，交易双方约定在未来某一日期，正回购方再以约定价格从逆回购方买回相等数量同种债券等金融商品的交易行为。

（二）持有政策性金融债券、持有金融债券。

政策性金融债券，是指开发性、政策性金融机构发行的债券。

金融债券，是指依法在中华人民共和国境内设立的金融机构法人在全国银行间和交易所债券市场发行的、按约定还本付息的有价证券。

（三）同业存款。

同业存款，是指金融机构之间开展的同业资金存入与存出业务，其中资金存入方仅为具有吸收存款资格的金融机构。

（四）同业借款。

同业借款，是指法律法规赋予此项业务范围的金融机构开展的同业资金借出和借入业务。此条款所称“法律法规赋予此项业务范围的金融机构”主要是指农村信用社之间以及在金融机构营业执照列示的业务范围中有反映为“向金融机构借款”业务的金融机构。

（五）同业代付。

同业代付，是指商业银行（受托方）接受金融机构（委托方）的委托向企业客户付款，委托方在约定还款日偿还代付款项本息的资金融通行为。

（六）同业存单。

同业存单，是指银行业存款类金融机构法人在全国银行间市场上发行的记账式定期存款凭证。

（财政部　国家税务总局关于进一步明确全面推开营改增试点金融业有关政策的通知，财税〔2016〕46号，发文日期：2016-04-29；财政部　国家税务总局关于金融机构同业往来等增值税政策的补充通知，财税〔2016〕70号，发文日期：2016-06-30）

9.30.6　境外机构取得的境内债券利息收入

自2018年11月7日起至2021年11月6日止，对境外机构投资境内债券市场取得的债券利息收入暂免征收企业所得税和增值税。

上述暂免征收企业所得税的范围不包括境外机构在境内设立的机构、场所取得的与该机构、场所有实际联系的债券利息。

（财政部　税务总局关于境外机构投资境内债券市场企业所得税、增值税政策的通知，财税〔2018〕108号，发文日期：2018-11-07）

9.30.7　金融商品转让

下列金融商品转让收入免征增值税：

一、合格境外投资者（QFII）委托境内公司在我国从事证券买卖业务。

二、人民币合格境外投资者（RQFII）委托境内公司在我国从事证券买卖业务。

三、经人民银行认可的境外机构投资银行间本币市场取得的收入。银行间本币市场包括货币市场、债券市场以及衍生品市场。

四、中国香港市场投资者（包括单位和个人）通过沪港通买卖上海证券交易所上市A股。

五、对中国香港市场投资者（包括单位和个人）通过基金互认买卖内地基金份额。

六、对中国香港市场投资者（包括单位和个人）通过深港通买卖深交所上市A股取得的差价收入，在营改增试点期间免征增值税。

七、对内地个人投资者通过深港通买卖中国香港联交所上市股票取得的差价收入，在营改增试点期间免征增值税。

八、对内地单位投资者通过深港通买卖中国香港联交所上市股票取得的差价收入，在营改增试点期间按现行政策规定征免增值税。

九、证券投资基金（封闭式证券投资基金，开放式证券投资基金）管理人运用基金买卖股票、债券。

十、个人从事金融商品转让业务。

（财政部　国家税务总局关于全面推开营业税改征增值税试点的通知，财税〔2016〕36号，发文日期：2016-03-23；财政部　国家税务总局关于金融机构同业往来等增值税政策的补充通知，财税〔2016〕70号，发文日期：2016-06-30；财政部　国家税务总局　证监会关于深港股票市场交易互联互通机制试点有关税收政策的通知，财税〔2016〕127号，发文日期：2016-11-05）

9.30.8　创新企业境内发行存托凭证

为支持实施创新驱动发展战略，对创新企业境内发行存托凭证（以下称创新企业CDR）在试点阶段给予以下增值税优惠政策：

1. 对个人投资者转让创新企业CDR取得的差价收入，暂免征收增值税。

2. 对单位投资者转让创新企业CDR取得的差价收入，按金融商品转让政策规定征免增值税。

3. 自试点开始之日起，对公募证券投资基金（封闭式证券投资基金、开放式证券投资基金）管理人运营基金过程中转让创新企业CDR取得的差价收入，三年内暂免征收增值税。

4. 对合格境外机构投资者（QFII）、人民币合格境外机构投资者（RQFII）委托境内公司转让创新企业CDR取得的差价收入，暂免征收增值税。

创新企业CDR，是指符合《国务院办公厅转发证监会关于开展创新企业境内发行股票或存托凭证试点若干意见的通知》(国办发〔2018〕21号)规定的试点企业,以境外股票为基础证券,由存托人签发并在中国境内发行,代表境外基础证券权益的证券。

试点开始之日,是指首只创新企业CDR取得国务院证券监督管理机构的发行批文之日。

(财政部　税务总局　证监会关于创新企业境内发行存托凭证试点阶段有关税收政策的公告,财政部　税务总局　证监会公告2019年第52号,发文日期:2019-04-03)

9.30.9　融资租赁

一、经人民银行、银监会或者商务部批准或备案从事融资租赁业务的试点纳税人中的一般纳税人,提供有形动产融资租赁服务和有形动产融资性售后回租服务,对其增值税实际税负超过3%的部分实行增值税即征即退政策。商务部授权的省级商务主管部门和国家经济技术开发区批准或备案的从事融资租赁业务和融资性售后回租业务的试点纳税人中的一般纳税人,2016年5月1日后实收资本达到1.7亿元的,从达到标准的当月起按照上述规定执行;2016年5月1日后实收资本未达到1.7亿元但注册资本达到1.7亿元的,在2016年7月31日前仍可按照上述规定执行,2016年8月1日后开展的有形动产融资租赁业务和有形动产融资性售后回租业务不得按照上述规定执行。

二、增值税实际税负,是指纳税人当期提供应税服务实际缴纳的增值税额占纳税人当期提供应税服务取得的全部价款和价外费用的比例。

(财政部　国家税务总局关于全面推开营业税改征增值税试点的通知,财税〔2016〕36号,发文日期:2016-03-23;财政部　国家税务总局关于明确金融　房地产开发　教育辅助服务等增值税政策的通知,财税〔2016〕140号,发文日期:2016-12-21)

9.30.10　被撤销金融机构以财产清偿债务

被撤销金融机构以货物、不动产、无形资产、有价证券、票据等财产清偿债务免征增值税。

被撤销金融机构,是指经人民银行、银监会依法决定撤销的金融机构及其分设于各地的分支机构,包括被依法撤销的商业银行、信托投资公司、财务公司、金融租赁公司、城市信用社和农村信用社。除另有规定外,被撤销金融机构所属、附属企业,不享受被撤销金融机构增值税免税政策。

(财政部　国家税务总局关于全面推开营业税改征增值税试点的通知,财税〔2016〕36号,发文日期:2016-03-23)

9.30.11　保险公司开办的一年期以上人身保险产品

9.30.11.1　免税政策

保险公司开办的一年期以上人身保险产品取得的保费收入免征增值税。

一、一年期以上人身保险,是指保险期间为一年期及以上返还本利的人寿保险、养老年金保险、其他年金保险,以及保险期间为一年期及以上的健康保险。

二、人寿保险,是指以人的寿命为保险标的的人身保险。

三、养老年金保险,是指以养老保障为目的,以被保险人生存为给付保险金条件,并按约定的时间间隔分期给付生存保险金的人身保险。养老年金保险应当同时符合下列条件：

（一）保险合同约定给付被保险人生存保险金的年龄不得小于国家规定的退休年龄。

（二）相邻两次给付的时间间隔不得超过一年。

四、健康保险，是指以因健康原因导致损失为给付保险金条件的人身保险。

五、其他年金保险，是指养老年金以外的年金保险。

上述免税政策实行备案管理，具体备案管理办法按照《国家税务总局关于一年期以上返还性人身保险产品免征营业税审批事项取消后有关管理问题的公告》（国家税务总局公告2015年第65号）规定执行。

（财政部　国家税务总局关于全面推开营业税改征增值税试点的通知，财税〔2016〕36号，发文日期：2016-03-23；财政部　国家税务总局关于进一步明确全面推开营改增试点金融业有关政策的通知，财税〔2016〕46号，发文日期：2016-04-29）

9.30.11.2　征收管理

保险公司开办一年期以上返还性人身保险产品，按照以下规定执行：

（一）保险公司开办一年期以上返还性人身保险产品，在保险监管部门出具备案回执或批复文件前依法取得的保费收入，属于《财政部　国家税务总局关于一年期以上返还性人身保险产品营业税免税政策的通知》（财税〔2015〕86号）第一条、《营业税改征增值税试点过渡政策的规定》（财税〔2016〕36号印发）第一条第（二十一）项规定的保费收入。

（二）保险公司符合财税〔2015〕86号第一条、第二条规定免税条件，且未列入财政部、税务总局发布的免征营业税名单的，可向主管税务机关办理备案手续。

（三）保险公司开办一年期以上返还性人身保险产品，在列入财政部和税务总局发布的免征营业税名单或办理免税备案手续后，此前已缴纳营业税中尚未抵减或退还的部分，可抵减以后月份应缴纳的增值税，截至2020年12月31日抵减不完的，可以向主管税务机关申请一次性办理退税。

（财政部　税务总局关于明确养老机构免征增值税等政策的通知，财税〔2019〕20号，发文日期：2019-02-02；财政部　税务总局关于明确国有农用地出租等增值税政策的公告，财政部　税务总局公告2020年第2号，发文日期：2020-01-20）

9.30.12　再保险服务

一、境内保险公司向境外保险公司提供的完全在境外消费的再保险服务，免征增值税。

二、试点纳税人提供再保险服务（境内保险公司向境外保险公司提供的再保险服务除外），实行与原保险服务一致的增值税政策。再保险合同对应多个原保险合同的，所有原保险合同均适用免征增值税政策时，该再保险合同适用免征增值税政策。否则，该再保险合同应按规定缴纳增值税。

原保险服务，是指保险分出方与投保人之间直接签订保险合同而建立保险关系的业务活动。

（财政部　国家税务总局关于进一步明确全面推开营改增试点有关再保险、不动产租赁和非学历教育等政策的通知，财税〔2016〕68号，发文日期：2016-06-18）

9.30.13　中小企业信用担保或者再担保

自2016年5月1日起至2017年12月31日止，同时符合下列条件的担保机构从事中小企业

信用担保或者再担保业务取得的收入(不含信用评级、咨询、培训等收入)3年内免征增值税:

一、已取得监管部门颁发的融资性担保机构经营许可证,依法登记注册为企(事)业法人,实收资本超过2 000万元。

二、平均年担保费率不超过银行同期贷款基准利率的50%。平均年担保费率=本期担保费收入÷(期初担保余额+本期增加担保金额)×100%。

三、连续合规经营2年以上,资金主要用于担保业务,具备健全的内部管理制度和为中小企业提供担保的能力,经营业绩突出,对受保项目具有完善的事前评估、事中监控、事后追偿与处置机制。

四、为中小企业提供的累计担保贷款额占其两年累计担保业务总额的80%以上,单笔800万元以下的累计担保贷款额占其累计担保业务总额的50%以上。

五、对单个受保企业提供的担保余额不超过担保机构实收资本总额的10%,且平均单笔担保责任金额最多不超过3 000万元人民币。

六、担保责任余额不低于其净资产的3倍,且代偿率不超过2%。

担保机构免征增值税政策采取备案管理方式。符合条件的担保机构应到所在地县(市)主管税务机关和同级中小企业管理部门履行规定的备案手续,自完成备案手续之日起,享受3年免征增值税政策。3年免税期满后,符合条件的担保机构可按规定程序办理备案手续后继续享受该项政策。

具体备案管理办法按照《国家税务总局关于中小企业信用担保机构免征营业税审批事项取消后有关管理问题的公告》(国家税务总局公告2015年第69号)规定执行,其中税务机关的备案管理部门统一调整为县(市)级国家税务局。

纳税人享受中小企业信用担保增值税免税政策在2017年12月31日前未满3年的,可以继续享受至3年期满为止。

(财政部 国家税务总局关于全面推开营业税改征增值税试点的通知,财税〔2016〕36号,发文日期:2016-03-23;财政部 国家税务总局关于租入固定资产进项税额抵扣等增值税政策的通知,财税〔2017〕90号,发文日期:2017-12-25)

9.30.14 对农户及小微企业融资担保及再担保

自2018年1月1日至2023年12月31日,纳税人为农户、小型企业、微型企业及个体工商户借款、发行债券提供融资担保取得的担保费收入,以及为上述融资担保(以下称“原担保”)提供再担保取得的再担保费收入,免征增值税。再担保合同对应多个原担保合同的,原担保合同应全部适用免征增值税政策。否则,再担保合同应按规定缴纳增值税。

纳税人应将相关免税证明材料留存备查,单独核算符合免税条件的融资担保费和再担保费收入,按现行规定向主管税务机关办理纳税申报;未单独核算的,不得免征增值税。

农户,是指长期(一年以上)居住在乡镇(不包括城关镇)行政管理区域内的住户,还包括长期居住在城关镇所辖行政村范围内的住户和户口不在本地而在本地居住一年以上的住户,国有农场的职工。位于乡镇(不包括城关镇)行政管理区域内和在城关镇所辖行政村范围内的国有经济的机关、团体、学校、企事业单位的集体户;有本地户口,但举家外出谋生一年以上的住户,无论是否保留承包耕地均不属于农户。农户以户为统计单位,既可以从事农业生产经营,也可以从事非农业生产经营。农户担保、再担保的判定应以原担保生效时的被担保人是否属于农户为准。

小型企业、微型企业，是指符合《中小企业划型标准规定》(工信部联企业〔2011〕300号)的小型企业和微型企业。其中，资产总额和从业人员指标均以原担保生效时的实际状态确定；营业收入指标以原担保生效前12个自然月的累计数确定，不满12个自然月的，按照以下公式计算：

营业收入(年)=企业实际存续期间营业收入÷企业实际存续月数×12

(财政部 国家税务总局关于租入固定资产进项税额抵扣等增值税政策的通知，财税〔2017〕90号，发文日期：2017-12-25；财政部 税务总局关于延续实施普惠金融有关税收优惠政策的公告，财政部 税务总局公告2020年第22号，发文日期：2020-04-20)

9.31 社保基金投资业务免税

一、社保基金会管理的社保基金投资业务。

全国社会保障基金理事会(以下简称社保基金会)管理的全国社会保障基金(以下简称社保基金)有关投资业务税收政策如下：

(一) 对社保基金会、社保基金投资管理人在运用社保基金投资过程中，提供贷款服务取得的全部利息及利息性质的收入和金融商品转让收入，免征增值税。

(二) 对社保基金取得的直接股权投资收益、股权投资基金收益，作为企业所得税不征税收入。

(三) 对社保基金会、社保基金投资管理人管理的社保基金转让非上市公司股权，免征社保基金会、社保基金投资管理人应缴纳的印花税。

该规定自2018年9月10日起执行，此前发生的社保基金有关投资业务，符合本通知规定且未缴纳相关税款的，按本通知执行；已缴纳的相关税款，不再退还。

(财政部 税务总局关于全国社会保障基金有关投资业务税收政策的通知，财税〔2018〕94号，发文日期：2018-09-10)

二、社保基金会受托投资的基本养老保险基金投资业务。

社保基金会受托投资的基本养老保险基金(以下简称养老基金)有关投资业务税收政策如下：

(一) 对社保基金会及养老基金投资管理机构在国务院批准的投资范围内，运用养老基金投资过程中，提供贷款服务取得的全部利息及利息性质的收入和金融商品转让收入，免征增值税。

(二) 对社保基金会及养老基金投资管理机构在国务院批准的投资范围内，运用养老基金投资取得的归属于养老基金的投资收入，作为企业所得税不征税收入；对养老基金投资管理机构、养老基金托管机构从事养老基金管理活动取得的收入，依照税法规定征收企业所得税。

(三) 对社保基金会及养老基金投资管理机构运用养老基金买卖证券应缴纳的印花税实行先征后返；养老基金持有的证券，在养老基金证券账户之间的划拨过户，不属于印花税的征收范围，不征收印花税。对社保基金会及养老基金投资管理机构管理的养老基金转让非上市公司股权，免征社保基金会及养老基金投资管理机构应缴纳的印花税。

该规定自2018年9月20日起执行，此前发生的养老基金有关投资业务，符合本通知规定且未缴纳相关税款的，按本通知执行；已缴纳的相关税款，不再退还。

（财政部 税务总局关于基本养老保险基金有关投资业务税收政策的通知，财税〔2018〕95号，发文日期：2018-09-20）

9.32 运输行业增值税优惠

9.32.1 中国台湾航运公司、航空公司从事海峡两岸海上直航、空中直航业务在大陆取得的运输收入免征增值税

中国台湾航运公司，是指取得交通运输部颁发的“台湾海峡两岸间水路运输许可证”且该许可证上注明的公司登记地址在中国台湾的航运公司。

中国台湾航空公司，是指取得中国民用航空局颁发的“经营许可”或者依据《海峡两岸空运协议》和《海峡两岸空运补充协议》规定，批准经营两岸旅客、货物和邮件不定期（包机）运输业务，且公司登记地址在中国台湾的航空公司。

9.32.2 一般纳税人提供管道运输服务即征即退增值税

一般纳税人提供管道运输服务，对其增值税实际税负超过3%的部分实行增值税即征即退政策。

增值税实际税负，是指纳税人当期提供应税服务实际缴纳的增值税额占纳税人当期提供应税服务取得的全部价款和价外费用的比例。

9.32.3 纳税人提供的直接或者间接国际货物运输代理服务免征增值税

1. 纳税人提供直接或者间接国际货物运输代理服务，向委托方收取的全部国际货物运输代理服务收入，以及向国际运输承运人支付的国际运输费用，必须通过金融机构进行结算。

2. 纳税人为大陆与中国香港、中国澳门、中国台湾地区之间的货物运输提供的货物运输代理服务参照国际货物运输代理服务有关规定执行。

3. 委托方索取发票的，纳税人应当就国际货物运输代理服务收入向委托方全额开具增值税普通发票。

（财政部 国家税务总局关于全面推开营业税改征增值税试点的通知，财税〔2016〕36号，发文日期：2016-03-23）

9.33 居民生活服务行业增值税优惠

9.33.1 托儿所、幼儿园提供的保育和教育服务

托儿所、幼儿园提供的保育和教育服务免征增值税。

托儿所、幼儿园，是指经县级以上教育部门审批成立、取得办园许可证的实施0～6岁学前教育的机构，包括公办和民办的托儿所、幼儿园、学前班、幼儿班、保育院、幼儿园。

公办托儿所、幼儿园免征增值税的收入是指，在省级财政部门和价格主管部门审核报省

级人民政府批准的收费标准以内收取的教育费、保育费。

民办托儿所、幼儿园免征增值税的收入是指，在报经当地有关部门备案并公示的收费标准范围内收取的教育费、保育费。

超过规定收费标准的收费，以开办实验班、特色班和兴趣班等为由另外收取的费用以及与幼儿入园挂钩的赞助费、支教费等超过规定范围的收入，不属于免征增值税的收入。

9.33.2 养老机构提供的养老服务

养老机构提供的养老服务免征增值税。

养老机构，包括依照民政部《养老机构设立许可办法》(民政部令第 48 号)设立并依法办理登记的为老年人提供集中居住和照料服务的各类养老机构和依照《中华人民共和国老年人权益保障法》依法办理登记，并向民政部门备案的为老年人提供集中居住和照料服务的各类养老机构；养老服务，是指上述养老机构按照民政部《养老机构管理办法》(民政部令第 49 号)的规定，为收住的老年人提供的生活照料、康复护理、精神慰藉、文化娱乐等服务。

(财政部　国家税务总局关于全面推开营业税改征增值税试点的通知，财税〔2016〕36 号，发文日期：2016-03-23；财政部　税务总局关于明确养老机构免征增值税等政策的通知，财税〔2019〕20 号，发文日期：2019-02-02)

9.33.3 家政服务

一、员工制家政服务员提供家政服务收入。

家政服务企业由员工制家政服务员提供家政服务取得的收入免征增值税。

(一) 家政服务企业，是指在企业营业执照的规定经营范围中包括家政服务内容的企业。

(二) 员工制家政服务员，是指同时符合下列三个条件的家政服务员：

1. 依法与家政服务企业签订半年及半年以上的劳动合同或者服务协议，且在该企业实际上岗工作。

2. 家政服务企业为其按月足额缴纳了企业所在地人民政府根据国家政策规定的基本养老保险、基本医疗保险、工伤保险、失业保险等社会保险。对已享受新型农村养老保险和新型农村合作医疗等社会保险或者下岗职工原单位继续为其缴纳社会保险的家政服务员，如果本人书面提出不再缴纳企业所在地人民政府根据国家政策规定的相应的社会保险，并出具其所在乡镇或者原单位开具的已缴纳相关保险的证明，可视同家政服务企业已为其按月足额缴纳了相应的社会保险。

3. 家政服务企业通过金融机构向其实际支付不低于企业所在地适用的经省级人民政府批准的最低工资标准的工资。

(财政部　国家税务总局关于全面推开营业税改征增值税试点的通知，财税〔2016〕36 号，发文日期：2016-03-23)

二、符合条件的家政服务。

自 2019 年 6 月 1 日起执行至 2025 年 12 月 31 日，符合下列条件的家政服务企业提供家政服务取得的收入，比照由员工制家政服务员提供家政服务取得的收入，免征增值税。

（一）与家政服务员、接受家政服务的客户就提供家政服务行为签订三方协议。

（二）向家政服务员发放劳动报酬，并对家政服务员进行培训管理。

（三）通过建立业务管理系统对家政服务员进行登记管理。

（财政部 税务总局 发展改革委 民政部 商务部 卫生健康委关于养老、托育、家政等社区家庭服务业税费优惠政策的公告，财政部 税务总局 发展改革委 民政部 商务部 卫生健康委公告 2019 年第 76 号，发文日期：2019-06-28）

9.33.4 养老、托育、家政等社区家庭服务

为支持养老、托育、家政等社区家庭服务业发展，自 2019 年 6 月 1 日起执行至 2025 年 12 月 31 日有关税费政策如下：

一、为社区提供养老、托育、家政等服务的机构，按照以下规定享受税费优惠政策：

（一）提供社区养老、托育、家政服务取得的收入，免征增值税。

（二）提供社区养老、托育、家政服务取得的收入，在计算应纳税所得额时，减按 90%计入收入总额。

（三）承受房屋、土地用于提供社区养老、托育、家政服务的，免征契税。

（四）用于提供社区养老、托育、家政服务的房产、土地，免征不动产登记费、耕地开垦费、土地复垦费、土地闲置费；用于提供社区养老、托育、家政服务的建设项目，免征城市基础设施配套费；确因地质条件等原因无法修建防空地下室的，免征防空地下室易地建设费。

二、为社区提供养老、托育、家政等服务的机构自有或其通过承租、无偿使用等方式取得并用于提供社区养老、托育、家政服务的房产、土地，免征房产税、城镇土地使用税。

三、本公告所称社区是指聚居在一定地域范围内的人们所组成的社会生活共同体，包括城市社区和农村社区。

为社区提供养老服务的机构，是指在社区依托固定场所设施，采取全托、日托、上门等方式，为社区居民提供养老服务的企业、事业单位和社会组织。社区养老服务是指为老年人提供的生活照料、康复护理、助餐助行、紧急救援、精神慰藉等服务。

为社区提供托育服务的机构，是指在社区依托固定场所设施，采取全日托、半日托、计时托、临时托等方式，为社区居民提供托育服务的企业、事业单位和社会组织。社区托育服务是指为 3 周岁（含）以下婴幼儿提供的照料、看护、膳食、保育等服务。

为社区提供家政服务的机构，是指以家庭为服务对象，为社区居民提供家政服务的企业、事业单位和社会组织。社区家政服务是指进入家庭成员住所或医疗机构为孕产妇、婴幼儿、老人、病人、残疾人提供的照护服务，以及进入家庭成员住所提供的保洁、烹饪等服务。

（财政部 税务总局 发展改革委 民政部 商务部 卫生健康委关于养老、托育、家政等社区家庭服务业税费优惠政策的公告，财政部 税务总局 发展改革委 民政部 商务部 卫生健康委公告 2019 年第 76 号，发文日期：2019-06-28）

9.33.5 其他居民生活服务

一、残疾人福利机构提供的育养服务免征增值税。

二、婚姻介绍服务免征增值税。

三、殡葬服务免征增值税。

殡葬服务，是指收费标准由各地价格主管部门会同有关部门核定，或者实行政府指导价管理的遗体接运（含抬尸、消毒）、遗体整容、遗体防腐、存放（含冷藏）、火化、骨灰寄存、吊唁设施设备租赁、墓穴租赁及管理等服务。

（财政部 国家税务总局关于全面推开营业税改征增值税试点的通知，财税〔2016〕36号，发文日期：2016-03-23）

9.34 文化体育业增值税优惠

一、2020年12月31日前，科普单位的门票收入，以及县级及以上党政部门和科协开展科普活动的门票收入免征增值税。

科普单位，是指科技馆、自然博物馆，对公众开放的天文馆（站、台）、气象台（站）、地震台（站），以及高等院校、科研机构对公众开放的科普基地。

科普活动，是指利用各种传媒以浅显的、让公众易于理解、接受和参与的方式，向普通大众介绍自然科学和社会科学知识，推广科学技术的应用，倡导科学方法，传播科学思想，弘扬科学精神的活动。

二、纪念馆、博物馆、文化馆、文物保护单位管理机构、美术馆、展览馆、书画院、图书馆在自己的场所提供文化体育服务取得的第一道门票收入免征增值税。

三、寺院、宫观、清真寺和教堂举办文化、宗教活动的门票收入免征增值税。

四、福利彩票、体育彩票的发行收入免征增值税。

（财政部 国家税务总局关于全面推开营业税改征增值税试点的通知，财税〔2016〕36号，发文日期：2016-03-23；财政部税务总局关于延续宣传文化增值税优惠政策的通知，财税〔2018〕53号，发文日期：2018-06-05）

9.35 科技企业孵化器、大学科技园税收优惠

为进一步鼓励创业创新，科技企业孵化器、大学科技园、众创空间有关税收政策如下：

一、自2019年1月1日至2021年12月31日，对国家级、省级科技企业孵化器、大学科技园和国家备案众创空间自用以及无偿或通过出租等方式提供给在孵对象使用的房产、土地，免征房产税和城镇土地使用税；对其向在孵对象提供孵化服务取得的收入，免征增值税。

本通知所称孵化服务是指为在孵对象提供的经纪代理、经营租赁、研发和技术、信息技术、鉴证咨询服务。

二、国家级、省级科技企业孵化器、大学科技园和国家备案众创空间应当单独核算孵化服务收入。

三、国家级科技企业孵化器、大学科技园和国家备案众创空间认定和管理办法由国务院科技、教育部门另行发布；省级科技企业孵化器、大学科技园认定和管理办法由省级科技、教育部门另行发布。

本通知所称在孵对象是指符合前款认定和管理办法规定的孵化企业、创业团队和个人。

四、国家级、省级科技企业孵化器、大学科技园和国家备案众创空间应按规定申报享受免税政策，并将房产土地权属资料、房产原值资料、房产土地租赁合同、孵化协议等留存备查，税务部门依法加强后续管理。

2018年12月31日以前认定的国家级科技企业孵化器、大学科技园，自2019年1月1日起享受本通知规定的税收优惠政策。2019年1月1日以后认定的国家级、省级科技企业孵化器、大学科技园和国家备案众创空间，自认定之日次月起享受本通知规定的税收优惠政策。2019年1月1日以后被取消资格的，自取消资格之日次月起停止享受本通知规定的税收优惠政策。

五、科技、教育和税务部门应建立信息共享机制，及时共享国家级、省级科技企业孵化器、大学科技园和国家备案众创空间相关信息，加强协调配合，保障优惠政策落实到位。

（财政部　税务总局　科技部　教育部关于科技企业孵化器、大学科技园和众创空间税收政策的通知，财税〔2018〕120号，发文日期：2018-11-01）

9.36　不动产、土地使用权相关增值税优惠

一、2018年12月31日前，公共租赁住房经营管理单位出租公共租赁住房免征增值税

公共租赁住房，是指纳入省、自治区、直辖市、计划单列市人民政府及新疆生产建设兵团批准的公共租赁住房发展规划和年度计划，并按照《关于加快发展公共租赁住房的指导意见》（建保〔2010〕87号）和市、县人民政府制定的具体管理办法进行管理的公共租赁住房。

二、军队空余房产租赁收入免征增值税。

三、为了配合国家住房制度改革，企业、行政事业单位按房改成本价、标准价出售住房取得的收入免征增值税。

四、将土地使用权转让给农业生产者用于农业生产免征增值税；将国有农用地出租给农业生产者用于农业生产，免征增值税。

五、自2016年5月1日起，纳税人采取转包、出租、互换、转让、入股等方式将承包地流转给农业生产者用于农业生产，免征增值税。

六、涉及家庭财产分割的个人无偿转让不动产、土地使用权免征增值税。

家庭财产分割，包括下列情形：离婚财产分割；无偿赠与配偶、父母、子女、祖父母、外祖父母、孙子女、外孙子女、兄弟姐妹；无偿赠与对其承担直接抚养或者赡养义务的抚养人或者赡养人；房屋产权所有人死亡，法定继承人、遗嘱继承人或者受遗赠人依法取得房屋产权。

七、土地所有者出让土地使用权和土地使用者将土地使用权归还给土地所有者免征增值税。

八、县级以上地方人民政府或自然资源行政主管部门出让、转让或收回自然资源使用权（不含土地使用权）免征增值税。

（财政部　国家税务总局关于全面推开营业税改征增值税试点的通知，财税〔2016〕36号，发文日期：2016-03-23；财政部　国家税务总局关于建筑服务等营改增试点政策的通知，财税〔2017〕58号，发文日期：2017-07-11；财政部　国定税务总局关于租入固定资产进项税额抵扣等增值税政策的通知，财税

〔2017〕90号,发文日期:2017-12-25;财政部 税务总局关于明确国有农用地出租等增值税政策的公告,财政部 税务总局公告2020年第2号,发文日期:2020-01-20)

9.37 促进就业增值税优惠

9.37.1 随军家属就业

一、为安置随军家属就业而新开办的企业,自领取税务登记证之日起,其提供的应税服务3年内免征增值税。

享受税收优惠政策的企业,随军家属必须占企业总人数的60%(含)以上,并有军(含)以上政治和后勤机关出具的证明。

二、从事个体经营的随军家属,自办理税务登记事项之日起,其提供的应税服务3年内免征增值税。

随军家属必须有师以上政治机关出具的可以表明其身份的证明。

按照上述规定,每一名随军家属可以享受一次免税政策。

9.37.2 军队转业干部就业

一、从事个体经营的军队转业干部,自领取税务登记证之日起,其提供的应税服务3年内免征增值税。

二、为安置自主择业的军队转业干部就业而新开办的企业,凡安置自主择业的军队转业干部占企业总人数60%(含)以上的,自领取税务登记证之日起,其提供的应税服务3年内免征增值税。

享受上述优惠政策的自主择业的军队转业干部必须持有师以上部队颁发的转业证件。

9.37.3 退役士兵创业就业

一、自主就业退役士兵从事个体经营的,自办理个体工商户登记当月起,在3年(36个月,下同)内按每户每年12 000元为限额依次扣减其当年实际应缴纳的增值税、城市维护建设税、教育费附加、地方教育附加和个人所得税。限额标准最高可上浮20%,各省、自治区、直辖市人民政府可根据本地区实际情况在此幅度内确定具体限额标准。

纳税人年度应缴纳税款小于上述扣减限额的,减免税额以其实际缴纳的税款为限;大于上述扣减限额的,以上述扣减限额为限。纳税人的实际经营期不足1年的,应当按月换算其减免税限额。换算公式为:减免税限额=年度减免税限额÷12×实际经营月数。城市维护建设税、教育费附加、地方教育附加的计税依据是享受本项税收优惠政策前的增值税应纳税额。

二、企业招用自主就业退役士兵,与其签订1年以上期限劳动合同并依法缴纳社会保险费的,自签订劳动合同并缴纳社会保险当月起,在3年内按实际招用人数予以定额依次扣减增值税、城市维护建设税、教育费附加、地方教育附加和企业所得税优惠。定额标准为每人每年6 000元,最高可上浮50%,各省、自治区、直辖市人民政府可根据本地区实际情况在此幅度内确定具体定额标准。

企业按招用人数和签订的劳动合同时间核算企业减免税总额，在核算减免税总额内每月依次扣减增值税、城市维护建设税、教育费附加和地方教育附加。企业实际应缴纳的增值税、城市维护建设税、教育费附加和地方教育附加小于核算减免税总额的，以实际应缴纳的增值税、城市维护建设税、教育费附加和地方教育附加为限；实际应缴纳的增值税、城市维护建设税、教育费附加和地方教育附加大于核算减免税总额的，以核算减免税总额为限。

纳税年度终了，如果企业实际减免的增值税、城市维护建设税、教育费附加和地方教育附加小于核算减免税总额，企业在企业所得税汇算清缴时以差额部分扣减企业所得税。当年扣减不完的，不再结转以后年度扣减。

自主就业退役士兵在企业工作不满1年的，应当按月换算减免税限额。计算公式为：企业核算减免税总额＝$\sum$每名自主就业退役士兵本年度在本单位工作月份÷12×具体定额标准。

城市维护建设税、教育费附加、地方教育附加的计税依据是享受本项税收优惠政策前的增值税应纳税额。

三、本通知所称自主就业退役士兵是指依照《退役士兵安置条例》（国务院　中央军委令第608号）的规定退出现役并按自主就业方式安置的退役士兵。

本通知所称企业是指属于增值税纳税人或企业所得税纳税人的企业等单位。

四、自主就业退役士兵从事个体经营的，在享受税收优惠政策进行纳税申报时，注明其退役军人身份，并将《中国人民解放军义务兵退出现役证》《中国人民解放军士官退出现役证》或《中国人民武装警察部队义务兵退出现役证》《中国人民武装警察部队士官退出现役证》留存备查。

企业招用自主就业退役士兵享受税收优惠政策的，将以下资料留存备查：1.招用自主就业退役士兵的《中国人民解放军义务兵退出现役证》《中国人民解放军士官退出现役证》或《中国人民武装警察部队义务兵退出现役证》《中国人民武装警察部队士官退出现役证》；2.企业与招用自主就业退役士兵签订的劳动合同（副本），为职工缴纳的社会保险费记录；3.自主就业退役士兵本年度在企业工作时间表（见附件）。

五、企业招用自主就业退役士兵既可以适用本通知规定的税收优惠政策，又可以适用其他扶持就业专项税收优惠政策的，企业可以选择适用最优惠的政策，但不得重复享受。

六、本通知规定的税收政策执行期限为2019年1月1日至2021年12月31日。纳税人在2021年12月31日享受本通知规定税收优惠政策未满3年的，可继续享受至3年期满为止。《财政部　税务总局　民政部关于继续实施扶持自主就业退役士兵创业就业有关税收政策的通知》（财税〔2017〕46号）自2019年1月1日起停止执行。

退役士兵以前年度已享受退役士兵创业就业税收优惠政策满3年的，不得再享受本通知规定的税收优惠政策；以前年度享受退役士兵创业就业税收优惠政策未满3年且符合本通知规定条件的，可按本通知规定享受优惠至3年期满。

各地财政、税务、退役军人事务部门要加强领导、周密部署，把扶持自主就业退役士兵创业就业工作作为一项重要任务，主动做好政策宣传和解释工作，加强部门间的协调配合，确保政策落实到位。同时，要密切关注税收政策的执行情况，对发现的问题及时逐级向财政部、税务总局、退役军人部反映。

（财政部　税务总局　退役军人部关于进一步扶持自主就业退役士兵创业就业有关税收政策的通知，财税〔2019〕21号，发文日期：2019-02-02）

9.37.4　重点群体创业就业

一、建档立卡贫困人口、持《就业创业证》（注明“自主创业税收政策”或“毕业年度内自主创业税收政策”）或《就业失业登记证》（注明“自主创业税收政策”）的人员，从事个体经营的，自办理个体工商户登记当月起，在3年（36个月，下同）内按每户每年12 000元为限额依次扣减其当年实际应缴纳的增值税、城市维护建设税、教育费附加、地方教育附加和个人所得税。限额标准最高可上浮20%，各省、自治区、直辖市人民政府可根据本地区实际情况在此幅度内确定具体限额标准。

纳税人年度应缴纳税款小于上述扣减限额的，减免税额以其实际缴纳的税款为限；大于上述扣减限额的，以上述扣减限额为限。

上述人员具体包括：1.纳入全国扶贫开发信息系统的建档立卡贫困人口；2.在人力资源社会保障部门公共就业服务机构登记失业半年以上的人员；3.零就业家庭、享受城市居民最低生活保障家庭劳动年龄内的登记失业人员；4.毕业年度内高校毕业生。高校毕业生是指实施高等学历教育的普通高等学校、成人高等学校应届毕业的学生；毕业年度是指毕业所在自然年，即1月1日至12月31日。

二、企业招用建档立卡贫困人口，以及在人力资源社会保障部门公共就业服务机构登记失业半年以上且持《就业创业证》或《就业失业登记证》（注明“企业吸纳税收政策”）的人员，与其签订1年以上期限劳动合同并依法缴纳社会保险费的，自签订劳动合同并缴纳社会保险当月起，在3年内按实际招用人数予以定额依次扣减增值税、城市维护建设税、教育费附加、地方教育附加和企业所得税优惠。定额标准为每人每年6 000元，最高可上浮30%，各省、自治区、直辖市人民政府可根据本地区实际情况在此幅度内确定具体定额标准。城市维护建设税、教育费附加、地方教育附加的计税依据是享受本项税收优惠政策前的增值税应纳税额。

按上述标准计算的税收扣减额应在企业当年实际应缴纳的增值税、城市维护建设税、教育费附加、地方教育附加和企业所得税税额中扣减，当年扣减不完的，不得结转下年使用。

本通知所称企业是指属于增值税纳税人或企业所得税纳税人的企业等单位。

三、国务院扶贫办在每年1月15日前将建档立卡贫困人口名单及相关信息提供给人力资源社会保障部、税务总局，税务总局将相关信息转发给各省、自治区、直辖市税务部门。人力资源社会保障部门依托全国扶贫开发信息系统核实建档立卡贫困人口身份信息。

四、企业招用就业人员既可以适用本通知规定的税收优惠政策，又可以适用其他扶持就业专项税收优惠政策的，企业可以选择适用最优惠的政策，但不得重复享受。

五、本通知规定的税收政策执行期限为2019年1月1日至2021年12月31日。纳税人在2021年12月31日享受本通知规定税收优惠政策未满3年的，可继续享受至3年期满为止。《财政部　税务总局　人力资源社会保障部关于继续实施支持和促进重点群体创业就业有关税收政策的通知》（财税〔2017〕49号）自2019年1月1日起停止执行。

本通知所述人员，以前年度已享受重点群体创业就业税收优惠政策满3年的，不得再享受本通知规定的税收优惠政策；以前年度享受重点群体创业就业税收优惠政策未满3年且符合本通知规定条件的，可按本通知规定享受优惠至3年期满。

各地财政、税务、人力资源社会保障部门、扶贫办要加强领导、周密部署，把大力支持和促进重点群体创业就业工作作为一项重要任务，主动做好政策宣传和解释工作，加强部门间的协调配合，确保政策落实到位。同时，要密切关注税收政策的执行情况，对发现的问题及时逐级向财政部、税务总局、人力资源社会保障部、国务院扶贫办反映。

（财政部 税务总局 人力资源社会保障部 国务院扶贫办关于进一步支持和促进重点群体创业就业有关税收政策的通知，财税〔2019〕22号，发文日期：2019-02-02）

9.38 集成电路企业

9.38.1 停止执行增值税超税负即征即退政策

《财政部 国家税务总局关于进一步鼓励软件产业和集成电路产业发展税收政策的通知》（财税〔2002〕70号）曾经作出规定，为了进一步鼓励软件产业和集成电路产业的发展，经国务院批准，自2002年1月1日起至2010年年底，对增值税一般纳税人销售其自产的集成电路产品（含单晶硅片），按17%的税率征收增值税后，对其增值税实际税负超过3%的部分实行即征即退政策，所退税款由企业用于扩大再生产和研究开发集成电路产品。但是，2004年10月，《财政部 国家税务总局关于停止集成电路增值税退税政策的通知》（财税〔2004〕174号）规定，自2005年4月1日起集成电路退税政策停止执行。

9.38.2 集成电路重大项目企业采购设备进项留抵退税

解决集成电路重大项目企业采购设备引起的增值税进项税额占用资金问题，自2011年11月1日起，对其因购进设备形成的增值税期末留抵税额予以退还。

一、对国家批准的列名集成电路重大项目企业因购进设备形成的增值税期末留抵税额（以下称购进设备留抵税额）准予退还。购进的设备应属于《增值税暂行条例实施细则》第二十一条第二款规定的固定资产范围。

二、准予退还的购进设备留抵税额的计算。

企业当期购进设备进项税额大于当期增值税纳税申报表“期末留抵税额”的，当期准予退还的购进设备留抵税额为期末留抵税额；企业当期购进设备进项税额小于当期增值税纳税申报表“期末留抵税额”的，当期准于退还的购进设备留抵税额为当期购进设备进项税额。

当期购进设备进项税额，是指企业取得的按照现行规定允许在当期抵扣的增值税专用发票或海关进口增值税专用缴款书（限于2009年1月1日及以后开具的）上注明的增值税额。

三、退还购进设备留抵税额的申请和审批。

（一）企业应于每月申报期结束后10个工作日内向主管税务机关申请退还购进设备留抵税额。

主管税务机关接到企业申请后，应审核企业提供的增值税专用发票或海关进口增值税专用缴款书是否符合现行政策规定，其注明的设备名称与企业实际购进的设备是否一致，申请退还的购进设备留抵税额是否正确。审核无误后，由县（区、市）级主管税务机关审批。

（二）企业收到退税款项的当月，应将退税额从增值税进项税额中转出。未转出的，按照《税收征收管理法》有关规定承担相应法律责任。

（财政部　国家税务总局关于退还集成电路企业采购设备增值税期末留抵税额的通知，财税〔2011〕107号，发文日期：2011-11-14）

9.39　利用石脑油和燃料油生产乙烯芳烃类产品留抵税额退税

为解决因石脑油、燃料油征收消费税形成的增值税进项税额无法抵扣的问题，经国务院批准，决定对外购（含进口，下同）石脑油、燃料油生产乙烯、芳烃类化工产品的企业实行增值税退税政策。

一、自2014年3月1日起，对外购用于生产乙烯、芳烃类化工产品（以下称特定化工产品）的石脑油、燃料油（以下称2类油品），且使用2类油品生产特定化工产品的产量占本企业用石脑油、燃料油生产各类产品总量的50%（含）以上的企业，其外购2类油品的价格中消费税部分对应的增值税额，予以退还。

予以退还的增值税额＝已缴纳消费税的2类油品数量×2类油品消费税单位税额×13%

二、对符合本通知第一条规定条件的企业，在2014年2月28日前形成的增值税期末留抵税额，可在不超过其购进2类油品的价格中消费税部分对应的增值税额的规模下，申请一次性退还。

2类油品的价格中消费税部分对应的增值税额，根据国家对2类油品开征消费税以来企业购进的已缴纳消费税的2类油品数量和消费税单位税额计算。

增值税期末留抵税额，根据主管税务机关认可的增值税纳税申报表的金额计算。

三、退还增值税的申请和审批。

符合本通知第一条规定条件的企业，应于每月纳税申报期结束后10个工作日内向主管税务机关申请退税。

企业申请退税时，应提交下列资料：购进合同、进口协议、增值税专用发票、进口货物报关单，海关进口增值税专用缴款书、外购的2类油品已缴纳消费税的证明材料等购进2类油品相关的资料。

主管税务机关接到企业申请后，应认真审核企业提供的相关资料和申请退还的增值税额的正确与否。审核无误后，由县（区、市）级主管税务机关审批。

四、企业收到退税款项的当月，应将退税额从增值税进项税额中转出，未按规定转出的，按《税收征收管理法》有关规定承担相应法律责任。

（财政部　国家税务总局关于利用石脑油和燃料油生产乙烯芳烃类产品有关增值税政策的通知，财税〔2014〕17号，发文日期：2014-02-17）

9.40 个人的增值税优惠政策

一、个人转让著作权免征增值税。

二、个人从事金融商品转让业务免征增值税。

三、个人销售自建自用住房免征增值税。

四、个人销售取得的住房。

(一) 个人将购买不足2年的住房对外销售的,按照5%的征收率全额缴纳增值税;个人将购买2年以上(含2年)的住房对外销售的,免征增值税。上述政策适用于北京市、上海市、广州市和深圳市之外的地区。

(二) 个人将购买不足2年的住房对外销售的,按照5%的征收率全额缴纳增值税;个人将购买2年以上(含2年)的非普通住房对外销售的,以销售收入减去购买住房价款后的差额按照5%的征收率缴纳增值税;个人将购买2年以上(含2年)的普通住房对外销售的,免征增值税。上述政策仅适用于北京市、上海市、广州市和深圳市。

五、涉及家庭财产分割的个人无偿转让不动产、土地使用权免征增值税。

家庭财产分割,包括下列情形:离婚财产分割;无偿赠与配偶、父母、子女、祖父母、外祖父母、孙子女、外孙子女、兄弟姐妹;无偿赠与对其承担直接抚养或者赡养义务的抚养人或者赡养人;房屋产权所有人死亡,法定继承人、遗嘱继承人或者受遗赠人依法取得房屋产权。

六、个人出租住房,应按照5%的征收率减按1.5%计算应纳税额。

七、学生勤工俭学提供的服务免征增值税。

(财政部 国家税务总局关于全面推开营业税改征增值税试点的通知,财税〔2016〕36号,发文日期:2016-03-23)

9.41 上海期货交易所期货保税交割

上海期货交易所将试点开展期货保税交割业务。

一、期货保税交割是指以海关特殊监管区域或场所内处于保税监管状态的货物为期货实物交割标的物的期货实物交割。

二、上海期货交易所的会员和客户通过上海期货交易所交易的期货保税交割标的物,仍按保税货物暂免征收增值税。

期货保税交割的销售方,在向主管税务机关申报纳税时,应出具当期期货保税交割的书面说明及上海期货交易所交割单、保税仓单等资料。

三、非保税货物发生的期货实物交割仍按《国家税务总局关于下发〈货物期货征收增值税具体办法〉的通知》(国税发〔1994〕244号)的规定执行。

四、本通知自2010年12月1日起执行。

(财政部 国家税务总局关于上海期货交易所开展期货保税交割业务有关增值税问题的通知,财税〔2010〕108号,发文日期:2010-12-02)

9.42 外国政府和国际组织无偿援助项目在国内采购的货物

为促进我国接受外国政府和国际组织无偿援助工作的开展，保证援助项目的顺利实施，经国务院批准，自 2001 年 8 月 1 日起，对外国政府和国际组织无偿援助项目在国内采购的货物免征增值税，同时允许销售免税货物的单位，将免税货物的进项税额在其他内销货物的销项税额中抵扣。自 2001 年 8 月 1 日起，外国政府和国际组织对我国提供的无偿援助项目在我国关境内年采购的货物，以及为此提供货物的国内企业（以下简称供货方）执行下列增值税政策：

一、在无偿援助项目确立之后，援助项目所需物资的采购方（以下简称购货方）通过项目单位共同向对外贸易经济合作部和国家税务总局同时提交免税采购申请，内容包括：援助项目名称、援助方、受援单位、购货方与供货方签订的销售合同（复印件）等，并填报《外国政府和国际组织无偿援助项目在华采购货物明细表》。如委托他人采购，需提交委托协议和实际购货方的情况，包括购货方的单位名称、地址、联系人及联系电话等。

供货方在销售合同签订后，将合同（复印件）送交企业所在地税务机关备案。

二、对外贸易经济合作部在接到购货方和项目单位的免税采购申请后，对项目有关内容的真实性、采购货物是否属援助项目所需等内容进行审核。审核无误后，对外贸易经济合作部向国家税务总局出具申请内容无误的证明材料。

三、国家税务总局接到购货方和项目单位的免税采购申请和对外贸易经济合作部出具的证明材料后，通过供货方所在地主管税务部门对免税申请所购货物的有关情况进行核实。如主管税务部门出具的证明材料与对外贸易经济合作部出具的证明材料的相关内容一致，同时抄送财政部、对外贸易经济合作部和购货方。

四、供货方凭购货方出示的免税文件，按照文件的规定，以不含增值税的价格向购货方销售货物。

供货方应向其主管税务机关提出免税申请。供货方所在地主管税务机关凭国家税务总局下发的免税文件为供货方办理免征销项税及进项税额抵扣手续。

五、购货方和项目单位提交免税采购申请和《外国政府和国际组织无偿援助项目在华采购货物明细表》后，其内容不许随意变更。如确需变更，应按本办法规定程序另行报送审批。

六、免税采购的货物必须用于规定的援助项目，不得销售或用于其他项目，否则视同骗税，依照《中华人民共和国税收征收管理法》第六十六条的有关规定处理。

（财政部　国家税务总局　外经贸部关于外国政府和国际组织无偿援助项目在华采购物资免征增值税问题的通知，财税〔2002〕2 号，发文日期：2002-01-11）

9.43 国际运动会

9.43.1 2022 年冬奥会和冬残奥会

为支持筹办北京 2022 年冬奥会和冬残奥会及其测试赛（以下简称北京冬奥会），现就有关税收优惠政策公告如下：

一、对国际奥委会相关实体中的非居民企业取得的与北京冬奥会有关的收入，免征企业所得税。

二、对奥林匹克转播服务公司、奥林匹克频道服务公司、国际奥委会电视与市场开发服务公司、奥林匹克文化与遗产基金、官方计时公司取得的与北京冬奥会有关的收入，免征增值税。

三、对国际赞助计划、全球供应计划、全球特许计划的赞助商、供应商、特许商及其分包商根据协议向北京2022年冬奥会和冬残奥会组织委员会(以下简称北京冬奥组委)提供指定货物或服务，免征增值税、消费税。

四、国际奥委会及其相关实体的境内机构因赞助、捐赠北京冬奥会以及根据协议出售的货物或服务免征增值税的，对应的进项税额可用于抵扣本企业其他应税项目所对应的销项税额，对在2022年12月31日仍无法抵扣的留抵税额可予以退还。

五、国际奥委会及其相关实体在2019年6月1日至2022年12月31日期间，因从事与北京冬奥会相关的工作而在中国境内发生的指定清单内的货物或服务采购支出，对应的增值税进项税额可由国际奥委会及其相关实体凭发票及北京冬奥组委开具的证明文件，按照发票上注明的税额，向税务总局指定的部门申请退还，具体退税流程由税务总局制定。

六、对国际奥委会相关实体与北京冬奥组委签订的各类合同，免征国际奥委会相关实体应缴纳的印花税。

七、国际奥委会及其相关实体或其境内机构按暂时进口货物方式进口的奥运物资，未在规定时间内复运出境的，须补缴进口关税和进口环节海关代征税(进口汽车以不低于新车90%的价格估价征税)，但以下情形除外：1. 直接用于北京冬奥会，包括但不限于奥运会转播、报道和展览，且在赛事期间消耗完毕的消耗品，并能提供北京冬奥组委证明文件的；2. 货物发生损毁不能复运出境，且能提交北京冬奥组委证明文件的；3. 无偿捐赠给县级及以上人民政府或政府机构、冬奥会场馆法人实体、特定体育组织和公益组织等机构(受赠机构名单由北京冬奥组委负责确定)，且能提交北京冬奥组委证明文件的。

八、对国际奥委会及其相关实体的外籍雇员、官员、教练员、训练员以及其他代表在2019年6月1日至2022年12月31日期间临时来华，从事与北京冬奥会相关的工作，取得由北京冬奥组委支付或认定的收入，免征增值税和个人所得税。该类人员的身份及收入由北京冬奥组委出具证明文件，北京冬奥组委定期将该类人员名单及免税收入相关信息报送税务部门。

九、国际残奥委会及其相关实体的税收政策，比照国际奥委会及其相关实体执行。

十、对享受税收优惠政策的国际奥委会相关实体实行清单管理，具体清单由北京冬奥组委提出，报财政部、税务总局、海关总署确定。

十一、上述税收优惠政策，凡未注明具体期限的，自公告发布之日起执行。

(财政部 税务总局 海关总署关于北京2022年冬奥会和冬残奥会税收优惠政策的公告，财政部 税务总局 海关总署公告2019年第92号，发文日期：2019-11-11)

9.43.2 杭州2022年亚运会和亚残运会

为支持筹办杭州2022年亚运会和亚残运会及其测试赛(以下统称杭州亚运会)，现就有关税收政策公告如下：

一、对杭州亚运会组委会（以下简称组委会）取得的电视转播权销售分成收入、赞助计划分成收入（货物和资金），免征增值税。

二、对组委会市场开发计划取得的国内外赞助收入、转让无形资产（如标志）特许权收入、宣传推广费收入、销售门票收入及所发收费卡收入，免征增值税。

三、对组委会取得的与中国集邮总公司合作发行纪念邮票收入、与中国人民银行合作发行纪念币收入，免征增值税。

四、对组委会取得的来源于广播、因特网、电视等媒体收入，免征增值税。

五、对组委会按亚洲奥林匹克理事会、亚洲残疾人奥林匹克委员会（以下统称亚奥委会）核定价格收取的运动员食宿费及提供有关服务取得的收入，免征增值税。

六、对组委会赛后出让资产取得的收入，免征增值税和土地增值税。

七、对组委会使用的营业账簿和签订的各类合同等应税凭证，免征组委会应缴纳的印花税。

八、对财产所有人将财产（物品）捐赠给组委会所书立的产权转移书据，免征印花税。

九、对企业、社会组织和团体赞助、捐赠杭州亚运会的资金、物资、服务支出，在计算企业应纳税所得额时予以全额扣除。

十、对企业根据赞助协议向组委会免费提供的与杭州亚运会有关的服务，免征增值税。免税清单由组委会报财政部、税务总局确定。

十一、对组委会为举办运动会进口的亚奥委会或国际单项体育组织指定的，国内不能生产或性能不能满足需要的直接用于运动会比赛的消耗品，免征关税、进口环节增值税和消费税。享受免税政策的进口比赛用消耗品的范围、数量清单，由组委会汇总后报财政部会同税务总局、海关总署审核确定。

十二、对组委会进口的其他特需物资，包括：亚奥委会或国际单项体育组织指定的，国内不能生产或性能不能满足需要的体育竞赛器材、医疗检测设备、安全保障设备、交通通讯设备、技术设备，在运动会期间按暂时进口货物规定办理，运动会结束后复运出境的予以核销；留在境内或做变卖处理的，按有关规定办理正式进口手续，并照章缴纳关税、进口环节增值税和消费税。

十三、上述税收政策自发布之日起执行。

（财政部　税务总局　海关总署关于杭州2022年亚运会和亚残运会税收政策的公告，财政部公告2020年第18号，发文日期：2020-04-09）

9.43.3　三项国际综合运动会

为支持筹办2020年晋江第18届世界中学生运动会、2020年三亚第6届亚洲沙滩运动会、2021年成都第31届世界大学生运动会等三项国际综合运动会（以下统称三项国际综合运动会），现就有关税收政策公告如下：

一、对三项国际综合运动会的执行委员会、组委会（以下统称组委会）取得的电视转播权销售分成收入、赞助计划分成收入（货物和资金），免征增值税。

二、对组委会市场开发计划取得的国内外赞助收入、转让无形资产（如标志）特许权收入、宣传推广费收入、销售门票收入及所发收费卡收入，免征增值税。

三、对组委会取得的与中国集邮总公司合作发行纪念邮票收入、与中国人民银行合作发行纪念币收入，免征增值税。

四、对组委会取得的来源于广播、因特网、电视等媒体收入，免征增值税。

五、对组委会按国际大学生体育联合会、国际中学生体育联合会、亚洲奥林匹克理事会核定价格收取的运动员食宿费及提供有关服务取得的收入，免征增值税。

六、对组委会赛后出让资产取得的收入，免征增值税和土地增值税。

七、对组委会使用的营业账簿和签订的各类合同等应税凭证，免征组委会应缴纳的印花税。

八、对财产所有人将财产(物品)捐赠给组委会所书立的产权转移书据，免征印花税。

九、对组委会为举办运动会进口的国际大学生体育联合会、国际中学生体育联合会、亚洲奥林匹克理事会或国际单项体育组织指定的，国内不能生产或性能不能满足需要的直接用于运动会比赛的消耗品，免征关税、进口环节增值税和消费税。享受免税政策的进口比赛用消耗品的范围、数量清单，由组委会汇总后报财政部会同税务总局、海关总署审核确定。

十、对组委会进口的其他特需物资，包括：国际大学生体育联合会、国际中学生体育联合会、亚洲奥林匹克理事会或国际单项体育组织指定的，国内不能生产或性能不能满足需要的体育竞赛器材、医疗检测设备、安全保障设备、交通通讯设备、技术设备，在运动会期间按暂时进口货物规定办理，运动会结束后复运出境的予以核销；留在境内或做变卖处理的，按有关规定办理正式进口手续，并照章缴纳关税、进口环节增值税和消费税。

十一、上述税收政策自 2020 年 1 月 1 日起执行。

(财政部 税务总局 海关总署关于第 18 届世界中学生运动会等三项国际综合运动会税收政策的公告，财政部公告 2020 年第 19 号，发文日期：2020-04-09)

9.44 抗疫优惠政策

9.44.1 五项服务免税

一、自 2020 年 1 月 1 日起至财政部、税务总局规定的截止日期止，纳税人提供下列服务取得的收入免征增值税。

(一) 对纳税人运输疫情防控重点保障物资取得的收入，免征增值税。

疫情防控重点保障物资的具体范围，由国家发展改革委、工业和信息化部确定。

(二) 对纳税人提供公共交通运输服务、生活服务，以及为居民提供必需生活物资快递收派服务取得的收入，免征增值税。

公共交通运输服务的具体范围，按照《营业税改征增值税试点有关事项的规定》(财税〔2016〕36 号印发)执行。

生活服务、快递收派服务的具体范围，按照《销售服务、无形资产、不动产注释》(财税〔2016〕36 号印发)执行。

(三) 纳税人按照上述规定享受免征增值税优惠的收入，相应免征城市维护建设税、教育费附加、地方教育附加。

（财政部　税务总局关于支持新型冠状病毒感染的肺炎疫情防控有关税收政策的公告，财政部　税务总局公告2020年第8号，发文日期：2020-02-06；国家税务总局关于支持新型冠状病毒感染的肺炎疫情防控有关税收征收管理事项的公告，国家税务总局公告2020年第4号，发文日期：2020-02-10）

二、自2020年1月1日至2020年12月31日，对纳税人提供电影放映服务取得的收入免征增值税。

电影放映服务，是指持有《电影放映经营许可证》的单位利用专业的电影院放映设备，为观众提供的电影视听服务。

本公告发布之日前，已征的按照本公告规定应予免征的税费，可抵减纳税人和缴费人以后月份应缴纳的税费或予以退还。

（财政部　税务总局关于电影等行业税费支持政策的公告，财政部　税务总局公告2020年第25号，发文日期：2020-05-13）

9.44.1.1　发票开具

纳税人按照8号公告和9号公告有关规定适用免征增值税政策的，不得开具增值税专用发票；已开具增值税专用发票的，应当开具对应红字发票或者作废原发票，再按规定适用免征增值税政策并开具普通发票。

纳税人在疫情防控期间已经开具增值税专用发票，按照本公告规定应当开具对应红字发票而未及时开具的，可以先适用免征增值税政策，对应红字发票应当于相关免征增值税政策执行到期后1个月内完成开具。

（国家税务总局关于支持新型冠状病毒感染的肺炎疫情防控有关税收征收管理事项的公告，国家税务总局公告2020年第4号，发文日期：2020-02-10）

政策解析　纳税人发生上述免征增值税行为可以视情况开具增值税普通发票、机动车销售统一发票等普通发票，应当在税率或征收率栏次填写“免税”字样。

纳税人发生符合8号公告和9号公告规定的免征增值税行为，在疫情防控期间已经开具增值税专用发票的，应当及时开具对应红字发票或作废原发票，再按规定适用免征增值税政策。同时，考虑到在疫情防控期间，部分纳税人在开具红字增值税专用发票时，可能会遇到与接受发票方沟通不便而未能及时开具的特殊情况，纳税人可以先适用免征增值税政策，随后再按规定开具对应红字发票，开具期限为相关免征增值税政策执行到期后1个月内。

热点问题1

我公司旗下有一家连锁酒店提供住宿服务，按照《财政部　税务总局关于支持新型冠状病毒感染的肺炎疫情防控有关税收政策的公告》（财政部　税务总局公告2020年第8号）规定，可以享受免征增值税的政策。我公司对2020年1月份收取的住宿费开具了3张增值税专用发票，请问应该如何处理？

答：根据《国家税务总局关于支持新型冠状病毒感染的肺炎疫情防控有关税收征收管理事项的公告》（国家税务总局公告2020年第4号）规定，纳税人按照《财政部　税务总局关于支持新型冠状病毒感染的肺炎疫情防控有关税收政策的公告》（财政部　税务总局公告2020

年第8号)和《财政部 税务总局关于支持新型冠状病毒感染的肺炎疫情防控有关捐赠税收政策的公告》(财政部 税务总局公告2020年第9号)有关规定适用免征增值税政策的,不得开具增值税专用发票;已开具增值税专用发票的,应当开具对应的红字发票或者作废原发票,再按规定适用免征增值税政策并开具普通发票。如你公司需要享受2020年8号公告规定的免征增值税政策,由于1月份开具的3张增值税专用发票已经跨月,无法作废了,因此,应当开具对应的红字发票后,再按规定开具普通发票。

热点问题2

纳税人符合财政部 税务总局公告2020年第8号第五条的免税政策,1月份开具适用税率的增值税普通发票,是否需要将发票收回或者开具红字才可以享受优惠?是否可以参照国家税务总局公告2020年4号第三条第二项规定先享受免税,在免征增值税政策执行到期后1个月内再开具红字发票?后续享受优惠如何开具普通发票?

答:按照《国家税务总局关于支持新型冠状病毒感染的肺炎疫情防控有关税收征收管理事项的公告》(国家税务总局公告2020年第4号)第三条规定,纳税人适用8号公告和9号公告相关免征增值税政策的,不得开具增值税专用发票;已开具增值税专用发票的,应当开具对应红字发票或者作废原发票,再按规定适用免征增值税政策并开具普通发票。纳税人在疫情防控期间已经开具增值税专用发票,应当开具对应红字发票而未及时开具的,可以先适用免征增值税政策,对应红字发票应当于相关免征增值税政策执行到期后1个月内完成开具。

纳税人适用8号公告和9号公告相关免征增值税政策的,按照上述规定,需要开具对应红字发票或者作废原发票的,仅针对"增值税专用发票"。已经开具适用税率的增值税普通发票的,不需要将发票追回换开后才享受免税政策,可直接进行免税申报。公告下发之后,纳税人按照规定享受免税优惠时,如果开具的是注明税率或征收率栏次的普通发票,应当在税率或者征收率栏次填写"免税"字样。

热点问题3

我公司是一家从事出租车业务的运输公司,可以享受疫情期间公共交通运输服务免征增值税优惠政策。最近,有客户要求我们开具带税率和税额的增值税电子普通发票,请问,我公司可以按照客户要求开具增值税电子普通发票吗?

答:《财政部 税务总局关于支持新型冠状病毒感染的肺炎疫情防控有关税收政策的公告》(财政部 税务总局公告2020年第8号,以下简称"8号公告")第五条规定,对纳税人提供公共交通运输服务取得的收入,免征增值税。

按照《财政部 税务总局 海关总署关于深化增值税改革有关政策的公告》(财政部 税务总局公告2019年第39号)的规定,纳税人购进国内旅客运输服务,未取得增值税专用发票的,可暂按取得的增值税电子普通发票上注明的税额抵扣进项税。

由于旅客运输增值税电子普通发票具有抵扣功能,因此,你公司提供公共交通运输服务,按照8号公告规定享受免征增值税政策的,在向客户开具增值税电子普通发票时,应当在税率或征收率栏次填写“免税”字样。

9.44.1.2 免税办理程序

纳税人按照8号公告和《财政部 税务总局关于支持新型冠状病毒感染的肺炎疫情防控有关捐赠税收政策的公告》(财政部 税务总局公告2020年第9号,以下简称“9号公告”)有关规定享受免征增值税、消费税优惠的,可自主进行免税申报,无需办理有关免税备案手续,但应将相关证明材料留存备查。

(国家税务总局关于支持新型冠状病毒感染的肺炎疫情防控有关税收征收管理事项的公告,国家税务总局公告2020年第4号,发文日期:2020-02-10)

9.44.1.3 纳税申报

适用免税政策的纳税人在办理增值税纳税申报时,应当填写增值税纳税申报表及《增值税减免税申报明细表》相应栏次;在办理消费税纳税申报时,应当填写消费税纳税申报表及《本期减(免)税额明细表》相应栏次。

(国家税务总局关于支持新型冠状病毒感染的肺炎疫情防控有关税收征收管理事项的公告,国家税务总局公告2020年第4号,发文日期:2020-02-10)

9.44.1.3.1 公告发布前,纳税人已进行增值税、消费税纳税申报的如何处理

在本公告发布前,纳税人已将适用免税政策的销售额、销售数量,按照征税销售额、销售数量进行增值税、消费税纳税申报的,可以选择更正当期申报或者在下期申报时调整。已征应予免征的增值税、消费税税款,可以予以退还或者分别抵减纳税人以后应缴纳的增值税、消费税税款。

(国家税务总局关于支持新型冠状病毒感染的肺炎疫情防控有关税收征收管理事项的公告,国家税务总局公告2020年第4号,发文日期:2020-02-10)

热点问题

我公司为一般纳税人,经营业务符合《财政部 税务总局关于支持新型冠状病毒感染的肺炎疫情防控有关税收政策的公告》(财政部 税务总局公告2020年第8号)免征增值税政策相关规定。我公司1月份销售额100万元,已经开具了增值税普通发票,在2月1日办理增值税申报时,按照征税项目进行了纳税申报并缴纳了税款,后续应该如何处理

答:根据《国家税务总局关于支持新型冠状病毒感染的肺炎疫情防控有关税收征收管理事项的公告》(国家税务总局公告2020年第4号)第四条规定,在本公告发布前,纳税人已将适用免税政策的销售额、销售数量,按照征税销售额、销售数量进行增值税纳税申报的,可以选择更正当期申报或者在下期申报时调整。

你公司若选择更正当期申报,则可对2020年1月属期增值税纳税申报表进行更正申报,将当期应适用免税政策的销售额等项目填入增值税纳税申报表免税栏次和《增值税减免税申报明细表》对应栏次。

你公司若选择在下期申报时调整,则可在办理2020年2月属期增值税纳税申报时,在《增值税纳税申报表附列资料(一)》征税项目“开具其他发票”栏次或“未开具发票”栏次填报1月属期适用免税政策的销售额和销项税额(填为负数)、在增值税纳税申报表免税栏次和《增值税减免税申报明细表》对应栏次填报1～2月属期适用免税政策的免税销

售额等项目。

上述已征的应予免征的增值税税款，可向税务机关申请退还或者抵减纳税人以后应缴纳的增值税税款。

9.44.1.3.2　已开具专用发票却要享受免税优惠的申报方式

纳税人按照《财政部　税务总局关于支持新型冠状病毒感染的肺炎疫情防控有关税收政策的公告》(财政部　税务总局公告 2020 年第 8 号)适用免征增值税政策的，不得开具增值税专用发票；已经开具增值税专用发票的，应当开具对应红字发票或者作废原发票，再按规定适用免征增值税政策并开具普通发票。纳税人如果没有在开具专用发票的当期开具对应的红字发票或作废原发票，应在当期先做应税申报；次月开具红字发票时再在纳税申报表上冲减征税项目的销售额及税额。

热点问题

我公司为一般纳税人，经营业务符合《财政部　税务总局关于支持新型冠状病毒感染的肺炎疫情防控有关税收政策的公告》(2020 年第 8 号)免征增值税政策规定。我公司 2020 年 1 月份销售额 50 万元，并开具了增值税专用发票，应当如何办理增值税纳税申报?

答：根据《国家税务总局关于支持新型冠状病毒感染的肺炎疫情防控有关税收征收管理事项的公告》(国家税务总局公告 2020 年第 4 号)第三条规定，纳税人按照《财政部　税务总局关于支持新型冠状病毒感染的肺炎疫情防控有关税收政策的公告》(财政部　税务总局公告 2020 年第 8 号)适用免征增值税政策的，不得开具增值税专用发票；已经开具增值税专用发票的，应当开具对应的红字发票或者作废原发票，再按规定适用免征增值税政策并开具普通发票。由于你公司 1 月份开具的专用发票已经跨月，无法作废，只能在 2 月份及以后属期开具对应的红字发票，再按规定适用免征增值税政策。因此，你公司在办理 2020 年 1 月属期增值税纳税申报时，仍应将当月开具的增值税专用发票中记载的销售额和销项税额，据实填写在《增值税纳税申报表附列资料(一)》征税项目的“开具增值税专用发票”对应栏次。

若你公司在 2 月份开具了对应红字发票，并重新开具了普通发票，在办理 2020 年 2 月属期增值税纳税申报时，应将红字发票对应的负数销售额和销项税额计入《增值税纳税申报表附列资料(一)》征税项目的“开具增值税专用发票”对应栏次，将普通发票对应的免税销售额等项目计入增值税纳税申报表免税栏次和《增值税减免税申报明细表》对应栏次。

若你公司由于购销双方沟通等原因，在 2 月份未能及时开具对应红字发票，根据《国家税务总局关于支持新型冠状病毒感染的肺炎疫情防控有关税收征收管理事项的公告》(国家税务总局公告 2020 年第 4 号)第三条第二款规定，纳税人在疫情防控期间已经开具增值税专用发票，按照本公告规定应当开具对应红字发票而未及时开具的，可以先适用免征增值税政策，对应红字发票应当于相关免征增值税政策执行到期后 1 个月内完成开具。你公司在办理 2020 年 2 月属期增值税纳税申报时，可在《增值税纳税申报表附列资料(一)》征税项目“未开具发票”相关栏次，填报冲减 1 月增值税专用发票对应的销售额和销项税额(填为负数)，在增值税纳税申报表免税栏次和《增值税减免税申报明细表》对应栏次，填报免税销售额等项目。在后期补开增值税红字发票和普通发票后，进行对应属期增值税纳税申报时，红字发票销售额和销项税额、普通发票免税销售额和免税额不应重复计入。

9.44.1.4 五项服务放弃免税热点问题

9.44.1.4.1 小规模纳税人按开具专票业务放弃免税

热点问题

我公司是一家小型商务酒店，属于增值税小规模纳税人。2020 年 3 月，按照客户需求，我公司就部分住宿服务收入开具了增值税专用发票。请问，未开具专用发票部分的收入还可以享受生活服务免征增值税政策吗？

答：可以享受。《财政部 税务总局关于支持新型冠状病毒感染的肺炎疫情防控有关税收政策的公告》（财政部 税务总局公告 2020 年第 8 号，以下简称“8 号公告”）第五条规定，对纳税人提供生活服务取得的收入，免征增值税。生活服务的具体范围，按照《销售服务、无形资产、不动产注释》（财税〔2016〕36 号印发）规定执行，住宿服务，属于生活服务的范围。

作为适用简易计税方法的增值税小规模纳税人，你公司提供住宿服务取得的收入已开具增值税专用发票的，应按照发票注明的销售额和征收率计算缴纳增值税；提供住宿服务取得的收入未开具增值税专用发票的，可以按照 8 号公告的规定免征增值税。

9.44.1.4.2 一般纳税人按开具专票业务放弃免税

热点问题

我公司是一家企业培训公司，增值税一般纳税人。2020 年 4 月，有个别客户要求我公司就部分培训服务开具增值税专用发票。请问，我公司可以就开具增值税专用发票部分培训收入缴纳增值税，其他培训收入享受生活服务免征增值税优惠吗？

答：《财政部 税务总局关于支持新型冠状病毒感染的肺炎疫情防控有关税收政策的公告》（财政部 税务总局公告 2020 年第 8 号，以下称 8 号公告）第五条规定，对纳税人提供生活服务取得的收入，免征增值税。生活服务的具体范围，按照《销售服务、无形资产、不动产注释》（财税〔2016〕36 号印发）规定执行，培训等非学历教育服务，属于生活服务的范围。《国家税务总局关于明确二手车经销等若干增值税征管问题的公告》（国家税务总局公告 2020 年第 9 号）第五条规定，一般纳税人在享受增值税免税、减税政策后，按照《营业税改征增值税试点实施办法》（财税〔2016〕36 号文件印发）第四十八条的有关规定，要求放弃免税、减税权的，应当以书面形式提交纳税人放弃免（减）税权声明，报主管税务机关备案。一般纳税人自提交备案资料的次月起，按照规定计算缴纳增值税。作为适用一般计税方法的增值税一般纳税人，你公司按照 8 号公告有关规定适用免征增值税政策的，不得开具增值税专用发票，可以开具增值税普通发票。你公司可以就培训服务选择放弃免税，以书面形式提交纳税人放弃免（减）税权声明，报主管税务机关备案，并自提交备案资料的次月起，按照规定计算缴纳增值税并相应开具增值税专用发票。需要说明的是，一经放弃免税，应就培训服务全部放弃免税，不能以是否开具增值税专用发票，或者区分不同的销售对象分别适用征免税。

9.44.2 向新冠肺炎疫情的捐赠免税

自 2020 年 1 月 1 日起至财政部、税务总局规定的截止日期止，单位和个体工商户将自产、委托加工或购买的货物，通过公益性社会组织和县级以上人民政府及其部门等国家机关，或者直接向承担疫情防治任务的医院，无偿捐赠用于应对新型冠状病毒感染的肺炎疫情的，免征增值税、消费税、城市维护建设税、教育费附加、地方教育附加。

（财政部　税务总局关于支持新型冠状病毒感染的肺炎疫情防控有关捐赠税收政策的公告，财政部　税务总局公告 2020 年第 9 号，发文日期：2020-02-06）

捐赠免税项目相关的发票开具，免税办理程序及纳税申报见 9.44.1.1、9.44.1.2 和 9.44.1.3。

9.44.3　加快复工复业小规模纳税人减免增值税

自 2020 年 3 月 1 日至 2020 年 12 月 31 日，对湖北省增值税小规模纳税人，适用 3%征收率的应税销售收入，免征增值税；适用 3%预征率的预缴增值税项目，暂停预缴增值税。除湖北省外，其他省、自治区、直辖市的增值税小规模纳税人，适用 3%征收率的应税销售收入，减按 1%征收率征收增值税；适用 3%预征率的预缴增值税项目，减按 1%预征率预缴增值税。

（一）增值税小规模纳税人取得应税销售收入，纳税义务发生时间在 2020 年 2 月底以前，适用 3%征收率征收增值税的，按照 3%征收率开具增值税发票；纳税义务发生时间在 2020 年 3 月 1 日至 5 月 31 日，适用减按 1%征收率征收增值税的，按照 1%征收率开具增值税发票。

（二）增值税小规模纳税人按照《财政部　税务总局关于支持个体工商户复工复业增值税政策的公告》（财政部　税务总局公告 2020 年第 13 号，以下简称“13 号公告”）有关规定，减按 1%征收率征收增值税的，按下列公式计算销售额：

$$销售额 = 含税销售额 \div (1 + 1\%)$$

（三）增值税小规模纳税人在办理增值税纳税申报时，按照 13 号公告有关规定，免征增值税的销售额等项目应当填写在《增值税纳税申报表（小规模纳税人适用）》及《增值税减免税申报明细表》免税项目相应栏次；减按 1%征收率征收增值税的销售额应当填写在《增值税纳税申报表（小规模纳税人适用）》“应征增值税不含税销售额（3%征收率）”相应栏次，对应减征的增值税应纳税额按销售额的 2%计算填写在《增值税纳税申报表（小规模纳税人适用）》“本期应纳税额减征额”及《增值税减免税申报明细表》减税项目相应栏次。

《增值税纳税申报表（小规模纳税人适用）附列资料》第 8 栏“不含税销售额”计算公式调整为：第 8 栏＝第 7 栏÷（1＋征收率）。

（四）增值税小规模纳税人取得应税销售收入，纳税义务发生时间在 2020 年 2 月底以前，已按 3%征收率开具增值税发票，发生销售折让、中止或者退回等情形需要开具红字发票的，按照 3%征收率开具红字发票；开票有误需要重新开具的，应按照 3%征收率开具红字发票，再重新开具正确的蓝字发票。

（五）自 2020 年 3 月 1 日至 12 月 31 日，对湖北省境内的个体工商户、个人独资企业和合伙企业，代开货物运输服务增值税发票时，暂不预征个人所得税；对其他地区的上述纳税人统一按代开发票金额的 0.5%预征个人所得税。

（财政部　税务总局关于支持个体工商户复工复业增值税政策的公告，财政部　税务总局公告 2020 年第13号，发文日期：2020-02-28；国家税务总局关于支持个体工商户复工复业等税收征收管理事项的公告，国家税务总局公告2020年第5号，发文日期：2020-02-29；财政部　税务总局关于延长小规模纳税人减免增值税政策执行期限的公告，财政部　税务总局公告2020年第24号，发文日期：2020-04-30）

政策解析　湖北地区免税、非湖北地区减按1%征收率征税的优惠政策仅适用于小规模纳税人适用3%征收率的应税行为，小规模纳税人适用5%征收率的应税行为和一般纳税人适用简易计税方法的应税行为不适用该优惠。

13号公告开始执行的时间是2020年3月1日，处于一季度中间，大部分小规模纳税人是按季申报纳税人，因此，一季度申报时，适用3%征收率应税行为申报方式为：湖北地区小规模纳税人1月、2月的销售额填入应按3%征收率征税销售额栏次，3月的销售额填到免税销售额栏次；非湖北地区小规模纳税人将一季度销售额填入应按3%征收率征税销售额栏次，同时将3月销售额与减征2%的乘积填入减税额。

9.44.3.1　优惠范围热点问题

热点问题

我公司是北京的一家小型劳务派遣公司，属于增值税小规模纳税人，此前我公司选择了5%差额缴纳增值税，请问，支持复工复业增值税优惠政策出台后，我公司可否在政策执行期选择全额纳税，按照1%的征收率缴纳增值税？

答：《财政部　国家税务总局关于进一步明确全面推开营改增试点有关劳务派遣服务、收费公路通行费抵扣等政策的通知》（财税〔2016〕47号）第一条规定，小规模纳税人提供劳务派遣服务，以取得的全部价款和价外费用为销售额，按照简易计税方法依3%的征收率计算缴纳增值税；也可以选择差额纳税，以取得的全部价款和价外费用，扣除代用工单位支付给劳务派遣员工的工资、福利和为其办理社会保险及住房公积金后的余额为销售额，按照简易计税方法依5%的征收率计算缴纳增值税。

《财政部　税务总局关于支持个体工商户复工复业增值税政策的公告》（财政部　税务总局公告2020年第13号）规定，自2020年3月1日至5月31日，除湖北省外，其他省、自治区、直辖市的增值税小规模纳税人，适用3%征收率的应税销售收入，减按1%征收率征收增值税。《财政部　税务总局关于延长小规模纳税人减免增值税政策执行期限的公告》（财政部　税务总局公告2020年第24号）将该项优惠政策延长到2020年12月31日。

因此，自2020年3月1日至2020年12月31日，你公司可以选择以取得的全部价款和价外费用为销售额，按照简易计税方法减按1%的征收率计算缴纳增值税；也可以选择差额纳税，以取得的全部价款和价外费用，扣除代用工单位支付给劳务派遣员工的工资、福利和为其办理社会保险及住房公积金后的余额为销售额，按照简易计税方法依5%的征收率计算缴纳增值税。

9.44.3.2　发票开具热点问题

9.44.3.2.1　湖北纳税人开具了3%普票可以享受免税优惠

热点问题

我是湖北一家小型制造企业，属于按月申报的增值税小规模纳税人。2020年3月，由于开票习惯，为购买方开具了一张3%征收率的增值税普通发票，请问我是否还能享受免征增值税的优惠政策？

答:可以享受。《财政部　税务总局关于支持个体工商户复工复业增值税政策的公告》(财政部　税务总局公告2020年第13号)规定，自2020年3月1日至5月31日，对湖北省增值税小规模纳税人，适用3%征收率的应税销售收入，免征增值税。

在上述复工复业增值税政策实施期间，湖北省增值税小规模纳税人只要未开具增值税专用发票，其适用3%征收率的应税销售收入，均可以在申报纳税时进行免税申报。按照《中华人民共和国发票管理办法》等相关规定，纳税人应如实开具发票。湖北省增值税小规模纳税人享受上述免征增值税政策的，在开具增值税普通发票时，正确的方法是应当在税率或征收率栏次填写"免税"字样。今后，纳税人应当按照上述规定开具增值税普通发票。需要特别提醒的是，上述复工复业增值税政策实施期满后，湖北省增值税小规模纳税人还可以继续享受月销售额10万元以下免征增值税的优惠政策，此时由于纳税人月初开票时并不知晓销售额是否会超过额度、能否享受免税政策，因此应按照正确的征收率开具增值税普通发票。

9.44.3.2.2　非湖北纳税人开具了3%普票可以享受减税优惠

热点问题

我是山东的一个个体工商户，属于按月申报的增值税小规模纳税人，兼营空调销售和空调安装服务。2020年3月份销售额是20万元，其中有几个客户想要发票作为凭证，所以我开具了10张征收率为3%的增值税普通发票。请问如果我要享受减按1%征收增值税政策，是否必须追回上述3%征收率的发票，还是可以在申报纳税时直接减按1%申报缴纳增值税？

答:《财政部　税务总局关于支持个体工商户复工复业增值税政策的公告》(财政部　税务总局公告2020年第13号)规定，自2020年3月1日至5月31日，除湖北省外，其他省、自治区、直辖市的增值税小规模纳税人，适用3%征收率的应税销售收入，减按1%征收率征收增值税。

在上述复工复业政策实施期间，除湖北省外，其他省、自治区、直辖市的增值税小规模纳税人月销售额超过10万元，开具了征收率为3%的增值税普通发票的，可以在申报纳税时直接减按1%征收率申报缴纳增值税。需要提醒的是，按照《中华人民共和国发票管理办法》等相关规定，纳税人应如实开具发票。纳税人享受减按1%征收率征收政策的，在开具增值税普通发票时，应当在税率或征收率栏次填写"1%"字样。今后，纳税人应当按照上述规定开具增值税普通发票。

9.44.3.2.3　全国范围内开具3%专用发票的必须全额纳税

热点问题

我是广东一家增值税小规模纳税人，主要从事口罩等防护用品的销售。2020年3月，根据购买方需要，我单位为其开具了一张3%征收率的增值税专用发票，其他业务均按规定开具1%征收率的增值税普通发票。请问开具专用发票的这笔业务能否享受减按1%征收增值税的优惠?

答:不能。《财政部 税务总局关于支持个体工商户复工复业增值税政策的公告》(财政部 税务总局公告2020年第13号)规定,自2020年3月1日至5月31日,除湖北省外,其他省、自治区、直辖市的增值税小规模纳税人,适用3%征收率的应税销售收入,减按1%征收率征收增值税。

由于增值税专用发票具有抵扣功能,纳税人按照规定开具了1%征收率的增值税专用发票的,可以享受减按1%征收率征收增值税政策;纳税人开具3%征收率的增值税专用发票部分,需要按3%征收率申报缴纳增值税。

9.44.3.3 纳税申报热点问题

9.44.3.3.1 湖北地区1、2月应税申报,3月免税申报

热点问题

我公司是湖北省黄冈市按季申报的增值税小规模纳税人,1~2月份销售额35万元,3月份预计销售额10万元,准备按照《财政部 税务总局关于支持个体工商户复工复业增值税政策的公告》(财政部 税务总局公告2020年第13号)规定,适用免征增值税政策。请问我公司在一季度应当如何申报?

答:《国家税务总局关于支持个体工商户复工复业等税收征收管理事项的公告》(2020年第5号)第三条规定,适用《财政部 税务总局关于支持个体工商户复工复业增值税政策的公告》(2020年第13号)免征增值税政策的销售额等项目,应当填写在《增值税纳税申报表(小规模纳税人适用)》及《增值税减免税申报明细表》免税相应栏次。

你公司1~3月份销售额超过30万元,不能享受小规模纳税人季度销售额未达30万元免征增值税政策。你公司在办理增值税纳税申报时,1~2月份销售额应填写在《增值税纳税申报表(小规模纳税人适用)》"应征增值税不含税销售额(3%征收率)"或"应征增值税不含税销售额(5%征收率)"相应栏次;3月份享受免征增值税政策的销售额填写在《增值税纳税申报表(小规模纳税人适用)》第12栏"其他免税销售额"栏次,同时在填写《增值税减免税申报明细表》时,准确选择免税项目代码,准确填写对应免税销售额等项目。

9.44.3.3.2 非湖北地区第一季度销售额的确定

热点问题

非湖北地区按季申报的小规模纳税人,3月适用减按1%征收率征收增值税,那么4月申报第一季度增值税时,由于1、2月征收率3%,3月征收率1%,如何填写申报表中的"应征增值税不含税销售额(3%征收率)"栏次?

答:增值税小规模纳税人在办理增值税纳税申报时,按3%征收率征收增值税的销售额和减按1%征收率征收增值税的销售额均应当填写在《增值税纳税申报表(小规模纳税人适用)》"应征增值税不含税销售额(3%征收率)"相应栏次。减按1%征收率征收增值税的,按下列公式计算销售额:销售额=含税销售额÷(1+1%);按3%征收率征收增值税的销售额

仍按下列公式计算销售额：销售额＝含税销售额÷(1＋3％)。

9.44.3.3.3 非湖北地区1、2月应税申报，3月计算应纳税额减征额

热点问题

我公司是在北京从事广告服务业的一家按季申报的增值税小规模纳税人，今年1～2月份取得销售收入10.3(含税)，3月份销售收入为40.4万元(含税)，按照《财政部 税务总局关于支持个体工商户复工复业增值税政策的公告》(财政部 税务总局公告2020年第13号)规定，可以适用减按1％征收率征收增值税的政策。请问我公司在办理一季度增值税纳税申报时应当如何申报？

答：按照《国家税务总局关于支持个体工商户复工复业等税收征收管理事项的公告》(国家税务总局公告2020年第5号)第三条规定，你公司应当将适用减按1％征收率征收增值税的销售额填写在《增值税纳税申报表(小规模纳税人适用)》"应征增值税不含税销售额(3％征收率)"相应栏次，对应减征的增值税应纳税额按销售额的2％计算填写在《增值税纳税申报表(小规模纳税人适用)》"本期应纳税额减征额"及《增值税减免税明细表》减税项目相应栏次。

具体来说，你公司在办理一季度增值税纳税申报时，应当将1、2月销售额与3月销售额合计数，填写在《增值税纳税申报表(小规模纳税人适用)》第1栏"应征增值税不含税销售额(3％征收率)"。1、2月销售额10万元[10.3÷(1＋3％)＝10]减按1％征收率征收增值税的销售额40万元[40.4÷(1＋1％)＝40]，合计50万元。3月销售额40万元对应减征的增值税应纳税额0.8万元(40×2％＝0.8)，填写在第16栏"本期应纳税额减征额"栏次。同时，你公司应当将本期减征的增值税应纳税额填入《增值税减免税明细表》减税项目相应栏次，填报时应准确选择减税项目代码，准确填写减税项目本期发生额等相关栏次。

9.44.3.3.4 差额征税项目附列资料填写

热点问题

我公司是江苏省南通市一家提供建筑服务的企业，属于按季申报的增值税小规模纳税人，1～2月份取得含税收入12.3万元，支付分包款2万元并取得分包方开具的普通发票；3月份取得含税收入45.4万元，支付分包款5万元并取得分包方开具的普通发票。请问我公司在办理一季度纳税申报时，《增值税纳税申报表(小规模纳税人适用)附列资料》应当如何计算填写？

答：《国家税务总局关于支持个体工商户复工复业等税收征收管理事项的公告》(国家税务总局公告2020年第5号)第三条第二款规定，《增值税纳税申报表(小规模纳税人适用)附列资料》第8栏"不含税销售额"计算公式调整为：第8栏＝第7栏÷(1＋征收率)。

你公司在办理一季度增值税纳税申报时，《增值税纳税申报表(小规模纳税人适用)附列资料》第1栏至第8栏依次填报0万元、7万元、7万元、0万元、57.7万元、7万元、50.7万元、50万元。1、2月份收入征收率为3％，因此在计算填写第8栏时，计算公式中的征收率为3％，所以第8栏应为10万元[(12.3－2)÷(1＋3％)]；3月份收入适用减按1％征收率

征收增值税政策，因此在计算填写第8栏时，计算公式中的征收率为1%，所以第8栏应40万元[(45.4−5)÷(1+1%)=40]，第8栏按合计数50万元填写。在填报《增值税纳税申报表(小规模纳税人适用)》时，第1栏“应征增值税不含税销售额(3%征收率)”填写为50万元，对应减征的增值税应纳税额0.8万元(40×2%=0.8)，填写在第16栏“本期应纳税额减征额”栏次。同时，你公司应当将本期减征的增值税应纳税额填入《增值税减免税明细表》减税项目相应栏次，填报时应准确选择减税项目代码，准确填写减税项目本期发生额等相关栏次。

9.44.3.4 与其他优惠的竞合热点问题

9.44.3.4.1 湖北地区免税与小微免税的竞合

热点问题

我在湖北省武汉市经营着一家便利店，属于按季申报的增值税小规模纳税人，2020年1月和2月销售额分别为9万元、5万元，3月份预计销售额6万元。请问在一季度应当如何申报?

答:《财政部 税务总局关于支持个体工商户复工复业增值税政策的公告》(财政部 税务总局公告2020年第13号)规定，自2020年3月1日至5月31日，对湖北省增值税小规模纳税人，适用3%征收率的应税销售收入，免征增值税。《财政部 税务总局关于实施小微企业普惠性税收减免政策的通知》(财税〔2019〕13号)第一条和《国家税务总局关于小规模纳税人免征增值税政策有关征管问题的公告》(国家税务总局公告2019年第4号)第一条规定，小规模纳税人发生增值税应税销售行为，合计月销售额未超过10万元(以1个季度为1个纳税期的，季度销售额未超过30万元)的，免征增值税。

针对您提供的情况，便利店一季度的总体销售额预计在20万元左右，您可以适用小规模纳税人季度销售额不超过30万元免征增值税政策。在办理一季度增值税纳税申报时，将销售额填写在《增值税纳税申报表(小规模纳税人适用)》第10栏“小微企业免税销售额”(若便利店登记注册类型为个体工商户，则应填写在第11栏“未达起征点销售额”)，如果便利店没有其他免税项目，无需填报《增值税减免税申报明细表》。

9.44.3.4.2 非湖北地区减税与小微免税的竞合

热点问题

我是江苏省从事服装零售业务的个体工商户，属于按季申报的增值税小规模纳税人，2020年1月份销售货物20万元，2月份因疫情停业未销售货物，预计3月份销售货物5万元，同时销售不动产50万元，相关业务均未开具专用发票，请问一季度我应该如何计算缴纳增值税?

答:《财政部 税务总局关于实施小微企业普惠性税收减免政策的通知》(财税〔2019〕13号)第一条和《国家税务总局关于小规模纳税人免征增值税政策有关征管问题的公告》(国家税务总局公告2019年第4号)第一条明确，小规模纳税人发生增值税应税销售行为，合计月销售额未超过10万元(以1个季度为1个纳税期的，季度销售额未超过30万元)的，免征增值税;小规模纳税人发生增值税应税销售行为,合计月销售额超过10万元,但扣除本期发生的销售不动产的销售额后未超过10万元的,其销售货物、劳务、服务、无形资产取得的销售额免征增值税。

您一季度销售额合计75万元,但扣除50万元的不动产销售额后,货物销售额为25万元,未超过小规模纳税人季度免税销售额标准,因此,销售货物的25万元可以享受免征增值税政策。

《财政部 税务总局关于支持个体工商户复工复业增值税政策的公告》(财政部 税务总局公告2020年第13号)规定,自2020年3月1日至5月31日,除湖北省外,其他省、自治区、直辖市的增值税小规模纳税人,适用3%征收率的应税销售收入,减按1%征收率征收增值税。销售不动产适用5%的征收率,不适用减按1%征收率征收增值税的政策。因此,您一季度销售不动产取得的50万元,需要按照现行销售不动产的政策计算缴纳增值税。

9.44.3.4.3 销售使用过的固定资产与减免税的竞合

热点问题

增值税小规模纳税人销售自己使用过的固定资产和旧货按规定减按2%征收的,现在是否可以享受小规模纳税人复工复业增值税优惠政策?

答:可以。根据《财政部 税务总局关于支持个体工商户复工复业增值税政策的公告》(财政部 税务总局公告2020年第13号)规定,自3月1日至5月31日,对湖北省增值税小规模纳税人,适用3%征收率的应税销售收入,免征增值税;除湖北省外,其他省、自治区、直辖市的增值税小规模纳税人,适用3%征收率的应税销售收入,减按1%征收率征收增值税。

根据《财政部 国家税务总局关于部分货物适用增值税低税率和简易办法征收增值税政策的通知》(财税〔2009〕9号)和《财政部 国家税务总局关于简并增值税征收率政策的通知》(财税〔2014〕57号)规定,增值税小规模纳税人(除其他个人外)销售自己使用过的固定资产以及销售旧货,按照简易办法依照3%征收率减按2%征收增值税。因小规模纳税人销售自己使用过的固定资产和旧货适用"3%的征收率",所以,湖北省增值税小规模纳税人销售自己使用过的固定资产和旧货取得的应税销售收入,可以免征增值税;其他省、自治区、直辖市的增值税小规模纳税人销售自己使用过的固定资产和旧货取得的应税销售收入,可以减按1%征收率缴纳增值税。

9.44.3.5 小规模纳税人放弃复工复业减免税热点问题

9.44.3.5.1 可以按某一笔业务放弃减税或免税

热点问题

我是一户增值税小规模纳税人。按照规定,小规模纳税人可以在2020年3至5月份享受减征或免征增值税政策。如果在此期间,有购买方要求我单位必须为其开具3%征收率的增值税专用发票。请问开具专票后,我单位的其他业务是否还能享受小规模纳税人复工复业减征或免征增值税政策?

答:可以享受。《财政部 税务总局关于支持个体工商户复工复业增值税政策的公告》

(财政部 税务总局公告2020年第13号)规定,自2020年3月1日至5月31日,对湖北省增值税小规模纳税人,适用3%征收率的应税销售收入,免征增值税;除湖北省外,其他省、自治区、直辖市的增值税小规模纳税人,适用3%征收率的应税销售收入,减按1%征收率征收增值税。

增值税小规模纳税人根据实际业务需要,为购买方就某一笔业务开具3%征收率增值税专用发票的,需要就该笔业务按3%征收率申报缴纳增值税。未开具专用发票的其他适用3%征收率的应税销售收入,仍可以适用增值税小规模纳税人复工复业增值税减征或免征政策。

9.44.3.5.2 放弃减税无期限要求

热点问题

我是非湖北地区的提供现代服务的小规模纳税人,按月缴纳增值税,3月决定放弃减征按照3%的征收率缴纳增值税,4月纳税人又想按照1%征收率缴纳增值税是否可以?

答:可以。

9.44.3.5.3 放弃减免税无须声明

热点问题

我公司可以享受《财政部 税务总局关于支持个体工商户复工复业增值税政策的公告》(财政部 税务总局公告2020年第13号)规定的减免税政策,由于下游企业坚决要求3%专用发票,所以我们打算放弃减免税。请问我们需要填写《纳税人放弃免(减)税权声明》吗?如果放弃,是不是36个月内我们所有的减免税优惠都不能享受了?

答:你公司可以根据实际情况选择适用《财政部 税务总局关于支持个体工商户复工复业增值税政策的公告》(财政部 税务总局公告2020年第13号)规定的减免税优惠,也可以选择放弃减免税。放弃减免税优惠不需要填写《纳税人放弃免(减)税权声明》,也不影响享受其他增值税优惠政策。

9.45 放弃减免税权

9.45.1 放弃货物劳务减免税

《增值税暂行条例实施细则》第三十六条规定,纳税人销售货物或者应税劳务适用免税规定的,可以放弃免税,依照条例的规定缴纳增值税。放弃免税后,36个月内不得再申请免税。

自2007年10月1日起,增值税纳税人销售免税货物或劳务放弃免税权的有关规定如下:

一、生产和销售免征增值税货物或劳务的纳税人要求放弃免税权,应当以书面形式提交放弃免税权声明,报主管税务机关备案。纳税人自提交备案资料的次月起,按照现行有关规定计算缴纳增值税。

二、放弃免税权的纳税人符合一般纳税人认定条件尚未认定为增值税一般纳税人的,应当按现行规定认定为增值税一般纳税人,其销售的货物或劳务可开具增值税专用发票。

三、纳税人一经放弃免税权,其生产销售的全部增值税应税货物或劳务均应按照适用税率征税,不得选择某一免税项目放弃免税权,也不得根据不同的销售对象选择部分货物或劳务放弃免税权。

四、纳税人在免税期内购进用于免税项目的货物或者应税劳务所取得的增值税扣税凭证,一律不得抵扣。

(财政部国家税务总局关于增值税纳税人放弃免税权有关问题的通知,财税〔2007〕127号,发文日期:2007-09-25)

9.45.2 放弃服务减免税

《营业税改征增值税试点实施办法》(财税〔2016〕36号)第四十八条规定,纳税人发生应税行为适用免税、减税规定的,可以放弃免税、减税,依照本办法的规定缴纳增值税。放弃免税、减税后,36个月内不得再申请免税、减税。纳税人发生应税行为同时适用免税和零税率规定的,纳税人可以选择适用免税或者零税率。

9.45.3 一般纳税人放弃减免税起始时间的选择问题

自2020年5月1日起,一般纳税人可以在增值税免税、减税项目执行期限内,按照纳税申报期选择实际享受该项增值税免税、减税政策的起始时间。

一般纳税人在享受增值税免税、减税政策后,按照《营业税改征增值税试点实施办法》(财税〔2016〕36号文件印发)第四十八条的有关规定,要求放弃免税、减税权的,应当以书面形式提交纳税人放弃免(减)税权声明,报主管税务机关备案。一般纳税人自提交备案资料的次月起,按照规定计算缴纳增值税。

(国家税务总局关于明确二手车经销等若干增值税征管问题的公告,国家税务总局公告2020年第9号,发文日期:2020-04-23)

政策解析 为进一步明晰纳税人权利和义务,在某项增值税减免税政策出台后,一般纳税人可以在该项政策执行期限内,按照纳税申报期选择开始享受这项减免税政策的时间。在一般纳税人实际享受某项服务、不动产或无形资产相关减免增值税政策后,选择放弃其减免税权的,与销售货物放弃减免税权一样,均应以书面形式提交放弃免(减)税权声明,报主管税务机关备案。需要特别提醒注意的是,上述规定适用于增值税一般纳税人。例如,按照《财政部 税务总局关于支持新型冠状病毒感染的肺炎疫情防控有关税收政策的公告》(2020年第8号)规定,自2020年1月1日起,纳税人提供生活服务取得的收入,可以享受免征增值税的优惠政策。某一般纳税人提供住宿服务(属于生活服务),可以选择就2020年1月提供住宿服务取得的全部收入按照征税申报、缴税,并开具增值税专用发票;自2月1日起,就其提供住宿服务取得的收入按照免税申报,不得开具增值税专用发票。此后,如果该纳税人选择放弃享受住宿服务免税权,应按规定以书面形式向主管税务机关提交纳税人放弃免(减)税权声明,并自提交声明的次月起,按照现行规定计算缴纳增值税。

热点问题1

我公司是一家货运企业,增值税一般纳税人。目前已享受运输疫情防控重点保障物资免征增值税政策，考虑到我公司将购买大批货车，预计可抵扣进项税额很大，想要从6月份开始放弃享受运输疫情防控重点保障物资免征增值税政策。请问，我公司应如何操作放弃免税事项？

答：《国家税务总局关于明确二手车经销等若干增值税征管问题的公告》(国家税务总局公告2020年第9号)第五条规定，一般纳税人在享受增值税免税、减税政策后，按照《营业税改征增值税试点实施办法》(财税〔2016〕36号文件印发)第四十八条的有关规定，要求放弃免税、减税权的，应当以书面形式提交纳税人放弃免(减)税权声明，报主管税务机关备案。一般纳税人自提交备案资料的次月起，按照规定计算缴纳增值税。按照上述规定，你公司如果要求自2020年6月开始放弃享受运输疫情防控重点保障物资免征增值税政策，应在2020年5月以书面形式提交纳税人放弃免(减)税权声明，报主管税务机关备案，并自2020年6月1日起，按照规定计算缴纳增值税。

热点问题2

我公司是一家孵化器企业，属于增值税一般纳税人，按月纳税。2019年6月被认定为省级科技企业孵化器，符合享受孵化服务免征增值税优惠政策的条件。由于在孵对象的抵扣需求，2019年我公司一直就孵化服务收入缴纳增值税，并向在孵对象开具增值税专用发票。今年受疫情影响，我公司业务量大幅下降，经营较为困难，请问，我公司能否从2020年5月起享受孵化服务免征增值税政策？

答：《财政部 税务总局 科技部 教育部关于科技企业孵化器 大学科技园和众创空间税收政策的通知》(财税〔2018〕120号，以下称120号文件)规定，自2019年1月1日至2021年12月31日，对国家级、省级科技企业孵化器、大学科技园和国家备案众创空间向在孵对象提供孵化服务取得的收入，免征增值税。《国家税务总局关于明确二手车经销等若干增值税征管问题的公告》(国家税务总局公告2020年第9号)第五条规定，一般纳税人可以在增值税免税、减税项目执行期限内，按照纳税申报期选择实际享受该项目增值税免税、减税政策的起始时间。依据上述规定，虽然你公司此前未享受120号文件规定的孵化服务免征增值税政策，但可以在120号文件的执行期限内(2019年1月1日至2021年12月31日)，按照纳税申报期自行选择享受这项免税政策的起始时间，比如，自2020年5月1日起开始享受这项优惠政策。

9.46 增值税即征即退企业的管理措施

为加快退税进度，提高纳税人资金使用效率，扶持企业发展，自2011年12月1日起，税务总局决定调整增值税即征即退企业实施先评估后退税的管理措施。具体规定如下：

一、将增值税即征即退优惠政策的管理措施由先评估后退税改为先退税后评估。

二、主管税务机关应进一步加强对即征即退企业增值税退税的事后管理，根据以下指标定期开展纳税评估。

(一) 销售额变动率的计算公式：

$$1.\ \frac{\text{本期销售额}}{\text{环比变动率}} = \frac{\frac{\text{本期即征即退货物和}}{\text{劳务销售额}} - \frac{\text{上期即征即退货物和}}{\text{劳务销售额}}}{\frac{\text{上期即征即退货物和}}{\text{劳务销售额}}} \times 100\%$$

$$2.\ \frac{\text{本期累计销售额}}{\text{环比变动率}} = \frac{\frac{\text{本期即征即退货物和}}{\text{劳务累计销售额}} - \frac{\text{上期即征即退货物和}}{\text{劳务累计销售额}}}{\frac{\text{上期即征即退货物和}}{\text{劳务累计销售额}}} \times 100\%$$

$$3.\ \frac{\text{本期销售额}}{\text{同比变动率}} = \frac{\frac{\text{本期即征即退货物和}}{\text{劳务销售额}} - \frac{\text{去年同期即征即退货}}{\text{物和劳务销售额}}}{\frac{\text{去年同期即征即退}}{\text{货物和劳务销售额}}} \times 100\%$$

$$4.\ \frac{\text{本期累计销售额}}{\text{同比变动率}} = \frac{\frac{\text{本期即征即退货物和}}{\text{劳务累计销售额}} - \frac{\text{去年同期即征即退货物}}{\text{和劳务累计销售额}}}{\frac{\text{去年同期即征即退货物和}}{\text{劳务累计销售额}}} \times 100\%$$

（二）增值税税负率的计算公式：

$$\text{增值税税负率} = \frac{\text{本期即征即退货物和}}{\text{劳务应纳税额}} \div \frac{\text{本期即征即退货物和}}{\text{劳务销售额}} \times 100\%$$

（国家税务总局关于调整增值税即征即退优惠政策管理措施有关问题的公告，国家税务总局公告2011年第60号，发文日期：2011-11-14）

9.47 既享受增值税即征即退、先征后退政策又享受免抵退税政策的处理

自2012年1月1日起，既有增值税即征即退、先征后退项目，也有出口等其他增值税应税项目的纳税人，执行下列政策：

一、纳税人既有增值税即征即退、先征后退项目，也有出口等其他增值税应税项目的，增值税即征即退和先征后退项目不参与出口项目免抵退税计算。纳税人应分别核算增值税即征即退、先征后退项目和出口等其他增值税应税项目，分别申请享受增值税即征即退、先征后退和免抵退税政策。

二、用于增值税即征即退或者先征后退项目的进项税额无法划分的，按照下列公式计算：

$$\frac{\text{无法划分进项税额中用于增值税即征}}{\text{即退或者先征后退项目的部分}} = \frac{\text{当月无法划分的}}{\text{全部进项税额}} \times \frac{\text{当月增值税即征即退或者}}{\text{先征后退项目销售额}} \div \frac{\text{当月全部销售额、}}{\text{营业额合计}}$$

（国家税务总局关于纳税人既享受增值税即征即退先征后退政策又享受免抵退税政策有关问题的公告，国家税务总局公告2011年第69号，发文日期：2011-12-01）

9.48 随增值税附征的城市维护建设税和教育费附加

对增值税、营业税、消费税实行先征后返、先征后退、即征即退办法的，除另有规定外，对随“三税”附征的城市维护建设税和教育费附加，一律不予退(返)还。

（财政部 国家税务总局关于增值税、营业税、消费税实行先征后返等办法有关城建税和教育费附加政策的通知，财税〔2005〕72号，发文日期：2005-05-25）

第 10 章　增值税的其他税制要素

本章主要介绍增值税的纳税义务发生时间、纳税期限和纳税地点。

10.1　增值税纳税义务发生时间

10.1.1　传统增值税纳税义务发生时间

一、条例的基本规定。

《增值税暂行条例》第十九条规定：

增值税纳税义务发生时间：

（一）发生应税销售行为，为收讫销售款项或者取得索取销售款项凭据的当天；先开具发票的，为开具发票的当天。

（二）进口货物，为报关进口的当天。

增值税扣缴义务发生时间为纳税人增值税纳税义务发生的当天。

二、细则的具体规定。

《增值税暂行条例实施细则》第三十八条规定，条例第十九条第一款第（一）项规定的收讫销售款项或者取得索取销售款项凭据的当天，按销售结算方式的不同，具体为：

（一）采取直接收款方式销售货物，不论货物是否发出，均为收到销售款或者取得索取销售款凭据的当天。

（二）采取托收承付和委托银行收款方式销售货物，为发出货物并办妥托收手续的当天。

（三）采取赊销和分期收款方式销售货物，为书面合同约定的收款日期的当天，无书面合同的或者书面合同没有约定收款日期的，为货物发出的当天。

（四）采取预收货款方式销售货物，为货物发出的当天，但生产销售生产工期超过 12 个月的大型机械设备、船舶、飞机等货物，为收到预收款或者书面合同约定的收款日期的当天。

（五）委托其他纳税人代销货物，为收到代销单位的代销清单或者收到全部或者部分货款的当天。未收到代销清单及货款的，为发出代销货物满 180 天的当天。

（六）销售应税劳务，为提供劳务同时收讫销售款或者取得索取销售款的凭据的当天。

（七）纳税人发生本细则第四条第（三）项至第（八）项所列视同销售货物行为，为货物移送的当天。

政策解析 增值税的纳税义务发生时间与会计收入确认时限以及企业所得税收入确认时限不同。对于销售方而言，一项销售行为是由交货、收款、开票三个环节组成的，通常情况下交付货物且收款或者取得收款权利时增值税的纳税义务便发生了；由于我国增值税实行以票控税的管理模式，如果先开具发票的，增值税的纳税义务发生时间为发票开具的当天。会计和企业所得税则要考虑确认收入的同时需要配比地结转成本，因此货物所有权与控制权转移且收入与成本的金额均能可靠计量时才能确认货物销售收入。另外，会计还要贯彻谨慎性原则，只有与货物相关的经济利益很可能流入企业时才确认收入。

案例解析83

直接收款方式销售货物纳税义务发生时间如何确定？

天马商贸企业(一般纳税人)，2019年3月销售给甲公司一批货物，签订货物销售合同，合同约定天马商贸企业于3月20日发货，甲公司必须在五日内验收完毕并付款，即在3月25日前付款。天马商贸公司按照合同约定3月20日发货后，3月25日开始催收货款，但直到4月5日才实际收到货款。天马商贸企业3月还销售给乙公司一批货物，没有签订合同，实际业务是3月20日发货，4月5日收到货款。请分析天马商贸企业这两笔销售业务何时发生纳税义务，应当如何开具发票。

答：根据《增值税暂行条例实施细则》规定，采取直接收款方式销售货物的，不论货物是否发出，纳税义务发生时间为收到销售款或者取得索取销售款项凭据的当天。天马商贸企业销售给甲的货物，合同约定的付款日期为3月25日，则索取销售款项的凭证在3月25日取得，虽然当天并未实际收到销售款，但已取得索取销售款项的凭据，纳税义务在当日发生，纳税义务发生时间在4月1日之前，应适用原税率16%，天马商贸企业应当给甲公司开具16%税率的发票。销售给乙公司的货物也属于直接收款方式，由于没有签订合同，没有索取销售款项凭据的日期，纳税义务发生时间应为收讫销售款项的当天，纳税人4月5日收到货款，纳税义务发生在4月5日，由于其在4月1日之后，应适用新的税率，天马商贸企业应开具13%税率的发票。

10.1.2 直接收款方式销售货物

《国家税务总局关于增值税纳税义务发生时间有关问题的公告》作出如下规定：

纳税人生产经营活动中采取直接收款方式销售货物，已将货物移送对方并暂估销售收入入账，但既未取得销售款或取得索取销售款凭据也未开具销售发票的，其增值税纳税义务发生时间为取得销售款或取得索取销售款凭据的当天；先开具发票的，为开具发票的当天。

本公告自2011年8月1日起施行。纳税人此前对发生上述情况进行增值税纳税申报的，可向主管税务机关申请，按本公告规定做纳税调整。

(国家税务总局关于增值税纳税义务发生时间有关问题的公告，国家税务总局公告2011年第40号，发文日期：2011-07-15)

案例解析 84

赊销货物时是小规模纳税人，收款时一般纳税人资格生效，该笔销售额应如何纳税？

天马物资供销公司(小规模纳税人)于 2020 年 4 月 3 日签订了赊销合同并已发货，约定于 6 月 3 日收款，该纳税人于 5 月 30 日办理了增值税一般纳税人资格登记。请问：天马物资供销公司就此笔业务是按一般纳税人还是按小规模纳税人计算缴纳增值税？

答：《增值税暂行条例实施细则》第三十八条第一款第(三)项规定，采取赊销和分期收款方式销售货物，为书面合同约定的收款日期的当天，无书面合同的或者书面合同没有约定收款日期的，为货物发出的当天；因此，天马物资供销公司采取赊销方式销售货物，应在 6 月 3 日收款时确认收入并计算缴纳增值税，此时已被认定为一般纳税人，所以应按一般纳税人一般计税方法计算缴纳增值税。

案例解析 85

生产工期超过 12 个月的大型机械船舶销售业务，纳税义务发生时间如何确定？

2019 年 4 月 8 日，天马造船厂与外商签订购船合同，约定造船厂在 2020 年 12 月 8 日交付船舶，并于 2019 年 6 月 30 日、2019 年 12 月 30 日、2020 年 6 月 30 日、2020 年 12 月 8 日分四次平均收取全部价款 200 万元。请问：天马造船厂如何确认增值税的纳税义务发生时间？

答：《增值税暂行条例实施细则》第三十八条第四项规定，采取预收货款方式销售货物，为货物发出的当天，但生产销售生产工期超过 12 个月的大型机械设备、船舶、飞机等货物，为收到预收款或者书面合同约定的收款日期的当天。由于该船舶的生产工期超过 12 个月，造船厂应当按购船合同上约定的收款日期即 2019 年 6 月 30 日、2019 年 12 月 30 日、2020 年 6 月 30 日、2020 年 12 月 8 日，分别确认销售额 50 万元并申报缴纳增值税。

案例解析 86

销售方销售货物后没有收到货款，也没有开具发票，就不需要缴纳增值税了吗？

天马物资供应公司于 2020 年 2 月销售一批货物给珍贝公司，含税价 30 万元。货物发出后天马物资供应公司当月委托银行收款，但是被珍贝公司拒付。后来经过多次催讨，珍贝公司一直未支付天马物资供应公司该笔货款。天马物资公司没有给珍贝公司开具发票，也未申报缴纳增值税。请问：天马物资供应公司的做法对吗？

答：《增值税暂行条例实施细则》第三十八条第一款第(二)项规定，采取托收承付和委托银行收款方式销售货物，收讫销售款项或者取得索取销售款项凭据的当天为发出货物并办妥托收手续的当天。天马物资供应公司采取委托收款方式销售货物，纳税义务发生时间为发出货物并办妥托收手续的 2 月份，虽然天马公司并未收到货款，但是增值税的纳税义务已经发生，应当申报缴纳增值税。实际上，2 月份也应确认企业所得税的销售货物收入，申报缴纳企业所得税。

10.1.3 营改增试点纳税人纳税义务发生时间

《营税改征增值税试点实施为法》规定，增值税纳税义务、扣缴义务发生时间为：

（一）纳税人发生应税行为并收讫销售款项或者取得索取销售款项凭据的当天；先开具发票的，为开具发票的当天。

收讫销售款项，是指纳税人销售服务、无形资产、不动产过程中或者完成后收到款项。

取得索取销售款项凭据的当天，是指书面合同确定的付款日期；未签订书面合同或者书面合同未确定付款日期的，为服务、无形资产转让完成的当天或者不动产权属变更的当天。

（二）纳税人提供租赁服务采取预收款方式的，其纳税义务发生时间为收到预收款的当天。

（三）纳税人从事金融商品转让的，为金融商品所有权转移的当天。

（四）纳税人发生本办法第十四条规定情形的，其纳税义务发生时间为服务、无形资产转让完成的当天或者不动产权属变更的当天。

（五）增值税扣缴义务发生时间为纳税人增值税纳税义务发生的当天。

（财政部　国家税务总局关于全面推开营业税改征增值税试点的通知，财税〔2016〕36号，发文日期：2016-03-23；财政部　国家税务总局关于建筑服务等营改增试点政策的通知，财税〔2017〕58号，发文日期：2017-07-11）

政策解析 纳税人采用预收款方式提供租赁服务与提供其他应税服务的纳税义务发生时间不同：纳税人采取预收款方式租赁服务，以收到预收款的当天作为纳税义务发生时间；纳税人采取预收款方式提供其他应税服务，收到预收款时纳税义务没有发生。

10.1.3.1 银行贷款利息收入纳税义务发生时间

银行提供贷款服务按期计收利息的，结息日当日计收的全部利息收入，均应计入结息日所属期的销售额，按照现行规定计算缴纳增值税。

（国家税务总局关于营改增试点若干征管问题的公告，国家税务总局公告2016年第53号，发文日期：2016-08-18）

政策解析 银行提供贷款服务取得的利息收入，增值税纳税义务发生时间不执行权责发生制。

10.1.3.2 金融企业逾期贷款利息纳税义务发生时间

金融企业发放贷款后，自结息日起90天内发生的应收未收利息按现行规定缴纳增值税，自结息日起90天后发生的应收未收利息暂不缴纳增值税，待实际收到利息时按规定缴纳增值税。

上述所称金融企业，是指银行(包括国有、集体、股份制、合资、外资银行以及其他所有制形式的银行)、城市信用社、农村信用社、信托投资公司、财务公司；证券公司、保险公司、金融租赁公司、证券基金管理公司、证券投资基金以及其他经人民银行、银监会、证监会、保监会批准成立且经营金融保险业务的机构。

（财政部国家税务总局关于全面推开营业税改征增值税试点的通知，财税〔2016〕36号，发文日期：

2016-03-23;财政部 国家税务总局关于明确金融、房地产开发、教育辅助服务等增值税政策的通知,财税〔2016〕140号,发文日期:2016-12-21)

10.1.3.3 建筑业质押金、保证金纳税义务发生时间

纳税人提供建筑服务,被工程发包方从应支付的工程款中扣押的质押金、保证金,未开具发票的,以纳税人实际收到质押金、保证金的当天为纳税义务发生时间。

(国家税务总局关于在境外提供建筑服务等有关问题的公告,国家税务总局公告2016年第69号,发文日期:2016-11-04)

10.1.4 采用预付卡方式销售货物或服务纳税义务发生时间及发票开具

一、单用途商业预付卡(以下简称"单用途卡")业务按照以下规定执行:

(一)单用途卡发卡企业或者售卡企业(以下统称"售卡方")销售单用途卡,或者接受单用途卡持卡人充值取得的预收资金,不缴纳增值税。售卡方可向购卡人、充值人开具增值税普通发票(商品和服务分类编码选601"预付卡销售和充值"),不得开具增值税专用发票。

单用途卡,是指发卡企业按照国家有关规定发行的,仅限于在本企业、本企业所属集团或者同一品牌特许经营体系内兑付货物或者服务的预付凭证。

发卡企业,是指按照国家有关规定发行单用途卡的企业。售卡企业,是指集团发卡企业或者品牌发卡企业指定的,承担单用途卡销售、充值、挂失、换卡、退卡等相关业务的本集团或同一品牌特许经营体系内的企业。

(二)售卡方因发行或者销售单用途卡并办理相关资金收付结算业务取得的手续费、结算费、服务费、管理费等收入,应按照现行规定缴纳增值税。

(三)持卡人使用单用途卡购买货物或服务时,货物或者服务的销售方应按照现行规定缴纳增值税,且不得向持卡人开具增值税发票。

(四)销售方与售卡方不是同一个纳税人的,销售方在收到售卡方结算的销售款时,应向售卡方开具增值税普通发票,并在备注栏注明"收到预付卡结算款",不得开具增值税专用发票。

售卡方从销售方取得的增值税普通发票,作为其销售单用途卡或接受单用途卡充值取得预收资金不缴纳增值税的凭证,留存备查。

二、支付机构预付卡(以下称"多用途卡")业务按照以下规定执行:

(一)支付机构销售多用途卡取得的等值人民币资金,或者接受多用途卡持卡人充值取得的充值资金,不缴纳增值税。支付机构可向购卡人、充值人开具增值税普通发票(商品和服务分类编码选601"预付卡销售和充值"),不得开具增值税专用发票。

支付机构,是指取得中国人民银行核发的《支付业务许可证》,获准办理"预付卡发行与受理"业务的发卡机构和获准办理"预付卡受理"业务的受理机构。

多用途卡,是指发卡机构以特定载体和形式发行的,可在发卡机构之外购买货物或服务的预付价值。

(二)支付机构因发行或者受理多用途卡并办理相关资金收付结算业务取得的手续费、结算费、服务费、管理费等收入,应按照现行规定缴纳增值税。

(三)持卡人使用多用途卡,向与支付机构签署合作协议的特约商户购买货物或服务,

特约商户应按照现行规定缴纳增值税，且不得向持卡人开具增值税发票。

（四）特约商户收到支付机构结算的销售款时，应向支付机构开具增值税普通发票，并在备注栏注明“收到预付卡结算款”，不得开具增值税专用发票。

支付机构从特约商户取得的增值税普通发票，作为其销售多用途卡或接受多用途卡充值取得预收资金不缴纳增值税的凭证，留存备查。

（国家税务总局关于营改增试点若干征管问题的公告，国家税务总局公告2016年第53号，发文日期：2016-08-18）

10.1.5 房地产开发企业预收款项预缴税款

房地产开发企业采取预收款方式销售所开发的房地产项目，在收到预收款时按照3%的预征率预缴增值税。

（财政部 国家税务总局关于全面推开营业税改征增值税试点的通知，财税〔2016〕36号，发文日期：2016-03-23）

政策解析 房地产开发企业采取预收款方式销售开发产品，纳税义务发生时间为不动产权属变更的当天，取得预收款时纳税义务并没有发生。因此，在收到预收款时缴纳的是预缴税款，而不是销项税额，不得抵扣进项税额。

10.1.6 建筑企业预收款预缴增值税

纳税人提供建筑服务取得预收款，应在收到预收款时，以取得的预收款扣除支付的分包款后的余额，按照规定的预征率预缴增值税。

按照现行规定应在建筑服务发生地预缴增值税的项目，纳税人收到预收款时在建筑服务发生地预缴增值税。按照现行规定无需在建筑服务发生地预缴增值税的项目，纳税人收到预收款时在机构所在地预缴增值税。

适用一般计税方法计税的项目预征率为2%，适用简易计税方法计税的项目预征率为3%。

（财政部 国家税务总局关于建筑服务等营改增试点政策的通知，财税〔2017〕58号，发文日期：2017-07-11）

按照现行规定应当预缴增值税税款的小规模纳税人，凡在预缴地实现的月销售额未超过10万元的，当期无需预缴税款。国家税务总局2019年4号公告下发前已预缴税款的，可以向预缴地主管税务机关申请退还。

（国家税务总局关于小规模纳税人免征增值税政策有关征管问题的公告，国家税务总局公告2019年第4号，发文日期：2019-01-19）

政策解析 《营业税改征增值税试点实施办法》规定，纳税人提供建筑服务、租赁服务采取预收款方式的，其纳税义务发生时间为收到预收款的当天。财税〔2017〕58号对此做出修改，建筑服务纳税义务发生时间不再是收到预收款的当天，而是适用实施办法第四十五条第一项规定：“纳税人发生应税行为并收讫销售款项或者取得索取销售款项凭据的当天；先开具发票的，为开具发票的当天。”因此，建筑企业预收备料款时，增值税纳税义务并未发生，但需要按照规定预缴增值税。

重点难点即时练 21

1. A 公司 5 月 10 日将货物运到 B 公司委托其销售，5 月 12 日签订代销合同，A 公司 6 月 10 日收到代销款，但直到 6 月 20 日才收到代销清单，A 公司纳税义务发生时间为(　　)。

A. 5 月 10 日　　B. 5 月 12 日　　C. 6 月 10 日　　D. 6 月 20 日

2. A 公司 2020 年 1 月 10 日将货物运到 B 公司委托其销售，1 月 12 日签订代销合同，A 公司 8 月 10 日收到代销清单，但直到 8 月 20 日才收到代销款，A 公司纳税义务发生时间为(　　)。

A. 8 月 10 日　　B. 7 月 9 日　　C. 1 月 10 日　　D. 8 月 20 日

3. A 公司采取预收货款方式向 B 公司销售货物，双方于 2020 年 3 月 18 日签订合同约定 B 公司于 4 月 28 日向 A 公司预付货款。但 A 公司在 4 月 20 日就收到 B 公司的预付货款，A 公司于 5 月 30 日发出货物，A 公司增值税纳税义务发生时间为(　　)。

A. 3 月 18 日　　B. 4 月 28 日

C. 4 月 20 日　　D. 5 月 30 日

4. 采取托收承付和委托银行收款方式销售货物的，增值税纳税义务发生时间为(　　)。

A. 发出货物的当天

B. 收到销售款项的当天

C. 收到销售额或取得索取销售额凭据，并将提货单交给买方的当天

D. 发出货物并办妥托收手续的当天

5. 采取直接收款方式销售货物，增值税纳税义务发生时间为(　　)。

A. 收到销售额或取得索取销售额的凭据　　B. 将提货单交给买方的当天

C. 收到销售额并开具发票的当天　　D. 发出货物的当天

6. 纳税人发生了除代销行为以外的其他视同销售货物行为的，增值税纳税义务发生时间为(　　)。

A. 开具发票的当天　　B. 货物移送的当天

C. 办妥手续的当天　　D. 上述都有可能

7. 纳税人将自产的货物用于投资的，增值税纳税环节为(　　)。

A. 生产环节　　B. 货物完工入库环节

C. 移送使用环节　　D. 在建工程竣工环节

8. 纳税人提供应税劳务的，增值税纳税义务发生时间为(　　)。

A. 提供应税劳务的当天

B. 合同约定收款日的当天

C. 提供劳务同时收到销售额或取得索取销售额的凭据的当天

D. 收到销售额的当天

9. 纳税人采取下列收款方式销售货物的，增值税纳税义务发生时间为书面合同约定的收款日期的当天(　　)。

A. 赊销　　B. 分期收款方式发出商品

C. 预收货款　　　　D. 委托他人代销货物

10. 下列行为中,增值税纳税义务发生时间为货物发出当天的有(　　)。

A. 采用预收货款方式结算　　　　B. 采用分期收款方式结算

C. 将货物分配给股东　　　　D. 将货物无偿赠送他人

11. 下列可确认为纳税义务已经发生的是(　　)。

A. 货物已经发出并已取得了货款

B. 货物已经发出并已取得了索取销售款的凭据

C. 委托代销货物发出已超过180天

D. 发票已开具

10.2 增值税的纳税期限

10.2.1 传统增值税纳税人的纳税期限

《增值税暂行条例》第二十三条规定,增值税的纳税期限分别为1日、3日、5日、10日、15日、1个月或者1个季度。纳税人的具体纳税期限,由主管税务机关根据纳税人应纳税额的大小分别核定;不能按照固定期限纳税的,可以按次纳税。

纳税人以1个月或者1个季度为1个纳税期的,自期满之日起15日内申报纳税;以1日、3日、5日、10日或者15日为1个纳税期的,自期满之日起5日内预缴税款,于次月1日起15日内申报纳税并结清上月应纳税款。

《增值税暂行条例实施细则》第三十九条规定,条例第二十三条以1个季度为纳税期限的规定仅适用于小规模纳税人。小规模纳税人的具体纳税期限,由主管税务机关根据其应纳税额的大小分别核定。

10.2.2 营改增纳税人的纳税期限

增值税的纳税期限分别为1日、3日、5日、10日、15日、1个月或者1个季度。纳税人的具体纳税期限,由主管税务机关根据纳税人应纳税额的大小分别核定。以1个季度为纳税期限的规定适用于小规模纳税人、银行、财务公司、信托投资公司、信用社,以及财政部和国家税务总局规定的其他纳税人。不能按照固定期限纳税的,可以按次纳税。

纳税人以1个月或者1个季度为1个纳税期的,自期满之日起15日内申报纳税;以1日、3日、5日、10日或者15日为1个纳税期的,自期满之日起5日内预缴税款,于次月1日起15日内申报纳税并结清上月应纳税款。

扣缴义务人解缴税款的期限,按照前两款规定执行。

(财政部　国家税务总局关于全面推开营业税改征增值税试点的通知,财税〔2016〕36号,发文日期:2016-03-23)

10.2.3 小规模纳税人可以选择纳税期限

按固定期限纳税的小规模纳税人可以选择以1个月或1个季度为纳税期限,一经选择,一个会计年度内不得变更。

（国家税务总局关于小规模纳税人免征增值税政策有关征管问题的公告，国家税务总局公告 2019 年第 4 号，发文日期：2019-01-19）

10.2.4　按季申报纳税人纳税期限

按照《增值税暂行条例》《营业税改征增值税试点实施办法》《消费税暂行条例》及相关文件规定，以 1 个季度为纳税期限的增值税纳税人，其取得的全部增值税应税收入、消费税应税收入，均可以 1 个季度为纳税期限。

（国家税务总局关于营改增试点若干征管问题的公告，国家税务总局公告 2016 年第 53 号，发文日期：2016-08-18）

10.2.5　合理简并纳税申报次数

自 2016 年 4 月 1 日起，合理简并纳税人申报缴税次数，具体规定如下：

一、增值税小规模纳税人缴纳增值税、消费税、文化事业建设费，以及随增值税、消费税附征的城市维护建设税、教育费附加等税费，原则上实行按季申报。

纳税人要求不实行按季申报的，由主管税务机关根据其应纳税额大小核定纳税期限。

按固定期限纳税的小规模纳税人可以选择以 1 个月或 1 个季度为纳税期限，一经选择，一个会计年度内不得变更。

二、随增值税、消费税附征的城市维护建设税、教育费附加免于零申报。

三、符合条件的小型微利企业，实行按季度申报预缴企业所得税。

四、对于采取简易申报方式的定期定额户，在规定期限内通过财税库银电子缴税系统批量扣税或委托银行扣缴核定税款的，当期可不办理申报手续，实行以缴代报。

（国家税务总局关于合理简并纳税人申报缴税次数的公告，国家税务总局公告 2016 年第 6 号，发文日期：2016-02-01；国家税务总局关于小规模纳税人免征增值税政策有关征管问题的公告，国家税务总局公告 2019 年第 4 号，发文日期：2019-01-19）

10.2.6　扣缴义务人的纳税期限

《增值税暂行条例》第二十三条规定，扣缴义务人解缴税款的期限，依照纳税人的纳税期限规定执行。

10.2.7　进口货物的纳税期限

《增值税暂行条例》第二十四条规定，纳税人进口货物，应当自海关填发海关进口增值税专用缴款书之日起 15 日内缴纳税款。

〔例题 10-1〕　按照现行增值税制度规定，下列有关增值税纳税人报缴税款期限叙述正确的是（　　）。

A. 以一个月为一期纳税的，应当自期满之日起 15 日内申报纳税

B. 进口货物，应当自海关填发税款缴纳凭证的次日起 7 日内缴纳税款

C. 进口货物，应当自海关填发税款缴纳凭证的之日起 10 日内缴纳税款

D. 以15日为一期纳税的，应当自期满之日起5日内预缴税款

答案：AD

10.3 增值税纳税地点

10.3.1 纳税地点的基本规定

增值税纳税地点为：

一、固定业户应当向其机构所在地主管税务机关申报纳税。总机构和分支机构不在同一县(市)的，应当分别向各自所在地的主管税务机关申报纳税；经财政部和国家税务总局或者其授权的财政和税务机关批准，可以由总机构汇总向总机构所在地的主管税务机关申报纳税。

自2017年11月1日起，纳税人同时申请汇总缴纳增值税和消费税的，在汇总纳税申请资料中予以说明即可，不需要就增值税、消费税分别报送申请资料。

二、固定业户到外县(市)销售货物或者应税劳务，应当向其机构所在地的主管税务机关报告外出经营事项，并向其机构所在地的主管税务机关申报纳税；未报告的，应当向销售地或者劳务发生地的主管税务机关申报纳税；未向销售地或者劳务发生地的主管税务机关申报纳税的，由其机构所在地的主管税务机关补征税款。

三、非固定业户销售货物或者劳务，应当向销售地或者劳务发生地的主管税务机关申报纳税；未向销售地或者劳务发生地的主管税务机关申报纳税的，由其机构所在地或者居住地的主管税务机关补征税款。

四、非固定业户应当向应税行为发生地主管税务机关申报纳税；未申报纳税的，由其机构所在地或者居住地主管税务机关补征税款。

五、其他个人提供建筑服务，销售或者租赁不动产，转让自然资源使用权，应向建筑服务发生地、不动产所在地、自然资源所在地主管税务机关申报纳税。

六、进口货物，应当向报关地海关申报纳税。

七、扣缴义务人应当向其机构所在地或者居住地主管税务机关申报缴纳扣缴的税款。

（中华人民共和国增值税暂行条例，中华人民共和国国务院令第691号，发文日期：2017-11-19；财政部 国家税务总局关于全面推开营业税改征增值税试点的通知，财税〔2016〕36号，发文日期：2016-03-23；国家税务总局关于进一步优化增值税、消费税有关涉税事项办理程序的公告，国家税务总局公告2017年第36号，发文日期：2017-10-13）

10.3.2 固定业户总分支机构增值税汇总纳税

一、汇总纳税的审批权限。

固定业户的总分支机构不在同一县(市)，但在同一省(自治区、直辖市、计划单列市)范围内的，经省(自治区、直辖市、计划单列市)财政厅(局)、国家税务局审批同意，可以由总机构汇总向总机构所在地的主管税务机关申报缴纳增值税。

（关于固定业户总分支机构增值税汇总纳税有关政策的通知，财税〔2012〕9号，发文日期：2012-01-16；财政部 国家税务总局关于全面推开营业税改征增值税试点的通知，财税〔2016〕36号，发文日期：2016-03-23）

二、金融机构汇总纳税。

原以地市一级机构汇总缴纳营业税的金融机构，营改增后继续以地市一级机构汇总缴纳增值税。

同一省（自治区、直辖市、计划单列市）范围内的金融机构，经省（自治区、直辖市、计划单列市）国家税务局和财政厅（局）批准，可以由总机构汇总向总机构所在地的主管税务机关申报缴纳增值税。

（国家税务总局关于全面推开营业税改征增值税试点有关税收征收管理事项的公告，国家税务总局公告 2016 年第 23 号，发文日期：2016-04-19）

10.3.3 固定业户外出经营的纳税地点

自 1995 年 7 月 1 日起，固定业户（指增值税一般纳税人）临时到外省、市销售货物的，必须向经营地税务机关出示“外出经营活动税收管理证明”回原地纳税，需要向购货方开具专用发票的，亦回原地补开。对未持“外出经营活动税收管理证明”的，经营地税务机关按 3% 的征收率征税。对擅自携票外出，在经营地开具专用发票的，经营地主管税务机关根据发票管理的有关法规予以处罚并将其携带的专用发票逐联注明“违章使用作废”字样。

自 2017 年 10 月 30 日起，将“外出经营活动税收管理”更名为“跨区域涉税事项报验管理”。纳税人跨区域经营前不再开具相关证明，改为填报《跨区域涉税事项报告表》。纳税人跨省（自治区、直辖市和计划单列市）临时从事生产经营活动的，不再开具《外出经营活动税收管理证明》，改向机构所在地的税务机关填报《跨区域涉税事项报告表》。纳税人在省（自治区、直辖市和计划单列市）内跨县（市）临时从事生产经营活动的，是否实施跨区域涉税事项报验管理由各省（自治区、直辖市和计划单列市）税务机关自行确定。

（国家税务总局关于固定业户临时外出经营有关增值税专用发票管理问题的通知，国税发〔1995〕87 号，发文日期：1995-05-16；国家税务总局关于简并增值税征收率有关问题的公告，国家税务总局公告 2014 年第 36 号，发文日期：2014-06-27；国家税务总局关于创新跨区域涉税事项报验管理制度的通知，税总发〔2017〕103 号，发文日期：2017-09-15）

10.3.4 连锁经营的纳税地点

为支持连锁经营的发展，根据《增值税暂行条例》第二十二条的有关规定，连锁经营企业实行统一缴纳增值税的政策如下：

一、在省、自治区、直辖市、计划单列市内跨区域经营的统一核算的直营连锁企业，即连锁店的门店均由总部全资或控股开设，在总部领导下统一经营的连锁企业，凡按照国内贸易部《连锁店经营管理规范意见》（内贸政体法字〔1997〕24 号）的要求，采取微机联网，实行统一采购配送商品，统一核算，统一规范化管理和经营，并符合以下条件的，可对总店和分店实行由总店向其所在地主管税务机关统一申报缴纳增值税：

1. 在直辖市范围内连锁经营的企业，报经直辖市国家税务局会同市财政局审批同意。

2. 在计划单列市范围内连锁经营的企业，报经计划单列市国家税务局会同市财政局审批同意。

3. 在省（自治区）范围内连锁经营的企业，报经省（自治区）国家税务局会同省财政厅审批同意。

4. 在同一县(市)范围内连锁经营的企业,报经县(市)国家税务局会同县(市)财政局审批同意。

二、对自愿连锁企业,即连锁店的门店均为独立法人,各自的资产所有权不变的连锁企业和特许连锁企业,即连锁店的门店同总部签订合同,取得使用总部商标、商号、经营技术及销售总部开发商品的特许权的连锁企业,其纳税地点不变,仍由各独立核算门店分别向所在地主管税务机关申报缴纳增值税。

(财政部 国家税务总局关于连锁经营企业增值税纳税地点问题的通知,财税字〔1997〕97 号,发文日期:1997-11-11;财政部 国家税务总局关于连锁经营企业有关税收问题的通知,财税〔2003〕1 号,发文日期:2003-02-07)

10.3.5 建筑劳务发生地或不动产所在地预缴税款

纳税人跨省(自治区、直辖市或者计划单列市)提供建筑服务或者销售、出租取得的与机构所在地不在同一省(自治区、直辖市或者计划单列市)的不动产,应当在建筑劳务发生地或不动产坐落地预缴税款,回机构所在地申报纳税。一般纳税人在机构所在地申报纳税时,计算的应纳税额小于已预缴税额,且差额较大的,由国家税务总局通知建筑服务发生地或者不动产所在地省级税务机关,在一定时期内暂停预缴增值税。

10.3.5.1 建筑服务

一、一般纳税人跨地级行政区域提供建筑服务,适用一般计税方法计税的,应以取得的全部价款和价外费用为销售额计算应纳税额。纳税人应以取得的全部价款和价外费用扣除支付的分包款后的余额,按照 2%的预征率在建筑服务发生地预缴税款后,向机构所在地主管税务机关进行纳税申报。

二、一般纳税人跨地级行政区域提供建筑服务,选择适用简易计税方法计税的,应以取得的全部价款和价外费用扣除支付的分包款后的余额为销售额,按照 3%的征收率计算应纳税额。纳税人应按照上述计税方法在建筑服务发生地预缴税款后,向机构所在地主管税务机关进行纳税申报。

三、试点纳税人中的小规模纳税人(以下称小规模纳税人)跨地级行政区域提供建筑服务,应以取得的全部价款和价外费用扣除支付的分包款后的余额为销售额,按照 3%的征收率计算应纳税额。纳税人应按照上述计税方法在建筑服务发生地预缴税款后,向机构所在地主管税务机关进行纳税申报。

10.3.5.2 销售不动产

一、一般纳税人销售其 2016 年 4 月 30 日前取得(不含自建)的不动产,可以选择适用简易计税方法,以取得的全部价款和价外费用减去该项不动产购置原价或者取得不动产时的作价后的余额为销售额,按照 5%的征收率计算应纳税额。纳税人应按照上述计税方法在不动产所在地预缴税款后,向机构所在地主管税务机关进行纳税申报。

二、一般纳税人销售其 2016 年 4 月 30 日前取得的不动产(不含自建),适用一般计税方法计税的,以取得的全部价款和价外费用为销售额计算应纳税额。上述纳税人应以取得的全部价款和价外费用减去该项不动产购置原价或者取得不动产时的作价后的余额,按照

5%的预征率在不动产所在地预缴税款后,向机构所在地主管税务机关进行纳税申报。

三、一般纳税人销售其2016年4月30日前自建的不动产,可以选择适用简易计税方法,以取得的全部价款和价外费用为销售额,按照5%的征收率计算应纳税额。纳税人应按照上述计税方法在不动产所在地预缴税款后,向机构所在地主管税务机关进行纳税申报。

四、一般纳税人销售其2016年4月30日前自建的不动产,适用一般计税方法计税的,应以取得的全部价款和价外费用为销售额计算应纳税额。纳税人应以取得的全部价款和价外费用,按照5%的预征率在不动产所在地预缴税款后,向机构所在地主管税务机关进行纳税申报。

五、一般纳税人销售其2016年5月1日后取得(不含自建)的不动产,应适用一般计税方法,以取得的全部价款和价外费用为销售额计算应纳税额。纳税人应以取得的全部价款和价外费用减去该项不动产购置原价或者取得不动产时的作价后的余额,按照5%的预征率在不动产所在地预缴税款后,向机构所在地主管税务机关进行纳税申报。

六、一般纳税人销售其2016年5月1日后自建的不动产,应适用一般计税方法,以取得的全部价款和价外费用为销售额计算应纳税额。纳税人应以取得的全部价款和价外费用,按照5%的预征率在不动产所在地预缴税款后,向机构所在地主管税务机关进行纳税申报。

七、小规模纳税人销售其取得(不含自建)的不动产(不含个体工商户销售购买的住房和其他个人销售不动产),应以取得的全部价款和价外费用减去该项不动产购置原价或者取得不动产时的作价后的余额为销售额,按照5%的征收率计算应纳税额。纳税人应按照上述计税方法在不动产所在地预缴税款后,向机构所在地主管税务机关进行纳税申报。

八、小规模纳税人销售其自建的不动产,应以取得的全部价款和价外费用为销售额,按照5%的征收率计算应纳税额。纳税人应按照上述计税方法在不动产所在地预缴税款后,向机构所在地主管税务机关进行纳税申报。

九、个体工商户销售购买的住房,应按照《财政部 国家税务总局关于全面推开营业税改征增值税试点的通知》附件3《营业税改征增值税试点过渡政策的规定》第五条的规定征免增值税。纳税人应按照上述计税方法在不动产所在地预缴税款后,向机构所在地主管税务机关进行纳税申报。

十、其他个人销售其取得(不含自建)的不动产(不含其购买的住房),应以取得的全部价款和价外费用减去该项不动产购置原价或者取得不动产时的作价后的余额为销售额,按照5%的征收率计算应纳税额,向不动产所在地税务机关申报缴纳。

政策解析 虽然按照精确的计算方法,纳税人转让不动产,将销售额换算为不含税价时,需要区分纳税人是一般纳税人还是小规模纳税人,如果是一般纳税人,还需要考虑该纳税人是选择简易计税方法还是一般计税方法,针对不同情况,按照适用税率或者征收率来进行换算。即如果纳税人转让不动产,适用一般计税方法,则应该按照销售额÷(1+9%)换算为不含税价;如果纳税人转让不动产,适用简易计税方法,则应该按照销售额÷(1+5%)换算为不含税价。但是,目前需要预缴税款的纳税人,在预缴时,均按照5%征收率进行换算,不区分纳税人是否为一般纳税人,也不区分纳税人是适用一般计税方法还是简易计税方法。即所有纳税人,不论是增值税一般纳税人还是小规模纳税人,不论是2016年5月1日前取得的不动产还是5月1日以后取得的不动产,统一按照以下政策执行:

1. 非自建不动产：对于纳税人销售非自建的不动产，应以取得的全部价款和价外费用扣除不动产购置原价或者取得不动产时的作价后的余额，按照5%的预征率（或者征收率）向不动产所在地主管税务机关预缴（或者缴纳）税款。也就是说，纳税人应按照差价和5%征收率计算预缴（或者缴纳）增值税款。

2. 自建不动产：对于纳税人销售自建的不动产，应以取得的全部价款和价外费用，按照5%的预征率（或者征收率）向不动产所在地主管税务机关预缴（或者缴纳）税款。也就是说，纳税人应按照全额和5%征收率计算预缴（或者缴纳）增值税款。

10.3.5.3 不动产经营租赁服务

一、一般纳税人出租其2016年4月30日前取得的不动产，可以选择适用简易计税方法，按照5%的征收率计算应纳税额。纳税人出租其2016年4月30日前取得的与机构所在地不在同一县（市）的不动产，应按照上述计税方法在不动产所在地预缴税款后，向机构所在地主管税务机关进行纳税申报。

房地产开发企业中的一般纳税人，出租自行开发的房地产老项目，可以选择适用简易计税方法，按照5%的征收率计算应纳税额。纳税人出租自行开发的房地产老项目与其机构所在地不在同一县（市）的，应按照上述计税方法在不动产所在地预缴税款后，向机构所在地主管税务机关进行纳税申报。

二、一般纳税人出租其2016年5月1日后取得的、与机构所在地不在同一县（市）的不动产，应按照3%的预征率在不动产所在地预缴税款后，向机构所在地主管税务机关进行纳税申报。

房地产开发企业中的一般纳税人，出租其2016年5月1日后自行开发的与机构所在地不在同一县（市）的房地产项目，应按照3%预征率在不动产所在地预缴税款后，向机构所在地主管税务机关进行纳税申报。

三、小规模纳税人（不含个人）出租其取得的不动产，应按照5%的征收率计算应纳税额。纳税人出租与机构所在地不在同一县（市）的不动产，应按照上述计税方法在不动产所在地预缴税款后，向机构所在地主管税务机关进行纳税申报。

房地产开发企业中的小规模纳税人，出租自行开发的房地产项目，按照5%的征收率计算应纳税额。纳税人出租自行开发的房地产项目与其机构所在地不在同一县（市）的，应按照上述计税方法在不动产所在地预缴税款后，向机构所在地主管税务机关进行纳税申报。

四、个人出租住房，应按照5%的征收率减按1.5%计算应纳税额。个体工商户应按照上述计税方法在不动产所在地预缴税款后，向机构所在地主管税务机关进行纳税申报。其他个人应按照上述计税方法在不动产所在地申报纳税。

五、个人出租其取得的非住房，应按照5%的征收率计算应纳税额。个体工商户应按照上述计税方法在不动产所在地预缴税款后，向机构所在地主管税务机关进行纳税申报。其他个人应按照上述计税方法在不动产所在地申报纳税。

（财政部　国家税务总局关于全面推开营业税改征增值税试点的通知，财税〔2016〕36号，发文日期：2016-03-23；财政部　国家税务总局关于进一步明确全面推开营改增试点有关再保险、不动产租赁和非学历教育等政策的通知，财税〔2016〕68号，发文日期：2016-06-18）

10.3.5.4 预缴地是否预缴税款

（一）按照现行规定应当预缴增值税税款的小规模纳税人，凡在预缴地实现的月销售额未超过10万元的，当期无需预缴税款。国家税务总局公告2019年第4号下发前已预缴税款的，可以向预缴地主管税务机关申请退还。

（二）小规模纳税人中的单位和个体工商户销售不动产，应按其纳税期、月销售额是否超过10万元（季销售额是否超过30万元）以及其他现行政策规定确定是否预缴增值税；其他个人销售不动产，继续按照现行规定征免增值税。

（国家税务总局关于小规模纳税人免征增值税政策有关征管问题的公告，国家税务总局公告2019年第4号，发文日期：2019-01-19）

政策解析 小微企业免税标准由3万元提高至10万元后，会有部分小规模纳税人跨地市级行政区域提供建筑服务月销售额未超过10万元（季销售额未超过30万元），如果在建筑服务发生地预缴增值税了，在机构所在地纳税申报时无法退税，因此，国家税务总局公告2019年第4号明确这类纳税人无需预缴税款。销售不动产和出租与机构所在地不在同一县（市）的不动产，依此类推。只是，其他个人偶然发生销售不动产的行为，应当按照现行政策规定实行按次纳税，因此，其他个人销售不动产，继续按照现行政策规定征免增值税。比如，如果其他个人销售住房满2年符合免税条件的，仍可继续享受免税；如不符合免税条件，则应照章纳税。

案例解析87

小规模纳税人销售不动产销售额20万元，需要在不动产所在地预缴增值税吗？

天马批发部（个体工商户，小规模纳税人）2020年5月销售商业房一套，取得销售额为20万元。请问：天马批发部需要在不动产所在地预缴增值税吗？

答：应视天马批发部选择按月纳税还是按季纳税而定。第一种情况，如果天马批发部选择按月纳税，销售不动产销售额超过月销售额10万元免税标准，则仍应在不动产所在地预缴税款；第二种情况，如果天马批发部选择按季纳税，销售不动产销售额未超过季度销售额30万元的免税标准，则无需在不动产所在地预缴税款。

重点难点即时练22

1. 下列关于建筑劳务发生地预缴款的计算方法说法错误的是（　　）。
   A. 一般纳税人跨地级行政区域提供建筑服务，选择适用简易计税方法计税的，应以取得的全部价款和价外费用扣除支付的分包款后的余额为销售额，按照3%的征收率计算应纳税额，在建筑服务发生地预缴税款
   B. 一般纳税人跨地级行政区域提供建筑服务，适用一般计税方法计税的，应以取得的全部价款和价外费用扣除支付的分包款后的余额，按照2%的预征率在建筑服务发生地预缴税款
   C. 一般纳税人跨地级行政区域提供建筑服务，适用一般计税方法计税的，应以取得的全部价款和价外费用为销售额，按照2%的预征率在建筑服务发生地预缴税款

D. 试点纳税人中的小规模纳税人(以下称小规模纳税人)跨地级行政区域提供建筑服务,应以取得的全部价款和价外费用扣除支付的分包款后的余额为销售额,按照3%的征收率计算预缴税款

2. 下列有关进口货物的纳税地点正确描述的是(　　)。

A. 应向报关地海关申报纳税

B. 应向报关地主管税务机关申报纳税

C. 应向机构所在地主管税务机关申报纳税

D. 应向货物运达地主管税务机关申报纳税

3. 关于外出经营的叙述正确的是(　　)。

A. 应向机构所在地主管税务机关报告外出经营事项,向销售地主管税务机关申报纳税

B. 未向机构所在地主管税务机关报告外出经营事项,且未向销售地主管税务机关申报纳税的,由其机构所在地主管税务机关补征税款

C. 销售地税务机关对未向机构所在地主管税务机关报告外出经营事项的经营者,征收增值税

D. 增值税一般纳税人临时到外县市销售货物,不需向机构所在地主管税务机关报告外出经营事项

4. 有关不在同一县(市)的总分支机构纳税地点正确表述的有(　　)。

A. 统一在总机构所在地纳税,分支机构不纳税

B. 各分支机构自行纳税,总机构不纳税

C. 总机构和分支机构分别在各自所在地纳税

D. 经有权税务机关批准,可由总机构汇总缴纳,分支机构不再纳税

5. 连锁经营店具备以下条件的,可由总店向其所在地主管税务机关统一申报缴纳增值税的是(　　)。

A. 门店由总部投资或控股开设

B. 采取微机联网

C. 实行统一采购配送商品

D. 统一核算,统一规范化管理和经营

第11章 特殊业务及特殊行业的增值税政策

本章主要介绍转让不动产和销售不动产等特殊业务，建筑企业、房地产开发企业、成品油加油站、电力产品生产和销售企业、油气田企业、核电企业等特殊行业的税收政策。

11.1 转让不动产

转让不动产分为转让一手房和转让二手房。纳税人转让其取得的不动产，包括以直接购买、接受捐赠、接受投资入股、自建以及抵债等各种形式取得的不动产，属于转让二手房行为，执行转让取得的不动产相关政策；房地产开发企业销售自行开发的房地产项目，属于转让一手房行为，不执行转让取得的不动产相关政策。

11.1.1 一般纳税人转让其取得的不动产

（一）一般纳税人转让其2016年4月30日前取得（不含自建）的不动产，可以选择适用简易计税方法计税，以取得的全部价款和价外费用扣除不动产购置原价或者取得不动产时的作价后的余额为销售额，按照5%的征收率计算应纳税额。纳税人应按照上述计税方法向不动产所在地主管税务机关预缴税款，向机构所在地主管税务机关申报纳税。应预缴税款＝（全部价款和价外费用－不动产购置原价或者取得不动产时的作价）÷（1＋5%）×5%。

（二）一般纳税人转让其2016年4月30日前自建的不动产，可以选择适用简易计税方法计税，以取得的全部价款和价外费用为销售额，按照5%的征收率计算应纳税额。纳税人应按照上述计税方法向不动产所在地主管税务机关预缴税款，向机构所在地主管税务机关申报纳税。应预缴税款＝全部价款和价外费用÷（1＋5%）×5%。

（三）一般纳税人转让其2016年4月30日前取得（不含自建）的不动产，选择适用一般计税方法计税的，以取得的全部价款和价外费用为销售额计算应纳税额。纳税人应以取得的全部价款和价外费用扣除不动产购置原价或者取得不动产时的作价后的余额，按照5%的预征率向不动产所在地主管税务机关预缴税款，向机构所在地主管税务机关申报纳税。应预缴税款＝（全部价款和价外费用－不动产购置原价或者取得不动产时的作价）÷（1＋5%）×5%。

（四）一般纳税人转让其2016年4月30日前自建的不动产，选择适用一般计税方法计税的，以取得的全部价款和价外费用为销售额计算应纳税额。纳税人应以取得的全部价款和价外费用，按照5%的预征率向不动产所在地主管税务机关预缴税款，向机构所在地主管税务机关申报纳税。应预缴税款＝全部价款和价外费用÷（1＋5%）×5%。

（五）一般纳税人转让其2016年5月1日后取得（不含自建）的不动产，适用一般计税方法，以取得的全部价款和价外费用为销售额计算应纳税额。纳税人应以取得的全部价款和价外费用扣除不动产购置原价或者取得不动产时的作价后的余额，按照5%的预征率向不动产所在地主管税务机关预缴税款，向机构所在地主管税务机关申报纳税。应预缴税款＝（全部价款和价外费用－不动产购置原价或者取得不动产时的作价）÷（1＋5%）×5%。

（六）一般纳税人转让其2016年5月1日后自建的不动产，适用一般计税方法，以取得的全部价款和价外费用为销售额计算应纳税额。纳税人应以取得的全部价款和价外费用，按照5%的预征率向不动产所在地主管税务机关预缴税款，向机构所在地主管税务机关申报纳税。应预缴税款＝全部价款和价外费用÷（1＋5%）×5%。

〔例题11-1〕 天马公司（一般纳税人）机构位于滨州市所辖县级市——邹平市，2020年5月销售坐落于淄博市临淄区的临街厂房一幢，取得含税销售额1 000万元。该厂房是2014年购置的，购置原价为800万元，2020年5月账面净值为680万元。假设，2020年5月天马公司仅取得销售不动产一项销售额，仅取得购买办公用品一项进项税额1万元。

请问：天马公司销售该幢厂房应如何缴纳增值税？

解析：(1) 如果天马公司选择简易计税方法。

在临淄区税务局预缴税款＝(1 000－800)÷(1＋5%)×5%＝9.52(万元)

在邹平市税务局纳税申报时：

应纳增值税＝(1 000－800)÷(1＋5%)×5%＝9.52(万元)

应补(退)税额＝9.52－9.52＝0(万元)

当期进项留抵税额1万元。

(2) 如果天马公司选择一般计税方法。

在临淄区税务局预缴税款＝(1 000－800)÷(1＋5%)×5%＝9.52(万元)

在邹平市税务局纳税申报时：

销项税额＝1 000÷(1＋9%)×9%＝82.57(万元)

进项税额＝1(万元)

应纳税额＝销项税额－进项税额＝82.57－1＝81.57(万元)

应补(退)税额＝81.57－9.52＝72.05(万元)

答：如果天马公司选择简易计税方法，在邹平市税务局进行纳税申报时，应纳税额为9.52万元，抵减临淄区税务局预缴税款9.52万元，本期应补(退)税款为0；同时，进项留抵税额为1万元。如果天马公司选择一般计税方法，在邹平市税务局进行纳税申报时，应纳税额为81.57万元，抵减临淄区税务局预缴税款9.52万元，本期应补(退)税款为72.05万元。

政策解析 销售不动产注意下列事项：

1. 一般纳税人销售取得的不动产无论采用一般计税方法还是采用简易计税方法，在不动产所在地预缴的增值税都是相同的，都是以取得的全部价款和价外费用扣除不动产购置原价或者取得不动产时的作价后的余额，按照 5% 的预征率计算预缴税款，即：应预缴税款＝(全部价款和价外费用－不动产购置原价或者取得不动产时的作价)÷(1＋5%)×5%。特别注意，采用一般计税方法时，销项税额是以取得的全部价款和价外费用为计税依据，不做任何扣除，但预缴税款是以取得的全部价款和价外费用扣除不动产购置原价或者取得不动产时的作价后的余额为计税依据；采用一般计税方法，在不动产所在地预缴税款时，将含税销售额换算为不含税销售额采用预征率 5% 而不是税率 9%。

2. 不动产所在地主管税务机关对坐落在本辖区内的不动产的每次转让都要征收一道增值税，上游企业转让不动产的价款正好是下游企业购置该项不动产的原价。下游企业预缴税款时，计税依据可以扣除购置原价，实际上，该购置原价在上游企业转让该项不动产时，已经向不动产所在地预缴了增值税。

3. 纳税人销售自建的不动产，以取得的全部价款和价外费用，作为一般计税方法计算销项税额的计税依据，也作为简易计税方法计算应纳税额的计税依据，还作为不动产所在地计算预缴税款的计税依据。

11.1.2　小规模纳税人(除个人外)转让其取得的不动产

(一) 小规模纳税人转让其取得(不含自建)的不动产，以取得的全部价款和价外费用扣除不动产购置原价或者取得不动产时的作价后的余额为销售额，按照 5%的征收率计算应纳税额。纳税人应按照上述计税方法向不动产所在地主管税务机关预缴税款，向机构所在地主管税务机关申报纳税。应预缴税款＝(全部价款和价外费用－不动产购置原价或者取得不动产时的作价)÷(1＋5%)×5%。

(二) 小规模纳税人转让其自建的不动产，以取得的全部价款和价外费用为销售额，按照 5%的征收率计算应纳税额。纳税人应按照上述计税方法向不动产所在地主管税务机关预缴税款，向机构所在地主管税务机关申报纳税。应预缴税款＝全部价款和价外费用÷(1＋5%)×5%。

(三) 小规模纳税人中的单位和个体工商户销售不动产，应按其纳税期、月销售额是否超过 10 万元(季销售额是否超过 30 万元)以及其他现行政策规定确定是否预缴增值税。

〔例题 11-2〕　天马公司(小规模纳税人)机构位于滨州市所辖县级市——邹平市，2020 年 5 月销售坐落于淄博市临淄区的临街厂房一幢，取得含税销售额 1 000 万元。该厂房是 2014 年购置的，购置原价为 800 万元，2020 年 5 月账面净值为 680 万元。假设，2020 年 5 月天马公司仅取得销售不动产一项销售额。

请问：天马公司销售该幢厂房应该如何缴纳增值税？

解析：(1) 在临淄区税务局预缴税款。

$$\text{预缴税款} = (1\,000 - 800) \div (1 + 5\%) \times 5\% = 9.52(\text{万元})$$

(2) 在邹平市税务局纳税申报。

$$\text{应纳增值税} = (1\,000 - 800) \div (1 + 5\%) \times 5\% = 9.52(\text{万元})$$

$$\text{应补(退)税额} = 9.52 - 9.52 = 0$$

答：在临淄区税务局应预缴税款9.52万元，在邹平市税务局进行纳税申报时，应纳税额为9.52万元，抵减临淄区税务局税款9.52万元，本期应补(退)税款为0。

政策解析 销售不动产注意下列事项：

1. 小规模纳税人销售不动产适用的征收率为5%，而不是3%。

2. 纳税人销售的不动产所在地与其机构所在地无论是否跨县(市、区)，都要在不动产所在地主管税务机关预缴增值税。

3. 纳税人销售不动产，在不动产所在地主管税务机关预缴增值税后，仍要向机构所在地主管税务机关申报纳税。其中，其他个人没有设立机构，在不动产所在地直接申报纳税，缴纳的增值税是应纳税额，而不是预缴税额。

4. 采用简易计税方法的一般纳税人和小规模纳税人，在不动产所在地主管税务机关预缴的税额，是其转让该项不动产应纳的全部税额，回机构所在地纳税申报时，不需要再补(退)税款。

5. 无论是一般纳税人还是小规模纳税人，一般纳税人无论采用一般计税方法还是简易计税方法，销售取得的不动产，在不动产所在地主管税务机关预缴增值税时，计算预缴税款的方法都是完全相同：销售取得的不动产(不含自建)，按照全部价款和价外费用扣除不动产购置原价或作价后的余额为计税依据，依照5%的预征率计算预缴税额；销售自建的不动产，按照全部价款和价外费用为计税依据，依照5%的预征率计算预缴税额。不动产所在地税务机关对预缴税款的征管非常简便，纳税人能够提供购置不动产的发票或者判决书、裁定书、调解书，裁决书等凭证的，按差额预征增值税，不能提供上述凭证的，按全额预征增值税。

11.1.3 个人转让不动产

11.1.3.1 个人转让不动产增值税征免税政策

(一) 个人将购买不足2年的住房对外销售的，以取得的全部价款和价外费用为销售额，按照5%的征收率计算应纳税额，全额缴纳增值税；个人将购买2年以上(含2年)的住房对外销售的，免征增值税。上述政策适用于北京市、上海市、广州市和深圳市之外的地区。

(二) 个人将购买不足2年的住房对外销售的，以取得的全部价款和价外费用为销售额，按照5%的征收率计算应纳税额，全额缴纳增值税；个人将购买2年以上(含2年)的非普通住房对外销售的，以取得的全部价款和价外费用扣除购买住房价款后的余额为销售额，按照5%的征收率缴纳增值税；个人将购买2年以上(含2年)的普通住房对外销售的，免征增值税。上述政策仅适用于北京市、上海市、广州市和深圳市。

(三) 个人销售自建自用住房免税。

(四) 涉及家庭财产分割的个人无偿转让不动产免征增值税。

家庭财产分割，包括下列情形：离婚财产分割；无偿赠与配偶、父母、子女、祖父母、外祖父母、孙子女、外孙子女、兄弟姐妹；无偿赠与对其承担直接抚养或者赡养义务的抚养人或者赡养人；房屋产权所有人死亡，法定继承人、遗嘱继承人或者受遗赠人依法取得房屋产权。

(五) 个人转让非住房没有税收优惠政策，按其身份的不同，分别执行11.1.1一般纳税人转让取得的不动产政策或11.1.2小规模纳税人转让取得的不动产政策。

11.1.3.2　办理免税的具体程序及征管办法

个人将购买超过 2 年(含 2 年)的符合当地公布的普通住房标准的住房对外销售,应持该住房的坐落、容积率、房屋面积、成交价格等证明材料及税务部门要求的其他材料,向税务部门申请办理免征增值税手续。税务部门应根据当地公布的普通住房标准,利用房地产管理部门和规划管理部门提供的相关信息,对纳税人申请免税的有关材料进行审核,凡符合规定条件的,给予免征增值税。

(一) 购买房屋的时间。

个人购买住房以取得的房屋产权证或契税完税证明上注明的填发日期作为其购买房屋的时间。

纳税人申报时,同时出具房屋产权证和契税完税证明且二者所注明的时间不一致的,按照“孰先”的原则确定购买房屋的时间。即房屋产权证上注明的时间早于契税完税证明上注明的时间的,以房屋产权证明的时间为购买房屋的时间;契税完税证明上注明的时间早于房屋产权证上注明的时间的,以契税完税证明上注明的时间为购买房屋的时间。

根据国家房改政策购买的公有住房,以购房合同的生效时间、房款收据的开具日期或房屋产权证上注明的时间,按照“孰先”的原则确定购买房屋的时间。

(二) 开具发票。

个人对外销售住房,应持依法取得的房屋权属证书,并到税务部门申请开具发票。

(三) 非购买形式取得住房行为。

个人将通过受赠、继承、离婚财产分割等非购买形式取得的住房对外销售的行为,也按上述规定征免税。其购房时间按发生受赠、继承、离婚财产分割行为前的购房时间确定,其购房价格按发生受赠、继承、离婚财产分割行为前的购房原价确定。个人需持其通过受赠、继承、离婚财产分割等非购买形式取得住房的合法、有效法律证明文书,到税务部门办理相关手续。

上述通过受赠、继承、离婚财产分割等非购买形式包括通过继承、遗嘱、离婚、赡养关系、直系亲属赠与方式,对通过其他无偿受赠方式取得的住房,该住房的购房时间按照发生受赠行为后新的房屋产权证或契税完税证明上注明的时间确定。

(国家税务总局　财政部　建设部关于加强房地产税收管理的通知,国税发〔2005〕89 号,发文日期:2005-05-27;国家税务总局关于房地产税收政策执行中几个具体问题的通知,国税发〔2005〕172 号,发文日期:2005-10-20;国家税务总局关于加强房地产交易个人无偿赠与不动产税收管理有关问题通知,国税发〔2006〕144 号,发文日期:2006-09-14)

11.1.3.3　个人转让不动产的征收管理

(一) 个体工商户。

个体工商户转让其取得的不动产,应按照上述规定的计税方法向不动产所在地主管税务机关预缴税款,向机构所在地主管税务机关申报纳税。小规模纳税人中的个体工商户销售不动产,应按其纳税期、按月纳税的月销售是否超过 10 万元(按季纳税的季销售额是否超过 30 万元)确定是否预缴增值税。

(二) 其他个人。

其他个人转让其取得的不动产,按照上述计算方法计算应纳税额并向不动产所在地主管税务机关申报纳税。

11.1.4 差额销售额的扣额凭证和申报纳税的抵减凭证

一、扣除不动产原价或作价的扣除凭证。

纳税人按规定从取得的全部价款和价外费用中扣除不动产购置原价或者取得不动产时的作价的，应当取得符合法律、行政法规和国家税务总局规定的合法有效凭证。否则，不得扣除。

上述凭证是指：

（一）税务部门监制的发票。

（二）法院判决书、裁定书、调解书，以及仲裁裁决书、公证债权文书。

（三）纳税人转让不动产，按照有关规定差额缴纳增值税的，如因丢失等原因无法提供取得不动产时的发票，可向税务机关提供其他能证明契税计税金额的完税凭证等资料，进行差额扣除。纳税人同时保留取得不动产时的发票和其他能证明契税计税金额的完税凭证等资料的，应当凭发票进行差额扣除。

（四）国家税务总局规定的其他凭证。

二、机构所在地申报纳税的抵减凭证。

纳税人转让其取得的不动产，向不动产所在地主管税务机关预缴的增值税税款，可以在当期增值税应纳税额中抵减，抵减不完的，结转下期继续抵减。

纳税人以预缴税款抵减应纳税额，应以完税凭证作为合法有效凭证。

11.1.5 发票开具

一、小规模纳税人转让其取得的不动产，不能自行开具增值税发票的，可向不动产所在地主管税务机关申请代开。

二、增值税小规模纳税人销售其取得的不动产以及其他个人出租不动产，购买方或承租方不属于其他个人的，纳税人缴纳增值税后可以向税务局申请代开增值税专用发票。不能自开增值税普通发票的小规模纳税人销售其取得的不动产，以及其他个人出租不动产，可以向税务局申请代开增值税普通发票。

三、纳税人向其他个人转让其取得的不动产，不得开具或申请代开增值税专用发票。

（国家税务总局关于发布《纳税人转让不动产增值税征收管理暂行办法》的公告，国家税务总局公告2016年第14号，发文日期：2016-03-31；国家税务总局关于营业税改征增值税委托地税局代征税款和代开增值税发票的通知，税总函〔2016〕145号，发文日期：2016-03-31）

政策解析 通常情况下，税务机关只为办理了税务登记的小规模纳税人代开增值税专用发票，但未办理税务登记的其他个人销售不动产以及出租不动产两种特殊情形，税务机关可以为其代开增值税专用发票。

11.2 经营租赁不动产

不动产租赁分为经营租赁和融资租赁。纳税人以经营租赁方式出租其取得的不动产

(包括以直接购买、接受捐赠、接受投资入股、自建以及抵债等各种形式取得的不动产),执行下列政策。

11.2.1 一般纳税人以经营租赁方式出租其取得的不动产

(一) 一般纳税人出租其2016年4月30日前取得的不动产,可以选择适用简易计税方法,按照5%的征收率计算应纳税额。

不动产所在地与机构所在地不在同一县(市、区)的,纳税人应按照上述计税方法向不动产所在地主管税务机关预缴税款,向机构所在地主管税务机关申报纳税。应预缴税款=含税销售额÷(1+5%)×5%。

不动产所在地与机构所在地在同一县(市、区)的,纳税人向机构所在地主管税务机关申报纳税。

(二) 一般纳税人出租其2016年5月1日后取得的不动产,适用一般计税方法计税。

不动产所在地与机构所在地不在同一县(市、区)的,纳税人应按照3%的预征率向不动产所在地主管税务机关预缴税款,向机构所在地主管税务机关申报纳税。应预缴税款=含税销售额÷(1+9%)×3%。

不动产所在地与机构所在地在同一县(市、区)的,纳税人应向机构所在地主管税务机关申报纳税。

一般纳税人出租其2016年4月30日前取得的不动产适用一般计税方法计税的,按照上述规定执行。

[例题11-3] 天马公司(一般纳税人)机构位于滨州市所辖县级市——邹平市,自2014年起将坐落于淄博市临淄区的一幢办公楼以经营租赁方式出租给富华公司,合同约定每月收取的租金为10万元。2016年5月营改增后,天马公司与富华公司约定,每月租金保持不变,含税租金为10万元。假设,2020年5月天马公司仅取得租金一项销售额,仅取得购买办公用品一项进项税额1万元。

请问:天马公司应该如何缴纳增值税?

解析:(1) 如果天马公司选择简易计税方法。

$$在临淄区税务局预缴税款 = 10 \div (1 + 5\%) \times 5\% = 0.48(万元)$$

在邹平市税务局申报纳税:

$$应纳增值税 = 10 \div (1 + 5\%) \times 5\% = 0.48(万元)$$

$$应补(退)税额 = 0.48 - 0.48 = 0$$

当期进项税额留抵为1万元。

(2) 如果天马公司选择一般计税方法。

$$在临淄区税务局预缴税款 = 10 \div (1 + 9\%) \times 3\% = 0.28(万元)$$

在邹平市税务局纳税申报时:

销项税额 ＝10÷(1＋9%)×9%＝0.83(万元)

进项税额 ＝1(万元)

应纳税额 ＝销项税额－进项税额＝0.83－1＝－0.17(万元)

当期进项留抵税额0.17万元。

答:如果天马公司选择简易计税方法,在临淄区税务局应预缴税款0.48万元。在邹平市税务局进行纳税申报时,应纳税额为0.48万元,抵减临淄区税务局预缴税款0.48万元,本期应补(退)税款为0;同时,进项留抵税额为1万元。如果天马公司选择一般计税方法,在临淄区税务局应预缴税款0.28万元。在邹平市税务局进行纳税申报时,应纳税额为0,在临淄区税务局预缴税款0.28万元无法抵减,形成多缴税款,留待以后期间抵减;同时,当期进项留抵税额为0.17万元。

11.2.2 小规模纳税人(除个人外)出租不动产

小规模纳税人的单位出租不动产,按照5%的征收率计算应纳税额。

不动产所在地与机构所在地不在同一县(市、区)的,纳税人应按照上述计税方法向不动产所在地主管税务机关预缴税款,向机构所在地主管税务机关申报纳税。应预缴税款＝含税销售额÷(1＋5%)×5%。

不动产所在地与机构所在地在同一县(市、区)的,纳税人应向机构所在地主管税务机关申报纳税。

政策解析 单位以经营租赁方式出租不动产注意下列事项:

1. 小规模纳税人租赁不动产取得租金收入适用的征收率为5%,而不是3%。

2. 纳税人出租与其机构所在地在同一县(市、区)的不动产,不需要在不动产所在地预缴增值税。

3. 纳税人出租与其机构所在地不在同一县(市、区)的不动产,在不动产所在地主管税务机关预缴增值税后,向机构所在地主管税务机关申报纳税。其中,其他个人没有设立机构,在不动产所在地直接申报纳税,缴纳的增值税是应纳税额,而不是预缴税额。

4. 采用简易计税方法的一般纳税人和小规模纳税人,在不动产所在地主管税务机关预缴的税额,是其出租不动产应纳的全部税额,回机构所在地纳税申报时,不需要再补(退)税款。

5. 无论是一般纳税人还是小规模纳税人,只要采用简易计税方法,计算应纳税款方式是一样的,计算预缴税款的方式也是一样的,即:应纳税款＝预缴税款＝含税销售额÷(1＋5%)×5%。

11.2.3 个人以经营租赁方式出租不动产

11.2.3.1 个人出租不动产增值税优惠政策

个人出租住房,按照5%的征收率减按1.5%计算应纳税额。个人出租非住房没有税收优惠政策,按其身份的不同,分别执行11.2.1一般纳税人经营租赁不动产政策或11.2.2小规模纳税人经营租赁不动产政策。

〔例题 11-4〕 个体工商户鑫鑫批发部(小规模纳税人)出租住房,2020 年 5 月取得含税租金 1 万元。

请问:鑫鑫批发部出租该住房应该缴纳多少增值税?

解析:应纳税额=10 000÷(1+5%)×1.5%=142.86(元)

答:鑫鑫批发部出租住房应该缴纳增值税为 142.86 元。

〔例题 11-5〕 个体工商户鑫鑫批发部(一般纳税人)出租住房,2020 年 5 月取得含税租金 1 万元。

请问:鑫鑫批发部出租该住房应该缴纳多少增值税?

解析:应纳税额=10 000÷(1+5%)×1.5%=142.86(元)

答:鑫鑫批发部出租住房应该缴纳增值税为 142.86 元。

案例解析88

办理一般纳税人登记的个体工商户出租住房取得的租金收入可以减按 1.5%的征收率征收增值税吗?

天马批发部(个体工商户)是增值税一般纳税人,2020 年 5 月将营改增前取得的 10 套住房出租,租期 2 年,当月取得全部含税租金收入 40 万元。请问:天马批发部取得的租金应如何缴纳增值税?

答:根据《财政部 国家税务总局关于全面推开营业税改征增值税试点的通知》(财税〔2016〕36 号)规定,个人出租住房,按照 5%的征收率减按 1.5%计算应纳税额。根据《增值税暂行条例》及其实施细则和《财政部 国家税务总局关于全面推开营业税改征增值税试点的通知》(财税〔2016〕36 号)规定,在中华人民共和国境内销售货物或者提供加工、修理修配劳务、进口货物以及销售服务、无形资产或者不动产的单位和个人,为增值税纳税人。个人是指个体工商户和其他个人。因此,个体工商户属于个人,可以按照规定享受个人可以享受的优惠政策。天马批发部出租住房可以按照 5%的征收率减按 1.5%计算应纳税额。

11.2.3.2 其他个人出租不动产享受小微企业免税优惠问题

《中华人民共和国增值税暂行条例实施细则》第九条所称的其他个人,采取一次性收取租金形式出租不动产取得的租金收入,可在对应的租赁期内平均分摊,分摊后的月租金收入未超过 10 万元的,免征增值税。

(国家税务总局关于小规模纳税人免征增值税政策有关征管问题的公告,国家税务总局公告 2019 年第 4 号,发文日期:2019-01-19)

政策解析 只有其他个人一次性收取若干月份不动产的租金收入,才能按月分摊,用月租金确定能否适用小微企业免税政策;其他个人以外的小规模纳税人不能适用这项政策。

11.2.3.3 个人出租不动产的征收管理

(一) 个体工商户出租不动产的征收管理。

1. 个体工商户出租住房,不动产所在地与机构所在地不在同一县(市、区)的,纳税人应按照上述计税方法向不动产所在地主管税务机关预缴税款，向机构所在地主管税务机关申报纳税。应预缴税款＝含税销售额÷(1＋5％)×1.5％。

不动产所在地与机构所在地在同一县(市、区)的，纳税人应向机构所在地主管税务机关申报纳税。

2. 小规模纳税人的个体工商户出租非住房，按照5％的征收率计算应纳税额，不动产所在地与机构所在地不在同一县(市、区)的，纳税人应按照上述计税方法向不动产所在地主管税务机关预缴税款，向机构所在地主管税务机关申报纳税。应预缴税款＝含税销售额÷(1＋5％)×5％。

一般纳税人的个体工商户出租非住房执行11.2.1的相关规定。

不动产所在地与机构所在地在同一县(市、区)的，纳税人应向机构所在地主管税务机关申报纳税。

(二) 其他个人出租不动产的征收管理。

1. 其他个人出租住房，按照5％的征收率减按1.5％计算应纳税额，向不动产所在地主管税务机关申报纳税。应纳税款＝含税销售额÷(1＋5％)×1.5％。

2. 其他个人出租非住房，按照5％的征收率计算应纳税额，向不动产所在地主管税务机关申报纳税。应纳税款＝含税销售额÷(1＋5％)×5％。

11.2.4 经营租赁不动产增值税的征收管理

一、决定是否在不动产所在地预缴税款。

纳税人出租的不动产所在地与其机构所在地在同一直辖市或计划单列市但不在同一县(市、区)的，由直辖市或计划单列市税务局决定是否在不动产所在地预缴税款。

政策解析 纳税人出租与其机构所在地不在同一县(市、区)的不动产，是否在不动产所在地预缴税款的决定权，只授予直辖市或计划单列市税务机关，没有授予省税务机关。

按照现行规定应当预缴增值税税款的小规模纳税人，凡在预缴地实现的月销售额未超过10万元的，当期无需预缴税款。国家税务总局2019年4号公告下发前已预缴税款的，可以向预缴地主管税务机关申请退还。

二、预缴税款的纳税期限。

纳税人出租不动产，按照规定需要预缴税款的，应在取得租金的次月纳税申报期或不动产所在地主管税务机关核定的纳税期限预缴税款。

三、机构所在地申报纳税的抵减凭证。

单位和个体工商户出租不动产，向不动产所在地主管税务机关预缴的增值税款，可以在当期增值税应纳税额中抵减，抵减不完的，结转下期继续抵减。

纳税人以预缴税款抵减应纳税额，应以完税凭证作为合法有效凭证。

11.2.5 发票开具

一、小规模纳税人中的单位和个体工商户出租不动产，不能自行开具增值税发票的，可向不动产所在地主管税务机关申请代开增值税发票。其他个人出租不动产，可向不动产所在地主管税务机关申请代开增值税发票。

二、纳税人向其他个人出租不动产，不得开具或申请代开增值税专用发票。

（国家税务总局关于发布《纳税人提供不动产经营租赁服务增值税征收管理暂行办法》的公告，国家税务总局公告 2016 年第 16 号，发文日期：2016-03-31；国家税务总局关于全面推开营业税改征增值税试点有关税收征收管理事项的公告，国家税务总局公告 2016 年第 23 号，发文日期：2016-04-19；国家税务总局关于营改增试点若干征管问题的公告，国家税务总局公告 2016 年第 53 号，发文日期：2016-08-18）

案例解析 89

自然人出租不动产可以向税务机关申请代开增值税专用发票吗？

张某将其拥有的一处商业用房出租给某电动车经销商，月租金为 15 万元。承租方电动车经销商为一般纳税人，向张某索取增值税专用发票。请问：张某作为自然人，可以向税务机关申请代开增值税专用发票吗？

答：《国家税务总局关于发布〈纳税人提供不动产经营租赁服务增值税征收管理暂行办法〉的公告》（国家税务总局公告 2016 年第 16 号）规定，其他个人出租不动产，可向不动产所在地主管税务机关申请代开增值税发票。《国家税务总局关于营业税改征增值税委托地税局代征税款和代开增值税发票的通知》（税总函〔2016〕145 号）规定，纳税人销售其取得的不动产和其他个人出租不动产，申请代开发票的，由代征税款的税务局代开增值税专用发票或者增值税普通发票（以下简称增值税发票）。因此，自然人张某出租不动产可以向税务机关申请代开增值税专用发票。

11.3　货物期货

11.3.1　增值税征收办法

根据国家税务总局《增值税若干具体问题的规定》，“货物期货应当征收增值税”，货物期货征收增值税的具体办法如下：

一、货物期货交易增值税的纳税环节为期货的实物交割环节。

二、货物期货交易增值的计税依据为交割时的不含税价格（不含增值税的实际成交额）。

$$不含税价格=\frac{含税价格}{1+增值税税率}$$

三、货物期货交易增值税的纳税人为：

（一）交割时采取由期货交易所开具发票的，以期货交易所为纳税人。

期货交易所增值税按次计算，其进项税额为该货物交割时供货会员单位开具的增值税专用发票上注明的销项税额，期货交易所本身发生的各种进项不得抵扣。

（二）交割时采取由供货的会员单位直接将发票开给购货会员单位的，以供货会员单位为纳税人。

（国家税务总局关于下发《货物期货征收增值税具体办法》的通知，国税发〔1994〕244 号，发文日期：

1994-11-09）

11.3.2 保税期货交割

为支持货物期货市场对外开放，现将有关增值税政策公告如下：

自2018年11月30日至2023年11月29日，对经国务院批准对外开放的货物期货品种保税交割业务，暂免征收增值税。

上述期货交易中实际交割的货物，如果发生进口或者出口的，统一按照现行货物进出口税收政策执行。非保税货物发生的期货实物交割仍按《国家税务总局关于下发＜货物期货征收增值税具体办法＞的通知》（国税发〔1994〕244号）的规定执行。

（财政部 税务总局关于支持货物期货市场对外开放增值税政策的公告，财政部 税务总局公告2020年第12号，发文日期：2020-02-18）

11.4 原油和铁矿石期货

自2015年4月1日起，原油和铁矿石期货保税交割业务有关增值税政策如下：

一、上海国际能源交易中心股份有限公司的会员和客户通过上海国际能源交易中心股份有限公司交易的原油期货保税交割业务，大连商品交易所的会员和客户通过大连商品交易所交易的铁矿石期货保税交割业务，暂免征收增值税。

二、期货保税交割的销售方，在向主管税务机关申报纳税时，应出具当期期货保税交割的书面说明、上海国际能源交易中心股份有限公司或大连商品交易所的交割结算单、保税仓单等资料。

三、上述期货交易中实际交割的原油和铁矿石，如果发生进口或者出口的，统一按照现行货物进出口税收政策执行。非保税货物发生的期货实物交割仍按《国家税务总局关于下发〈货物期货征收增值税具体办法〉的通知》（国税发〔1994〕244号）的规定执行。

（财政部 国家税务总局关于原油和铁矿石期货保税交割业务增值税政策的通知，财税〔2015〕35号，发文日期：2015-04-08）

11.5 建筑企业

11.5.1 可采用简易计税方法的建筑服务

一、一般纳税人以清包工方式提供的建筑服务，可以选择适用简易计税方法计税。

以清包工方式提供建筑服务，是指施工方不采购建筑工程所需的材料或只采购辅助材料，并收取人工费、管理费或者其他费用的建筑服务。

二、一般纳税人为甲供工程提供的建筑服务，可以选择适用简易计税方法计税。

甲供工程，是指全部或部分设备、材料、动力由工程发包方自行采购的建筑工程。

一般纳税人销售自产机器设备的同时提供安装服务，应分别核算机器设备和安装服务的销售额，安装服务可以按照甲供工程选择适用简易计税方法计税。

一般纳税人销售外购机器设备的同时提供安装服务，如果已经按照兼营的有关规定，分别核算机器设备和安装服务的销售额，安装服务可以按照甲供工程选择适用简易计税方法计税。

纳税人对安装运行后的机器设备提供的维护保养服务，按照"其他现代服务"缴纳增值税。

三、建筑工程总承包单位为房屋建筑的地基与基础、主体结构提供工程服务，建设单位自行采购全部或部分钢材、混凝土、砌体材料、预制构件的，适用简易计税方法计税。

地基与基础、主体结构的范围，按照《建筑工程施工质量验收统一标准》(GB50300—2013)附录B《建筑工程的分部工程、分项工程划分》中的"地基与基础""主体结构"分部工程的范围执行。

四、一般纳税人为建筑工程老项目提供的建筑服务，可以选择适用简易计税方法计税。

建筑工程老项目，是指：

(一)《建筑工程施工许可证》注明的合同开工日期在2016年4月30日前的建筑工程项目；《建筑工程施工许可证》未注明合同开工日期，但建筑工程承包合同注明的开工日期在2016年4月30日前的建筑工程项目。

(二)未取得《建筑工程施工许可证》的，建筑工程承包合同注明的开工日期在2016年4月30日前的建筑工程项目。

政策解析 纳税人为甲供工程提供建筑服务取得的全部价款和价外费用的确定原则，与营业税不同。《中华人民共和国营业税暂行条例实施细则》第十六条规定："纳税人提供建筑业劳务(不含装饰劳务)的营业额应当包括工程所用原材料、设备及其他物资和动力价款在内，但不包括建设方提供的设备的价款。"因此，营业税政策下，施工方提供甲供工程建筑劳务的营业额既包括发包方支付的工程款，也包括发包方提供的材料价款。但是，增值税政策下，施工方提供甲供工程建筑劳务的销售额不再包括发包方提供的材料价款。

11.5.2 建筑企业选择简易计税方法的备案

一、自2018年1月1日起，增值税一般纳税人提供建筑服务，按规定适用或选择适用简易计税方法计税的，实行一次备案制。

二、纳税人应在按简易计税方法首次办理纳税申报前，向机构所在地主管税务机关办理备案手续，并提交以下资料：

(一)为建筑工程老项目提供的建筑服务，办理备案手续时应提交《建筑工程施工许可证》(复印件)或建筑工程承包合同(复印件)。

(二)为甲供工程提供的建筑服务、以清包工方式提供的建筑服务，办理备案手续时应提交建筑工程承包合同(复印件)。

三、纳税人备案后提供其他适用或选择适用简易计税方法的建筑服务，不再备案。纳税人应按照第二条规定的资料范围，完整保留其他适用或选择适用简易计税方法建筑服务的资料备查，否则该建筑服务不得适用简易计税方法计税。

税务机关在后续管理中发现纳税人不能提供相关资料的，对少缴的税款应予追缴，并依照《税收征收管理法》及其实施细则的有关规定处理。

四、纳税人跨地级行政区提供建筑服务适用或选择适用简易计税方法计税的，应按上述规定向机构所在地主管税务机关备案，建筑服务发生地主管税务机关无需备案。

（国家税务总局关于简化建筑服务增值税简易计税方法备案事项的公告，国家税务总局公告 2017 年第 43 号，发文日期：2017-11-26）

11.5.3 建筑劳务差额销售额的规定

试点纳税人提供建筑服务适用简易计税方法的，以取得的全部价款和价外费用扣除支付的分包款后的余额为销售额。

政策解析 纳税人提供建筑服务采用一般计税方法的，计算销项税额时不能从全部价款和价外费用中扣除分包款。但是异地提供的建筑服务在建筑服务发生地预缴增值税时，预缴税款的计税依据是全部价款和价外费用扣除分包款。

11.5.4 跨地级行政区提供建筑服务预缴税款的规定

单位和个体工商户在其机构所在地以外的地级行政区提供建筑服务，应向建筑服务发生地主管税务机关预缴税款，向机构所在地主管税务机关申报纳税。其他个人跨县（市、区）提供建筑服务，直接向建筑服务发生地纳税申报，缴纳税款。

纳税人在同一直辖市、计划单列市范围内跨县（市、区）提供建筑服务的，由直辖市、计划单列市国家税务局决定是否适用《纳税人跨县（市、区）提供建筑服务增值税征收管理暂行办法》。

纳税人在同一地级行政区范围内跨县（市、区）提供建筑服务，不适用《纳税人跨县（市、区）提供建筑服务增值税征收管理暂行办法》（国家税务总局公告 2016 年第 17 号）。

11.5.4.1 预缴税款的计算方法

一、纳税人跨地级行政区域提供建筑服务，按照以下规定预缴税款：

（一）一般纳税人跨地级行政区域提供建筑服务，适用一般计税方法计税的，以取得的全部价款和价外费用扣除支付的分包款后的余额，按照 2%的预征率计算应预缴税款。应预缴税款＝（全部价款和价外费用－支付的分包款）÷（1＋11%）×2%。

（二）一般纳税人跨地级行政区域提供建筑服务，选择适用简易计税方法计税的，以取得的全部价款和价外费用扣除支付的分包款后的余额，按照 3%的征收率计算应预缴税款。应预缴税款＝（全部价款和价外费用－支付的分包款）÷（1＋3%）×3%。

纳税人取得的全部价款和价外费用扣除支付的分包款后的余额为负数的，可结转下次预缴税款时继续扣除。

（三）小规模纳税人跨地级行政区域提供建筑服务，以取得的全部价款和价外费用扣除支付的分包款后的余额，按照 3%的征收率计算应预缴税款。应预缴税款＝（全部价款和价外费用－支付的分包款）÷（1＋3%）×3%。

纳税人取得的全部价款和价外费用扣除支付的分包款后的余额为负数的，可结转下次预缴税款时继续扣除。

［例题 11-6］ 天马建筑公司（一般纳税人）机构位于滨州市所辖县级市——邹平市，2020 年 5 月起在淄博市临淄区承揽了一项建筑工程，合同总造价 500 万元。2020 年 5 月预收含

税工程款120万元，当月支付含税分包款20万元，取得增值税专用发票，注明金额18.35万元，税额1.65万元。假设，2020年5月天马建筑公司仅取得该项工程款一笔收入，仅取得购买办公用品一项进项税额1万元。

请问：天马建筑公司应如何缴纳增值税？

解析：(1) 如果天马建筑公司选择简易计税方法。

$$在临淄区税务局预缴税款 = (120 - 20) \div (1 + 3\%) \times 3\% = 2.91(万元)$$

在邹平市税务局纳税申报时：

$$应纳增值税 = (120 - 20) \div (1 + 3\%) \times 3\% = 2.91(万元)$$

$$应补(退)税额 = 2.91 - 2.91 = 0$$

进项税额留抵1万元。

(2) 如果天马公司选择一般计税方法。

$$在临淄区税务局预缴税款 = (120 - 20) \div (1 + 9\%) \times 2\% = 1.83(万元)$$

在邹平市税务局纳税申报时：

$$销项税额 = 120 \div (1 + 9\%) \times 9\% = 9.91(万元)$$

$$进项税额 = 1 + 1.65 = 2.65(万元)$$

$$应纳税额 = 销项税额 - 进项税额 = 9.91 - 2.65 = 7.26(万元)$$

$$应补(退)税额 = 7.26 - 1.83 = 5.43(万元)$$

答：如果天马建筑公司选择简易计税方法，应在临淄区税务局预缴税款2.91万元，在邹平市税务局进行纳税申报时，应纳税额为2.91万元，抵减临淄区税务局预缴税款2.91万元，本期应补(退)税款为0；同时，进项留抵税额为1万元。如果天马公司选择一般计税方法，应在临淄区税务局预缴税款1.83万元，在邹平市税务局进行纳税申报时，应纳税额为7.26万元，抵减临淄区税务局预缴税款1.83万元，本期应补(退)税款为5.43万元。

〔例题11-7〕　天马建筑公司（小规模纳税人）机构位于滨州市所辖县级市——邹平市，2020年5月起在淄博市临淄区承揽了一项建筑工程，合同总造价500万元。2020年5月预收含税工程款120万元，当月支付含税分包款20万元。假设，2020年5月天马建筑公司仅取得该项工程款一笔收入。

请问：天马建筑公司应如何缴纳增值税？

解析：(1) 在临淄区税务局预缴增值税。

$$在临淄区税务局预缴税款 = (120 - 20) \div (1 + 3\%) \times 3\% = 2.91(万元)$$

(2) 在邹平市税务局纳税申报。

$$应纳增值税 = (120 - 20) \div (1 + 3\%) \times 3\% = 2.91(万元)$$

$$应补(退)税额 = 2.91 - 2.91 = 0$$

答：天马建筑公司应在临淄区税务局预缴税款2.91万元；在邹平市税务局进行纳税申报时，应纳税额为2.91万元，抵减临淄区税务局预缴税款2.91万元，本期应补(退)税款为0。

二、纳税人应按照工程项目分别计算应预缴税款，分别预缴。

政策解析 提供建筑劳务注意下列事项：

1. 一般纳税人提供建筑服务采用一般计税方法，销项税额是以取得的全部价款和价外费用为计税依据，不做任何扣除，但预缴税款是以取得的全部价款和价外费用扣除分包款后的余额为计税依据。

2. 无论是一般纳税人还是小规模纳税人，只要采用简易计税方法，在建筑劳务发生地计算预缴税款的方法和机构所在地计算应纳税款的方法都是完全相同的，按照全部价款和价外费用扣除分包款后的余额为计税依据，依照3%的征收率计算预缴税额和应纳税款。采用简易计税方法的一般纳税人和小规模纳税人，在不动产所在地主管税务机关预缴的税额，是其提供建筑劳务应纳的全部税额，回机构所在地纳税申报时，不需要再补(退)税款。

3. 建筑劳务地主管税务机关对发生在本辖区内的建筑劳务的总包人和分包人都要征收一道增值税，总包人预征增值税的计税依据是全部价款和价外费用扣除分包款后的余额，分包人预征增值税的计税依据是分包款。

11.5.4.2 预缴税款的差额销售额的扣除凭证和征管办法

一、纳税人按照上述规定从取得的全部价款和价外费用中扣除支付的分包款，应当取得符合法律、行政法规和国家税务总局规定的合法有效凭证，否则不得扣除。

上述凭证是指：

(一) 从分包方取得的2016年4月30日前开具的建筑业营业税发票。

上述建筑业营业税发票在2016年6月30日前可作为预缴税款的扣除凭证。

(二) 从分包方取得的2016年5月1日后开具的，备注栏注明建筑服务发生地所在县(市、区)、项目名称的增值税发票。

(三) 国家税务总局规定的其他凭证。

二、对跨地级行政区域提供的建筑服务，纳税人应自行建立预缴税款台账，区分不同县(市、区)和项目逐笔登记全部收入、支付的分包款、已扣除的分包款、扣除分包款的发票号码、已预缴税款以及预缴税款的完税凭证号码等相关内容，留存备查。

11.5.4.3 申报纳税的抵减凭证

纳税人跨地级行政区域提供建筑服务，向建筑服务发生地主管税务机关预缴的增值税税款，可以在当期增值税应纳税额中抵减，抵减不完的，结转下期继续抵减。

纳税人以预缴税款抵减应纳税额，应以完税凭证作为合法有效凭证。

11.5.4.4 预缴税款的时限

纳税人跨地级行政区域提供建筑服务，应按照财税〔2016〕36号文件规定的纳税义务发生时间和计税方法，向建筑服务发生地主管税务机关预缴税款，向机构所在地主管税务机关申报纳税。

11.5.4.5 预缴税款报告资料

纳税人跨地级行政区域提供建筑服务，在向建筑服务发生地主管税务机关预缴税款时，需填报《增值税预缴税款表》，并提交以下资料：

(一)《增值税预缴税款表》。

(二) 与发包方签订的建筑合同复印件(加盖纳税人公章)。

(三)与分包方签订的分包合同复印件(加盖纳税人公章)。

(四)从分包方取得的发票复印件(加盖纳税人公章)。

11.5.4.6 发票开具

小规模纳税人跨地级行政区域提供建筑服务,不能自行开具增值税发票的,可向建筑服务发生地主管税务机关按照其取得的全部价款和价外费用申请代开增值税发票。

提供建筑服务,纳税人自行开具或者税务机关代开增值税发票时,应在发票的备注栏注明建筑服务发生地县(市、区)名称及项目名称。

11.5.5 预收款预缴增值税的规定

纳税人提供建筑服务取得预收款,应在收到预收款时,以取得的预收款扣除支付的分包款后的余额,按照规定的预征率预缴增值税。

按照现行规定应在建筑服务发生地预缴增值税的项目,纳税人收到预收款时在建筑服务发生地预缴增值税。按照现行规定无需在建筑服务发生地预缴增值税的项目,纳税人收到预收款时在机构所在地预缴增值税。

适用一般计税方法计税的项目预征率为2%,适用简易计税方法计税的项目预征率为3%。

按照现行规定应当预缴增值税税款的小规模纳税人,凡在预缴地实现的月销售额未超过10万元的,当期无需预缴税款。国家税务总局2019年4号公告下发前已预缴税款的,可以向预缴地主管税务机关申请退还。

[国家税务总局关于发布《纳税人跨县(市、区)提供建筑服务增值税征收管理暂行办法》的公告,国家税务总局公告2016年第17号,发文日期:2016-03-31;国家税务总局关于全面推开营业税改征增值税试点有关税收征收管理事项的公告,国家税务总局公告2016年第23号,发文日期:2016-04-19;国家税务总局关于营改增试点若干征管问题的公告,国家税务总局公告2016年第53号,发文日期:2016-08-18;国家税务总局关于进一步明确营改增有关征管问题的公告,国家税务总局公告2017年第11号,发文日期:2017-04-20;财政部 国家税务总局关于建筑服务等营改增试点政策的通知,财税〔2017〕58号,发文日期:2017-07-11;国家税务总局关于小规模纳税人免征增值税政策有关征管问题的公告,国家税务总局公告2019年第4号,发文日期:2019-01-19]

政策解析 小规模纳税人以取得的全部价款和价外费用扣除支付的分包款后的余额为计税依据,按照3%的征收率计算应预缴税款,但是向建筑服务发生地主管税务机关申请代开发票的金额是全部价款和价外费用,没有扣除分包款。

11.6 房地产开发企业

房地产开发企业销售自行开发的房地产项目适用《房地产开发企业销售自行开发的房地产项目增值税征收管理暂行办法》。

11.6.1 适用范围

一、房地产开发企业销售自行开发的房地产项目。自行开发,是指在依法取得土地使用权的土地上进行基础设施和房屋建设。

二、房地产开发企业以接盘等形式购入未完工的房地产项目继续开发后，以自己的名义立项销售的，属于销售自行开发的房地产项目。

11.6.2 可采用简易计税方法的房地产项目

房地产开发企业中的一般纳税人，销售自行开发的房地产老项目，可以选择适用简易计税方法按照5%的征收率计税。

房地产老项目，是指：

(一)《建筑工程施工许可证》注明的合同开工日期在2016年4月30日前的房地产项目。

(二)《建筑工程施工许可证》未注明合同开工日期或者未取得《建筑工程施工许可证》但建筑工程承包合同注明的开工日期在2016年4月30日前的建筑工程项目。

11.6.3 一般计税方法应纳税额的计算及征收管理

11.6.3.1 销售额的规定

一、一般计税方法的销售额。

房地产开发企业中的一般纳税人销售自行开发的房地产项目，适用一般计税方法计税，按照取得的全部价款和价外费用，扣除当期销售房地产项目对应的土地价款和拆迁补偿费用后的余额计算销售额。销售额的计算公式如下：

$$销售额=\left(\begin{matrix}全部价款和\\价外费用\end{matrix}-\begin{matrix}当期允许扣除的土地\\价款、拆迁补偿费用\end{matrix}\right)\div(1+10\%)$$

(一)当期允许扣除的土地价款按照以下公式计算：

$$\begin{matrix}当期允许扣除的\\土地价款、拆迁\\补偿费用\end{matrix}=\left(\begin{matrix}当期销售房地产\\项目建筑面积\end{matrix}\div\begin{matrix}房地产项目可\\供销售建筑面积\end{matrix}\right)\times\begin{matrix}支付的\\土地价款、拆迁\\补偿费用\end{matrix}$$

1. 当期销售房地产项目建筑面积，是指当期进行纳税申报的增值税销售额对应的建筑面积。

2. 房地产项目可供销售建筑面积，是指房地产项目可以出售的总建筑面积，不包括销售房地产项目时未单独作价结算的配套公共设施的建筑面积。

3. 当期销售房地产项目建筑面积和房地产项目可供销售建筑面积，是指计容积率地上建筑面积，不包括地下车位建筑面积。

(二)支付的土地价款，是指向政府、土地管理部门或受政府委托收取土地价款的单位直接支付的土地价款，包括土地受让人向政府部门支付的征地和拆迁补偿费用、土地前期开发费用和土地出让收益等。在计算销售额时从全部价款和价外费用中扣除土地价款，应当取得省级以上(含省级)财政部门监(印)制的财政票据。

(三)支付的拆迁补偿费用，是在取得土地时向其他单位或个人支付的拆迁补偿费用。纳税人扣除拆迁补偿费用时，应提供拆迁协议、拆迁双方支付和取得拆迁补偿费用凭证等能够证明拆迁补偿费用真实性的材料。

房地产开发企业向政府部门支付的土地价款，以及向其他单位或个人支付的拆迁补偿费用，按照规定允许在计算销售额时扣除但未扣除的，从 2016 年 12 月份(税款所属期)起按照现行规定计算扣除。

政策解析 采用一般计税方法的房地产项目可以扣除当期销售房地产项目对应的土地价款。也就是说，土地价款并非一次扣除，而是随着销售额确认的进度分期扣除，当期销售几套房子就可以扣除几套房子对应的土地价款。采用一般计税方法的房地产项目包括新项目也包括老项目选择一般计税方法的。

〔例题 11-8〕 天马房地产公司(一般纳税人)2020 年 4 月开工建设金马家园小区，从政府受让该宗土地直接支付土地价款为 1 000 万元。2020 年 12 月小区土建工程全部竣工，并履行相关备案手续，经实际测绘确定可供销售建筑面积为 100 万平方米。2020 年 12 月，天马房地产公司销售住房 20 套，总建筑面积为 2 400 平方米，共取得含税销售收入 400 万元。已知，天马房地产公司金马家园项目截至 2020 年 11 月期末取得进项税额扣税凭证为 18 万元，2020 年 12 月取得可以抵扣的进项税额扣税凭证 2 万元。

请问：天马建筑公司应如何缴纳增值税，如何进行会计处理？

解析：(1)如果天马房地产公司对该房地产项目选择简易计税方法。

$$\text{应纳税款} = 400 \div (1 + 5\%) \times 5\% = 19.05(\text{万元})$$

会计处理如下：

受让土地：

借：开发成本——土地征用及拆迁补偿费　　10 000 000

　　贷：银行存款　　10 000 000

取得销售房屋收入：

借：银行存款　　4 000 000

　　贷：主营业务收入　　3 809 500

　　　　应交税费——简易计税　　190 500

(2) 如果天马房地产公司对该房地产项目选择一般计税方法。

$$\begin{aligned}\text{当期允许扣除的土地价款、拆迁补偿费用} &= \left(\text{当期销售房地产项目建筑面积} \div \text{房地产项目可供销售建筑面积}\right) \times \text{支付的土地价款、拆迁补偿费用} \\ &= (2\,400 \div 1\,000\,000) \times 1\,000 = 2.4(\text{万元})\end{aligned}$$

$$\text{销项税额} = (400 - 2.4) \div (1 + 9\%) \times 9\% = 32.83(\text{万元})$$

$$\text{进项税额} = 18 + 2 = 20(\text{万元})$$

$$\text{应纳税额} = 32.83 - 20 = 12.83(\text{万元})$$

会计处理如下：

受让土地：

借：开发成本——土地征用及拆迁补偿费　　10 000 000

　　贷：银行存款　　10 000 000

取得销售房屋收入：

借：银行存款　　4 000 000.00

　贷：主营业务收入　　3 669 724.77

　　应交税费——应交税费(销项税额)　　330 275.23

结转成本分录略。

土地价款扣减销售额：

借：应交税费——应交增值税(销项税额抵减)　　1 981.65

　贷：主营业务成本　　1 981.65

答：如果天马房地产公司对该房地产项目选择简易计税方法，2020 年 12 月应纳增值税额为 19.05 万元；如果天马房地产公司对该房地产项目选择一般计税方法，2020 年 12 月应纳增值税额为 12.83 万元。

(四) 一般纳税人应建立台账登记土地价款的扣除情况，扣除的土地价款不得超过纳税人实际支付的土地价款。

二、简易计税方法销售额。

一般纳税人销售自行开发的房地产老项目适用简易计税方法计税的，以取得的全部价款和价外费用为销售额，不得扣除对应的土地价款。

11.6.3.2　房地产开发企业受让土地后设项目公司进行开发土地价款扣除问题

房地产开发企业(包括多个房地产开发企业组成的联合体)受让土地向政府部门支付土地价款后，设立项目公司对该受让土地进行开发，同时符合下列条件的，可由项目公司按规定扣除房地产开发企业向政府部门支付的土地价款。

(一) 房地产开发企业、项目公司、政府部门三方签订变更协议或补充合同，将土地受让人变更为项目公司；

(二) 政府部门出让土地的用途、规划等条件不变的情况下，签署变更协议或补充合同时，土地价款总额不变；

(三) 项目公司的全部股权由受让土地的房地产开发企业持有。

11.6.3.3　计税方法的选择

一般纳税人销售自行开发的房地产老项目，可以选择适用简易计税方法按照 5%的征收率计税。一经选择简易计税方法计税的，36 个月内不得变更为一般计税方法计税。

11.6.3.4　预缴税款

一、一般纳税人采取预收款方式销售自行开发的房地产项目，应在收到预收款时按照 3%的预征率预缴增值税。

二、应预缴税款按照以下公式计算：

适用一般计税方法计税的应预缴税款＝预收款÷(1＋9%)×3%

适用简易计税方法计税的应预缴税款＝预收款÷(1＋5%)×3%

三、一般纳税人应在取得预收款的次月纳税申报期向主管税务机关预缴税款。

政策解析 房地产开发企业采取预收款方式销售所开发的房地产项目，在收到预收款时按照 3%的预征率预缴增值税，待产权发生转移时，再清算应纳税款，并扣除已预缴的增值税款。预收款是指房地产企业在产权转移前实际取得的售房款，既包括分期取得的预收款，如：首付、按揭和尾款；也包括全款取得的预收款。因为全款取得售房款也要在产权转移时开具发票，确认应税收入，因此也可以叫做预收款。

[例题 11-9] 天马房地产公司（一般纳税人）2020 年 4 月开工建设金马家园小区，从政府受让该宗土地直接支付土地价款为 1 000 万元。2020 年 8 月开发支出超过 25%，企业办理了《商品房预售许可证》，并开盘预售商品房。2020 年 8 月，天马房地产公司预售住房 20 套，总建筑面积为 2 400 平方米，共取得含税预收款 400 万元。已知，天马房地产公司截至 2020 年 7 月期末取得进项税额扣税凭证为 18 万元，2020 年 8 月取得可以抵扣的进项税额扣税凭证 2 万元。

请问：天马建筑公司应如何缴纳增值税？

解析：(1) 如果天马房地产公司对该房地产项目选择简易计税方法。

天马房地产公司收到预收款应预缴税款 = 预收款 ÷ (1 + 征收率) × 3%

= 400 ÷ (1 + 5%) × 3% = 11.43(万元)

(2) 如果天马房地产公司对该房地产项目选择一般计税方法。

天马房地产公司收到预收款应预缴税款 = 预收款 ÷ (1 + 税率) × 3%

= 400 ÷ (1 + 9%) × 3% = 11(万元)

期末留抵税额 = 18 + 2 = 20(万元)

答：如果天马房地产公司对该房地产项目选择简易计税方法，2020 年 8 月应预缴增值税额为 11.43 万元；如果天马房地产公司对该房地产项目选择一般计税方法，2020 年 8 月应预缴增值税额为 11 万元，同时留抵税额为 20 万元。

案例解析 90

房地产开发企业收取订房者的订金、定金、诚意金等是否属于预收款，需要预缴增值税吗？

天马房地产开发企业（一般纳税人）于 2020 年 1 月拍得一宗土地开始开发一个楼盘，并同时对外公告购房者需要交纳 3 万元的诚意金方可获得选房资格，交纳的诚意金在购房者选购住房后折抵房款，不选购住房的购房者诚意金全额退还。2020 年 1 月至 3 月，天马房地产开发企业共收取诚意金 900 万元。2020 年 4 月天马房地产开发企业办理了《商品房预售许可证》，开盘出售尚未完工的商品房。请问：天马房地产开发企业 1 月至 3 月预收的诚意金 900 万元需要预缴增值税吗？

答：《国家税务总局关于发布〈房地产开发企业销售自行开发的房地产项目增值税征收管理暂行办法〉的公告》（国家税务总局公告 2016 年第 18 号）规定，一般纳税人采取预收款方式销售自行开发的房地产项目，应在收到预收款时按照 3%的预征率预缴增值税。纳税人在销售房地产项目时，预收款才需要预缴增值税。天马房地产企业收取诚意金时并不确定购房者购买的是哪套房屋，此时销售对象尚未确定，销售行为没有形成，因此天马房地产企业收取的诚意金不是预收款，不需要预缴增值税。实务中判定订金、定金、诚意金是否应该作为预收款预缴增值税，不应拘泥于企业收取该款项的名义，关键应该看该款项收取的时候销售房地产的销售行为是否存在。也就是说，收取款项时销售哪套房屋已经确定，则收取的款项应界定为预收款，预缴增值税；收取款项时还不知道销售的是哪套房屋，则收取的款项不是预收款，不需要预缴增值税。

11.6.3.5　进项税额

一般纳税人销售自行开发的房地产项目，兼有一般计税方法计税、简易计税方法计税、免征增值税的房地产项目而无法划分不得抵扣的进项税额的，应以《建筑工程施工许可证》注明的"建设规模"为依据进行划分。

$$\text{不得抵扣的进项税额}=\begin{matrix}\text{当期无法划分的}\\\text{全部进项税额}\end{matrix}\times\left(\begin{matrix}\text{简易计税、免税房地产}\\\text{项目建设规模}\end{matrix}\div\begin{matrix}\text{房地产项目总}\\\text{建设规模}\end{matrix}\right)$$

11.6.3.6　纳税申报

一、一般纳税人销售自行开发的房地产项目适用一般计税方法计税的，应按照《营业税改征增值税试点实施办法》(财税〔2016〕36号文件印发，以下简称《试点实施办法》)第四十五条规定的纳税义务发生时间，以当期销售额和10%的适用税率计算当期应纳税额，抵减已预缴税款后，向主管税务机关申报纳税。未抵减完的预缴税款可以结转下期继续抵减。

二、一般纳税人销售自行开发的房地产项目适用简易计税方法计税的，应按照《试点实施办法》第四十五条规定的纳税义务发生时间，以当期销售额和5%的征收率计算当期应纳税额，抵减已预缴税款后，向主管税务机关申报纳税。未抵减完的预缴税款可以结转下期继续抵减。

三、房地产开发企业以预缴税款抵减应纳税额，应以完税凭证作为合法有效凭证。

政策解析　预收款预缴的增值税是否应在预收款对应的房地产项目权属转移时，即纳税义务发生时从应纳增值税额中抵减预缴增值税额，2016年总局18号公告并未严格限定。

11.6.3.7　发票开具

一、一般纳税人销售自行开发的房地产项目，自行开具增值税发票。

二、一般纳税人销售自行开发的房地产项目，其2016年4月30日前收取并已向主管税务机关申报缴纳营业税的预收款，未开具营业税发票的，可以开具增值税普通发票(商品和服务分类编码选603"已申报缴纳营业税未开票补开票")，不得开具增值税专用发票。

三、一般纳税人向其他个人销售自行开发的房地产项目，不得开具增值税专用发票。

四、销售不动产，纳税人自行开具或者税务机关代开增值税发票时，应在"单位"栏填写面积单位，备注栏注明不动产的详细地址。

五、房地产开发企业采取预收款方式销售自行开发的房地产项目，在收到预收款时可以开具增值税普通发票，商品和服务分类编码选602"销售自行开发的房地产项目预收款"。

11.6.4 小规模纳税人应纳税额的计算及征收管理

11.6.4.1 预缴税款

一、房地产开发企业中的小规模纳税人(以下简称小规模纳税人)采取预收款方式销售自行开发的房地产项目,应在收到预收款时按照 3%的预征率预缴增值税。

二、应预缴税款按照以下公式计算:

$$应预缴税款 = 预收款 \div (1+5\%) \times 3\%$$

〔例题 11-10〕 天马房地产公司(小规模纳税人)2020 年 4 月开工建设金马家园小区,从政府受让该宗土地直接支付土地价款为 1 000 万元。2020 年 8 月开发支出超过 25%,企业办理了《商品房预售许可证》,并开盘预售商品房。2020 年 8 月,天马房地产公司预售住房 20 套,总建筑面积为 2 400 平方米,共取得含税预收款 400 万元。

请问:天马建筑公司应如何缴纳增值税?

解析:天马房地产公司收到预收款应预缴税款=预收款÷(1+征收率)×3%

=400÷(1+5%)×3%=11.43(万元)

答:2020 年 8 月天马房地产公司收到预收款应预缴增值税额为 11.43 万元。

政策解析 房地产企业销售自行开发的房地产项目注意下列事项:

1. 小规模纳税人销售自行开发的房地产项目适用的征收率为 5%,而不是 3%。

2. 一般纳税人采用简易计税方法应纳税额的计算方法与小规模纳税人完全相同,收到预收款时,预缴税款的计算方法也完全相同。按照全部价款和价外费用为计税依据,依照 5%的征收率计算应纳税额,收到预收款时,依照 3%的预征率计算预缴税额。

三、小规模纳税人应在取得预收款的次月纳税申报期或主管税务机关核定的纳税期限向主管税务机关预缴税款。

11.6.4.2 纳税申报

小规模纳税人销售自行开发的房地产项目,应按照《试点实施办法》第四十五条规定的纳税义务发生时间,以当期销售额和 5%的征收率计算当期应纳税额,抵减已预缴税款后,向主管税务机关申报纳税。未抵减完的预缴税款可以结转下期继续抵减。

11.6.4.3 发票开具

一、小规模纳税人销售自行开发的房地产项目,自行开具增值税普通发票。购买方需要增值税专用发票的,小规模纳税人向主管税务机关申请代开。

二、小规模纳税人销售自行开发的房地产项目,其 2016 年 4 月 30 日前收取并已向主管地税机关申报缴纳营业税的预收款,未开具营业税发票的,可以开具增值税普通发票(商品和服务分类编码选 603“已申报缴纳营业税未开票补开票”),不得申请代开增值税专用发票。

三、销售不动产,纳税人自行开具或者税务机关代开增值税发票时,应在“单位”栏填写面积单位,备注栏注明不动产的详细地址。

四、房地产开发企业采取预收款方式销售自行开发的房地产项目,在收到预收款时可以开具增值税普通发票，商品和服务分类编码选602“销售自行开发的房地产项目预收款”。

五、小规模纳税人向其他个人销售自行开发的房地产项目，不得申请代开增值税专用发票。

（国家税务总局关于发布《房地产开发企业销售自行开发的房地产项目增值税征收管理暂行办法》的公告，国家税务总局公告2016年第18号，发文日期：2016-03-31；国家税务总局关于全面推开营业税改征增值税试点有关税收征收管理事项的公告，国家税务总局公告2016年第23号，发文日期：2016-04-19；财政部 国家税务总局关于明确金融、房地产开发、教育辅助服务等增值税政策的通知，财税〔2016〕140号，发文日期：2016-12-21；关于土地价款扣除时间等增值税征管问题的公告，国家税务总局公告2016年第86号，发文日期：2016-12-24）

11.7 邮政企业

为明确营业税改征增值税后邮政企业总分机构缴纳增值税问题，国家税务总局制定了《邮政企业增值税征收管理暂行办法》，自2014年1月1日起施行。

11.7.1 汇总纳税的邮政企业范围

经省、自治区、直辖市或者计划单列市财政厅（局）和国家税务局批准，可以汇总申报缴纳增值税的邮政企业，适用《邮政企业增值税征收管理暂行办法》。邮政企业，是指中国邮政集团公司所属提供邮政服务的企业。

11.7.2 邮政企业汇总纳税的经营业务

各省、自治区、直辖市和计划单列市邮政企业（以下称总机构）应当汇总计算总机构及其所属邮政企业（以下称分支机构）提供邮政服务的增值税应纳税额，抵减分支机构提供邮政服务已缴纳（包括预缴和查补）的增值税额后，向主管税务机关申报纳税。

总机构发生除邮政服务以外的增值税应税行为，按照增值税条例、试点实施办法及相关规定就地申报纳税。

11.7.3 总机构汇总的应纳税额

一、销项税额。

总机构汇总的销项税额，以总机构及其分支机构提供邮政服务的销售额和增值税适用税率计算。

二、代办速递物流类业务收入。

邮政企业为中国邮政速递物流股份有限公司及其所属机构代办速递物流类业务，从寄件人取得的收入，由总机构并入汇总的销售额计算缴纳增值税。分支机构收取的上述收入不预缴税款。

三、进项税额。

总机构汇总的进项税额，是指总机构及其分支机构提供邮政服务而购进货物、接受加工修理修配劳务和应税服务，支付或者负担的增值税额。总机构及其分支机构取得的与邮政服务相关的固定资产、专利技术、非专利技术、商誉、商标、著作权、有形动产租赁的进项税额，由总机构汇总缴纳增值税时抵扣。总机构及其分支机构用于邮政服务以外的进项税额不得汇总。

总机构及其分支机构用于提供邮政服务的进项税额与不得汇总的进项税额无法准确划分的，按照提供邮政服务的销售额占全部销售额的比例计算应当汇总的进项税额。

11.7.4 分支机构预缴税额与征收管理

一、邮政服务预缴税款的计算。

分支机构提供邮政服务，按照销售额和预征率计算应预缴税额，按月向主管税务机关申报纳税，不得抵扣进项税额。计算公式为：

$$应预缴税额 = (销售额 + 预订款) \times 预征率$$

销售额为分支机构对外(包括向邮政服务接受方和本总、分支机构外的其他邮政企业)提供邮政服务取得的收入；预订款为分支机构向邮政服务接受方收取的预订款。销售额不包括免税项目的销售额；预订款不包括免税项目的预订款。

分支机构的预征率由省、自治区、直辖市或者计划单列市国家税务局商同级财政部门确定。

邮政企业为中国邮政速递物流股份有限公司及其所属机构代办速递物流类业务，从寄件人取得的收入，由总机构并入汇总的销售额计算缴纳增值税。分支机构收取的上述收入不预缴税款。

二、分支机构预缴税款的征收管理。

分支机构应按月将提供邮政服务的销售额、预订款、进项税额和已缴纳增值税额归集汇总，填写《邮政企业分支机构增值税汇总纳税信息传递单》，报送主管税务机关签章确认后，于次月10日前传递给总机构。

汇总的销售额包括免税项目的销售额。汇总的进项税额包括用于免税项目的进项税额。

三、就地申报纳税。

分支机构发生除邮政服务以外的增值税应税行为，就地申报纳税。

11.7.5 总机构申报纳税与征收管理

一、纳税申报。

总机构应当依据《邮政企业分支机构增值税汇总纳税信息传递单》，汇总计算当期提供邮政服务的应纳税额，抵减分支机构提供邮政服务当期已缴纳的增值税额后，向主管税务机关申报纳税。抵减不完的，可以结转下期继续抵减。计算公式为：

$$总机构当期汇总应纳税额 = 当期汇总销项税额 - 当期汇总的允许抵扣的进项税额$$

$$总机构当期应补(退)税额 = 总机构当期汇总应纳税额 - 分支机构当期已缴纳税额$$

总机构汇总的允许抵扣的进项税额，应当在季度终了后的第一个申报期内申报抵扣。

二、征收管理。

总机构的纳税期限为一个季度。总机构应当在开具增值税专用发票(含货物运输业增值税专用发票)的次月申报期结束前向主管税务机关报税。

11.7.6 邮政企业的征收管理

一、一般纳税人资格。

总机构及其分支机构，一律由主管税务机关认定为增值税一般纳税人。

二、扣税凭证的认证或稽核比对。

总机构及其分支机构取得的增值税扣税凭证，应当按照有关规定到主管税务机关办理认证或者申请稽核比对。

三、代办速递物流业务发票开具。

邮政企业为中国邮政速递物流股份有限公司及其所属机构代办速递物流类业务，寄件人索取增值税专用发票的，邮政企业应向寄件人开具增值税专用发票。

四、税务检查。

总机构和分支机构所在地主管税务机关应定期或不定期对其纳税情况进行检查。分支机构提供邮政服务申报不实的，由其主管税务机关按适用税率全额补征增值税。

（国家税务总局关于发布《邮政企业增值税征收管理暂行办法》的公告，国家税务总局公告2014年第5号，发文日期：2014-01-20）

11.8 电信企业

为明确营业税改征增值税后电信企业总分机构缴纳增值税问题，国家税务总局制定了《电信企业增值税征收管理暂行办法》，自2014年6月1日起施行。

11.8.1 汇总纳税的电信企业范围

经省、自治区、直辖市或者计划单列市财政厅（局）和国家税务局批准，可以汇总申报缴纳增值税的电信企业，适用《电信企业增值税征收管理暂行办法》。电信企业，是指中国电信集团公司、中国移动通信集团公司、中国联合网络通信集团有限公司所属提供电信服务的企业。

11.8.2 电信企业汇总纳税的经营业务

各省、自治区、直辖市和计划单列市电信企业（以下简称总机构）应当汇总计算总机构及其所属电信企业（以下简称分支机构）提供电信服务及其他应税服务的增值税应纳税额，抵减分支机构提供电信服务及其他应税服务已缴纳（包括预缴和查补）的增值税额后，向主管税务机关申报纳税。

总机构发生除电信服务及其他应税服务以外的增值税应税行为，按照增值税条例及相关规定就地申报纳税。

11.8.3 总机构汇总的应纳税额

一、销项税额。

总机构汇总的销项税额，以总机构及其分支机构提供电信服务及其他应税服务的销售额和增值税适用税率计算。

二、进项税额。

总机构汇总的进项税额，是指总机构及其分支机构提供电信服务及其他应税服务而购进货物、接受加工修理修配劳务和应税服务，支付或者负担的增值税额。总机构及其分支机构取得的与电信服务及其他应税服务相关的固定资产、专利技术、非专利技术、商誉、商标、著作权、有形动产租赁的进项税额，由总机构汇总缴纳增值税时抵扣。

总机构及其分支机构用于电信服务及其他应税服务以外的进项税额不得汇总。

总机构及其分支机构用于提供电信服务及其他应税服务的进项税额与不得汇总的进项税额无法准确划分的，按照电信服务及其他应税服务的销售额占当期销售额总和的比例计算用于电信服务及其他应税服务的进项税额。

11.8.4　分支机构预缴税额与征收管理

一、预缴税额。

分支机构提供电信服务及其他应税服务，按照销售额和预征率计算应预缴税额，按月向主管税务机关申报纳税，不得抵扣进项税额。计算公式为：

$$应预缴税额 = (销售额 + 预收款) \times 预征率$$

销售额为分支机构对外(包括向电信服务及其他应税服务接受方和本总机构、分支机构外的其他电信企业)提供电信服务及其他应税服务取得的收入；预收款为分支机构以销售电信充值卡(储值卡)、预存话费等方式收取的预收性质的款项。销售额不包括免税项目的销售额；预收款不包括免税项目的预收款。

分支机构的预征率由省、自治区、直辖市或者计划单列市国家税务局商同级财政部门确定。

二、预缴税额的征收管理。

分支机构应按月将提供电信服务及其他应税服务的销售额、预收款、进项税额和已缴纳增值税额归集汇总，填写《电信企业分支机构增值税汇总纳税信息传递单》，报送主管税务机关签章确认后，于次月 10 日前传递给总机构。汇总的销售额包括免税项目的销售额汇总的进项税额包括用于免税项目的进项税额。

三、分支机构申报纳税。

分支机构发生除电信服务及其他应税服务以外的增值税应税行为，按照增值税条例及相关规定就地申报纳税。

11.8.5　总机构申报纳税与征收管理

一、纳税申报。

总机构应当依据《电信企业分支机构增值税汇总纳税信息传递单》，汇总计算当期提供电信服务及其他应税服务的应纳税额，抵减分支机构提供电信服务及其他应税服务当期已缴纳的增值税额后，向主管税务机关申报纳税。抵减不完的，可以结转下期继续抵减。计算公式为：

总机构当期汇总应纳税额 = 当期汇总销项税额 − 当期汇总的允许抵扣的进项税额

总机构当期应补(退)税额 = 总机构当期汇总应纳税额 − 分支机构当期已缴纳税额

总机构汇总的允许抵扣的进项税额,应当在季度终了后的第一个申报期内申报抵扣。

二、征收管理。

总机构的纳税期限为一个季度。总机构应当在开具增值税专用发票的次月申报期结束前向主管税务机关报税。

总机构"一窗式"比对内容中,不含分支机构就地申报纳税的专用发票销项金额和税额。

11.8.6 电信企业征收管理

一、一般纳税人资格。

总机构及其分支机构,一律由主管税务机关认定为增值税一般纳税人。

二、扣税凭证的认证和稽查比对。

总机构及其分支机构取得的增值税扣税凭证,应当按照有关规定到主管税务机关办理认证或者申请稽核比对。

三、手机短信公益特服号服务发票开具。

电信企业通过手机短信公益特服号为公益机构接受捐款提供服务,如果捐款人索取增值税专用发票的,应按照捐款人支付的全部价款和价外费用,扣除支付给公益性机构捐款后的余额开具增值税专用发票。

四、发票管理。

电信企业普通发票的适用暂由各省、自治区、直辖市和计划单列市国家税务局确定。各省、自治区分支机构可以使用上级分支机构统一领取的增值税专用发票和普通发票;各直辖市、计划单列市分支机构可以使用总机构统一领取的增值税专用发票和普通发票。

五、税务检查。

总机构和分支机构所在地主管税务机关应定期或不定期对其纳税情况进行检查。分支机构提供电信服务及其他应税服务申报不实的,由其主管税务机关按适用税率全额补征增值税。

(国家税务总局关于发布《电信企业增值税征收管理暂行办法》的公告,国家税务总局公告2014年第26号,发文日期:2014-05-14)

11.9 加油站

《成品油零售加油站增值税征收管理办法》(以下简称《办法》),自2002年5月1日起施行。凡经经贸委批准从事成品油零售业务,并已办理工商、税务登记,有固定经营场所,使用加油机自动计量销售成品油的单位和个体经营者(以下简称加油站),适用《办法》。

11.9.1 一般纳税人资格认定

加油站,一律按照《国家税务总局关于加油站一律按照增值税一般纳税人征税的通知》

(国税函〔2001〕882 号)认定为增值税一般纳税人;并根据《增值税暂行条例》有关规定进行征收管理。

11.9.2　计税依据

一、应税销售额。

加油站无论以何种结算方式[如收取现金、支票、汇票、加油凭证(簿)、加油卡等]收取售油款,均应征收增值税。加油站销售成品油必须按不同品种分别核算,准确计算应税销售额。加油站应税销售额包括当月成品油应税销售额和其他应税货物及劳务的销售额。其中成品油应税销售额的计算公式为:

成品油应税销售额 =(当月全部成品油销售数量 − 允许扣除的成品油数量)× 油品单价

二、允许扣除的成品油数量。

加油站通过加油机加注成品油属于以下情形的,允许在当月成品油销售数量中扣除:

(一) 经主管税务机关确定的加油站自有车辆自用油。

(二) 外单位购买的,利用加油站的油库存放的代储油。

加油站发生代储油业务时,应凭委托代储协议及委托方购油发票复印件向主管税务机关申报备案。

(三) 加油站本身倒库油。

加油站发生成品油倒库业务时,须提前向主管税务机关报告说明,由主管税务机关派专人实地审核监控。

(四) 加油站检测用油(回罐油)。

上述允许扣除的成品油数量,加油站月终应根据《加油站月销售油品汇总表》统计的数量向主管税务机关申报。

三、收取加油凭证、加油卡方式销售成品油。

发售加油卡、加油凭证销售成品油的纳税人(以下简称"预售单位")在售卖加油卡、加油凭证时,应按预收账款方法作相关账务处理,不征收增值税。

加油站以收取加油凭证(簿)、加油卡方式销售成品油,不得向用户开具增值税专用发票。预售单位在发售加油卡或加油凭证时可开具普通发票,如购油单位要求开具增值税专用发票,待用户凭卡或加油凭证加油后,根据加油卡或加油凭证回笼记录,向购油单位开具增值税专用发票。接受加油卡或加油凭证销售成品油的单位与预售单位结算油款时,接受加油卡或加油凭证销售成品油的单位根据实际结算的油款向预售单位开具增值税专用发票。

政策解析　收取加油凭证、加油卡方式销售成品油时涉及三方主体,分别为预售单位、接受加油卡或加油凭证销售成品油的单位与购油单位。三方的业务关系为:预售单位采用预收账款方式将成品油销售给购油单位,纳税义务发生时间为购油单位实际加油时(相当于增值税暂行条例实施细则纳税义务发生时间条款所规定的货物发出的当天),增值税专用发票的开具时限也为购油单位实际加油时,只不过成品油可能不是预售单位直接交付购油单位的;接受加油卡或加油凭证销售成品油的单位形式上看直接为购油单位加油,但在业务处理上,认作接受加油卡或加油凭证销售成品油的单位将成品油销售给预售单位,又代替预售单位将成品油交付购油单位,因此,接受加油卡或加油凭证销售成品油的单位根据实际结算的油款向预售单位开具增值税专用发票。实际上,预售单位在发售加油卡或加油凭证时可开具普通发票的规定违反了《发票管理办法实施细则》第二十六条的规定,即填开发票的单位和个人必须在发生经营业务确认营业收入时开具发票。未发生经营业务一律不准开具发票。同时按照《增值税暂行条例》第十九条第一款第一项规定,发生应税销售行为增值税纳税义务发生时间,为收讫销售款项或者取得索取销售款项凭据的当天;先开具发票的,为开具发票的当天。

11.9.3 加油站的核算资料与申报资料

一、核算资料。

加油站必须按规定建立《加油站日销售油品台账》(以下简称台账)登记制度。加油站应按日登记台账,按日或交接班次填写,完整、详细地记录当日或本班次的加油情况,月终汇总登记《加油站月销售油品汇总表》。台账须按月装订成册,按会计原始账证的期限保管,以备主管税务机关检查。

二、申报资料。

加油站除按月向主管税务机关报送增值税一般纳税人纳税申报办法规定的申报资料外,还应报送以下资料:

(一)《加油站____月份加油信息明细表》或加油 IC 卡。

(二)《加油站月销售油品汇总表》。

(三)《成品油购销存数量明细表》。

11.9.4 纳税地点

采取统一配送成品油方式设立的非独立核算的加油站,在同一县市的,由总机构汇总缴纳增值税。在同一省内跨县市经营的,是否汇总缴纳增值税,由省级税务机关确定。跨省经营的,是否汇总缴纳增值税,由国家税务总局确定。

对统一核算,且经税务机关批准汇总缴纳增值税的成品油销售单位跨县市调配成品油的,不征收增值税。

11.9.5 征收管理

一、对财务核算不健全的加油站的管理。

对财务核算不健全的加油站,如已全部安装税控加油机,应按照税控加油机所记录的数据确定计税销售额征收增值税。对未全部安装税控加油机(包括未安装)或税控加油机运行不正常的加油站,主管税务机关应要求其严格执行台账制度,并按月报送《成品油购销存数量明细表》。按月对其成品油库存数量进行盘点,定期联合有关执法部门对其进行检查。

主管税务机关应将财务核算不健全的加油站全部纳入增值税纳税评估范围,结合通过金税工程网络所掌握的企业购油信息以及本地区同行业的税负水平等相关信息，按照《国家税务总局关于加强商贸企业增值税纳税评估工作的通知》(国税发〔2001〕140 号)的有关规定进行增值税纳税评估。对纳税评估有异常的，应立即移送稽查部门进行税务稽查。

主管税务机关对财务核算不健全的加油站可以根据所掌握的企业实际经营状况，核定征收增值税。

财务核算不健全的加油站，主管税务机关应根据其实际经营情况和专用发票使用管理规定限量供应专用发票。

二、税务机关的日常检查。

主管税务机关每季度应对所辖加油站运用稽查卡进行 1 次加油数据读取，并将读出的数据与该加油站的《增值税纳税申报表》《加油站日销售油品台账》《加油站月销售油品汇总表》等资料进行核对，同时应对加油站的应扣除油量的确定、成品油购销存等情况进行全面纳税检查。

三、税务机关资料的传递。

成品油生产、批发单位所在地税务机关应按月将其销售成品油信息通过金税工程网络传递到购油企业所在地主管税务机关。

(成品油零售加油站增值税征收管理办法，国家税务总局令 2002 年第 2 号，发文日期:2002-04-02)

11.9.6　征管与稽查

为了进一步加强对加油站增值税的征收管理，有关问题具体规定如下：

一、成品油零售加油站应严格执行 2002 年国家税务总局发布的《成品油零售加油站增值税征收管理办法》(国家税务总局令 2002 年第 2 号)的各项规定，建立、登记《加油站日销售油品台账》，在纳税申报期向主管税务机关报送《加油站____月份加油信息明细表》或加油 IC 卡、《加油站月销售油品汇总表》《成品油购销存数量明细表》。凡未按规定建立台账、不准确登记台账的，主管税务机关应责令其限期改正，逾期仍不改正的，主管税务机关可根据企业的实际经营状况核定其增值税销售额，按适用税率征税，不得抵扣进项税额。

二、主管税务机关要加强对加油站的日常管理，应每月对所辖加油站运用稽查卡进行一次加油数据读取，将读取的数据与加油站所报送的《增值税纳税申报表》《加油站月销售油品汇总表》等资料进行核对，核对有问题且无正当理由的，应立即移交稽查部门进行税务稽查。稽查部门对加油站的纳税情况要按季进行稽查。

对汇总缴纳增值税的一般纳税人，自 2004 年 1 月 1 日起，其下属零售加油站所在地税务机关应每月运用稽查卡进行一次加油数据读取，并负责将采集的数据传送。

三、凡不通过已安装税控装置的加油机或税控加油机加油，擅自改变税控装置或破坏铅封，导致机器记录失真或无法记录，造成少缴或不缴应纳税款的，按《税收征管法》有关规定从重处罚。

四、主管税务机关应定期配合技术监督部门对所辖加油站的税控加油机进行检查，对采用技术手段擅自修改加油数量的，除严格按照《税收征管法》有关规定进行处罚外，还应提请经贸委等部门吊销其成品油经营许可证。

(国家税务总局关于进一步加强加油站增值税征收管理有关问题的通知，国税发〔2003〕142 号，发文日

期:2003-11-26)

11.10 电力产品

自 2005 年 2 月 1 日起,对电力产品的生产和销售企业实行下列政策。

11.10.1 征税方式

电力产品增值税的征收,区分不同情况,分别采取以下征税办法:

一、发电企业(电厂、电站、机组,下同)生产销售的电力产品,按照以下规定计算缴纳增值税:

1. 独立核算的发电企业生产销售电力产品,按照现行增值税有关规定向其机构所在地主管税务机关申报纳税;具有一般纳税人资格或具备一般纳税人核算条件的非独立核算的发电企业生产销售电力产品,按照增值税一般纳税人的计算方法计算增值税,并向其机构所在地主管税务机关申报纳税。

2. 不具有一般纳税人资格且不具有一般纳税人核算条件的非独立核算的发电企业生产销售的电力产品,由发电企业按上网电量,依核定的定额税率计算发电环节的预缴增值税,且不得抵扣进项税额,向发电企业所在地主管税务机关申报纳税。计算公式为:

预征税额 = 上网电量 × 核定的定额税率

二、供电企业销售电力产品,实行在供电环节预征、由独立核算的供电企业统一结算的办法缴纳增值税,具体办法如下:

1. 独立核算的供电企业所属的区县级供电企业,凡能够核算销售额的,依核定的预征率计算供电环节的增值税,不得抵扣进项税额,向其所在地主管税务机关申报纳税;不能核算销售额的,由上一级供电企业预缴供电环节的增值税。计算公式为:

预征税额 = 销售额 × 核定的预征率

2. 供电企业随同电力产品销售取得的各种价外费用一律在预征环节依照电力产品适用的增值税税率征收增值税,不得抵扣进项税额。

三、实行预缴方式缴纳增值税的发、供电企业按照隶属关系由独立核算的发、供电企业结算缴纳增值税,具体办法为:

独立核算的发、供电企业月末依据其全部销售额和进项税额,计算当期增值税应纳税额,并根据发电环节或供电环节预缴的增值税税额,计算应补(退)税额,向其所在地主管税务机关申报纳税。计算公式为:

应纳税额 = 销项税额 − 进项税额
应补(退)税额 = 应纳税额 − 发(供)电环节预缴增值税税额

独立核算的发、供电企业当期销项税额小于进项税额不足抵扣,或应纳税额小于发、供电环节预缴增值税税额形成多交增值税时,其不足抵扣部分和多交增值税额可结转下期抵扣或抵减下期应纳税额。

四、发、供电企业的增值税预征率(含定额税率,下同),应根据发、供电企业上期财务核算和纳税情况、考虑当年变动因素测算核定，具体权限如下：

1. 跨省、自治区、直辖市的发、供电企业增值税预征率由预缴增值税的发、供电企业所在地和结算增值税的发、供电企业所在地省级国家税务局共同测算，报国家税务总局核定。

2. 省、自治区、直辖市范围内的发、供电企业增值税预征率由省级国家税务局核定。

发、供电企业预征率的执行期限由核定预征率的税务机关根据企业生产经营的变化情况确定。

五、不同投资、核算体制的机组，由于隶属于各自不同的独立核算企业，应按上述规定分别缴纳增值税。

六、对其他企事业单位销售的电力产品，按现行增值税有关规定缴纳增值税。

七、实行预缴方式缴纳增值税的发、供电企业，销售电力产品取得的未并入上级独立核算发、供电企业统一核算的销售收入，应单独核算并按增值税的有关规定就地申报缴纳增值税。

11.10.2　销售其他货物

实行预缴方式缴纳增值税的发、供电企业生产销售电力产品以外的其他货物和应税劳务，如果能准确核算销售额的，在发、供电企业所在地依适用税率计算缴纳增值税。不能准确核算销售额的，按其隶属关系由独立核算的发、供电企业统一计算缴纳增值税。

发、供电企业销售电力产品以外其他货物，其纳税义务发生时间按《增值税暂行条例》及其实施细则的有关规定执行。

11.10.3　计税依据

电力产品增值税的计税销售额为纳税人销售电力产品向购买方收取的全部价款和价外费用，但不包括收取的销项税额。价外费用是指纳税人销售电力产品在目录电价或上网电价之外向购买方收取的各种性质的费用。

供电企业收取的电费保证金，凡逾期（超过合同约定时间）未退还的，一律并入价外费用缴纳增值税。

11.10.4　纳税义务发生时间

发、供电企业销售电力产品的纳税义务发生时间的具体规定如下：

一、发电企业和其他企事业单位销售电力产品的纳税义务发生时间为电力上网并开具确认单据的当天。

二、供电企业采取直接收取电费结算方式的，销售对象属于企事业单位，为开具发票的当天；属于居民个人，为开具电费缴纳凭证的当天。

三、供电企业采取预收电费结算方式的，为发行电量的当天。

四、发、供电企业将电力产品用于非应税项目、集体福利、个人消费，为发出电量的当天。

五、发、供电企业之间互供电力，为双方核对计数量，开具抄表确认单据的当天。

11.10.5 税务管理方式

发、供电企业应按现行增值税的有关规定办理税务登记，进行增值税纳税申报。

实行预缴方式缴纳增值税的发、供电企业应按以下规定办理：

一、实行预缴方式缴纳增值税的发、供电企业在办理税务开业、变更、注销登记时，应将税务登记证正本复印件按隶属关系逐级上报其独立核算的发、供电企业所在地主管税务机关留存。

独立核算的发、供电企业也应将税务登记证正本复印件报其所属的采用预缴方式缴纳增值税的发、供电企业所在地主管税务机关留存。

二、采用预缴方式缴纳增值税的发、供电企业在申报纳税的同时，应将增值税进项税额和上网电量、电力产品销售额、其他产品销售额、价外费用、预征税额和查补税款分别归集汇总，填写《电力企业增值税销项税额和进项税额传递单》（以下简称《传递单》）报送主管税务机关签章确认后，按隶属关系逐级汇总上报给独立核算发、供电企业；预征地主管税务机关也必须将确认后的《传递单》于收到当月传递给结算缴纳增值税的独立核算发、供电企业所在地主管税务机关。

三、结算缴纳增值税的发、供电企业应按增值税纳税申报的统一规定，汇总计算本企业的全部销项税额、进项税额、应纳税额、应补（退）税额，于本月税款所属期后第二个月征期内向主管税务机关申报纳税。

四、实行预缴方式缴纳增值税的发、供电企业所在地主管税务机关应定期对其所属企业纳税情况进行检查。发现申报不实，一律就地按适用税率全额补征税款，并将检查情况及结果发函通知结算缴纳增值税的独立核算发、供电企业所在地主管税务机关。独立核算发、供电企业所在地主管税务机关收到预征地税务机关的发函后，应督促发、供电企业调整申报表。对在预缴环节查补的增值税，独立核算的发、供电企业在结算缴纳增值税时可以予以抵减。

（电力产品增值税征收管理办法，国家税务总局令2004年第10号，发文日期：2004-12-22）

11.11 核电行业

11.11.1 核力发电企业的增值税政策

一、核力发电企业生产销售电力产品，自核电机组正式商业投产次月起15个年度内，统一实行增值税先征后退政策，返还比例分三个阶段逐级递减。具体返还比例为：

1. 自正式商业投产次月起5个年度内，返还比例为已入库税款的75%。
2. 自正式商业投产次月起的第6至第10个年度内，返还比例为已入库税款的70%。
3. 自正式商业投产次月起的第11至第15个年度内，返还比例为已入库税款的55%。
4. 自正式商业投产次月起满15个年度以后，不再实行增值税先征后退政策。

二、核力发电企业采用按核电机组分别核算增值税退税额的办法，企业应分别核算核电机组电力产品的销售额，未分别核算或不能准确核算的，不得享受增值税先征后退政策。

单台核电机组增值税退税额可以按以下公式计算：

$$\text{单台核电机组增值税退税额}=\frac{\text{单台核电机组电力产品销售额}}{\text{核力发电企业电力产品销售额合计}}\times\text{核力发电企业实际缴纳增值税额}\times\text{退税比例}$$

三、原已享受增值税先征后退政策但该政策已于 2007 年内到期的核力发电企业，自该政策执行到期后次月起按上述统一政策核定剩余年度相应的返还比例；对 2007 年内新投产的核力发电企业，自核电机组正式商业投产日期的次月起按上述统一政策执行。

11.11.2　大亚湾核电站和广东核电投资有限公司税收政策

大亚湾核电站和广东核电投资有限公司在 2014 年 12 月 31 日前继续执行以下政策：

（一）对大亚湾核电站销售给广东核电投资有限公司的电力免征增值税。

（二）对广东核电投资有限公司销售给广东电网公司的电力实行增值税先征后退政策，并免征城市维护建设税和教育费附加。

（三）对大亚湾核电站出售给中国香港核电投资有限公司的电力及广东核电投资有限公司转售给中国香港核电投资有限公司的大亚湾核电站生产的电力免征增值税。

（财政部　国家税务总局关于核电行业税收政策有关问题的通知，财税〔2008〕38 号，发文日期：2008-04-03）

11.12　金融机构

11.12.1　金融机构开展个人实物黄金交易业务

近接部分金融机构来文，反映其经中国人民银行、中国银行业监督管理委员会批准，在所属分理处、储蓄所等营业场所内开展个人实物黄金交易业务，即向社会公开销售刻有不同字样的特制实物金条等黄金制品，并依照市场价格向购买者购回所售金条，由分行统一清算交易情况。对于金融机构销售实物黄金的行为，应当照章征收增值税，考虑到金融机构征收管理的特殊性，为加强税收管理，促进交易发展，有关问题规定如下：

一、对于金融机构从事的实物黄金交易业务，实行金融机构各省级分行和直属一级分行所属地市级分行、支行按照规定的预征率预缴增值税，由省级分行和直属一级分行统一清算缴纳的办法。

（一）发生实物黄金交易行为的分理处、储蓄所等应按月计算实物黄金的销售数量、金额，上报其上级支行。

（二）各支行、分理处、储蓄所应依法向机构所在地主管国家税务局申请办理税务登记。各支行应按月汇总所属分理处、储蓄所上报的实物黄金销售额和本支行的实物黄金销售额，按照规定的预征率计算增值税预征税额，向主管税务机关申报缴纳增值税。

$$\text{预征税额}=\text{销售额}\times\text{预征率}$$

（三）各省级分行和直属一级分行应向机构所在地主管国家税务局申请办理税务登记，申请认定增值税一般纳税人资格。按月汇总所属地市分行或支行上报的实物黄金销售额和进项税额，按照一般纳税人方法计算增值税应纳税额，根据已预征税额计算应补税额，向主管税务机关申报缴纳。

应纳税额 = 销项税额 − 进项税额

应补税额 = 应纳税额 − 预征税额

当期进项税额大于销项税额的，其留抵税额结转下期抵扣，预征税额大于应纳税额的，在下期增值税应纳税额中抵减。

（四）从事实物黄金交易业务的各级金融机构取得的进项税额，应当按照现行规定划分不可抵扣的进项税额，作进项税额转出处理。

（五）预征率由各省级分行和直属一级分行所在地省级国家税务局确定。

二、金融机构所属分行、支行、分理处、储蓄所等销售实物黄金时，应当向购买方开具国家税务总局统一监制的普通发票，不得开具银行自制的金融专业发票，普通发票领购事宜由各分行、支行办理。

（国家税务总局关于金融机构开展个人实物黄金交易业务增值税有关问题的通知，国税发〔2005〕178号，发文日期：2005-11-07）

11.12.2　金融机构销售贵金属

自2013年4月1日起，金融机构销售贵金属产品增值税有关问题按如下规定执行：

一、金融机构从事经其行业主管部门（中国人民银行或中国银行业监督管理委员会）允许的金、银、铂等贵金属交易业务，可比照《国家税务总局关于金融机构开展个人实物黄金交易业务增值税有关问题的通知》（国税发〔2005〕178号）规定，实行金融机构各省级分行和直属一级分行所在地市级分行、支行按照规定的预征率预缴增值税，省级分行和直属一级分行统一清算缴纳的办法。

经其行业主管部门允许，是指金融机构能够提供行业主管部门批准其从事贵金属交易业务的批复文件，或向行业主管部门报备的备案文件，或行业主管部门未限制其经营贵金属业务的有关证明文件。

二、已认定为增值税一般纳税人的金融机构，开展经其行业主管部门允许的贵金属交易业务时，可根据《增值税专用发票使用规定》（国税发〔2006〕156号）及相关规定领购、使用增值税专用发票。

（国家税务总局关于金融机构销售贵金属增值税有关问题的公告，国家税务总局公告2013年第13号，发文日期：2013-03-15）

11.12.3　金融机构开展转贴现业务

11.12.3.1　转贴现业务的销售额

自2018年1月1日起，金融机构开展贴现、转贴现业务，以其实际持有票据期间取得的利息收入作为贷款服务销售额计算缴纳增值税。此前贴现机构已就贴现利息收入全额缴纳增值税的票据，转贴现机构转贴现利息收入继续免征增值税。

（财政部　国家税务总局关于建筑服务等营改增试点政策的通知，财税〔2017〕58号，发文日期：2017-07-11）

例题请参见4.11转贴现业务销售额[例题4-10]。

11.12.3.2　转贴现业务的发票开具

自2018年1月1日起，金融机构开展贴现、转贴现业务需要就贴现利息开具发票的，由贴现机构按照票据贴现利息全额向贴现人开具增值税普通发票，转贴现机构按照转贴现利息全额向贴现机构开具增值税普通发票。

（国家税务总局关于跨境应税行为免税备案等增值税问题的公告，国家税务总局公告2017年第30号，发文日期：2017-08-14）

11.12.4　资管产品运营业务

11.12.4.1　资管产品运营业务的计税方法

2017年7月1日（含）以后，资管产品运营过程中发生的增值税应税行为，以资管产品管理人为增值税纳税人，按照现行规定缴纳增值税。

一、自2018年1月1日起，资管产品管理人（以下称管理人）运营资管产品过程中发生的增值税应税行为（以下称资管产品运营业务），暂适用简易计税方法，按照3%的征收率缴纳增值税。

资管产品管理人，包括银行、信托公司、公募基金管理公司及其子公司、证券公司及其子公司、期货公司及其子公司、私募基金管理人、保险资产管理公司、专业保险资产管理机构、养老保险公司。

资管产品，包括银行理财产品、资金信托（包括集合资金信托、单一资金信托）、财产权信托、公开募集证券投资基金、特定客户资产管理计划、集合资产管理计划、定向资产管理计划、私募投资基金、债权投资计划、股权投资计划、股债结合型投资计划、资产支持计划、组合类保险资产管理产品、养老保障管理产品。

财政部和税务总局规定的其他资管产品管理人及资管产品。

二、管理人接受投资者委托或信托对受托资产提供的管理服务以及管理人发生的除资管产品运营业务外的其他增值税应税行为（以下称其他业务），按照现行规定缴纳增值税。

三、管理人应分别核算资管产品运营业务和其他业务的销售额和增值税应纳税额。未分别核算的，资管产品运营业务不得适用简易计税办法。

四、管理人可选择分别或汇总核算资管产品运营业务销售额和增值税应纳税额。

五、管理人应按照规定的纳税期限，汇总申报缴纳资管产品运营业务和其他业务增值税。

六、对资管产品在2018年1月1日前运营过程中发生的增值税应税行为，未缴纳增值税的，不再缴纳；已缴纳增值税的，已纳税额从资管产品管理人以后月份的增值税应纳税额中抵减。

（财政部　国家税务总局关于资管产品增值税有关问题的通知，财税〔2017〕56号，发文日期：2017-06-30）

11.12.4.2　资管产品运营业务的销售额

根据《财政部 税务总局关于资管产品增值税有关问题的通知》（财税〔2017〕56号）有关规定，自2018年1月1日起，资管产品管理人运营资管产品提供的贷款服务、发生的部分金融商品转让业务，按照以下规定确定销售额：

（一）提供贷款服务，以 2018 年 1 月 1 日起产生的利息及利息性质的收入为销售额。

（二）转让 2017 年 12 月 31 日前取得的股票（不包括限售股）、债券、基金、非货物期货，可以选择按照实际买入价计算销售额，或者以 2017 年最后一个交易日的股票收盘价（2017 年最后一个交易日处于停牌期间的股票，为停牌前最后一个交易日收盘价）、债券估值（中债金融估值中心有限公司或中证指数有限公司提供的债券估值）、基金份额净值、非货物期货结算价格作为买入价计算销售额。

（财政部 国家税务总局关于租入固定资产进项税额抵扣等增值税政策的通知，财税〔2017〕90 号，发文日期：2017-12-25）

11.12.5　金融行业的差额征税、简易计税及税收优惠

一、差额征税。

金融行业适用差额销售额征税政策的有两项：

1. 金融商品转让，按照卖出价扣除买入价后的余额为销售额。

2. 融资租赁和融资性售后回租业务。

具体内容详见 4.2.4.1 差额销售额项目。

二、简易计税。

农村信用社、村镇银行、农村资金互助社、农村合作银行和农村商业银行等提供金融服务收入，可以选择适用简易计税方法按照 3%的征收率计算缴纳增值税；中国农业银行纳入“三农金融事业部”的县域支行提供农户贷款、农村企业和农村各类组织贷款取得的利息收入，可以选择适用简易计税方法按照 3%的征收率计算缴纳增值税；中国邮政储蓄银行纳入“三农金融事业部”县域支行，提供农户贷款、农村企业和农村各类组织贷款取得的利息收入，可以选择适用简易计税方法按照 3%的征收率计算缴纳增值税。

具体内容详见 7.3.1 营改增简易计税方法征税项目。

三、税收优惠。

具体内容详见 9.30 金融行业增值税优惠。

重点难点即时练 23

1. 下列关于成品油加油站增值税的说法正确的是（　　）。

   A. 无论年销售额是否超过小规模纳税人标准，一律按一般纳税人征税

   B. 在售卖加油卡时按预收账款处理，不征收增值税

   C. 采取统一配送成品油方式设立的非独立核算加油站由总机构汇总缴纳增值税

   D. 汇总缴纳增值税的成品油销售单位跨县市调配成品油的，不征收增值税

2. 加油站通过加油机加注成品油，允许在当月成品油销售数量中扣除的情形是（　　）。

   A. 经主管税务机关确定的加油站自有车辆自用油

   B. 外单位购买的，利用加油站的油库存放的代储油

   C. 加油站本身倒库油

   D. 加油站检测用油（回罐油）

3. 下列关于加油站纳税地点的说法正确的有（　　）。

A. 采取统一配送成品油方式设立的非独立核算的加油站，在同一县市的，由总机构汇总缴纳增值税

B. 采取统一配送成品油方式设立的非独立核算的加油站，在同一省内跨县市经营的，由总机构汇总缴纳增值税

C. 采取统一配送成品油方式设立的非独立核算的加油站，跨省经营的，是否汇总缴纳增值税，由国家税务总局确定

D. 对统一核算，且经税务机关批准汇总缴纳增值税的成品油销售单位跨县市调配成品油的，不征收增值税

4. 下列关于电力产品增值税的说法正确的是(　　)。

A. 独立核算的供电企业所属的区县级供电企业，凡能够核算销售额的，依核定的预征率计算供电环节的增值税，不得抵扣进项税额

B. 供电企业收取的电费保证金，凡逾期(超过合同约定时间)未退还的，一律并入价外费用缴纳增值税

C. 电力公司所属企业生产销售的“热水”产品，在所属企业所在地纳税

D. 发、供电企业之间互供电力，纳税义务发生时间为双方核对计数量，开具抄表确认单据的当天

5. 下列关于发、供电企业销售电力产品的纳税义务发生时间的说法正确的有(　　)。

A. 发电企业和其他企事业单位销售电力产品的纳税义务发生时间为电力上网并收取销售额的当天

B. 供电企业采取直接收取电费结算方式的，为取得销售额的当天

C. 供电企业采取预收电费结算方式的，为发行电量的当天

D. 发、供电企业将电力产品用于非应税项目、集体福利、个人消费，为发出电量的当天

第12章 增值税发票的管理

近年来,我国投入大量的人力、物力对增值税发票税控系统进行完善与拓展,采用三步走的方略,实现增值税发票系统的“两个覆盖”,即覆盖所有的增值税纳税人、覆盖所有的增值税发票。

第一步,为满足增值税管理及营改增工作需要,进一步方便纳税人开具增值税发票,税务总局进行了增值税税控系统打通整合,自 2014 年 10 月 1 日起开始试点推行。税控系统打通整合是在原有增值税防伪税控系统(以下简称防伪税控系统)只可以开具增值税专用发票和增值税普通发票,货物运输业增值税专用发票税控系统(以下简称货运税控系统)只可以开具货物运输业增值税专用发票和机动车销售统一发票的基础上打通整合,实现了两个税控系统的功能互通。打通整合后的原防伪税控系统和原货运税控系统均可以开具增值税专用发票、增值税普通发票、货物运输业增值税专用发票、机动车销售统一发票(以下统称增值税发票)。纳税人自愿选择使用防伪税控系统金税盘或货运税控系统税控盘开具增值税发票。

第二步,为适应税收现代化建设需要,着眼于税制改革的长远规划,满足增值税一体化管理要求,切实减轻基层税务机关和纳税人负担,税务总局对现行增值税发票系统进行了整合升级,自 2015 年 1 月 1 日起在全国范围推行增值税发票系统升级版。增值税发票系统升级版是对增值税防伪税控系统、货物运输业增值税专用发票税控系统、稽核系统以及税务数字证书系统等进行整合升级完善。实现纳税人经过税务数字证书安全认证、加密开具的发票数据,通过互联网实时上传税务机关,生成增值税发票电子底账,作为纳税申报、发票数据查验以及税源管理、数据分析利用的依据。

第三步,为进一步适应经济社会发展和税收现代化建设需要,降低纳税人经营成本,节约社会资源,方便消费者保存使用发票,营造健康公平的税收环境,税务总局开发了增值税发票系统升级版电子发票系统,通过增值税发票系统升级版开具电子增值税普通发票,同时研究制定了与各地已推行的电子发票系统衔接改造方案,自 2015 年 8 月 1 日起在北京、上海、浙江和深圳开展增值税发票系统升级版电子发票试运行工作;自 2015 年 9 月 1 日起,实现对增值税发票系统升级版与电子发票系统对接;2016 年 1 月 1 日起,使用增值税电子发票系统开具增值税电子普通发票,在全国推行,其他开具电子发票的系统同时停止使用。根据增值税发票系统升级版推广工作需要,自 2015 年 12 月 1 日起,实现增值税发票系统升级版与税控收款机平稳对接。

全行业营改增后,增值税发票系统升级版更名为增值税发票管理新系统。

12.1 增值税专用发票的管理

12.1.1 专用发票的联次

专用发票由基本联次或者基本联次附加其他联次构成,基本联次为三联:发票联、抵扣联和记账联。发票联,作为购买方核算采购成本和增值税进项税额的记账凭证;抵扣联,作为购买方报送主管税务机关认证和留存备查的凭证；记账联，作为销售方核算销售收入和增值税销项税额的记账凭证。其他联次用途，由一般纳税人自行确定。

12.1.2 专用发票的最高开票限额

最高开票限额，是指单份专用发票开具的销售额合计数不得达到的上限额度。

增值税专用发票(增值税税控系统)实行最高开票限额管理。最高开票限额，是指单份专用发票或货运专票开具的销售额合计数不得达到的上限额度。

最高开票限额由一般纳税人申请，区县税务机关依法审批。一般纳税人申请最高开票限额时，需填报《增值税专用发票最高开票限额申请单》。主管税务机关受理纳税人申请以后，根据需要进行实地查验。

(国家税务总局关于在全国开展营业税改征增值税试点有关征收管理问题的公告，国家税务总局公告2013年第39号，发文日期：2013-07-10)

一般纳税人申请专用发票最高开票限额不超过10万元的，主管税务机关不需事前进行实地查验。各省税务机关可在此基础上适当扩大不需事前实地查验的范围，实地查验的范围和方法由各省税务机关确定。

(国家税务总局关于简化增值税发票领用和使用程序有关问题的公告，国家税务总局公告2014年第19号，发文日期：2014-03-24)

自2017年5月1日起，实行实名办税的地区，已由税务机关现场采集法定代表人(业主、负责人)实名信息的纳税人，申请增值税专用发票最高开票限额不超过十万元的，主管税务机关应自受理申请之日起2个工作日内办结，有条件的主管税务机关即时办结。即时办结的，直接出具和送达《准予税务行政许可决定书》，不再出具《税务行政许可受理通知书》。

(国家税务总局关于进一步明确营改增有关征管问题的公告，国家税务总局公告2017年第11号，发文日期：2017-04-20)

12.1.3 专用发票的领购

12.1.3.1 专用发票的领购管理

一、一般纳税人凭《发票领购簿》、金税盘或税控盘和经办人身份证明领购专用发票。

二、一般纳税人有下列情形之一的，不得领购开具专用发票：

1. 会计核算不健全，不能向税务机关准确提供增值税销项税额、进项税额、应纳税额数据及其他有关增值税税务资料的。

上列其他有关增值税税务资料的内容，由省、自治区、直辖市和计划单列市国家税务局确定。

2. 有《税收征管法》规定的税收违法行为，拒不接受税务机关处理的。

3. 有下列行为之一，经税务机关责令限期改正而仍未改正的：

(1) 虚开增值税专用发票。

(2) 私自印制专用发票。

(3) 向税务机关以外的单位和个人买取专用发票。

(4) 借用他人专用发票。

(5) 未按规定开具专用发票。

(6) 未按规定保管专用发票和专用设备。

(7) 未按规定申请办理防伪税控系统变更发行。

(8) 未按规定接受税务机关检查。

有上列情形的,如已领购专用发票,主管税务机关应暂扣其结存的专用发票和IC卡。

12.1.3.2 发票领购数量

一、对增值税发票实行分类分级规范化管理,提高工作效率,减少办税环节。

(一) 以下纳税人可一次领取不超过3个月的增值税发票用量,纳税人需要调整增值税发票用量,手续齐全的,按照纳税人需要即时办理:

1. 纳税信用等级评定为A类的纳税人。

2. 地市国税局确定的纳税信用好,税收风险等级低的其他类型纳税人。

(二) 上述纳税人2年内有涉税违法行为、移交司法机关处理记录,或者正在接受税务机关立案稽查的,不适用上述规定。

(三) 辅导期一般纳税人专用发票限量限额管理工作,按照《增值税一般纳税人纳税辅导期管理办法》有关规定执行。

(国家税务总局关于简化增值税发票领用和使用程序有关问题的公告,国家税务总局公告2014年第19号,发文日期:2014-03-24)

二、自2016年12月1日起,纳税信用A级的纳税人可一次领取不超过3个月的增值税发票用量,纳税信用B级的纳税人可一次领取不超过2个月的增值税发票用量。以上两类纳税人生产经营情况发生变化,需要调整增值税发票用量,手续齐全的,按照规定即时办理。

(国家税务总局关于按照纳税信用等级对增值税发票使用实行分类管理有关事项的公告,国家税务总局公告2016年第71号,发文日期:2016-11-17)

12.1.3.3 简化纳税人领用增值税发票手续

取消增值税发票(包括增值税专用发票、货物运输业增值税专用发票、增值税普通发票和机动车销售统一发票)手工验旧。税务机关应用增值税一般纳税人发票税控系统报税数据,通过信息化手段实现增值税发票验旧工作。

(国家税务总局关于简化增值税发票领用和使用程序有关问题的公告,国家税务总局公告2014年第19号,发文日期:2014-03-24)

12.1.3.4 新办纳税人首次申领增值税发票

为了进一步深化税务系统“放管服”改革,优化税收营商环境,方便,按照国务院关于进一步压缩企业开办时间的要求,税务总局决定压缩新办纳税人首次申领增值税发票时间。现将有关事项公告如下:

一、同时满足下列条件的新办纳税人首次申领增值税发票,主管税务机关应当自受理申请之日起2个工作日内办结,有条件的主管税务机关当日办结:

(一) 纳税人的办税人员、法定代表人已经进行实名信息采集和验证(需要采集、验证法定代表人实名信息的纳税人范围由各省税务机关确定)。

(二) 纳税人有开具增值税发票需求,主动申领发票。

(三) 纳税人按照规定办理税控设备发行等事项。

二、新办纳税人首次申领增值税发票主要包括发票票种核定、增值税专用发票(增值税税控系统)最高开票限额审批、增值税税控系统专用设备初始发行、发票领用等涉税事项。

三、税务机关为符合本公告第一条规定的首次申领增值税发票的新办纳税人办理发票票种核定,增值税专用发票最高开票限额不超过10万元,每月最高领用数量不超过25份;增值税普通发票最高开票限额不超过10万元,每月最高领用数量不超过50份。各省税务机关可以在此范围内结合纳税人税收风险程度,自行确定新办纳税人首次申领增值税发票票种核定标准。

四、各省税务机关要根据本地区的实际情况,进一步明确新办纳税人首次申领增值税发票的办理时限、办理方式和办理流程,尽可能实现税控设备网上购买,并做好压缩新办纳税人首次申领增值税发票时间相关政策的宣传解释工作,确保符合条件的新办纳税人及时、顺利地领用增值税发票。

(国家税务总局关于新办纳税人首次申领增值税发票有关事项的公告,国家税务总局公告2018年第29号,发文日期:2018-06-11)

12.1.4　专用发票的开具

12.1.4.1　专用发票开具要求

一、总体开具要求。

1. 项目齐全,与实际交易相符。
2. 字迹清楚,不得压线、错格。
3. 发票联和抵扣联加盖发票专用章。
4. 按照增值税纳税义务的发生时间开具。

对不符合上列要求的专用发票,购买方有权拒收。

案例解析91

月末增值税专用发票不够用,纳税人当月发生应税行为,可以在次月开票吗?

天马物流公司每月业务量较大,每月所需增值税发票量也较大,税务机关核定专用发票量有时不能满足业务需要,可能会产生当月增值税发票不够开具的问题。公司在按照当月实现的销售额申报纳税的情况下,把当月实现的部分销售业务于次月开具发票,但是次月申报增值税时会发生开具发票的销售额大于实际申报销售额的情况。请问:公司当月销售并且已经缴纳增值税的销售额,于次月开票时还需要再缴纳一次增值税吗?

答:由于核定发票量不能满足业务需要时,按政策规定,纳税人可以向主管税务机关申请提高发票版面或增加发票供应量,不会出现发票不够开具情况。纳税人因个别月份增值税发票量不够用,而次月开具发票是违反发票管理法规的。《发票管理办法实施细则》第二十六条规定,填开发票的单位和个人必须在发生经营业务确认营业收入时开具发票。未发生经营业务一律不准开具发票。《发票管理办法》第三十五条第一项规定,应当开具而未开具发票,或者未按照规定的时限、顺序、栏目,全部联次一次性开具发票,或者未加盖发票专用章的,由税务机关责令改正,可以处1万元以下的罚款;有违法所得的予以没收。

对纳税人因不了解政策而发生的上期已申报、次月开具发票业务,经税务机关核实确属上期已申报纳税的收入,次月开具发票的,不应再申报纳税。

二、专用发票的填写要求。

(一)专用发票的"单价"栏,必须填写不含税单价。纳税人如果采用销售额和增值税额合并定价方法的,其不含税单价应按下列公式计算:

1. 一般纳税人按增值税税率计算应纳税额的,不含税单价计算公式为:

不含税单价 = 含税单价 ÷(1 + 税率)

2. 一般纳税人按简易办法计算应纳税额的和由税务所代开专用发票的小规模纳税人,不含税价计算公式为:

不含税单价 = 含税单价 ÷(1 + 征收率)

(二)专用发票"金额"栏的数字,应按不含税单价和数量相乘计算填写,计算公式为:

金额栏数字 = 不含税单价 × 数量

不含税单价的尾数,"元"以下一般保留到"分"。特殊情况下也可以适当增加保留的位数。

(三)专用发票的"税率"栏,应填写销售货物或应税劳务的适用税率,"税额"栏的数字应按"金额"栏数字和"税率"相乘计算填写。计算公式为:

税额 = 金额 × 税率

(国家税务总局关于增值税若干征收问题的通知,国税发〔1994〕122号,发文日期:1994-05-07)

12.1.4.2 专用发票开具范围

一、条例的规定。

纳税人发生应税行为,应当向索取增值税专用发票的购买方开具增值税专用发票,并在增值税专用发票上分别注明销售额和销项税额。

属于下列情形之一的,不得开具增值税专用发票:

(一)应税销售行为的购买方为消费者个人的。

(二)发生应税行为适用免税规定的。

(中华人民共和国增值税暂行条例,中华人民共和国国务院令第691号,发文日期:2017-11-19;财政部 国家税务总局关于全面推开营业税改征增值税试点的通知,财税〔2016〕36号,发文日期:2016-03-23)

二、销售免税货物不得开具专用发票。

《增值税暂行条例》第二十一条规定,纳税人销售免税货物不得开具增值税专用发票。鉴于债转股企业投入到新公司的实物资产享受免征增值税政策,因此债转股企业将实物资产投入到新公司时不得开具增值税专用发票。

(国家税务总局关于债转股企业实物投资免征增值税政策有关问题的批复,国税函〔2003〕1394号,发文日期:2003-12-29)

三、商业零售企业不得开具专用发票的范围。

一般纳税人销售货物或者提供应税劳务,应向购买方开具专用发票。增值税小规模纳税人需要开具专用发票的,可向主管税务机关申请代开。

1. 商业企业一般纳税人零售的烟、酒、食品、服装、鞋帽(不包括劳保专用部分)、化妆品等消费品不得开具专用发票。

2. 销售免税货物不得开具专用发票,法律、法规及国家税务总局另有规定的除外。

四、销售自己使用过的固定资产和旧货。

1. 一般纳税人销售自己使用过的固定资产,凡根据《财政部 国家税务总局关于全国实施增值税转型改革若干问题的通知》(财税〔2008〕170号)和财税〔2009〕9号文件等规定,适用按简易办法依3%征收率减按2%征收增值税政策的,应开具普通发票,不得开具增值税专用发票。但放弃减税权可以开具增值税专用发票。

2. 纳税人销售旧货,应开具普通发票,不得自行开具或者由税务机关代开增值税专用发票。

(国家税务总局关于增值税简易征收政策有关管理问题的通知,国税函〔2009〕90号,发文日期:2009-02-25)

五、销售非临床用血。

属于增值税一般纳税人的单采血浆站销售非临床用人体血液,可以按照简易办法依照3%征收率计算应纳税额,但不得对外开具增值税专用发票;也可以按照销项税额抵扣进项税额的办法依照增值税适用税率计算应纳税额。

(国家税务总局关于供应非临床用血增值税政策问题的批复,国税函〔2009〕456号,发文日期:2009-08-24)

六、销售金融商品。

金融商品转让,不得开具增值税专用发票。

(财政部 国家税务总局关于全面推开营业税改征增值税试点的通知,财税〔2016〕36号,发文日期:2016-03-23)

政策解析 《增值税暂行条例》第二十一条规定纳税人发生应税销售行为,应当向索取增值税专用发票的购买方开具增值税专用发票。随后又下发了一系列不得开具增值税专用发票的项目。除了文件明确规定不得开具专用发票的项目外,已办理税务登记的纳税人销售应税货物、劳务、服务、不动产、无形资产均可以开具或申请税务机关代开增值税专用发票。

案例解析92

企业提供建筑服务选择简易计税方法的可以开具增值税专用发票吗?

天马建筑公司(一般纳税人)采用清包工方式为某房地产企业提供建筑服务,天马建筑公司选择简易计税方法且向税务机关备案。房地产企业结算建筑服务工程款时向天马建筑公司索取增值税专用发票,请问:天马建筑公司可以开具增值税专用发票吗?

答:《增值税暂行条例》第二十一条规定,纳税人发生应税销售行为,应当向索取增值税专用发票的购买方开具增值税专用发票,并在增值税专用发票上分别注明销售额和销项税额。属于下列情形之一的,不得开具增值税专用发票:(一)应税销售行为的购买方为消费者个人的;(二)发生应税销售行为适用免税规定的。按照增值税暂行条例的规定,纳税人发生应税行为除了文件明确规定不得开具专用发票的项目外,都可以开具增值税专用发票。税收规范性文件没有规定采用简易计税方法提供建筑服务不得开具专用发票,因此,采用简易计税方法提供建筑服务可以开具增值税专用发票。

案例解析93

纳税人临时发生超经营范围的业务，能否开具增值税专用发票？

天马公司（一般纳税人）是一家从事副食品加工的企业，营改增后临时发生出租不动产业务，该项业务不在天马公司经营范围之内。纳税人是否可以直接自行开具增值税专用发票？如果可以自行开具，开票系统中没有相应的税率可以选择，应该如何处理？

答：《发票管理办法》第十九条规定，销售商品、提供服务以及从事其他经营活动的单位和个人，对外发生经营业务收取款项，收款方应当向付款方开具发票；特殊情况下，由付款方向收款方开具发票。纳税人临时发生超出经营范围的出租不动产业务，属于提供不动产租赁服务，应当开具发票。如果天马公司开票系统中有相应的品目，可以直接自行开具发票，购买方索取增值税专用发票的，可以开具增值税专用发票；如果开票系统中没有相应税率或者征收率品目可供选择，可以申请税务机关临时增加相应品目。企业如果经常发生该项经营业务，税务机关可以督促其到工商部门变更经营范围。

案例解析94

因对方违约导致交易未发生，收取对方的赔偿款应当开具增值税发票吗？

天马房地产企业与富华公司签订的钢材购买合同，因年市场价格大幅下滑天马房地产企业单方面违约，根据合同约定天马房地产企业应赔偿富华公司200万元。天马房地产企业要将这笔赔偿支出在企业所得税前扣除，因此向富华公司支付赔偿金时要求富华公司为其开具200万元的发票。请问：富华公司收取赔偿款时应当向天马房地产企业开具发票吗？

答：《发票管理办法》第十九条规定，销售商品、提供服务以及从事其他经营活动的单位和个人，对外发生经营业务收取款项，收款方应当向付款方开具发票；特殊情况下，由付款方向收款方开具发票。因此，只有在发生销售商品、提供服务以及从事其他经营活动时，收款方才应向付款方开具发票，在没有发生购销商品、提供或者接受服务以及从事其他经营活动的情况下，因对方未履行合同而导致的违约收取的违约金，不是经营活动，不属于开具发票的范围，富华公司不应当向天马房地产企业开具发票。天马房地产企业可以依违约金收款收据、相关合同协议及银行的付款凭据在税前列支。

12.1.4.3 关于无偿赠送货物可以开具专用发票问题

一般纳税人将货物无偿赠送给他人，如果受赠者为一般纳税人，可以根据受赠者的要求开具专用发票。

（国家税务总局关于增值税若干征收问题的通知，国税发〔1994〕122号，发文日期：1994-05-17）

12.1.4.4 销售免税货物应当开具专用发票的情形

一、国有粮食购销企业。

（一）专用发票开票范围。

凡享受免征增值税的国有粮食购销企业，均按增值税一般纳税人认定，并进行纳税申报、日常检查及有关增值税专用发票的各项管理。

经税务机关认定为增值税一般纳税人的国有粮食购销企业，1999年内要全部纳入增值税防伪税控系统管理，自2000年1月1日起，其粮食销售业务必须使用防伪税控系统开具增值税专用发票。对违反本规定,逾期未使用防伪税控系统,擅自开具增值税专用发票的,按照《发票管理办法》及其实施细则的有关规定进行处罚。

(国家税务总局关于加强国有粮食购销企业增值税管理有关问题的通知,国税函〔1999〕560号,发文日期:1999-08-18)

(二)专用发票填写。

自1999年8月1日起,凡国有粮食购销企业销售粮食,暂一律开具增值税专用发票。国有粮食购销企业开具增值税专用发票时,应当比照非免税货物开具增值税专用发票,企业记账销售额为"价税合计"数。属于增值税一般纳税人的生产、经营单位从国有粮食购销企业购进的免税粮食,可依照国有粮食购销企业开具的增值税专用发票注明的税额抵扣进项税额。

(国家税务总局关于国有粮食购销企业开具粮食销售发票有关问题的通知,国税明电〔1999〕10号,发文日期:1999-07-19)

二、中国储备粮总公司及各分公司。

自2002年6月1日起,对中国储备粮总公司及各分公司所属的政府储备食用植物油承储企业,按照国家指令计划销售的政府储备食用植物油,可比照国家税务总局《关于国有粮食购销企业开具粮食销售发票有关问题的通知》(国税明电〔1999〕10号)及国家税务总局《关于加强国有粮食购销企业增值税管理有关问题的通知》(国税函〔1999〕560号)的有关规定执行,允许其开具增值税专用发票并纳入增值税防伪税控系统管理。

(国家税务总局关于政府储备食用植物油销售业务开具增值税专用发票问题的通知,国税函〔2002〕531号,发文日期:2002-06-10)

12.1.4.5 专用发票税率栏与备注栏有特殊填写要求的情形

一、增值税一般纳税人提供货物运输服务,使用增值税专用发票和增值税普通发票,开具发票时应将起运地、到达地、车种车号以及运输货物信息等内容填写在发票备注栏中,如内容较多可另附清单。铁路运输企业受托代征的印花税款信息,可填写在发票备注栏中。中国铁路总公司及其所属运输企业(含分支机构)提供货物运输服务,可自2015年11月1日起使用增值税专用发票和增值税普通发票,所开具的铁路货票、运费杂费收据可作为发票清单使用。

二、按照现行政策规定适用差额征税办法缴纳增值税,且不得全额开具增值税发票的(财政部、税务总局另有规定的除外),纳税人自行开具或者税务机关代开增值税发票时,通过新系统中差额征税开票功能,录入含税销售额(或含税评估额)和扣除额,系统自动计算税额和不含税金额,备注栏自动打印"差额征税"字样,发票开具不应与其他应税行为混开。

三、提供建筑服务,纳税人自行开具或者税务机关代开增值税发票时,应在发票的备注栏注明建筑服务发生地县(市、区)名称及项目名称。

四、销售不动产,纳税人自行开具或者税务机关代开增值税发票时,应在发票"货物或应税劳务、服务名称"栏填写不动产名称及房屋产权证书号码(无房屋产权证书的可不填写),"单位"栏填写面积单位,备注栏注明不动产的详细地址。

五、出租不动产,纳税人自行开具或者税务机关代开增值税发票时,应在备注栏注明不动产的详细地址。

六、个人出租住房适用优惠政策减按1.5%征收，纳税人自行开具或者税务机关代开增值税发票时，通过新系统中征收率减按1.5%征收开票功能，录入含税销售额，系统自动计算税额和不含税金额，发票开具不应与其他应税行为混开。

七、税务机关代开增值税发票时，“销售方开户行及账号”栏填写税收完税凭证字轨及号码或系统税票号码（免税代开增值税普通发票可不填写）。

八、税务机关为跨县（市、区）提供不动产经营租赁服务、建筑服务的小规模纳税人（不包括其他个人），代开增值税发票时，在发票备注栏中自动打印“YD”字样。

（国家税务总局关于停止使用货物运输业增值税专用发票有关问题的公告，国家税务总局公告2015年第99号，发文日期：2015-12-31；国家税务总局关于全面推开营业税改征增值税试点有关税收征收管理事项的公告，国家税务总局公告2016年第23号，发文日期：2016-04-19）

12.1.4.6 销售免税货物违法开具专用发票的处理

增值税一般纳税人销售免税货物，一律不得开具专用发票（国有粮食购销企业销售免税粮食除外）。如违反规定开具专用发票的，则对其开具的销售额依照增值税适用税率全额征收增值税，不得抵扣进项税额，并按照《发票管理办法》及其实施细则的有关规定予以处罚。

一般纳税人销售的货物，由先征后返或即征即退改为免征增值税后，如果其销售的货物全部为免征增值税的，税务机关应收缴其结存的专用发票，并不得再对其发售专用发票。税务机关工作人员违反规定为其发售专用发票的，应按照有关规定予以严肃处理。

（国家税务总局关于加强免征增值税货物专用发票管理的通知，国税函〔2005〕780号，发文日期：2005-08-08）

案例解析95

一般纳税人销售货物给小规模纳税人，可以开具增值税专用发票吗？

天马灯具公司是一般纳税人企业，向客户销售了一批货物，客户要求灯具公司开具增值税专用发票。但是灯具公司在要求客户提供一般纳税人资格证明时，对方未能提供。请问：灯具公司能否给未提供一般纳税人资格证明的购买方开具增值税专用发票？

答：《增值税暂行条例》第二十一条规定，纳税人发生应税销售行为，应当向索取增值税专用发票的购买方开具增值税专用发票，并在增值税专用发票上分别注明销售额和销项税额。属于下列情形之一的，不得开具增值税专用发票：(1) 应税销售行为的购买方为消费者个人的；(2) 发生应税销售行为适用免税规定的。根据《国家税务总局关于修订〈增值税专用发票使用规定〉的通知》（国税发〔2006〕156号）第十条规定，商业企业一般纳税人零售的烟、酒、食品、服装、鞋帽（不包括劳保专用部分）、化妆品等消费品不得开具专用发票。销售免税货物不得开具专用发票。因此，作为一般纳税人的灯具公司，销售的货物不是免税货物，也不是国税发〔2006〕156号文件规定的不得开具专用发票的烟、酒等，只要购货单位索取，可以给对方开具增值税专用发票。

12.1.4.7 汇总开具专用发票

一般纳税人销售货物或者提供应税劳务可汇总开具专用发票。汇总开具专用发票的，同时使用防伪税控系统开具《销售货物或者提供应税劳务清单》，并加盖发票专用章。

案例解析96

一般纳税人购进货物取得汇总填开的增值税专用发票，但是没有附有清单，可以抵扣进项税额吗?

天马灯具公司向百货商店购入办公用品一批，取得百货商店开具的汇总开具的增值税专用发票一张，未附有《销售货物或者提供应税劳务清单》。请问：这张增值税专用发票能够抵扣进项税额吗?

答：《国家税务总局关于修订〈增值税专用发票使用规定〉的通知》(国税发〔2006〕156号)第十二条规定，一般纳税人发生应税销售行为可汇总开具专用发票。汇总开具专用发票的，同时使用防伪税控系统开具《销售货物或者提供应税劳务清单》，并加盖财务专用章或者发票专用章。《增值税暂行条例》第九条规定，纳税人购进货物、劳务、服务、无形资产、不动产，取得的增值税扣税凭证不符合法律、行政法规或者国务院税务主管部门有关规定的，其进项税额不得从销项税额中抵扣。天马灯具公司取得的汇总开具的增值税专用发票，应开具而未开具《销售货物或者提供应税劳务清单》，不符合国务院税务主管部门的规定，其进项税额不得从销项税额中抵扣。

12.1.5　专用发票认证或勾选确认

纳税人开具增值税专用发票后，应在次月增值税纳税申报期内进行上报汇总，将开票信息上传到征管系统。自2019年4月1日以后免予上报汇总开票信息。

12.1.5.1　专用发票的认证

认证，是税务机关通过防伪税控系统对专用发票所列数据的识别、确认。

用于抵扣增值税进项税额的专用发票应经税务机关认证相符(国家税务总局另有规定的除外)。认证相符，是指纳税人识别号无误，专用发票所列密文解译后与明文一致。认证相符的专用发票应作为购买方的记账凭证，不得退还销售方。

专用发票抵扣联无法认证的，可使用专用发票发票联到主管税务机关认证。专用发票发票联复印件留存备查。

12.1.5.2　取消增值税发票认证

将取消增值税发票认证的纳税人范围扩大至全部一般纳税人。一般纳税人取得增值税发票(包括增值税专用发票、机动车销售统一发票、收费公路通行费增值税电子普通发票，下同)后，可以自愿使用增值税发票选择确认平台查询、选择用于申报抵扣、出口退税或者代办退税的增值税发票信息。

增值税发票选择确认平台的登录地址由国家税务总局各省、自治区、直辖市和计划单列市税务局确定并公布。

(国家税务总局关于扩大小规模纳税人自行开具增值税专用发票试点范围等事项的公告，国家税务总局公告2019年第8号，发文日期：2019-02-03)

12.1.5.3　税务机关退还原件的情形

经认证，有下列情形之一的，不得作为增值税进项税额的抵扣凭证，税务机关退还原件，购买方可要求销售方重新开具专用发票。

一、无法认证。

无法认证，是指专用发票所列密文或者明文不能辨认，无法产生认证结果。

二、纳税人识别号认证不符。

纳税人识别号认证不符，是指专用发票所列购买方纳税人识别号有误。

三、专用发票代码、号码认证不符。

专用发票代码、号码认证不符，是指专用发票所列密文解译后与明文的代码或者号码不一致。

12.1.5.4 税务机关扣留原件的情形

经认证，有下列情形之一的，暂不得作为增值税进项税额的抵扣凭证，税务机关扣留原件，查明原因，分别情况进行处理。

一、重复认证。

重复认证，是指已经认证相符的同一张专用发票再次认证。

二、密文有误。

称密文有误，是指专用发票所列密文无法解译。

三、认证不符。

认证不符，是指纳税人识别号有误，或者专用发票所列密文解译后与明文不一致。

认证不符不含 12.1.5.3 纳税人识别号认证不符和专用发票代码、号码认证不符。

四、列为失控专用发票。

列为失控专用发票，是指认证时的专用发票已被登记为失控专用发票。

案例解析 97

一般纳税人购进货物取得密文有误的专用发票，可以抵扣进项税额吗？

天马企业外购原材料时取得一张增值税专用发票，到税务机关认证时，结果为密文有误。请问：企业应该如何处理，这张发票还能作为增值税进项税额的抵扣凭证吗？

答：根据《国家税务总局关于修订增值税专用发票使用规定的通知》(国税发〔2006〕156 号)第二十七条规定，经认证，有重复认证、密文有误、认证不符、列为失控专用发票四种情形的，暂不得作为增值税进项税额的抵扣凭证，税务机关扣留原件，查明原因，分别情况进行处理。《国家税务总局关于金税工程增值税征管信息系统发现的涉嫌违规增值税专用发票处理问题的通知》(国税函〔2006〕969 号)第一条第二项规定，属于重复认证、密文有误和认证不符(不包括发票代码号码认证不符)、认证时失控和认证后失控的发票，暂不得作为增值税进项税额的抵扣凭证，税务机关扣留原件，移送稽查部门作为案源进行查处。经税务机关检查确认属于税务机关责任以及技术性错误造成的，允许作为增值税进项税额的抵扣凭证；不属于税务机关责任以及技术性错误造成的，不得作为增值税进项税额的抵扣凭证。属于税务机关责任的，由税务机关误操作的相关部门核实后，区县级税务机关出具书面证明；属于技术性错误的，由税务机关技术主管部门核实后，区县级税务机关出具书面证明。天马企业取得的密文有误的专用发票要分清不同情形分别处理。

12.1.6　专用发票的保管

一、有下列情形之一的，为未按规定保管专用发票和专用设备：

（一）未设专人保管专用发票和专用设备。

（二）未按税务机关要求存放专用发票和专用设备。

（三）未将认证相符的专用发票抵扣联、《认证结果通知书》和《认证结果清单》装订成册。

（四）未经税务机关查验，擅自销毁专用发票基本联次。

二、防伪税控企业未按规定使用保管专用设备，发生下列情形之一的，视同未按规定使用和保管专用发票处罚：

（一）因保管不善或擅自拆装专用设备造成系统不能正常运行。

（二）携带系统外出开具专用发票。

（国家税务总局关于印发《增值税防伪税控系统管理办法》的通知，国税发〔1999〕221 号，发文日期：1999-12-01）

12.1.7　专用发票的丢失

为方便纳税人，税务总局决定取消纳税人的增值税专用发票发生被盗、丢失时必须统一在《中国税务报》上刊登“遗失声明”的规定。

（国家税务总局关于被盗、丢失增值税专用发票有关问题的公告，国家税务总局公告 2016 年第 50 号，发文日期：2016-07-28）

12.1.8　专用发票的缴销

专用发票的缴销，是指主管税务机关在纸质专用发票监制章处按“V”字剪角作废，同时作废相应的专用发票数据电文。被缴销的纸质专用发票应退还纳税人。

一般纳税人注销税务登记或者转为小规模纳税人，应将专用设备和结存未用的纸质专用发票送交主管税务机关。

主管税务机关应缴销其专用发票，并按有关安全管理的要求处理专用设备。

12.1.9　增值税防伪税控系统汉字防伪项目

一、自 2019 年 6 月 1 日起，停用增值税防伪税控系统汉字防伪项目。

二、从事稀土产品生产、商贸流通的增值税纳税人（以下简称“稀土企业”）销售稀土产品或提供稀土应税劳务、服务的，应当通过升级后的增值税发票管理系统开具稀土专用发票；销售非稀土产品或提供非稀土应税劳务、服务的，不得开具稀土专用发票。

（一）本公告所称稀土产品包括稀土矿产品、稀土冶炼分离产品、稀土金属及合金、稀土产品加工费。《稀土产品目录》详见附件。

（二）稀土专用发票开具不得使用增值税发票管理系统“销售货物或者提供应税劳务、服务清单”填开功能。稀土专用发票“货物或应税劳务、服务名称”栏应当通过增值税发票管理系统中的稀土产品目录选择，“单位”栏选择“公斤”或“吨”，“数量”栏按照折氧化物计量填写。增值税发票管理系统在发票左上角自动打印"XT"字样。

（三）稀土企业销售稀土矿产品、稀土冶炼分离产品、稀土金属及合金，提供稀土加工应税劳务、服务的，应当按照《稀土产品目录》的分类分别开具发票。

三、稀土企业需要开具稀土专用发票的，由主管税务机关开通增值税发票管理系统中的稀土专用发票开具功能，开票软件应当于 2019 年 6 月 1 日前完成升级，税控设备和增值税发票可以继续使用。

四、除稀土企业外，其他纳入增值税防伪税控系统汉字防伪项目管理企业使用的开票软件应当于 2019 年 6 月 1 日前升级为增值税发票管理系统，税控设备和增值税发票可以继续使用。

（国家税务总局关于稀土企业等汉字防伪项目企业开具增值税发票有关问题的公告，国家税务总局公告 2019 年第 13 号，2019-03-18）

12.2 特殊发票

12.2.1 机动车销售统一发票

根据修订的《增值税暂行条例》，增值税一般纳税人购进固定资产的进项税额可以从销项税额中抵扣。为做好机动车的增值税抵扣工作，国家税务总局决定在全国范围内推行机动车销售统一发票税控系统（以下简称税控系统）。自 2009 年 1 月 1 日起，增值税一般纳税人从事机动车（应征消费税的机动车和旧机动车除外）零售业务必须使用税控系统开具机动车销售统一发票。

（国家税务总局关于推行机动车销售统一发票税控系统有关工作的紧急通知，国税发〔2008〕117 号，发文日期：2008-12-15）

12.2.2 摩托车零售开具机动车销售统一发票

凡从事机动车零售业务的纳税人（包括销售摩托车）收取款项时，都必须开具新式电脑版机动车销售统一发票。但是，目前仍有部分销售摩托车的增值税小规模纳税人未配备电脑及打印设备，无法开具新版机动车销售统一发票。

（一）凡不具备电脑开票条件的增值税小规模纳税人销售摩托车，其所需发票由主管税务机关代开。

（二）税务机关在为销售摩托车的增值税小规模纳税人代开机动车销售统一发票时，应在发票联加盖税务机关代开发票专用章。

（国家税务总局关于销售摩托车增值税小规模纳税人开具机动车销售统一发票有关问题的通知，国税函〔2006〕681 号，发文日期：2006-06-05）

12.2.3 增值税电子普通发票

为进一步适应经济社会发展和税收现代化建设需要，满足纳税人开具增值税电子普通发票的需求，税务总局组织开发了增值税电子发票系统，目前有效的增值税电子普通发票有两种：

一、通过增值税电子发票系统开具的增值税电子普通发票。

自 2015 年 12 月 1 日起，在全国范围内推行，重点推行到开票量较大的行业，如电商、电信、快递、公用事业。

（一）增值税电子普通发票的开票方和受票方需要纸质发票的，可以自行打印增值税电子普通发票的版式文件，其法律效力、基本用途、基本使用规定等与税务机关监制的增值税普通发票相同。

（二）增值税电子普通发票的发票代码为 12 位，编码规则：第 1 位为 0，第 2～5 位代表省、自治区、直辖市和计划单列市，第 6～7 位代表年度，第 8～10 位代表批次，第 11-12 位代表票种（11 代表增值税电子普通发票）。发票号码为 8 位，按年度、分批次编制。

（国家税务总局关于推行通过增值税电子发票系统开具的增值税电子普通发票有关问题的公告，国家税务总局公告 2015 年第 84 号，发文日期：2015-11-26）

二、通过增值税电子发票公共服务平台开具的增值税电子普通发票。

纳税人通过增值税电子发票公共服务平台开具的增值税电子普通发票，属于税务机关监制的发票，采用电子签名代替发票专用章，其法律效力、基本用途、基本使用规定等与增值税普通发票相同。

增值税电子普通发票版式文件格式为 OFD 格式。单位和个人可以登录全国增值税发票查验平台（https://inv-veri.chinatax.gov.cn）下载增值税电子发票版式文件阅读器查阅增值税电子普通发票。

（国家税务总局关于增值税发票综合服务平台等事项的公告，国家税务总局公告 2020 年第 1 号，发文日期：2020-01-08）

12.2.4 收费公路通行费电子票据

为进一步规范收费公路通行费电子票据开具，便利 ETC 客户和受票单位电子票据财务处理，推进物流业降本增效，自 2020 年 5 月 6 日起收费公路通行费电子票据开具汇总等有关事项如下：

一、通行费电子票据开具对象。

通行费电子票据的开具对象为办理 ETC 卡的客户。ETC 卡的具体办理流程和相关要求，请咨询各省（区、市）ETC 客户服务机构。未办理 ETC 卡的客户，仍按原有方式在收费站现场交纳车辆通行费和获取票据。

二、通行费电子票据分类。

（一）收费公路通行费增值税电子普通发票（以下简称通行费电子发票）。通行费电子发票包括左上角标识“通行费”字样且税率栏次显示适用税率或征收率的通行费电子发票（以下简称征税发票）以及左上角无“通行费”字样，且税率栏次显示“不征税”的通行费电子发票（以下简称不征税发票）。客户通行经营性收费公路，由经营管理者开具征税发票，可按规定用于增值税进项抵扣；客户采取充值方式预存通行费，可由 ETC 客户服务机构开具不征税发票，不可用于增值税进项抵扣。

（二）收费公路通行费财政票据（电子）（以下简称通行费财政电子票据）。客户通行政府还贷公路，由经营管理者开具财政部门统一监制的通行费财政电子票据。通行费财政电子票据先行选择部分地区进行试点。试点期间，非试点地区暂时开具不征税发票。试点完成后，在全国范围内全面实行通行费财政电子票据。

通行费电子发票、通行费财政电子票据统称为通行费电子票据。针对收费公路分段建设、经营管理者多元等特性，为便利通行费电子票据财务处理，根据客户需求，通行费电子票据服务平台（以下简称服务平台）可按一次或多次行程为单位，在汇总通行费电子发票和通行费财政电子票据信息基础上，统一生成收费公路通行费电子票据汇总单（以下简称电子汇总单），作为已开具通行费电子票据的汇总信息证明材料。电子汇总单的汇总信息发生变更的，应重新开具电子汇总单，原电子汇总单自动作废失效，电子汇总单可通过服务平台查询。

三、通行费电子票据编码规则。

（一）通行费电子发票编码规则。

通行费电子发票的发票代码为12位，编码规则：第1位为0，第2～5位代表省、自治区、直辖市和计划单列市，第6～7位代表年度，第8～10位代表批次，第11～12位为12。发票号码为8位，按年度、分批次编制。

（二）通行费财政电子票据编码规则。

通行费财政电子票据的票据代码为8位，编码规则：第1～2位代表通行费财政电子票据监管机构行政区划编码，第3～4位代表通行费财政电子票据分类编码，第5～6位代表通行费财政电子票据种类编码，第7～8位代表通行费财政电子票据年度编码。票据号码为10位，采用顺序号，用于反映通行费财政电子票据赋码顺序。

（三）电子汇总单编码规则。

电子汇总单的单号为16位，编码规则：第1～2位为ETC用户所属发行机构的省份编码，第3～6代表年度，第7～8位代表月份，第9～16位采用顺序号。

四、通行费电子票据开具流程。

（一）服务平台账户注册。客户登录服务平台网站www.txffp.com或“票根”APP，凭手机号码、手机验证码免费注册，并按要求设置购买方信息。客户如需变更购买方信息，应当于发生充值或通行交易前变更，确保开票信息真实准确。

（二）绑定客户ETC卡。客户登录服务平台，填写ETC卡办理时的预留信息（开户人名称、证件类型、证件号码、手机号码等），经校验无误后，完成ETC卡绑定。

（三）票据和汇总单开具。客户登录服务平台，选取需要开具票据的充值或通行交易记录，申请生成通行费电子发票、通行费财政电子票据和电子汇总单（充值交易无电子汇总单）。其中，电子汇总单可按用户需求汇总多笔通行交易信息，包括对应的行程信息、通行费电子发票和通行费财政电子票据信息、交易金额合计等。电子汇总单与其汇总的通行费电子发票、通行费财政电子票据通过编码相互进行绑定，可通过服务平台查询关联性。服务平台免费向客户提供通行费电子发票、通行费财政电子票据、电子汇总单查询、预览、下载、转发等服务。

五、通行费电子票据开具规定。

（一）ETC后付费客户索取通行费电子票据的，通过经营性公路的部分，在服务平台取得由经营管理者开具的征税发票；通过政府还贷公路的部分，在服务平台取得由经营管理者开具的通行费财政电子票据。

（二）ETC预付费客户可以自行选择在充值后索取不征税发票或待实际发生通行交易后索取通行费电子票据。

客户在充值后索取不征税发票的，在服务平台取得由ETC客户服务机构全额开具的不征税发票；实际发生通行交易后，ETC客户服务机构和收费公路经营管理者均不再向其开具通行费电子票据。

客户在充值后未索取不征税发票，在实际发生通行交易后索取电子票据的，参照本条第（一）项ETC后付费客户执行。

（三）客户使用ETC卡通行收费公路并交纳通行费的，可以在实际发生通行交易后第7个自然日起，登录服务平台，选择相应通行记录取得通行费电子票据和电子汇总单；ETC预付费客户可以在充值后实时登录服务平台，选择相应充值记录取得不征税发票。

（四）服务平台应当将通行费电子票据、电子汇总单以及对应的通行明细记录归档备查。

六、通行费电子票据其他规定。

（一）通行费电子票据作为电子会计凭证具有与纸质会计凭证同等法律效力，是单位财务收支和会计核算的原始凭证，在满足相关条件基础上，单位可以仅使用通行费电子票据进行报销入账归档，不再打印纸质件。具体报销入账和归档管理按照《财政部　国家档案局关于规范电子会计凭证报销入账归档的通知》（财会〔2020〕6号）执行。

（二）收费公路通行费增值税进项抵扣事项按照现行增值税政策有关规定执行。增值税一般纳税人申报抵扣的通行费电子发票进项税额，在纳税申报时应当填写在《增值税纳税申报表附列资料（二）》（本期进项税额明细）中"认证相符的增值税专用发票"相关栏次中。

（三）纳税人取得通行费电子发票后，应当登录增值税发票综合服务平台确认发票用途。税务总局通过增值税发票综合服务平台为纳税人提供通行费电子发票批量选择确认服务。

（四）单位和个人可以登录全国增值税发票查验平台（https://inv-veri.chinatax.gov.cn），对通行费电子发票信息进行查验。单位和个人可以登录全国财政电子票据查验平台（http://pjcy.mof.gov.cn），对通行费财政电子票据信息进行查验。

七、业务咨询。

使用ETC卡交纳的通行费，以及ETC卡充值费开具通行费电子票据，不再开具纸质票据。客户可以拨打热线电话进行业务咨询与投诉。通行费电子发票的开票问题可拨打发票服务平台热线95022；各省（区、市）ETC客户服务机构热线电话可以登录发票服务平台查询；通行费电子发票的查验和抵扣等税务问题可拨打纳税服务热线12366。

（交通运输部　财政部　国家税务总局　国家档案局关于收费公路通行费电子票据开具汇总等有关事项的公告，交通运输部公告2020年第24号，发文日期：2020-04-27）

政策解析　财政电子票据开具选择部分地区进行试点，非试点地区政府还贷公路（其通行费属于政府性基金收入）暂继续由ETC客户服务机构代为开具不征税通行费电子发票。试点完成后，在全国范围内全面实行通行费财政电子票据。

针对收费公路分段建设、经营管理者多元等特性，为便利通行费电子票据财务处理，根据 ETC 客户需求，通行费电子票据服务平台可以按一次或多次行程为单位，在汇总通行费电子发票和通行费财政电子票据信息基础上，统一生成电子汇总单，作为已开具通行费电子票据的汇总信息证明材料。例如一位货车 ETC 客户，一个月通行了 20 次高速公路，平均每次长途通行涉及 8 家不同收费公路经营管理单位，根据相关财税电子票据开具规定，最多会开具 160 张电子票据。按照传统财务报销方式，需要将 160 张发票逐张打印后入账报销。按照第 24 号公告规定，为便捷财务处理，ETC 客户在登陆电子票据服务平台时，可获得一张电子票据汇总单和一个含有 160 张电子票据的压缩包。其中，电子票据汇总单上详细列明了 20 次通行记录，包括通行时间、出入口信息、通行费金额，以及行程对应的 160 张电子票据编码、详细金额和税额明细。在符合财会〔2020〕6 号文件要求的情况下，ETC 客户可将电子票据汇总单和含有 160 张电子票据的压缩包直接提供给单位财务人员，进行入账报销处理，无须再打印纸质件，实现了“多次通行，一次汇总，电子票据打包下载，无纸化报销归档”。

收费公路通行费电子票据汇总单

（按行程索引）

汇总单号：1120200500000001　　　　开票申请日期：2020 年 5 月 1 日

车牌号码	京 A12345	交易金额	¥395.50		购买方名称	××公司				
行程数量	3	票据数量	7		纳税人识别号	91110000123456789X				
行程信息					票据信息					
行程序号	通行日期起止	出入口信息	交易金额	拆分金额	票据序号	票据代码	票据号码	金额（含税）	税率	税额
1	20200501 20200501	京·北京杜家坎 至 冀·河北保定	80.00	38.00	1	011001900112	00771011	76.00	3%	2.22
				42.00	2	13021020	0000212341	42.00	-	-
2	20200504 20200505	赣·昌金路赣湘界金鱼石站 至 赣·瑞寻路筠门岭站	235.50	168.50	3	037001900112	00765342	168.50	不征税	***
				16.00	4	036001900112	03653743	16.00	3%	0.47
				16.00	5	036001900112	01842935	16.00	3%	0.47
				35.00	6	036001700112	08258548	35.00	5%	1.67
3	20200509 20200509	京·北京杜家坎 至 冀·河北保定	80.00	38.00	同 1 号票据	011001900112	00771011	-	-	-
				42.00	7	13021020	0000212347	42.00	-	-
共 3 段行程			¥395.50		共 7 张票据			¥395.50		¥4.83
金额合计（大写）	⊙叁佰玖拾伍元伍角						（小写）¥395.50			
备注：										

通行费电子票据服务平台网站（https://www.txffp.com）或票根 APP

查验通行费财政电子票据信息请登录全国财政电子票据查验平台（http://pjcy.mof.gov.cn）

查验通行费电子发票信息请登录全国增值税发票查验平台（https://inv-veri.chinatax.gov.cn）

12.3　增值税发票管理新系统

12.3.1　发票使用

（一）一般纳税人销售货物、提供应税劳务和应税服务开具增值税专用发票、货物运输业增值税专用发票和增值税普通发票。

（二）小规模纳税人销售货物、提供应税劳务和应税服务开具增值税普通发票。

（三）一般纳税人和小规模纳税人从事机动车（旧机动车除外）零售业务开具机动车销售统一发票。

（四）通用定额发票、客运发票和二手车销售统一发票继续使用。

（五）营改增后，门票、过路（过桥）费发票属于予以保留的票种，自 2016 年 5 月 1 日起，由国税机关监制管理。原地税机关监制的上述两类发票，可以沿用至 2016 年 6 月 30 日。

（六）纳税人 2016 年 5 月 1 日前发生的营业税涉税业务，包括已经申报缴纳营业税或补缴营业税的业务，需要补开发票的，可以开具增值税普通发票。纳税人应完整保留相关资料备查。

（国家税务总局关于推行增值税发票系统升级版有关问题的公告，国家税务总局公告 2014 年第 73 号，发文日期：2014-12-29；国家税务总局关于明确营改增试点若干征管问题的公告，国家税务总局公告 2016 年第 26 号，发文日期：2016-04-26；国家税务总局关于全面推开营业税改征增值税试点有关税收征收管理事项的公告，国家税务总局公告 2016 年第 23 号，发文日期：2016-04-19；国家税务总局关于明确中外合作办学等若干增值税征管问题的公告，国家税务总局公告 2018 年第 42 号，发文日期：2018-07-25）

12.3.2　系统使用

（一）增值税发票系统升级版纳税人端税控设备包括金税盘和税控盘（以下统称专用设备）。专用设备均可开具增值税专用发票、货物运输业增值税专用发票、增值税普通发票和机动车销售统一发票。

新认定的一般纳税人和新办小规模纳税人自愿选择使用金税盘或税控盘。

除通用定额发票、客运发票和二手车销售统一发票外，新认定的一般纳税人和新办小规模纳税人发生增值税业务对外开具发票应当使用专用设备开具。

（二）纳税人应在互联网连接状态下在线使用增值税发票系统升级版开具发票。增值税发票系统升级版可自动上传已开具的发票明细数据。

（三）纳税人因网络故障等原因无法在线开票的，在税务机关设定的离线开票时限和离线开具发票总金额范围内仍可开票，超限将无法开具发票。纳税人开具发票次月仍未连通网络上传已开具发票明细数据的，也将无法开具发票。纳税人需连通网络上传发票后方可开票，若仍无法连通网络的需携带专用设备到税务机关进行征期报税或非征期报税后方可开票。

纳税人已开具未上传的增值税发票为离线发票。离线开票时限是指自第一份离线发票开具时间起开始计算可离线开具的最长时限。离线开票总金额是指可开具离线发票的累计不含税总金额，离线开票总金额按不同票种分别计算。

纳税人离线开票时限和离线开票总金额的设定标准及方法由各省、自治区、直辖市和计划单列市国家税务局确定。

(四) 按照有关规定不使用网络办税或不具备网络条件的特定纳税人,以离线方式开具发票,不受离线开票时限和离线开具发票总金额限制。特定纳税人的相关信息由主管税务机关在综合征管系统中设定,并同步至增值税发票系统升级版。

(五) 纳税人应在纳税申报期内将上月开具发票汇总情况通过增值税发票系统升级版进行网络报税。

特定纳税人不使用网络报税,需携带专用设备和相关资料到税务机关进行报税。

(六) 一般纳税人发票认证、稽核比对、纳税申报等涉税事项仍按照现行规定执行。

(国家税务总局关于推行增值税发票系统升级版有关问题的公告,国家税务总局公告 2014 年第 73 号,发文日期:2014-12-29)

12.3.3 专用设备的初始发行和变更发行

一般纳税人领购专用设备后,凭《最高开票限额申请表》《发票领购簿》到主管税务机关办理初始发行。

初始发行,是指主管税务机关将一般纳税人的下列信息载入空白金税盘和税控盘的行为。

(一) 企业名称。

(二) 税务登记代码。

(三) 开票限额。

(四) 购票限量。

(五) 购票人员姓名、密码。

(六) 开票机数量。

(七) 国家税务总局规定的其他信息。

一般纳税人发生上列第(一)、第(三)、第(四)、第(五)、第(六)、第(七)项信息变化,应向主管税务机关申请变更发行;发生第(二)项信息变化,应向主管税务机关申请注销发行。

12.4 增值税发票查验平台

为进一步优化纳税服务,加强发票管理,税务总局依托增值税发票管理新系统开发了增值税发票查验平台。自 2017 年 1 月 1 日起,取得增值税发票的单位和个人可登录全国增值税发票查验平台(https://inv-veri.chinatax.gov.cn),对增值税发票管理新系统开具的增值税专用发票、增值税普通发票、机动车销售统一发票和增值税电子普通发票的发票信息进行查验。

(国家税务总局关于启用全国增值税发票查验平台的公告,国家税务总局公告 2016 年第 87 号,发文日期:2016-12-23)

12.5 作废发票和开具红字发票

实务中增值税一般纳税人开具增值税专用发票后,发生销货退回(或服务中止)、销售折让、开票有误以及专用发票抵扣联、发票联均无法认证等情况，符合作废发票条件的，应按下列规定作废发票；不符合作废发票条件的，应按规定开具红字增值税专用发票。

12.5.1 作废发票

一般纳税人在开具专用发票当月，发生销货退回、开票有误等情形，收到退回的发票联、抵扣联符合作废条件的，按作废处理；开具时发现有误的，可即时作废。

（一）同时具有下列情形的，为《增值税专用发票使用规定》所称作废条件：

1. 收到退回的发票联、抵扣联时间未超过销售方开票当月。

2. 销售方未抄税并且未记账。

3. 购买方未认证或者认证结果为“纳税人识别号认证不符”“专用发票代码、号码认证不符”。

（二）作废专用发票须在防伪税控系统中将相应的数据电文按“作废”处理，在纸质专用发票（含未打印的专用发票）各联次上注明“作废”字样，全联次留存。

12.5.2 开具红字发票

自2016年8月1日起，红字发票开具及管理规定如下：

一、增值税一般纳税人开具专用发票后，发生销货退回、开票有误、应税服务中止等情形但不符合发票作废条件，或者因销货部分退回及发生销售折让，需要开具红字专用发票的，按以下方法处理：

（一）购买方取得专用发票已用于申报抵扣的，购买方可在增值税发票管理新系统（以下简称“新系统”）中填开并上传《开具红字增值税专用发票信息表》（以下简称《信息表》），在填开《信息表》时不填写相对应的蓝字专用发票信息，应暂依《信息表》所列增值税税额从当期进项税额中转出，待取得销售方开具的红字专用发票后，与《信息表》一并作为记账凭证。

购买方取得专用发票未用于申报抵扣、但发票联或抵扣联无法退回的，购买方填开《信息表》时应填写相对应的蓝字专用发票信息。

销售方开具专用发票尚未交付购买方，以及购买方未用于申报抵扣并将发票联及抵扣联退回的，销售方可在新系统中填开并上传《信息表》。销售方填开《信息表》时应填写相对应的蓝字专用发票信息。

（二）主管税务机关通过网络接收纳税人上传的《信息表》，系统自动校验通过后，生成带有“红字发票信息表编号”的《信息表》，并将信息同步至纳税人端系统中。

（三）销售方凭税务机关系统校验通过的《信息表》开具红字专用发票，在新系统中以销项负数开具。红字专用发票应与《信息表》一一对应。

（四）纳税人也可凭《信息表》电子信息或纸质资料到税务机关对《信息表》内容进行系统校验。

二、税务机关为小规模纳税人代开专用发票，需要开具红字专用发票的，按照一般纳税人开具红字专用发票的方法处理。

三、纳税人需要开具红字增值税普通发票的，可以在所对应的蓝字发票金额范围内开具多份红字发票。红字机动车销售统一发票需与原蓝字机动车销售统一发票一一对应。

（国家税务总局关于红字增值税发票开具有关问题的公告，国家税务总局公告2016年第47号，发文日期：2016-07-20）

12.5.3 销售折扣与销售折让的补充规定

纳税人销售货物并向购买方开具增值税专用发票后，由于购货方在一定时期内累计购买货物达到一定数量，或者由于市场价格下降等原因，销货方给予购货方相应的价格优惠或补偿等折扣、折让行为，销货方可按现行《增值税专用发票使用规定》的有关规定开具红字增值税专用发票。

（国家税务总局关于纳税人折扣折让行为开具红字增值税专用发票问题的通知，国税函〔2006〕1279号，发文日期：2006-12-29）

12.5.4 简化红字专用发票办理手续

一般纳税人开具专用发票后，发生销货退回或销售折让，按照规定开具红字专用发票后，不再将该笔业务的相应记账凭证复印件报送主管税务机关备案。

（国家税务总局关于简化增值税发票领用和使用程序有关问题的公告，国家税务总局公告2014年第19号，发文日期：2014-03-24）

政策解析 1. 只有销货全部退回和开票有误并且符合作废发票三个条件的情况下才可以作废发票，销货全部退回和开票有误但是不符合三个条件、销货部分退回以及销售折让只能通过开具红字专用发票的方式冲减销售额。

2.《信息表》所对应的蓝字专用发票需要经过认证，但是发票联与抵扣联均无法认证、纳税人购进的货物或劳务不属于抵扣范围的，两种特殊情形下，虽然蓝字发票未经认证，也可以申请开具红字专用发票。所以，当纳税人购进货物或劳务取得的专用发票超过认证期限成为废票时，不应批准纳税人开具红字专用发票的申请。

3. 国税函〔2006〕1279号规定的销售折扣虽然与销售额不在同一张发票上注明，也可以从销售额中扣减。

12.5.5 2019年4月1日前销售业务发生补开发票、销售退回等

一、增值税一般纳税人（以下称纳税人）在增值税税率调整前已按原16%、10%适用税率开具的增值税发票，发生销售折让、中止或者退回等情形需要开具红字发票的，按照原适用税率开具红字发票；开票有误需要重新开具的，先按照原适用税率开具红字发票后，再重新开具正确的蓝字发票。

二、纳税人在增值税税率调整前未开具增值税发票的增值税应税销售行为，需要补开增值税发票的，应当按照原适用税率补开。

三、开具原适用税率发票的管理。

（一）自2019年9月20日起，纳税人需要通过增值税发票管理系统开具17%、16%、11%、10%税率蓝字发票的，应向主管税务机关提交《开具原适用税率发票承诺书》，办理临时开票权限。临时开票权限有效期限为24小时，纳税人应在获取临时开票权限的规定期限

内开具原适用税率发票。

（二）纳税人办理临时开票权限，应保留交易合同、红字发票、收讫款项证明等相关材料，以备查验。

（三）纳税人未按规定开具原适用税率发票的，主管税务机关应按照现行有关规定进行处理。（国家税务总局关于深化增值税改革有关事项的公告，国家税务总局公告2019年第14号，发文日期：20190321；国家税务总局关于国内旅客运输服务进项税抵扣等增值税征管问题的公告，国家税务总局公告2019年第31号，发文日期：2019-09-01）

政策解析　并不是2019年4月1日之后只能开具新税率的发票，如果纳税人确实有补开发票需要（比如之前已经按照规定缴纳了税款，但没有开具发票，或者发生开票有误，需要重新换开的），可以开具原来的17%、16%、11%、10%税率的发票，但是需要向税务机关提交承诺书，开通临时开票权限。

12.6　代开发票

12.6.1　代开专用发票

12.6.1.1　代开专用发票的基本规定

一、代开范围。

（一）代开专用发票是指主管税务机关为所辖范围内的已办理税务登记的小规模纳税人（包括个体经营者）以及国家税务总局确定的其他可予代开增值税专用发票的纳税人代开专用发票，其他单位和个人不得代开。

［国家税务总局关于印发《税务机关代开增值税专用发票管理办法（试行）》的通知，国税发〔2004〕153号，发文日期：2004-12-22］

（二）小规模纳税人发生应税行为，购买方索取增值税专用发票的，可以向主管税务机关申请代开。

（财政部　国家税务总局关于全面推开营业税改征增值税试点的通知，财税〔2016〕36号，发文日期：2016-03-23）

（三）小规模纳税人月销售额未超过10万元的，当期因开具增值税专用发票已经缴纳的税款，在增值税专用发票全部联次追回或者按规定开具红字专用发票后，可以向主管税务机关申请退还。

（国家税务总局关于小规模纳税人免征增值税政策有关征管问题的公告，国家税务总局公告2019年第4号，发文日期：2019-01-19）

政策解析　1. 税务机关只为小规模纳税人代开增值税专用发票，任何情况下都不为一般纳税人代开增值税专用发票。

2. 对达不到起征点的个体工商户或享受免税优惠的小微企业因经营需要开具发票的，只要办理了税务登记，就可以办理领购普通发票的有关事宜，如果购买方索取增值税专用发票，可以向主管税务机关申请为其代开增值税专用发票，但开具增值税专用发票的该项业务必须放弃免税权，先征税后开票。

案例解析98

享受小微企业免税优惠的小规模纳税人销售货物，可以向税务机关申请代开增值税专用发票吗？

天马水暖器材厂（小规模纳税人）每月销售额均在3万元以下，享受小微企业免税优惠。在经营过程中，有个别购买方向天马水暖器材厂索取增值税专用发票，天马水暖器材厂可以向税务机关申请代开增值税专用发票吗？

答：《国家税务总局关于增值税起征点调整后有关问题的批复》（国税函〔2003〕1396号）曾经作出如下规定：《增值税暂行条例》第十八条规定销售额未达到起征点的纳税人免征增值税，第二十一条规定纳税人销售免税货物不得开具专用发票。对销售额未达到起征点的个体工商业户，税务机关不得为其代开专用发票。但是《国家税务总局关于小微企业免征增值税和营业税有关问题的公告》（国家税务总局公告2014年第57号）废止了。《国家税务总局关于小规模纳税人免征增值税政策有关征管问题的公告》（国家税务总局公告2019年第4号）规定，小规模纳税人月销售额未超过10万元的，当期因开具增值税专用发票已经缴纳的税款，在增值税专用发票全部联次追回或者按规定开具红字专用发票后，可以向主管税务机关申请退还。因此，小微企业可以向税务机关申请代开增值税专用发票，但是必须按发票金额预缴税款。也就是说，小微企业可以放弃购买方索取增值税专用发票的销售业务的免税权，放弃免税权后销售的就不是免税货物了，自然可以向税务机关申请代开增值税专用发票；同时企业可以不放弃未开具增值税专用发票的其他销售业务的免税权，继续享受未开具增值税专用发票销售业务的免税优惠。

（四）小规模纳税人跨县（市、区）提供建筑服务，不能自行开具增值税发票的，可向建筑服务发生地主管税务机关按照其取得的全部价款和价外费用申请代开增值税发票。

［国家税务总局关于发布《纳税人跨县（市、区）提供建筑服务增值税征收管理暂行办法》的公告，国家税务总局公告2016年第17号，发文日期：2016-03-31］

（五）小规模纳税人中的单位和个体工商户出租不动产，不能自行开具增值税发票的，可向不动产所在地主管税务机关申请代开增值税发票。其他个人出租不动产，可向不动产所在地主管税务机关申请代开增值税发票。

（国家税务总局关于发布《纳税人提供不动产经营租赁服务增值税征收管理暂行办法》的公告，国家税务总局公告2016年第16号，发文日期：2016-03-31）

（六）小规模纳税人转让其取得的不动产，不能自行开具增值税发票的，可向不动产所在地主管税务机关申请代开。

（国家税务总局关于公布《纳税人转让不动产增值税征收管理暂行办法》的公告，国家税务总局公告2016年第14号，发文日期：2016-03-31）

政策解析 其他个人销售或出租不动产，可以向主管税务机关申请代开增值税专用发票。这是税务机关为非登记户代开增值税专用发票的首次突破。

二、代开程序。

（一）增值税纳税人申请代开专用发票时，应填写《代开增值税专用发票缴纳税款申报单》（以下简称《申报单》），连同税务登记证副本，到主管税务机关税款征收岗位按专用发票上注明的税额全额申报缴纳税款。

（二）增值税纳税人缴纳税款后，凭《申报单》和税收完税凭证及税务登记证副本，到代开专用发票岗位申请代开专用发票。按照《申报单》、完税凭证和专用发票一一对应即“一单一证一票”原则，为增值税纳税人代开专用发票。

三、填写要求。

代开发票岗位应按下列要求填写专用发票的有关项目：

1. “单价”栏和“金额”栏分别填写不含增值税税额的单价和销售额。

2. “税率”栏填写增值税征收率。

3. 销货单位栏填写代开税务机关的统一代码和代开税务机关名称。

4. 销方开户银行及账号栏内填写税收完税凭证号码。

5. 备注栏内注明增值税纳税人的名称和纳税人识别号。

其他项目按照专用发票填开的有关规定填写。增值税纳税人应在代开专用发票的备注栏上，加盖本单位的发票专用章。

政策解析 税务机关代开增值税专用发票，在备注栏加盖销售单位发票专用章，因此不加盖税务机关代开发票专用章。

四、代开发票的作废或红字专用发票。

代开专用发票遇有填写错误、销货退回或销售折让等情形的，按照专用发票有关规定处理。

税务机关代开专用发票时填写有误的，应及时在防伪税控代开票系统中作废，重新开具。代开专用发票后发生退票的，税务机关应按照增值税一般纳税人作废或开具负数专用发票的有关规定进行处理。对需要重新开票的，税务机关应同时进行新开票税额与原开票税额的清算，多退少补；对无需重新开票的，按有关规定退还增值税纳税人已缴的税款或抵顶下期正常申报税款。

[国家税务总局关于印发《税务机关代开增值税专用发票管理办法（试行）》的通知，国税发〔2004〕153号，发文日期：2004-12-22]

12.6.1.2 货物运输业小规模纳税人在非税务登记地申请代开专用发票的规定

通常情况下，小规模纳税人代开增值税专用发票应当向机构所在地主管税务机关申请，但是，满足规定条件的货物运输业小规模纳税人可在非税务登记地（以下简称异地）申请代开增值税专用发票。

一、可异地申请代开专用发票的货物运输业小规模纳税人条件。

同时具备以下条件的增值税纳税人（以下简称纳税人）在境内提供公路或内河货物运输服务，需要开具增值税专用发票的，可在税务登记地、货物起运地、货物到达地或运输业务承揽地（含互联网物流平台所在地）中任何一地，就近向税务机关（以下称代开单位）申请代开增值税专用发票：

（一）在中华人民共和国境内（以下简称境内）提供公路或内河货物运输服务，并办理了税务登记（包括临时税务登记）。

（二）提供公路货物运输服务的，取得《中华人民共和国道路运输经营许可证》和《中华人民共和国道路运输证》；提供内河货物运输服务的，取得《中华人民共和国水路运输经营许可证》和《中华人民共和国水路运输证》。

（三）在税务登记地主管税务机关（以下简称主管税务机关）按增值税小规模纳税人管理。

二、代开单位。

纳税人在境内提供公路或内河货物运输服务，需要开具增值税专用发票的，可在税务登记地、货物起运地、货物到达地或运输业务承揽地（含互联网物流平台所在地）中任何一地，就近向税务机关（以下称代开单位）申请代开增值税专用发票。

三、异地申请代开增值税专用发票的前提。

纳税人应将营运资质和营运机动车、船舶信息向主管税务机关进行备案。

四、异地申请代开专用发票的步骤。

1. 提交资料。

纳税人应向代开单位提供以下资料：

（1）《货物运输业代开增值税专用发票缴纳税款申报单》（以下简称《申报单》）。纳税人申请代开增值税专用发票时，应按机动车号牌或船舶登记号码分别填写《申报单》，挂车应单独填写《申报单》。《申报单》中填写的运输工具相关信息，必须与其向主管税务机关备案的信息一致。

（2）加载统一社会信用代码的营业执照（或税务登记证或组织机构代码证）复印件。

（3）经办人身份证件及复印件。

2. 预交税款。

纳税人申请代开增值税专用发票时，应按照所代开增值税专用发票上注明的税额向代开单位全额缴纳增值税。

3. 回机构所在地申报纳税，并抵减已预缴税款。

纳税人在非税务登记地申请代开增值税专用发票，不改变主管税务机关对其实施税收管理。纳税人应按照主管税务机关核定的纳税期限，按期计算增值税应纳税额，抵减其申请代开增值税专用发票缴纳的增值税后，向主管税务机关申报缴纳增值税。

五、运输服务发生中止或折让等情形。

纳税人代开专用发票后，如发生服务中止、折让、开票有误等情形，需要作废增值税专用发票、开具增值税红字专用发票、重新代开增值税专用发票、办理退税等事宜的，应由原代开单位按照现行规定予以受理。

六、异地申请代开增值税专用发票纳税人的管理。

（一）增值税发票管理新系统定期将纳税人异地代开发票、税款缴纳等数据信息清分至主管税务机关。主管税务机关应加强数据比对分析，对纳税人申请代开增值税专用发票金额明显超出其实际运输能力的，主管税务机关可暂停其在非税务登记地代开增值税专用发票并及时约谈纳税人。经约谈排除疑点的，纳税人可继续在非税务登记地申请代开增值税专用发票。

（二）纳税人代开增值税专用发票对应的销售额，一并计入该纳税人月（季、年）度销售额，作为主管税务机关对其实施税收管理的标准和依据。

（国家税务总局关于发布《货物运输业小规模纳税人申请代开增值税专用发票管理办法》的公告，国家税务总局公告2017年第55号,发文日期:2017-12-29;国家税务总局关于取消增值税扣税凭证认证确认期限等增值税征管问题的公告,国家税务总局公告2019年第45号,发文日期:2019-12-31)

12.6.1.3 互联网物流平台企业为货物运输业小规模纳税人代开专用发票

为进一步优化纳税服务,提高货物运输业小规模纳税人使用增值税专用发票的便利性,自2020年1月1日起,在全国范围内开展网络平台道路货物运输企业代开增值税专用发票试点工作。

一、试点内容。

经国家税务总局各省、自治区、直辖市和计划单列市税务局(以下称各省税务局)批准,纳入试点的网络平台道路货物运输企业(以下称试点企业)可以为同时符合以下条件的货物运输业小规模纳税人(以下称会员)代开增值税专用发票,并代办相关涉税事项。

(一)在中华人民共和国境内提供公路货物运输服务,取得《中华人民共和国道路运输经营许可证》和《中华人民共和国道路运输证》。以4.5吨及以下普通货运车辆从事普通道路货物运输经营的,无须取得《中华人民共和国道路运输经营许可证》和《中华人民共和国道路运输证》。

(二)以自己的名义对外经营,并办理了税务登记(包括临时税务登记)。

(三)未做增值税专用发票票种核定。

(四)注册为该平台会员。

二、试点企业的条件。

试点企业应当同时符合以下条件:

(一)按照《交通运输部 国家税务总局关于印发〈网络平台道路货物运输经营管理暂行办法〉的通知》(交运规〔2019〕12号)规定,取得经营范围中注明"网络货运"的《道路运输经营许可证》。

(二)具备与开展业务相适应的相关线上服务能力,包括信息数据交互及处理能力,物流信息全程跟踪、记录、存储、分析能力,实现交易、运输、结算等各环节全过程透明化动态管理,对实际承运驾驶员和车辆的运输轨迹实时展示,并记录含有时间和地理位置信息的实时运输轨迹数据。

(三)与省级交通运输主管部门建立的网络货运信息监测系统实现有效对接,按照要求完成数据上传。

(四)对会员相关资质进行审查,保证提供运输服务的实际承运车辆具备合法有效的营运证,驾驶员具有合法有效的从业资格证。

试点企业代开增值税专用发票不得收取任何费用,否则将取消其试点企业资格。

三、专用发票的开具。

试点企业按照以下规定为会员代开增值税专用发票:

(一)仅限于为会员通过本平台承揽的货物运输服务代开增值税专用发票。

(二)应与会员签订委托代开增值税专用发票协议。协议范本由各省税务局制定。

(三)使用自有增值税发票税控开票软件,按照3%的征收率代开增值税专用发票,并在发票备注栏注明会员的纳税人名称、纳税人识别号、起运地、到达地、车种车号以及运输货物信息。如内容较多可另附清单。

（四）代开增值税专用发票的相关栏次内容，应与会员通过本平台承揽的运输服务，以及本平台记录的物流信息保持一致。平台记录的交易、资金、物流等相关信息应统一存储，以备核查。

（五）试点企业接受会员提供的货物运输服务，不得为会员代开专用发票。试点企业可以按照《货物运输业小规模纳税人申请代开增值税专用发票管理办法》（国家税务总局公告 2017 年第 55 号发布）的相关规定，代会员向试点企业主管税务机关申请代开专用发票。

四、涉税事项的办理。

（一）试点企业代开增值税专用发票应当缴纳的增值税，由试点企业按月代会员向试点企业主管税务机关申报缴纳，并将完税凭证转交给会员。

（二）试点企业办理增值税纳税申报时，代开增值税专用发票对应的收入不属于试点企业的增值税应税收入，无须申报。试点企业应按月将代开增值税专用发票和代缴税款情况向主管税务机关报备，具体报备的有关事项由各省税务局确定。

（三）会员应按照其主管税务机关核定的纳税期限，按规定计算增值税应纳税额，抵减已由试点企业代为缴纳的增值税后，向主管税务机关申报纳税。

五、工作要求。

（一）各地税务机关应高度重视网络平台道路货物运输企业代开专用发票试点工作，总结前期开展互联网物流平台企业代开专用发票试点工作的经验，严格按照税务总局部署落实好相关工作。

（二）各省税务局负责组织实施网络平台道路货物运输企业代开专用发票试点工作，按照纳税人自愿的原则确定试点企业。开展试点工作需要纳税人周知的其他事项，由各省税务局负责办理。

（三）各地税务机关应积极推动试点工作开展，加强试点企业的管理，分析试点企业运行数据。发现试点企业虚构业务、虚开发票等违法违规行为的，应立即取消其试点资格并依法处理。

（四）各地税务机关应与当地道路货运行业主管部门对接，充分利用和挖掘内外部大数据资源，深入开展物流行业经济分析和税收风险管理工作，及时总结试点经验，提升试点成效。

（国家税务总局关于开展网络平台道路货物运输企业代开增值税专用发票试点工作的通知，税总函〔2019〕405 号，发文日期：2019-12-31）

12.6.2　代开普通发票

一、申请代开发票的范围与对象。

申请代开发票的单位和个人应当凭有关证明材料，向主管税务机关申请代开普通发票。

（一）凡已办理税务登记的单位和个人，应当按规定向主管税务机关申请领购并开具与其经营业务范围相应的普通发票。但在销售货物、提供应税劳务服务、转让无形资产、销售不动产以及税法规定的其他商事活动（餐饮、娱乐业除外）中有下列情形之一的，可以向主管税务机关申请代开普通发票：

1. 纳税人虽已领购发票,但临时取得超出领购发票使用范围或者超过领用发票开具限额以外的业务收入,需要开具发票的。

2. 被税务机关依法收缴发票或者停止发售发票的纳税人,取得经营收入需要开具发票的。

3. 外省(自治区、直辖市)纳税人来本辖区临时从事经营活动的,原则上应当按照《税务登记管理办法》的规定,持《外出经营活动税收管理证明》,向经营地税务机关办理报验登记,领取发票自行开具;确因业务量小、开票频度低的,可以申请经营地税务机关代开。

(二) 正在申请办理税务登记的单位和个人,对其自领取营业执照之日起至取得税务登记证件期间发生的业务收入需要开具发票的,主管税务机关可以为其代开发票。

(三) 应办理税务登记而未办理的单位和个人,主管税务机关应当依法予以处理,并在补办税务登记手续后,对其自领取营业执照之日起至取得税务登记证件期间发生的业务收入需要开具发票的,为其代开发票。

(四) 依法不需要办理税务登记的单位和个人,临时取得收入,需要开具发票的,主管税务机关可以为其代开发票。

(五) 申请代开普通发票证明材料,是指:

1. 申请代开发票人的合法身份证件。

2. 付款方(或接受劳务服务方)对所购物品品名(或劳务服务项目)、单价、金额等出具的书面确认证明。

政策解析　税务机关不为依法应办理税务登记而不按照规定办理税务登记的单位和个人代开普通发票。

二、代开发票的基本要求。

(一) 要求代开发票的单位和个人应填写代开普通发票申请表,并提供相关证明材料。申请表的内容应包括代开发票所需的物品品名(或劳务服务项目)、单价、金额等基本要素;申请表式样由省、自治区、直辖市国家税务局、地方税务局自行设计。对个人小额销售货物和劳务只需提供身份证明。小额标准由省、自治区、直辖市和计划单列市国家税务局、地方税务局确定。

(二) 税务机关应当对要求代开发票单位和个人的申请资料进行核对,包括代开普通发票申请表、合法身份证件以及购货方(或接受劳务服务方)出具的书面确认证明等,核对一致的,方可予以代开。

(三) 对申请代开发票的单位和个人,应当按照税收法律、法规的有关规定征收税款和收取发票工本费。代开的普通发票上要注明完税凭证号码;同时代征税款的完税凭证上要注明代开的普通发票号码。

申请代开发票经营额达不到省、自治区、直辖市税务机关确定的按次起征点的,只代开发票,不征税。但根据代开发票记录,属于同一申请代开发票的单位和个人,在一个纳税期内累计开票金额达到按月起征点的,应在达到起征点的当次一并计算征税。

(四) 代开普通发票应指定专人负责,一般应使用计算机开具,并确保开票记录完整、准确、可靠存储,不可更改;暂无条件使用计算机开具的,也可手工填开。无论使用计算机开具还是手工填开,均须加盖税务机关代开发票专用章,否则无效。

(国家税务总局关于加强和规范税务机关代开普通发票工作的通知,国税函〔2004〕1024 号,发文日期:

2004-09-02）

12.6.3 小规模纳税人自开增值税专用发票

自2016年11月起，税务总局在全国范围内进行小规模纳税人自开增值税专用发票试点。自2020年2月1日起，增值税小规模纳税人（其他个人除外）发生增值税应税行为，需要开具增值税专用发票的，可以自愿使用增值税发票管理系统自行开具。选择自行开具增值税专用发票的小规模纳税人，税务机关不再为其代开增值税专用发票。

增值税小规模纳税人应当就开具增值税专用发票的销售额计算增值税应纳税额，并在规定的纳税申报期内向主管税务机关申报缴纳。在填写增值税纳税申报表时，应当将当期开具增值税专用发票的销售额，按照3%和5%的征收率，分别填写在《增值税纳税申报表》（小规模纳税人适用）第2栏和第5栏“税务机关代开的增值税专用发票不含税销售额”的“本期数”相应栏次中。

（国家税务总局关于增值税发票管理等有关事项的公告，国家税务总局公告2019年第33号，发文日期：2019-10-09）

政策解析 自愿选择自行开具增值税专用发票的小规模纳税人销售其取得的不动产，需要开具增值税专用发票的，税务机关不再为其代开。

12.6.4 其他个人委托房屋中介等代其向税务机关申请代开发票

自2017年9月1日起，其他个人委托房屋中介、住房租赁企业等单位出租不动产，需要向承租方开具增值税发票的，可以由受托单位代其向主管税务机关按规定申请代开增值税发票。

（国家税务总局关于跨境应税行为免税备案等增值税问题的公告，国家税务总局公告2017年第30号，发文日期：2017-08-14）

12.6.5 保险人为保险代理人汇总代开发票

一、接受税务机关委托代征税款的保险企业，向个人保险代理人支付佣金费用后，可代个人保险代理人统一向主管税务机关申请汇总代开增值税普通发票或增值税专用发票。

二、保险企业代个人保险代理人申请汇总代开增值税发票时，应向主管税务机关出具个人保险代理人的姓名、身份证号码、联系方式、付款时间、付款金额、代征税款的详细清单。

保险企业应将个人保险代理人的详细信息，作为代开增值税发票的清单，随发票入账。

三、主管税务机关为个人保险代理人汇总代开增值税发票时，应在备注栏内注明“个人保险代理人汇总代开”字样。

四、个人保险代理人，是指根据保险企业的委托，在保险企业授权范围内代为办理保险业务的自然人，不包括个体工商户。

五、证券经纪人、信用卡和旅游等行业的个人代理人比照上述规定执行。

（国家税务总局关于个人保险代理人税收征管有关问题的公告，国家税务总局公告2016年第45号，发文日期：2016-07-07）

12.7　小微企业的发票领购使用与代开发票预缴税款退回的规定

一、小微企业领购与使用的发票。

小规模纳税人月销售额超过 10 万元的，使用增值税发票管理系统开具增值税普通发票、机动车销售统一发票、增值税电子普通发票。

已经使用增值税发票管理系统的小规模纳税人，月销售额未超过 10 万元的，可以继续使用现有税控设备开具发票；已经自行开具增值税专用发票的，可以继续自行开具增值税专用发票，并就开具增值税专用发票的销售额计算缴纳增值税。

二、小微企业代开发票预缴的税款能否退回。

（一）小规模纳税人月销售额未超过 10 万元的，当期因开具增值税专用发票已经缴纳的税款，在增值税专用发票全部联次追回或者按规定开具红字专用发票后，可以向主管税务机关申请退还。

（二）小规模纳税人 2019 年 1 月份销售额未超过 10 万元（以 1 个季度为 1 个纳税期的，2019 年第一季度销售额未超过 30 万元），但当期因代开普通发票已经缴纳的税款，可以在办理纳税申报时向主管税务机关申请退还。

（国家税务总局关于小规模纳税人免征增值税政策有关征管问题的公告，国家税务总局公告 2019 年第 4 号，发文日期：2019-01-19）

12.8　虚开发票

《发票管理办法》第二十二条界定的虚开发票行为包括下列三种情形：

（一）为他人、为自己开具与实际经营业务情况不符的发票。

（二）让他人为自己开具与实际经营业务情况不符的发票。

（三）介绍他人开具与实际经营业务情况不符的发票。

12.8.1　虚开发票的认定

自 2014 年 8 月 1 日起，纳税人通过虚增增值税进项税额偷逃税款，但对外开具增值税专用发票同时符合以下情形的，不属于对外虚开增值税专用发票：

一、纳税人向受票方纳税人销售了货物，或者提供了增值税应税劳务、应税服务。

二、纳税人向受票方纳税人收取了所销售货物、所提供应税劳务或者应税服务的款项，或者取得了索取销售款项的凭据。

三、纳税人按规定向受票方纳税人开具的增值税专用发票相关内容，与所销售货物、所提供应税劳务或者应税服务相符，且该增值税专用发票是纳税人合法取得、并以自己名义开具的。

受票方纳税人取得的符合上述情形的增值税专用发票，可以作为增值税扣税凭证抵扣进项税额。

（国家税务总局关于纳税人对外开具增值税专用发票有关问题的公告，国家税务总局公告 2014 年第 39 号，2014-07-02）

12.8.2 虚开增值税专用发票的处理

自 2012 年 8 月 1 日起，纳税人虚开增值税专用发票，未就其虚开金额申报并缴纳增值税的，应按照其虚开金额补缴增值税；已就其虚开金额申报并缴纳增值税的，不再按照其虚开金额补缴增值税。税务机关对纳税人虚开增值税专用发票的行为，应按《税收征收管理法》及《发票管理办法》的有关规定给予处罚。纳税人取得虚开的增值税专用发票，不得作为增值税合法有效的扣税凭证抵扣其进项税额。

（国家税务总局关于纳税人虚开增值税专用发票征补税款问题的公告，国家税务总局公告 2012 年第 33 号，发文日期：2012-07-09）

12.8.3 纳税人取得虚开增值税专用发票的处理

一、受票方利用他人虚开的专用发票，向税务机关申报抵扣税款进行偷税的，应当依照《税收征收管理法》及有关法规追缴税款，处以偷税数额 5 倍以下的罚款；进项税金大于销项税金的，还应当调减其留抵的进项税额。利用虚开的专用发票进行骗取出口退税的，应当依法追缴税款，处以骗税数额 5 倍以下的罚款。

二、在货物交易中，购货方从销售方取得第三方开具的专用发票（即购货方取得的增值税专用发票所注明的销售方名称、印章与其进行实际交易的销售方不符的），或者从销货地以外的地区取得专用发票（即购货方取得的增值税专用发票为销售方所在省、自治区、直辖市和计划单列市以外地区的），向税务机关申报抵扣税款或者申请出口退税的，无论购货方（受票方）与销售方是否进行了实际的交易，增值税专用发票所注明的数量、金额与实际交易是否相符，对购货方均应按偷税或者骗取出口退税处理。

三、纳税人以上述第一条、第二条所列的方式取得专用发票未申报抵扣税款，或者未申请出口退税的，应当依照《发票管理办法》及有关法规，按所取得专用发票的份数，分别处以一万元以下的罚款；但知道或者应当知道取得的是虚开的专用发票，或者让他人为自己提供虚开的专用发票的，应当从重处罚。

四、利用虚开的专用发票进行偷税、骗税，构成犯罪的，税务机关依法进行追缴税款等行政处理，并移送司法机关追究刑事责任。

（国家税务总局关于纳税人取得虚开的增值税专用发票处理问题的通知，国税发〔1997〕134 号，发文日期：1997-08-08；国家税务总局关于《国家税务总局关于纳税人取得虚开的增值税专用发票处理问题的通知》的补充通知，国税发〔2000〕182 号，发文日期：2000-11-06）

12.8.4 善意取得虚开增值税专用发票的处理

12.8.4.1 善意取得虚开专用发票不属于于偷税、骗税

在购货方（受票方）不知道取得的增值税专用发票是销售方虚开的情况下，对购货方取得的增值税专用发票的处理如下：

购货方与销售方存在真实的交易，销售方使用的是其所在省（自治区、直辖市和计划单列市）的专用发票，专用发票注明的销售方名称、印章、货物数量、金额及税额等全部内容与实际相符，且没有证据表明购货方知道销售方提供的专用发票是以非法手段获得的，对购货方不以偷税或者骗取出口退税论处。但应按有关规定不予抵扣进项税款或者不予出口退

税；购货方已经抵扣的进项税款或者取得的出口退税，应依法追缴。

购货方能够重新从销售方取得防伪税控系统开出的合法、有效专用发票的，或者取得手工开出的合法、有效专用发票且取得了销售方所在地税务机关或者正在依法对销售方虚开专用发票行为进行查处证明的，购货方所在地税务机关应依法准予抵扣进项税款或者出口退税。

（国家税务总局关于纳税人善意取得虚开的增值税专用发票处理问题的通知，国税发〔2000〕187号，发文日期：2000-11-16）

12.8.4.2 善意取得虚开专用发票不征滞纳金

根据《国家税务总局关于纳税人善意取得虚开的增值税专用发票处理问题的通知》（国税发〔2000〕187号）规定，纳税人善意取得虚开的增值税专用发票指购货方与销售方存在真实交易，且购货方不知取得的增值税专用发票是以非法手段获得的。纳税人善意取得虚开的增值税专用发票，如能重新取得合法、有效的专用发票，准许其抵扣进项税款；如不能重新取得合法、有效的专用发票，不准其抵扣进项税款或追缴其已抵扣的进项税款。

纳税人善意取得虚开的增值税专用发票被依法追缴已抵扣税款的，不属于税收征收管理法第三十二条“纳税人未按照规定期限缴纳税款”的情形，不适用该条“税务机关除责令限期缴纳外，从滞纳税款之日起，按日加收滞纳税款万分之五的滞纳金”的规定。

（国家税务总局关于纳税人善意取得虚开增值税专用发票已抵扣税款加收滞纳金问题的批复，国税函〔2007〕1240号，发文日期：2007-12-12）

12.8.5 防范打击虚开增值税专用发票和骗取出口退税违法行为

为进一步堵塞税收漏洞，防范打击虚开增值税专用发票和骗取出口退税违法行为，《财政部 国家税务总局关于防范税收风险若干增值税政策的通知》作出如下规定：

一、增值税纳税人发生虚开增值税专用发票或者其他增值税扣税凭证、骗取国家出口退税款行为（以下简称增值税违法行为），被税务机关行政处罚或审判机关刑事处罚的，其销售的货物、提供的应税劳务和营业税改征增值税应税服务（以下统称货物劳务服务）执行以下政策：

（一）享受增值税即征即退或者先征后退优惠政策的纳税人，自税务机关行政处罚决定或审判机关判决或裁定生效的次月起36个月内，暂停其享受上述增值税优惠政策。纳税人自恢复享受增值税优惠政策之月起36个月内再次发生增值税违法行为的，自税务机关行政处罚决定或审判机关判决或裁定生效的次月起停止其享受增值税即征即退或者先征后退优惠政策。

（二）出口企业或其他单位发生增值税违法行为对应的出口货物劳务服务，视同内销，按规定征收增值税（骗取出口退税的按查处骗税的规定处理）。出口企业或其他单位在本通知生效后发生2次增值税违法行为的，自税务机关行政处罚决定或审判机关判决或裁定生效之日的次日起，其出口的所有适用出口退（免）税政策的货物劳务服务，一律改为适用增值税免税政策。纳税人如果已被停止出口退税权的，适用增值税免税政策的起始时间为停止出口退税权期满后的次日。

（三）以农产品为原料生产销售货物的纳税人发生增值税违法行为的，自税务机关行政处罚决定生效的次月起，按50%的比例抵扣农产品进项税额；违法情形严重的，不得抵扣农产品进项税额。具体办法由国家税务总局商财政部另行制定。

（四）本通知所称虚开增值税专用发票或其他增值税扣税凭证，是指有为他人虚开、为自己虚开、让他人为自己虚开、介绍他人虚开增值税专用发票或其他增值税扣税凭证行为之一的，但纳税人善意取得虚开增值税专用发票或其他增值税扣税凭证的除外。

二、出口企业购进货物的供货纳税人有属于办理税务登记 2 年内被税务机关认定为非正常户或被认定为增值税一般纳税人 2 年内注销税务登记，且符合下列情形之一的，自主管其出口退税的税务机关书面通知之日起，在 24 个月内出口的适用增值税退（免）税政策的货物劳务服务，改为适用增值税免税政策。

（一）外贸企业使用上述供货纳税人开具的增值税专用发票申报出口退税，在连续 12 个月内达到 200 万元以上（含本数，下同）的，或使用上述供货纳税人开具的增值税专用发票，连续 12 个月内申报退税额占该期间全部申报退税额 30%以上的。

（二）生产企业在连续 12 个月内申报出口退税额达到 200 万元以上，且从上述供货纳税人取得的增值税专用发票税额达到 200 万元以上或占该期间全部进项税额 30%以上的。

（三）外贸企业连续 12 个月内使用 3 户以上上述供货纳税人开具的增值税专用发票申报退税，且占该期间全部供货纳税人户数 20%以上的。

（四）生产企业连续 12 个月内有 3 户以上上述供货纳税人，且占该期间全部供货纳税人户数 20%以上的。

本条所称“连续 12 个月内”，外贸企业自使用上述供货纳税人开具的增值税专用发票申报退税的当月开始计算，生产企业自从上述供货纳税人取得的增值税专用发票认证当月开始计算。

本通知生效前已出口的上述供货纳税人的货物，出口企业可联系供货纳税人，由供货纳税人举证其销售的货物真实、纳税正常的证明材料，经供货纳税人的主管税务机关盖章认可，并在 2014 年 7 月底前按国家税务总局的函调管理办法回函后，税务机关可按规定办理退（免）税，在此之前，没有提供举证材料或举证材料没有被供货纳税人主管税务机关盖章认可并回函的，实行增值税免税政策。

三、自本通知生效后，有增值税违法行为的企业或税务机关重点监管企业，出口或销售给出口企业出口的货物劳务服务，在出口环节退（免）税或销售环节征税时，除按现行规定管理外，还应实行增值税“税收（出口货物专用）缴款书”管理，增值税税率为 17%和 13%的货物，税收（出口货物专用）缴款书的预缴率分别按 6%和 4%执行。有增值税违法行为的企业或税务机关重点监管企业的名单，由国家税务总局根据实际情况进行动态管理，并通过国家税务总局网站等方式向社会公告。具体办法由国家税务总局另行制定。

四、执行本通知第一条、第二条、第三条政策的纳税人，如果变更《税务登记证》纳税人名称或法定代表人担任新成立企业的法定代表人的企业，应继续执行完本通知对应的第一条、第二条、第三条规定；执行本通知第一条政策的纳税人，如果注销税务登记，在原地址有经营原业务的新纳税人，除法定代表人为非注销税务登记纳税人法定代表人的企业外，主管税务机关应在 12 个月内，对其购进、销售、资金往来、纳税等情况进行重点监管。

被停止出口退税权的纳税人在停止出口退税权期间，如果变更《税务登记证》纳税人名称或法定代表人担任新成立企业的法定代表人的企业，在被停止出口退税权的纳税人停止出口退税权期间出口的货物劳务服务，实行增值税征税政策。

五、出口企业或其他单位出口的适用增值税退（免）税政策的货物劳务服务，如果货物劳务服务的国内收购价格或出口价格明显偏高且无正当理由的，该出口货物劳务服务适用增值税免税政策。主管税务机关按照下列方法确定货物劳务服务价格是否偏高：

（一）按照该企业最近时期购进或出口同类货物劳务服务的平均价格确定。

（二）按照其他企业最近时期购进或出口同类货物劳务服务的平均价格确定。

（三）按照组成计税价格确定。组成计税价格的公式为：

$$组成计税价格 = 成本 \times (1 + 成本利润率)$$

成本利润率由国家税务总局统一确定并公布。

六、出口企业或其他单位存在下列情况之一的，其出口适用增值税退（免）税政策的货物劳务服务，一律适用增值税免税政策：

（一）法定代表人不知道本人是法定代表人的。

（二）法定代表人为无民事行为能力人或限制民事行为能力人的。

七、增值税纳税人发生增值税违法行为，被税务机关行政处罚或审判机关刑事处罚后，行政机关或审判机关对上述处罚决定有调整的，按调整后的决定适用政策，调整前已实行的政策可按调整后的适用政策执行。

八、本通知自 2014 年 1 月 1 日起执行。

（财政部　国家税务总局关于防范税收风险若干增值税政策的通知，财税〔2013〕112 号，发文日期：2013-12-27）

12.9　保险公司共保业务的发票开具

保险公司开展共保业务时，按照以下规定开具增值税发票：

（一）主承保人与投保人签订保险合同并全额收取保费，然后再与其他共保人签订共保协议并支付共保保费的，由主承保人向投保人全额开具发票，其他共保人向主承保人开具发票；

（二）主承保人和其他共保人共同与投保人签订保险合同并分别收取保费的，由主承保人和其他共保人分别就各自获得的保费收入向投保人开具发票。

（关于土地价款扣除时间等增值税征管问题的公告，国家税务总局公告 2016 年第 86 号，发文日期：2016-12-24）

12.10　拍卖行受托拍卖文物艺术品

自 2020 年 5 月 1 日起，拍卖行受托拍卖文物艺术品，委托方按规定享受免征增值税政策的，拍卖行可以自己名义就代为收取的货物价款向购买方开具增值税普通发票，对应的货物价款不计入拍卖行的增值税应税收入。

拍卖行应将以下纸质或电子证明材料留存备查：拍卖物品的图片信息、委托拍卖合同、拍卖成交确认书、买卖双方身份证明、价款代收转付凭证、扣缴委托方个人所得税相关资料。

文物艺术品，包括书画、陶瓷器、玉石器、金属器、漆器、竹木牙雕、佛教用具、古典家具、紫砂茗具、文房清供、古籍碑帖、邮品钱币、珠宝等收藏品。

此前已发生未处理的事项，按照本公告执行，已处理的事项不再调整。

（国家税务总局关于明确二手车经销等若干增值税征管问题的公告，国家税务总局公告 2020 年第 9

号,发文日期:2020-04-23)

12.11 异常增值税扣税凭证

自2020年2月1日起,异常增值税扣税凭证(以下简称“异常凭证”)管理等有关事项如下:

一、符合下列情形之一的增值税专用发票,列入异常凭证范围:

(一)纳税人丢失、被盗税控专用设备中未开具或已开具未上传的增值税专用发票;

(二)非正常户纳税人未向税务机关申报或未按规定缴纳税款的增值税专用发票;

(三)增值税发票管理系统稽核比对发现“比对不符”“缺联”“作废”的增值税专用发票;

(四)经税务总局、省税务局大数据分析发现,纳税人开具的增值税专用发票存在涉嫌虚开、未按规定缴纳消费税等情形的;

(五)走逃(失联)企业存续经营期间发生下列情形之一的,所对应属期开具的增值税专用发票:

1. 商贸企业购进、销售货物名称严重背离的;生产企业无实际生产加工能力且无委托加工,或生产能耗与销售情况严重不符,或购进货物并不能直接生产其销售的货物且无委托加工的。

2. 直接走逃失踪不纳税申报,或虽然申报但通过填列增值税纳税申报表相关栏次,规避税务机关审核比对,进行虚假申报的。

二、增值税一般纳税人申报抵扣异常凭证,同时符合下列情形的,其对应开具的增值税专用发票列入异常凭证范围:

(一)异常凭证进项税额累计占同期全部增值税专用发票进项税额70%(含)以上的;

(二)异常凭证进项税额累计超过5万元的。

纳税人尚未申报抵扣、尚未申报出口退税或已作进项税额转出的异常凭证,其涉及的进项税额不计入异常凭证进项税额的计算。

三、增值税一般纳税人取得的增值税专用发票列入异常凭证范围的,应按照以下规定处理:

(一)尚未申报抵扣增值税进项税额的,暂不允许抵扣。已经申报抵扣增值税进项税额的,除另有规定外,一律作进项税额转出处理。

(二)尚未申报出口退税或者已申报但尚未办理出口退税的,除另有规定外,暂不允许办理出口退税。适用增值税免抵退税办法的纳税人已经办理出口退税的,应根据列入异常凭证范围的增值税专用发票上注明的增值税额作进项税额转出处理;适用增值税免退税办法的纳税人已经办理出口退税的,税务机关应按照现行规定对列入异常凭证范围的增值税专用发票对应的已退税款追回。

纳税人因骗取出口退税停止出口退(免)税期间取得的增值税专用发票列入异常凭证范围的,按照本条第(一)项规定执行。

(三)消费税纳税人以外购或委托加工收回的已税消费品为原料连续生产应税消费品,尚未申报扣除原料已纳消费税税款的,暂不允许抵扣;已经申报抵扣的,冲减当期允许抵扣的消费税税款，当期不足冲减的应当补缴税款。

（四）纳税信用A级纳税人取得异常凭证且已经申报抵扣增值税、办理出口退税或抵扣消费税的，可以自接到税务机关通知之日起10个工作日内，向主管税务机关提出核实申请。经税务机关核实，符合现行增值税进项税额抵扣、出口退税或消费税抵扣相关规定的，可不作进项税额转出、追回已退税款、冲减当期允许抵扣的消费税税款等处理。纳税人逾期未提出核实申请的，应于期满后按照本条第（一）项、第（二）项、第（三）项规定作相关处理。

（五）纳税人对税务机关认定的异常凭证存有异议，可以向主管税务机关提出核实申请。经税务机关核实，符合现行增值税进项税额抵扣或出口退税相关规定的，纳税人可继续申报抵扣或者重新申报出口退税；符合消费税抵扣规定且已缴纳消费税税款的，纳税人可继续申报抵扣消费税税款。

四、经税务总局、省税务局大数据分析发现存在涉税风险的纳税人，不得离线开具发票，其开票人员在使用开票软件时，应当按照税务机关指定的方式进行人员身份信息实名验证。

五、新办理增值税一般纳税人登记的纳税人，自首次开票之日起3个月内不得离线开具发票，按照有关规定不使用网络办税或不具备风险条件的特定纳税人除外。

［国家税务总局关于走逃（失联）企业开具增值税专用发票认定处理有关问题的公告，国家税务总局公告2016年第76号，发文日期：2016-12-01；国家税务总局关于异常增值税扣税凭证管理等有关事项的公告，国家税务总局公告2019年第38号，发文日期：2019-11-14］

政策解析 失控增值税专用发票是指防伪税控企业丢失被盗金税卡中未开具的专用发票以及被列为非正常户的防伪税控企业未向税务机关申报或未按规定缴纳税款的增值税专用发票。税务总局2019年38号公告将原来明确的失控发票，走逃（失联）企业（指不履行税收义务并脱离税务机关监管的企业）开具的异常增值税扣税凭证，以及稽核系统发现涉嫌违规发票政策全部整合到一起，统称异常增值税扣税凭证，按照统一的方式处理。

重点难点即时练24

1. 增值税专用发票的开具要求有（　　）。

   A. 项目填写齐全　　B. 字迹清楚

   C. 不得开具伪造的专用发票　　D. 全部联次一次填开

2. 下列行为不可以开具专用发票的有（　　）。

   A. 向消费者销售应税项目　　B. 销售免税项目

   C. 将货物用于在建工程　　D. 将货物对外投资

   E. 销售给小规模纳税人

3. 商业增值税一般纳税人零售的（　　）不得开具专用发票。

   A. 烟、酒　　B. 补品

   C. 化妆品　　D. 劳保用服装

4. 下列各项中，符合增值税专用发票开具时限规定的是（　　）。

   A. 采用预收货款结算方式的，为收到货款的当天

B. 将货物分配给股东,为货物移送的当天

C. 采用交款提货结算方式的,为发出货物的当天

D. 将货物交付他人代销的,为货物移送的当天

5. 属于(　　)的增值税专用发票,税务机关应在认证后将发票原件退还企业。

A. 无法认证　　　　　　　　B. 纳税人识别号认证不符

C. 发票代码号码认证不符　　D. 密文有误

第13章 出口退税

出口退税，是对出口货物退还其在国内生产和流通环节实际缴纳的增值税、消费税，即对出口货物实行零税率。出口货物劳务以及提供跨境服务包括三种增值税政策：退(免)税、免税和征税。

13.1 增值税出口退(免)税

增值税退(免)税是指免征和退还增值税的简称，即免征出口环节增值税，同时退还出口货物、劳务、服务国内采购环节已经缴纳的增值税。

13.1.1 退(免)税的适用范围

13.1.1.1 出口企业出口货物

对下列出口货物劳务，除适用本通知免税和征税规定的外，实行免征和退还增值税[以下称增值税退(免)税]政策：

本通知所称出口企业，是指依法办理工商登记、税务登记、对外贸易经营者备案登记，自营或委托出口货物的单位或个体工商户，以及依法办理工商登记、税务登记但未办理对外贸易经营者备案登记，委托出口货物的生产企业。

本通知所称生产企业，是指具有生产能力(包括加工修理修配能力)的单位或个体工商户。

本通知所称出口货物，是指向海关报关后实际离境并销售给境外单位或个人的货物，分为自营出口货物和委托出口货物两类。

13.1.1.2 出口企业或其他单位视同出口货物

1. 出口企业对外援助、对外承包、境外投资的出口货物。

2. 出口企业经海关报关进入国家批准的出口加工区、保税物流园区、保税港区、综合保税区、珠澳跨境工业区(珠海园区)、中哈霍尔果斯国际边境合作中心(中方配套区域)、保税物流中心(B型)(以下统称特殊区域)并销售给特殊区域内单位或境外单位、个人的货物。

3. 免税品经营企业销售的货物[国家规定不允许经营和限制出口的货物、卷烟和超出免税品经营企业《企业法人营业执照》规定经营范围的货物除外]。具体是指：

(1) 中国免税品(集团)有限责任公司向海关报关运入海关监管仓库，专供其经国家批准设立的统一经营、统一组织进货、统一制定零售价格、统一管理的免税店销售的货物。

(2) 国家批准的除中国免税品(集团)有限责任公司外的免税品经营企业，向海关报关运入海关监管仓库，专供其所属的首都机场口岸海关隔离区内的免税店销售的货物。

(3) 国家批准的除中国免税品(集团)有限责任公司外的免税品经营企业所属的上海虹

桥、浦东机场海关隔离区内的免税店销售的货物。

4. 生产企业向海上石油天然气开采企业销售的自产的海洋工程结构物。

自2017年1月1日起，生产企业销售自产的海洋工程结构物，或者融资租赁企业及其设立的项目子公司、金融租赁公司及其设立的项目子公司购买并以融资租赁方式出租的国内生产企业生产的海洋工程结构物，应按规定缴纳增值税，不再适用《财政部国家税务总局关于出口货物劳务增值税和消费税政策的通知》(财税〔2012〕39号)或者《财政部国家税务总局关于在全国开展融资租赁货物出口退税政策试点的通知》(财税〔2014〕62号)规定的增值税出口退税政策，但购买方或者承租方为按实物征收增值税的中外合作油(气)田开采企业的除外。

2017年1月1日前签订的海洋工程结构物销售合同或者融资租赁合同，在合同到期前，可继续按现行相关出口退税政策执行。

(财政部、国家税务总局关于明确金融、房地产开发、教育辅助服务等增值税政策的通知，财税〔2016〕140号，发文日期：2016-12-21)

5. 出口企业或其他单位销售给用于国际金融组织或外国政府贷款国际招标建设项目的中标机电产品(以下称中标机电产品)。上述中标机电产品，包括外国企业中标再分包给出口企业或其他单位的机电产品。

6. 出口企业或其他单位销售给国际运输企业用于国际运输工具上的货物。上述规定暂仅适用于外轮供应公司、远洋运输供应公司销售给外轮、远洋国轮的货物，国内航空供应公司生产销售给国内和国外航空公司国际航班的航空食品。

7. 出口企业或其他单位销售给特殊区域内生产企业生产耗用且不向海关报关而输入特殊区域的水(包括蒸汽)、电力、燃气(以下称输入特殊区域的水电气)。

除本通知及财政部和国家税务总局另有规定外，视同出口货物适用出口货物的各项规定。

13.1.1.3 出口企业对外提供加工修理修配劳务

对外提供加工修理修配劳务(是指对进境复出口货物或从事国际运输的运输工具进行的加工修理修配)，除适用本通知免税和征税规定的外，实行增值税退(免)税政策。

(财政部 国家税务总局关于出口货物劳务增值税和消费税政策的通知，财税〔2012〕39号，发文日期：2012-05-25)

13.1.1.4 适用零税率的跨境服务

一、中华人民共和国境内(以下称境内)的单位和个人销售的下列服务和无形资产，适用增值税零税率：

(一) 国际运输服务。

国际运输服务，是指：

1. 在境内载运旅客或者货物出境。

2. 在境外载运旅客或者货物入境。

3. 在境外载运旅客或者货物。

境内的单位或个人提供程租服务，如果租赁的交通工具用于国际运输服务和港澳台运输服务，由出租方按规定申请适用增值税零税率。

境内的单位和个人向境内单位或个人提供期租、湿租服务，如果承租方利用租赁的交通工具向其他单位或个人提供国际运输服务和港澳台运输服务，由承租方适用增值税零税率。境内的单位或个人向境外单位或个人提供期租、湿租服务，由出租方适用增值税零税率。

境内单位和个人以无运输工具承运方式提供的国际运输服务，由境内实际承运人适用增值税零税率；无运输工具承运业务的经营者适用增值税免税政策。

（二）航天运输服务。

（三）向境外单位提供的完全在境外消费的下列服务：

1. 研发服务。

2. 合同能源管理服务。

3. 设计服务。

4. 广播影视节目（作品）的制作和发行服务。

5. 软件服务。

6. 电路设计及测试服务。

7. 信息系统服务。

8. 业务流程管理服务。

9. 离岸服务外包业务。

离岸服务外包业务，包括信息技术外包服务（ITO）、技术性业务流程外包服务（BPO）、技术性知识流程外包服务（KPO），其所涉及的具体业务活动，按照《销售服务、无形资产、不动产注释》相对应的业务活动执行。

10. 转让技术。

（四）财政部和国家税务总局规定的其他服务。

二、本规定所称完全在境外消费，是指：

（一）服务的实际接受方在境外，且与境内的货物和不动产无关。

（二）无形资产完全在境外使用，且与境内的货物和不动产无关。

（三）财政部和国家税务总局规定的其他情形。

（财政部 国家税务总局关于全面推开营业税改征增值税试点的通知，财税〔2016〕36号，发文日期：2016-03-23）

13.1.2 出口退税率

一、退税率的基本规定。

（一）除财政部和国家税务总局根据国务院决定而明确的增值税出口退税率（以下称退税率）外，出口货物的退税率为其适用税率。国家税务总局根据上述规定将退税率通过出口货物劳务退税率文库予以发布，供征纳双方执行。退税率有调整的，除另有规定外，其执行时间以货物（包括被加工修理修配的货物）出口货物报关单（出口退税专用）上注明的出口日期为准。

（二）退税率的特殊规定：

1. 外贸企业购进按简易办法征税的出口货物、从小规模纳税人购进的出口货物，其退税率分别为简易办法实际执行的征收率、小规模纳税人征收率。上述出口货物取得增值税专用发票的，退税率按照增值税专用发票上的税率和出口货物退税率孰低的原则确定。

2. 出口企业委托加工修理修配货物，其加工修理修配费用的退税率，为出口货物的退税率。

3. 中标机电产品、出口企业向海关报关进入特殊区域销售给特殊区域内生产企业生产耗用的列名原材料、输入特殊区域的水电气，其退税率为适用税率。如果国家调整列名原材料的退税率，列名原材料应当自调整之日起按调整后的退税率执行。

4. 海洋工程结构物退税率的适用。

（三）适用不同退税率的货物劳务，应分开报关、核算并申报退（免）税，未分开报关、核算或划分不清的，从低适用退税率。

（财政部　国家税务总局关于出口货物劳务增值税和消费税政策的通知，财税〔2012〕39 号，发文日期：2012-05-25）

二、退税率的执行时间。

增值税退税率有调整的，其执行时间：

1. 属于向海关报关出口的货物，以出口货物报关单上注明的出口日期为准；属于非报关出口销售的货物，以出口发票或普通发票的开具时间为准。

2. 保税区内出口企业或其他单位出口的货物以及经保税区出口的货物，以货物离境时海关出具的出境货物备案清单上注明的出口日期为准。

（国家税务总局关于发布《出口货物劳务增值税和消费税管理办法》的公告，国家税务总局公告 2012 年第 24 号，发文日期：2012-06-14）

13.1.3　退(免)税办法

适用增值税退（免）税政策的出口货物劳务，按照下列规定实行增值税免抵退税或免退税办法。

（一）免抵退税办法。生产企业出口自产货物和视同自产货物及对外提供加工修理修配劳务，以及列名生产企业出口非自产货物，免征增值税，相应的进项税额抵减应纳增值税额（不包括适用增值税即征即退、先征后退政策的应纳增值税额），未抵减完的部分予以退还。

（二）免退税办法。不具有生产能力的出口企业（以下称外贸企业）或其他单位出口货物劳务，免征增值税，相应的进项税额予以退还。

（财政部　国家税务总局关于出口货物劳务增值税和消费税政策的通知，财税〔2012〕39 号，发文日期：2012-05-25）

13.1.4　生产企业的免抵退税

13.1.4.1　免抵退税的计算

13.1.4.1.1　生产企业一般贸易免抵退税的计算

一、计税依据

生产企业出口货物劳务（进料加工复出口货物除外）增值税退（免）税的计税依据，为出口货物劳务的实际离岸价（FOB）。实际离岸价应以出口发票（外销发票）上的离岸价为准，但如果出口发票不能反映实际离岸价，主管税务机关有权予以核定。

（财政部 国家税务总局关于出口货物劳务增值税和消费税政策的通知，财税〔2012〕39号，发文日期：2012-05-25）

二、具体计算过程

生产企业出口货物劳务（进料加工复出口货物除外）增值税免抵退税，依下列公式计算：

1. 当期应纳税额的计算

$$当期应纳税额=当期销项税额-(当期进项税额-当期不得免征和抵扣税额)$$

$$\begin{matrix}当期不得免征\\和抵扣税额\end{matrix}=\begin{matrix}当期出口\\货物离岸价\end{matrix}\times\begin{matrix}外汇人民币\\折合率\end{matrix}\times\left(\begin{matrix}出口货物\\适用税率\end{matrix}-\begin{matrix}出口货物\\退税率\end{matrix}\right)$$

2. 当期免抵退税额的计算

$$当期免抵退税额=当期出口货物离岸价\times外汇人民币折合率\times出口货物退税率$$

3. 当期应退税额和免抵税额的计算

（1）当期期末留抵税额≤当期免抵退税额，则

$$当期应退税额=当期期末留抵税额$$
$$当期免抵税额=当期免抵退税额-当期应退税额$$

（2）当期期末留抵税额＞当期免抵退税额，则

$$当期应退税额=当期免抵退税额$$
$$当期免抵税额=0$$

当期期末留抵税额为当期增值税纳税申报表中“期末留抵税额”。

三、不予免征或抵扣税额的处理

退税率低于适用税率的，相应计算出的差额部分的税款计入出口货物劳务成本。

四、兼营免抵退项目和增值税即征即退或先征后退项目的处理

出口企业既有适用增值税免抵退项目，也有增值税即征即退、先征后退项目的，增值税即征即退和先征后退项目不参与出口项目免抵退税计算。出口企业应分别核算增值税免抵退项目和增值税即征即退、先征后退项目，并分别申请享受增值税即征即退、先征后退和免抵退税政策。

用于增值税即征即退或者先征后退项目的进项税额无法划分的，按照下列公式计算：

无法划分进项税额中用于增值税即征即退或者先征后退项目的部分＝当月无法划分的全部进项税额×当月增值税即征即退或者先征后退项目销售额÷当月全部销售额、营业额合计

（财政部 国家税务总局关于出口货物劳务增值税和消费税政策的通知，财税〔2012〕39号，发文日期：2012-05-25）

13.1.4.1.2 生产企业进料加工贸易和购进国内免税原材料免抵退税计算

一、计税依据

（一）进料加工贸易

生产企业进料加工复出口货物增值税退（免）税的计税依据，按出口货物的离岸价

(FOB)扣除出口货物所含的海关保税进口料件的金额后确定。

本通知所称海关保税进口料件，是指海关以进料加工贸易方式监管的出口企业从境外和特殊区域等进口的料件。包括出口企业从境外单位或个人购买并从海关保税仓库提取且办理海关进料加工手续的料件，以及保税区外的出口企业从保税区内的企业购进并办理海关进料加工手续的进口料件。

（二）国内购进免税原材料

生产企业国内购进无进项税额且不计提进项税额的免税原材料加工后出口的货物的计税依据，按出口货物的离岸价(FOB)扣除出口货物所含的国内购进免税原材料的金额后确定。

（财政部 国家税务总局关于出口货物劳务增值税和消费税政策的通知，财税〔2012〕39 号，发文日期：2012-05-25）

二、具体计算过程

（一）生产企业出口货物劳务增值税免抵退税，依下列公式计算：

1. 当期应纳税额的计算

$$当期应纳税额 = 当期销项税额 - (当期进项税额 - 当期不得免征和抵扣税额)$$

$$\begin{matrix}当期不得免征\\和抵扣税额\end{matrix} = \begin{matrix}当期出口\\货物离岸价\end{matrix} \times \begin{matrix}外汇人民币\\折合率\end{matrix} \times \left(\begin{matrix}出口货物\\适用税率\end{matrix} - \begin{matrix}出口货物\\退税率\end{matrix}\right) - \begin{matrix}当期不得免征和\\抵扣税额抵减额\end{matrix}$$

$$\begin{matrix}当期不得免征和\\抵扣税额抵减额\end{matrix} = \begin{matrix}当期免税购进\\原材料价格\end{matrix} \times \left(\begin{matrix}出口货物\\适用税率\end{matrix} - \begin{matrix}出口货物\\退税率\end{matrix}\right)$$

2. 当期免抵退税额的计算

$$\begin{matrix}当期免抵\\退税额\end{matrix} = \begin{matrix}当期出口\\货物离岸价\end{matrix} \times \begin{matrix}外汇人民币\\折合率\end{matrix} \times \begin{matrix}出口货物\\退税率\end{matrix} - \begin{matrix}当期免抵退\\税额抵减额\end{matrix}$$

$$当期免抵退税额抵减额 = 当期免税购进原材料价格 \times 出口货物退税率$$

3. 当期应退税额和免抵税额的计算

(1) 当期期末留抵税额≤当期免抵退税额，则

$$当期应退税额 = 当期期末留抵税额$$

$$当期免抵税额 = 当期免抵退税额 - 当期应退税额$$

(2) 当期期末留抵税额＞当期免抵退税额，则

$$当期应退税额 = 当期免抵退税额$$

$$当期免抵税额 = 0$$

当期期末留抵税额为当期增值税纳税申报表中“期末留抵税额”。

4. 当期免税购进原材料价格包括当期国内购进的无进项税额且不计提进项税额的免税原材料的价格和当期进料加工保税进口料件的价格，其中当期进料加工保税进口料件的价格为组成计税价格。

$$\begin{matrix}当期进料加工保税进口\\料件的组成计税价格\end{matrix} = \begin{matrix}当期进口料件\\到岸价格\end{matrix} + \begin{matrix}海关实征\\关税\end{matrix} + \begin{matrix}海关实征\\消费税\end{matrix}$$

(1) 采用“实耗法”的,当期进料加工保税进口料件的组成计税价格为当期进料加工出口货物耗用的进口料件组成计税价格。其计算公式为:

$$\text{当期进料加工保税进口料件的组成计税价格} = \text{当期进料加工出口货物离岸价} \times \text{外汇人民币折合率} \times \text{计划分配率}$$

$$\text{计划分配率} = \text{计划进口总值} \div \text{计划出口总值} \times 100\%$$

实行纸质手册和电子化手册的生产企业,应根据海关签发的加工贸易手册或加工贸易电子化纸质单证所列的计划进出口总值计算计划分配率。

实行电子账册的生产企业,计划分配率按前一期已核销的实际分配率确定;新启用电子账册的,计划分配率按前一期已核销的纸质手册或电子化手册的实际分配率确定。

(2) 采用“购进法”的,当期进料加工保税进口料件的组成计税价格为当期实际购进的进料加工进口料件的组成计税价格。

若当期实际不得免征和抵扣税额抵减额大于当期出口货物离岸价×外汇人民币折合率×(出口货物适用税率−出口货物退税率)的,则:

$$\text{当期不得免征和抵扣税额抵减额} = \text{当期出口货物离岸价} \times \text{外汇人民币折合率} \times \left(\text{出口货物适用税率} - \text{出口货物退税率}\right)$$

(二) 退税率低于适用税率的,相应计算出的差额部分的税款计入出口货物劳务成本。

(财政部 国家税务总局关于出口货物劳务增值税和消费税政策的通知,财税〔2012〕39号,发文日期:2012-05-25)

13.1.4.2 免抵退税的申报期限及资料

13.1.4.2.1 生产企业一般贸易出口货物免抵退税的申报期限及资料

一、申报方式。

出口企业或其他单位应使用出口退税申报系统办理出口货物劳务退(免)税、免税申报业务及申请开具相关证明业务。《管理办法》及本公告中要求出口企业或其他单位报送的电子数据应均通过出口退税申报系统生成、报送。

出口退税申报系统可从国家税务总局网站免费下载或由主管税务机关免费提供。

二、申报程序和期限。

出口企业或其他单位出口并按会计规定做销售的货物,须在做销售的次月的增值税纳税申报期内,向主管税务机关办理增值税纳税申报、免抵退税相关申报及消费税免税申报。

企业应在货物报关出口之日(以出口货物报关单〈出口退税专用〉上的出口日期为准,下同)次月起至次年4月30日前的各增值税纳税申报期内收齐有关凭证,向主管税务机关申报办理出口货物增值税免抵退税及消费税退税。逾期的,企业不得申报免抵退税。“逾期”是指超过次年4月30日前最后一个增值税纳税申报期截止之日。

三、申报资料。

1. 企业向主管税务机关办理增值税纳税申报时,除按纳税申报的规定提供有关资料外,还应提供下列资料:

(1) 主管税务机关确认的上期《免抵退税申报汇总表》。

(2) 主管税务机关要求提供的其他资料。

2. 企业向主管税务机关办理增值税免抵退税申报，应提供下列凭证资料：

(1)《免抵退税申报汇总表》及其附表。

(2)《免抵退税申报资料情况表》。

(3)《生产企业出口货物免抵退税申报明细表》。

(4) 出口货物退(免)税正式申报电子数据。

(5) 下列原始凭证：

① 出口货物报关单(出口退税专用，以下未作特别说明的均为此联)(保税区内的出口企业可提供中华人民共和国海关保税区出境货物备案清单，简称出境货物备案清单，下同)，受托方将代理多家企业出口的货物集中一笔报关出口的，委托方可提供该出口货物报关单的复印件；

② 出口收汇核销单(出口退税联，以下未作特别说明的均为此联)(远期结汇的提供远期收汇备案证明，保税区内的出口企业提供结汇水单。跨境贸易人民币结算业务、试行出口退税免予提供纸质出口收汇核销单地区和货物贸易外汇管理制度改革试点地区的企业免予提供，下同)；

③ 出口发票；

④ 委托出口的货物，还应提供受托方主管税务机关签发的代理出口货物证明，以及代理出口协议复印件；

⑤ 主管税务机关要求提供的其他资料。

出口企业或其他单位进行正式退(免)税申报时须提供的原始凭证，应按明细申报表载明的申报顺序装订成册。

(国家税务总局关于发布《出口货物劳务增值税和消费税管理办法》的公告，国家税务总局公告2012年第24号，发文日期:2012-06-14;国家税务总局关于《出口货物劳务增值税和消费税管理办法》有关问题的公告，国家税务总局公告2013年第12号，发文日期:2013-03-13)

13.1.4.2.2 进料加工业务免抵退税的申报期限及资料

对进料加工出口货物，企业应以出口货物人民币离岸价扣除出口货物耗用的保税进口料件金额的余额为增值税退(免)税的计税依据。

进料加工出口货物耗用的保税进口料件金额＝进料加工出口货物人民币离岸价×进料加工计划分配率

因此，进料加工业务除了提供一般贸易应提供的资料外，还需要办理进料加工手(账)册，从事进料加工业务的企业，还须按下列规定办理手册登记、进口料件申报和手册核销。生产企业应于每年4月20日前，按以下规定向主管税务机关申请办理上年度海关已核销的进料加工手册(账册)项下的进料加工业务核销手续。4月20日前未进行核销的，对该企业的出口退(免)税业务，主管税务机关暂不办理，在其进行核销后再办理。

(一) 生产企业申请核销前，应从主管税务机关获取海关联网监管加工贸易电子数据中的进料加工“电子账册(电子化手册)核销数据”以及进料加工业务的进口和出口货物报关单数据。

生产企业将获取的反馈数据与进料加工手册(账册)实际发生的进口和出口情况核对后，填报《生产企业进料加工业务免抵退税核销表》向主管税务机关申请核销。如果核对发现，实际业务与反馈数据不一致的，生产企业还应填写《已核销手册(账册)海关数据调整表》连同电子数据和证明材料一并报送主管税务机关。

(二) 主管税务机关应将企业报送的电子数据读入出口退税审核系统，对《生产企业进料加工业务免抵退税核销表》和《已核销手册(账册)海关数据调整表》及证明资料进行审核。

(三) 主管税务机关确认核销后，生产企业应以《生产企业进料加工业务免抵退税核销表》中的"已核销手册(账册)综合实际分配率"，作为当年度进料加工计划分配率。同时，应在核销确认的次月，根据《生产企业进料加工业务免抵退税核销表》确认的不得免征和抵扣税额在纳税申报时申报调整；应在确认核销后的首次免抵退税申报时，根据《生产企业进料加工业务免抵退税核销表》确认的调整免抵退税额申报调整当期免抵退税额。

(四) 生产企业发现核销数据有误的，应在发现次月按照本条第(一)项至第(三)项的有关规定向主管税务机关重新办理核销手续。

[国家税务总局关于出口退(免)税申报有关问题的公告，国家税务总局公告2018年第16号，发文日期:2018-04-19]

13.1.5 外贸企业免退税办法

13.1.5.1 免退税计税依据

(一) 外贸企业出口货物(委托加工修理修配货物除外)增值税退(免)税的计税依据，为购进出口货物的增值税专用发票注明的金额或海关进口增值税专用缴款书注明的完税价格。

(二) 外贸企业出口委托加工修理修配货物增值税退(免)税的计税依据，为加工修理修配费用增值税专用发票注明的金额。外贸企业应将加工修理修配使用的原材料(进料加工海关保税进口料件除外)作价销售给受托加工修理修配的生产企业，受托加工修理修配的生产企业应将原材料成本并入加工修理修配费用开具发票。

(财政部 国家税务总局关于出口货物劳务增值税和消费税政策的通知，财税〔2012〕39号，发文日期:2012-05-25)

13.1.5.2 免退税的计算

一、外贸企业出口货物劳务增值税免退税，依下列公式计算：

1. 外贸企业出口委托加工修理修配货物以外的货物：

$$\text{增值税应退税额}=\text{增值税退(免)税计税依据}\times\text{出口货物退税率}$$

2. 外贸企业出口委托加工修理修配货物：

$$\begin{matrix}\text{出口委托加工修理修配}\\\text{货物的增值税应退税额}\end{matrix}=\begin{matrix}\text{委托加工修理修配的}\\\text{增值税退(免)税计税依据}\end{matrix}\times\begin{matrix}\text{出口货物}\\\text{退税率}\end{matrix}$$

二、退税率低于适用税率的，相应计算出的差额部分的税款计入出口货物劳务成本。

(财政部 国家税务总局关于出口货物劳务增值税和消费税政策的通知，财税〔2012〕39号，发文日期:2012-05-25)

13.1.5.3 外贸企业核算要求

外贸企业应单独设账核算出口货物的购进金额和进项税额，若购进货物时不能确定是用于出口的，先记入出口库存账，用于其他用途时应从出口库存账转出。

（财政部 国家税务总局关于出口货物劳务增值税和消费税政策的通知，财税〔2012〕39号，发文日期：2012-05-25）

13.1.5.4 外贸企业出口货物免退税的申报

一、申报方式。

出口企业或其他单位应使用出口退税申报系统办理出口货物劳务退（免）税、免税申报业务及申请开具相关证明业务。《管理办法》及本公告中要求出口企业或其他单位报送的电子数据应均通过出口退税申报系统生成、报送。

出口退税申报系统可从国家税务总局网站免费下载或由主管税务机关免费提供。

二、申报程序和期限。

出口企业或其他单位出口并按会计规定做销售的货物，须在做销售的次月的增值税纳税申报期内，向主管税务机关办理增值税纳税申报，将适用退（免）税政策的出口货物销售额填报在增值税纳税申报表的“免税货物销售额”栏。

企业应在货物报关出口之日次月起至次年4月30日前的各增值税纳税申报期内，收齐有关凭证，向主管税务机关办理出口货物增值税、消费税免退税申报。经主管税务机关批准的，企业在增值税纳税申报期以外的其他时间也可办理免退税申报。逾期的，企业不得申报免退税。“逾期”是指超过次年4月30日前最后一个增值税纳税申报期截止之日。

三、申报资料。

1.《外贸企业出口退税汇总申报表》。

2.《外贸企业出口退税进货明细申报表》。

3.《外贸企业出口退税出口明细申报表》。

4. 出口货物退（免）税正式申报电子数据。

5. 下列原始凭证：

（1）出口货物报关单（受托方将代理多家企业出口的货物集中一笔报关出口的，委托方可提供该出口货物报关单的复印件）。

（2）增值税专用发票（抵扣联）、海关进口增值税专用缴款书。

（3）出口收汇核销单。

（4）委托出口的货物，还应提供受托方主管税务机关签发的代理出口货物证明，以及代理出口协议副本。

（5）属应税消费品的，还应提供消费税专用缴款书或分割单、海关进口消费税专用缴款书。

（6）主管税务机关要求提供的其他资料。

出口企业或其他单位进行正式退（免）税申报时须提供的原始凭证，应按明细申报表载明的申报顺序装订成册。

［国家税务总局关于发布《出口货物劳务增值税和消费税管理办法》的公告，国家税务总局公告2012年第24号，发文日期：2012-06-14；国家税务总局关于《出口货物劳务增值税和消费税管理办法》有关问题的公告，国家税务总局公告2013年第12号，发文日期：2013-03-13；国家税务总局关于出口退（免）税申报有关问题的公告，国家税务总局公告2018年第16号，发文日期：2018-04-19］

13.2 适用增值税免税政策的出口货物劳务

对符合条件的出口货物劳务,除适用征税规定外,实行免征增值税(以下称增值税免税)政策。

13.2.1 免税出口货物劳务

适用增值税免税政策的出口货物劳务,是指:

1. 出口企业或其他单位出口规定的货物,具体是指:

(1) 避孕药品和用具,古旧图书。

(2) 农业生产者自产农产品[农产品的具体范围按照《农业产品征税范围注释》(财税〔1995〕52号)的规定执行]。

(3) 来料加工复出口的货物。

(4) 国家计划内出口的卷烟。

(5) 增值税小规模纳税人出口的货物。

(6) 外贸企业取得普通发票、废旧物资收购凭证、农产品收购发票、政府非税收入票据的货物。

(7) 已使用过的设备。其具体范围是指购进时未取得增值税专用发票、海关进口增值税专用缴款书但其他相关单证齐全的已使用过的设备。

(8) 特殊区域内的企业出口的特殊区域内的货物。

(9) 软件产品。其具体范围是指海关税则号前四位为"9803"的货物。

(10) 含黄金、铂金成分的货物,钻石及其饰品。

(11) 油画、花生果仁、黑大豆等财政部和国家税务总局规定的出口免税的货物。

(12) 非出口企业委托出口的货物。

(13) 非列名生产企业出口的非视同自产货物。

(14) 以人民币现金作为结算方式的边境地区出口企业从所在省(自治区)的边境口岸出口到接壤国家的一般贸易和边境小额贸易出口货物。

2. 出口企业或其他单位视同出口的下列货物劳务:

(1) 国家批准设立的免税店销售的免税货物[包括进口免税货物和已实现退(免)税的货物]。

(2) 特殊区域内的企业为境外的单位或个人提供加工修理修配劳务。

(3) 同一特殊区域、不同特殊区域内的企业之间销售特殊区域内的货物。

3. 国家批准的免税品经营企业销售给免税店的进口免税货物免征增值税。

13.2.2 免税跨境服务

一、境内的单位和个人销售的下列服务和无形资产免征增值税,但财政部和国家税务总局规定适用增值税零税率的除外:

(一) 下列服务:

1. 工程项目在境外的建筑服务。

2. 工程项目在境外的工程监理服务。

3. 工程、矿产资源在境外的工程勘察勘探服务。

4. 会议展览地点在境外的会议展览服务。

5. 存储地点在境外的仓储服务。

6. 标的物在境外使用的有形动产租赁服务。

7. 在境外提供的广播影视节目(作品)的播映服务。

8. 在境外提供的文化体育服务、教育医疗服务、旅游服务。

(二) 为出口货物提供的邮政服务、收派服务、保险服务。

为出口货物提供的保险服务,包括出口货物保险和出口信用保险。

(三) 向境外单位提供的完全在境外消费的下列服务和无形资产:

1. 电信服务。

2. 知识产权服务。

3. 物流辅助服务(仓储服务、收派服务除外)。

4. 鉴证咨询服务。

5. 专业技术服务。

6. 商务辅助服务。

7. 广告投放地在境外的广告服务。

8. 无形资产。

(四) 以无运输工具承运方式提供的国际运输服务。

(五) 为境外单位之间的货币资金融通及其他金融业务提供的直接收费金融服务,且该服务与境内的货物、无形资产和不动产无关。

(六) 财政部和国家税务总局规定的其他服务。

二、本规定所称完全在境外消费,是指:

(一) 服务的实际接受方在境外,且与境内的货物和不动产无关。

(二) 无形资产完全在境外使用,且与境内的货物和不动产无关。

(三) 财政部和国家税务总局规定的其他情形。

(财政部 国家税务总局关于全面推开营业税改征增值税试点的通知,财税〔2016〕36号,发文日期:2016-03-23)

三、按照国家有关规定应取得相关资质的国际运输服务项目,纳税人取得相关资质的,适用增值税零税率政策,未取得的,适用增值税免税政策。

四、境内的单位和个人提供适用增值税零税率的服务或者无形资产,如果属于适用简易计税方法的,实行免征增值税办法。

(财政部 国家税务总局关于全面推开营业税改征增值税试点的通知,财税〔2016〕36号,发文日期:2016-03-23)

13.3 适用增值税征税政策的出口货物劳务

下列出口货物劳务,不适用增值税退(免)税和免税政策,按下列规定及视同内销货物征税的其他规定征收增值税(以下称增值税征税)。

13.3.1 适用范围

适用增值税征税政策的出口货物劳务，是指：

1. 出口企业出口或视同出口财政部和国家税务总局根据国务院决定明确的取消出口退(免)税的货物[不包括来料加工复出口货物、中标机电产品、列名原材料、输入特殊区域的水电气、海洋工程结构物]。

2. 出口企业或其他单位销售给特殊区域内的生活消费用品和交通运输工具。

3. 出口企业或其他单位因骗取出口退税被税务机关停止办理增值税退(免)税期间出口的货物。

4. 出口企业或其他单位提供虚假备案单证的货物。

5. 出口企业或其他单位增值税退(免)税凭证有伪造或内容不实的货物。

6. 出口企业或其他单位未在国家税务总局规定期限内申报免税核销以及经主管税务机关审核不予免税核销的出口卷烟。

7. 出口企业或其他单位具有以下情形之一的出口货物劳务：

(1) 将空白的出口货物报关单、出口收汇核销单等退(免)税凭证交由除签有委托合同的货代公司、报关行，或由境外进口方指定的货代公司(提供合同约定或者其他相关证明)以外的其他单位或个人使用的。

(2) 以自营名义出口，其出口业务实质上是由本企业及其投资的企业以外的单位或个人借该出口企业名义操作完成的。

(3) 以自营名义出口，其出口的同一批货物既签订购货合同，又签订代理出口合同(或协议)的。

(4) 出口货物在海关验放后，自己或委托货代承运人对该笔货物的海运提单或其他运输单据等上的品名、规格等进行修改，造成出口货物报关单与海运提单或其他运输单据有关内容不符的。

(5) 以自营名义出口，但不承担出口货物的质量、收款或退税风险之一的，即出口货物发生质量问题不承担购买方的索赔责任(合同中有约定质量责任承担者除外)；不承担未按期收款导致不能核销的责任(合同中有约定收款责任承担者除外)；不承担因申报出口退(免)税的资料、单证等出现问题造成不退税责任的。

(6) 未实质参与出口经营活动、接受并从事由中间人介绍的其他出口业务，但仍以自营名义出口的。

(财政部 国家税务总局关于出口货物劳务增值税和消费税政策的通知，财税〔2012〕39号，发文日期：2012-05-25)

13.3.2 应纳增值税的计算

适用增值税征税政策的出口货物劳务，其应纳增值税按下列办法计算：

1. 一般纳税人出口货物。

$$销项税额 = \left(\begin{matrix}出口货物\\离岸价\end{matrix} - \begin{matrix}出口货物耗用的进料加工\\保税进口料件金额\end{matrix}\right) \div (1+适用税率) \times 适用税率$$

出口货物若已按征退税率之差计算不得免征和抵扣税额并已经转入成本的，相应的税额应转回进项税额。

(1) 出口货物耗用的进料加工保税进口料件金额＝主营业务成本×(投入的保税进口料件金额÷生产成本)

主营业务成本、生产成本均为不予退(免)税的进料加工出口货物的主营业务成本、生产成本。当耗用的保税进口料件金额大于不予退(免)税的进料加工出口货物金额时，耗用的保税进口料件金额为不予退(免)税的进料加工出口货物金额。

(2) 出口企业应分别核算内销货物和增值税征税的出口货物的生产成本、主营业务成本。未分别核算的，其相应的生产成本、主营业务成本由主管税务机关核定。

进料加工手册海关核销后，出口企业应对出口货物耗用的保税进口料件金额进行清算。清算公式为：

$$\text{清算耗用的保税进口料件总额}=\text{实际保税进口料件总额}-\text{退(免)税出口货物耗用的保税进口料件总额}-\text{进料加工副产品耗用的保税进口料件总额}$$

若耗用的保税进口料件总额与各纳税期扣减的保税进口料件金额之和存在差额时，应在清算的当期相应调整销项税额。当耗用的保税进口料件总额大于出口货物离岸金额时，其差额部分不得扣减其他出口货物金额。

2. 小规模纳税人出口货物。

$$\text{应纳税额}=\text{出口货物离岸价}\div(1+\text{征收率})\times\text{征收率}$$

(财政部　国家税务总局关于出口货物劳务增值税和消费税政策的通知，财税〔2012〕39号，发文日期：2012-05-25)

13.4　退(免)税、免税与征税方法之间转换

13.4.1　退(免)税改免税

13.4.1.1　未在规定期限内申报或收齐单证的退(免)税改为免税

出口企业或其他单位未按规定申报或未补齐增值税退(免)税凭证的出口货物劳务，是指：

(1) 未在国家税务总局规定的期限内申报增值税退(免)税的出口货物劳务。

(2) 未在规定期限内申报开具《代理出口货物证明》的出口货物劳务。

(3) 已申报增值税退(免)税，却未在国家税务总局规定的期限内向税务机关补齐增值税退(免)税凭证的出口货物劳务。

(财政部　国家税务总局关于出口货物劳务增值税和消费税政策的通知，财税〔2012〕39号，发文日期：2012-05-25)

13.4.1.2　未备案单证退(免)税改为免税

出口企业或其他单位未按规定进行单证备案(因出口货物的成交方式特性，企业没有有关备案单证的情况除外)的出口货物，不得申报退(免)税，适用免税政策。已申报退(免)税

的，应用负数申报冲减原申报。

（国家税务总局关于《出口货物劳务增值税和消费税管理办法》有关问题的公告，国家税务总局公告2013年第12号，发文日期：2013-03-13）

13.4.1.3 不符合退(免)税条件改免税

主管税务机关已受理出口企业或其他单位的退（免）税申报，但在免税申报期限之后审核发现按规定不予退（免）税的出口货物，若符合免税条件，企业可在主管税务机关审核不予退（免）税的次月申报免税。

（国家税务总局关于《出口货物劳务增值税和消费税管理办法》有关问题的公告，国家税务总局公告2013年第12号，发文日期：2013-03-13）

13.4.1.4 申请延期不予批准导致退(免)税改为免税

出口企业或其他单位按照《国家税务总局关于〈出口货物劳务增值税和消费税管理办法〉有关问题的公告》（国家税务总局公告2013年第12号）第二条第（十八）项规定申请延期申报退（免）税的，如省级税务机关在免税申报截止之日后批复不予延期，若该出口货物符合其他免税条件，出口企业或其他单位应在批复的次月申报免税。次月未申报免税的，适用增值税征税政策。

（国家税务总局关于出口货物劳务增值税和消费税有关问题的公告，国家税务总局公告2013年第65号，发文日期：2013-11-13）

13.4.1.5 放弃退(免)税

一、出口企业或其他单位可以放弃全部适用退（免）税政策出口货物劳务的退（免）税，并选择适用增值税免税政策或征税政策。放弃适用退（免）税政策的出口企业或其他单位，应向主管税务机关报送《出口货物劳务放弃退（免）税声明》，办理备案手续。自备案次日起36个月内，其出口的适用增值税退（免）税政策的出口货物劳务，适用增值税免税政策或征税政策。

（国家税务总局关于出口货物劳务增值税和消费税有关问题的公告，国家税务总局公告2013年第65号，发文日期：2013-11-13）

二、境内的单位和个人销售适用增值税零税率的服务或无形资产的，可以放弃适用增值税零税率，选择免税或按规定缴纳增值税。放弃适用增值税零税率后，36个月内不得再申请适用增值税零税率。

（财政部 国家税务总局关于全面推开营业税改征增值税试点的通知，财税〔2016〕36号，发文日期：2016-03-23）

三、自2020年3月1日起，已放弃适用出口退（免）税政策未满36个月的纳税人，在出口货物劳务的增值税税率或出口退税率发生变化后，可以向主管税务机关声明，对其自发生变化之日起的全部出口货物劳务，恢复适用出口退（免）税政策。

出口货物劳务的增值税税率或出口退税率在本公告施行之日前发生变化的，已放弃适用出口退（免）税政策的纳税人，无论是否已恢复退（免）税，均可以向主管税务机关声明，对其自2019年4月1日起的全部出口货物劳务，恢复适用出口退（免）税政策。

符合上述规定的纳税人，可在增值税税率或出口退税率发生变化之日起[自2019年4月1日起恢复适用出口退（免）税政策的，自本公告施行之日起]的任意增值税纳税申报期内，按照现行规定申报出口退（免）税，同时一并提交《恢复适用出口退（免）税政策声明》。

(国家税务总局关于支持个体工商户复工复业等税收征收管理事项的公告,国家税务总局公告2020年第5号,发文日期:2020-02-29)

热点问题1

我公司在2018年3月放弃适用出口退(免)税政策,到现在还不满36个月。2018年、2019年,国家多次调整了税率和退税率。请问,我公司现在可以恢复适用出口退(免)税政策吗?

答:《国家税务总局关于支持个体工商户复工复业等税收征收管理事项的公告》(国家税务总局公告2020年第5号)第六条规定,出口货物劳务的增值税税率或出口退税率在2020年3月1日前发生变化的,已放弃适用出口退(免)税政策的纳税人,无论是否已恢复退(免)税,均可以向主管税务机关声明,对其自2019年4月1日起的全部出口货物劳务,恢复适用出口退(免)税政策。

因此,你公司自2019年4月1日起出口的全部货物劳务,可以恢复适用出口退(免)税政策。在此之前发生的出口货物劳务,不能恢复适用出口退(免)税政策。

热点问题2

我公司是一家出口企业,2018年3月放弃适用出口退(免)税政策。近日,我公司注意到国家税务总局发布了2020年第5号公告,允许放弃适用出口退(免)税政策的企业恢复适用出口退(免)税政策。2018年11月国家曾经调整过出口退税率。我公司能否根据5号公告规定,声明恢复适用出口退(免)税政策,并对自2018年11月起出口的货物劳务申报出口退(免)税?

答:《国家税务总局关于支持个体工商户复工复业等税收征收管理事项的公告》(国家税务总局公告2020年第5号)第六条规定,出口货物劳务的增值税税率或出口退税率在2020年3月1日前发生变化的,已放弃适用出口退(免)税政策的纳税人,无论是否已恢复退(免)税,均可以向主管税务机关声明,对其自2019年4月1日起的全部出口货物劳务,恢复适用出口退(免)税政策。

因此,你公司可以提交声明恢复适用出口退(免)税政策,但仅能对自2019年4月1日起出口的货物劳务申报出口退(免)税,2018年3月1日至2019年3月31日出口的货物劳务不能适用出口退(免)税政策。

热点问题3

我公司是一家出口企业,2017年12月放弃适用出口退(免)税政策。按照国家税务总局2020年第5号公告的规定,我公司可声明自2019年4月1日起恢复适用出口退(免)税政策。请问,我公司应当如何办理声明手续?何时可以申报出口退(免)税?

答:按照《国家税务总局关于支持个体工商户复工复业等税收征收管理事项的公告》(国家税务总局公告2020年第5号)第六条的规定,自2019年4月1日起恢复适用出口退(免)税政策的,可以自2020年3月起的任意增值税纳税申报期内,按照现行规定申报出口退(免)税,同时一并提交《恢复适用出口退(免)税政策声明》。

按照上述规定，你公司无需单独办理声明手续，在申报出口退(免)税时一并提交《恢复适用出口退(免)税政策声明》即可。自2020年3月1日起的任意增值税纳税申报期内，你公司均可以向主管税务机关申报出口退(免)税。

13.4.2 免税改征税

13.4.2.1 未按期申报免税改征税

出口企业或其他单位出口货物劳务适用免税政策的，除特殊区域内企业出口的特殊区域内货物、出口企业或其他单位视同出口的免征增值税的货物劳务外，如果未按规定申报免税，应视同内销货物和加工修理修配劳务征收增值税、消费税。

(财政部 国家税务总局关于出口货物劳务增值税和消费税政策的通知，财税〔2012〕39号，发文日期：2012-05-25)

13.4.2.2 放弃免税

适用增值税免税政策的出口货物劳务，出口企业或其他单位如果放弃免税，实行按内销货物征税的，应向主管税务机关提出书面报告，一旦放弃免税，36个月内不得更改。

出口企业或其他单位放弃免税的，应向主管税务机关报送《出口货物劳务放弃免税权声明表》，办理备案手续。自备案次月起执行征税政策，36个月内不得变更。

(国家税务总局关于发布《出口货物劳务增值税和消费税管理办法》的公告，国家税务总局公告2012年第24号，发文日期：2012-06-14；国家税务总局关于《出口货物劳务增值税和消费税管理办法》有关问题的公告，国家税务总局公告2013年第12号，发文日期：2013-03-13)

13.5 防疫期间退(免)税业务的办理方式及未能按时办理的处理方式

一、疫情防控期间，纳税人通过电子税务局或者标准版国际贸易“单一窗口”出口退税平台等(以下简称“网上”)提交电子数据后，即可申请办理出口退(免)税备案、备案变更和相关证明。税务机关受理上述退(免)税事项申请后，经核对电子数据无误的，即可办理备案、备案变更或者开具相关证明，并通过网上反馈方式及时将办理结果告知纳税人。纳税人需开具纸质证明的，税务机关可采取邮寄方式送达。确需到办税服务厅现场结清退(免)税款或者补缴税款的备案和证明事项，可通过预约办税等方式，分时分批前往税务机关办理。

二、疫情防控期间，纳税人的所有出口货物劳务、跨境应税行为，均可通过网上提交电子数据的方式申报出口退(免)税。税务机关受理申报后，经审核不存在涉嫌骗取出口退税等疑点的，即可办理出口退(免)税，并通过网上反馈方式及时将办理结果告知纳税人。

三、因疫情影响，纳税人未能在规定期限内申请开具相关证明或者申报出口退(免)税的，待收齐退(免)税凭证及相关电子信息后，即可向主管税务机关申请开具相关证明，或者申报办理退(免)税。

因疫情影响，纳税人无法在规定期限内收汇或办理不能收汇手续的，待收汇或办理不能收汇手续后，即可向主管税务机关申报办理退(免)税。

四、疫情防控结束后，纳税人应按照现行规定，向主管税务机关补报出口退(免)税应报送的纸质申报表、表单及相关资料。税务机关对补报的各项资料进行复核。

（国家税务总局关于支持新型冠状病毒感染的肺炎疫情防控有关税收征收管理事项的公告，国家税务总局公告2020年第4号，发文日期：2020-02-10）

附录1 习题答案

重点难点即时练答案

重点难点即时练1：1. BD　2. ABD　3. A　4. ABC　5. √　6. ×

重点难点即时练2：1. ABCD　2. ABD　3. AB　4. ACD　5. ABCD

重点难点即时练3：1. D　2. BD　3. BCD　4. AB

重点难点即时练4：1. BC　2. C　3. C

重点难点即时练5：1. ABCD　2. A　3. ABCD　4. ABCD　5. ABC　6. ABD

重点难点即时练6：1. A　2. BC　3. AB　4. D　5. B

重点难点即时练7：1. A　2. A　3. BD

重点难点即时练8：1. B　2. B　3. ABCD

重点难点即时练9：1. ACD　2. AB　3. A　4. A　5. C　6. A　7. D

重点难点即时练10：1. ABCD　2. ABC　3. BC　4. AB

重点难点即时练11：1. AB　2. C　3. C　4. C　5. CD

重点难点即时练12：1. ACD　2. A

重点难点即时练13：1. ABD　2. A　3. AD　4. ACD

重点难点即时练14：1. ABC　2. CD　3. C　4. ABCD　5. B　6. AB　7. D　8. AC　9. ABCD　10. B　11. C　12. BC

重点难点即时练15：1. B　2. D　3. B

重点难点即时练16：

1. 货物销售额＝800 000＋(1 016 359－5 800)÷(1＋13%)＝1 694 300(元)

生活服务销售额＝(72 020＋32 000＋13 250)÷(1＋6%)＝110 632(元)

销项税额＝1 694 300×13%＋110 632×6%＝226 896.92(元)

进项税额＝8 000×3%＋840 000×(1＋25%)÷(1－15%)×13%＋215 320＋1 350－4 800×13%＝376 874.24(元)

应纳增值税＝226 896.92－376 874.24＝－149 977.32(元)

答:该商场销售环节5月增值税进项留抵149 977.32元。

2. (1)甲企业:进口设备应纳进口环节增值税＝1 000 000×(1＋15%)×13%＝149 500(元)

销项税额＝(1 200 000÷3＋50×600)×13%＝55 900(元)

进项税额＝560 000×13%＋149 500＝222 300(元)

甲企业应向税务机关缴纳增值税＝55 900－222 300＝－166 400(元)

(2) 乙企业:销项税额＝46 700×13%＋12 000×30%×(1＋10%)×13%

＝6 585.8(元)

进项税额=12 000×13%=1 560(元)

乙企业应纳增值税=6 585.8-1 560=5 025.8(元)

(3) 丙企业:销项税额=[754 000÷(1+13%)+55×300]×13%=88 888.36(元)

进项税额=50×600×13%+87 340+837=92 077(元)

进项税转出=50×100×13%=650(元)

丙企业应纳增值税=88 888.36-(92 077-650)=-2 538.64(元)

答:甲企业本月在进口环节应纳增值税 149 500 元、销售环节增值税进项留抵 166 400 元;乙企业本月应纳增值税 5 025.8 元;丙企业本月增值税进项留抵 2 538.64 元。

解题说明:(1)采取托收承付收款方式销售货物,纳税义务发生时间为发出货物并办妥托收手续的当天,所以乙企业的纳税义务已经发生。(2)采取分期收款方式销售货物,纳税义务发生时间为按合同约定的收款日期的当天,所以丙企业分期收款方式发出商品当月的应税销售额为 40 万元。(3)甲企业销售小家电纳税义务已经发生,丙企业购入的小家电也取得了扣税凭证,进项税额可以抵扣。(4)丙企业采用"买一赠一"方式促销,赠送的 300 件小家电应视同销售,缴纳增值税,分给女职工作为节日礼物的 100 件小家电,属于将外购的货物用于集体福利或个人消费,进项税额不得抵扣。(5)甲企业进口的设备应缴纳进口增值税,同时取得的海关进口增值税专用缴款书上注明的增值税额可以作为进项税额扣除。(6)乙企业将外购货物的 30%用于投资应视同销售,缴纳增值税。

3. 进口增值税=60 000×(1+20%)×13%=9 360(元)

增值税进项税额=67 990+8 450+5 200+800 000×10%+9 360=171 000(元)

进项税额转出=2 000×13%+30 000÷(1-10%)×10%=3 593.33(元)

增值税销项税额=4 680×13%+300÷(1+13%)×13%+200 000×(1+10%)×13%+100 000×13%+2 000÷(1+13%)×13%+(500 000-50 000)×13%+130 000×13%+1 000÷(1+13%)×13%=117 988.05(元)

按适用税率征税货物当期应纳增值税额=117 988.05-(171 000-3 593.33)
=-49 418.62(元)

销售固定资产应纳增值税=220 480÷(1+3%)×2%=4 281.17(元)

答:纳税人当月应纳进口增值税 9 360 元,应向税务机关缴纳增值税 4 281.17 元,同时进项留抵 49 418.62 元。

重点难点即时练 17: 1. B 2. BCD 3. ABD 4. C 5. AD 6. A 7. B 8. D

重点难点即时练 18: 1. B 2. CD 3. D 4. C 5. B 6. AC

重点难点即时练 19: 1. B 2. C 3. D 4. A 5. B

重点难点即时练 20:

1. 关税完税价格=(500+2+3)×8=4 040(万元)

应纳增值税=4 040×(1+110%)÷(1-5%)×13%=1 160.97(万元)

答:该批进口货物应缴纳的进口增值税为 1 160.97 万元。

2. 组成计税价格=25+4.8=29.8(万元)

应纳税额=29.8×13%=3.874(万元)

答:该进口公司应纳的进口增值税为 3.874 万元。

3. 应纳进口增值税税额＝(50 000＋20 000)×13%＋(100 000＋40 000)×13%

＝9 100＋18 200＝27 300(元)

内销产品应缴纳的增值税＝150 000×13%－27 300＝－7 800(元)

答:该企业当月应在海关缴纳进口增值税 27 300 元,内销环节的增值税进项留抵为 7 800 元。

重点难点即时练 21: 1. C 2. B 3. D 4. D 5. A 6. B 7. C 8. C 9. AB 10. ACD 11. ABCD

重点难点即时练 22: 1. C 2. A 3. BC 4. CD 5. ABCD

重点难点即时练 23: 1. ABD 2. ABCD 3. ACD 4. ABCD 5. CD

重点难点即时练 24: 1. ABCD 2. ABC 3. ABC 4. B 5. ABC

附录 2　建筑业增值税政策一览表

<table>
<tr><th>政策类型</th><th>项目</th><th>税率或征收率</th><th>备注说明</th><th>实际计税方法</th><th>预征税款地、基数及预征率</th><th>备注说明</th></tr>
<tr><td rowspan="3">一般纳税人可简易计税的建筑项目</td><td>1. 一般纳税人以清包工方式提供的建筑服务</td><td>10%/3%</td><td>以清包工方式提供建筑服务，是指施工方不采购建筑工程所需的材料或只采购辅助材料，并收取人工费、管理费或者其他费用的建筑服务。</td><td rowspan="2">一般计税方法</td><td rowspan="2">一般纳税人跨县(市)提供建筑服务，应以取得的全部价款和价外费用扣除支付的分包款后的余额，按照2%的预征率在建筑服务发生地主管税务机关预缴税款后，向机构所在地主管税务机关进行纳税申报。不跨县(市)建筑服务，不需预缴税款。</td><td rowspan="2">应纳税款＝销项税额－进项税额
销项税额＝取得的全部价款和价外费用÷(1＋10%)×10%
预缴税额＝(取得的全部价款和价外费用－分包款)÷(1＋10%)×2%
应纳税额≠预缴税额</td></tr>
<tr><td>2. 一般纳税人为甲供工程提供的建筑服务</td><td>10%/3%</td><td>甲供工程，是指全部或部分设备、材料、动力由工程发包方自行采购的建筑工程。</td></tr>
<tr><td>3. 一般纳税人为建筑工程老项目提供的建筑服务</td><td>10%/3%</td><td>建筑工程老项目，是指：(1)《建筑工程施工许可证》注明的合同开工日期在2016年4月30日前的建筑工程项目；《建筑工程施工许可证》未注明合同开工日期，但建筑工程承包合同注明的开工日期在2016年4月30日前的建筑工程项目；(2)未取得《建筑工程施工许可证》的，建筑工程承包合同注明的开工日期在2016年4月30日前的建筑工程项目。</td><td>简易计税方法</td><td>一般纳税人跨县(市)提供建筑服务，应以取得的全部价款和价外费用扣除支付的分包款后的余额为销售额，按照3%的征收率计算应纳税额，在建筑服务发生地主管税务机关预缴税款后，向机构所在地主管税务机关进行纳税申报。不跨县(市)建筑服务，不需预缴税款。</td><td>应纳税款＝(取得的全部价款和价外费用－分包款)÷(1＋3%)×3%
预缴税额＝(取得的全部价款和价外费用－分包款)÷(1＋3%)×3%
应纳税额＝预缴税额</td></tr>
<tr><td>一般纳税人一般计税方法项目</td><td>一般纳税人为包工包料新项目提供建筑服务</td><td>10%</td><td>无特殊政策，只是涉及在建筑劳务发生地预缴税款。</td><td>一般计税方法</td><td>一般纳税人跨县(市)提供建筑服务，应以取得的全部价款和价外费用扣除支付的分包款后的余额，按照2%的预征率在建筑服务发生地主管税务机关预缴税款后，向机构所在地主管税务机关进行纳税申报。不跨县(市)建筑服务，不需预缴税款。</td><td>销项税额＝取得的全部价款和价外费用÷(1＋10%)×10%
预缴税额＝(取得的全部价款和价外费用－分包款)÷(1＋10%)×2%
应纳税额≠预缴税额</td></tr>
</table>

（续表）

政策类型	项目	税率或征收率	备注说明	实际计税方法	预征税款地、基数及预征率	备注说明
小规模纳税人经营项目	小规模纳税人提供建筑服务	3%	可按差额销售额计税。	简易计税方法	小规模纳税人跨县（市）提供建筑服务，应以取得的全部价款和价外费用扣除支付的分包款后的余额为销售额，按照3%的征收率计算应纳税额，在建筑服务发生地主管税务机关预缴税款后，向机构所在地主管税务机关进行纳税申报。不跨县（市）建筑服务，不需预缴税款。	应纳税款＝（取得的全部价款和价外费用－分包款）÷（1＋3%）×3% 应纳税额＝预缴税额 可向建筑服务发生地主管国税机关按照其取得的全部价款和价外费用申请代开增值税发票。
可差额销售额项目	试点纳税人提供建筑服务适用简易计税方法的，以取得的全部价款和价外费用扣除支付的分包款后的余额为销售额。			销售额＝全部价款和价外费用－分包款		一般纳税人采用简易计税方法和小规模纳税人均可按差额征税。

注：① 一般纳税人跨省（自治区、直辖市或者计划单列市）提供建筑服务，在机构所在地申报纳税时，计算的应纳税额小于已预缴税额，且差额较大的，由国家税务总局通知建筑服务发生地或者不动产所在地省级税务机关，在一定时期内暂停预缴增值税。

② 纳税人按照上述规定从取得的全部价款和价外费用中扣除支付的分包款，应当取得符合法律、行政法规和国家税务总局规定的合法有效凭证，否则不得扣除。上述凭证是指：（一）从分包方取得的2016年4月30日前开具的建筑业营业税发票。上述建筑业营业税发票在2016年6月30日前可作为预缴税款的扣除凭证。（二）从分包方取得的2016年5月1日后开具的，备注栏注明建筑服务发生地所在县（市、区）、项目名称的增值税发票。（三）国家税务总局规定的其他凭证。

附录 3　房地产开发企业增值税政策一览表

政策类型	项目	税率或征收率	实际计税方法	计税方法	备注说明
一般纳税人可简易计税项目	房地产开发企业中的一般纳税人销售自行开发的房地产老项目,可以选择适用简易计税方法	10%	一般计税方法	应以取得的全部价款和价外费用,按照3%的预征率计算预缴税款,在不动产所在地预缴后,向机构所在地主管税务机关进行纳税申报。 应以取得的全部价款和价外费用为销售额计算应纳税额。	房地产老项目,是指: (一)《建筑工程施工许可证》注明的合同开工日期在2016年4月30日前的房地产项目; (二)《建筑工程施工许可证》未注明合同开工日期或者未取得《建筑工程施工许可证》但建筑工程承包合同注明的开工日期在2016年4月30日前的建筑工程项目。 销项税额=(全部价款和价外费用－向政府部门支付的土地价款)÷(1+10%)×10% 预缴税额=预收款÷(1+10%)×3% 应纳税额≠预缴税额
		5%	简易方法	应纳税额=全部价款和价外费用÷(1+5%)×5%	一经选择简易计税方法计税的,36个月内不得变更为一般计税方法计税。
一般纳税人一般计税项目	一般纳税人销售自行开发房地产新项目	10%	一般方法	销项税额=(全部价款和价外费用－向政府部门支付的土地价款)÷(1+10%)×10%	可按差额销售额计税。
小规模纳税人	小规模纳税人销售自行开发的房地产项目	5%	简易方法	应纳税额=全部价款和价外费用÷(1+5%)×5%	小规模纳税人销售房地产项目征收率为5%。
差额销售额项目	房地产开发企业中的一般纳税人采用一般计税方法销售其开发的房地产项目	销售额=全部价款和价外费用－土地价款		当期允许扣除的土地价款=(当期销售房地产项目建筑面积÷房地产项目可供销售建筑面积)×支付的土地价款支付的土地价款、拆迁补偿费。	

注:房地产开发企业采取预收款方式销售所开发的房地产项目,在收到预收款时按照3%的预征率预缴增值税。一般计税方法收到预收款时应预缴税款=预收款÷(1+10%)×3%;简易计税方法收到预收款时应预缴税款=预收款÷(1+5%)×3%。

附录4　其他企业销售不动产、固定资产增值税政策一览表

<table>
<tr><th>政策类型</th><th>项目</th><th>税率或征收率</th><th>实际计税方法</th><th>应纳税额的计算</th><th>预征税款地、基数及预征率</th><th>备注说明</th></tr>
<tr><td>差额销售额</td><td colspan="4">试点纳税人销售其取得的不动产（不含自建）适用简易计税方法的</td><td>以取得的全部价款和价外费用扣除该项不动产购置原价或者取得不动产时的作价的余额为销售额。</td><td>一般纳税人和小规模纳税人采用简易计税方法均可扣除。</td></tr>
<tr><td rowspan="5">一般纳税人可选择简易计税方法项目</td><td rowspan="2">1. 一般纳税人销售其2016年4月30日前取得（不含自建）的不动产</td><td rowspan="2">10%/5%</td><td>简易计税方法</td><td>以取得的全部价款和价外费用减去该项不动产购置原价或者取得不动产时的作价后的余额为销售额，按照5%的征收率计算应纳税额。</td><td>以取得的全部价款和价外费用减去该项不动产购置原价或者取得不动产时的作价后的余额为销售额，按照5%的预征率向不动产所在地主管税务机关预缴税款，向机构所在地主管税务机关申报纳税。</td><td>应纳税额=（全部价款和价外费用－该项不动产购置原价或者取得不动产时的作价）÷（1+5%）×5%
应纳税额=预缴税额</td></tr>
<tr><td>一般计税方法</td><td>以取得的全部价款和价外费用为销售额计算应纳税额。</td><td>以取得的全部价款和价外费用减去该项不动产购置原价或者取得不动产时的作价后的余额，按照5%的预征率向不动产所在地主管税务机关预缴税款，向机构所在地主管税务机关申报纳税。
以取得的全部价款和价外费用为销售额计算应纳税额。</td><td>销项税额=全部价款和价外费用÷（1+10%）×10%
预缴税额=（全部价款和价外费用－该项不动产购置原价或者取得不动产时的作价）÷（1+5%）×5%
应纳税额≠预缴税额</td></tr>
<tr><td rowspan="2">2. 一般纳税人销售其2016年4月30日前自建的不动产</td><td rowspan="2">10%/5%</td><td>简易计税方法</td><td>以取得的全部价款和价外费用为销售额，按照5%的征收率计算应纳税额。</td><td>以取得的全部价款和价外费用为销售额，按照5%的预征率向不动产所在地主管税务机关预缴税款，向机构所在地主管税务机关申报纳税。</td><td>应纳税额=全部价款和价外费用÷（1+5%）×5%
应纳税额=预缴税额</td></tr>
<tr><td>一般计税方法</td><td>应以取得的全部价款和价外费用为销售额计算应纳税额。</td><td>以取得的全部价款和价外费用，按照5%的预征率向不动产所在地主管税务机关预缴税款，向机构所在地主管税务机关申报纳税。
以取得的全部价款和价外费用为销售额计算应纳税额。</td><td>销项税额=全部价款和价外费用÷（1+10%）×10%
预缴税额=全部价款和价外费用÷（1+5%）×5%
应纳税额≠预缴税额</td></tr>
<tr><td></td><td colspan="4">3. 一般纳税人销售自己使用过的营改增试点之日前取得的固定资产</td><td colspan="2">按照现行旧货相关增值税政策执行
应纳税额=含税销售额÷（1+3%）×2%</td></tr>
</table>

（续表）

政策类型	项目	税率或征收率	实际计税方法	应纳税额的计算	预征税款地、基数及预征率	备注说明
小规模纳税人	1. 小规模纳税人销售其取得（不含自建）的不动产（不含个体工商户销售购买的住房和其他个人销售不动产）	5%	简易计税方法	应以取得的全部价款和价外费用减去该项不动产购置原价或者取得不动产时的作价后的余额为销售额，按照5%的征收率计算应纳税额。	以取得的全部价款和价外费用减去该项不动产购置原价或者取得不动产时的作价后的余额为销售额，按照5%的预征率向不动产所在地主管税务机关预缴税款，向机构所在地主管税务机关申报纳税。	应纳税额＝（全部价款和价外费用－该项不动产购置原价或者取得不动产时的作价）÷（1＋5%）×5% 应纳税额＝预缴税额 可向不动产所在地主管地税机关申请代开增值税专用发票。
	2. 小规模纳税人销售其自建的不动产	5%	简易计税方法	应以取得的全部价款和价外费用为销售额，按照5%的征收率计算应纳税额。	以取得的全部价款和价外费用为销售额，按照5%的预征率向不动产所在地主管税务机关预缴税款，向机构所在地主管税务机关申报纳税。	应纳税额＝全部价款和价外费用÷（1＋5%）×5% 应纳税额＝预缴税额 可向不动产所在地主管地税机关申请代开专用发票
一般纳税人一般计税项目	1. 一般纳税人销售其2016年5月1日后取得（不含自建）的不动产	10%	一般计税方法	以取得的全部价款和价外费用为销售额计算应纳税额。	以取得的全部价款和价外费用减去该项不动产购置原价或者取得不动产时的作价后的余额，按照5%的预征率向不动产所在地主管税务机关预缴税款，向机构所在地主管税务机关申报纳税。	销项税额＝全部价款和价外费用÷（1＋10%）×10% 预缴税额＝（全部价款和价外费用－该项不动产购置原价或者取得不动产时的作价）÷（1＋5%）×5% 应纳税额≠预缴税额
	2. 一般纳税人销售2016年5月1日后自建的不动产	10%	一般计税方法	以取得的全部价款和价外费用为销售额计算应纳税额。	以取得的全部价款和价外费用，按照5%的预征率向不动产所在地主管税务机关预缴税款，向机构所在地主管税务机关申报纳税。	销项税额＝全部价款和价外费用÷（1＋10%）×10% 预缴税额＝全部价款和价外费用÷（1＋5%）×5% 应纳税额≠预缴税额

注：① 一般纳税人销售不动产，无论不动产所在地与其机构所在地是否跨县（市），均需在不动产所在地主管税务机关预缴增值税。

② 一般纳税人跨省（自治区、直辖市或者计划单列市）销售取得的与机构所在地不在同一省（自治区、直辖市或者计划单列市）的不动产，在机构所在地申报纳税时，计算的应纳税额小于已预缴税额，且差额较大的，由国家税务总局通知建筑服务发生地或者不动产所在地省级税务机关，在一定时期内暂停预缴增值税。

③ 纳税人按规定从取得的全部价款和价外费用中扣除不动产购置原价或者取得不动产时的作价的，应当取得符合法律、行政法规和国家税务总局规定的合法有效凭证。否则，不得扣除。上述凭证是指：(一)税务部门监制的发票。(二)法院判决书、裁定书、调解书，以及仲裁裁决书、公证债权文书。(三)国家税务总局规定的其他凭证。

附录5　差额销售额项目一览表

差额项目	销售额规定	销售额公式	备注说明
经纪代理服务	以取得的全部价款和价外费用，扣除向委托方收取并代为支付的政府性基金或者行政事业性收费后的余额为销售额。	销售额＝全部价款和价外费用－代收的政府性基金或者行政事业性收费	向委托方收取的政府性基金或者行政事业性收费，不得开具专用发票。
提供签证代理服务	以取得的全部价款和价外费用，扣除向服务接受方收取并代为支付给外交部和外国驻华使（领）馆的签证费、认证费后的余额为销售额。	销售额＝全部价款和价外费用－签证费、认证费	签证费、认证费，不得开具专用发票。
境外单位通过教育部考试中心及其直属单位在境内开展考试	教育部考试中心及其直属单位应以取得的考试费收入扣除支付给境外单位考试费后的余额为销售额，按提供“教育辅助服务”缴纳增值税。	销售额＝考试费收入－支付给境外单位考试费	教育部考试中心及其直属单位代为收取并支付给境外单位的考试费，不得开具增值税专用发票，可以开具增值税普通发票。
提供境外航段机票代理服务	以取得的全部价款和价外费用，扣除向客户收取并支付给其他单位或者个人的境外航段机票结算款和相关费用后的余额为销售额。	销售额＝全部价款和价外费用－支付给其他单位或者个人的境外航段机票结算款和相关费用。	支付给境内单位或者个人的款项，以发票或行程单为合法有效凭证；支付给境外单位或者个人的款项，以签收单据为合法有效凭证。
提供境内机票代理服务	以取得的全部价款和价外费用，扣除向客户收取并支付给航空运输企业或其他航空运输销售代理企业的境内机票净结算款和相关费用后的余额为销售额。	销售额＝全部价款和价外费用－支付给航空运输企业或其他航空运输销售代理企业的境内机票净结算款和相关费用	支付给航空运输企业的款项，以国际航空运输协会（IATA）开账与结算计划（BSP）对账单或航空运输企业的签收单据为合法有效凭证；支付给其他航空运输销售代理企业的款项，以代理企业间的签收单据为合法有效凭证。航空运输销售代理企业就取得的全部价款和价外费用，向购买方开具行程单，或开具增值税普通发票。
金融商品转让	按照卖出价扣除买入价后的余额为销售额。	销售额＝卖出价－买入价	转让金融商品出现的正负差，按盈亏相抵后的余额为销售额。但负差不能跨年结转。不得开具专用发票。
经批准试点纳税人提供融资租赁服务	以取得的全部价款和价外费用，扣除支付的借款利息（包括外汇借款和人民币借款利息）、发行债券利息和车辆购置税后的余额为销售额。	销售额＝全部价款和价外费用－借款利息（包括外汇借款和人民币借款利息）、发行债券利息－车辆购置税	适用范围： ① 经人民银行、银监会或者商务部批准或备案的纳税人。 ② 经商务部授权的省级商务主管部门和国家经济技术开发区批准或备案的纳税人，2016年5月1日后实收资本达到1.7亿元的。
经批准试点纳税人提供融资性售后回租业务	以取得的全部价款和价外费用（不含本金），扣除对外支付的借款利息（包括外汇借款和人民币借款利息）、发行债券利息后的余额作为销售额。	销售额＝全部价款和价外费用（不含本金）－借款利息（包括外汇借款和人民币借款利息）、发行债券利息	

（续表）

差额项目	销售额规定	销售额公式	备注说明
航空运输企业	销售额不包括代收的机场建设费和代售其他航空运输企业客票而代收转付的价款。		
代理进口按规定免征进口增值税的货物	其销售额不包括向委托方收取并代为支付的货款。		向委托方收取并代为支付的款项，不得开具专用发票。
试点纳税人中的一般纳税人提供客运场站服务	以其取得的全部价款和价外费用，扣除支付给承运方运费后的余额为销售额。	销售额=全部价款和价外费用－支付承运方运费	一般纳税人才可扣除。从承运方取得的增值税专用发票不得抵扣进项税额。
试点纳税人提供旅游服务	以取得的全部价款和价外费用，扣除向旅游服务购买方收取并支付给其他单位或者个人的住宿费、餐饮费、交通费、签证费、门票费和支付给其他接团旅游企业的旅游费用后的余额为销售额。	销售额=全部价款和价外费用－住宿费、餐饮费、交通费、签证费、门票费和支付给其他接团旅游企业的旅游费用	选择差额销售额计算销售额的试点纳税人，向旅游服务购买方收取并支付的上述费用，不得开具增值税专用发票，可以开具普通发票。
房地产开发企业中的一般纳税人采用一般计税方法销售其开发的房地产项目	以取得的全部价款和价外费用，扣除受让土地时向政府部门支付的土地价款、拆迁补偿费后的余额为销售额。	销售额=全部价款和价外费用－受让土地向政府部门支付的土地价款、拆迁补偿费	一般纳税人采用一般计税方法才可扣除。可全额开具专用发票。
纳税人转让2016年4月30日前取得的土地使用权	可以选择适用简易计税方法，以取得的全部价款和价外费用减去取得该土地使用权的原价后的余额为销售额，按照5%的征收率计算缴纳增值税。	销售额=全部价款和价外费用－取得该土地使用权的原价	
试点纳税人提供建筑服务适用简易计税方法的	以取得的全部价款和价外费用扣除支付的分包款后的余额为销售额。	销售额=全部价款和价外费用－分包款	一般纳税人和小规模纳税人采用简易计税方法均可扣除。可全额开具专用发票。
试点纳税人销售取得（不含自建）的不动产采用简易计税方法的	以取得的全部价款和价外费用扣除该项不动产购置原价或者取得不动产时的作价后的余额为销售额。	销售额=全部价款和价外费用－该项不动产购置原价或者取得不动产时的作价	一般纳税人和小规模纳税人采用简易计税方法均可扣除。
提供劳务派遣服务（纳税人提供安全保护服务，比照劳务派遣服务政策执行）	一般纳税人提供劳务派遣服务，可以选择差额纳税，以取得的全部价款和价外费用，扣除代用工单位支付给劳务派遣员工的工资、福利和为其办理社会保险及住房公积金后的余额为销售额，按照简易计税方法依5%的征收率计算缴纳增值税。小规模纳税人提供劳务派遣服务，可以选择差额纳税，以取得的全部价款和价外费用，扣除代用工单位支付给劳务派遣员工的工资、福利和为其办理社会保险及住房公积金后的余额为销售额，按照简易计税方法依5%的征收率计算缴纳增值税。	销售额=全部价款和价外费用－代用工单位支付给劳务派遣员工的工资、福利和为其办理社会保险及住房公积金	一般纳税人和小规模纳税人均可选择全额征税政策或差额征税政策。代用工单位支付给劳务派遣员工的工资、福利和代为缴纳的五险一金不得开具专用发票。

（续表）

差额项目	销售额规定	销售额公式	备注说明
人力资源外包服务	纳税人提供人力资源外包服务，按照经纪代理服务缴纳增值税，其销售额不包括受客户单位委托代为向客户单位员工发放的工资和代理缴纳的社会保险、住房公积金。		
提供物业管理服务	向服务接受方收取的自来水水费，以扣除其对外支付的自来水水费后的余额为销售额，按照简易计税方法依3%的征收率计算缴纳增值税。	销售额＝收取的自来水水费－对外支付的自来水水费	仅销售自来水一项业务可以采用简易计税方法且差额征税政策。

附录6 一般纳税人可采用简易计税方法项目一览表

税目	项目	应纳税额计算方法	备注说明
	砂、土、石料、砖、瓦、石灰(不含黏土实心砖、瓦)、商品混凝土、自来水等	按照3%的征收率计税。	
	提供物业管理服务的纳税人销售自来水	按照3%的征收率计税。	以向服务接受方收取的自来水水费,扣除其对外支付的自来水水费后的余额为销售额。
	公共交通运输服务	按照3%的征收率计税。	包括轮客渡、公交客运、地铁、城市轻轨、出租车、长途客运、班车。
	仓储服务、装卸搬运服务、收派服务	按照3%的征收率计税。	
	经认定的动漫企业为开发动漫产品提供的服务	按照3%的征收率计税。	包括动漫脚本编撰、形象设计、背景设计、动画设计、分镜、动画制作、摄制、描线、上色、画面合成、配音、配乐、音效合成、剪辑、字幕制作、压缩转码(面向网络动漫、手机动漫格式适配)服务,以及在境内转让动漫版权(包括动漫品牌、形象或者内容的授权及再授权)。
	电影放映服务	按3%的征收率计税。	
	文化体育服务	按3%的征收率计税。	
	一般纳税人提供非学历教育服务	按3%的征收率计税。	
	一般纳税人提供教育辅助服务	按3%的征收率计税。	
	资管产品管理人资管产品运营业务	按3%的征收率计税。	
	非企业性单位中的一般纳税人提供的研发和技术服务、信息技术服务、鉴证咨询服务,以及销售技术、著作权等无形资产提供技术转让、技术开发和与之相关的技术咨询、技术服务	按3%的征收率计税。	
建筑服务	1. 一般纳税人以清包工方式提供的建筑服务	按照3%的征收率计税。	以清包工方式提供建筑服务,是指施工方不采购建筑工程所需的材料或只采购辅助材料,并收取人工费、管理费或者其他费用的建筑服务。
	2. 一般纳税人为甲供工程提供的建筑服务	按照3%的征收率计税。	甲供工程,是指全部或部分设备、材料、动力由工程发包方自行采购的建筑工程。
	3. 一般纳税人为建筑工程老项目提供的建筑服务	以取得的全部价款和价外费用减去分包款后的余额为销售额,按照3%的征收率计税。	建筑工程老项目,是指:(1)《建筑工程施工许可证》注明的合同开工日期在2016年4月30日前的建筑工程项目;《建筑工程施工许可证》未注明合同开工日期,但建筑工程承包合同注明的开工日期在2016年4月30日前的建筑工程项目。(2)未取得《建筑工程施工许可证》的,建筑工程承包合同注明的开工日期在2016年4月30日前的建筑工程项目。
	4. 建筑工程总承包单位为房屋建筑的地基与基础、主体结构提供工程服务,建设单位自行采购全部或部分钢材、混凝土、砌体材料、预制构件的	适用简易计税方法计税.	这是个应为模式的条款。

（续表）

税目	项目	应纳税额计算方法	备注说明
销售不动产	1. 一般纳税人销售其2016年4月30日前取得(不含自建)的不动产	以取得的全部价款和价外费用减去该项不动产购置原价或者取得不动产时的作价后的余额为销售额，按照5%的征收率计税。	
	2. 一般纳税人销售其2016年4月30日前自建的不动产	以取得的全部价款和价外费用为销售额，按照5%的征收率计税。	
	3. 纳税人转让2016年4月30日前取得的土地使用权	以取得的全部价款和价外费用减去取得该土地使用权的原价后的余额为销售额，按照5%的征收率计算缴纳增值税。	
	4. 房地产开发企业中的一般纳税人，销售自行开发的房地产老项目	按照5%的征收率计税。	房地产老项目，是指： (一)《建筑工程施工许可证》注明的合同开工日期在2016年4月30日前的房地产项目； (二)《建筑工程施工许可证》未注明合同开工日期或者未取得《建筑工程施工许可证》但建筑工程承包合同注明的开工日期在2016年4月30日前的建筑工程项目。
	一般纳税人销售自己使用过的营改增试点之日前取得的固定资产	依照3%的征收率减按2%征收。	
租赁	1. 以纳入营改增试点之日前取得的有形动产为标的物提供的经营租赁服务	按照3%的征收率计税。	
	2. 在纳入营改增试点之日前签订的尚未执行完毕的有形动产租赁合同	按照3%的征收率计税。	包括经营租赁和融资租赁。
	3. 一般纳税人出租(包括转租)其2016年4月30日前取得的不动产	按照5%的征收率计税。	
	4. 一般纳税人2016年4月30日前签订的不动产融资租赁合同，或以2016年4月30日前取得的不动产提供的融资租赁服务	按照5%的征收率计算缴纳增值税。	
	5. 公路经营企业中的一般纳税人收取试点前开工的高速公路的车辆通行费	减按3%的征收率计税。	试点前开工的高速公路，是指相关施工许可证明上注明的合同开工日期在2016年4月30日前的高速公路。
	6. 一般纳税人收取试点前开工的一级公路、二级公路、桥、闸通行费	按照5%的征收率计算缴纳增值税。	试点前开工，是指相关施工许可证注明的合同开工日期在2016年4月30日前。
	7. 房地产开发企业中的一般纳税人出租其自行开发的房地产老项目	按照5%的征收率计算缴纳增值税。	
农村贷款服务	1. 农村信用社、村镇银行、农村资金互助社、由银行业机构全资发起设立的贷款公司、法人机构在县(县级市、区、旗)及县以下地区的农村合作银行和农村商业银行提供金融服务收入	按照3%的征收率计算缴纳增值税。	

（续表）

税目	项目	应纳税额计算方法	备注说明
	2. 对中国农业银行纳入“三农金融事业部”改革试点的各省、自治区、直辖市、计划单列市分行下辖的县域支行和新疆生产建设兵团分行下辖的县域支行（也称县事业部），提供农户贷款、农村企业和农村各类组织贷款取得的利息收入	按照3%的征收率计算缴纳增值税。	
	3. 中国邮政储蓄银行纳入“三农金融事业部”改革的各省、自治区、直辖市、计划单列市分行下辖的县域支行，提供农户贷款、农村企业和农村各类组织贷款（具体贷款业务清单见附件）取得的利息收入	可以选择适用简易计税方法按照3%的征收率计算缴纳增值税。	
人力资源服务	1. 一般纳税人提供劳务派遣服务（纳税人提供安全保护服务，比照劳务派遣服务政策执行）	以取得的全部价款和价外费用，扣除代用工单位支付给劳务派遣员工的工资、福利和为其办理社会保险及住房公积金后的余额为销售额，按照5%的征收率计算缴纳增值税。	
	2. 一般纳税人提供人力资源外包服务	按照5%的征收率计算缴纳增值税。	

附件1　中华人民共和国增值税暂行条例

（中华人民共和国国务院令第691号，发文日期：2017-11-19）

第一条　在中华人民共和国境内销售货物或者加工、修理修配劳务(以下简称劳务)，销售服务、无形资产、不动产以及进口货物的单位和个人，为增值税的纳税人，应当依照本条例缴纳增值税。

第二条　增值税税率：

（一）纳税人销售货物、劳务、有形动产租赁服务或者进口货物，除本条第二项、第四项、第五项另有规定外，税率为17%。

（二）纳税人销售交通运输、邮政、基础电信、建筑、不动产租赁服务，销售不动产，转让土地使用权，销售或者进口下列货物，税率为11%：

1. 粮食等农产品、食用植物油、食用盐；

2. 自来水、暖气、冷气、热水、煤气、石油液化气、天然气、二甲醚、沼气、居民用煤炭制品；

3. 图书、报纸、杂志、音像制品、电子出版物；

4. 饲料、化肥、农药、农机、农膜；

5. 国务院规定的其他货物。

（三）纳税人销售服务、无形资产，除本条第一项、第二项、第五项另有规定外，税率为6%。

（四）纳税人出口货物，税率为零；但是，国务院另有规定的除外。

（五）境内单位和个人跨境销售国务院规定范围内的服务、无形资产，税率为零。

税率的调整，由国务院决定。

第三条　纳税人兼营不同税率的项目，应当分别核算不同税率项目的销售额；未分别核算销售额的，从高适用税率。

第四条　除本条例第十一条规定外，纳税人销售货物、劳务、服务、无形资产、不动产(以下统称应税销售行为)，应纳税额为当期销项税额抵扣当期进项税额后的余额。应纳税额计算公式：

应纳税额＝当期销项税额－当期进项税额

当期销项税额小于当期进项税额不足抵扣时，其不足部分可以结转下期继续抵扣。

第五条　纳税人发生应税销售行为，按照销售额和本条例第二条规定的税率计算收取的增值税额，为销项税额。销项税额计算公式：

销项税额＝销售额×税率

第六条 销售额为纳税人发生应税销售行为收取的全部价款和价外费用，但是不包括收取的销项税额。

销售额以人民币计算。纳税人以人民币以外的货币结算销售额的，应当折合成人民币计算。

第七条 纳税人发生应税销售行为的价格明显偏低并无正当理由的，由主管税务机关核定其销售额。

第八条 纳税人购进货物、劳务、服务、无形资产、不动产支付或者负担的增值税额，为进项税额。

下列进项税额准予从销项税额中抵扣：

（一）从销售方取得的增值税专用发票上注明的增值税额。

（二）从海关取得的海关进口增值税专用缴款书上注明的增值税额。

（三）购进农产品，除取得增值税专用发票或者海关进口增值税专用缴款书外，按照农产品收购发票或者销售发票上注明的农产品买价和11%的扣除率计算的进项税额，国务院另有规定的除外。进项税额计算公式：

$$进项税额=买价\times扣除率$$

（四）自境外单位或者个人购进劳务、服务、无形资产或者境内的不动产，从税务机关或者扣缴义务人取得的代扣代缴税款的完税凭证上注明的增值税额。

准予抵扣的项目和扣除率的调整，由国务院决定。

第九条 纳税人购进货物、劳务、服务、无形资产、不动产，取得的增值税扣税凭证不符合法律、行政法规或者国务院税务主管部门有关规定的，其进项税额不得从销项税额中抵扣。

第十条 下列项目的进项税额不得从销项税额中抵扣：

（一）用于简易计税方法计税项目、免征增值税项目、集体福利或者个人消费的购进货物、劳务、服务、无形资产和不动产；

（二）非正常损失的购进货物，以及相关的劳务和交通运输服务；

（三）非正常损失的在产品、产成品所耗用的购进货物（不包括固定资产）、劳务和交通运输服务；

（四）国务院规定的其他项目。

第十一条 小规模纳税人发生应税销售行为，实行按照销售额和征收率计算应纳税额的简易办法，并不得抵扣进项税额。应纳税额计算公式：

$$应纳税额=销售额\times征收率$$

小规模纳税人的标准由国务院财政、税务主管部门规定。

第十二条 小规模纳税人增值税征收率为3%，国务院另有规定的除外。

第十三条 小规模纳税人以外的纳税人应当向主管税务机关办理登记。具体登记办法由国务院税务主管部门制定。

小规模纳税人会计核算健全，能够提供准确税务资料的，可以向主管税务机关办理登记，不作为小规模纳税人，依照本条例有关规定计算应纳税额。

第十四条 纳税人进口货物，按照组成计税价格和本条例第二条规定的税率计算应纳税额。组成计税价格和应纳税额计算公式：

组成计税价格＝关税完税价格＋关税＋消费税

应纳税额＝组成计税价格×税率

第十五条 下列项目免征增值税：

（一）农业生产者销售的自产农产品；

（二）避孕药品和用具；

（三）古旧图书；

（四）直接用于科学研究、科学试验和教学的进口仪器、设备；

（五）外国政府、国际组织无偿援助的进口物资和设备；

（六）由残疾人的组织直接进口供残疾人专用的物品；

（七）销售的自己使用过的物品。

除前款规定外，增值税的免税、减税项目由国务院规定。任何地区、部门均不得规定免税、减税项目。

第十六条 纳税人兼营免税、减税项目的，应当分别核算免税、减税项目的销售额；未分别核算销售额的，不得免税、减税。

第十七条 纳税人销售额未达到国务院财政、税务主管部门规定的增值税起征点的，免征增值税；达到起征点的，依照本条例规定全额计算缴纳增值税。

第十八条 中华人民共和国境外的单位或者个人在境内销售劳务，在境内未设有经营机构的，以其境内代理人为扣缴义务人；在境内没有代理人的，以购买方为扣缴义务人。

第十九条 增值税纳税义务发生时间：

（一）发生应税销售行为，为收讫销售款项或者取得索取销售款项凭据的当天；先开具发票的，为开具发票的当天。

（二）进口货物，为报关进口的当天。

增值税扣缴义务发生时间为纳税人增值税纳税义务发生的当天。

第二十条 增值税由税务机关征收，进口货物的增值税由海关代征。

个人携带或者邮寄进境自用物品的增值税，连同关税一并计征。具体办法由国务院关税税则委员会会同有关部门制定。

第二十一条 纳税人发生应税销售行为，应当向索取增值税专用发票的购买方开具增值税专用发票，并在增值税专用发票上分别注明销售额和销项税额。

属于下列情形之一的，不得开具增值税专用发票：

（一）应税销售行为的购买方为消费者个人的；

（二）发生应税销售行为适用免税规定的。

第二十二条 增值税纳税地点：

（一）固定业户应当向其机构所在地的主管税务机关申报纳税。总机构和分支机构不在同一县（市）的，应当分别向各自所在地的主管税务机关申报纳税；经国务院财政、税务主管部门或者其授权的财政、税务机关批准，可以由总机构汇总向总机构所在地的主管税务机关申报纳税。

（二）固定业户到外县（市）销售货物或者劳务，应当向其机构所在地的主管税务机关报告外出经营事项，并向其机构所在地的主管税务机关申报纳税；未报告的，应当向销售地或者劳务发生地的主管税务机关申报纳税；未向销售地或者劳务发生地的主管税务机关申报纳税的，由其机构所在地的主管税务机关补征税款。

（三）非固定业户销售货物或者劳务，应当向销售地或者劳务发生地的主管税务机关申报纳税；未向销售地或者劳务发生地的主管税务机关申报纳税的，由其机构所在地或者居住地的主管税务机关补征税款。

（四）进口货物，应当向报关地海关申报纳税。

扣缴义务人应当向其机构所在地或者居住地的主管税务机关申报缴纳其扣缴的税款。

第二十三条 增值税的纳税期限分别为1日、3日、5日、10日、15日、1个月或者1个季度。纳税人的具体纳税期限，由主管税务机关根据纳税人应纳税额的大小分别核定；不能按照固定期限纳税的，可以按次纳税。

纳税人以1个月或者1个季度为1个纳税期的，自期满之日起15日内申报纳税；以1日、3日、5日、10日或者15日为1个纳税期的，自期满之日起5日内预缴税款，于次月1日起15日内申报纳税并结清上月应纳税款。

扣缴义务人解缴税款的期限，依照前两款规定执行。

第二十四条 纳税人进口货物，应当自海关填发海关进口增值税专用缴款书之日起15日内缴纳税款。

第二十五条 纳税人出口货物适用退（免）税规定的，应当向海关办理出口手续，凭出口报关单等有关凭证，在规定的出口退（免）税申报期内按月向主管税务机关申报办理该项出口货物的退（免）税；境内单位和个人跨境销售服务和无形资产适用退（免）税规定的，应当按期向主管税务机关申报办理退（免）税。具体办法由国务院财政、税务主管部门制定。

出口货物办理退税后发生退货或者退关的，纳税人应当依法补缴已退的税款。

第二十六条 增值税的征收管理，依照《中华人民共和国税收征收管理法》及本条例有关规定执行。

第二十七条 纳税人缴纳增值税的有关事项，国务院或者国务院财政、税务主管部门经国务院同意另有规定的，依照其规定。

第二十八条 本条例自2009年1月1日起施行。

附件 2　中华人民共和国增值税暂行条例实施细则

（财政部令第 50 号，发文日期：2008-12-15）

第一条　根据《中华人民共和国增值税暂行条例》（以下简称条例），制定本细则。

第二条　条例第一条所称货物，是指有形动产，包括电力、热力、气体在内。

条例第一条所称加工，是指受托加工货物，即委托方提供原料及主要材料，受托方按照委托方的要求，制造货物并收取加工费的业务。

条例第一条所称修理修配，是指受托对损伤和丧失功能的货物进行修复，使其恢复原状和功能的业务。

第三条　条例第一条所称销售货物，是指有偿转让货物的所有权。

条例第一条所称提供加工、修理修配劳务（以下称应税劳务），是指有偿提供加工、修理修配劳务。单位或者个体工商户聘用的员工为本单位或者雇主提供加工、修理修配劳务，不包括在内。

本细则所称有偿，是指从购买方取得货币、货物或者其他经济利益。

第四条　单位或者个体工商户的下列行为，视同销售货物：

（一）将货物交付其他单位或者个人代销；

（二）销售代销货物；

（三）设有两个以上机构并实行统一核算的纳税人，将货物从一个机构移送其他机构用于销售，但相关机构设在同一县（市）的除外；

（四）将自产或者委托加工的货物用于非增值税应税项目；

（五）将自产、委托加工的货物用于集体福利或者个人消费；

（六）将自产、委托加工或者购进的货物作为投资，提供给其他单位或者个体工商户；

（七）将自产、委托加工或者购进的货物分配给股东或者投资者；

（八）将自产、委托加工或者购进的货物无偿赠送其他单位或者个人。

第五条　一项销售行为如果既涉及货物又涉及非增值税应税劳务，为混合销售行为。除本细则第六条的规定外，从事货物的生产、批发或者零售的企业、企业性单位和个体工商户的混合销售行为，视为销售货物，应当缴纳增值税；其他单位和个人的混合销售行为，视为销售非增值税应税劳务，不缴纳增值税。

本条第一款所称非增值税应税劳务，是指属于应缴营业税的交通运输业、建筑业、金融保险业、邮电通信业、文化体育业、娱乐业、服务业税目征收范围的劳务。

本条第一款所称从事货物的生产、批发或者零售的企业、企业性单位和个体工商户，包括以从事货物的生产、批发或者零售为主，并兼营非增值税应税劳务的单位和个体工商户在内。

第六条 纳税人的下列混合销售行为，应当分别核算货物的销售额和非增值税应税劳务的营业额，并根据其销售货物的销售额计算缴纳增值税，非增值税应税劳务的营业额不缴纳增值税；未分别核算的，由主管税务机关核定其货物的销售额：

（一）销售自产货物并同时提供建筑业劳务的行为；

（二）财政部、国家税务总局规定的其他情形。

第七条 纳税人兼营非增值税应税项目的，应分别核算货物或者应税劳务的销售额和非增值税应税项目的营业额；未分别核算的，由主管税务机关核定货物或者应税劳务的销售额。

第八条 条例第一条所称在中华人民共和国境内（以下简称境内）销售货物或者提供加工、修理修配劳务，是指：

（一）销售货物的起运地或者所在地在境内；

（二）提供的应税劳务发生在境内。

第九条 条例第一条所称单位，是指企业、行政单位、事业单位、军事单位、社会团体及其他单位。

条例第一条所称个人，是指个体工商户和其他个人。

第十条 单位租赁或者承包给其他单位或者个人经营的，以承租人或者承包人为纳税人。

第十一条 小规模纳税人以外的纳税人（以下称一般纳税人）因销售货物退回或者折让而退还给购买方的增值税额，应从发生销售货物退回或者折让当期的销项税额中扣减；因购进货物退出或者折让而收回的增值税额，应从发生购进货物退出或者折让当期的进项税额中扣减。

一般纳税人销售货物或者应税劳务，开具增值税专用发票后，发生销售货物退回或者折让、开票有误等情形，应按国家税务总局的规定开具红字增值税专用发票。未按规定开具红字增值税专用发票的，增值税额不得从销项税额中扣减。

第十二条 条例第六条第一款所称价外费用，包括价外向购买方收取的手续费、补贴、基金、集资费、返还利润、奖励费、违约金、滞纳金、延期付款利息、赔偿金、代收款项、代垫款项、包装费、包装物租金、储备费、优质费、运输装卸费以及其他各种性质的价外收费。但下列项目不包括在内：

（一）受托加工应征消费税的消费品所代收代缴的消费税；

（二）同时符合以下条件的代垫运输费用：

1. 承运部门的运输费用发票开具给购买方的；

2. 纳税人将该项发票转交给购买方的。

（三）同时符合以下条件代为收取的政府性基金或者行政事业性收费：

1. 由国务院或者财政部批准设立的政府性基金，由国务院或者省级人民政府及其财政、价格主管部门批准设立的行政事业性收费；

2. 收取时开具省级以上财政部门印制的财政票据；

3. 所收款项全额上缴财政。

（四）销售货物的同时代办保险等而向购买方收取的保险费，以及向购买方收取的代购买方缴纳的车辆购置税、车辆牌照费。

第十三条　混合销售行为依照本细则第五条规定应当缴纳增值税的，其销售额为货物的销售额与非增值税应税劳务营业额的合计。

第十四条　一般纳税人销售货物或者应税劳务，采用销售额和销项税额合并定价方法的，按下列公式计算销售额：

$$销售额 = 含税销售额 \div (1 + 税率)$$

第十五条　纳税人按人民币以外的货币结算销售额的，其销售额的人民币折合率可以选择销售额发生的当天或者当月 1 日的人民币汇率中间价。纳税人应在事先确定采用何种折合率，确定后 1 年内不得变更。

第十六条　纳税人有条例第七条所称价格明显偏低并无正当理由或者有本细则第四条所列视同销售货物行为而无销售额者，按下列顺序确定销售额：

（一）按纳税人最近时期同类货物的平均销售价格确定；

（二）按其他纳税人最近时期同类货物的平均销售价格确定；

（三）按组成计税价格确定。组成计税价格的公式为：

$$组成计税价格 = 成本 \times (1 + 成本利润率)$$

属于应征消费税的货物，其组成计税价格中应加计消费税额。

公式中的成本是指：销售自产货物的为实际生产成本，销售外购货物的为实际采购成本。公式中的成本利润率由国家税务总局确定。

第十七条　条例第八条第二款第（三）项所称买价，包括纳税人购进农产品在农产品收购发票或者销售发票上注明的价款和按规定缴纳的烟叶税。

第十八条　条例第八条第二款第（四）项所称运输费用金额，是指运输费用结算单据上注明的运输费用（包括铁路临管线及铁路专线运输费用）、建设基金，不包括装卸费、保险费等其他杂费。

第十九条　条例第九条所称增值税扣税凭证，是指增值税专用发票、海关进口增值税专用缴款书、农产品收购发票和农产品销售发票以及运输费用结算单据。

第二十条　混合销售行为依照本细则第五条规定应当缴纳增值税的，该混合销售行为所涉及的非增值税应税劳务所用购进货物的进项税额，符合条例第八条规定的，准予从销项税额中抵扣。

第二十一条　条例第十条第（一）项所称购进货物，不包括既用于增值税应税项目（不含免征增值税项目）也用于非增值税应税项目、免征增值税（以下简称免税）项目、集体福利或者个人消费的固定资产。

前款所称固定资产，是指使用期限超过 12 个月的机器、机械、运输工具以及其他与生产经营有关的设备、工具、器具等。

第二十二条　条例第十条第（一）项所称个人消费包括纳税人的交际应酬消费。

第二十三条　条例第十条第（一）项和本细则所称非增值税应税项目，是指提供非增值税应税劳务、转让无形资产、销售不动产和不动产在建工程。

前款所称不动产是指不能移动或者移动后会引起性质、形状改变的财产，包括建筑物、构筑物和其他土地附着物。

纳税人新建、改建、扩建、修缮、装饰不动产，均属于不动产在建工程。

第二十四条 条例第十条第(二)项所称非正常损失，是指因管理不善造成被盗、丢失、霉烂变质的损失。

第二十五条 纳税人自用的应征消费税的摩托车、汽车、游艇，其进项税额不得从销项税额中抵扣。

第二十六条 一般纳税人兼营免税项目或者非增值税应税劳务而无法划分不得抵扣的进项税额的，按下列公式计算不得抵扣的进项税额：

不得抵扣的进项税额 = 当月无法划分的全部进项税额 × 当月免税项目销售额、非增值税应税劳务营业额合计 ÷ 当月全部销售额、营业额合计

第二十七条 已抵扣进项税额的购进货物或者应税劳务，发生条例第十条规定的情形的(免税项目、非增值税应税劳务除外)，应当将该项购进货物或者应税劳务的进项税额从当期的进项税额中扣减；无法确定该项进项税额的，按当期实际成本计算应扣减的进项税额。

第二十八条 条例第十一条所称小规模纳税人的标准为：

(一) 从事货物生产或者提供应税劳务的纳税人，以及以从事货物生产或者提供应税劳务为主，并兼营货物批发或者零售的纳税人，年应征增值税销售额(以下简称应税销售额)在50万元以下(含本数，下同)的；

(二) 除本条第一款第(一)项规定以外的纳税人，年应税销售额在80万元以下的。

本条第一款所称以从事货物生产或者提供应税劳务为主，是指纳税人的年货物生产或者提供应税劳务的销售额占年应税销售额的比重在50%以上。

第二十九条 年应税销售额超过小规模纳税人标准的其他个人按小规模纳税人纳税；非企业性单位、不经常发生应税行为的企业可选择按小规模纳税人纳税。

第三十条 小规模纳税人的销售额不包括其应纳税额。

小规模纳税人销售货物或者应税劳务采用销售额和应纳税额合并定价方法的，按下列公式计算销售额：

销售额 = 含税销售额 ÷ (1 + 征收率)

第三十一条 小规模纳税人因销售货物退回或者折让退还给购买方的销售额，应从发生销售货物退回或者折让当期的销售额中扣减。

第三十二条 条例第十三条和本细则所称会计核算健全，是指能够按照国家统一的会计制度规定设置账簿，根据合法、有效凭证核算。

第三十三条 除国家税务总局另有规定外，纳税人一经认定为一般纳税人后，不得转为小规模纳税人。

第三十四条 有下列情形之一者，应按销售额依照增值税税率计算应纳税额，不得抵扣进项税额，也不得使用增值税专用发票：

(一) 一般纳税人会计核算不健全，或者不能够提供准确税务资料的；

(二) 除本细则第二十九条规定外，纳税人销售额超过小规模纳税人标准，未申请办理一般纳税人认定手续的。

第三十五条 条例第十五条规定的部分免税项目的范围，限定如下：

（一）第一款第（一）项所称农业，是指种植业、养殖业、林业、牧业、水产业。

农业生产者，包括从事农业生产的单位和个人。

农产品，是指初级农产品，具体范围由财政部、国家税务总局确定。

（二）第一款第（三）项所称古旧图书，是指向社会收购的古书和旧书。

（三）第一款第（七）项所称自己使用过的物品，是指其他个人自己使用过的物品。

第三十六条 纳税人销售货物或者应税劳务适用免税规定的，可以放弃免税，依照条例的规定缴纳增值税。放弃免税后，36个月内不得再申请免税。

第三十七条 增值税起征点的适用范围限于个人。

增值税起征点的幅度规定如下：

（一）销售货物的，为月销售额2 000～5 000元。

（二）销售应税劳务的，为月销售额1 500～3 000元。

（三）按次纳税的，为每次（日）销售额150～200元。

前款所称销售额，是指本细则第三十条第一款所称小规模纳税人的销售额。

省、自治区、直辖市财政厅（局）和国家税务局应在规定的幅度内，根据实际情况确定本地区适用的起征点，并报财政部、国家税务总局备案。

第三十八条 条例第十九条第一款第（一）项规定的收讫销售款项或者取得索取销售款项凭据的当天，按销售结算方式的不同，具体为：

（一）采取直接收款方式销售货物，不论货物是否发出，均为收到销售款或者取得索取销售款凭据的当天。

（二）采取托收承付和委托银行收款方式销售货物，为发出货物并办妥托收手续的当天。

（三）采取赊销和分期收款方式销售货物，为书面合同约定的收款日期的当天，无书面合同的或者书面合同没有约定收款日期的，为货物发出的当天。

（四）采取预收货款方式销售货物，为货物发出的当天，但生产销售生产工期超过12个月的大型机械设备、船舶、飞机等货物，为收到预收款或者书面合同约定的收款日期的当天。

（五）委托其他纳税人代销货物，为收到代销单位的代销清单或者收到全部或者部分货款的当天。未收到代销清单及货款的，为发出代销货物满180天的当天。

（六）销售应税劳务，为提供劳务同时收讫销售款或者取得索取销售款的凭据的当天。

（七）纳税人发生本细则第四条第（三）项至第（八）项所列视同销售货物行为，为货物移送的当天。

第三十九条 条例第二十三条以1个季度为纳税期限的规定仅适用于小规模纳税人。小规模纳税人的具体纳税期限，由主管税务机关根据其应纳税额的大小分别核定。

第四十条 本细则自2009年1月1日起施行。

附件3　营业税改征增值税试点实施办法

（财政部　国家税务总局关于全面推开营业税改征增值税试点的通知，
财税〔2016〕36号，发文日期：2016-03-23）

第一章　纳税人和扣缴义务人

第一条　在中华人民共和国境内（以下称境内）销售服务、无形资产或者不动产（以下称应税行为）的单位和个人，为增值税纳税人，应当按照本办法缴纳增值税，不缴纳营业税。

单位，是指企业、行政单位、事业单位、军事单位、社会团体及其他单位。

个人，是指个体工商户和其他个人。

第二条　单位以承包、承租、挂靠方式经营的，承包人、承租人、挂靠人（以下统称承包人）以发包人、出租人、被挂靠人（以下统称发包人）名义对外经营并由发包人承担相关法律责任的，以该发包人为纳税人。否则，以承包人为纳税人。

第三条　纳税人分为一般纳税人和小规模纳税人。

应税行为的年应征增值税销售额（以下称应税销售额）超过财政部和国家税务总局规定标准的纳税人为一般纳税人，未超过规定标准的纳税人为小规模纳税人。

年应税销售额超过规定标准的其他个人不属于一般纳税人。年应税销售额超过规定标准但不经常发生应税行为的单位和个体工商户可选择按照小规模纳税人纳税。

第四条　年应税销售额未超过规定标准的纳税人，会计核算健全，能够提供准确税务资料的，可以向主管税务机关办理一般纳税人资格登记，成为一般纳税人。

会计核算健全，是指能够按照国家统一的会计制度规定设置账簿，根据合法、有效凭证核算。

第五条　符合一般纳税人条件的纳税人应当向主管税务机关办理一般纳税人资格登记。具体登记办法由国家税务总局制定。

除国家税务总局另有规定外，一经登记为一般纳税人后，不得转为小规模纳税人。

第六条　中华人民共和国境外（以下称境外）单位或者个人在境内发生应税行为，在境内未设有经营机构的，以购买方为增值税扣缴义务人。财政部和国家税务总局另有规定的除外。

第七条　两个或者两个以上的纳税人，经财政部和国家税务总局批准可以视为一个纳税人合并纳税。具体办法由财政部和国家税务总局另行制定。

第八条　纳税人应当按照国家统一的会计制度进行增值税会计核算。

第二章 征税范围

第九条 应税行为的具体范围，按照本办法所附的《销售服务、无形资产、不动产注释》执行。

第十条 销售服务、无形资产或者不动产，是指有偿提供服务、有偿转让无形资产或者不动产，但属于下列非经营活动的情形除外：

（一）行政单位收取的同时满足以下条件的政府性基金或者行政事业性收费。

1．由国务院或者财政部批准设立的政府性基金，由国务院或者省级人民政府及其财政、价格主管部门批准设立的行政事业性收费；

2．收取时开具省级以上（含省级）财政部门监（印）制的财政票据；

3．所收款项全额上缴财政。

（二）单位或者个体工商户聘用的员工为本单位或者雇主提供取得工资的服务。

（三）单位或者个体工商户为聘用的员工提供服务。

（四）财政部和国家税务总局规定的其他情形。

第十一条 有偿，是指取得货币、货物或者其他经济利益。

第十二条 在境内销售服务、无形资产或者不动产，是指：

（一）服务（租赁不动产除外）或者无形资产（自然资源使用权除外）的销售方或者购买方在境内；

（二）所销售或者租赁的不动产在境内；

（三）所销售自然资源使用权的自然资源在境内；

（四）财政部和国家税务总局规定的其他情形。

第十三条 下列情形不属于在境内销售服务或者无形资产：

（一）境外单位或者个人向境内单位或者个人销售完全在境外发生的服务。

（二）境外单位或者个人向境内单位或者个人销售完全在境外使用的无形资产。

（三）境外单位或者个人向境内单位或者个人出租完全在境外使用的有形动产。

（四）财政部和国家税务总局规定的其他情形。

第十四条 下列情形视同销售服务、无形资产或者不动产：

（一）单位或者个体工商户向其他单位或者个人无偿提供服务，但用于公益事业或者以社会公众为对象的除外。

（二）单位或者个人向其他单位或者个人无偿转让无形资产或者不动产，但用于公益事业或者以社会公众为对象的除外。

（三）财政部和国家税务总局规定的其他情形。

第三章 税率和征收率

第十五条 增值税税率：

（一）纳税人发生应税行为，除本条第（二）项、第（三）项、第（四）项规定外，税率为6%。

（二）提供交通运输、邮政、基础电信、建筑、不动产租赁服务，销售不动产，转让土地使用权，税率为11%。

（三）提供有形动产租赁服务，税率为17%。

（四）境内单位和个人发生的跨境应税行为，税率为零。具体范围由财政部和国家税务总局另行规定。

第十六条 增值税征收率为3%，财政部和国家税务总局另有规定的除外。

第四章 应纳税额的计算

第一节 一般性规定

第十七条 增值税的计税方法，包括一般计税方法和简易计税方法。

第十八条 一般纳税人发生应税行为适用一般计税方法计税。

一般纳税人发生财政部和国家税务总局规定的特定应税行为，可以选择适用简易计税方法计税，但一经选择，36个月内不得变更。

第十九条 小规模纳税人发生应税行为适用简易计税方法计税。

第二十条 境外单位或者个人在境内发生应税行为，在境内未设有经营机构的，扣缴义务人按照下列公式计算应扣缴税额：

$$应扣缴税额 = 购买方支付的价款 \div (1 + 税率) \times 税率$$

第二节 一般计税方法

第二十一条 一般计税方法的应纳税额，是指当期销项税额抵扣当期进项税额后的余额。应纳税额计算公式：

$$应纳税额 = 当期销项税额 - 当期进项税额$$

当期销项税额小于当期进项税额不足抵扣时，其不足部分可以结转下期继续抵扣。

第二十二条 销项税额，是指纳税人发生应税行为按照销售额和增值税税率计算并收取的增值税额。销项税额计算公式：

$$销项税额 = 销售额 \times 税率$$

第二十三条 一般计税方法的销售额不包括销项税额，纳税人采用销售额和销项税额合并定价方法的，按照下列公式计算销售额：

$$销售额 = 含税销售额 \div (1 + 税率)$$

第二十四条 进项税额，是指纳税人购进货物、加工修理修配劳务、服务、无形资产或者不动产，支付或者负担的增值税额。

第二十五条 下列进项税额准予从销项税额中抵扣：

（一）从销售方取得的增值税专用发票（含税控机动车销售统一发票，下同）上注明的增值税额。

（二）从海关取得的海关进口增值税专用缴款书上注明的增值税额。

（三）购进农产品，除取得增值税专用发票或者海关进口增值税专用缴款书外，按照农产品收购发票或者销售发票上注明的农产品买价和13%的扣除率计算的进项税额。计算公式为：

$$进项税额 = 买价 \times 扣除率$$

买价，是指纳税人购进农产品在农产品收购发票或者销售发票上注明的价款和按照规定缴纳的烟叶税。

购进农产品，按照《农产品增值税进项税额核定扣除试点实施办法》抵扣进项税额的除外。

（四）从境外单位或者个人购进服务、无形资产或者不动产，自税务机关或者扣缴义务人取得的解缴税款的完税凭证上注明的增值税额。

第二十六条 纳税人取得的增值税扣税凭证不符合法律、行政法规或者国家税务总局有关规定的，其进项税额不得从销项税额中抵扣。

增值税扣税凭证，是指增值税专用发票、海关进口增值税专用缴款书、农产品收购发票、农产品销售发票和完税凭证。

纳税人凭完税凭证抵扣进项税额的，应当具备书面合同、付款证明和境外单位的对账单或者发票。资料不全的，其进项税额不得从销项税额中抵扣。

第二十七条 下列项目的进项税额不得从销项税额中抵扣：

（一）用于简易计税方法计税项目、免征增值税项目、集体福利或者个人消费的购进货物、加工修理修配劳务、服务、无形资产和不动产。其中涉及的固定资产、无形资产、不动产，仅指专用于上述项目的固定资产、无形资产（不包括其他权益性无形资产）、不动产。

纳税人的交际应酬消费属于个人消费。

（二）非正常损失的购进货物，以及相关的加工修理修配劳务和交通运输服务。

（三）非正常损失的在产品、产成品所耗用的购进货物（不包括固定资产）、加工修理修配劳务和交通运输服务。

（四）非正常损失的不动产，以及该不动产所耗用的购进货物、设计服务和建筑服务。

（五）非正常损失的不动产在建工程所耗用的购进货物、设计服务和建筑服务。

纳税人新建、改建、扩建、修缮、装饰不动产，均属于不动产在建工程。

（六）购进的旅客运输服务、贷款服务、餐饮服务、居民日常服务和娱乐服务。

（七）财政部和国家税务总局规定的其他情形。

本条第（四）项、第（五）项所称货物，是指构成不动产实体的材料和设备，包括建筑装饰材料和给排水、采暖、卫生、通风、照明、通讯、煤气、消防、中央空调、电梯、电气、智能化楼宇设备及配套设施。

第二十八条 不动产、无形资产的具体范围，按照本办法所附的《销售服务、无形资产或者不动产注释》执行。

固定资产，是指使用期限超过12个月的机器、机械、运输工具以及其他与生产经营有关的设备、工具、器具等有形动产。

非正常损失，是指因管理不善造成货物被盗、丢失、霉烂变质，以及因违反法律法规造成货物或者不动产被依法没收、销毁、拆除的情形。

第二十九条 适用一般计税方法的纳税人，兼营简易计税方法计税项目、免征增值税项目而无法划分不得抵扣的进项税额，按照下列公式计算不得抵扣的进项税额：

$$\text{不得抵扣的进项税额} = \text{当期无法划分的全部进项税额} \times \left(\text{当期简易计税方法计税项目销售额} + \text{免征增值税项目销售额}\right) \div \text{当期全部销售额}$$

主管税务机关可以按照上述公式依据年度数据对不得抵扣的进项税额进行清算。

第三十条 已抵扣进项税额的购进货物（不含固定资产）、劳务、服务，发生本办法第二十七条规定情形（简易计税方法计税项目、免征增值税项目除外）的，应当将该进项税额从当期进项税额中扣减；无法确定该进项税额的，按照当期实际成本计算应扣减的进项税额。

第三十一条 已抵扣进项税额的固定资产、无形资产或者不动产，发生本办法第二十七条规定情形的，按照下列公式计算不得抵扣的进项税额：

$$\text{不得抵扣的进项税额} = \text{固定资产、无形资产或者不动产净值} \times \text{适用税率}$$

固定资产、无形资产或者不动产净值，是指纳税人根据财务会计制度计提折旧或摊销后的余额。

第三十二条 纳税人适用一般计税方法计税的，因销售折让、中止或者退回而退还给购买方的增值税额，应当从当期的销项税额中扣减；因销售折让、中止或者退回而收回的增值税额，应当从当期的进项税额中扣减。

第三十三条 有下列情形之一者，应当按照销售额和增值税税率计算应纳税额，不得抵扣进项税额，也不得使用增值税专用发票：

（一）一般纳税人会计核算不健全，或者不能够提供准确税务资料的。

（二）应当办理一般纳税人资格登记而未办理的。

第三节 简易计税方法

第三十四条 简易计税方法的应纳税额，是指按照销售额和增值税征收率计算的增值税额，不得抵扣进项税额。应纳税额计算公式：

$$\text{应纳税额} = \text{销售额} \times \text{征收率}$$

第三十五条 简易计税方法的销售额不包括其应纳税额，纳税人采用销售额和应纳税额合并定价方法的，按照下列公式计算销售额：

$$\text{销售额} = \text{含税销售额} \div (1 + \text{征收率})$$

第三十六条 纳税人适用简易计税方法计税的，因销售折让、中止或者退回而退还给购买方的销售额，应当从当期销售额中扣减。扣减当期销售额后仍有余额造成多缴的税款，可以从以后的应纳税额中扣减。

第四节 销售额的确定

第三十七条 销售额，是指纳税人发生应税行为取得的全部价款和价外费用，财政部和国家税务总局另有规定的除外。

价外费用，是指价外收取的各种性质的收费，但不包括以下项目：

（一）代为收取并符合本办法第十条规定的政府性基金或者行政事业性收费。

（二）以委托方名义开具发票代委托方收取的款项。

第三十八条　销售额以人民币计算。

纳税人按照人民币以外的货币结算销售额的，应当折合成人民币计算，折合率可以选择销售额发生的当天或者当月 1 日的人民币汇率中间价。纳税人应当在事先确定采用何种折合率，确定后 12 个月内不得变更。

第三十九条　纳税人兼营销售货物、劳务、服务、无形资产或者不动产，适用不同税率或者征收率的，应当分别核算适用不同税率或者征收率的销售额；未分别核算的，从高适用税率。

第四十条　一项销售行为如果既涉及服务又涉及货物，为混合销售。从事货物的生产、批发或者零售的单位和个体工商户的混合销售行为，按照销售货物缴纳增值税；其他单位和个体工商户的混合销售行为，按照销售服务缴纳增值税。

本条所称从事货物的生产、批发或者零售的单位和个体工商户，包括以从事货物的生产、批发或者零售为主，并兼营销售服务的单位和个体工商户在内。

第四十一条　纳税人兼营免税、减税项目的，应当分别核算免税、减税项目的销售额；未分别核算的，不得免税、减税。

第四十二条　纳税人发生应税行为，开具增值税专用发票后，发生开票有误或者销售折让、中止、退回等情形的，应当按照国家税务总局的规定开具红字增值税专用发票；未按照规定开具红字增值税专用发票的，不得按照本办法第三十二条和第三十六条的规定扣减销项税额或者销售额。

第四十三条　纳税人发生应税行为，将价款和折扣额在同一张发票上分别注明的，以折扣后的价款为销售额；未在同一张发票上分别注明的，以价款为销售额，不得扣减折扣额。

第四十四条　纳税人发生应税行为价格明显偏低或者偏高且不具有合理商业目的的，或者发生本办法第十四条所列行为而无销售额的，主管税务机关有权按照下列顺序确定销售额：

（一）按照纳税人最近时期销售同类服务、无形资产或者不动产的平均价格确定。

（二）按照其他纳税人最近时期销售同类服务、无形资产或者不动产的平均价格确定。

（三）按照组成计税价格确定。组成计税价格的公式为：

$$组成计税价格 = 成本 \times (1 + 成本利润率)$$

成本利润率由国家税务总局确定。

不具有合理商业目的，是指以谋取税收利益为主要目的，通过人为安排，减少、免除、推迟缴纳增值税税款，或者增加退还增值税税款。

第五章　纳税义务、扣缴义务发生时间和纳税地点

第四十五条　增值税纳税义务、扣缴义务发生时间为：

（一）纳税人发生应税行为并收讫销售款项或者取得索取销售款项凭据的当天；先开具发票的，为开具发票的当天。

收讫销售款项，是指纳税人销售服务、无形资产、不动产过程中或者完成后收到款项。

取得索取销售款项凭据的当天，是指书面合同确定的付款日期；未签订书面合同或者书面合同未确定付款日期的，为服务、无形资产转让完成的当天或者不动产权属变更的当天。

（二）纳税人提供建筑服务、租赁服务采取预收款方式的，其纳税义务发生时间为收到预收款的当天。

（三）纳税人从事金融商品转让的，为金融商品所有权转移的当天。

（四）纳税人发生本办法第十四条规定情形的，其纳税义务发生时间为服务、无形资产转让完成的当天或者不动产权属变更的当天。

（五）增值税扣缴义务发生时间为纳税人增值税纳税义务发生的当天。

第四十六条　增值税纳税地点为：

（一）固定业户应当向其机构所在地或者居住地主管税务机关申报纳税。总机构和分支机构不在同一县（市）的，应当分别向各自所在地的主管税务机关申报纳税；经财政部和国家税务总局或者其授权的财政和税务机关批准，可以由总机构汇总向总机构所在地的主管税务机关申报纳税。

（二）非固定业户应当向应税行为发生地主管税务机关申报纳税；未申报纳税的，由其机构所在地或者居住地主管税务机关补征税款。

（三）其他个人提供建筑服务，销售或者租赁不动产，转让自然资源使用权，应向建筑服务发生地、不动产所在地、自然资源所在地主管税务机关申报纳税。

（四）扣缴义务人应当向其机构所在地或者居住地主管税务机关申报缴纳扣缴的税款。

第四十七条　增值税的纳税期限分别为1日、3日、5日、10日、15日、1个月或者1个季度。纳税人的具体纳税期限，由主管税务机关根据纳税人应纳税额的大小分别核定。以1个季度为纳税期限的规定适用于小规模纳税人、银行、财务公司、信托投资公司、信用社，以及财政部和国家税务总局规定的其他纳税人。不能按照固定期限纳税的，可以按次纳税。

纳税人以1个月或者1个季度为1个纳税期的，自期满之日起15日内申报纳税；以1日、3日、5日、10日或者15日为1个纳税期的，自期满之日起5日内预缴税款，于次月1日起15日内申报纳税并结清上月应纳税款。

扣缴义务人解缴税款的期限，按照前两款规定执行。

第六章　税收减免的处理

第四十八条　纳税人发生应税行为适用免税、减税规定的，可以放弃免税、减税，依照本办法的规定缴纳增值税。放弃免税、减税后，36个月内不得再申请免税、减税。

纳税人发生应税行为同时适用免税和零税率规定的，纳税人可以选择适用免税或者零税率。

第四十九条　个人发生应税行为的销售额未达到增值税起征点的，免征增值税；达到起征点的，全额计算缴纳增值税。

增值税起征点不适用于登记为一般纳税人的个体工商户。

第五十条 增值税起征点幅度如下：

（一）按期纳税的，为月销售额5 000～20 000元（含本数）。

（二）按次纳税的，为每次（日）销售额300～500元（含本数）。

起征点的调整由财政部和国家税务总局规定。省、自治区、直辖市财政厅（局）和国家税务局应当在规定的幅度内，根据实际情况确定本地区适用的起征点，并报财政部和国家税务总局备案。

对增值税小规模纳税人中月销售额未达到2万元的企业或非企业性单位，免征增值税。2017年12月31日前，对月销售额2万元（含本数）至3万元的增值税小规模纳税人，免征增值税。

第七章 征收管理

第五十一条 营业税改征的增值税，由国家税务局负责征收。纳税人销售取得的不动产和其他个人出租不动产的增值税，国家税务局暂委托地方税务局代为征收。

第五十二条 纳税人发生适用零税率的应税行为，应当按期向主管税务机关申报办理退（免）税，具体办法由财政部和国家税务总局制定。

第五十三条 纳税人发生应税行为，应当向索取增值税专用发票的购买方开具增值税专用发票，并在增值税专用发票上分别注明销售额和销项税额。

属于下列情形之一的，不得开具增值税专用发票：

（一）向消费者个人销售服务、无形资产或者不动产。

（二）适用免征增值税规定的应税行为。

第五十四条 小规模纳税人发生应税行为，购买方索取增值税专用发票的，可以向主管税务机关申请代开。

第五十五条 纳税人增值税的征收管理，按照本办法和《中华人民共和国税收征收管理法》及现行增值税征收管理有关规定执行。

附件 4　增值税部分货物征税范围注释

（国家税务总局关于印发《增值税部分货物征税范围注释》的通知，
国税发〔1993〕151 号，发文日期：1993-12-25）

一、粮食

粮食是各种主食食料的总称。本货物的范围包括小麦、稻谷、玉米、高粱、谷子、大豆和其他杂粮（如大麦、燕麦）及经加工的面粉、大米、玉米等。不包括粮食复制品（如挂面、切面、馄饨皮等）和各种熟食品和副食品。（此条款已失效或废止）

二、食用植物油

植物油是从植物根、茎、叶、果实、花或胚芽组织中加工提取的油脂。

食用植物油仅指：芝麻油、花生油、豆油、菜籽油、米糠油、葵花籽油、棉籽油、玉米胚油、茶油、胡麻油，以及以上述油为原料生产的混合油。

三、自来水

自来水是指自来水公司及工矿企业经抽取、过滤、沉淀、消毒等工序加工后，通过供水系统向用户供应的水。

农业灌溉用水、引水工程输送的水等，不属于本货物的范围。

四、暖气、热水

暖气、热水是指利用各种燃料（如煤、石油、其他各种气体或固体、液体燃料）和电能将水加热，使之生成的气体和热水，以及开发自然热能，如开发地热资源或用太阳能生产的暖气、热气、热水。

利用工业余热生产、回收的暖气、热气和热水也属于本货物的范围。

五、冷气

冷气是指为了调节室内温度，利用制冷设备生产的，并通过供风系统向用户提供的低温气体。

六、煤气

煤气是指由煤、焦炭、半焦和重油等经干馏或汽化等生产过程所得气体产物的总称。

煤气的范围包括：

（一）焦炉煤气：是指煤在炼焦炉中进行干馏所产生的煤气。

（二）发生炉煤气：是指用空气（或氧气）和少量的蒸气将煤或焦炭、半焦，在煤气发生炉中进行汽化所产生的煤气、混合煤气、水煤气、单水煤气、双水煤气等。

（三）液化煤气：是指压缩成液体的煤气。

七、石油液化气

石油液化气是指由石油加工过程中所产生的低分子量的烃类炼厂气经压缩成的液体。主要成分是丙烷、丁烷、丁烯等。

八、天然气

天然气是蕴藏在地层内的碳氢化合物可燃气体。主要含有甲烷、乙烷等低分子烷烃和丙烷、丁烷、戊烷及其他重质气态烃类。

天然气包括气田天然气、油田天然气、煤矿天然气和其他天然气。

九、沼气

沼气，主要成分为甲烷，由植物残体在与空气隔绝的条件下经自然分解而成，沼气主要作燃料。

本货物的范围包括：天然沼气和人工生产的沼气。

十、居民用煤炭制品

居民用煤炭制品是指煤球、煤饼、蜂窝煤和引火炭。

十一、图书、报纸、杂志

图书、报纸、杂志是采用印刷工艺，按照文字、图画和线条原稿印刷成的纸制品，本货物的范围是：

（一）图书。是指由国家新闻出版署批准的出版单位出版，采用国际标准书号编序的书籍，以及图片。

（二）报纸。是指经国家新闻出版署批准，在各省、自治区、直辖市新闻出版部门登记，具有国内统一刊号(cn)的报纸。

（三）杂志。是指经国家新闻出版署批准，在省、自治区、直辖市新闻出版管理部门登记，具有国内统一刊号(cn)的刊物。

十二、饲料

饲料是指用于动物饲养的产品或其加工品。

本货物的范围包括：

（一）单一饲料：指作饲料用的某一种动物、植物、微生物产品或其加工品。

（二）混合饲料：指采用简单方法，将两种以上的单一饲料混合到一起的饲料。

（三）配合饲料：指根据不同的饲养对象、饲养对象的不同生长发育阶段对各种营养成分的不同需要量，采用科学的方法，将不同的饲料按一定的比例配合到一起，并均匀地搅拌，制成一定料型的饲料。

直接用于动物饲养的粮食、饲料添加剂不属于本货物的范围。

十三、化肥

化肥是指经化学和机械加工制成的各种化学肥料。

化肥的范围包括：

（一）化学氮肥。主要品种有尿素和硫酸铵、硝酸铵、碳酸氢铵、氯化铵、石灰氨、氨水等。

（二）磷肥。主要品种有磷矿粉、过磷酸钙(包括普通过磷酸钙和重过磷酸钙两种)、钙镁磷肥、钢渣磷肥等。

（三）钾肥。主要品种有硫酸钾、氯化钾等。

（四）复合肥料。是用化学方法合成或混配制成含有氮、磷、钾中的两种或两种以上的营养元素的肥料。含有两种的称二元复合肥，含有三种的称三元复合肥料，也有含三种元素和某些其他元素的叫多元复合肥料。主要产品有硝酸磷肥、磷酸铵、磷酸二氢钾肥、钙镁磷钾肥、磷酸一铵、磷粉二铵、氮磷钾复合肥等。

(五) 微量元素肥。是指含有一种或多种植物生长或必需的,但需要量又极少的营养元素的肥料,如硼肥、锰肥、锌肥、铜肥、钼肥等。

(六) 其他肥。是指上述列举以外的其他化学肥料。

十四、农药

农药是指用于农林业防治病虫害、除草及调节植物生长的药剂。

农药包括农药原药和农药制剂。如杀虫剂、杀菌剂、除草剂、植物生长调节剂、植物性农药、微生物农药、卫生用药、其他农药原药、制剂等等。

十五、农膜

农膜是指用于农业生产各种地膜、大棚膜。

十六、农机

农机是指用于农业生产(包括林业、牧业、副业、渔业)的各种机器和机械化和半机械化农具,以及小农具。

农机的范围为:

(一) 拖拉机。是以内燃机为驱动牵引机具从事作业和运载物资的机械。包括轮拖拉机、履带拖拉机、手扶拖拉机、机耕船。

(二) 土壤耕整机械。是对土壤进行耕翻整理的机械。包括机引犁、机引耙、旋耕机、镇压器、联合整地器、合壤器、其他土壤耕整机械。

(三) 农田基本建设机械。是指从事农田基本建设的专用机械。包括开沟筑梗机、开沟铺管机、铲抛机、平地机、其他农田基本建设机械。

(四) 种植机械是指将农作物种子或身苗移植到适于作物生长的苗床机械。包括播作机、水稻插秧机、栽植机、地膜覆盖机、复式播种机、身苗准备机械。

(五) 植物保护和管理机械。是指农作物在生长过程中的管理、施肥、防治病虫害的机械。包括机动喷粉机、喷雾机(器)、弥雾喷粉机、修剪机、中耕除草机、播种中耕机、培土机具、施肥机。

(六) 收获机构是指收获各种农作物的机械。包括粮谷、棉花、薯类、甜菜、甘蔗、茶叶、油料等收获机。

(七) 场上作业机械,是指对粮食作物进行脱粒、清选、烘干的机械设备。包括各种脱粒机、清选机、粮谷干燥机、种子精选机。

(八) 排灌机械是指用于农牧业排水、灌溉的各种机械设备。包括喷灌机、半机械化提水机具、打井机。

(九) 农副产品加工机械,是指对农副产品进行初加工、加工后的产品仍属农副产品的机械。包括茶叶机械、剥壳机械、棉花加工机械(包括棉花打包机)、食用菌机械(培养木耳、蘑菇等)、小型粮谷机械。

以农副产品为原料加工工业产品的机械,不属于本货物的范围。

(十) 农业运输机械。是指农业生产过程所需的各种运输机械。包括人力车(不包括三轮运货车)、畜力车和拖拉机挂车。

农用汽车不属于本货物的范围。

（十一）畜牧业机械。是指畜牧业生产中所需的各种机械。包括草原建设机械、牧业收获机械、饲料加工机械、畜禽饲养机械、畜产品采集机械。

（十二）渔业机械。是指捕捞、养殖水产品所用的机械。包括捕捞机械、增氧机、饵料机。

机动渔船不属于本货物的范围。

（十三）林业机械。是指用于林业的种植、育林的机械。包括清理机械、育林机械、树苗栽植机械。

森林砍伐机械、集材机械不属于本货物征收范围。

（十四）小农具。包括畜力犁、畜力耙、锄头和镰刀等农具。

农机零部件不属于本货物的征收范围。

附件5　农业产品征税范围注释

（财政部 国家税务总局关于印发《农业产品征税范围注释》的通知，
财税〔1995〕52号，发文日期：1995-06-15）

农业产品是指种植业、养殖业、林业、牧业、水产业生产的各种植物、动物的初级产品。农业产品的征税范围包括：

一、植物类

植物类包括人工种植和天然生长的各种植物的初级产品。具体征税范围为：

（一）粮食

粮食是指各种主食食科植物果实的总称。本货物的征税范围包括小麦、稻谷、玉米、高粱、谷子和其他杂粮（如：大麦、燕麦等），以及经碾磨、脱壳等工艺加工后的粮食（如：面粉，米，玉米面、渣等）。

切面、饺子皮、馄饨皮、面皮、米粉等粮食复制品，也属于本货物的征税范围。

以粮食为原料加工的速冻食品、方便面、副食品和各种熟食品，不属于本货物的征税范围。

（二）蔬菜

蔬菜是指可作副食的草本、木本植物的总称。本货物的征税范围包括各种蔬菜、菌类植物和少数可作副食的木本植物。

经晾晒、冷藏、冷冻、包装、脱水等工序加工的蔬菜，腌菜、咸菜、酱菜和盐渍蔬菜等，也属于本货物的征税范围。

各种蔬菜罐头（罐头是指以金属罐、玻璃瓶和其他材料包装，经排气密封的各种食品。下同）不属于本货物的征税范围。

（三）烟叶

烟叶是指各种烟草的叶片和经过简单加工的叶片。本货物的征税范围包括晒烟叶、晾烟叶和初烤烟叶。

1. 晒烟叶。是指利用太阳能露天晒制的烟叶。

2. 晾烟叶。是指在晾房内自然干燥的烟叶。

3. 初烤烟叶。是指烟草种植者直接烤制的烟叶。不包括专业复烤厂烤制的复烤烟叶。

（四）茶叶

茶叶是指从茶树上采摘下来的鲜叶和嫩芽（即茶青），以及经吹干、揉拌、发酵、烘干等工序初制的茶。本货物的征税范围包括各种毛茶（如红毛茶、绿毛茶、乌龙毛茶、白毛茶、黑毛茶等）。

精制茶、边销茶及掺兑各种药物的茶和茶饮料，不属于本货物的征税范围。

（五）园艺植物

园艺植物是指可供食用的果实，如水果、果干（如荔枝干、桂圆干、葡萄干等）、干果、果仁、果用瓜（如甜瓜、西瓜、哈密瓜等），以及胡椒、花椒、大料、咖啡豆等。

经冷冻、冷藏、包装等工序加工的园艺植物，也属于本货物的征税范围。

各种水果罐头，果脯，蜜饯，炒制的果仁、坚果，碾磨后的园艺植物（如胡椒粉、花椒粉等），不属于本货物的征税范围。

（六）药用植物

药用植物是指用作中药原药的各种植物的根、茎、皮、叶、花、果实等。

利用上述药用植物加工制成的片、丝、块、段等中药饮片，也属于本货物的征税范围。

中成药不属于本货物的征税范围。

（七）油料植物

油料植物是指主要用作榨取油脂的各种植物的根、茎、叶、果实、花或者胚芽组织等初级产品，如菜籽（包括芥菜籽）、花生、大豆、葵花子、蓖麻子、芝麻子、胡麻子、茶子、桐子、橄榄仁、棕榈仁、棉籽等。

提取芳香油的芳香油料植物，也属于本货物的征税范围。

（八）纤维植物

纤维植物是指利用其纤维作纺织、造纸原料或者绳索的植物，如棉（包括籽棉、皮棉、絮棉）、大麻、黄麻、槿麻、苎麻、苘麻、亚麻、罗布麻、蕉麻、剑麻等。

棉短绒和麻纤维经脱胶后的精干（洗）麻，也属于本货物的征税范围。

（九）糖料植物

糖料植物是指主要用作制糖的各种植物，如甘蔗、甜菜等。

（十）林业产品

林业产品是指乔木、灌木和竹类植物，以及天然树脂、天然橡胶。林业产品的征税范围包括：

1. 原木。是指将砍伐倒的乔木去其枝芽、梢头或者皮的乔木、灌木，以及锯成一定长度的木段。

锯材不属于本货物的征税范围。

2. 原竹。是指将砍倒的竹去其枝、梢或者叶的竹类植物，以及锯成一定长度的竹段。

3. 天然树脂。是指木科植物的分泌物，包括生漆、树脂和树胶，如松脂、桃胶、樱胶、阿拉伯胶、古巴胶和天然橡胶（包括乳胶和干胶）等。

4. 其他林业产品。是指除上述列举林业产品以外的其他各种林业产品，如竹笋、笋干、棕竹、棕榈衣、树枝、树叶、树皮、藤条等。

盐水竹笋也属于本货物的征税范围。

竹笋罐头不属于本货物的征税范围。

（十一）其他植物

其他植物是指除上述列举植物以外的其他各种人工种植和野生的植物，如树苗、花卉、植物种子、植物叶子、草、麦秸、豆类、薯类、藻类植物等。

干花、干草、薯干、干制的藻类植物，农业产品的下脚料等，也属于本货物的征税范围。

二、动物类

动物类包括人工养殖和天然生长的各种动物的初级产品。具体征税范围为：

（一）水产品

水产品是指人工放养和人工捕捞的鱼、虾、蟹、鳖、贝类、棘皮类、软体类、腔肠类、海兽类动物。本货物的征税范围包括鱼、虾、蟹、鳖、贝类、棘皮类、软体类、腔肠类、海兽类、鱼苗（卵）、虾苗、蟹苗、贝苗（秧），以及经冷冻、冷藏、盐渍等防腐处理和包装的水产品。

干制的鱼、虾、蟹、贝类、棘皮类、软体类、腔肠类，如干鱼、干虾、干虾仁、干贝等，以及未加工成工艺品的贝壳、珍珠，也属于本货物的征税范围。

熟制的水产品和各类水产品的罐头，不属于本货物的征税范围。

（二）畜牧产品

畜牧产品是指人工饲养、繁殖取得和捕获的各种畜禽。本货物的征税范围包括：

1. 兽类、禽类和爬行类动物，如牛、马、猪、羊、鸡、鸭等。

2. 兽类、禽类和爬行类动物的肉产品，包括整块或者分割的鲜肉、冷藏或者冷冻肉、盐渍肉，兽类、禽类和爬行类动物的内脏、头、尾、蹄等组织。

各种兽类、禽类和爬行类动物的肉类生制品，如腊肉、腌肉、熏肉等，也属于本货物的征税范围。

各种肉类罐头、肉类熟制品，不属于本货物的征税范围。

3. 蛋类产品。是指各种禽类动物和爬行类动物的卵，包括鲜蛋、冷藏蛋。

经加工的咸蛋、松花蛋、腌制的蛋等，也属于本货物的征税范围。

各种蛋类的罐头不属于本货物的征税范围。

4. 鲜奶。是指各种哺乳类动物的乳汁和经净化、杀菌等加工工序生产的乳汁。

用鲜奶加工的各种奶制品，如酸奶、奶酪、奶油等，不属于本货物的征税范围。

（三）动物皮张

动物皮张是指从各种动物（兽类、禽类和爬行类动物）身上直接剥取的，未经鞣制的生皮、生皮张。

将生皮、生皮张用清水、盐水或者防腐药水浸泡、刮里、脱毛、晒干或者熏干，未经鞣制的，也属于本货物的征税范围。

（四）动物毛绒

动物毛绒是指未经洗净的各种动物的毛发、绒发和羽毛。

洗净毛、洗净绒等不属于本货物的征税范围。

（五）其他动物组织

其他动物组织是指上述列举以外的兽类、禽类、爬行类动物的其他组织，以及昆虫类动物。

1. 蚕茧。包括鲜茧和干茧，以及蚕蛹。

2. 天然蜂蜜。是指采集的未经加工的天然蜂蜜、鲜蜂王浆等。

3. 动物树脂，如虫胶等。

4. 其他动物组织，如动物骨、壳、兽角、动物血液、动物分泌物、蚕种等。

附件 6　销售服务、无形资产、不动产注释

（财政部　国家税务总局关于全面推开营业税改征增值税试点的通知，财税〔2016〕36号，发文日期：2016-03-23；财政部　国家税务总局关于明确金融　房地产开发　教育辅助服务等增值税政策的通知，财税〔2016〕140号，发文日期：2016-12-21；国家税务总局关于在境外提供建筑服务等有关问题的公告，国家税务总局公告2016年第69号，发文日期：2016-11-04；国家税务总局关于进一步明确营改增有关征管问题的公告，国家税务总局公告2017年第11号，发文日期：2017-04-20）

一、销售服务

销售服务，是指提供交通运输服务、邮政服务、电信服务、建筑服务、金融服务、现代服务、生活服务。

（一）交通运输服务。

交通运输服务，是指利用运输工具将货物或者旅客送达目的地，使其空间位置得到转移的业务活动。包括陆路运输服务、水路运输服务、航空运输服务和管道运输服务。

1. 陆路运输服务。

陆路运输服务，是指通过陆路（地上或者地下）运送货物或者旅客的运输业务活动，包括铁路运输服务和其他陆路运输服务。

（1）铁路运输服务，是指通过铁路运送货物或者旅客的运输业务活动。

（2）其他陆路运输服务，是指铁路运输以外的陆路运输业务活动。包括公路运输、缆车运输、索道运输、地铁运输、城市轻轨运输等。但纳税人在游览场所经营索道、摆渡车、电瓶车、游船等取得的收入，按照文化体育服务缴纳增值税。

出租车公司向使用本公司自有出租车的出租车司机收取的管理费用，按照陆路运输服务缴纳增值税。

2. 水路运输服务。

水路运输服务，是指通过江、河、湖、川等天然、人工水道或者海洋航道运送货物或者旅客的运输业务活动。

水路运输的程租、期租业务，属于水路运输服务。

程租业务，是指运输企业为租船人完成某一特定航次的运输任务并收取租赁费的业务。

期租业务，是指运输企业将配备有操作人员的船舶承租给他人使用一定期限，承租期内听候承租方调遣，不论是否经营，均按天向承租方收取租赁费，发生的固定费用均由船东负担的业务。

3. 航空运输服务。

航空运输服务，是指通过空中航线运送货物或者旅客的运输业务活动。

航空运输的湿租业务，属于航空运输服务。

湿租业务，是指航空运输企业将配备有机组人员的飞机承租给他人使用一定期限，承租期内听候承租方调遣，不论是否经营，均按一定标准向承租方收取租赁费，发生的固定费用

均由承租方承担的业务。

航天运输服务，按照航空运输服务缴纳增值税。

航天运输服务，是指利用火箭等载体将卫星、空间探测器等空间飞行器发射到空间轨道的业务活动。

4．管道运输服务。

管道运输服务，是指通过管道设施输送气体、液体、固体物质的运输业务活动。

无运输工具承运业务，按照交通运输服务缴纳增值税。

无运输工具承运业务，是指经营者以承运人身份与托运人签订运输服务合同，收取运费并承担承运人责任，然后委托实际承运人完成运输服务的经营活动。

在运输工具舱位承包业务中，发包方以其向承包方收取的全部价款和价外费用为销售额，按照“交通运输服务”缴纳增值税。承包方以其向托运人收取的全部价款和价外费用为销售额，按照“交通运输服务”缴纳增值税。运输工具舱位承包业务，是指承包方以承运人身份与托运人签订运输服务合同，收取运费并承担承运人责任，然后以承包他人运输工具舱位的方式，委托发包方实际完成相关运输服务的经营活动。

在运输工具舱位互换业务中，互换运输工具舱位的双方均以各自换出运输工具舱位确认的全部价款和价外费用为销售额，按照“交通运输服务”缴纳增值税。运输工具舱位互换业务，是指纳税人之间签订运输协议，在各自以承运人身份承揽的运输业务中，互相利用对方交通运输工具的舱位完成相关运输服务的经营活动。

自 2018 年 1 月 1 日起，纳税人已售票但客户逾期未消费取得的运输逾期票证收入，按照“交通运输服务”缴纳增值税。

（二）邮政服务。

邮政服务，是指中国邮政集团公司及其所属邮政企业提供邮件寄递、邮政汇兑和机要通信等邮政基本服务的业务活动。包括邮政普遍服务、邮政特殊服务和其他邮政服务。

1．邮政普遍服务。

邮政普遍服务，是指函件、包裹等邮件寄递，以及邮票发行、报刊发行和邮政汇兑等业务活动。

函件，是指信函、印刷品、邮资封片卡、无名址函件和邮政小包等。

包裹，是指按照封装上的名址递送给特定个人或者单位的独立封装的物品，其重量不超过五十千克，任何一边的尺寸不超过一百五十厘米，长、宽、高合计不超过三百厘米。

2．邮政特殊服务。

邮政特殊服务，是指义务兵平常信函、机要通信、盲人读物和革命烈士遗物的寄递等业务活动。

3．其他邮政服务。

其他邮政服务，是指邮册等邮品销售、邮政代理等业务活动。

（三）电信服务。

电信服务，是指利用有线、无线的电磁系统或者光电系统等各种通信网络资源，提供语音通话服务，传送、发射、接收或者应用图像、短信等电子数据和信息的业务活动。包括基础电信服务和增值电信服务。

1．基础电信服务。

基础电信服务，是指利用固网、移动网、卫星、互联网，提供语音通话服务的业务活动，以及出租或者出售带宽、波长等网络元素的业务活动。

2．增值电信服务。

增值电信服务，是指利用固网、移动网、卫星、互联网、有线电视网络，提供短信和彩信服务、电子数据和信息的传输及应用服务、互联网接入服务等业务活动。

卫星电视信号落地转接服务，按照增值电信服务缴纳增值税。

（四）建筑服务。

建筑服务，是指各类建筑物、构筑物及其附属设施的建造、修缮、装饰，线路、管道、设备、设施等的安装以及其他工程作业的业务活动。包括工程服务、安装服务、修缮服务、装饰服务和其他建筑服务。

纳税人将建筑施工设备出租给他人使用并配备操作人员的，按照建筑服务缴纳增值税。

1．工程服务。

工程服务，是指新建、改建各种建筑物、构筑物的工程作业，包括与建筑物相连的各种设备或者支柱、操作平台的安装或者装设工程作业，以及各种窑炉和金属结构工程作业。

2．安装服务。

安装服务，是指生产设备、动力设备、起重设备、运输设备、传动设备、医疗实验设备以及其他各种设备、设施的装配、安置工程作业，包括与被安装设备相连的工作台、梯子、栏杆的装设工程作业，以及被安装设备的绝缘、防腐、保温、油漆等工程作业。

固定电话、有线电视、宽带、水、电、燃气、暖气等经营者向用户收取的安装费、初装费、开户费、扩容费以及类似收费，按照安装服务缴纳增值税。

3．修缮服务。

修缮服务，是指对建筑物、构筑物进行修补、加固、养护、改善，使之恢复原来的使用价值或者延长其使用期限的工程作业。

4．装饰服务。

装饰服务，是指对建筑物、构筑物进行修饰装修，使之美观或者具有特定用途的工程作业。

物业服务企业为业主提供的装修服务，按照建筑服务缴纳增值税。

5．其他建筑服务。

其他建筑服务，是指上列工程作业之外的各种工程作业服务，如钻井（打井）、拆除建筑物或者构筑物、平整土地、园林绿化、疏浚（不包括航道疏浚）、建筑物平移、搭脚手架、爆破、矿山穿孔、表面附着物（包括岩层、土层、沙层等）剥离和清理等工程作业。

（五）金融服务。

金融服务，是指经营金融保险的业务活动。包括贷款服务、直接收费金融服务、保险服务和金融商品转让。

1．贷款服务。

贷款，是指将资金贷与他人使用而取得利息收入的业务活动。

各种占用、拆借资金取得的收入，包括金融商品持有期间（含到期）利息（保本收益、报酬、资金占用费、补偿金等）收入、信用卡透支利息收入、买入返售金融商品利息收入、融资融券收取的利息收入，以及融资性售后回租、押汇、罚息、票据贴现、转贷等业务取得的利息及利息性质的收入，按照贷款服务缴纳增值税。“保本收益、报酬、资金占用费、补偿金”，是指合同中明确承诺到期本金可全部收回的投资收益。金融商品持有期间（含到期）取得的非保本的上述收益，不属于利息或利息性质的收入，不征收增值税。

融资性售后回租，是指承租方以融资为目的，将资产出售给从事融资性售后回租业务的企业后，从事融资性售后回租业务的企业将该资产出租给承租方的业务活动。

以货币资金投资收取的固定利润或者保底利润，按照贷款服务缴纳增值税。

2. 直接收费金融服务。

直接收费金融服务，是指为货币资金融通及其他金融业务提供相关服务并且收取费用的业务活动。包括提供货币兑换、账户管理、电子银行、信用卡、信用证、财务担保、资产管理、信托管理、基金管理、金融交易场所（平台）管理、资金结算、资金清算、金融支付等服务。

3. 保险服务。

保险服务，是指投保人根据合同约定，向保险人支付保险费，保险人对于合同约定的可能发生的事故因其发生所造成的财产损失承担赔偿保险金责任，或者当被保险人死亡、伤残、疾病或者达到合同约定的年龄、期限等条件时承担给付保险金责任的商业保险行为。包括人身保险服务和财产保险服务。

人身保险服务，是指以人的寿命和身体为保险标的的保险业务活动。

财产保险服务，是指以财产及其有关利益为保险标的的保险业务活动。

4. 金融商品转让。

金融商品转让，是指转让外汇、有价证券、非货物期货和其他金融商品所有权的业务活动。

其他金融商品转让包括基金、信托、理财产品等各类资产管理产品和各种金融衍生品的转让。

纳税人购入基金、信托、理财产品等各类资产管理产品持有至到期，不属于金融商品转让。

（六）现代服务。

现代服务，是指围绕制造业、文化产业、现代物流产业等提供技术性、知识性服务的业务活动。包括研发和技术服务、信息技术服务、文化创意服务、物流辅助服务、租赁服务、鉴证咨询服务、广播影视服务、商务辅助服务和其他现代服务。

1. 研发和技术服务。

研发和技术服务，包括研发服务、合同能源管理服务、工程勘察勘探服务、专业技术服务。

（1）研发服务，也称技术开发服务，是指就新技术、新产品、新工艺或者新材料及其系统进行研究与试验开发的业务活动。

（2）合同能源管理服务，是指节能服务公司与用能单位以契约形式约定节能目标，节能服务公司提供必要的服务，用能单位以节能效果支付节能服务公司投入及其合理报酬的业务活动。

(3) 工程勘察勘探服务，是指在采矿、工程施工前后，对地形、地质构造、地下资源蕴藏情况进行实地调查的业务活动。

(4) 专业技术服务，是指气象服务、地震服务、海洋服务、测绘服务、城市规划、环境与生态监测服务等专项技术服务。

2. 信息技术服务。

信息技术服务，是指利用计算机、通信网络等技术对信息进行生产、收集、处理、加工、存储、运输、检索和利用，并提供信息服务的业务活动。包括软件服务、电路设计及测试服务、信息系统服务、业务流程管理服务和信息系统增值服务。

(1) 软件服务，是指提供软件开发服务、软件维护服务、软件测试服务的业务活动。

(2) 电路设计及测试服务，是指提供集成电路和电子电路产品设计、测试及相关技术支持服务的业务活动。

(3) 信息系统服务，是指提供信息系统集成、网络管理、网站内容维护、桌面管理与维护、信息系统应用、基础信息技术管理平台整合、信息技术基础设施管理、数据中心、托管中心、信息安全服务、在线杀毒、虚拟主机等业务活动。包括网站对非自有的网络游戏提供的网络运营服务。

(4) 业务流程管理服务，是指依托信息技术提供的人力资源管理、财务经济管理、审计管理、税务管理、物流信息管理、经营信息管理和呼叫中心等服务的活动。

(5) 信息系统增值服务，是指利用信息系统资源为用户附加提供的信息技术服务。包括数据处理、分析和整合、数据库管理、数据备份、数据存储、容灾服务、电子商务平台等。

3. 文化创意服务。

文化创意服务，包括设计服务、知识产权服务、广告服务和会议展览服务。

(1) 设计服务，是指把计划、规划、设想通过文字、语言、图画、声音、视觉等形式传递出来的业务活动。包括工业设计、内部管理设计、业务运作设计、供应链设计、造型设计、服装设计、环境设计、平面设计、包装设计、动漫设计、网游设计、展示设计、网站设计、机械设计、工程设计、广告设计、创意策划、文印晒图等。

(2) 知识产权服务，是指处理知识产权事务的业务活动。包括对专利、商标、著作权、软件、集成电路布图设计的登记、鉴定、评估、认证、检索服务。

(3) 广告服务，是指利用图书、报纸、杂志、广播、电视、电影、幻灯、路牌、招贴、橱窗、霓虹灯、灯箱、互联网等各种形式为客户的商品、经营服务项目、文体节目或者通告、声明等委托事项进行宣传和提供相关服务的业务活动。包括广告代理和广告的发布、播映、宣传、展示等。

(4) 会议展览服务，是指为商品流通、促销、展示、经贸洽谈、民间交流、企业沟通、国际往来等举办或者组织安排的各类展览和会议的业务活动。

宾馆、旅馆、旅社、度假村和其他经营性住宿场所提供会议场地及配套服务的活动，按照会议展览服务缴纳增值税。

4. 物流辅助服务。

物流辅助服务，包括航空服务、港口码头服务、货运客运场站服务、打捞救助服务、装卸搬运服务、仓储服务和收派服务。

(1) 航空服务,包括航空地面服务和通用航空服务。

航空地面服务,是指航空公司、飞机场、民航管理局、航站等向在境内航行或者在境内机场停留的境内外飞机或者其他飞行器提供的导航等劳务性地面服务的业务活动。包括旅客安全检查服务、停机坪管理服务、机场候机厅管理服务、飞机清洗消毒服务、空中飞行管理服务、飞机起降服务、飞行通讯服务、地面信号服务、飞机安全服务、飞机跑道管理服务、空中交通管理服务等。

通用航空服务,是指为专业工作提供飞行服务的业务活动,包括航空摄影、航空培训、航空测量、航空勘探、航空护林、航空吊挂播撒、航空降雨、航空气象探测、航空海洋监测、航空科学实验等。

(2) 港口码头服务,是指港务船舶调度服务、船舶通讯服务、航道管理服务、航道疏浚服务、灯塔管理服务、航标管理服务、船舶引航服务、理货服务、系解缆服务、停泊和移泊服务、海上船舶溢油清除服务、水上交通管理服务、船只专业清洗消毒检测服务和防止船只漏油服务等为船只提供服务的业务活动。

港口设施经营人收取的港口设施保安费按照港口码头服务缴纳增值税。

(3) 货运客运场站服务,是指货运客运场站提供货物配载服务、运输组织服务、中转换乘服务、车辆调度服务、票务服务、货物打包整理、铁路线路使用服务、加挂铁路客车服务、铁路行包专列发送服务、铁路到达和中转服务、铁路车辆编解服务、车辆挂运服务、铁路接触网服务、铁路机车牵引服务等业务活动。

(4) 打捞救助服务,是指提供船舶人员救助、船舶财产救助、水上救助和沉船沉物打捞服务的业务活动。

(5) 装卸搬运服务,是指使用装卸搬运工具或者人力、畜力将货物在运输工具之间、装卸现场之间或者运输工具与装卸现场之间进行装卸和搬运的业务活动。

(6) 仓储服务,是指利用仓库、货场或者其他场所代客贮放、保管货物的业务活动。

(7) 收派服务,是指接受寄件人委托,在承诺的时限内完成函件和包裹的收件、分拣、派送服务的业务活动。

收件服务,是指从寄件人收取函件和包裹,并运送到服务提供方同城的集散中心的业务活动。

分拣服务,是指服务提供方在其集散中心对函件和包裹进行归类、分发的业务活动。

派送服务,是指服务提供方从其集散中心将函件和包裹送达同城的收件人的业务活动。

5. 租赁服务。

租赁服务,包括融资租赁服务和经营租赁服务。

(1) 融资租赁服务,是指具有融资性质和所有权转移特点的租赁活动。即出租人根据承租人所要求的规格、型号、性能等条件购入有形动产或者不动产租赁给承租人,合同期内租赁物所有权属于出租人,承租人只拥有使用权,合同期满付清租金后,承租人有权按照残值购入租赁物,以拥有其所有权。不论出租人是否将租赁物销售给承租人,均属于融资租赁。

按照标的物的不同,融资租赁服务可分为有形动产融资租赁服务和不动产融资租赁服务。

融资性售后回租不按照本税目缴纳增值税。

(2) 经营租赁服务,是指在约定时间内将有形动产或者不动产转让他人使用且租赁物所有权不变更的业务活动。

按照标的物的不同,经营租赁服务可分为有形动产经营租赁服务和不动产经营租赁服务。

将建筑物、构筑物等不动产或者飞机、车辆等有形动产的广告位出租给其他单位或者个人用于发布广告,按照经营租赁服务缴纳增值税。

车辆停放服务、道路通行服务(包括过路费、过桥费、过闸费等)等按照不动产经营租赁服务缴纳增值税。

水路运输的光租业务、航空运输的干租业务,属于经营租赁。

光租业务,是指运输企业将船舶在约定的时间内出租给他人使用,不配备操作人员,不承担运输过程中发生的各项费用,只收取固定租赁费的业务活动。

干租业务,是指航空运输企业将飞机在约定的时间内出租给他人使用,不配备机组人员,不承担运输过程中发生的各项费用,只收取固定租赁费的业务活动。

6. 鉴证咨询服务。

鉴证咨询服务,包括认证服务、鉴证服务和咨询服务。

(1) 认证服务,是指具有专业资质的单位利用检测、检验、计量等技术,证明产品、服务、管理体系符合相关技术规范、相关技术规范的强制性要求或者标准的业务活动。

(2) 鉴证服务,是指具有专业资质的单位受托对相关事项进行鉴证,发表具有证明力的意见的业务活动。包括会计鉴证、税务鉴证、法律鉴证、职业技能鉴定、工程造价鉴证、工程监理、资产评估、环境评估、房地产土地评估、建筑图纸审核、医疗事故鉴定等。

(3) 咨询服务,是指提供信息、建议、策划、顾问等服务的活动。包括金融、软件、技术、财务、税收、法律、内部管理、业务运作、流程管理、健康等方面的咨询。

翻译服务和市场调查服务按照咨询服务缴纳增值税。

7. 广播影视服务。

广播影视服务,包括广播影视节目(作品)的制作服务、发行服务和播映(含放映,下同)服务。

(1) 广播影视节目(作品)制作服务,是指进行专题(特别节目)、专栏、综艺、体育、动画片、广播剧、电视剧、电影等广播影视节目和作品制作的服务。具体包括与广播影视节目和作品相关的策划、采编、拍摄、录音、音视频文字图片素材制作、场景布置、后期的剪辑、翻译(编译)、字幕制作、片头、片尾、片花制作、特效制作、影片修复、编目和确权等业务活动。

(2) 广播影视节目(作品)发行服务,是指以分账、买断、委托等方式,向影院、电台、电视台、网站等单位和个人发行广播影视节目(作品)以及转让体育赛事等活动的报道及播映权的业务活动。

(3) 广播影视节目(作品)播映服务,是指在影院、剧院、录像厅及其他场所播映广播影视节目(作品),以及通过电台、电视台、卫星通信、互联网、有线电视等无线或者有线装置播映广播影视节目(作品)的业务活动。

8. 商务辅助服务。

商务辅助服务,包括企业管理服务、经纪代理服务、人力资源服务、安全保护服务。

(1) 企业管理服务,是指提供总部管理、投资与资产管理、市场管理、物业管理、日常综合管理等服务的业务活动。

(2) 经纪代理服务,是指各类经纪、中介、代理服务。包括金融代理、知识产权代理、货物运输代理、代理报关、法律代理、房地产中介、职业中介、婚姻中介、代理记账、拍卖等。

货物运输代理服务,是指接受货物收货人、发货人、船舶所有人、船舶承租人或者船舶经营人的委托,以委托人的名义,为委托人办理货物运输、装卸、仓储和船舶进出港口、引航、靠泊等相关手续的业务活动。

代理报关服务,是指接受进出口货物的收、发货人委托,代为办理报关手续的业务活动。

(3) 人力资源服务,是指提供公共就业、劳务派遣、人才委托招聘、劳动力外包等服务的业务活动。

(4) 安全保护服务,是指提供保护人身安全和财产安全,维护社会治安等的业务活动。包括场所住宅保安、特种保安、安全系统监控以及其他安保服务。

纳税人提供武装守护押运服务,按照安全保护服务缴纳增值税。

9. 其他现代服务。

其他现代服务,是指除研发和技术服务、信息技术服务、文化创意服务、物流辅助服务、租赁服务、鉴证咨询服务、广播影视服务和商务辅助服务以外的现代服务。

纳税人对安装运行后的电梯提供的维护保养服务,按照"其他现代服务"缴纳增值税。

自 2018 年 1 月 1 日起,纳税人为客户办理退票而向客户收取的退票费、手续费等收入,按照"其他现代服务"缴纳增值税。

(七) 生活服务。

生活服务,是指为满足城乡居民日常生活需求提供的各类服务活动。包括文化体育服务、教育医疗服务、旅游娱乐服务、餐饮住宿服务、居民日常服务和其他生活服务。

1. 文化体育服务。

文化体育服务,包括文化服务和体育服务。

(1) 文化服务,是指为满足社会公众文化生活需求提供的各种服务。包括:文艺创作、文艺表演、文化比赛,图书馆的图书和资料借阅,档案馆的档案管理,文物及非物质遗产保护,组织举办宗教活动、科技活动、文化活动,提供游览场所。

纳税人在游览场所经营索道、摆渡车、电瓶车、游船等取得的收入,按照文化体育服务缴纳增值税。

(2) 体育服务,是指组织举办体育比赛、体育表演、体育活动,以及提供体育训练、体育指导、体育管理的业务活动。

2. 教育医疗服务。

教育医疗服务,包括教育服务和医疗服务。

(1) 教育服务,是指提供学历教育服务、非学历教育服务、教育辅助服务的业务活动。

学历教育服务,是指根据教育行政管理部门确定或者认可的招生和教学计划组织教学,并颁发相应学历证书的业务活动。包括初等教育、初级中等教育、高级中等教育、高等教育等。

非学历教育服务，包括学前教育、各类培训、演讲、讲座、报告会等。

教育辅助服务，包括教育测评、考试、招生等服务。

(2) 医疗服务，是指提供医学检查、诊断、治疗、康复、预防、保健、接生、计划生育、防疫服务等方面的服务，以及与这些服务有关的提供药品、医用材料器具、救护车、病房住宿和伙食的业务。

3. 旅游娱乐服务。

旅游娱乐服务，包括旅游服务和娱乐服务。

(1) 旅游服务，是指根据旅游者的要求，组织安排交通、游览、住宿、餐饮、购物、文娱、商务等服务的业务活动。

(2) 娱乐服务，是指为娱乐活动同时提供场所和服务的业务。

具体包括：歌厅、舞厅、夜总会、酒吧、台球、高尔夫球、保龄球、游艺(包括射击、狩猎、跑马、游戏机、蹦极、卡丁车、热气球、动力伞、射箭、飞镖)。

4. 餐饮住宿服务。

餐饮住宿服务，包括餐饮服务和住宿服务。

(1) 餐饮服务，是指通过同时提供饮食和饮食场所的方式为消费者提供饮食消费服务的业务活动。

提供餐饮服务的纳税人销售的外卖食品，按照餐饮服务缴纳增值税。

纳税人现场制作食品并直接销售给消费者，按照"餐饮服务"缴纳增值税。

(2) 住宿服务，是指提供住宿场所及配套服务等的活动。包括宾馆、旅馆、旅社、度假村和其他经营性住宿场所提供的住宿服务。

纳税人以长(短)租形式出租酒店式公寓并提供配套服务的，按照住宿服务缴纳增值税。

5. 居民日常服务。

居民日常服务，是指主要为满足居民个人及其家庭日常生活需求提供的服务，包括市容市政管理、家政、婚庆、养老、殡葬、照料和护理、救助救济、美容美发、按摩、桑拿、氧吧、足疗、沐浴、洗染、摄影扩印等服务。

6. 其他生活服务。

其他生活服务，是指除文化体育服务、教育医疗服务、旅游娱乐服务、餐饮住宿服务和居民日常服务之外的生活服务。

纳税人提供植物养护服务，按照"其他生活服务"缴纳增值税。

二、销售无形资产

销售无形资产，是指转让无形资产所有权或者使用权的业务活动。无形资产，是指不具实物形态，但能带来经济利益的资产，包括技术、商标、著作权、商誉、自然资源使用权和其他权益性无形资产。

技术，包括专利技术和非专利技术。

自然资源使用权，包括土地使用权、海域使用权、探矿权、采矿权、取水权和其他自然资源使用权。

其他权益性无形资产，包括基础设施资产经营权、公共事业特许权、配额、经营权(包括特许经营权、连锁经营权、其他经营权)、经销权、分销权、代理权、会员权、席位权、网络游戏虚拟道具、域名、名称权、肖像权、冠名权、转会费等。

三、销售不动产

销售不动产,是指转让不动产所有权的业务活动。不动产,是指不能移动或者移动后会引起性质、形状改变的财产,包括建筑物、构筑物等。

建筑物,包括住宅、商业营业用房、办公楼等可供居住、工作或者进行其他活动的建造物。

构筑物,包括道路、桥梁、隧道、水坝等建造物。

转让建筑物有限产权或者永久使用权的,转让在建的建筑物或者构筑物所有权的,以及在转让建筑物或者构筑物时一并转让其所占土地的使用权的,按照销售不动产缴纳增值税。

附件 7　资源综合利用产品和劳务增值税优惠目录

类别	序号	综合利用的资源名称	综合利用产品和劳务名称	技术标准和相关条件	退税比例
一、共、伴生矿产资源	1.1	油母页岩	页岩油	产品原料95%以上来自所列资源。	70%
	1.2	煤炭开采过程中产生的煤层气(煤矿瓦斯)	电力	产品燃料95%以上来自所列资源。	100%
	1.3	油田采油过程中产生的油污泥(浮渣)	乳化油调和剂、防水卷材辅料产品	产品原料70%以上来自所列资源。	70%
二、废渣、废水(液)、废气	2.1	废渣	砖瓦(不含烧结普通砖)、砌块、陶粒、墙板、管材(管桩)、混凝土、砂浆、道路井盖、道路护栏、防火材料、耐火材料(镁铬砖除外)、保温材料、矿(岩)棉、微晶玻璃、U型玻璃	产品原料70%以上来自所列资源。	70%
	2.2	废渣	水泥、水泥熟料(包括磷石膏生产的水泥、水泥熟料)	1. 42.5及以上等级水泥的原料20%以上来自所列资源，其他水泥、水泥熟料的原料40%以上来自所列资源； 2. 纳税人符合《水泥工业大气污染物排放标准》(GB 4915—2013)规定的技术要求。	70%
	2.3	建(构)筑废物、煤矸石	建筑砂石骨料	1. 产品原料90%以上来自所列资源； 2. 产品以建(构)筑废物为原料的，符合《混凝土用再生粗骨料》(GB/T 25177—2010)或《混凝土和砂浆用再生细骨料》(GB/T 25176—2010)的技术要求；以煤矸石为原料的，符合《建设用砂》(GB/T 14684—2011)或《建设用卵石、碎石》(GB/T 14685—2011)规定的技术要求。	50%
	2.4	粉煤灰、煤矸石	氧化铝、活性硅酸钙、瓷绝缘子、煅烧高岭土	氧化铝、活性硅酸钙生产原料25%以上来自所列资源，瓷绝缘子生产原料中煤矸石所占比重30%以上，煅烧高岭土生产原料中煤矸石所占比重90%以上。	50%

（续表）

类别	序号	综合利用的资源名称	综合利用产品和劳务名称	技术标准和相关条件	退税比例
二、废渣、废水(液)、废气	2.5	煤矸石、煤泥、石煤、油母页岩	电力、热力	1. 产品燃料60%以上来自所列资源； 2. 纳税人符合《火电厂大气污染物排放标准》(GB 13223—2011)和国家发展改革委、环境保护部、工业和信息化部《电力(燃煤发电企业)行业清洁生产评价指标体系》规定的技术要求。	50%
		磷石膏	自产磷石膏资源综合利用产品(包括墙板、砂浆、砌块、水泥添加剂、建筑石膏、α型高强石膏、Ⅱ型无水石膏、嵌缝石膏、粘结石膏、现浇混凝土空心结构用石膏模盒、抹灰石膏、机械喷涂抹灰石膏、土壤调理剂、喷筑墙体石膏、装饰石膏材料、磷石膏制硫酸)	产品原料40%以上来自磷石膏	70%
	2.6	氧化铝赤泥、电石渣	氧化铁、氢氧化钠溶液、铝酸钠、铝酸三钙、脱硫剂	1. 产品原料90%以上来自所列资源； 2. 生产过程中不产生二次废渣。	50%
	2.7	废旧石墨	石墨异形件、石墨块、石墨粉、石墨增碳剂	1. 产品原料90%以上来自所列资源； 2. 纳税人符合《工业炉窑大气污染物排放标准》(GB 9078—1996)规定的技术要求。	50%
	2.8	垃圾以及利用垃圾发酵产生的沼气	电力、热力	1. 产品燃料80%以上来自所列资源； 2. 纳税人符合《火电厂大气污染物排放标准》(GB 13223—2011)或《生活垃圾焚烧污染控制标准》(GB 18485—2014)规定的技术要求。	100%
	2.9	退役军用发射药	涂料用硝化棉粉	产品原料90%以上来自所列资源。	50%
	2.10	废旧沥青混凝土	再生沥青混凝土	1. 产品原料30%以上来自所列资源； 2. 产品符合《再生沥青混凝土》(GB/T 25033—2010)规定的技术要求。	50%
	2.11	蔗渣	蔗渣浆、蔗渣刨花板和纸	1. 产品原料70%以上来自所列资源； 2. 生产蔗渣浆及各类纸的纳税人符合国家发展改革委、环境保护部、工业和信息化部《制浆造纸行业清洁生产评价指标体系》规定的技术要求。	50%
	2.12	废矿物油	润滑油基础油、汽油、柴油等工业油料	1. 产品原料90%以上来自所列资源； 2. 纳税人符合《废矿物油回收利用污染控制技术规范》(HJ 607—2011)规定的技术要求。	50%
	2.13	环己烷氧化废液	环氧环己烷、正戊醇、醇醚溶剂	1. 产品原料90%以上来自所列资源； 2. 纳税人必须通过ISO9000、ISO14000认证。	50%

（续表）

类别	序号	综合利用的资源名称	综合利用产品和劳务名称	技术标准和相关条件	退税比例
二、废渣、废水(液)、废气	2.14	污水处理厂出水、工业排水(矿井水)、生活污水、垃圾处理厂渗透(滤)液等	再生水	1. 产品原料100%来自所列资源； 2. 产品符合《再生水水质标准》(SL 368—2006)规定的技术要求。	50%
	2.15	废弃酒糟和酿酒底锅水，淀粉、粉丝加工废液、废渣	蒸汽、活性炭、白炭黑、乳酸、乳酸钙、沼气、饲料、植物蛋白	产品原料80%以上来自所列资源。	70%
	2.16	含油污水、有机废水、污水处理后产生的污泥，油田采油过程中产生的油污泥(浮渣)，包括利用上述资源发酵产生的沼气	微生物蛋白、干化污泥、燃料、电力、热力	产品原料或燃料90%以上来自所列资源，其中利用油田采油过程中产生的油污泥(浮渣)生产燃料的，原料60%以上来自所列资源。	70%
	2.17	煤焦油、荒煤气(焦炉煤气)	柴油、石脑油	1. 产品原料95%以上来自所列资源； 2. 纳税人必须通过ISO9000、ISO14000认证。	50%
	2.18	燃煤发电厂及各类工业企业生产过程中产生的烟气、高硫天然气	石膏、硫酸、硫酸铵、硫磺	1. 产品原料95%以上来自所列资源； 2. 石膏的二水硫酸钙含量85%以上，硫酸的浓度15%以上，硫酸铵的总氮含量18%以上。	50%
	2.19	工业废气	高纯度二氧化碳、工业氢气、甲烷	1. 产品原料95%以上来自所列资源； 2. 高纯度二氧化碳产品符合(GB 10621—2006)，工业氢气产品符合(GB/T 3634.1—2006)，甲烷产品符合(HG/T 3633—1999)规定的技术要求。	70%
	2.20	工业生产过程中产生的余热、余压	电力、热力	产品原料100%来自所列资源。	100%
三、再生资源	3.1	废旧电池及其拆解物	金属及镍钴锰氢氧化物、镍钴锰酸锂、氯化钴	1. 产品原料中95%以上利用上述资源； 2. 镍钴锰氢氧化物符合《镍、钴、锰三元素复合氢氧化物》(GB/T 26300—2010)规定的技术要求。	30%
	3.2	废显(定)影液、废胶片、废相纸、废感光剂等废感光材料	银	1. 产品原料95%以上来自所列资源； 2. 纳税人必须通过ISO9000、ISO14000认证。	30%
	3.3	废旧电机、废旧电线电缆、废铝制易拉罐、报废汽车、报废摩托车、报废船舶、废旧电器电子产品、废旧太阳能光伏器件、废旧灯泡(管)，及其拆解物	经冶炼、提纯生产的金属及合金(不包括铁及铁合金)	1. 产品原料70%来自所列资源； 2. 法律、法规或规章对相关废旧产品拆解规定了资质条件的，纳税人应当取得相应的资质。	30%
	3.4	废催化剂、电解废弃物、电镀废弃物、废旧线路板、烟尘灰、湿法泥、熔炼渣、线路板蚀刻废液、锡箔纸灰	经冶炼、提纯或化合生产的金属、合金及金属化合物(不包括铁及铁合金)，冰晶石	1. 产品原料70%来自所列资源； 2. 纳税人必须通过ISO9000、ISO14000认证。	30%

（续表）

类别	序号	综合利用的资源名称	综合利用产品和劳务名称	技术标准和相关条件	退税比例
三、再生资源	3.5	报废汽车、报废摩托车、报废船舶、废旧电器电子产品、废旧农机具、报废机器设备、废旧生活用品、工业边角余料、建筑拆解物等产生或拆解出来的废钢铁	炼钢炉料	1. 产品原料95%以上来自所列资源； 2. 炼钢炉料符合《废钢铁》(GB 4223—2004)规定的技术要求； 3. 法律、法规或规章对相关废旧产品拆解规定了资质条件的，纳税人应当取得相应的资质； 4. 纳税人符合工业和信息化部《废钢铁加工行业准入条件》的相关规定； 5. 炼钢炉料的销售对象应为符合工业和信息化部《钢铁行业规范条件》或《铸造行业准入条件》并公告的钢铁企业或铸造企业。	30%
	3.6	稀土产品加工废料，废弃稀土产品及拆解物	稀土金属及稀土氧化物	1. 产品原料95%以上来自所列资源； 2. 纳税人符合国家发展改革委、环境保护部、工业和信息化部《稀土冶炼行业清洁生产评价指标体系》规定的技术要求。	30%
	3.7	废塑料、废旧聚氯乙烯(PVC)制品、废铝塑(纸铝、纸塑)复合纸包装材料	汽油、柴油、石油焦、碳黑、再生纸浆、铝粉、塑木（木塑）制品、（汽车、摩托车、家电、管材用）改性再生专用料、化纤用再生聚酯专用料、瓶用再生聚对苯二甲酸乙二醇酯(PET)树脂及再生塑料制品	1. 产品原料70%以上来自所列资源； 2. 化纤用再生聚酯专用料杂质含量低于0.5 mg/g、水分含量低于1%，瓶用再生聚对苯二甲酸乙二醇酯(PET)树脂乙醛质量分数小于等于1 μg/g； 3. 纳税人必须通过ISO9000、ISO14000认证。	50%
	3.8	废纸、农作物秸秆	纸浆、秸秆浆和纸	1. 产品原料70%以上来自所列资源； 2. 废水排放符合《制浆造纸工业水污染物排放标准》(GB 3544—2008)规定的技术要求； 3. 纳税人符合《制浆造纸行业清洁生产评价指标体系》规定的技术要求； 4. 纳税人必须通过ISO9000、ISO14000认证。	50%
	3.9	废旧轮胎、废橡胶制品	胶粉、翻新轮胎、再生橡胶	1. 产品原料95%以上来自所列资源； 2. 胶粉符合(GB/T 19208—2008)规定的技术要求；翻新轮胎符合(GB 7037—2007)、(GB 14646—2007)或(HG/T 3979—2007)规定的技术要求；再生橡胶符合(GB/T 13460—2008)规定的技术要求； 3. 纳税人必须通过ISO9000、ISO14000认证。	50%
	3.10	废弃天然纤维、化学纤维及其制品	纤维纱及织布、无纺布、毡、粘合剂及再生聚酯产品	产品原料90%以上来自所列资源。	50%
	3.11	人发	档发	产品原料90%以上来自所列资源。	70%

（续表）

类别	序号	综合利用的资源名称	综合利用产品和劳务名称	技术标准和相关条件	退税比例
三、再生资源	3.12	废玻璃	玻璃熟料	1. 产品原料95%以上来自所列资源； 2. 产品符合《废玻璃分类》(SB/T 10900—2012)的技术要求； 3. 纳税人符合《废玻璃回收分拣技术规范》(SB/T 11108—2014)规定的技术要求。	70%
四、农林剩余物及其他	4.1	餐厨垃圾、畜禽粪便、稻壳、花生壳、玉米芯、油茶壳、棉籽壳、三剩物、次小薪材、农作物秸秆、蔗渣，以及利用上述资源发酵产生的沼气	生物质压块、沼气等燃料，电力、热力	1. 产品原料或者燃料80%以上来自所列资源； 2. 纳税人符合《锅炉大气污染物排放标准》(GB 13271—2014)、《火电厂大气污染物排放标准》(GB 13223—2011)或《生活垃圾焚烧污染控制标准》(GB 18485—2001)规定的技术要求。	100%
	4.2	三剩物、次小薪材、农作物秸秆、沙柳	纤维板、刨花板，细木工板、生物炭、活性炭、栲胶、水解酒精、纤维素、木质素、木糖、阿拉伯糖、糠醛、箱板纸	产品原料95%以上来自所列资源。	70%
	4.3	废弃动物油和植物油	生物柴油、工业级混合油	1. 产品原料70%以上来自所列资源； 2. 工业级混合油的销售对象须为化工企业。	70%
五、资源综合利用劳务	5.1	垃圾处理、污泥处理处置劳务			70%
	5.2	污水处理劳务		污水经加工处理后符合《城镇污水处理厂污染物排放标准》(GB 18918—2002)规定的技术要求或达到相应的国家或地方水污染物排放标准中的直接排放限值。	70%
	5.3	工业废气处理劳务		经治理、处理后符合《大气污染物综合排放标准》(GB 16297—1996)规定的技术要求或达到相应的国家或地方水污染物排放标准中的直接排放限值。	70%

备注：

1. 概念和定义。

“纳税人”，是指从事表中所列的资源综合利用项目的增值税一般纳税人。

“废渣”，是指采矿选矿废渣、冶炼废渣、化工废渣和其他废渣。其中，采矿选矿废渣，是指在矿产资源开采加工过程中产生的煤矸石、粉末、粉尘和污泥；冶炼废渣，是指转炉渣、电炉渣、铁合金炉渣、氧化铝赤泥和有色金属灰渣，但不包括高炉水渣；化工废渣，是指硫铁矿渣、硫铁矿煅烧渣、硫酸渣、硫石膏、磷石膏、磷矿煅烧渣、含氰废渣、电石渣、磷肥渣、硫磺渣、碱渣、含钡废渣、铬渣、盐泥、总溶剂渣、黄磷渣、柠檬酸渣、脱硫石膏、氟石膏、钛石膏和废石膏模；其他废渣，是指粉煤灰、燃煤炉渣、江河(湖、海、渠)道淤泥、淤沙、建筑垃圾、废玻璃、污水处理厂处理污水产生的污泥。

“蔗渣”，是指以甘蔗为原料的制糖生产过程中产生的含纤维50%左右的固体废弃物。

“再生水”，是指对污水处理厂出水、工业排水(矿井水)、生活污水、垃圾处理厂渗透(滤)液等水源进行回收，经适当处理后达到一定水质标准，并在一定范围内重复利用的水资源。

"冶炼"，是指通过焙烧、熔炼、电解以及使用化学药剂等方法把原料中的金属提取出来，减少金属中所含的杂质或增加金属中某种成分，炼成所需要的金属。冶炼包括火法冶炼、湿法提取或电化学沉积。

"烟尘灰"，是指金属冶炼厂火法冶炼过程中，为保护环境经除尘器(塔)收集的粉灰状及泥状残料物。

"湿法泥"，是指湿法冶炼生产排出的污泥，经集中环保处置后产生的中和渣，且具有一定回收价值的污泥状废弃物。

"熔炼渣"，是指有色金属火法冶炼过程中，由于比重的差异，金属成分因比重大沉底形成金属锭，而比重较小的硅、铁、钙等化合物浮在金属表层形成的废渣。

"农作物秸秆"，是指农业生产过程中，收获了粮食作物(指稻谷、小麦、玉米、薯类等)、油料作物(指油菜籽、花生、大豆、葵花籽、芝麻籽、胡麻籽等)、棉花、麻类、糖料、烟叶、药材、花卉、蔬菜和水果等以后残留的茎秆。

"三剩物"，是指采伐剩余物(指枝丫、树梢、树皮、树叶、树根及藤条、灌木等)、造材剩余物(指造材截头)和加工剩余物(指板皮、板条、木竹截头、锯末、碎单板、木芯、刨花、木块、篾黄、边角余料等)。

"次小薪材"，是指次加工材[指材质低于针、阔叶树加工用原木最低等级但具有一定利用价值的次加工原木，按《次加工原木》(LY/T 1369—2011)标准执行]、小径材(指长度在 2 米以下或径级 8 厘米以下的小原木条、松木杆、脚手杆、杂木杆、短原木等)和薪材。

"垃圾"，是指城市生活垃圾、农作物秸秆、树皮废渣、污泥、合成革及化纤废弃物、病死畜禽等养殖废弃物等垃圾。

"垃圾处理"，是指运用填埋、焚烧、综合处理和回收利用等形式，对垃圾进行减量化、资源化和无害化处理处置的业务。

"污水处理"，是指将污水(包括城镇污水和工业废水)处理后达到《城镇污水处理厂污染物排放标准》(GB 18918—2002)，或达到相应的国家或地方水污染物排放标准中的直接排放限值的业务。其中，城镇污水是指城镇居民生活污水，机关、学校、医院、商业服务机构及各种公共设施排水，以及允许排入城镇污水收集系统的工业废水和初期雨水。工业废水是指工业生产过程中产生的，不允许排入城镇污水收集系统的废水和废液。

"污泥处理处置"，是指对污水处理后产生的污泥进行稳定化、减量化和无害化处理处置的业务。

2. 综合利用的资源比例计算方式。

(1) 综合利用的资源占生产原料或者燃料的比重，以重量比例计算。其中，水泥、水泥熟料原料中掺兑废渣的比重，按以下方法计算：

① 对经生料烧制和熟料研磨阶段生产的水泥，其掺兑废渣比例计算公式为：掺兑废渣比例=(生料烧制阶段掺兑废渣数量+熟料研磨阶段掺兑废渣数量)÷(除废渣以外的生料数量+生料烧制和熟料研磨阶段掺兑废渣数量+其他材料数量)×100%；

② 对外购水泥熟料采用研磨工艺生产的水泥，其掺兑废渣比例计算公式为：掺兑废渣比例=熟料研磨阶段掺兑废渣数量÷(熟料数量+熟料研磨阶段掺兑废渣数量+其他材料数量)×100%；

③ 对生料烧制的水泥熟料，其掺兑废渣比例计算公式为：掺兑废渣比例=生料烧制阶

段掺兑废渣数量÷(除废渣以外的生料数量＋生料烧制阶段掺兑废渣数量＋其他材料数量)×100%。

(2) 综合利用的资源为余热、余压的,按其占生产电力、热力消耗的能源比例计算。

3. 表中所列综合利用产品,应当符合相应的国家或行业标准。既有国家标准又有行业标准的,应当符合相对高的标准;没有国家标准或行业标准的,应当符合按规定向质量技术监督部门备案的企业标准。

表中所列各类国家标准、行业标准,如在执行过程中有更新、替换,统一按最新的国家标准、行业标准执行。

4. 表中所称“以上”均含本数。

5. 纳税人销售自产磷石膏资源综合利用产品,享受增值税即征即退 70%增值税政策,自 2019 年 9 月 1 日起执行。

附件 8:享受增值税即征即退政策的新型墙体材料目录

一、砖类。

(一) 非黏土烧结多孔砖(符合 GB 13544—2011 技术要求)和非黏土烧结空心砖(符合 GB 13545—2014 技术要求)。

(二) 承重混凝土多孔砖(符合 GB 25779—2010 技术要求)和非承重混凝土空心砖(符合 GB/T 24492—2009 技术要求)。

(三) 蒸压粉煤灰多孔砖(符合 GB 26541—2011 技术要求)、蒸压泡沫混凝土砖(符合 GB/T 29062—2012 技术要求)。

(四) 烧结多孔砖(仅限西部地区,符合 GB 13544—2011 技术要求)和烧结空心砖(仅限西部地区,符合 GB 13545—2014 技术要求)。

二、砌块类。

(一) 普通混凝土小型空心砌块(符合 GB/T 8239—2014 技术要求)。

(二) 轻集料混凝土小型空心砌块(符合 GB/T 15229—2011 技术要求)。

(三) 烧结空心砌块(以煤矸石、江河湖淤泥、建筑垃圾、页岩为原料,符合 GB 13545—2014 技术要求)和烧结多孔砌块(以页岩、煤矸石、粉煤灰、江河湖淤泥及其他固体废弃物为原料,符合 GB 13544—2011 技术要求)。

(四) 蒸压加气混凝土砌块(符合 GB 11968—2006 技术要求)、蒸压泡沫混凝土砌块(符合 GB/T29062—2012 技术要求)。

(五) 石膏砌块(以脱硫石膏、磷石膏等化学石膏为原料,符合 JC/T 698—2010 技术要求)。

(六) 粉煤灰混凝土小型空心砌块(符合 JC/T 862—2008 技术要求)。

三、板材类。

(一) 蒸压加气混凝土板(符合 GB 15762—2008 技术要求)。

(二) 建筑用轻质隔墙条板(符合 GB/T 23451—2009 技术要求)和建筑隔墙用保温条板(符合 GB/T 23450—2009 技术要求)。

(三) 外墙外保温系统用钢丝网架模塑聚苯乙烯板(符合 GB 26540—2011 技术要求)。

(四) 石膏空心条板(符合 JC/T 829—2010 技术要求)。

（五）玻璃纤维增强水泥轻质多孔隔墙条板（简称GRC板，符合GB/T 19631—2005技术要求）。

（六）建筑用金属面绝热夹芯板（符合GB/T 23932—2009技术要求）。

（七）建筑平板。其中：纸面石膏板（符合GB/T 9775—2008技术要求）；纤维增强硅酸钙板（符合JC/T 564.1—2008、JC/T 564.2—2008技术要求）；纤维增强低碱度水泥建筑平板（符合JC/T 626—2008技术要求）；维纶纤维增强水泥平板（符合JC/T 671—2008技术要求）；纤维水泥平板（符合JC/T 412.1—2006、JC/T 412.2—2006技术要求）。

四、符合国家标准、行业标准和地方标准的混凝土砖、烧结保温砖（砌块）（以页岩、煤矸石、粉煤灰、江河湖淤泥及其他固体废弃物为原料，加入成孔材料焙烧而成）、中空钢网内模隔墙、复合保温砖（砌块）、预制复合墙板（体），聚氨酯硬泡复合板及以专用聚氨酯为材料的建筑墙体。

（财政部 国家税务总局关于新型墙体材料增值税政策的通知，财税〔2015〕73号，发文日期：2015-06-12）